장정
나의 광복군 시절

장정

나의 광복군 시절

김준엽 지음 | 김현경 편

아 연 출 판 부
고려대학교 아세아문제연구원

세 사람의 광복군 국내정진대원(왼쪽부터 장준하, 김준엽, 노능서)

머리말

나는 인생에서 가장 중요한 시기인 20대를 중국에서 사선을 넘나들며 지냈다. 이때의 경험은 내 인생을 지배하는 길잡이가 되었기에 항상 그 무렵을 회상하고, 또 그때 세운 인생의 지침을 내가 옳게 지키고 있는지 늘 반성하면서 살아왔다.

내가 중국에 가게 된 것은 일제의 '학병'으로 끌려 나갔기 때문이지만 나는 그것을 기회로 삼아 철들면서부터 동경하던 대한민국임시정부와 광복군을 찾아가는 데 성공하였다.

나는 목숨을 걸고 일본군 부대에서 탈출하여 중국 유격대로 넘어가 항일 투쟁을 하였고, 이 유격대가 중공군의 공격을 받아 궤멸하게 되는 국공투쟁에 휘말리면서 다시 충칭으로 가는 6천리 장정의 길에 나섰다. 안후이성 린촨에서 김학규 장군이 이끄는 광복군에 참가하여 중국군관학교 부설 '한광반(한국광복군 특별훈련반)'에서 훈련을 받은 다음, 다시 장정을 계속하여 충칭에 있는 우리 임시정부에 가담할 수 있었다. 그곳에서 이범석 장군의 부관이 되어 시안에 있는 광복군 제2지대로 찾아가서 OSS(Office of Strategic Services, 미국 전략첩보국) 특별훈련을 받고 지하공작원의 임무를 받아 국내로 진입하기 직전 일본의 항복을 맞이하였다.

일본이 투항한 직후에 조직된 '광복군 국내정진군'의 일원으로 1945년 8월 18일 국외 독립운동가로서 가장 먼저 조국 땅을 밟는 영광을 안았으나, 상황이 여의치 않아 여의도비행장을 벗어나지 못하고 시안으로 되돌아갈 수밖에 없었다. 이후 임시정부와 광복군의 계획에 따라 다시 국내로 돌아오고자 하였지만 미국 측의 비협조로 뜻대로 일이 되지 않아 중국에 남아 있게 되었다. 김구 주석을 비롯한 임시정부 요인들이 '개인 자격'으로 환국할 때 함께 귀국길에 오를 수 있었지만, 나는 그대로 중국에 남기로 하였다. 해방된 조국에서 내가 무슨 일을 해야만 할 것인가 하는 문제를 숙고한 끝에 학계에 투신하기로 결심하고, 대학 전공인 중국사를 깊이 연구하고자 중국에 남기로 하였던 것이다.

이상으로 내가 20대 전반에 겪은 일을 간략하게 살폈다. 이 시기는 내게 참으로 격동의 나날이었으며, 동시에 우리 임시정부와 광복군에 참가하여 일제 침략자들과 싸운 영광의 시절이었다.

그러나 내가 이 수기를 쓰려고 하는 목적은 내 20대를 자랑 삼아 늘어놓으려는 것이 아니라 내가 목격한 임시정부와 광복군의 활동상을 그 일단이나마 기록함으로써 우리 독립운동사의 한구석이라도 조명하고자 하는 데 있다. 나는 불과 1년 반이라는 짧은 시간밖에 항일투쟁전에 참가하지 못하였고, 또 우리 독립운동전선의 마지막 대열에 속한다. 그러므로 내가 목격하고 체험한 독립투쟁이란 지극히 미미한 것에 지나지 않지만, 그래도 감히 내가 이 수기를 쓰는 것은 과거에 독립운동에 헌신한 많은 열사가 본인의 직접 경험을 회고록으로 남긴 것이 거의 없기 때문이다.

나는 항상 우리의 독립운동사를 바르게 연구하고 그것을 현대사의 주류로 앉히기 전에는 우리 민족사가 올바르게 정립되지 않는다고 확신하고 있다. 그렇기 때문에 나의 이 조그마한 수기라도 우리의 민족사를 바로 세우는 데 모래 한 알의 도움이라도 되기를 간절히 바라면서 붓을 드는 것이다.

우리의 독립운동사를 연구하다 보면 자연히 일제의 침략상이 드러나게 되고, 또한 내가 중국에서 겪은 쓰라린 경험도 일제의 침략에 기인

하는 것은 두말할 나위가 없는 일이다.

또한 중일전쟁 중이나 전후에 전개된 국공투쟁으로 말미암아 나는 목숨까지 잃어버릴 뻔하였으니 나의 중국 생활을 서술하면 으레 중국 현대사의 목격담도 될 것이다. 국가의 이해관계를 떠나 순수한 사학도로서 현대 중국사를 바라본다면 대단히 중요하고도 흥미로운 시대에 우리가 살고 있다는 것을 깨달을 것이다.

수천 년의 중국사를 훑어보면 거기에는 일정한 주기율이 있는 것을 발견하게 된다. 진시황이 중국을 통일해서 오늘에 이르기까지 여러 차례의 왕조 교체가 있었는데, 국내 혼란이 있다가 이를 진압하고 통일한 왕조는 20여 년을 지키다가 다른 왕조로 교체되어 200~300년 지속되는 현상을 볼 수가 있다. 진나라가 20여 년에 망한 다음 전한이 200여 년 존속하고, 신나라가 전한 말의 혼란을 진압하고 수립되었다가 20년도 못 되어 망한 뒤에 후한이 그 뒤를 이어 200여 년 지탱하였다. 수나라와 당나라의 경우도 그와 흡사하다. 국민정부가 1928년에 중국을 통일하였다가 1949년에 대만으로 패퇴하고 이제 중공 정권이 수립되었는데 과연 우리가 목격하는 이 정권 교체가 중국사의 주기율을 그대로 답습하는 것인지 흥미롭지 않을 수가 없다.

그러나 우리의 국가 이익이란 관점에서 살핀다면 흥미만 운운할 수 없는 것이 국토가 분단된 우리의 처지이다. 명청 교체기에 우리 조상들이 봉착했던 외교적 어려움을 오늘날 우리가 똑같이 겪고 있는 것이다. 명과 국민정부, 청과 중공 정권은 우리의 이해관계나 안목으로 보면 비슷한 것이 있다고 하여도 과언이 아니다. 나는 행운인지 불행인지 대륙에서 그 정권 교체의 격동을 목도하였다. 따라서 나의 이 수기에는 그 정권 교체의 관찰이 포함될 것이다.

나는 피동적으로나 주동적으로 중국 각지를 여행하였다. '학병'으로 끌려 나가 만주를 통과하여 장쑤성의 쉬저우에 도착하였고, 거기서 일본군을 탈출하여 중국 유격대에 참가한 이후로 충칭까지의 6천리 길을 걷는 동안에 허난성·안후이성·후베이성·쓰촨성을 보았고, 시안에 있는 광복군 제2지대에 참여하면서 산시성을 보았다. 전후에는 산둥성의 웨이현·칭다오, 윈난성의 쿤밍, 장쑤성의 난징과 상하이·쑤저우, 허베이성의 베이징과 톈진, 저장성의 항저우, 푸젠성의 마웨이, 그리고 홍콩, 광둥성의 광저우, 대만의 타이베이·지룽·단수이, 또한 황허의 범람을 목격했고 양쯔강을 배로 오르내리기도 하였다. 거의 전 중국을 샅샅이 본 셈이다.

역사는 다리로 공부하라는 말이 있다. 중국사를 전공하는 나로서는 이때의 '여행'이 여간 소중한 것이 아니다. 따라서 나는 이 수기에서 내가 본 중국 각지의 정형이나 고적에 관해서도 언급할 것이고, 중국을 공부하는 학도에게 도움이 되었으면 한다.

이 수기를 쓰는 데 가장 아쉬운 것은 대륙 생활 5년간(1944년 2월~1949년 1월)에 내가 적어놓은 일기를 분실한 일이다. 6·25전쟁 때 나는 처자와 함께 손에 들고 피란한 것은 오로지 이 일기책뿐이었는데, 네 살 아들을 등에 업고 관악산을 넘어 남하하다가 한 손에 든 일기책들을 들고 갈 힘이 없어 부득불 산속에 내던졌다. 오히려 집 마당에 묻고 갔으면 전후에 찾을 수가 있었을 터인데 너무 소중하게 생각하였다가 도리어 잃어버린 우를 범하였다. 나의 가장 으뜸가는 보물이었지만 생명과는 바꿀 수가 없어 내버린 것인데 일생 두고 한스러운 일이 되었다. 그러나 1951년 10월에 대만 대학으로 간 다음에 기억나는 대로 사건의 일자나 장소를 적어 두었기 때문에 지금도 비교적 정확한 기록을 남길 수 있다는 자신은 있으나, 그때 체험하고 보고 느낀 바를 있는 그대로 모두 정확하게 적는다는 것은 불가능하다는 것을 자인할 수밖에 없다.

1944년과 1945년 시기에 관해서는 '학병'으로서 나와 비슷한 경험을 한 장준하 씨와 신상초 씨가 각각《돌베개》와《탈출》이라는 이름의 책을 간행하였고, 또 나와 함께 충칭으로 찾아간 동지들이《장정 6천리—한광반 학병 33인의 항일투쟁기》라는 책을 냈으므로 나의 이 수기와 동시에 그 책들도 읽어주었으면 한다.

나는 이 수기를 쓰는 데에 되도록 장준하 씨나 신상초 씨와는 다른 각도에서 적으려고 노력하였지만 같은 운명에 놓여 비슷한 길을 걸었던 터라 중복을 피할 수가 없는 곳이 많을 것으로 안다. 더욱이 장준하 형은 유격대에서부터 일본이 투항할 때까지 가장 가까운 동지로서 하루도 떨어지지 않고 함께 지냈기에《돌베개》는 꼭 함께 읽어주기를 바란다. 나의 이 수기를 읽어보면 알겠지만, 이 수기는 나와 장형의 깊은 우정의 기록이기도 하다.

나는 이 수기를 쓰면서 독자들의 이해를 돕고자 곳곳에 배경 설명을 하였는데 이미 그런 배경을 잘 아는 분이나 흥미를 느끼지 않는 분은 그 대목들을 읽지 않아도 무방할 것이다.

1987년 8월 15일

김준엽

편저자 서문

이 책은 저의 할아버지이자 독립운동가이신 김준엽 선생님의 수기입니다.

《장정》을 읽으며 일제강점기 시절 한국인들이 겪은 일상적 차별과 그에 맞서고자 했던 젊은 한국인의 항일 활동은 어떤 것이 있는지, 그리고 격랑의 시대를 살아가는 한 한국 청년이 어떤 심정으로 조국의 독립에 기여하고자 했는지 엿볼 수 있었습니다. 이에 더해 쉬저우에서 충칭 임시정부로 향하는 '장정'에서 할아버지와 크고 작은 인연을 맺은 여러 동지들의 삶이 광활한 중국 땅 위에서 어떠했을지 그 시대를 느끼고자 했습니다. 이러한 할아버지의 경험과 이 수기에 등장하는 무수히 많은 사람들의 이야기가 더 많은 독자에게 가까이 다가가기를 소망합니다.

1987년 처음 출간된《장정》시리즈는 2018년에 절판되어 현재는 서점에서 찾아볼 수 없습니다. 기존의《장정》1, 2권은 1980년대 말에 나온 책이기 때문에 어려운 문장과 한자 사용이 많아 저와 같은 젊은 세대가 읽기에는 불편함이 있었습니다. 그리고,《장정》2권 후반부에는 우리나라의 독립 이후를 다루었는데, '광복군 시절'이라는 제호와 큰 관련이 없는 내용이 있어 이 부분을 삭제하는 등 새롭게 편집하여 출판해야 할 필요성을 느꼈습니다.

《장정》의 재출판을 계획하던 중, 고려대학교에서 2023년 할아버지의 탄생 100주년을 기념하여 장정 재간행 의향을 물어와(1923년이 실제 생년입니다) 고려대학교 아세아문제연구원 출판부에서 이번 개정판을 발행하게 되었습니다.

이 책이 이전의 책과 달라진 점은 기존의 상, 하권으로 나누어져 있던 《장정: 나의 광복군 시절》을 단권화하는 동시에 '광복군 시절'이라는 제호에 맞게 독립 후 중국에서의 생활이나 한국으로 귀국한 후 생활에 관한 부분은 삭제하였고, 할아버지의 경험에 주안점을 두고자 세세한 시대적 배경 등의 설명은 대폭 축약하였습니다. 마지막으로 저와 같은 젊은 독자층의 눈높이에서 가능하면 쉽게 풀어쓰면서도 원문의 본래 의미와 뉘앙스를 최대한 반영하려고 노력하였습니다.

대표적인 수정 사항은 다음과 같습니다:

- 중국어로만 쓰여있던 책 제목과 노래 가사는 한국어로 번역하였고, 해외 인명과 지명 등을 외래어 표기법에 맞게 전면적으로 수정하였습니다 (예: 서주 → 쉬저우, 장개석 → 장제스). 인용문 내 인명 및 지명도 이에 부합하게 수정하였습니다. 예외적으로 '파촉령' 등 일부 단어는 뉘앙스 전달을 위해 그대로 두었습니다.
- 원문이나 수록된 지도의 오류는 사실에 맞게 수정하였습니다.
- 인물 소개 중 독립운동인명사전이나 한국민족문화대백과 등 공공기관 편찬 정보와 다른 경우 수정하였습니다.
- 국호는 대한제국(1897년) 이후는 한국, 이전은 조선으로 통일하였습니다.

당시 시대의 역사적 배경에 관련하여 관심이 있는 독자와 《장정》을 독립운동사의 자료로 이용하실 분은 2017년 판본의 《장정》 1, 2권을 인용할 것을 권하는 바입니다.

이번 개정판이 나오기까지 많은 도움을 주신 고려대학교 아세아문제연구원의 이진한 원장님, 경인문화사의 박은숙, 한주연 선생님, 고려대학교 대학원의 안주영, 조욱진 선생님과 고려대 아세아문제연구원 출판부 관계자분들께 깊은 감사의 말씀을 드립니다.

이 책을 편집하는 데 대략 1년여의 기간이 소요되었습니다. 어린 시절부터 흥미를 가지고 여러 번 읽은 할아버지의 이야기를 손녀인 제가 직접 편집하여 재출간하게 되어 개인적으로 몹시 뜻깊습니다. 할아버지께서 쓰신 원문에 이 편집본이 충실했기를 바라며 편저자 서문을 마칩니다.

2023년 7월 15일

김현경

목차

I.

일본군 학병으로 중국에 가다

1. 학병이란?

1942년 4월 미군이 처음으로 도쿄를 공습하던 날 낮에 나는 도쿄 시내에 나가 책을 사고 오모리에 있는 하숙집으로 돌아오는 길에 공습 광경을 목격하며 기뻐했다. 이제야 간악한 일제의 종말이 다가오는구나, 우리 민족의 앞날에도 빛이 들겠구나 하며 쾌재를 불렀다. 이듬해 야마모토 연합함대 사령관이 전사했다는 특보가 나왔을 때는 더욱 기뻤다.

1942년 여름부터 미국과 연합군의 반격으로 일본의 전세는 매우 불리해졌다. 전쟁이 하루하루 지날수록 전쟁터로 가는 보급로가 차단되어 일본군은 태평양전쟁의 승자가 아니라 태평양의 고아가 될 운명에 다가가고 있었다. 1943년에 들어서는 이전에 일본이 점령했던 지역들이 하나 둘 연합군에 탈환되었다. 일본 연합함대 사령관인 야마모토 이소로쿠가 남태평양 부건빌섬에서 미군의 공격을 받아 항공기 추락으로 사망한 것은 그해 봄, 4월의 일이다.

꺼져가는 불꽃을 살려보려던 일본은 식민지의 생명들까지 끌어모아 전쟁터의 불쏘시개로 던져 넣었다. '반도인 학도 특별지원병제'는 그렇게 시작되었다.

야마모토 전사 특보가 나온 날, 그날은 게이오대학 사학과 학생 스무 명이 도쿄 시부야의 음식점에서 저녁 식사를 하기로 되어 있었다. 이날 모임은 스트레스를 풀어보자며 마련되었지만, 야마모토의 전사 소식을 듣고 나온 터라 분위기는 침울하기 그지없었다. 비분강개하는 자, 통곡하는 자…. 그러나 나는 공감할 수 없었다. 아니 그들의 행동이 가소롭기만 했다.

지난 30여 년 동안 일제가 우리 동포를 얼마나 많이 학살하고 억압하였던가! 그리고 지금도 중국이나 동남아시아, 그리고 남태평양에서 얼마나 많은 살생을 저지르고 있는가 말이다. 아무리 일본인이라지만, 전쟁의 원흉 중 하나가 죽었을 뿐이라는 것을 깨달은 자가 있을 법도 한데 누구 하나 반전에 관한 이야기를 꺼내는 사람이 없었다.

그러다 어느 한 사람이 큰소리로 "다 잊어버리고 술이나 흠뻑 마시자"라고 외치자 이내 슬퍼하던 기색이 싹 사라졌다. 일본인 대학생들은 술을 미친듯이 마셔대기 시작하고, 나중에는 춤까지 추는 것이었다. 이날 밤처럼 즐거웠던 일은 나의 일생을 통하여 몇 번밖에 없었을 것이다. 하나둘 술에 취해 쓰러지는 일본인 학생들의 모습이 일제가 쓰러지는 것처럼 느껴졌다. 나는 마음껏 마시고 마음껏 춤추었다. 조국의 해방은 틀림없이 오고야 말 것이라고 혼자 외쳤으며, 조국의 독립을 위하여 생각만 할 것이 아니라 무엇인가 이제 행동으로 나타내야 한다고 다짐했다.

일제가 우리나라를 강점하면서 가장 많이 신경을 쓴 것은 사상 통제였다. 1938년 7월에는 국민정신총동원조선연맹을 만들었고, 10호 단위로 '애국반'이라는 것을 조직했다. 이 애국반을 통해 반상회를 열어 일장기 게양, 일본 신사 참배, 동방요배, 일본어 상용 등을 강요하며 주민들이 서로 감시하고 통제하게 하였다. 1941년 2월에는 조선사상범 예방구금령을 만들어 반일 사상을 가졌다고 지목된 한국인을 마구 체포하였다.

일본과 한국의 조상은 하나라는 뜻의 '일선동조론'은 일본식으로 '내선일체' 표어가 되어 한국인의 정신을 파고들었다. 일왕에게 복종하는 의미로 '황국신민서사'를 항상 제창하게 하고, 일본식 이름으로 바꾸도록 '창씨개명'의 만행도 저질렀다.

우리 땅을 차지하고 우리의 정신을 갉아먹던 일제는 끝내 사람들을 전쟁터로 끌고 갔다. 처음에는 '불량한 조선 사람', 즉 불령선인이 전쟁에 도움이 되지 않을 것이라고 여겨서 강제동원에서 제외하다가 전세가 위급해지자 앞뒤 가리지 않게 되었다. 일본은 1943년 10월에 이른바 '학도지원병제'를 실시하여 지원하는 학생을 군대로 데려갔고, 이것으로는 부족하자 1944년에는 징병제도를 실시하여 본인의 의사와 상관없이 입대하도록 하였다. 그렇게 일본이 패전할 때까지 징집되어 전쟁터로 끌려간 한국 청년은 20만 명에 달하였다.

말하자면 나도 그 20만 명 중 하나이다. 여기서 짚고 넘어가야 할 점은 '반도인 학도 특별지원병제'에서 말하는 '특별 지원'의 뜻이다. 여러 설명할 것 없이 신상초 씨의 글을 인용하겠다.

> 일본은 1943년 11월 중순에 최남선 씨를 비롯한 한국의 이른바 명사들과 지식인을 동원해 도쿄에 와서 학병으로 나가기를 권유하는 강연회를 열었다. 대표적 친일분자들로 구성된 연사들은 한결같이 '성전필승', '타도미영'을 역설하고, 진정한 '내선일체'를 이룩하기 위해서는 '특별지원'의 은전에 감사하고 솔선해서 군문에 들어가야 한다고 열변을 토하고 있었다.
>
> '미친놈들이로군. 아무리 일본놈의 앞잡이가 되어 부귀영화를 누린다기로 동족의

청년들보고 저렇게 말할 수 있담' 하는 것이 나의 솔직한 감회였다. 나는 연사들을 찾아가 일군에 들어가는 것이 그렇게 훌륭하고 좋거든, 당신들이나 당신들의 자식부터 내보낼 노릇이지, 우리보고 권유는 왜 하느냐고 따졌다. 이 물음에 대해서는 그들 중 누구 하나라도 감히 대답하지 못했다. 화난 생각을 하면 주먹으로 때려주고 싶은 충격마저 느꼈으나, 동족의 선배들이라 그렇게 대접할 수도 없었다.

(《탈출》, 57-58쪽)

1938년 4월에 공포된 '육군특별지원병령'도 이와 비슷하다. 징병령이 실시되기 전까지 약 1만 8천 명의 한국인 청년이 일본군에 지원했는데, 이 젊은이들은 지원병제도를 성공시키려는 일제의 교묘한 술책과 전쟁 중 피폐해진 농촌의 현실을 견디지 못해 '살길을 찾아서' 마지막 길을 택한 불쌍한 소작농민의 아들들이었던 것이다.

2. 독립군에 대한 동경

1943년 여름방학이 지나고 9월 새 학기가 시작되었을 무렵 학교에는 뒤숭숭한 소문이 돌고 있었다. 고향에서 방학을 보내고 온 뒤 듣게 된 소문은 한국인 학생들도 학병으로 징집할 것이라는 내용이었다.

그해 4월 무렵에도 학병 징집에 관한 이야기가 있었다. 그런데 그때는 한국인을 제외하고 일본인 학생만 징집 대상이어서 나는 오히려 그것이 이상하게 느껴졌었다. 말썽 많고 귀찮은 한국인 인텔리들을 말살하기에 징집은 좋은 기회가 아니던가. 결국 반년 후 일본인에 이어 한국인 학생 징집도 현실이 되었다.

새 학기였지만 대학 캠퍼스의 분위기는 썰렁했다. 일본인 학생이 징집되고 학교에는 병역 연령에 미달하는 학생, 그리고 한국인 학생만 남아 있었기 때문이다. 학교 분위기는 죽음의 그림자가 드리운 듯 스산했지만, 일본 정부는 불리한 전쟁터의 상황은 절대 알리지 않고, 이기고 있다는 선전만 계속했다. 역사상 일본은 외세의 침략을 받은 적이 없다느니, 몽골과 고려의 병사가 일본 땅에 상륙하려다 신이 일으킨 바람으로 쓸려갔다느니 하는 이야기였다. 일본인들은 그것을 '신풍'이라고 하는데 신이 자기들을 보호한다는 믿음이기도 했다. '대화혼'이라는 말도 사람을 교묘히 꾀는 것이었다. 죽음을 두려워하지 않는 용감한 정신이라는 뜻으로 포장된 '대화혼'을 위해 일본인은 무사처럼 전쟁터로 나가려고 했다. 그러나 나는 파시스트 정권에 속아서 그것들을 믿는 일본인이 가엾어 보일 뿐이었다.

눈치 빠른 한국인 학생 가운데 일부는 징집을 피하려고 일찌감치 고향으로 돌아가 만주 땅이나 깊숙한 산속으로 숨기도 했다. 이처럼 유학생들의 분위기가 뒤숭숭하니 나도 무슨 결심을 해야만 될 것 같았다. 그때는 개학한 지 한 달쯤 될 무렵이라 징집이 되더라도 학기가 끝난 다음이 아닐까 싶어서 신중하게 계획을 세우기로 하였다.

그러던 어느 날 고향에서 뜻밖의 전보가 날아왔다. 10월 5일에 받은 전보에는 아버지가 전날 돌아가셨다는 내용이 담겨 있었다. 나는 도저히 믿을 수가 없었고, 내가 징집당하는 것을 막으려고 고향으로 급히 부를 수단으로 그런 끔찍한 전보를 친 것으로 생각했다. 막내아들인 나는 부모님의 유별나고 깊은 사랑을 받으면서 자랐다. 막냇동생을 대하는 형과 누나들의 사랑도 특별했기에 내가 일본 군대에 끌려 나가 전쟁터로 간다는 것은 부모님이나 형님들로서는 정말로 참을 수 없는 일일 것이다. 그래서 나는 곧바로 귀국하는 대신 사실을 알아보려고 집에 확인 전보를 보냈다. 고향에서 답장이 오기를 기다리면서 나는 도쿄에서 하루를 더 머물게 되었는데 이 결정이 내 생명을 구하게 될 줄은 꿈에도 몰랐다.

전보를 받자마자 고향으로 떠날 채비를 했다면 시모노세키항에 가서 한국으로 떠나는 배를 탔을 것이다. 그런데 일본과 한국을 오가는 여객선 곤론마루호가 그날 밤 미국 잠수함의 공격을 받아 바다에 침몰하였고, 세 명의 생존자를 뺀 전부가 익사하고 말았다.

내가 곤론마루호를 타지 않은 것은 한 달 전 나를 배웅하러 역까지 나오신 아버지의 건강한 모습을 똑똑히 기억하고 있어서였다. 점잖은 선비였던 아버지는 희로애락의 감정을 잘 나타내지 않는 분이었다. 아들이 먼 곳에 오갈 때도 역으로 마중 나오거나 배웅하는 일은 없으셨다. 하지만 지난 여름방학 끝날 때 배웅하러 나오셨던 것은 무슨 예감이라도 있었기 때문일까. 결국 이 마지막 작별이 너무나 생생하여 전보 내용을 믿을 수 없었던 것이다. 돌이켜보면 그날 아버지의 모습이 내 생명을 구한 셈인데, 훗날 또 한 번 나의 생명을 구해주셨다.

6일 아침에 똑같은 내용의 전보를 받은 다음에야 도쿄를 떠나 이틀 후 고향 평안북도 강계군 시중에 도착했다. 집에 발을 들여놓는 순간까지도 그 전보 내용이 거짓말이기를 바랐다. 그러나 모든 일은 이미 끝이 나 있었다.

칠일장을 치르고 날 무렵 '반도인 학도 특별지원병제'가 정식으로 발표되었다. 일제는 총력을 기울여 '학병'에 '지원'하라고 갖은 압력을 가하였다. 그렇지 않아도 학병 징집 소문을 들은 아버지는 몹시 걱정되어 잘 주무시지도 드시지도 못하셨다고 한다. 아버지를 여읜 뒤 애지중지하던 막내아들까지 잃게 된 어머니의 상심은 이루 말할 수가 없었고, 형제

저자의 아버지(김종걸)

저자의 어머니(홍종식)

들의 분한 마음도 북받쳐 올랐다.

그러나 나는 이때 냉정하였다. 일본의 만행을 보며 쌓이고 쌓인 반일 감정을 이제는 항일 행동으로 옮겨야 한다고 결심하였기 때문이다. 사실 도쿄를 떠나오던 날 나는 하숙집의 짐을 모두 정리하여 고향으로 미리 부쳐두었다. 다시 도쿄로 돌아갈 일이 없다고 생각했으니 말이다. 야마모토 사령관이 죽었다는 소식을 들은 날부터 골똘히 고민해온 것이 있다. 내가 학병으로 지원하여 중국 전선에 배치된다면 어떨까 하는 문제였다. 만약 그럴 수 있다면 일본군 군대에서 탈출하여 우리의 독립군과 임시정부에 찾아가서 활동하리라. 고향으로 오는 내내 궁리하다 내린 결론이다. 물론 이런 결심을 슬픔에 빠진 가족 앞에 불쑥 꺼낼 수는 없었다.

먼저 형님들과 상의하였다. 둘째 형은 그동안 항일 지하활동을 위해 만주 하얼빈에서 생활하던 분이다. 타지에 숨어서 항일 운동을 하다가 몸에 병을 얻는 바람에 집에 돌아와 있었는데, 아버지는 형 때문에도 고심이 크셨다. 내 생각을 들은 둘째 형은 대단히 기뻐하였다. 형도 학병 징집 이야기를 듣고서 나와 같은 생각을 떠올렸지만 먼저 말을 꺼내지는 못했다고 한다. 함경도 어대진에서 초등학교 교감으로 있던 셋째 형도 내 계획을 듣고 역시 대찬성을 해주었다. 다음으로 만형에게 얘기하니 몹시 걱정하면서도 동의해주었다.

그러나 해결하기 어려운 문제가 많았다. 내가 중국 전선으로 배치될 것인지가 첫째 문제였다. 또 일본군에서 탈출하여 독립군을 찾아간다는 것도 어려운 일이거니와 독립군으로서 일본군과 싸우다가 십중팔구는 죽게 될 것이 분명한 것이었다. 그러기에 형들만 이 계획을 알고 어머니와 다른 가족들에게는 절대 알리지 않으며, 또 적들이 눈치채지 못하도록 학병 지원을 끝까지 거부하는 것처럼 행동하기로 하였다.

형들의 지지는 내 마음을 든든하게 하였고, 좀 더 냉철하고 침착하게 생각을 가다듬게 하였다. 나는 이 세상에 나와서 처음으로 죽음에 대하여 심각하게 생각하였다. 이제 내 나이 스물둘이다. 이 세상에 태어나서 나와 가족은 말할 것 없고 불쌍한 내 조국을 위해서 아무 일도 못하고 죽는다면 이 얼마나 허무한 것인가! 그보다도 내가 일본군에서 탈출하지 못하고 일본 군인으로서 우리 독립군이나 연합군에 총질하다가 죽는다면 또 얼마나 수치스럽고 죄스러운 일이겠는가! 생각만 해도 소름 끼치는 일이다.

나는 전선에 배치되는 대로 곧 탈출하리라고 마음먹었다. 중국 전선으로 가든 동남아 전선으로 가든 기필코 탈출하여 독립군이나 연합군 편에서 일본과 싸울 것을 다짐하였다. 그리고 아무도 모르게 유서를 써서 내 짐의 밑바닥에 넣어두었다. 어머니에게 남기는 유서에는 "어머님보다 먼저 죽게 되어 큰 불효자식이 되겠지만, 우리 민족의 해방을 위하여 싸우다가 죽은 것이니 슬퍼하지 말아주십시오"라는 내용을 적었다.

이 시대의 한국 사람이라면 누구나 반일 감정을 품었지만 이를 행동으로 옮기는 것은 결코 쉬운 일이 아니었다. 그만큼 일제의 탄압이 극심했기 때문이다. 그런 상황에서도 앞장서서 싸우다가 목숨을 잃은 선열과 감옥에서 고초당하는 독립투사들은 정말로 존경할 만한 인물들이었다. 우리 민족은 영원히 그분들의 높은 뜻과 공로에 감사해야만 할 것이다. 나는 그들을 우러르며 부족하나마 그 뒤를 따르려고 마음먹었다. 머릿속 생각만으로 머물지 않고 무엇인가 행동으로 옮겨야만 우리 민족이 해방을 맞이하리라 믿었다. 나도 우리 민족의 자유와 조국의 독립을 위하여 모래 한 알만치의 역할이라도 하리라 단단히 각오하였던 것이다.

부드럽고 순할 것만 같은 겉모습인데 행동은 전혀 다르다는 것이 나에 대한 주위 사람들의 평이다. 내 한평생은 일제의 탄압과 불의에 항거하고, 부당한 권력에 저항하는 삶이었다. 이를 반골이라고 하는데, 이처럼 저항하는 기질이 어떻게 해서 나에게 생겼을까? 흔히 대학 강의실에서 역사 인물을 분석할 때 사용하는 방법을 스스로 적용해본 적이 있다. 인물을 분석할 때면 시대정신, 가정환경, 지리 환경, 교육 배경 등을 늘 강조하는데, 나도 그런 것들의 영향을 받았다.

시대정신

1910년 망국으로부터 1945년 광복까지 우리 민족의 시대정신은 주권의 회복과 민족의 해방이며, 이를 위해서 우리 민족은 누구나 외세에 항거하고 싸워야 한다는 것이 나의 소신이었다. 따라서 나의 반골 기질은 젊은 시절에 이러한 시대정신을 좇다 보니 자연스럽게 형성된 것이 틀림없다.

가정환경

어릴 때부터 아버지는 조상의 이야기를 자주 들려주었다. 우리 집안은 충주 김씨 문중의 벽동파에 속한다. 충주 김씨의 시조는 신라 경순왕의 16세손으로 고려 때 문하시중을 지낸 김남길이며, 그의 7세손 때 와서 철산파·벽동파·의주파로 나뉘었다고 한다.

여기에는 곡절이 있다. 김남길의 6세손 도민은 문과에 급제하여 조선 7대 세조 때 이조참의를 지냈는데, 임금에게 직간하다가 세조 11년 평안북도 철산으로 유배되었다. 다행히 그의 세 아들 양수·양한·양희는 벼슬길이 막히지 않아 각각 문과에 급제하여 9대 성종 때 양수는 예조판서, 양한은 이조판서, 양희는 장령을 지냈다. 그런데 이 삼형제도 강직한 성품이어서 성종에게 직간하다가 1480년에 장남 양수는 철산으로, 둘째 양한은 벽동으로, 막내 양희는 의주로 유배되었고, 결국 이들의 후손이 철산파·벽동파·의주파가 된 것이다.

벽동파 선조들은 대대로 평안북도 벽동에서 살았으나 할아버지(김봉구) 때 강계로 이사하였다. 이후로 집안 재산이 늘기 시작하였고, 아버지는 더욱 근검 노력하여 나중에 강계에서 일등 부자로 소문난 지주가 되었다.

나는 어렸을 때부터 아버지가 유배당한 선조들의 이야기를 자랑 삼아 여러 차례 들려주신 것을 잘 기억하고 있다. 평소 과묵하던 아버지는 그런 강직한 성품의 선조 이야기만 나오면 말수가 많아지셨는데, 아마 집안 자랑보다는 어린 나에게 그와 같은 훌륭한 인물이 되라는 교훈이었을 것으로 짐작한다. 어린 시절에 내가 그러한 선조들을 동경하면서 지낸 것이 어쩌면 나의 반골 기질 형성에 큰 영향을 주었을는지도 모른다. 유배당한 선조들의 이야기를 우리 형제에게 되풀이해서 들려주신 아버지 역시 반골 정신이 충만하지 않았는가 생각이 된다.

앞서 말한 대로 아버지는 전형적인 유교 선비로서 한학에 조예가 깊었지만 이재에도 밝으셨다. 처음에 아버지는 강계읍에서 직조 공장도 경영하고 상업에 종사하면서 시중 지역[01]의 땅을 사들였는데, 땅이 늘어가자 공장과 상업을 정리하고 시중으로 이사하였다. 어린 시절 어느 눈 내리는 겨울날, 우마차에 짐을 싣고 시중으로 이사하던 풍경이 떠오른다. 내가 유치원에 다니던 때이니 아버지도 겨우 서른다섯이었을 텐데 이 무렵 아버지는 강계에서 손꼽히는 부자라는 말을 들었다.

삼대독자인 아버지는 가까운 친척이 없어서 늘 외로워하셨다. 그러다가 우리 대에 와서 4남 1녀(경엽, 명엽(딸), 창엽, 찬엽, 준엽)를 두어 아버지는 대단히 기뻐하셨고, 어머니도 많은 자녀를 늘 자랑스러워하셨다. 이 무렵 맏형은 서울 중동학교에서 공부하고 있었는데, 재산은 늘어가고 자식들도 잘 자라니 더없이 행복한 가장이었을 것이다.

그런데 강계에서 시중으로 이사하였다는 것은 중국 땅과 경계인 압록강에 더욱 가까워졌다는 의미이다. 강변의 만포진까지 50리(약 21킬로미터)밖에 되지 않는다. 이사 후 우리 집에는 낯선 사람들이 가끔 들르고, 그 사람들이 집을 떠나면 쉬쉬하는 분위기가 만들어지곤 했다. 나중에 좀 더 자란 다음에야 알았지만, 아버지가 남만주에서 활약하는 독립군에게 군자금을 대셨다고 한다.

한편 어머니는 성품이 매우 활달하셨다. 남자로 태어났으면 어머니는 틀림없이 큰일을 성취했을 것으로 나는 믿는다. 어머니가 시집 온 다음에 재산도 많이 늘고, 손이 귀한 가문에서 아들 넷, 딸 하나를 낳았으니 긍지를 가지셨을 것이다. 또한 대단히 열정적이고 적극적이었다. 자식 사

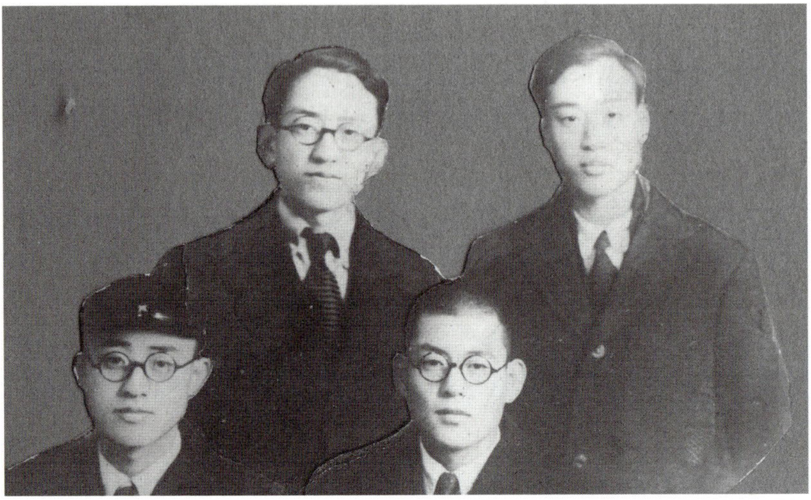

저자의 4형제 뒷줄 오른쪽부터 김경엽, 김창엽, 앞줄 오른쪽부터 김찬엽, 저자

랑이 지극했고, 가난한 사람들에 대한 동정심이 여간 깊지가 않았다. 가난한 사람들에게 쌀을 퍼주시며 '불쌍한 조선 사람들!' 하며 탄식하는 것이 기억난다.

나는 또한 훌륭한 형들이 있는 것을 늘 자랑스럽게 여겼다. 방학 때면 형제가 모두 모이게 되는데, 특히 여름방학에는 사형제가 산책도 같이 하고 명승지도 함께 찾아다녔다. 누나는 일찍 출가하여 강계읍에서 살다가 부모님이 외동딸만 떨어져 살게 하는 것이 마음에 걸려 가까운 곳에 집을 마련하여 이사케 하였다. 내가 형들을 훌륭하게 생각하는 까닭은 나에게 베풀어준 깊은 사랑은 물론이고, 일찍이 항일사상에 투철하여 나를 바른 방향으로 지도해주었기 때문이다.

나는 신의주고등보통학교에 입학하면서부터 민족사상이 싹트기 시작했는데 이것을 잘 키워준 것은 형들이다. 방학에 모여서 이야기를 나누면 전적으로 일본인들의 한국 사람에 대한 횡포를 성토하고, 어떻게 하면

시중 보통학교 시절의 저자 저자(앞줄 왼쪽에서 두번째), 오른쪽은 둘째 형 창엽

하루속히 일본의 압제에서 벗어날 수 있는지가 화제였다.

특히 둘째 형은 급진적이어서 표면상으로는 공부하러 간다고 하고는 만주 하얼빈에서 독립운동에 뛰어들어 지하공작을 한 일도 있다. 앞서 이야기하였지만, 그러다가 지병을 얻어 어쩔 수 없이 고향으로 돌아왔는데 일본 경찰의 추궁으로 고생하였다. 그러다 아버지가 일본 경찰을 매수하여 형이 무사히 풀려나게 한 일도 있다. 게다가 둘째 형은 아버지에게 간청하여 분가하고는 나누어 받은 재산(토지)의 대부분을 소작인들에게 무상으로 돌려주기까지 하였다.

내게 뿌리박힌 반골 정신은 먼 조상으로부터 시작하여 부모님과 형들에게 물려받고 또 배운 것이다. 사람은 누구나 가정환경이 중요하다고 한다. 학교 교육도 가정과 협력하여야만 올바른 교육이 된다는 것은 이 까닭이다.

지리 환경

내가 태어난 평안도는 조선의 수도 한양에서 머나먼 땅, 유배지로도 알려진 차별받는 지역이었다. 따지고 보면 내 선조뿐만 아니라 중앙 정계에서 실패한 많은 사람이 평안도로 유배되었으니 그 후손을 조정에서 쉽게 등용할 까닭이 없었다. 미국 하버드대학의 한국사 교수이며 나의 가까운 친구인 에드워드 와그너 교수의 연구에 의하면, 조선왕조의 과거시험에서 문과 급제한 사람은 약 1만 5천 명이라고 한다. 그들의 출신 지역을 살펴보면, 평안도 출신은 경상도와 경기도의 다음가는 3위를 차지할 정도로 많았지만 관리 등용에서는 홀대받았다고 한다. 이러한 차별 대우로 인해 평안도 사람들은 중앙의 세도가에 대한 저항 의식이 커졌을 것이고, 아마 이런 기질이 또한 나에게도 유전되었는지도 모른다. 또한 평안도는 우리나라에서 기독교를 가장 먼저 받아들였을 뿐만 아니라 그 세력이 가장 강한 지역이었다. 만인 평등을 주장하는 기독교는 조선왕조를 지탱하는 주자학에 대항하는 가치관이어서 그 지역 사람들의 비위에 꼭 맞았을 것이다.

이러한 정신적 배경이 있었기에 평안도 사람들은 외세의 침략에 누구보다도 민감했고, 망국 이후에 수많은 독립운동가를 배출했다. 안창호 선생, 이승훈 선생, 조만식 선생은 그 대표적 인물이다.

압록강과 두만강을 이야기하자면 먼저 만주에서 펼쳐진 우리 독립군의 항일 투쟁을 떠올릴 것이다. 강계는 강 건너 만주에 있는 독립군의 근거지와 가장 가까운 한국 땅이어서 독립군에 관한 소식이 빨리 전달되는 곳이기도 했지만, 원래부터 이 지역의 항일 의식은 매우 높은 편이었다. 전국 방방곡곡에서 총궐기한 3·1 운동 때, 이 지역의 저항은 더욱 거

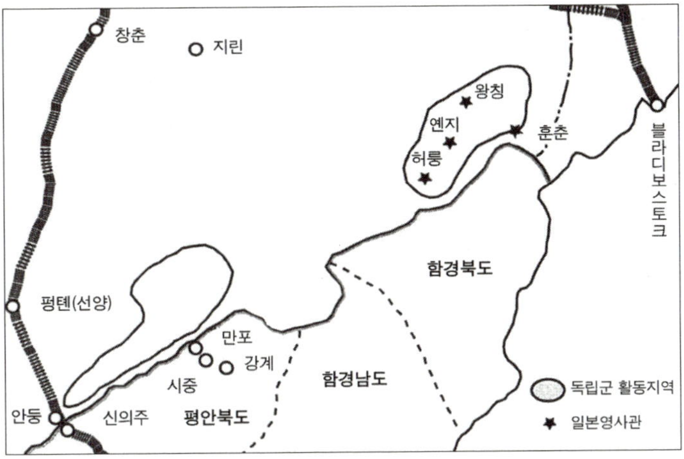

독립군 활동 지역

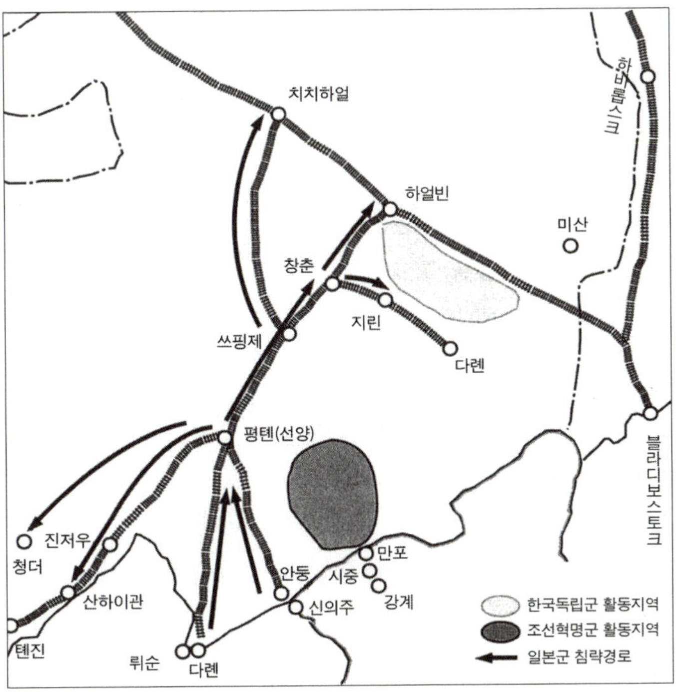

만주사변과 독립군

세었던 터라 이른바 '강계의 참살' 사건이 발생하였다. 나는 3·1 운동 이후에 태어났지만, 군자금을 얻기 위하여 잠입한 독립군들이 우리 집에 드나들던 것을 보았고, 또 우리 독립군과 일본군의 전투가 벌어질 때의 대포 소리를 들으면서 자란 것이다.

교육 환경

나는 1935년에 시중보통학교를 졸업하고 그해 신의주고등보통학교에 입학하였다. 그때 맏형은 서울의 중동학교를 졸업하고 고향에 돌아와서 아버지의 뒤를 이을 후계 훈련을 받고 있었으며, 둘째 형은 신의주의 상무학교 졸업을 앞두고 있었고, 셋째 형은 신의주고보 학생이었다. 집안이 부유하기도 했지만 유교정신에 투철하신 아버지는 자녀 교육에 남다른 관심을 두었으므로 온갖 어려움을 무릅쓰고 우리를 '유학'시킨 것이다.

신의주고보에 입학하자마자 학교에서는 동맹휴학이 일어났다. 일제강점기에 신의주고보는 평양고보·함흥고보·동래고보와 함께 동맹휴학이 가장 심한 학교였다. 당시 동맹휴학의 대상은 학교였으나 실질적 내용은 항일이었다. 그만치 학생들의 반일의식이 강했다. 이런 일이 일어나면 으레 주모자는 경찰에 체포되어 퇴학당했고, 참여한 학생들도 경찰서에 끌려가서 곤욕을 치르곤 했다.

그때는 도마다 하나씩 공립고등학교가 있었는데 학교 교사 20여 명 가운데 한국인 교사는 3~4명밖에 없었다. 내가 입학할 적에 신의주고보에는 차익순 한국어 및 한문 선생님, 김응표 미술 선생님, 정인협 수학 선생님, 이일성 체육 선생님이 한국인 교사였고, 나중에 한성수 공민 선생님이 부임해 왔다.

1937년에 중일전쟁이 일어난 뒤 일제는 식민통치를 더욱 강화하여 민족문화와 민족정신을 말살하는 정책을 강행하기에 이르렀다. '내선일체'를 떠들면서 이른바 동화정책을 쓰기 시작했는데, 맨 먼저 학교에서 민족어를 쓰지 못하게 하였다. 말하자면 '조선어 및 한문' 과목을 없앴는데 이로 말미암아 차 선생님이 학교를 떠날 수밖에 없었다. 서툰 일본어로 작별 인사를 할 수밖에 없었던 쓸쓸한 선생님의 모습은 지금도 눈에 선하다. 그러고 얼마 뒤부터는 이일성 체육 선생님의 모습이 보이지 않았다. 사상이 불온하고 학생들에게 민족정신을 고취했다는 이유로 감옥에 붙잡혀 갔다는 것이다. 이 선생님은 퇴임식마저 할 수 없었다.

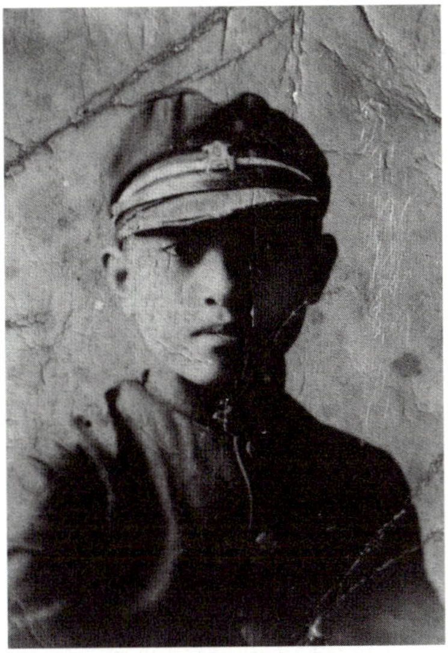

신의주고등보통학교 시절의 저자

미술을 가르치던 김응표 선생님은 1923년 9월의 간토대지진 때 한국 사람이라는 이유로 겪은 쓰라린 경험담을 늘 되풀이해서 이야기해 주었다. 간토대지진은 규모가 엄청나서 일본 중부지방을 쑥대밭으로 만들었는데 일본인들은 엉뚱하게도 한국인에게 분풀이를 했다. 온갖 헛소문으로 한국인을 몰아가고 불법 체포나 구금, 구타도 서슴지 않았던 것이다. 그것은 단순히 경험담이 아니었다. 매번 되풀이되는 얘기에 "또 그 소리인가" 하고 철없는 말을 하는 학생들도 있었지만, 김 선생님으로서는 뜻이 있어서 하는 말씀이 틀림없었다.

나중에 오신 한성수 선생님은 부임 초에 친일적인 언행으로 학생들이 대단히 미워했다. 그러다가 4학년 말 수학여행에서 학생들을 인솔하여 일본에 다녀온 다음부터 180도로 사상이 변하였고, 학생들의 뒤를 정성껏 돌봐주어서 졸업할 무렵에는 학생들의 존경을 많이 받았다.

학교의 분위기는 이러한 데 일제의 동화정책은 날이 갈수록 심해졌다. 전체 학생이 모인 조회에서 날마다 '황국신민 서사'라는 것을 큰 소리로 복창하게 하고, 일본 천황이 있다는 동쪽을 향하여 절하게 하더니, 나중에는 교정에 봉안전이라는 것을 만들어 현인신을 '모시고' 우리에게 항상 배례할 것을 강요하였다. 그뿐인가. 1938년부터는 '국어(일본어) 상용'을 강요하여 학교는 물론이고 집에서도 일본어를 쓰라는 것이었다.

일제의 이러한 횡포에 반감을 품는 것은 당연한 일이다. 상급반이 되면서 나이도 한두 살씩 더 먹어 철도 많이 들었거니와 내 마음속에도 뚜렷하게 민족정신이 싹트기 시작하였고, 일인들의 횡포가 심해질수록 그에 대한 증오감만 깊어졌다. 이것이 나뿐이겠는가.

1938년 10월 하순에 일본 침략군은 중국의 한커우를 함락하였다. 중일전쟁이 일어난 다음 우리는 여러 차례 동원되어 역으로 나가 중국으로 가는 일본군 수송열차를 '환송'하였으며, 또 일본군이 중국의 큰 도시를 점령할 적마다 야간 '축하 행렬'에 강제 동원되었다. 이런 행사에 대한 학생들의 생각이 어떠하였는지는 설명할 필요조차 없을 것이다.

반일 감정이 행동으로 터지기 시작하였다. 일제가 우한삼진(중국 후베이성의 요충지 한커우·우창·한양을 함께 일컫는 말)을 점령했을 때도 우리는 가두행진에 동원되어 쌀쌀한 초겨울 밤 초롱불을 들고 일본 군가를 불러야 했다. 이날 우리는 누가 먼저랄 것도 없이 이심전심으로 불을 끄고 침묵 행진을 하였을 뿐만 아니라 야밤에 학교로 돌아와 교실의 유리창을 마구 부수어버렸다. 화가 난 학교 당국과 경찰이 모든 수업을 중단하고 주모자를 색출하려고 하였으나 실패하였다.

그러고 얼마 뒤에 우리 4학년(90여 명) 학생 전원이 수학여행으로 일본에 가게 되었다. 아마테라스 오미카미[02]를 모신다고 하여 성지로 여기는 이세신궁을 구경한 날 밤, 이세에서 하룻밤을 묵게 되었는데, 마찬가지로 수학여행 중이던 규슈 가고시마 공업학교의 학생들과 사소한 일로 집단 난투사건을 일으켜 일본 학생들을 흠뻑 두들겨 준 사건이 발생하였다. 싸움의 원인은 뚜렷하지 않으나 평소 쌓였던 반일 감정 때문이었던 듯하다. 도쿄의 메이지천황기념관을 관람하던 날은 학생들이 단체로 구속될 처지에 놓이기도 했다. 아마테라스 오미카미가 우리에게 무슨 의미가 있을 까닭이 없었고, 일본인이 떠받드는 천황에 대한 감정이 그들과 같을 수는 없었다. 아니 우리에게는 나라를 삼켜버린 원흉이었다. 일본인들처럼 경건할 수 없어 떠들썩하게 웃으며 건성으로 한 바퀴 돌고 나오니 분위기가 심상치 않았다. 우리의 관람 태도를 문제 삼아 '불경죄'를 물으려는 상황에서 인솔한 일본인 선생님들의 간곡한 사죄로 겨우 풀려났다.

돌아오는 길에는 부산역 앞에서 또다시 난투극이 벌어졌다. 일본말을 하는 한국인 중학생이 영 못마땅해서 "한국인이면서 왜 일본말을 하는가" 하고 우리가 먼저 싸움을 걸었기 때문이다. 삽시간에 그쪽 학생 100여 명이 가담하여 혈투전으로 번지는 바람에 전부 경찰서에 붙잡혀 갔다. 이번에도 선생님들이 학교에서 책임지고 엄벌하겠다는 서약서를 쓰셨다. 그렇게 수학여행을 마치고 신의주로 돌아왔으나 우리는 몇 주 동안 수업도 제대로 받지 못하고 불도 때지 않은 추운 교실에서 날마다 반성정좌의 벌을 받았다. 난투보다도 그 싸움의 동기가 불온하다는 것이었다. 모두가 입을 다물었지만 학교 측은 몇몇을 주동자로 몰아서 퇴학과 무기정학 처분을 하고 일단락을 지었다.

수학여행 후 달라진 것은 인솔교사였던 한성수 선생님의 태도가 완전히 변한 것이었다. 그동안 친일적이던 한 선생님은 무슨 이유에선지 전혀 다른 분이 되었다. 아마도 어린 제자들이 당당하게 일본에 대항하는 모습에 감동하였던 것이리라 우리는 모두 그렇게 믿었다. 졸업반인 5학년 때 우리 반 담임 선생님이었는데 늘 학생 편에 서서 잘 돌봐주셨던 것을 나는 일생 뜻있게 추억하고 있다.

신의주고보는 이러한 반일적 분위기가 넘쳤던 곳이다. 게다가 신의주는 압록강 건너 만주 땅을 마주한 국경도시이다. 내가 신의주고보에 다닐 적에는 독립군이 싸우는 대포 소리는 들리지 않았지만, 독립운동가들이 늘 이곳을 드나든다는 소문은 자자하였다. 신의주 형무소에는 사상가들[03]로 가득 차 있다고 하였다. 또한 밀수꾼들이 우글거리는 도시이기도 하였다.

압록강 철교를 건너 만주 안동을 마음대로 오갈 수 있어서 일요일이면 셋째 형님과 함께 안동에 여러 차례 갔었다. 특히 안동의 옛 시가지—말하자면 중국인 거주지를 찾는 것이 커다란 낙이었는데, 어쩌면 이것이 내가 중국사를 전공하게 된 이유 중의 하나가 될런지 모르겠다. 나는 역사와 지리 과목을 특별히 좋아했고, 항상 우리 민족의 역사에 큰 관심을 두었지만 학교에서는 일본사만 가르쳐 주었다. 당시 대학의 동양사에서는 중국사가 주이지만 조선·만주사도 함께 가르친다고 해서 대학에서 동양사를 전공하게 되었다. 내 생각의 밑바닥에는 중국 안동의 거리를 보면서 느낀 중국이나 중국인에 대한 호기심과 흥취가 깔려 있었던 것으로 생각한다.

이렇게 나는 신의주고보를 다니는 5년 동안 반일 감정에서 시작하여 차차 민족의식이 싹텄다. 이는 일본 도쿄에서의 유학 생활을 통하여 더욱 굳어지고, 드디어는 독립군에 참여하겠다는 결심으로 발전하였다.

도쿄 유학—4년간의 적중 생활

나는 신의주고보를 졸업하고 곧바로 일본으로 갔다. 그리고 도쿄에서의 유학 생활은 아버지의 부고를 받은 1943년 10월까지 4년간 이어졌다. 그때만 해도 아직 태평양전쟁이 발발하기 전이며, 일본 정부가 '대동아공영권'을 떠들기 시작할 무렵이다. 일본의 기세는 승승장구하고 있어서 나의 반일 감정 따위는 완전히 무시당하는 느낌이 들 정도였다. 한국의 독립이란 꿈에 지나지 않는 듯하고, 우리 민족의 해방은 멀기만 하던 시기이다.

일본의 정국도 만주사변을 계기로 파시즘 체제가 해마다 강화되고, 한국에 대한 압제도 혹독한 것이었다. 이런 시대에 태어난 나는 청춘의 낭만을 누릴 여유라고는 없었다. 이것은 나만이 아니라 그 시대에 태어난 한국 청년이라면 누구나 마찬가지였을 것이다.

이처럼 신의주고보에서 다져진 나의 반일감정은 부산부두에서 일본 시모노세키로 떠나는 배를 타는 순간부터 더욱 격화된 것을 나는 똑똑히 기억한다. 부산역에 도착한 시간은 저녁 8시, 부두로 가는 승객들은 기차에서 내리자마자 모두 짐을 들고 뛰었다. 배가 출발하는 시간은 두 시간 뒤인 밤 10시였지만, 서둘러 가야 좋은 자리를 차지할 수 있어서다. 대부분의 한국인이나 학생들은 일등실이나 이등실을 탈 수 없으니까 삼등실을 이용하는데, 삼등실에도 두 종류가 있었다. 배의 제일 밑바닥 삼등실에 자리를 잡으면 밤새 기관 소리로 잠을 잘 수 없으니 절로 발걸음이 빨라지는 것이다. 그런데 이때 형사들이 나타나 한국인 학생들을 족집게로

일본 게이오대학 시절의 저자

뽑듯이 잡아냈다. 그러곤 파출소로 연행하여 조사하는 것이었다.

형사들의 강압적 태도도 아니꼽지만 조사를 받고 나서 배를 타니 좋은 자리는 먼저 탄 일본인들이 모두 차지하고 없었다. 이러니 일본인들이 밉지 않을 수 있을까. 시모노세키에 도착한 뒤 동해도선의 기차 안에서도 일본 형사들이 따라오면서 귀찮게 했다. 이걸 경험하고 나니 바보가 아닌 이상 한국 사람으로서 반일 감정이 생기지 않을 수가 없는 일이었다.

그뿐이랴. 한 달에 한두 번은 하숙집에 형사들이 찾아와서 동정을 살피고, 또 집에 없을 때에도 찾아와서는 집주인에게 나에 관한 정보를 청취하고 조금이라도 이상한 것이 있으면 경찰서로 즉각 연락하라는 지시를 해두었다. 그러나 집주인이 일본인이기는 하나, 오랫동안 함께 지내다 보면 인간적으로 정이 들어 형사보다는 나와 가까워지는 일이 많았다.

일본의 감시와 통제가 있었지만 유학 시절에 힘이 되어주었던 이들도 있다.

먼저, 나와 함께 게이오대학에 다닌 최기일 형은 신의주고보 동기로서 죽마고우이다. 나와 사상이 비슷하여 유학하는 동안 서로 격려하고 의지하면서 지냈다. 경제학을 전공한 최형은 '학병'을 거부하고 시멘트 공장에서 일하다가 일제의 항복을 지켜봤는데, 해방 후 이승만 박사의 비서 일을 보다가 미국으로 건너가, 하버드대학에서 경제학 박사를 얻은 뒤에 미국에서 대학교수가 되었다.

신의주고보 1년 선배로서 도쿄공과대학에 다니던 김형기 형도 있다. 김형의 아버지는 독립운동가로서 일찍이 중국에 망명해 있었고, 그의 어머니 또한 열렬한 애국부인이었다. 김형은 공학도로서 겉으로는 여러 가지 기계를 실험하는 척하면서 은밀히 단파수신기를 조작하여 해외 소식을 들었다. 우리는 김형을 통하여 충칭으로 옮긴 우리 임시정부나 김구 선생, 이승만 박사에 관한 소식을 들을 수 있었다.

또 한 사람 우리 그룹 멤버는 게이오대학 법학부에 다니는 김영진 형이다. 대단히 머리가 명석하고 독서를 많이 하였을 뿐만 아니라 불과 같은 항일 정신을 지니고 있었다. 김형은 정치학을 전공하여 이론적 무장이 잘 되어 있었으며, 우리나라가 독립하면 민주공화정치를 해야만 한다고 주장하였다.

우리 넷은 역사학·경제학·정치학·자연과학(기계공학) 등으로 서로 전공 분야가 달라 함께 어울리면 학문적으로도 많이 보완할 수 있었다. 무엇보다도 우리는 항일 투지를 굽히지 않고 서로 의지하면서 더욱 굳게 하였을 뿐만 아니라 이론적 무장을 튼튼히 할 수 있었던 것은 여간 다행스러운 일이 아니었다.

나는 동양사 중에서도 현재와 가까운 최근세사에 깊은 관심과 흥미를 느끼며 공부하였다. 우리나라는 어찌하다가 망했으며, 아편전쟁 이후 강대국 중국은 왜 몰락의 길을 걸었을까. 그리고 동아시아 3국 중 가장 뒤떨어졌던 일본이 메이지유신을 겪은 다음 어떻게 강력한 나라가 될 수 있었는가. 무슨 이유로 일본은 근대화에 성공했는가? 또한, 어찌하여 서양 세력이 동양을 압도하게 되었으며, 근대화에서 앞서게 되었는가 하는 것들이 모두 궁금하기만 했다. 이것은 도탄에 빠진 조국의 현실을 진단하고 치료 방법을 찾아내려는 나의 절실한 소망에서 일어난 관심이었다.

내가 게이오대학에서 학문 이외에 배운 것이 있다면 창설자 후쿠자와 유키치의 생애에서 얻은 감명이다. 후쿠자와는 1835년생으로 1860년 이후 세 차례에 걸쳐 도쿠가와막부의 외유 사절로 해외여행을 다녀온 뒤 《서양사정》·《학문의 권유》·《문명론의 개략》 등 이른바 후쿠자와 삼부작을 저술하여 당시 일본 사회에 선풍을 일으킨 계몽 사상가이다. 그는 일본 근대화의 선구자로서 게이오대학을 설립했고, 학술단체 메이로쿠샤가 만든 《메이로쿠 잡지》의 동인으로서 일본의 자유 민권 운동에 앞장서기도 했다.

그는 또한 메이지유신 이후 새 정부의 초빙을 받았으나 끝내 사양하고 학문 연구와 제자 양성, 그리고 언론 활동에만 전념하였다. 그는 현대 일본 건설에서 정계나 재계, 그리고 군부의 그 누구보다 큰 공헌을 했다고 인정받고 있다. 오늘날 일본 근대화에서 기여한 후쿠자와의 공적을 기려 일본 1만 엔 지폐에는 그의 초상화가 그려져 있다.

우리나라 사람 중에도 김옥균·유길준을 비롯하여 개화기 사람들이 후쿠자와와 깊은 관계를 맺었으므로 우리나라의 근대화 운동에도 영향을 끼친 것이 틀림없으나, 후쿠자와는 대외 문제에 대해서는 제국주의적 색채를 강하게 풍기고 있었다. 청일전쟁에서 일본의 침략전쟁을 지지하였고, 또한 일본은 아시아를 벗어나 서구와 발맞춰야 한다는 탈아론을 주장하면서 아시아 민족을 업신여기는 태도를 취하였다.

내가 후쿠자와로부터 감명을 받은 것은 그런 이유 때문이 아니라 그가 부르짖던 게이오대학의 교훈인 독립자존의 정신, 그가 관의 유혹을 끝내 뿌리치고 학문과 언론 활동에만 전념했던 생활철학에 대한 것이다. 또한 게이오대학이 다른 대학에 비하여 리버럴했던 것도 설립자 후쿠자와

가 세운 전통이었는데, 그런 학문적 태도와 일본 근대화에 이바지한 역할에 깊은 감명을 받은 것이 틀림없다.

대학에서 배운 독립자존은 나에게는 우리나라의 독립자존을 뜻하는 것이고, 리버럴이란 우리 민족의 해방을 의미하였다. 후쿠자와가 일본의 근대화에 학문과 교육, 그리고 언론을 통해서 기여한 것처럼 나도 우리 조국의 근대화를 위하여 헌신할 것이라는 정신을 기를 수 있었다.

나는 이처럼 유학 중 받았던 일본 형사들의 감시와 멸시로 더욱 반일적이 되었고, 친구들과 대학교육을 통하여 우리 민족의 앞날에 대하여 생각을 구체화하였다. 그러나 모든 동포 친구들에게 마음을 열 수 있었던 것은 아니다. 때로 비뚤어진 한국인 학생도 있어서 그들에게 독립운동 얘기를 하면 "사상가인 척한다"라고 빈정대기도 했다. 혹시 밀고할까 걱정되어 유학생끼리도 여간해서는 마음 놓고 이야기를 나눌 수가 없었다.

당시 나는 아버지의 덕으로 아무런 걱정 없이 공부할 수 있었지만 이른 새벽에 신문이나 우유를 배달하는 사람은 대개가 한국인 고학생들이었다. 아직 날이 밝기 전에 이마에 흰 띠를 동여매고 배달하느라 뛰어다니는 동포 학생을 볼 적마다 나는 여간 마음이 아프지가 않았다. 왜 우리 민족은 이렇게 가난해야만 하는가. 그들의 노력에 머리는 숙이면서도 가난한 우리 민족의 모습을 보는 것과 같아 문득 씁쓸해지기 일쑤였다. 이렇게 공들여 공부하고 대학을 졸업해도 취직의 길이란 막연하기 짝이 없었다. 법과를 졸업한 사람은 군수나 하고, 문과를 졸업한 사람은 중학교 교사가 되는 것이 전부였다. 나라가 독립하기 전에는 이 모든 것을 해결할 수가 없는 것이다.

최기일 형과 함께 숭덕학사로 박영출 목사를 찾아간 일이 있다. 박 목사는 교회의 지원으로 유학생들의 숙소로 숭덕학사를 운영하면서 학생들에게 기독교를 설명하고 예배를 보면서 은근히 민족정신을 고취시키고 있었다.

어느 날 나는 하숙집이 있는 지유가오카 구혼부쓰 부근에서 뜻밖에도 여운형 선생을 만난 일이 있다. 그때 여 선생은 하얀 두루마기의 한복 차림으로 길을 걷고 있었다. 나는 초면이지만 대번 선생을 알아보았다. 하얀 한복에 하얀 수염이 아주 인상적이었다. 여 선생은 내가 그를 존경하는 조선 학생인 것을 알고 무척 기뻐하였다. 약속이 있어 긴 이야기를 할 수 없는 것을 나보다도 선생이 더 서운해하였다. 그는 내 손목을 굳게 잡으며 격려해 주었다. "조선의 장래는 김군과 같은 젊은이의 양어깨에 달려 있다"라고 힘주어 말하는 것이었다. 방학에 서울에 오면 자기를 찾아달라고 하면서 헤어졌다. 말이 없는 가운데 '모든 것'이 가슴으로 통하는 것을 느꼈다. 내가 평소 독립운동가에 대하여 숭배에 가까운 감정을 품고 있어서 그랬는지는 몰라도 이날 길가에서 이뤄진 여운형 선생과의 짧은 만남은 젊은 나에게 심대한 영향을 주었고, 반드시 그분들을 뒤따르리라고 다짐하는 순간이었다.

유학 생활 중 확고해진 내 항일 정신은 이제 행동으로 옮겨야 한다는 결론에 도달하고 있었고, 그러던 차에 학병 문제가 생긴 것이다. 나는 학병으로 나갔다가 탈출하여 내가 동경하는 독립군에 가담하고, 조국의 독립을 위하여 목숨을 바치겠다는 각오를 다졌다.

3. 탈출 계획과 입대

앞서 말한 대로 전선에 도착하는 즉시 일본군에서 탈출하여 우리 독립군이나 연합군에 참여하기로 마음먹고 유서까지 써 놓았다. 무엇보다 일본군 탈출만은 꼭 성공해야 했다. 독립군이나 연합군에 참여하지 못하고 죽는다면 그 이상 허무한 일은 없을 것이다. 이로부터 나는 치밀한 탈출 계획을 세우는 데 모든 신경을 집중하였다.

학병문제가 심각해졌을 때 나는 탈출 의도를 은폐하기 위하여 갖은 제스처를 다 썼다. 심지어 나를 대신하여 둘째 형님이 일본군에 입대하겠다고까지 하였다. 그러다가 1943년 11월 말에 가서 지원서에 날인하였는데, 이러는 동안에 나는 본격적으로 탈출 계획을 세워 나갔다. 나의 마음은 이미 독립군에 가 있었다.

일본 정부는 '학도병'들에게 군대라는 것이 어떤 것인지 예비훈련을 시켜야 한다고 하면서 1943년 12월 22일부터 28일까지 1주일간 전국의 학병을 서울로 소집하였다. 훈련 자체보다도 지원서에 날인한 사람들을 점검하여 학병 동원 계획에 차질이 없도록 하는 것이 주목적이었을 것이다. 나는 서울 동소문에 있는 동성중학교에 배치되었는데, 훈련은 교실을 병사로 꾸민 곳에서 공동취침하는 것이나 공동으로 취사하는 일, 그리고 신체검사 등으로 병영생활에 대한 사전 인식을 주는 것 이외에는 주로 정신훈련이라는 것이었다.

이곳에서는 의외의 소득이 있었다. 많은 학생이 한곳에 모이다보니 여러 가지 정보가 전파되었다. 나는 아버지의 별세로 10월, 11월의 두 달 동안을 시골 고향에 묻혀 있었기 때문에 바깥소식을 잘 모를 수밖에 없었다. 가장 중요한 정보는 입대하자마자 한국인 학병은 모두 중국이나 동남아 전선으로 파견한다는 것이고, 십중팔구는 중국으로 배치될 것이라는 점이었다. 이것은 나에게 희소식이 아닐 수 없었다. 독립군과 임시정부가 있는 중국으로 파견된다면 그 이상 바랄 것이 없지 않은가. 일본군은 한국 사람들을 달래기 위하여 훈련이라는 것을 일부러 어수룩하게 짜 놓고 점심이나 저녁식사 후에는 가끔 외출도 허용하였다.

외출하던 날 나는 성균관 앞에 사는 고모(김필결) 집으로 갔다. 촌수로는 먼 친척이지만 가까이 지내던 고모는 결혼 후 남편을 일찍 여의고 2남 1녀를 홀로 기르고 있었다. 어려운 환경 속에서도 어린 자녀들을 양육하면서 여의전에서 공부까지 하는 강한 분이었다. 나는 마지막 상봉이 될 것을 각오하면서도 고모에게 일절 내색하지 않았고, 또 탈출 계획에 대해서도 아무 말 하지 않았다.

하루는 서울 태평로에 있는 부민관 극장에 전체 학병을 모아놓고 '장행회(환송행사)'를 한답시고 고이소 총독과 박춘금·최남선·이광수 같은 친일 끄나풀들이 궤변을 늘어놓은 일이 있었다. 나는 그자들의 구역질나는 이야기가 듣기 싫어 몰래 빠져나와 바로 옆 명동으로 가서 탈출에 필요한 물품을 사들였다. 이 물품이란 누가 알려준 것이 아니라 내가 탈출 결심을 한 다음 깊은 생각 끝에 얻어낸 결론들이었다.

우선 전선 어디에서 탈출하든 꼭 필요한 것이 나침반이었다. 나아갈 방향을 옳게 잡는 것이 절대적으로 중요할 것이다. 생소한 외국 땅에서 방향을 옳게 잡는다는 것은 결코 쉬운 일이 아닐 것이기에 나침반을 조그맣지만 우수한 것으로 구했다. 둘째로는 상세한 지도이다. 십중팔구는 중국으로 가게 될 것이라고 하였으니 자세한 중국 지도가 필요했고, 나는 다행히도 만족할 만한 지도를 구할 수 있었다. 다음으로 구한 것은 포켓용 중국어 회화책이다. 나는 게이오대학에서 과외로 중국어를 배운 일이 있었지만, 일본인 강사가 40일간이나 계속 발음부호와 성조만 가르치는 바람에 흥미를 잃고 중간에 집어치운 일이 있다. 그때 계속해서 배우지 않은 것이 후회되지만 이제 와서 어쩔 수 없는 일이었다. 아무튼 중국에서 탈출하면 중국인들과 간단한 소통이라도 할 수 있어야 하므로 중국어 회화책을 얻어놓은 것이다. 나침반이든 중국 지도이든 또는 중국어 회화책이든 누구나 살 수 있는 일이지만 탈출이라는 '음모'를 가슴에 안고 사는 마음은 여간 긴장되는 일이 아니었다.

나는 뜻밖의 수확을 안고 12월 29일 집으로 돌아왔다. 그로부터 약 3주 동안 고향에서 마지막 시간을 보내며 앞으로 일어날 수 있는 모든 경우에 대비하여 세심한 대책을 세웠다. 마지막이라는 생각에 일어나는 감상도 깊었지만 그보다 더 중요한 것은 탈출 계획이었다.

중국 지도를 구하고 중국어 회화책을 마련한 데다 나침반도 준비했으니, 내가 만일 기대대로 중국 전선에 가서 탈출한다면 전진 방향만은 틀림없을 것으로 판단하였다. 그러나 밤에는 시간을 어떻게 잴 수 있겠는가? 당시는 학생들 사이에서도 회중시계가 유행이어서 내 것도 그런 시계였는데 이것은 야광 장치가 없었다. 그래서 내가 가지고 있던 회중시계를 어머니의 야광 손목시계와 바꿨다. 어머니에게는 회중시계는 군생활에 휴대가 불편할뿐더러 어머니의 시계를 몸에 지니고 싶어서 바꾸는 것이라고 말씀드렸다.

그런데 군에 입대하면 가지고 들어온 개인 물품은 대부분 포장해서 집으로 돌려보낸다고 하였다. 궁리 끝에 찾아낸 방법은 일종의 부적인 '오마모리 후다'를 접어 넣는 주머니였다. 일본인들은 호신용 부적을 필수품으로 휴대하는데 이 부적만은 제한 없이 휴대할 수 있게 하는 것이 통례라는 것을 알아냈다. 나는 조그마한 부적 주머니 몇 개와 탈출용품을 함께 넣을 수 있는 큰 주머니를 따로 만들기로 하였다.

그 밖에도 가지고 가야 할 물품이 또 있었다. 탈출한 후 중국 병사나 연합군을 만났을 때 일본 군복을 입은 내가 일본인이 아니고 한국인 학생이라는 것을 증명해야만 된다. 그래서 생각한 것이 내가 게이오대학 학생모를 쓰고 한복을 입은 어머니와 함께 찍은 사진을 마련하는 일이었다. 만일 탈출하다가 일본군에 잡히면 어떻게 할 것인가 하는 것도 문제였다. 자살하는 길밖에 없는데 독약은 구하기도 어려울뿐더러 사전에 일본군에 발각되는 날에는 변명할 방법이 없을 것으로 판단되어 아버지의 유물인 주머니칼을 가지고 가기로 결심하였다.

그렇게 지도·중국어 회화책·나침반·돈·사진·칼 등을 준비하고 이를 모두 넣을 수 있는 큰 주머니를 만들었다. 나는 지금도 이 주머니를 보물처럼 간직하고 있는데, 그것은 어머니가 치마를 찢어서 직접 만들어 주셨기 때문이다. 이 주머니에 모든 것을 챙겨 넣고 끈을 만들어 목에 매기로 한 것이다. 입대할 적에 일본 군인에게는 많은 '오마모리'를 휴대한 것으로 가장하기로 마음먹었다.

탈출하면서 여비로 쓸 돈은 얼마를 준비하여야 할지 모르는 일이었다. 결국 금액은 이듬해인 1944년 1월 20일에 평양부대에 입대한 뒤에야 정할 수가 있었다. 평양부대에 입대한 학병들은 중국 장쑤성 쉬저우 지역으로 배치된다는 것을 알게 되었는데, 쉬저우는 일본군이 점령한 지(1938년 5월) 오래고, 그곳에서 가장 가까운 도시로서 아직 중국군의 수중에 있는 곳은 룽하이선 철도를 따라 서쪽으로 700리(약 275킬로미터) 거리에 있는 허난성 정저우였다. 그때는 현지 상황을 알 수가 없었고 정저우까지 가야만 중국 군대를 만날 수 있을 것으로 판단하였다. 하루에 100리를 걸으면서 100원씩 쓰기로 한다면 700원이 필요할 것이다. 이리하여 나를 조금이라도 더 보려고 평양까지 따라온 형들이 100원짜리 지폐 일곱 장을 마련하고, '오마모리 후다' 부적을 빼고 대신 100원 지폐 7매를 부피를 줄이기 위해 망치로 두들겨 납작하게 만들어 그 속에 집어넣었다. 당시 한국인으로서 일류 월급쟁이라는 중학교 교사의 월급이 30~40원 정도였으니까 700원은 꽤 큰 금액이었고 또 100원 지폐는 보기조차 어렵던 때였다.

입대 전에 저자가 어머니와 함께
탈출 후의 대비로 찍은 사진

탈출 준비는 이뿐만이 아니었다. 나는 형들과 암호도 정해 놓았다. 오가는 서신을 일본 측이 모조리 검열할 것은 뻔한 노릇이니 그들이 아무리 봐도 알 수 없는 암호를 만들어둬야 한다. 오랜 궁리 끝에 묘안을 생각해냈다. 일본인들은 편지의 말미에 인사로 '경구(敬具)'·'돈수(頓首)'·'초초(草草)' 등을 쓰는데 이를 암호로 쓰기로 했다. 이는 우리나라식으로 하면 편지 끝에 '이만 마칩니다'라거나 '여불비', '총총' 등으로 끝맺음하는 것과 같아서 누가 봐도 이상해할 것이 없었다. 그리고 일인의 주목을 피하도록 서신은 반드시 엽서에다 일본어로 쓰기로 하였다. 즉 내가 편지 말미에 '경구'라고 쓰면 중국에 있는 일본 부대에 머물러 있다는 뜻이고, '돈수'라고 쓰면 내가 중국에서의 탈출 기회를 얻지 못한 채 동남아로 전출된다는 뜻이고, 그리고 '초초'라고 쓰면 곧 탈출한다는 것이었다.

이런 암호를 정한 것은 가족에게 내 안위를 알리려는 목적이었다. 내가 탈출하면 일본군에서 우리 집으로 전사 통지를 할 터인데, 그렇게 되면 어머니와 형제들이 얼마나 상심할 것인가. 또한 내가 탈출한 것이 확실하다는 것을 알아야만 형들이 일본 관헌의 심문에 대비할 수 있을 터였다.

이렇게 하여 나는 완벽하게 탈출 준비를 끝냈다. 적어도 평양을 떠나기 전까지 나로서는 완벽하다는 결론을 내릴 정도로 준비를 마친 것이다. 전선에 가자마자 빠른 시일 안에 탈출해야만 하고 또 반드시 성공해야만 한다. 그리하여 내가 그렇게 동경하는 우리 독립군에 투신하여 원수 일본을 무찌르는 성스러운 대업에 앞장설 것을 다짐하고 또 다짐하였다.

1944년 1월 18일, 마침내 나는 일본군에 입대하려고, 아니 독립군에 참가하려고 고향을 떠났다. 내가 입대한다고 하여 마을 전체가 떠들썩하였다. 300호 정도의 작은 시골 마을이어서 마을 사람들 모두가 서로 잘 아는 사이이다. 내가 사지로 떠나는 모습에 이웃들은 모두 상심하였다. 그리고 정성껏 위로하며 살아서 돌아오기를 진심으로 기원해 주었다. 면장의 주선으로 마을 전체 사람들이 송별회도 해주었지만 내 마음속으로는 이런 모임에서도 긴장을 늦출 수 없었다. 그것은 조금이라도 내가 부주의하면 "나는 우리의 독립군으로 간다" 하는 힌트를 줄 수도 있기 때문이었다.

정든 사람들, 정든 산천. 어려서부터 이곳에서 자랐으니 정들지 않은 곳이 없다. 소중하고 그리운 땅, 이것이 내 고향이고 내 조국이다. 살아서 돌아오면 더욱 좋고 죽더라도 뼈만은 조국의 땅에 묻히고 싶었다. 그리운 아버지 곁에 묻히고 싶었던 것이 나의 심정이었다.

가족을 비롯하여 마을 사람들이 총동원되다시피 역으로 나와서 나를 전송했다. 평양까지 따라오겠다는 가족들을 한사코 말렸다. 이곳에서 작별하면 그만이지 평양까지 왔다가 다시 헤어진다면 더욱 마음 아픈 일로 생각이 되었다. 그러나 혹시 무슨 연락할 일이 생길까 싶어서 매부 한 명만 동행하기로 하였다.

역을 떠나 기차는 독노강을 따라 출발하였다. 내가 슬퍼할까 싶어서 어머니와 형들 모두가 이를 악물면서 눈물을 흘리지 않으려고 애쓰는 것이 보여 더 마음 아팠다. 그러나 나의 마음은 가라앉을 대로 가라앉아 있어서 조금도 동요하지 않았다. 이제 나는 조국의 독립을 위하여 무엇인가 해낼 기회가 온 것을 하느님이 주신 은총으로 생각하였다. 나는 죽더라도 내 조국, 내 겨레—바꿔 말하면 지금 내 눈앞에 있는 정든 내 가족과 고향 사람들, 그리고 정든 고향의 해방을 위하여 죽는 것이 아닌가! 유서에 써 놓은 그대로이다. 이런 높은 뜻을 가졌으니만큼 죽더라도 웃으며 죽을 것이다. 집을 떠날 적에 간직한 것은 탈출에 필요한 물품들과 철학자 앙리 베르그송의 책《웃음의 철학》뿐이었다. 나는 고향을 떠나 평양에 도착할 때까지 이 책을 다 읽었다. 죽더라도 웃으면서 죽고 싶은 심정이었다.

강계역에 도착하니 나 말고도 서너 명의 학병이 떠날 참인지 역사가 배웅객으로 꽉 메워져 있었다. 그로부터 평양에 도착할 때까지 웬만한 역에는 학병 한두 명씩은 열차에 타는 모습이 보였고, 역마다 인산인해였다. 그런데 눈에 거슬리는 것은 어떤 지각없는 학병 가운데는 일장기에다 '무운장구(전쟁의 승리를 기원하는 뜻)'라고 쓴 깃발을 어깨에 메고 다니는 모습이었다. 게다가 전송하러 나온 사람마다 손에 일장기를 들고 일본어로 만세를 외치는 동포들의 모습은 정말로 기막힌 현상이었다. 이것은 완전히 일본식인데, 어쩌자고 대학까지 다닌 친구들이 저런 추태를 보여야만 하는지 한심하기 그지없었다.

앞서 이야기하였지만, 소수의 친일 앞잡이를 제외하고는 한국 사람이라면 누구나 크든 작든 반일 감정을 품고 있으리라 생각했다. 그러나 인간이란 약한 존재여서 거대한 힘에 정면으로 맞서는 행동을 취하는 것은 그리 쉬운 일이 아닌가 보다. 그보다도 사람에 따라서는 겁이 많아 속으로는 부당하다고 생각하면서도 비겁한 행동을 취하기도 할 것이다. 이 당시 학병들 사이에 각자의 앞길에 관하여 여러 가지 의견이 분분하였다. 나는 여기서 다시 신상초의 글을 인용한다.

> 어떻게 살아왔는가가 아니라, 앞으로 어떻게 살아날 것인가가 자연 공통의 화제가 됐다. 비분강개로 끝날 것이 아니라 군문에 들어간 후 구체적으로 삶의 길을 찾는 것이 무엇인가가 문제다. 분통이 터질 지경이지만 일본 군문 안에서 참을대로 참으면서 일신의 안일을 보전하여 두었다가 전쟁이 끝나는 것을 기다리자는 신중론, 한국 내에서 탈주할 수 없지만, 전선에 나가는 대로 도망쳐 연합군 측에 가담하여 일본놈에 대한 원수를 갚아야 한다는 극단론이 그것이다. 전자는 기회주의적 투항론이요, 후자는 위험천만한 주전론이지만, 양자의 주장에는 각각 상당한 이유가 있었다.
>
> 일본 제국주의자들이 매스컴의 수단을 총동원하여 선전하는 '성전완수', '귀축미 · 영격멸', '신국불패'의 구호도 나에게는 모두 허황한 것이요, 약자의 허장성세로밖에 들리지 않았다. 나는 일본이 앞으로 몇 해 동안이나 전쟁을 지속할는지 모르지만, 결국 지고 말리라는 막연하나마 하나의 확신을 가지고 있었다. 이렇게 분석할 때, 단순히 일신의 안위만을 문제로 삼는다면 일본 군대에 남아서 적당히 복무하는 것이 생사의 위험을 무릅쓰고 적진 탈출을 자행하는 것보다 몇 갑절 안전한 것이었다. 그러나 일군에 남아서 하사관이 되고 하급 장교가 된다는 것은, 결국 일본제국주의에 협력하는 것이요, 민족적 양심이 허락지 않는 일이었다. 우리가 일본 군국의 병참기지인 한국에서 일본 군적에 강제 편입당하는 것은 어쩔 수 없는 일이었다 하더라도, 전선에 나가서까지 그 앞잡이 노릇을 할 필요는 없다.
>
> (《탈출》, 66쪽)

신상초의 말대로라면 나와 그는 극단론자이고 주전론자였다. 독립 전쟁을 주장하는 나 같은 주전론자의 눈에는 일본 국기에 무운장구라는 글을 써서 어깨에 메고 다니는 꼴이란 아무리 좋게 해석하려고 해도 할 수가 없는 노릇이었다. 그러나 나는 보지 못한 척, 듣지 못한 척하였다. 오직 우리의 독립군으로 가서 조국의 주권을 되찾고 이 불쌍한 동포들을 해방하는 위업에 참가하려는 일념에 빠졌다.

기차는 날이 어두워서야 평양에 도착하였다. 역사는 학병들로 떠들썩하였다. 나는 매부와 함께 조그마한 여관에 투숙하였는데 이 여관에도 나와 같은 신세의 학병들로 꽉 차 있었다. 저녁을 먹고 거리로 나갔더니 각지에서 모여든 학병들이 큰소리를 치면서 이리 밀리고 저리 밀리고 하였다. 영하 20도의 추위에도 아랑곳없이 돌아다니는 것이었다. 교복 차림의 젊은이만 보면 너나 가릴 것 없이 모두가 친구가 되었다. 십년지기가 되어 어깨동무하고 거리를 누볐다. 듣자니까 길에서 만나는 순사나 헌병을 보기만 하면 모두 구타했다는 것이다. 나도 이 물결에 끼어 돌아다녔다. 아마 순사나 헌병을 보았으면 나 역시 그러했을 것이다. 일본의 순사·헌병이건 일본 주구의 한국인 순사·헌병이건 가릴 것 없었다. 우리의 원수임에 틀림없기 때문이다.

그러다가 우연히 신상초 군을 만났다. 도쿄에서 만난 뒤 오래간만이었고, 또 이렇게 만나게 되니 여간 반갑지 않았다. 우리는 대번에 어디 가서 술 한 잔 나누기로 합의하였다. 평양은 둘이 다 생소한 곳이어서 적당한 술집을 찾지 못하고 중국 음식점으로 들어갔다. 2층집인데 우리가 안내된 곳은 2층 다다미방이었다. 2층에는 방이 두 개밖에 없었고 옆방에는 이미 여러 사람이 합석한 모양으로 남자들과 여자들의 목소리가 함께 들려왔다. 여자들이란 틀림없이 술 따르는 여성들일 것이다. 우리도 유혹을 받았다. 게다가 우리의 주머니에는 돈이 가득 차 있었다. 무슨 요리 주문을 받는 보이에게, 낮은 목소리로 옆방의 여성들은 어떤 아가씨들인지 먼저 물었다. 권번에서 부른 기생들이라기에 우리도 둘을 불러달라고 했다. 기생들은 우리가 학병이라는 것을 알고 대단히 친절하게 대해주었다.

좋은 음식에 예쁜 기생들을 앉히고 독한 배갈을 마시니 대번 취기가 올라오고 추위에 떨던 몸도 녹았거니와 잠시라도 죽음을 잊을 수가 있었다. 술잔을 주거니 받거니 하면서 일본인들을 저주하였고, 감개무량한 정을 서로 마음껏 털어놓았지만 깊숙이 감춰둔 나의 탈출 계획은 이야기하지 않았다. 신군의 속마음을 알 수 없었고 만일 실수하여 발설하는 날에는 모든 것이 끝장이기 때문이다.

아무튼 사양 않고 술을 마셨더니 둘 다 몹시 취했다. 그러자 기생들이 유성기를 틀어놓고 춤을 추자는 것이었다. 나뿐만 아니라 신군도 춤을 출 줄 모른다고 했으나, 기생들은 자기들이 가르쳐 줄 터이니 일어서서 따라만 하라는 것이었다. 우리는 용기를 내어 일어섰다. 그러나 이때 몹시 취했기에 신군은 몇 발짝을 떼다가는 끌어안은 기생과 함께 크게 넘어져버린 것이 하필 옆방과의 사이에 있는 '후스마'(나무골조에 종이나 천을 바른 칸막이)를 쓰러뜨리면서 그들의 술상을 덮치는 일이 벌어졌다. 옆방 친구들이 깜짝 놀란 것은 순간이고 다짜고짜 큰소리로 욕설을 퍼붓는 것이었다. 보통 때라도 화가 날 일인데 신경이 날카로울 대로 날카로울 때이니만큼 큰소리칠 만했다. 게다가 그들은 우리가 학병인 것을 몰랐으니 사양할 까닭이 없었다. 그 방에는 5~6명의 학병들이 앉은 자리의 사이사이에 기생들을 끼어 앉히고 있었는데, 술상 위에 신군이 기생과 함께 후스마를 치면서 나가넘어졌으니 꼴이 말이 아니었다. 그러나 술에 취하기도 하였지만 유도를 하고 있었기에 완력에 자신이 있던 신군이 대들기 시작하였다. 실수로 넘어졌는데 무슨 잔말인가 하는 식인데, 옆방 친구들이 이를 용납할 까닭이 없고 일촉즉발의 험악한 분위기가 되어 버렸다. 내가 술에 취해서 실수로 넘어진 것이니 용서해 달라고 사정해도 통하지 않았다.

그 순간 그 방에 있던 기생 하나가 큰소리를 치는 것이었다. "이 못난 것들! 내일이면 왜놈에게 끌려 나가 함께 개죽음당할 터인데 서로 싸우고 있다니… 그런 힘이 있거든 길가에 나가 왜놈들이나 때려주라"고 고함을 지르는 것이었다. 이 소리에 우리는 모두 정신이 바짝 들었다. 모두 탄복하여 대번 싸움을 멈추고 서로 합석하여 화해와 격려의 술을 마셨다. 그리고 다같이 어깨동무하고 밤거리로 뛰어나갔다. 추운 줄도 모르고 고함을 지르며 일본인을 찾았으나 찾지 못하고 어떤 파출소를 습격하였다. 급히 출동한 헌병들에 의해 제지되었으나 그들은 우리들을 체포하지 않고 보내주었다. 그때만은 학병들에게 일체 손을 대지 말라는 명령이 내려져 있었던 것이다.

나는 여관에 돌아와서 다시 그 기생의 말을 되씹었다. "못난 놈들! 오죽 못났으면 동포끼리 이 순간에 서로 싸운단 말인가!" 나는 그 기생이 참으로 훌륭하다는 생각을 하였다. 돈이 없어 기생 노릇은 할망정 정신은 곧았다. 지금은 그 얼굴이나 이름은 잊었지만 기개 높은 평양 기생의 일갈은 잊을 수가 없다.

1944년 1월 20일 새벽 대동강 건너 사동에 자리 잡고 있는 일본군 39여단 42연대[04]에 입대하였다. 1,500여 명의 학병[05]이 양 떼처럼 무리 지어 병사로 맥없이 발길을 옮기는데 날씨가 몹시 추웠으나 긴장한 탓인지 이상하게 추위를 조금도 느끼지 못하였다. 열차에서 가끔 본 것과 마찬가지로 '무운장구'라는 깃발을 어깨에 메고 가족들과 함께 걸어오는 모습도 눈에 많이 띄었는데 한심한 풍경이었다. 정말로 불쌍한 민족이다.

아침 8시에 우리는 모두 영정에 집합하여 점호를 받고 입대에 관한 여러 가지 주의사항을 들었다. 그다음 각각 하사관에게 인솔되어 배당된 병사로 들어가서 군복으로 갈아입었다. 삽시간에 당당하던 대학생들은 모두 일본군 육군 이등병으로 전락한 것이다. 그러나 이런 감상에 빠진 것은 순간이었고, 신경을 곤두세워 탈출에 필요한 물품들을 어떻게 하면 들키지 않고 간직할까 고민하였다. 어머니와 함께 찍은 사진이나 나침반·칼·돈, 그리고 중국어 회화책 등은 잘만 하면 억지로라도 변명할 수 있겠지만 지도에 관해서만은 둘러댈 도리가 없었다. 중국어 회화책 외의 모든 것은 어머니가 만들어준 주머니에 집어넣어서 이날 아침에 목에 걸고 내의 안으로 넣어 가렸고, 회화책은 부피가 얇지 않아서 여분의 내의에 감추고 들어왔다. 군복으로 갈아입고 개인물품(교복·교모·구두 등)을 내놓을 때까지 나의 가슴은 두근거렸는데 천만다행으로 소지품 검사가 없었기에 탈출 준비물들은 들키지 않고 간직할 수가 있었다. 우선 탈출의 첫 관문은 쉽게 통과한 셈이었다.

이곳 39여단은 42·44·50부대로 구성되어 있어서 학병들은 여러 중대로 나뉘어 편입되었는데 나는 42부대에 배속되어 초년병 생활을 하게 되었다.

이날로부터 중국으로 떠나는 2월 13일까지 약 3주일 동안 평양 부대에 머물렀다. 처음에는 가족들과의 면회를 허락하지 않더니 첫 일요일에는 면회가 허락되었고, 출발이 가까워지자 날마다 오후 4시가 되면 부대 면회실에서 가족들과 만나게 해주었다. 내 고향에서도 어느새 소문을 듣고 어머니와 형들이 모두 평양으로 달려와서 여관방을 잡아놓고 매일 면회하러 왔다. 면회실은 꽉 찼으며 학병들과 부모형제들과의 '최후의 만찬'이 날마다 계속되었다.

입대한 지 약 열흘이 지난 다음에 평양에 입대한 학병들은 모두 중국 화중 지역의 쉬저우로 배속된다는 것이 확실해졌다. 이 소식을 듣고 나와 형들은 매우 기뻐하였다. 탈출 계획의 둘째 관문을 통과한 기분이었다. 그리하여 앞서 말한 대로 쉬저우에서 탈출하면 그곳에서 서쪽으로 700리가량 떨어진 정저우까지 가야만 중국 부대를 만날 수 있을 것으로 판단하고 700원을 준비하였고, 마련한 지도도 부피를 줄이려고 화중 부분만 남기고는 모두 형들에게 돌려보냈다. 또 가장 중요한 '경구', '돈수', '초초' 등의 암호도 이 떠들썩한 면회장에서 만들었다.

그런데 2월 10일 무렵, 저녁 5시에 갑자기 '외출 허가'가 나왔다. 밤 9시의 점호까지 외출을 허락한다는 것이다. 나중에 알았지만 이것은 전쟁터로 나가기 전 마지막으로 외출해서 가족들과 최후의 작별을 하라는 뜻이었다. 일본군으로서는 큰 선심을 쓴 것이었다. 나는 김영만 군 등 강계 출신 학병 몇 사람과 함께 평양 시내의 같은 여관에 머무는 가족들을 만나려고 영문 밖으로 뛰어나갔다. 간신히 전차를 얻어 타고 여관까지 찾아가니 거의 저녁 7시가 되었다. 다행히 모두 여관에 있어 만날 수는 있었는데, 기어코 식사하고 돌아가라는 것이 가족들의 바람이었다. 말하자면 이것이 정말 최후의 만찬이 될 것이 분명하기 때문이다. 서둘러 더운 밥을 짓고 반찬을 하나라도 더 마련하려니까 시간이 걸렸다. 술도 마시고 격려의 말도 들으면서 총총히 저녁을 끝내고 부랴부랴 병영의 문으로 들어오는데 9시 점호 나팔 소리가 울렸다.

우리는 허겁지겁 뛰어가 점호에 참가했지만 지각이라 하여 곧바로 하사관실로 불려갔다. 방에 들어서자 나는 따귀를 얻어맞았다. 하사관은 큰소리로 "너희는 도대체 일본 군대를 어떻게 생각하는 거냐" 하면서 뺨을 갈기는 것이었다. 나는 난생처음으로 맞은 따귀에 분한 마음을 참을 수가 없었지만 마음속으로 기어이 탈출하여 보복하리라는 각오를 더 다지는 계기가 되었다. 복수! 무슨 짓을 하더라도 일본에 꼭 복수해야만 된다고 나는 재삼 되새겼다.

4. 중국으로 건너가다

1944년 2월 13일, 평양 부대에 속했던 학병들은 쉬저우에 있는 사단에서 파견된 장교와 하사관들의 인솔하에 기차를 타고 평양역에서 출발하였다. 한 열차에 모두 실려 전장으로 향한 것인데 나는 신상초 군과 마주 앉아 자리를 잡고 떠났다.

평양을 떠나 신안주를 지나서부터는 내가 신의주고보 시절 방학 때마다 한 번도 빼놓지 않고 5년 동안을 오가던 지역이다. 도쿄로 건너간 다음부터는 와 본 일이 없으니 4년 만에 다시 그 철길을 달리는 셈이었다. 그러나 내 몸과 마음은 그때와는 전혀 다른 것이었다. 살아서 돌아올 가능성이란 아주 희박하기에 모든 것이 마지막으로만 느껴졌다.

산골 시중에서 사흘씩 걸려서 신의주에 가던 일, 신의주고보에 입학하자마자 있었던 동맹휴학, 김응표 미술 선생님이 들려주신 간토대지진 이야기, 사상범으로 투옥된 이일성 체육 선생님, 일본으로 수학여행을 갔다가 일본 학생들과 싸움을 벌인 일, 대학 입시 준비로 밤을 새우던 일, 그리고 압록강을 건너 안둥의 중국인 거리를 찾아다니던 날…, 국경에 가까울수록 신의주에서 5년간 하숙생활을 하던 중학 시절의 여러 가지 추억이 자꾸만 머리에 떠올랐다.

앞에 중학 동급생인 신상초 군이 앉아 있어서 그 시절이 더 생각났는지도 모른다. 그러나 신의주를 통과할 적에는 이미 캄캄한 밤이어서 마지막으로 그리운 풍경을 한 번 더 보는 기회를 놓쳤다. 안둥도 한 번 더 보고 싶었고, 그보다도 안둥 북쪽으로 펼쳐진 만주 벌판을 바라보지 못하는 것이 유감이었다. 결국 다음 날 날이 밝은 뒤 광활한 벌판을 차창으로 내다볼 수가 있었다. 생각하면 이곳도 옛날에는 우리 겨레의 '땅'이 아닌가! 이 지역을 무대로 웅비하던 고구려, 또 그 뒤의 발해. 어찌하다가 우리 조상들은 이 넓은 땅을 빼앗기고 좁은 반도로 우그러지게 되었을까. 그리고 이제 그 반도마저 일본에 빼앗기고, 이런 신세가 되어버리다니! 정말로 기막힌 일이 아닐 수가 없다.

우리 민족은 다시 일어나야 한다. 눈앞에 보이는 광야에서 말을 타고 침략자를 무찌르는 우리의 독립군이 보이는 것 같았다. 혹시라도 독립군이 우리가 탄 이 열차를 습격해준다면 여기에 실린 1,500명의 학병은 전원이 독립군이 될 것이 아닌가! 그러나 기적은 일어나지 않았다.

광막한 벌판을 달리는 열차 안에서 우리는 떠날 적에 부모형제들이 안겨준 음식을 연신 나눠 먹으며 아주 가까운 형제들처럼 친근해졌다. 모두가 향수에 젖었으며 또한 불안한 앞날에 대하여 열심히 의견을 교환하였다. 여기서 다시 신군의《탈출》을 인용해 보기로 하겠다.

> 나는 불안과 미지, 모험의 전지를 향해 끌려가면서도 우리가 가 닿는 곳이 바로 중지전선이라는 데 희망과 기대를 걸었다. 남방이나 북만전선에 배치되는 것과 달리, 중지로 가면 탈주하여 중국군 측에 가담하기가 용이할 것처럼 보였기 때문이다. 지루한 기차여행 속에서도 탈주를 해야 한다, 해서는 안 된다는 밀담이 오갔다. 나는 여기서 큰 실망을 느꼈다. 목숨을 걸고서라도 탈주를 강행하여 원수를 갚아야 한다는 주장에 찬의를 표하는 사람은 불과 몇 명밖에 되지 않았기 때문이다. 대

다수는 일본에 충성을 다하여 하루빨리 장교가 되어, 으스대면서 고향에 돌아가기를 원하고 있었다. 그들은 아직도 일본이 이기리라는 망상에서 벗어나지 못하고 있었다. 한국이 일본의 지배에서 벗어난다는 것은 절대 불가능한 일이라고 확신하고들 있었다.

그들은 일본군에서 전공을 세워 군인으로서 출세하는 것이 부모형제를 기쁘게 하는 일이요, '한토징(반도인)'의 영예라고 생각하고 있었다. 대다수는 한국의 독립운동단체가 해외에, 특히 중국에 엄연히 존재하고 있다는 사실을 믿으려 들지 않았다. 일본 파시즘의 교묘한 의식 조작과 사탕발림의 동화정책은 한국의 젊은 지성들로 하여금 역사 발전 방향감각을 마비되게 했고 민족의식을 자각조차 못 하게 하고 있었던 것이다. 그처럼 일본제국주의의 가열한 탄압과 잔악한 민족말살정책의 시달림을 받으면서도 황군의 일원이 되는 것을 자랑으로 생각할 정도로 타락한 인간들을 만들어 놓았으니, 일제의 식민지정책은 이 점에 관한 한 분명히 성공한 셈이다. 피엘 잔네의 말을 빌린다면 파시즘의 의식 조작에 '혼까지 좀먹힌' 인간상이 생겨난 것이다.

(《탈출》, 69~70쪽)

이 글을 인용하는 까닭은 그 당시의 대다수 학병의 의식이 어느 정도였던가 하는 것을 밝혀두려는 것이다. 신군이나 나의 관찰이 같았기에 이 구절을 인용하였다. 평양에서 단둘이서 술을 마실 적에도 깊은 속을 털어놓지 않았지만, 나와 신군은 쉬저우로 가는 기차 안에서 비로소 탈출의 뜻을 은밀히 밝히면서 서로 손을 꽉 쥐었다.

안둥에서 펑톈[06]까지의 철도를 일본인들은 안펑선이라 했는데, 우리가 실려 가는 기차는 펑톈 근처의 쑤자툰에서 방향을 바꿔 만주의 서남평야를 관통하여 산하이관 쪽으로 달렸다(선산선). 이틀째의 밤을 여기서 지내느라 풍경을 볼 수 없는 것이 유감이었다. 여행을 즐기는 데다 중국사를 전공하였으므로 중국의 지리 환경이나 풍물은 달리는 기차에서라도 가능한 한 많이 보고 싶었다. 나는 죽는 순간까지 이러한 관심을 떨칠 수가 없을 것으로 생각하였다. 살아서 고향에 돌아가리라고는 꿈에도 생각하지 않았기 때문에, 이때의 관찰이 앞으로의 나의 학문 연구에 도움이 되리라는 계산적인 관심은 절대 아니었다.

날이 새기가 무섭게 열심히 밖을 바라보았다. 탈출, 독립군, 임시정부, 죽음… 잇단 생각과 함께 나는 차창 밖 중국의 풍물을 바라보는 데 골똘하였다. 다시 고적 답사를 나온 사학과 학생이 된 듯 열심히 관찰하였다. 사실은 동양사를 전공하면서 나는 항상 중국 여행을 갈망하였으므로 죽지만 않는다면 이번 중국행이 나의 공부에는 절대적으로 중요한 역할을 할 것이 틀림없었다. 죽는다고 하더라도 나는 유심히 관찰하고 싶었다. 미지의 세계에 대한 도전과 공부는 죽을 때까지 한다는 격언의 실천은 나에게는 모두 대단히 가치가 있는 것이었다. 이런 생각 저런 생각을 하는 동안에도 기차는 쉬지 않고 달린다.

날이 밝아 얼마를 달리니 여태까지와는 다르게 넓은 벌판은 사라지고, 나무 하나 없이 날카롭게 생긴 검은 바위로 이뤄진 험준한 산맥이 나타났다. 그 남쪽이 바로 산하이관이었는데 학생 시절에 언젠가는 꼭 한 번 찾아보려고 하던 곳이다. 이곳은 중국 허베이성의 동북쪽 모퉁이에 있는 요지로서 보하이만에 접한 소도시인데, 바로 중국 본토와 만주지방의 경계가 된다. '관내'가 중국 본토를 말하고 '관외'라 할 때는 만주지방을 가리키는 것으로 산하이관의 위치를 잘 나타내고 있다. 그뿐 아니라 산하이관은 만리장성 동쪽 끝의 이른바 '천하제일관'이 있는 곳이기도 하다. 청나라 태조 누르하치가 이곳을 탈취하려고 두 번이나 시도했다가 실패한 일이 있었고, 1922년과 1924년의 펑즈전쟁[07] 때도 쟁탈지가 됐던 곳이다.

기차는 산하이관역에 오래 머물렀다. 석탄도 넣고 물도 채웠겠지만 이곳부터가 중국 본토이니까, 말하자면 '전지'로 진입하는 데 따른 여러 가지 준비가 필요했을는지 모르겠다. 여기서부터 톈진을 거쳐 베이징까지 가는 철도를 징산선이라 하는데, 창밖 풍경에는 별 차이가 없었지만 분위기가 여태까지와는 다른 것을 느낄 수 있었다. 관외는 만주국 땅으로서 이미 오랫동안 일본의 세력 하에 있었으므로 치안상 별문제가 없었으나, 관내는 전쟁이 발발한 지 7년밖에 되지 않기에 모든 정세가 달랐다. 산하이관을 출발하기에 앞서 인솔 장교들이 열차간마다 돌아다니면서 "이제부터는 전쟁 지역이니까 말과 행동에 각별히 주의하라"고 단단히 일렀다. 평양을 떠나 이곳에 올 때까지 열차 밖에 나가 걸어본 일이 없었지만 산하이관에서 이렇게 오래 정차하면서도 하차를 불허하였고, 주의사항도 여러 칸을 하나하나 돌아다니면서 시달하는 것이었다.

이윽고 산하이관을 떠나 친황다오·탕산·닝허를 거쳐 톈진에 도착한 것은 그날 오후였다. 역 플랫폼에는 손님들이 가득했다. 흑색이나 감색의 우중충한 옷차림의 중국 여객으로 꽉 차 있었다. 신의주고보 시절에 안둥의 중국 거리에서 봤던 모습이 생각나는데 이런 광경을 처음 보는 다른 학병들은 몹시 이색적으로 느끼는 모양들이었다. 여기서도 오랫동안 정차하였지만 하차할 수 없으니 차 속에서 이러쿵저러쿵 의견이 분분했다. 물론 우리말로 지껄인 것인데, 우리 차창 근방에 서 있던 중국옷 차림의 한 청년이 험상궂은 얼굴로 우리를 흘겨보면서 일본말로 "말조심하라"라는 것이었다. 변장한 일본 헌병이었다. 그제야 주의해서 살펴보니 이 청년과 비슷한 차림의 사람들이 열차 근처에 많이 서 있는 것을 알게 되었는데, 아마 만약의 사태에 대한 경비일 것이다. 산하이관부터 분위기가 달라지기는 했어도 이곳에 오니 더욱 긴장감이 느껴졌다. '전지로구나' 하는 생각이 들었는지 떠들던 학병들이 갑자기 조용해지기 시작하였다.

오후 늦게 톈진을 떠났다. 나는 중국사를 배우는 사학도로서 기차에서 내려 시내 구경을 하고 싶은 심정이 간절하였고, 또한 여기서 멀지 않은 베이징도 찾아보았으면 얼마나 좋겠는가 하는 아쉬움이 있었다. 그러나 언제나 그랬듯이 생각은 다시 현재로 돌아오는 것이다. 탈출, 독립군, 임시정부, 죽음…. 조국이 광복되고 우리 민족이 해방되었을 때의 나에 대해서는 조금도 생각이 미치지 않았다. 독립은 요원한 것이고, 나는 그 멀지만 꼭 달성해야 할 목표로 향하다가 죽을 것으로 생각되었다. 그러나 당장 내가 할 일은 속히 일본 군대에서 탈출하고, 우리 독립군에 가담하여 원수들을 무찌르는 데 앞장서는 일이라고 다짐하고 또 다짐하였다.

기차가 진푸선(톈진~장쑤성 푸커우)을 따라 남쪽으로 출발한 뒤 한 시간도 못되어 날이 어두워졌다. 2월의 화베이지방도 우리나라와 마찬가지로 낮이 짧고 밤이 긴 데다 날씨는 몹시 추워 보였다. 만주보다 훨씬 남쪽이니 온화하리라 기대했던 것은 착각이었다. 해가 지고 어두워지니까 기차 안도 다시 추워졌다. 내가 날씨에 예민한 까닭은 탈출 후에 혹시 한뎃잠을 자는 경우가 생길는지도 몰라서였다.

이러는 동안에 천만뜻밖의 희소식을 듣게 되었다. 인솔 장교들이 열차간마다 다니면서 불빛이 새어 나가지 않도록 차창의 커튼을 내리라는 것이었다. 내가 비행기의 공습이라도 있는가 하고 장교에게 물었더니, 그런 것이 아니라 중국인 게릴라가 언제 이 열차를 습격할지 모르기 때문이라면서 전날에도 중국 유격대가 열차를 습격한 사건이 있었다는 것이다. 출발하기 전 생각하던 것과는 전혀 다른 상황이었다. 이미 진푸선을 점령한 지가 6~7년이나 되고, 정저우까지 가야만 중국군을 만날 수 있을 것으로 예상하고 탈출 후에 필요한 돈도 700원이나 준비하였던 것인데, 이제 중국군을 쉽게 만날 수 있는 거리에 있다는 것을 알게 되었으니 얼마나 다행스럽고 기쁜 소식인가. 나는 탈출한 뒤에 정저우까지의 700리 길을 말도 모르고 지리도 모른 채 어떻게 찾아갈지 계속 고민하고 있었는데 이제 그 난제도 해결된 셈이다. 중국 게릴라들이 철도를 파괴하고 열차를 습격한다는 소식이 이렇게 용기를 북돋울 수가 없었다. 나는 탈출을 이미 절반쯤 성공한 것 같은 기분이었다.

한껏 고무되어 기차에서 사흘째 밤을 지내고 있었다. 그러는 중에도 고향의 어머니와 형, 누나를 비롯한 가족들, 따뜻한 안방의 이부자리, 그리고 도쿄에서의 학창생활까지 덜컥거리는 기차 소리와 함께 계속 머릿속을 스쳐 갔다. 다음 날이면 행선지인 쉬저우에 도착하게 되고, 나의 운명을 개척하는 벅찬 일을 전개해야 한다.

기차가 멎어 깨어보니 벌써 산둥성 지난시였다. 날도 밝아오고 있었다. 여기에 정차한 것은 석탄과 물을 공급받으려는 목적이라고 짐작했다. 지난은 옛날 춘추전국시대 제나라 서부의 도시로서 지금까지 이 지역의 중심지로 자리 잡았고, 지금은 산둥성의 성도이다. 장제스의 국민혁명군이 북벌할 때 일본군은 제2차 산둥 출병을 단행하여(제1차 출병은 제1차 대전 중 자오저우만을 점령할 때) 지난시를 점령하고 중국의 통일을 방해하였는데, 이제 중국과의 전면전으로 이곳을 완전히 장악한 것이다.

역사를 전공하는 사람들의 버릇이 있다. 어디를 가나 옛날을 따진다. 나는 사지로 가면서도 이 버릇을 버리지 못하고 시내로 들어가서 구경하고 싶은 충동을 많이 느꼈다. 나는 어린 시절부터 역사와 지리를 좋아하여 이 두 과목만은 항상 100점으로서 남의 추종을 불허하였다. 그러기에 역사 전공을 택했고 취미라면 여행밖에 없었다.

여기서는 석탄과 물을 잔뜩 싣고는 곧 떠났다. 지난을 떠나 아침 햇살이 비치는 산둥의 평야를 한참 달리니 오래간만에 높은 산들이 보이기 시작하였다. 압록강을 건넌 이후로 산하이관 근처에서 산을 본 다음에는 이것이 두 번째로 바라보는 산이었다. 나는 지난을 지나 남쪽에 전개되는 산악이라면 '태산'일 것으로 단정하였다. 누구에게 물어서 확인할 수는 없었지만 나의 짐작이 맞을 것으로 확신하면서 산들을 바라보았다(나중에 알았지만 그것은 태산이 틀림없었다). 중국사에 관한 지식이 있는 사람이라면 누구나 한 번은 보고 싶은 산이다. 이 산은 종교적으로 유명한 산이고, 진한시대부터 황제들이 봉선 예식(중국 고대에 제왕이 행한 보천제의)을 하던 곳이었다. 산 정상에 올라가 보면 얼마나 좋을까 하는 상상도 하면서 산악지대를 지나니 다시 평원이 계속되었다. 간혹 눈이 바람에 날리어 삭막함을 느끼게 한다.

얼마 달리지를 않아 이번에는 산둥성 취푸를 지나게 되었다. 옛날 노나라의 수도로 공자가 탄생한 곳이다. 주나라 때 공자의 고택지에 문묘를 창설하였는데, 그 후 대대로 증수하여 그 규모가 확대되었다. 달리는 기차에서 멀리 까마득히 보이는 것이 문묘가 틀림없을 것으로 짐작하였다. 텐진을 떠나 쉬저우로 남하하면서도 여전히 두 갈래의 생각이 교차하였다. '탈출·독립군…', '중국을 무대로 한 한민족의 역사 전개…'.

그날 오후에 드디어 쉬저우에 도착하였다. 평양을 떠나 기차에서 3박 4일, 즉 2월 16일 오후에 이르러 우리는 죄수처럼 끌려와 머나먼 쉬저우 땅에 유배된 것이다.

유배지인 쉬저우역에 내려 나흘 만에 비로소 땅을 밟게 되었다. 밖은 쌀쌀한 날씨인 데다가 바람이 심하여 황사가 하늘을 가리고 있었다. 우리는 도살장에 끌려가는 황소들 모양으로 줄을 지어 시내를 지나 교외로 빠져나갔다.

쉬저우라면 춘추시대의 팽성[08]으로서 중국 역사상 전쟁터가 된 일이 많은데 그것은 쉬저우가 지형이나 교통상으로 대단히 중요한 위치에 있기 때문이다. 최근세에 와서는 진푸선과 룽하이선(장쑤성 롄윈강~산시성 바오지)의 교차지로서, 중일전쟁 중 1938년 봄의 쉬저우 대회전으로 일본인들이 떠들썩했기 때문에 국내에서 모르는 사람이 없는 곳이다. 다만 쉬저우라는 명칭은 당나라 대에 붙여진 이름인데, 이런 것은 중국사를 공부하는 나 같은 사람이나 알고 있는 지식일 것이다. 시내의 규모로 보아 인구는 약 50만 명에 달할 것으로 짐작했으나 확실한 것을 알 길이 없었다.

수많은 중국 사람이 쳐다보는 역에서 지시대로 보무당당하게 행진하였으나 마음은 착잡하였다. 혹시 저 중국 사람 가운데 우리 독립군이 섞여 있어서, 우리가 모두 한국의 대학생이라는 것을 눈치채고 우리를 독립군으로 인도해준다면 얼마나 좋을까! 나는 쉬저우에 내리는 순간부터가 탈출의 실천 과정이라고 생각하였다.

병영은 쉬저우 교외에 있는 모양이다. 한참 걸은 뒤에 시내를 빠져나왔는데도 또 걸어야 했다. 걷다가 옆을 힐끗 보니 조그마한 언덕에 거지가 앉아서 그 추위에도 불구하고 저고리를 벗어 맨살을 내놓은 채 이를 잡고 있었다. 그러더니 잡은 이를 입에 넣는 것이 아닌가! 내 눈을 의심하였지만 거지는 같은 동작을 되풀이했으므로 내가 본 것은 틀림없는 현실이었다. 나는 그 순간 루쉰의 소설 《아큐정전》을 떠올렸다. 소설의 주인공인 아큐가 "신체발부는 수지부모"라고 하며, 부모로부터 받은 자기 몸의 피를 빨아먹은 이의 피를 다시 빨아먹었다는 장면이 생각났다. 도쿄에서 내가 이 소설을 읽을 적에는 도저히 실감이 나지 않아 이해를 못하였지만 이제 내 눈으로 그런 광경을 직접 보게 되니 《아큐정전》을 이해할 수 있을뿐더러 과연 유교의 본고장에 왔구나 하는 감상을 느꼈다.

얼마 후 도착한 '도살장'이 바로 쓰카다 부대의 본거지였다. 쓰카다 부대는 사단장의 성을 따서 붙여진 이름이다. 우리는 이곳에서 다시 신체 검사를 받고 예방주사도 맞으면서 간단한 훈련을 받은 후에 각지로 배치되었다. 여기서 뿔뿔이 헤어져 본부를 비롯하여 쉬저우 근방 각지의 경비중대에 배속되었는데, 나는 쉬저우 동쪽으로 룽하이선을 따라 둘째 정거장인 다쉬자로 가게 되었다. 쉬저우에 도착한 지 9일째인 2월 25일의 일이었다.

다쉬자에 있는 일본군 경비중대로 배치되고, 결국 그곳에서 탈출에 성공하게 되는데 이때의 상황을 이해하도록 당시 전쟁의 판세를 간략하게 설명할 필요가 있을 것 같다.

중국의 통일과 강성을 적극적으로 반대하고 방해공작을 앞장서서 전개한 것은 일본 군국주의자들이었다. 1931년 9월의 만주사변, 1932년의 상하이사변, 1933년의 러허진공, 1935년 12월의 이른바 기동방공 자치정부의 수립, 1936년 봄의 몽골자치군 정부의 수립 등은 모두 일제의 중국 대륙 독점을 위한 침략 행위인 동시에 일본이 자기 무덤을 파는 것이기도 하였다. 1936년 12월에 발생한 시안사변을 계기로 제2차 국공합작으로 중국 측의 대일항전 역량이 강화될 가능성이 보이자 일본은 무력으로 화베이 5성의 점령을 기도하였다. 1937년 7월 7일, 베이징 교외의 루거우차오(마르코폴로교) 부근에서 야간 전투훈련을 실시하던 일본군 부대의 병사 한 명이 실종됐다는 것을 구실로 일본군은 근처의 중국군을 공격함으로써 이른바 루거우차오사건이 발생하였다. 일본 군국주의자들은 이를 기회로 중국에 대한 전면공격을 개시하여 중일전쟁을 일으킨 것

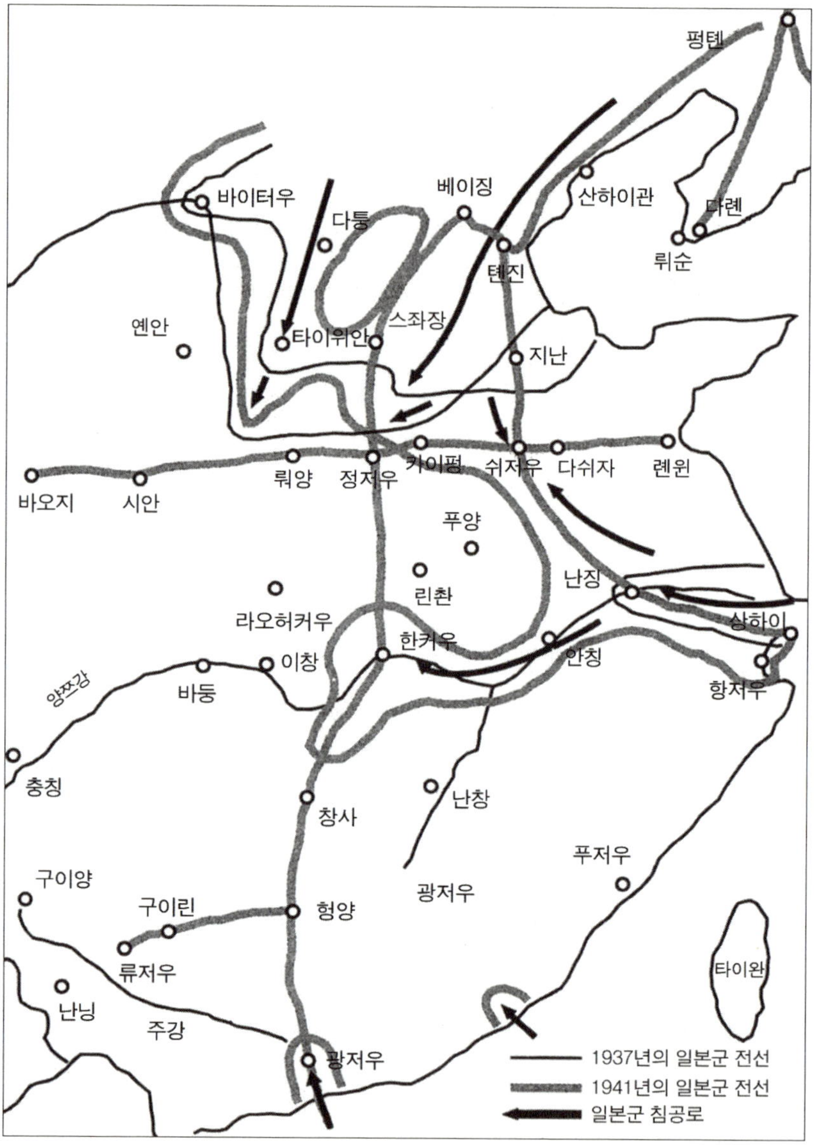
펑톈
바이터우
다퉁
베이징
산하이관
다롄
뤼순
텐진
옌안
타이위안
스좌장
지난
뤄양
정저우
카이펑
쉬저우
다쉬자
롄윈
바오지
시안
푸양
린촨
난징
라오허커우
한커우
상하이
이창
안칭
양쯔강
바둥
항저우
충칭
난창
창사
푸저우
구이양
구이린
헝양
광저우
타이완
류저우
난닝
주강
광저우
1937년의 일본군 전선
1941년의 일본군 전선
일본군 침공로

일본군의 중국 침공 현황

이다.

일본군은 중국 국민의 항일 의지와 국민정부의 전쟁 수행 능력을 과소평가하여, 3개월 이내에 화베이 지역을 석권하고 난징의 국민정부를 굴복시킬 수 있으리라는 판단으로 단기전을 구상하였다. 그러나 일본군은 중국군의 완강한 저항으로 침공 초기부터 작전 계획에 차질을 빚었고, 중국 정부나 국민의 항일 의지가 의외로 강인하여 개전 이후 1938년 말까지 일본군과 중국군은 각각 70만 명과 110만 명에 달하는 막대한 사상자를 내게 되었다.

중국군이 장기전으로 맞섬에 따라 전쟁 지역이 중국 본토의 동북부로부터 화중·화난으로까지 확대하여 전면전쟁이 되었다. 여러 해에 걸친 군비 확장으로 근대적 장비를 갖춘 일본군은 여러 전투에서 승리하였고, 1937년 12월에 중국 정부는 수도인 난징마저 일본군에 점령당하자 수도를 쓰촨성 충칭으로 옮겼다. 그리고 우한을 작전기지로 삼아 장기 항전 태세를 갖추었지만 이듬해, 즉 1938년에 이르러 5월에 쉬저우를 잃고 10월에는 광둥과 한커우도 빼앗겼다. 1938년 말 이후로는 일본군이 베이징-정저우-한커우-창사-광저우를 잇는 남북종단철도 동쪽의 양쯔강 북부 지역만을 장악한 상태에서 전선이 교착되었다.

일본은 1938년 1월에 국민정부를 상대로 하지 않겠다는 고노에 성명을 발표하였고, 같은 해 12월에는 왕징웨이가 충칭을 탈출하여 하노이에 도착한 사건이 발생하였다. 왕징웨이는 이듬해인 1939년 4월에 하노이를 떠나 상하이에 도착했는데, 일본은 1940년 3월에 그를 옹립하여 난징에 괴뢰정권을 수립하기에 이르렀다. 그러나 일본군의 점령지라 할지라도 그것은 점(도시)과 선(철도)에 불과하였다. 드넓은 대륙 곳곳에서 중국 인민의 항전 의식이 불타오르고 있었고, 중국군의 유격 활동은 일본군의

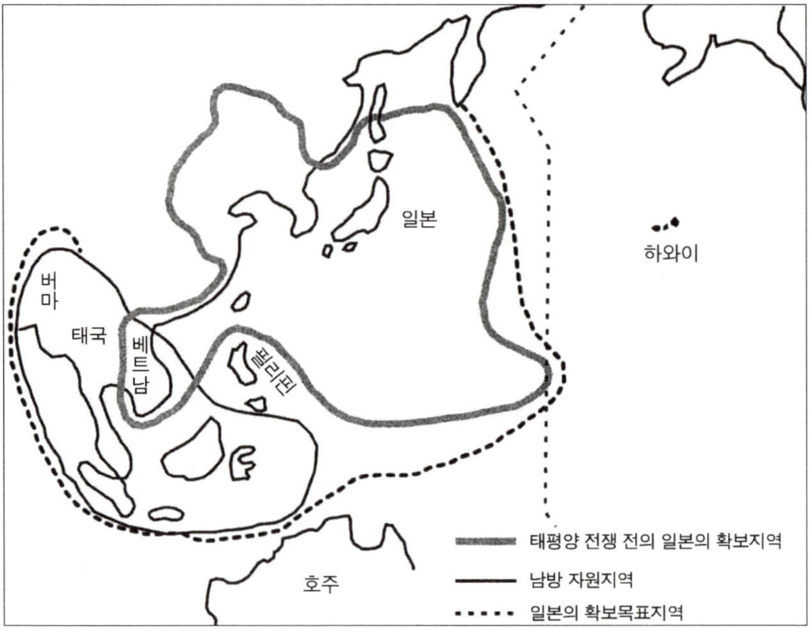

남방자원지역과 일본의 전쟁목표선

배후를 괴롭혔다. 끝없는 장기전의 진흙탕에 일본제국주의는 스스로 빠져들고 있었다.

아무튼 중국 전선은 1939년부터 1944년 초, 즉 내가 학병으로 쉬저우에 도착할 무렵까지 소강상태를 유지하고 있었다. 특히 1941년 12월에 태평양전쟁을 일으킨 일본군은 동남아와 태평양 지역에서의 전투에 전력을 기울이게 되어 중국 전선은 돌볼 겨를이 없었던 것이다. 이런 상황은 당시에 일본 정부가 허위 선전을 했기 때문에 제대로 아는 사람이 드물었다.

주

01 평안북도 강계군 시중면

02 일본 건국신화에 나오는 태양신

03 그 당시 독립운동가들을 흔히 '사상가'라고 하였다.

04 일본은 1916년부터 제19사단(제37·제39여단)을 창설하여 신편 제40여단과 함께 한반도를 상주케 하고 이를 '조선군'으로 명명하였다(1918년 5월). 이러한 '조선군'은 조선총독이 통솔권을 가지고 있었으며, 각 도의 장관은 필요시 출병요구권을 보유하고 있어 이들 '조선' 부대는 사실상 한반도의 지역 방위보다는 치안 유지를 위한 도구로 활용되었다. 그러나 일본의 대륙 침략이 시작되자 만주사변 후 다시 1개 사단을 증가하였고 태평양전쟁 말기에는 약 23만의 병력으로 팽창하여 주둔 목적이 확대된 것이었다.

05 일제 말기 한국인으로서 국내와 일본의 각 대학·전문학교의 재학생 수는 약 5천명이었는데, 그 가운데 학병으로 강제 징집되어 일본군에 입대한 수는 4,385명이었다. 평양과 서울 등 여러 곳에서 입대하였으며, 평양 부대에 입영한 수는 약 1,500명으로 나는 기억한다(내가 충칭에 도착한 직후 인터뷰에서 중국 기자들에게 발표한 숫자이다).

06 현재는 선양

07 펑톈파 군벌과 즈리파 군벌 사이의 전쟁

08 장쑤성 쉬저우의 옛 이름

II.

탈출 제1호

1. 다쉬자 일본 경비중대

1944년 2월 25일 다쉬자에 주둔하던 경비중대로 배속되어 쉬저우역을 떠난 신병은 54명인데, 그 가운데 한국인 학병은 나까지 합해 4명이고 나머지 50명은 일본 시즈오카현에서 징병된 일본인이었다. 룽하이선 기차에 탄 승객들은 모두 중국인이었고 일본 군복의 우리는 열차간의 한 구간에 앉아 있었는데 너나 할 것 없이 침울한 표정이었다. 다쉬자는 쉬저우에서 동쪽으로 60킬로미터 떨어진 곳이어서 금방 도착했다. 신상초군은 어디로 배속되었는지 알 수 없었고, 다쉬자로 동행한 한국인 학병들은 모두 초면이었다. 그들은 각각 도쿄 릿쿄대학, 도쿄 주오대학, 도쿄미술전문학교에 다니다 입대하였다고 한다. 학교도 고향도 달랐지만 기차를 타고 오는 한 시간 동안에 우리는 금세 가까워졌다. 이것이 피를 나눈 동족 간의 이끌림일 것이다.

부대가 있는 다쉬자의 마을은 역에서 북으로 약 1킬로미터 떨어진 곳에 있는 전형적인 중국 마을로 300호 남짓 되었다. 마을의 주변은 약 8미터 높이의 토성으로 둘러싸였고, 성의 바깥을 빙 둘러서 해자가 있으며, 동서 양방향으로 성문이 있었다. 성 꼭대기 부분의 너비는 5미터 정도이고 그 위에 총가벽이 있는데, 이 담과 해자 사이에는 철조망을 설치하였다. 이 성내에는 왕징웨이 괴뢰정권에 속하는 경비중대(왕징웨이는 저들의 군대를 화평군이라 했다)가 따로 있어서 일본군이 맡은 서북부를 제외한 지역의 경비를 맡고 있었지만, 일본군의 지휘를 받고 있었다. 중국의 큰 도시는 물론이고 중소 도시로부터 이렇게 조그마한 마을에 이르기까지 성벽으로 둘러싸여 있는 곳이 많다. 오랜 역사 속에서 중국의 치안이 얼마나 불안하였던가를 잘 나타내는데, 중국 사람들은 밤이면 성문을 잠그고 경계할 수밖에 없었던 것이다.

일본 경비중대는 성내 서북부의 민가를 빼앗아 이를 군인 숙소인 병사로 사용하고, 주위는 철조망을 둘러 다른 민가와 격리하였다. 경비중대는 고참병 70명과 신병 54명으로 구성되어 있었고, 신병 54명은 다시 3개 분대로 편성되었다. 소총분대·기관총분대·척탄통(일종의 수포)분대로서 각각 18명이었는데, 나는 척탄통반으로 편입되었다. 병사 내에는 중대본부와 중대장(중위) 방·신병훈련교관(소위) 방, 각 분대장 방, 고참병 방, 신병 방, 위병소, 목욕실, 주방 등이 있었다. 이런 것을 상세하게 적는 까닭은 내가 탈출할 때의 상황을 알기 쉽게 하려는 것이다.

나는 운이 따라준 것으로 안다. 다쉬자에 도착하니 경비중대 훈련교관이 게이오대학 4년 선배였다. 육군 소위 소후에 료이치는 후배인 나에게 각별한 관심을 표시하면서 호의를 베풀었는데, 이 호의가 나의 탈출을 쉽게 만들어주었다. 학벌을 중시하는 일본 사회 풍토 덕에 조국이 달라 서로 불편한 관계인데도 불구하고 대단한 호의를 베풀어주었다. 나중에 안 일이지만, 훈련 성적이 좋았던 내가 3개월간의 훈련을 마친 뒤 사단본부의 종합평가에서 최우수 병사로 선발되면 훈련 담당관으로서 일

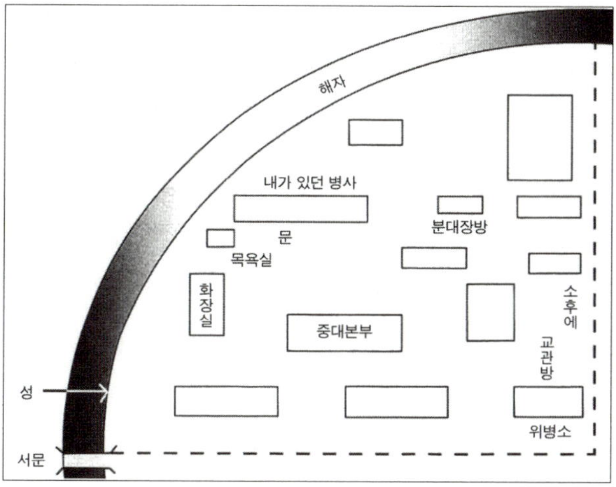

경비중대 병사 배치도

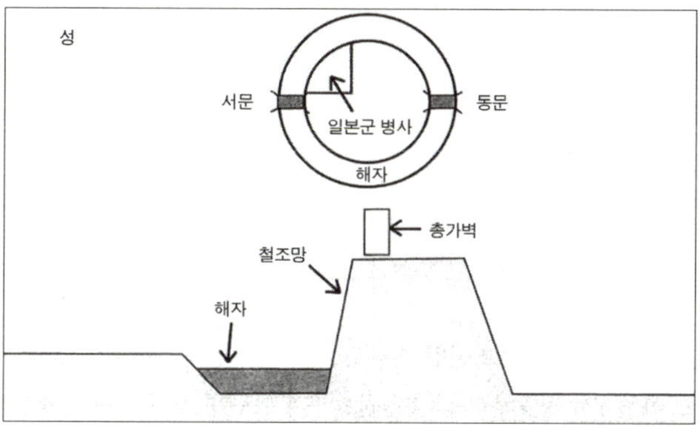

성벽 구조 등

계급 특별진급을 할 수 있었으므로 나에게 각별한 관심을 가졌던 모양이다. 그는 나에게 은근한 기대를 걸고 있는 것이 틀림없었다. 아무튼 교관이 내 대학 선배라는 것과 그가 각별한 관심을 보인 덕분에 다른 분대장들도 내게 좀 관대한 듯한 눈치였다.

이곳 경비중대는 야전부대답게 초년병 훈련은 맹렬하고도 실전을 방불케 하는 것이었다. 아침 7시의 점호부터 밤 9시 점호에 이르기까지 초년병 생활이란 말 그대로 눈코 뜰 사이 없이 바빴다. 훈련 내용은 별다른 것이 없었다. 각개 교련에서 시작하여 소대 단위의 전투 교련까지이고, 이른바 정신 훈련이란 '군인에게 내린 칙유'를 비롯해 몇몇 교본을 따로 외우는 일인데, 이것을 되풀이하여 몸에 완전히 붙게 하는 것이었다. 그 밖에 내무반 생활은 실내에서의 소소한 잡무에서부터 상관의 시중을 드는 일까지를 모두 포함하는 것으로, 말하자면 지저분한 일들인데 정신적으로 참기 어려운 훈련이다.

밤 점호가 끝나면 저마다 다투다시피 하여 분대장의 잠자리를 마련해 주고 또 분대장이나 조교가 식사를 끝내면 앞을 다퉈서 그 식기를 치우고 씻어준다. 특히 식기를 저마다 먼저 치워주려고 하는 것은 상관의 비위를 맞추어 잘 보이겠다는 것 이외에 그들이 남긴 잔반을 먹기 위해서이다. 고된 훈련을 받고 배가 고프니까 그렇게 되겠지만, 차마 눈뜨고 볼 수 없는 초라한 광경이다. 나는 탈출할 몸이니까 상관의 자리를 펴주거나 식기를 씻어주는 일은 해 본 적이 없지만, 그런 일을 예사로 하는 일본인들의 이른바 '대화혼'이니 '무사정신'이니 하는 것도 보잘것없다는 것을 알게 되었다.

더욱 한심하고 분노를 느낀 것은 실탄 사격 연습을 할 때 인근 마을을 지나가는 양민을 향하여 마구 총을 쏘게 하는 일이었다. 그뿐인가. 그들의 훈련 과정에 '기모다메시'(담력 시험)라는 것이 있다. 어느 날 일반훈련을 시작한 지 일주일도 못 되어 철로 근처에서 훈련을 받는데 고참병 2명이 평상복 차림의 중국 청년을 포박해서 끌고 오는 것을 보았다. 처음에는 왜 끌고 오는지 몰랐으나 중국 청년의 눈을 가리고 파 놓은 구덩이 앞에 세운 것을 보고야 이것이 소문에 듣던 '기모다메시'라는 것을 알게 되었다. 그들은 청년을 중국 군인이라고 했지만 그 정체는 알 수 없었다.

소후에 교관이 초년병들에게 착검을 명령하더니 한 줄로 서서 차례로 포박된 중국인을 찌르라고 하였다. 약 30미터 밖에서부터 뛰어가다가 소리를 크게 외치면서 찌르라는 것이다. 이런 야만적 행패가 있을 수가 있는가! 이것이 그들이 자랑하는 무사도 정신이란 말인가! 이른바 황군에게는 국제법이라는 것은 털끝만치도 머릿속에 없었다. 모두 한 줄로 서야 했기에 어쩔 수 없이 나는 54명 중의 맨 마지막에 섰다. 이것을 거부해야만 될 것이 아닌가 하는 생각이 가슴에 가득 차 있었으나, 그러다가는 탈출이라는 나의 '거룩한' 목적을 달성하지 못할 수도 있다.

지금도 기억이 생생하지만 제일 먼저 뛰어나간 살인자는 요시오카라는 왜놈이었다. 그 뒤를 일본인들이 미친 듯이 차례로 뛰어나가 칼로 찔렀다. 우리 학도병들은 거의 모두가 뒷줄에 서 있었다. 불쌍한 중국인은 요시오카가 찌르자 벌써 땅에 쓰러졌다. 처음의 3~4명이 찔렀을 적에 이미 완전히 사망하였을 것이다. 나는 맨 마지막에 이미 죽은 몸을 향해 찌르는 시늉을 하기는 했으나 이때처럼 불쾌하고 격노한 일이 없었다. 일본 군국주의나 침략 행위는 물론이려니와 이러한 잔인한 행위를 하는 일본인들이 밉기가 한이 없었다.

대학 선배라는 교관, 가장 자유주의적 대학인 게이오대학 출신이라는 소후에 소위…. 나는 분노로 치를 떨었다. 마음 한구석에 있던 선후배라는 감상적인 생각은 그 순간부터 싹 사라졌다. 어서 탈출해야 한다. 일본 군대에 머무는 날짜가 길수록 내 의지와 상관없이 무슨 죄를 저질러 버릴지 모르는 일이었다. 그보다도 하루빨리 탈출하여 우리 독립군이나 중국군에 참가하여 원수에게 총부리를 돌리고 칼로 무찔러야 한다는 생각이 더욱 간절했다.

2. 뜻밖에 얻은 정보

나는 경비중대에 배치된 후 늘 주변 상황을 살폈다. 탈출을 위해 마을을 둘러싼 건물의 배치, 해자의 너비와 깊이 등을 세세히 조사했다.

탈출하려고 성벽을 넘으면 7~8미터 폭의 해자를 건너야 하는데 못의 깊이를 알 수 없었다. 그래서 훈련받다가 잠시 쉴 때면 장난질하는 척하면서 못에 돌을 던져보았다. 일본 도쿠가와 막부 때 반란을 일으켜 에도성을 점령할 목적으로 성을 둘러싼 해자의 깊이를 알려고 연못에 돌을 던졌다는 유이 쇼세츠의 이야기를 떠올렸기 때문이다. 그 결과 해자가 깊지 않다는 것을 알 수 있었다.

곧바로 중국어 공부도 시작하였다. 평양을 떠날 때 감춰 온 중국어 회화책을 요긴하게 이용하였다. 육군 간부후보생 시험에 응시하는 한국인 학병들은 밤 9시의 점호가 끝나면 분대장 방에서 시험공부를 할 수 있었다. 방 일부에만 온돌이 깔린 중국식 온돌방에 책상 3개가 있었고, 콩기름 등잔으로 불을 밝혔다. 나는 거의 매일 밤 분대장 방에서 군사 책 밑에 중국어책을 숨겨 놓고 중국어 공부를 했다. 다른 학병들은 열심히 간부후보생 응시 준비를 하는 것 같았는데, 나는 그들이 눈치채지 못하도록 꾀를 쓰면서 몰래 중국어를 자습하였다. 매일 2시간 정도는 이곳에서 공부하였지만 독학이란 여간 어려운 것이 아니어서 그냥 중국어 문장을 외우는 것뿐이지 정말로 말이 통할는지 몹시 의심스러웠다. 더욱이 일본어 문자로 중국어 발음을 적어놓은 것이라 발음이 정확할 까닭이 없었다.

경비중대에 배속된 지 닷새쯤 되었을까. 아직 포로 집단 척살 사건이 일어나기 전의 일이다. 소후에 소위가 밤 9시 점호가 끝난 다음에 자기 방으로 나를 불렀다. 후배와 정을 나누려고 자리를 마련한 것이다. 이때 나는 그의 방에서 탈출에 필요한 중대한 정보를 입수했다. 소후에 교관은 내가 들어가자 반갑게 맞이하면서 도쿄에서도 먹기 어려운 생과자를 내놓았다. 그는 도쿄 사정, 특히 학교 소식을 묻기 시작하였다. 그는 중국 전선에 배속된 지 벌써 2년이 되었다면서 도쿄를 몹시 그리워했다. 나는 자연스럽게 여러 가지 학교 얘기로 꽃을 피우면서도 탈출에 필요한 무슨 정보를 얻어내려고 내심 신경을 날카롭게 하고 있었다. 그러다가 그는 군에 대한 나의 소감을 물었다.

나는 교관방 벽에 붙어 있는 부대 인근 지도를 힐끗 본 뒤 이렇게 대답했다.

"선배께서 알듯이 이런 정도의 훈련은 학교에서도 다 배운 것 아닙니까? 저는 중국에 도착하면 즉시 전투에 참여할 줄 알았습니다."

그러자 소후에 소위는 "그런가?"라고 말한 뒤 벽에 붙은 지도 앞으로 다가가 손가락으로 어떤 지점을 짚으며, "여기가 쑤양이라는 곳인데 가장 가까이 중국 유격대가 있는 곳이다. 40리밖에 안 된다. 전투는 언제 벌어질지 모른다. 희망한다면 내일이라도 데려가서 그곳을 공격할 수 있다"라고 말했다. 나는 소후에 소위가 손가락으로 짚은 쑤양이라는 곳을 유심히 보며 고개를 끄덕였는데, 마음속으로는 쾌재를 질렀다. 중국군이 주둔하는 지점을 너무나 쉽게 알았으니 말이다.

나는 교관 방에서 나오자마자 화장실로 가서 주머니 속의 지도를 꺼내 쑤양이라는 지점을 찾아냈다. 소후에 소위가 말한 대로 그곳은 경비중대에서 동북방으로 불과 40리밖에 안 되는 가까운 지점이 아닌가! 입대할 때는 탈출하여 정저우까지 700리를 걷겠다고 각오했는데, 불과 40리 떨어진 곳에 중국군이 있었다. 나는 이 사실을 알고 흥분을 누를 수 없었지만 태연하게 잠자리로 돌아갔다. 이제 탈출 성공의 커다란 난관 하나가 해결된 셈이다.

3. 암호 '초초'를 써 보냄

나는 하루하루 탈출 기회가 오기를 기다렸는데 뜻밖에도 기회는 빨리 왔다. 교관실에 다녀온 지 1주일쯤 됐을 때인 3월 8일 깊은 밤에 비상소집 나팔 소리가 들렸다. 나는 전투가 벌어졌다고 생각하고 이것을 이용하여 탈출하려고 마음먹었다. 새벽 2시 무렵이라 매우 어두워서 내가 총과 함께 사물 보따리까지 챙겨 나온 것을 아무도 눈치채지 못하였다.

집합이 완료되자 구보가 시작됐다. 대열은 성 밖으로 나가 한없이 뛰었다. 그러나 몇 시간을 뛰어도 총소리가 들려오지 않았다. 나는 그제야 비상소집이 연습이라는 것을 깨달았다. 아닌 게 아니라 구보가 끝나고 휴식을 취할 때 지휘관이 연습이라는 것을 알려줬다. 나는 이 말을 듣고 '큰일 났구나!' 하고 생각하였다. 마침 동이 트기 시작했는데 날이 밝으면 내가 개인 물품을 담은 보따리까지 메고 나온 것이 발각될 것이 뻔했다.

드디어 날이 밝았고 나만이 사물 보따리를 메고 나온 것이 발각됐다. 중대장은 대원들이 다 들을 수 있는 큰소리로 묻는 것이었다.

"넌 왜 보따리까지 메고 나왔나?"

나는 태연하게 대답하였다.

"여기엔 내복이 들어 있습니다. 저는 전투가 벌어진 줄 알았습니다. 전투가 벌어지면 며칠 걸릴 것이고, 날씨는 아직 춥기 때문에 내복까지 들고 나왔습니다."

지휘관은 이 말을 듣고 오히려 나를 칭찬했다.

"이 신병은 침착하다. 위험할 때도 이렇게 침착해야 한다."

이처럼 일단 위기를 모면하였으나 탈출 기회를 얻지 못한 것이 서운하였다. 그런데 또 다른 위기가 나를 기다리고 있었다. 이 비상소집이 있은 다음에 나는 한국인 학병들에게 은밀하게 탈출 계획을 밝히고 같이 탈출하자고 권유하였다. 혼자서 탈출하면 위험이 더 많을 것 같고, 동포끼리 뜻을 같이할 수 있을뿐더러 내가 한마디 상의도 없이 탈출해 버리면 그들이 섭섭하게 생각할 것 같았다. 세 명에게 각각 탈출 계획을 꺼냈는데, 모두 펄쩍 뛰었다. 한결같이 탈출에 반대한 것이다.

그러고 나니 내가 난감해졌다. 무엇보다도 비밀을 스스로 털어놓은 셈이라 위기를 느끼지 않을 수 없었다. 그중 누군가가 나의 계획을 밀고하면 모든 것이 끝장나고 말 것이다. 나는 이 위기를 모면하려고 거짓말하기 시작했다.

"아무리 생각해도 탈출한다는 것은 무모한 일 같군. 나도 생각을 바꿨다. 너희 생각이 옳았어."

그들은 내 말을 믿는 것 같았다. 나는 말뿐만 아니라 행동도 탈출 계획을 포기한 것처럼 하였다. 만에 하나라도 내 계획을 발설한다면 모든 것이 끝장나는 것이 아닌가. 나는 동족을 믿지 못하는 비애를 느끼며 일부러 그들에게 내가 어리석었다는 점을 강조했다. 그들은 내게 탈출 계획을 포기한 것은 잘 판단한 일이라고 말했다.

이런 중에도 나는 탈출 기회를 엿보는 것을 게을리하지 않았다. 틈틈이 집에도 편지를 써 보냈다. 내용이 다 보이는 엽서에 일본어로 대일본제국의 군대를 찬양하는 내용을 잔뜩 쓴 뒤 말미에는 '경구'라고 적었다. 아직 부대에 있다는 암호였다.

나는 이제 병영에서 단독으로 탈출해야 했으므로 더욱 세심하게 부대 사정을 살피며 하루하루를 보냈는데 드디어 그 기회가 왔다. 그것은 다름 아니라 4월부터 일본군이 '대륙타통작전(일본군은 '제1호 작전'이라 함)'의 하나로 '하남작전(제5호 작전이라 함)'을 전개했기 때문이다. 하남작전이니 대륙타통작전이니 하는 것이 무엇을 의미하는지 그때는 알지 못했다. 훨씬 뒤에 안 것이지만 전쟁 상황을 이해하도록 그 무렵의 작전을 간략하게 돌아보자.

1938년 10월 한커우작전의 성공으로 중국이 굴복하리라 기대하던 일본의 희망은 물거품이 되고, 장기 소모전으로 가는 것이 확실해졌다. 일본은 한편으로는 화평공작으로서 전쟁 종결을 꾀하는 동시에, 다른 한편에서는 요충지 확보와 간헐적 토벌작전을 거듭하여 주둔군의 전투력을 유지하고, 또한 중국군의 반격이나 재건을 막으려고 하였다.

중국은 한커우를 포기했다가 다음 해인 1939년 겨울에 약 65개 사단의 대병력을 동원하여 대반격을 함으로써 한동안 일본군을 곤경에 몰아넣었으나 결국 1940년 1월 들어 실패하고 말았다. 중국은 그때까지의 전투로 인해 중화기와 군수품 대부분과 정예군의 거의 절반을 잃었다. 그뿐만 아니라 지형적으로도 분단되어 대규모 반격작전을 펼칠 여력이 없었고, 인도네시아·버마·서북의 루트나 화난 해안으로 들어오는 다른 나라의 원조물자에 의지하면서 소규모의 교란작전이나 게릴라 전투로만 저항할 수 있었다.

따라서 1940년 이후 내가 중국에 도착할 무렵인 1944년 초까지 양측 군대의 대규모 전투는 없었다. 그러다가 1944년 5월부터 일본군은 우한삼진에서 창사·구이린·류저우·난닝을 잇는 철도(웨한선과 샹구이선)의 노선을 따라 남진하는 대작전을 개시하였으며, 이로써 새로운 전선이 형성되기 시작하였다.

이보다 앞서 5~6개 사단 병력으로 하남작전을 개시하였는데, 그 목적은 핑한선과 룽하이선의 교차 지점인 정저우와 문화 고도인 뤄양을 점령한 다음 핑한선을 따라 남침하여 한커우까지의 철로를 확보하려는 것이었다. 이른바 '대륙타통작전'이라는 남진 작전은 일본군의 해상 보급로가 미 해군에 의해 봉쇄됨에 따라 육상 보급로를 개척하고, 또 웨한선과 샹구이선 연변의 중국군과 미군 비행장을 파쇄하여 중국뿐만 아니라 일본 본토에 대한 공습을 막는 것이 목적이었다. 대군을 투입해서 전개한 이 대작전(1944년 12월에 완결)은 태평양전쟁 말기 일본군이 중국 본토에서 실시한 작전으로는 최대 규모인 동시에 마지막에 속하는 것이었다.

이 하남작전은 나의 탈출과 깊은 관계가 있다. 앞서 말한 대로 이 작전으로 일본군은 허난성 정저우와 뤄양을 점령한 후 핑한선을 따라 남진하여 한커우로부터 대륙을 관통하는 작전에 호응할 계획이었다. 쉬저우에 있던 쓰카다부대는 하남작전에 참가하게 되었다. 이 작전은 대규모였으므로 쓰카다부대뿐만 아니라 인근 5-6개 사단이 동원되었고, 또 작전을 개시하기 전에 주변의 중국군 유격대를 공격하여 근심거리를 없애야만 했다. 그리하여 4월부터 개시된 하남작전 이전에, 즉 3월부터 인근 유격대에 대한 토벌작전이 시작된 것이다. 내가 소속된 경비중대에도 작전 명령이 내려왔다. 그래서 신참병 10명 정도만 남고 모두 유격대 토벌에 동원됐는데 나는 이 절호의 기회를 놓칠 수 없었다.

고참병들이 중국군 유격대를 토벌하러 나간 날은 3월 15일경이었으며, 약 3주간 토벌작전을 한 다음에 4월 하남작전에 참가한다는 것이었다. 이날부터 나는 부대에서 탈출할 기회만 노렸다. 고참병이 거의 없고 신병들만 부대에 남아 있었으므로 모든 것이 어수룩하여 경비가 불충분

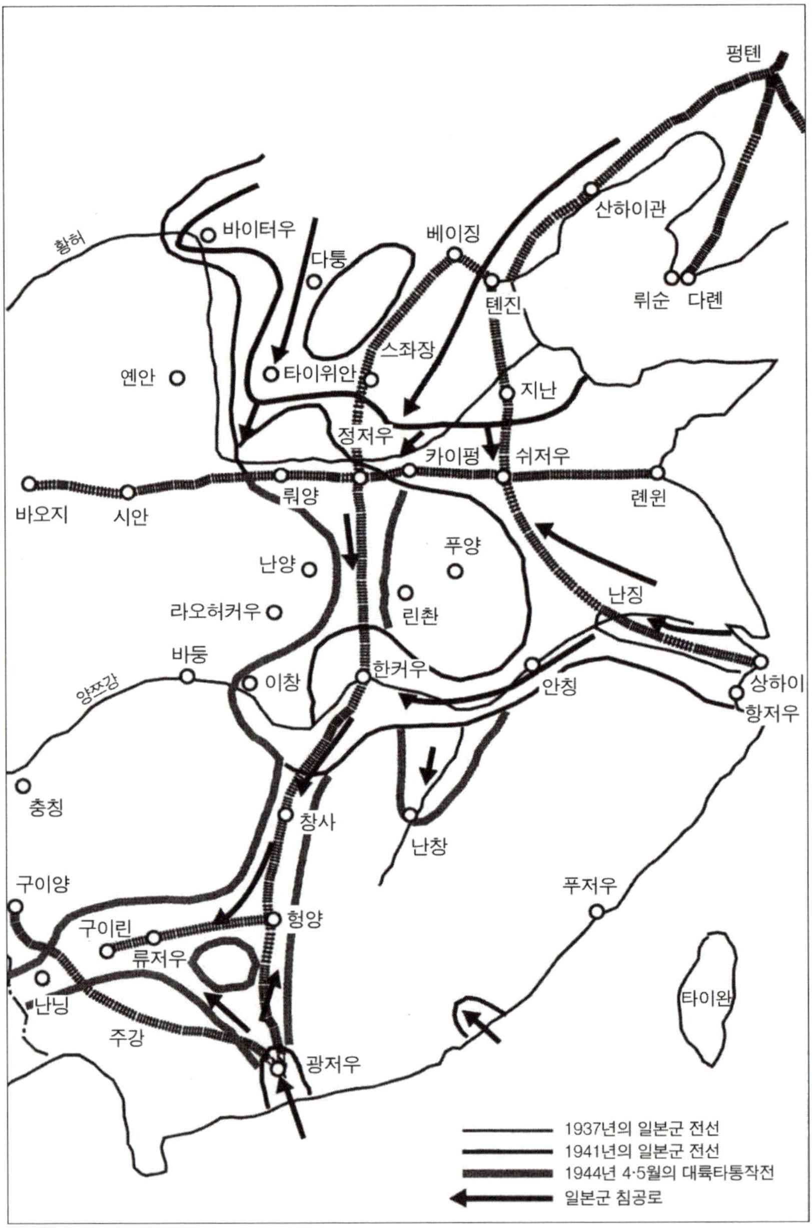
펑톈
산하이관
바이터우
황허
다퉁
베이징
톈진
뤼순
다롄
스좌장
옌안
타이위안
지난
정저우
카이펑
쉬저우
바오지
시안
뤄양
롄윈
푸양
난양
린촨
난징
라오허커우
바둥
양쯔강
이창
한커우
안칭
상하이
항저우
충칭
창사
난창
구이양
푸저우
구이린
헝양
류저우
난닝
타이완
주강
광저우
1937년의 일본군 전선
1941년의 일본군 전선
1944년 4·5월의 대륙타통작전
일본군 침공로

일본군의 중국 침공 현황

할 것이 틀림없을 테니 그야말로 천재일우의 기회가 아닌가.

그뿐이랴. 여태까지 제외되었던 초년병들이 주야간의 위병 근무와 불침번 근무도 담당하게 되었다. 특히 야간에도 초년병이 두 명씩 한 시간 교대로 성벽 위에서 파수하게 된 것은 나에게는 더할 나위 없는 행운이었다. 파수하는 동안 성벽의 어느 곳이 넘기 쉬우며 또 성벽 너머에 설치된 철조망은 어디가 넘기 쉬운지도 샅샅이 조사하였다. 해자가 깊지 않은 것은 이미 확인했으니 그다지 어렵지 않게 건널 수 있을 것이었다.

문제는 탈출 날짜를 정하는 것이었다. 그 해답은 신기하게도 돌아가신 아버지께서 해결해 주셨다. 탈출 날짜를 정하려고 고심하던 어느 날(3월 18일로 기억한다) 꿈에 아버지가 하얀 모시옷을 입고 나타나 "달아나려거든 3월 29일에 달아나라"라는 말씀만 남기고 사라지셨다. 그것은 고향의 집이었다. 여름날 아버지의 사랑방에 앉아 있는데 대문으로 들어오신 아버지가 사랑방 앞의 마당에 서서 탈출 날짜를 말씀해주시는 것이었다. 어찌나 생생한지 나는 꿈에서 깨어나면서 이것은 범상한 일이 아니라고 생각했다. 심리학자 프로이트의 꿈에 대한 분석도 생각이 났다. 어떤 잠재의식이 표현된 것인지 모르지만, 3월 29일이라는 날짜는 내가 전혀 생각해 본 일이 없었다. 달력을 보았더니 3월 29일은 음력 그믐날이었다. 달이 보이지 않는 날이다. 나는 이것을 확인하고 마음속으로 이렇게 다짐했다.

'이것은 아버지가 날 도와주신 거다! 탈출에 성공하려면 달이 없는 캄캄한 밤이어야 되지 않는가. 그래. 3월 29일로 정하자!'

나는 다음 날 고향에 편지를 썼다. 만일을 생각하여 어머니, 형들, 누나, 매부에게 각각 편지를 보냈다. 그것은 탈출하기 열흘 전의 일인데, 일본군을 잔뜩 찬양하고 군 복무를 잘하고 있으니 안심하라고 써놓고 편지 말미에 모두 '초초'라고 썼다. 초초는 일본 부대를 떠나 우리 독립군으로 참가한다는 암호였으니, 내가 이 '초초'라는 암호를 쓰게 되기를 얼마나 기다렸던가!

후일담이지만, 내 편지를 받은 고향의 형들은 사상 관련 책들과 경찰이 의심할 만한 것들은 모두 불태웠고, 형사들의 수색과 신문에 세심한 대비를 하였다. 나의 탈출이 형들과 무슨 연관이 있는 것이 아닌지, 또한 내가 탈출한 뒤에 고향으로 찾아오는 것이 아닌지 하여 오랫동안 형사들이 잠복근무도 한 모양이다. 또한 내 친구라고 가장하여 자기도 학병으로서 중국의 일본 군대에서 탈출했다면서 우리 집에 숨겨달라고 한 한국인 형사도 있었다고 한다.

조국을 떠나기 전에 오랫동안 형들과 모의한 일이기에 형들이 이에 속을 까닭이 없었고, 나중에 어머니와 누나에게 모든 내막을 설명해서 어머니도 안심하고 나를 자랑스럽게 생각했다고 한다. 그렇지만 나의 탈출로 말미암아 형들은 일본 헌병대에 끌려가 갖은 고생을 다 겪었다. 일본군이 형들에게 화풀이한 것이다.

4. 빵 세 개와 수류탄

나는 고향에 편지를 보내고 난 뒤 3월 29일만 기다렸다. 그날은 월요일이었다. 그런데 공교롭게도 초년병들은 3월 29일에 다쉬자와 쉬저우의 중간에 있는 다먀오라는 곳까지 완전군장으로 행군하는 훈련 일정이 잡혀 있었다. 행군 훈련은 매우 중요한 신병 훈련인데 이날은 왕복 130리

행군이었다. 나는 3월 29일 새벽 2시에 탈출하기로 마음먹고 있었다. 탈출하는 데는 무엇보다도 체력이 중요했으므로 나는 체력 소모를 줄이려고 꾀병을 부렸다. 28일은 일요일이므로 푹 쉴 수 있었지만, 나는 토요일에도 쉬기로 작정했다. 그래서 아침식사 후 점검 때 얼굴을 찡그리며 서 있었다. 이것은 나의 '거사'의 첫 행동이었다.

내 얼굴을 보고 소후에 교관은 어디 아프냐고 물었다. 나는 일부러 괜찮다고 하다가 배꼽 아래 오른쪽 배가 아프다고 대답하였다. 그랬더니 그는 "배꼽 아래 오른쪽이 아파? 그거 맹장염일 수도 있는데…. 그럼 들어가서 푹 쉬어라"고 지시하는 것이었다. 나는 인간적으로 학교 선배인 그를 속이는 것이 마음이 좀 불편하였지만, 조국의 해방을 위해서는 어쩔 수 없는 일이라고 생각하였다.

이미 탈출의 첫걸음을 내디딘 만큼 머릿속은 탈출 계획으로 가득 차 있었다. 앞서 말한 대로 성벽 위를 보초 두 명이 짝을 지어 한 시간씩 파수하는데 교대는 위병소에서 이루어지고 있었다. 이 교대 시간에는 성벽 위에 아무도 없는 셈이었다. 나는 바로 이 틈을 이용, 성벽을 넘기로 작정하였는데 그 무방비의 시간은 단 3분 정도였다. 3분 사이에 성벽을 넘어 해자를 건너가기만 하면 탈출에 성공할 수 있는 것으로 판단하고 있었다.

중국 유격대가 있다고 하는 쑤양은 40리 바깥이니까 어림잡아 네 시간 정도 걸릴 거리였다. 새벽 2시를 탈출 시간으로 택한 것은 동이 트는 시간을 계산했기 때문이다. 그 지방은 3월 하순이면 6시 반 무렵에 동이 텄으므로 날이 밝기 전에 중국 유격대가 있는 곳까지 도착해야 안심할 수 있다. 쑤양이면 다쉬자의 동북쪽인데 날씨가 좋을 때면 그 방면으로 멀리 산이 보였다. 중국군을 쉽게 만나지 못한다면 그 산속에 숨어야 할지도 모른다.

탈출 하루 전인 3월 28일은 무척 지루한 하루였다. 저녁에는 다음 날 행군의 점심용으로 한 사람에게 빵 세 개씩을 주었는데 나는 제외하는 것이 아닌가. 아픈 사람이라고 해서 행군에서도 제외된 것이다. 그러나 빵을 나누어 줄 때 번뜩 생각나는 것이 있었다. 만약 탈출에 성공했으나 중국군 유격대를 바로 만나지 못한다면 식량 해결이 큰 문제라는 생각이 들었다. 돈이 많기는 하나 일본 돈을 사용할 수 있는지 의문이었다. 그래서 그날 밤의 점호 때는 자리에서 일어나 줄을 섰는데, 그것은 내 건강이 문제없으니 내게도 빵을 배급하라는 뜻이었다. 분대장이 나를 힐끗 쳐다보고 괜찮으냐고 묻기에 괜찮다고 대답했더니 그는 잠시 망설이다가 소후에 교관의 허락을 받아오라고 지시하였다. 나는 즉시 교관실로 가서 몸이 좋아졌고 중요한 훈련에 빠지고 싶지 않으니 행군에 참가시켜 달라고 말했다. 결국 소후에 교관의 허락으로 나도 빵 세 개를 받을 수 있었다. 혹시라도 중국군을 만나지 못하고 헤맬 경우에 대비한 비상식량 문제를 해결한 셈이다.

문제는 또 있었다. 앞서 말한 대로 탈출에 주어진 시간은 단 3분, 너무 짧았다. 이 동안에 탈출하려면 군복을 입고 자는 척하다가 재빨리 내무반을 빠져나가야 하는데, 규정에는 취침할 때 군복을 벗고 자도록 되어 있었다. 남이 눈치 못 채게 군복을 입고 자는 척할 수도 있지만 이것도 쉬운 일이 아니었다. 내무반 담당 하사들은 취침이 시작되어 30분 정도가 지나면 매일 밤 꼭 잠에 빠진 신병들을 괴롭히곤 하였다. 내무반에 들어와 청소를 안 했다거나 정돈이 엉망이라는 등의 트집을 잡아 모두 깨워 놓고 기합을 주는 게 예사였다. 만일 군복을 입고 이불에 들어가 있다가 하사들의 행패가 시작되면 규정을 위반한 것이 발각되고 만다. 그러나 나는 3분이라는 시간이 더 중요했으므로 운에 맡기고 군복을 입은 채로 이불 속에 들어갔다. 운이 좋았는지 아니면 다음 날 행군이 예정돼 있기 때문인지 하사들의 행패가 다행히도 그날 밤엔 없었다.

나는 또한 탈출에 실패할 경우를 생각하지 않을 수가 없었다. 실패하여 붙잡히는 날에는 총살이거나 영창에 갇혀 죽을 고생과 모욕을 당할 것이 뻔하였다. 나는 탈출에 실패하면 자살하기로 결심하였다. 자살용으로 아버지가 남긴 주머니칼을 가져오기는 하였으나 그것으로는 어려울 것 같아서 분대장의 수류탄을 훔쳤다. 그런데 이 세상에 나와서 처음 하는 도둑질로 인해 심정이 몹시 착잡하였다.

수류탄을 훔치기는 쉬웠다. 우리가 지내는 병사는 중국 농가를 개조한 곳인데 내가 속하는 척탄통반은 기관총반과 같은 방을 썼고, 두 반의 분대장은 맨 끝에 잠자리를 잡고 있었다. 잠자리는 벽 쪽으로 빙 둘러 침대를 만들었는데, 침대 위의 벽에는 각자 사용하는 사물용 나무상자가 하나씩 붙어 있었다. 분대장은 항상 자기의 수류탄을 이 상자 아래 벽에 걸어두었다. 신병들이 앞을 다투어 깔아주던 분대장의 침구를 이날 처음으로 내가 재빠르게 펴주었다. 그 틈을 이용해 수류탄을 훔치게 된 것이다. 그러나 수류탄이 없어진 것을 분대장이 알게 되면 난리가 날 게 뻔했다.

분대장은 밤 9시 점호가 끝나면 늘 분대장실에 가서 다른 분대장들과 이야기를 나누거나 술을 마시다가 대개 11시에 돌아와 잠을 자는데, 그날도 그는 그 시간에 돌아왔다. 군복을 입고 담요를 뒤집어쓴 채로 훔쳐보니 그는 콧노래를 부르며 곧 이불 속으로 들어갔다. 수류탄이 없어진 것을 까마득하게 모른 채 말이다.

나는 모든 준비를 끝내고 이불 속에 엎드려 새벽 2시가 되기만을 기다렸다. 그러다가 나도 모르게 얼핏 잠이 들고 말았다. 다행히도 30여 분 만에 깨어나 시계를 보니 새벽 1시 20분이었다. 40분만 기다리면 되었다.

남은 40분을 나는 또 활용하였다. 발생할 수 있는 모든 일을 예측하여 대비해야만 했다. 만일의 경우 성벽을 넘는 데 성공하였으나 운이 나쁘게 보초한테 들키는 경우가 생기면 어떻게 할 것인가? 그럴 때 내가 가는 방향을 조작하여 엉뚱한 방향으로 추적하게 해야 한다. 나는 또 하나의 꾀를 냈다. 나는 이불 속에 엎드려서 성냥을 그어대며 소후에 교관에게 다음과 같이 편지를 썼다. 빨리 타들어 오는 성냥불에 손가락을 데기도 하였으나 아픈 줄도 몰랐다.

"지금 새벽 1시가 넘었는데 맹장이 굉장히 아픕니다. 혼자 계신 어머니가 나를 군대에 보낼 때는 대일본제국의 장교가 되는 것이 희망이었는데, 만일 행군에 참가하지 못하면 나는 장교가 될 수 없을 것입니다. 그래서 지금 나 혼자 죽더라도 다마오까지 행군을 갔다 오겠습니다."

대충 이런 내용으로 편지를 써 놓고 2시가 되기를 카운트다운 했던 것이다.

드디어 새벽 2시가 되었다. 이때 같은 방에 있는 기관총반의 대원 두 명이 보초 교대를 위해서 밖으로 나갔다. 나는 단 1초도 낭비할 수 없는 처지였다. 슬그머니 이불에서 나와 준비해 둔 사물을 챙긴 배낭을 어깨에 메고 밖으로 나와 우선 화장실로 갔다. 보초들이 교대를 위하여 위병소로 걸어가는 것이 보였다. 밤에 화장실을 가는 것은 들켜도 조금도 의심받지 않는 일이었다. 내가 화장실로 먼저 간 것은 그곳이 성벽에 가깝기 때문이었고, 또한 병사 동정을 살피려는 목적이었다. 별 이상이 없음을 한눈에 확인하고 곧 화장실에서 나와 성 밑의 목욕실의 벽에 몸을 붙였다. 야간훈련에서 배운 지식을 총동원한 것이다. 밤이면 벽에 붙어 있어야 잘 보이지 않는다. 목욕실에 달린 방에는 목욕물을 담당하는 중국인 하인이 자고 있는데 코고는 소리가 들려왔다. 나는 고양이처럼 재빠르게 성벽으로 기어 올라갔다.

그 순간에 머리에 떠오른 생각은 도스토옙스키의 소설《죄와 벌》에서 주인공 라스콜리니코프가 전당포의 수전노 할머니를 살해하는 장면이었다. 왜 그 생각이 떠올랐는지 알 수가 없다. 짧은 시간이지만 생사를 건 그 순간의 내 모습이 마치 소설이나 영화의 주인공과 같은 느낌이었던 것만은 사실이다. 성 위까지 단숨에 올라가 평소에 살펴두었던 허술한 총가벽을 넘었다.

성벽으로 올라갈 때는 들키지 않으려고 땅에 납작 붙어서 기어올라갔지만 성을 넘어서 해자로 내려갈 때는 우뚝 설 수밖에 없었다. 서는 순간 흙이 무너져 해자로 떨어지면서 쏴아 하는 물소리를 내는 것이 아닌가. 그러자 "누구냐!"라는 소리가 터져 나왔다. 성벽 위에 보초 하나가 남아 있었던 것이다.

내 딴에는 사전에 모든 것을 세밀히 조사했다고 생각하였으나 그렇지 못한 것이 한 가지 있었다. 그것은 해자의 못으로 향한 토성의 흙에 관한 조사였다. 흙이 말라 지표에 자갈만 한 흙덩이들이 뭉쳐 있던 것을 몰랐던 것이다. 내가 성벽을 넘어 그 흙을 밟자 흙덩어리들이 밀려서 연못에 소리를 내면서 떨어진 것이다. 그런데 아직 철조망을 넘기 전이었다. 들킨 순간 잠깐 망설였지만, 나는 탈출을 속행하였다. 들켰으니 뛸 수밖에 없다. 나는 전속력으로 철조망을 넘고 못에 뛰어들었다. 물의 깊이는 조사했던 대로 과히 깊지 않아 내 가슴께 정도였다.

뒤에서는 "누구냐! 누구냐!" 하는 소리가 계속 들려왔다. 허겁지겁 해자를 건너 맞은편 언덕을 단숨에 기어 올라갔다. 동네 개들이 짖어댔다. 총소리가 곧 울려 퍼질 것이라고 생각하면서 나는 동북쪽으로 죽어라 뛰었다. 한참을 뛴 뒤에 나침반을 꺼내 방향을 잡으면서 또 뛰었다. 숨이 목에 차도록 뛰었다. 그러나 이상하게도 총소리가 들리지 않았다. 다리가 아파 더는 뛸 수가 없어서 시계(바로 이때를 예상하고 고향을 떠나기 전에 어머니 것을 바꿔 찬 야광 손목시계)를 보니 겨우 15분밖에 뛰지 못한 것이었다.

잡혀도 어쩔 수 없다. 그러나 나는 이 순간에 난생처음 자유를 만끽하였다. 죽기 전에 이렇게 자유를 맛볼 수 있다는 것이 여간 다행스러운 일이 아니라고 생각하였다. 나는 중학 시절에 단거리는 곧잘 뛰었지만 장거리 경주에는 언제나 꼴찌였고, 군대 훈련에서도 장거리 구보할 때는 항상 큰 고통을 받았으므로 죽고 사는 일이 달린 이 탈주에서조차 더 뛰지 못하는 것은 어찌할 도리가 없었다. 그러나 내가 목표로 하는 지점과 방향, 그리고 거리를 잘 알기에 정확히만 가면 된다고 나 자신을 위로하였다. 나침반이 있으니까 방향은 문제없다. 내가 어느 정도의 거리를 걸었는가 하는 것도 수시로 알아둘 필요가 있었다. 내 걸음으로 140보면 약 100미터가 된다. 나는 이때부터 걸음을 세기 시작하였다. 그리고 목표지점까지 약 4시간이 소요될 것이므로 야광시계로도 걸은 거리를 측정하였다. 그러나 보초에게 들켰으니 바로 지금 일본군이 추격할 것만 같았다. 또 다쉬자의 동북과 서북쪽에 있는 왕징웨이 군대에 전화 연락하여 내가 가는 전방을 차단하고 있을 것 같았다.

나는 한참 걷다가는 땅에 엎드려 사방의 동정을 살폈다. 야간에는 땅에 엎드려야만 먼 곳까지 살필 수가 있다는 것을 군사훈련에서 배웠다. 그러면서 나는 한 가지 요행만을 기대했다. 그것은 탈출 직전에 이불 속에 남겨 놓은 소후에 교관 앞으로의 편지이다. 일본군이 내가 없어진 걸 알고 편지를 발견한다면, 그리고 그 편지 내용을 믿는다면 일본군은 아마도 내가 가는 방향과는 크게 다른 서쪽으로 수색을 펼 것이다. 나는 마지막 순간에 가서 이 편지를 써놓은 것을 여간 다행으로 생각하지 않았다. 그러나 그들이 과연 내가 남긴 편지를 믿겠는가.

중국의 대평원 지대의 촌락들은 서로 800미터에서 1킬로미터의 간격으로 흩어져 있다. 무수히 흩어진 촌락민을 통치하려면 강대한 권력이 필요하고, 그것이 중국에 전제 왕권이 생기게 된 원인이라고 설명한 카를 비트포겔의 학설이 생각났다. 마을마다 개들이 요란하게 짖어댔다. 내가 멀리서 지나가도 그것을 알고 개들이 짖는 것일까? 어떤 마을에서는 이 한밤중에 꽹과리를 치는 곳도 있었다. 내 탈출 연락을 받고 마을 사람들을 긴급히 소집하는 것일까? 중국에는 역대로 보갑제도가 잘 발달되어 있으니까 인근 촌락이 모두 쉽게 동원되었을는지 모를 일이었다. 나는 문자 그대로 필사적인 이 탈주에서도 중국사의 한 토막 한 토막을 생각하는 자신을 이해할 수가 없었다.

캄캄한 밤인 데다가 죽음을 각오한 탈주이다 보니까 땅이 솟거나 꺼진 곳이 있어도 미처 피해 갈 겨를이 없었다. 중국 평원에는 도처에 무덤이 있어서 나는 여러 차례 무덤 꼭대기에서 굴러떨어지곤 하였다. 무덤을 걸어 올라가는 감각이 없다 보니 땅의 높낮이를 몰라서 발을 헛디디고 넘어지는 것이었다. 또 여러 곳에 사료 저장용 웅덩이가 파여 있었다. 사람이나 소·돼지의 똥을 모아두는 곳인데 추운 계절이라 비어 있었기에 망정이지, 나는 이런 웅덩이에 몇 번 굴러 떨어져서 하마터면 오물을 뒤집어쓸 뻔한 적도 부지기수였다.

5. '환영' 혁명지사

꼬박 네 시간을 걸었다. 동이 트기 시작했지만 안개가 끼어 앞이 잘 보이지가 않았다. 조그마한 나침반을 믿고 걸어보기는 처음이어서 과연 내가 목표로 한 지점을 옳게 찾아왔는지 불안하였다. 제대로 걸어왔다면 지금쯤 목적지에 도달했어야 하고, 중국군은 대번 만나지 못한다고 해도 훈련할 때 멀리 아득하게 보이던 산까지는 와 있어야 했다. 평원에서의 날은 곧 밝아오더니 눈앞에 갑자기 큰 산이 안개 속에서 나타나는 것이었다. 그런데 제대로 왔구나 하고 안도하는 것도 순간이었고 산을 향하여 조금 더 걸으니 둑이 나오고 느닷없이 강이 앞을 가로막았다.

강이 있다는 것을 나는 몰랐던 것이다. 그제야 지도를 꼼꼼히 살펴보았더니 부라오허(다렌허의 일부인데 이 지방에서는 부라오허라고 불렸다)라고 분명히 적혀 있었다. 내가 숨어서 이 지도를 뒤적거릴 수 있었던 곳은 일본 경비중대의 컴컴한 변소 안에서였다. 강이 있다는 것을 미처 발견하지 못한 것이다. 부라오허를 건너야만 산이 있고, 그곳으로 가야만 중국군도 만날 수 있을 것이다. 혹여 만나지 못한다 하더라도 몸은 숨길 수 있을 테다. 평야에서는 몸을 숨길 수 없었을뿐더러, 3월의 논밭에는 기껏해야 보리 싹이 조금 돋아 있을 뿐이었다.

강의 폭은 어림잡아 70~80미터 정도는 되어 보였다. 나는 어떻게든지 강을 건너기로 하고 헤엄치겠다고 마음먹었다. 추위는 아랑곳하지 않고 옷을 벗고 물에 들어갔다. 물살이 아주 약한 강물 속에는 이끼가 많고 수초들도 높이 돋아 있었다. 그러나 나는 20미터도 못 가서 헤엄치는 것을 포기하고 되돌아왔다. 한 손에 옷과 배낭을 들고 헤엄치자니 너무나 힘이 들었다.

강에서 나온 뒤 나는 다시 옷을 입었다. 날은 점점 밝아오는데 어디에도 숨을 곳이 없었다. 근처 마을로 들어가는 것은 매우 위험한 일이었다. 이 지역은 일본군의 세력권 안에 있고, 일본군이 아니더라도 왕징웨이 친일 괴뢰군을 앞세워 감시를 철저히 하는 지역이라고 판단되었기에 마을로 들어가서 숨는다는 것은 생각조차 할 수 없는 일이었다.

어쩔 줄 몰라 고심하던 그때 무언가 눈에 들어왔다. 강 위쪽에서 나룻배가 손님 두 사람을 태우고 떠나려고 하는 것이었다. 나는 먼 데서 소리치며 좀 기다리라는 손짓을 하면서 뛰어갔으나 중국인들은 이상한 눈초리로 나를 쳐다보기만 하고 그냥 떠나는 것이었다. 나는 가지고 있는 돈을 모두 꺼내 보이며 태워달라고 손짓했지만 아무 효과가 없었고 나룻배는 오히려 나를 피해서 가려는 것 같았다.

이때야말로 나는 완전히 체념 상태에 빠지지 않을 수 없었다. 몸을 숨길 곳도 없고 강을 건널 수도 없으니 수색대가 오면 속절없이 잡힐 것 아닌가. 나는 둑 아래의 강가를 천천히 왔다 갔다 하였다. 최선을 다했으니 이제는 하늘의 뜻에 맡기는 수밖에 없었다(이때를 회상하여 뒤에 나는 '진인사대천명'을 가훈으로 삼았다).

돌아가신 아버지가 나를 구해주시지 않을까 하는 한 가닥 희망을 걸면서 지그시 눈을 감고 체념하였다. 그러다가 마을 어귀를 얼핏 보니 노란 군복을 입은 중국 군인이 총에 기대어 졸고 있는 것이 아닌가! 당시 국민정부군은 파란 군복을 입었고 친일 왕징웨이군은 노란 군복을 입고 있었다. 신병인 나도 이 정도는 알고 있었기에 마을에서 노란 군복을 입은 군인을 발견했을 때는 하늘이 무너지는 느낌이었다. 그렇다고 도망칠 수도 없었다. 날이 점점 밝아지고 소똥을 줍는 농부들이 하나둘씩 나타나더니 나를 발견하고는 이상한 눈초리로 쳐다보고 마을 안으로 사라지는 것이었다. 일초 앞의 내 운명이 어떻게 될는지 알 수가 없었다.

힘없이 강가를 서성거리는데 노란 옷을 입은 군인 7~8명이 총칼을 들고 둑 위에 나타나더니 나를 보고 무엇이라 떠들었다. 꼼짝 말고 서 있으라는 것 같았다. 나는 그들에게 일본말을 아느냐고 일본어로 물었다. 그러나 아무도 알아듣는 사람이 없는 것 같았고, 나를 가까이 포위하였다. 동네 사람들도 우르르 몰려나왔다. 애나 어른이나 할 것 없이 마치 원숭이 구경이라도 하듯 나를 둘러쌌다.

나는 손짓으로 집으로 들어가자고 했다. 군인들도 이것을 알아차리고 나를 어느 컴컴한 큰 집으로 데리고 갔다. 넓은 방에 들어가니 흙바닥에 커다란 책상이 있고, 대표자로 보이는 사람이 앉아 있었다. 뒤에 알았지만 그는 좡훙쿠이 소령이었다. 그 사람은 내 소식을 듣고 방금 일어난 듯 평상복 차림으로 눈을 비비며 안쪽 의자에 앉아서 나를 보고는 맞은편 의자에 앉으라고 손짓했다. 평상복과 군복을 입은 7~8명이 에워싸고 서 있었다. 나는 다시 손짓으로 필담을 하자고 했다. 그랬더니 그들은 커다란 종이와 벼루를 내왔다. 나는 이 군인들이 왕징웨이의 군대라고 판단했으므로 우선 "나는 일본군 척후병이다"라고 썼다. 정찰을 나왔다는 뜻이었다. 그러나 그들은 아무런 반응을 하지 않았다. 나는 속으로 이들의 진심을 알아내야겠다고 생각하였다. 그래서 다시 "너희는 일본 사람을 정말로 좋아하느냐"라고 썼다.

이때 나는 중국 사람의 구어체인 백화문을 몰라서 학교에서 배운 대로 문어체인 문언문으로 의사를 표시하였다. 그랬더니 그들은 좋아한다고 고개를 끄덕거리는 것이 아닌가.

나는 만사가 끝났다고 생각했지만 마지막으로 그들의 민족감정에 호소하기로 했다. '아무리 왕징웨이군이라 하더라도 중국 사람임에는 틀림없고, 밥 먹기 위해 괴뢰군 노릇을 할지언정 속으로까지 일본을 좋아할 것인가!' 나는 이런 생각을 하며 있는 사실을 그대로 말하기로 했다. "사실 나는 한국 사람이다. 오늘 새벽 일본군에서 탈출했는데, 나의 목적은 한국의 독립에 있으니 나를 우리나라 독립군에 보내달라"고 썼다. 뜻밖에도 그 순간 그들은 환하게 웃으며 엄지손가락을 펴 보이는 것이었다.

좡훙쿠이 중국 유격대 대대장

그들이 호의적 태도를 보이자 나는 메고 있던 보따리를 풀어 속에 있는 것들을 보여주었다. 그 속에는 수류탄 한 개뿐이었고 다른 무기는 없었다(수류탄은 그들이 압수했다). 나는 고향에서 출발할 때부터 지니고 있던 탈출 준비용 주머니를 풀어 보여줬다. 그 속에서 한복차림의 어머니와 함께 찍은 대학생복 차림의 내 사진을 보자 그들은 완전히 나를 믿는 눈치였다. 출발 전에 탈출용으로 준비했던 것들이 하나하나 모두 중요한 역할을 했다. 그 사진을 본 뒤 그들의 대표자는 종이 위에 큰 글씨를 썼다.

"환영 한국 혁명지사!"

알고 보니 그들은 왕징웨이군이 아니라 국부군계의 유격대였다. 그들은 일본군을 속이려고 일본군 가까이 주둔할 때는 노란 군복으로 갈아입고 왕징웨이군으로 위장하는 것이었다. 나는 종이 위에 쓰인 "환영 한국 혁명지사"라는 글씨를 보자 일시에 긴장이 풀렸다. 아침 8시쯤이었다. 긴장이 풀리자 갑자기 추위가 몰려와 온몸이 와들와들 떨렸다. 3월의 쌀쌀한 새벽에 강물에 들어갔다 나와서 몸이 얼어붙어 있었는데 긴장 때문에 추위도 잊고 있었던 것이다. 왜 떨고 있는가 하고 묻기에 물속에 들어갔던 경위를 설명했더니 대야에 뜨거운 물을 담아다 주었다. 한참 동안 발을 담그니 몸이 차츰 녹았다. 그보다도 그렇게 갈망하던 탈출에 성공했다 생각하니 마음이 확 풀렸고, 이 세상에 태어난 보람이 한꺼번에 느껴졌다. 10시 무렵에는 술상을 크게 차려주었다. 한잔 들고 유격대의 사령부로 안내하겠다고 한다. 나는 주는 대로 받아 마셨지만 조금도 취하지가 않았다.

이 기쁨! 이 감격! 나는 아버지가 나를 보호해준 것으로 믿었다. 꿈에 나타난 3월 29일에 탈출하라고 하신 아버지의 모습이 자꾸만 머리에 떠올랐다. '어머님, 형님들! 제가 이렇게 무사히 탈출할 수 있도록 도와주셔서 고맙습니다.' 나는 부모 형제가 기대하는 훌륭한 독립군이 되어 우리의 원수인 일본을 무찌르는 데 앞장설 것이라고 다시 한번 맹세하였다.

이렇게 해서 나는 '학병 탈출 제1호'가 되는 영광을 차지하였다. 그런데 나중에 탈출한 장준하 형을 비롯하여 그 밖의 여러 학병을 만나 각자의 탈출 경위를 들어보니 모두 나의 몇 배나 되는 고생을 겪은 것을 알게 됐다. 나는 탈출하여 정확한 방향으로 전진했고, 예측한 대로 네 시간 뒤에 정확한 지점에서 중국군을 만나는 데 성공한 것이다. 이것은 우연이 아니라 일본군 입대 전부터의 용의주도한 계획과 준비, 그리고 과감한 행동 때문일 것이다. 매사에 계획과 조직적 준비와 정보가 필요하고, 또 결정적 시기에 과단성 있는 행동을 취해야만 성공한다는 철칙을 나는 이때의 탈출 성공으로서 뼈저리게 느꼈고, 이는 이후 내 삶의 중요한 행동원칙 중 하나가 되었다.

그런데 누구라도 궁금한 것은 내가 탈출한 뒤에 다쉬자의 일본 군대

내에서 무슨 일이 일어났을까 하는 점일 것이다. 실은 나 자신도 그것이 대단히 궁금했고 죽기 전에 그 사정을 알 수 없으리라 생각하였는데, 훗날 일본이 투항한 후 난징에서 뜻밖에도 그때의 상황을 알게 되었다. 상세한 것은 뒤에 설명하겠지만, 나는 1945년 11월 말 광복군 지청천 총사령관의 부관으로서 지 사령관과 함께 난징에 있는 일본군 포로수용소를 찾은 일이 있다. 그때 광복군은 수용소 내에 있는 한국인 사병들을 인수하여 광복군으로 편성하고, 이들에 대한 간단한 정신훈련을 실시한 다음에 국내로 진입할 계획이었다. 그런데 나는 여기서 나와 함께 다쉬자 일본군 경비중대에 있던 한국 학병 3명을 만난 것이다.

헤어진 뒤 1년 반 동안에 나는 '혁명지사'로서 광복군 총사령관의 부관이 되었고 그들은 포로의 신세로 눈앞에 나타난 것이 아닌가. 내가 함께 탈출하자고 할 적에 나와 행동을 같이했더라면 그들도 당당한 독립투사가 되었을 것이다. 아무튼 그들이 무사히 살아남은 것을 다행으로 생각하고 중국인인 포로수용소 소장에게 부탁하여 그들을 근처의 중국음식점으로 데리고 나와 술을 한 잔 나누게 되었다. 그들은 내가 탈출한 후의 부대 내 상황을 상세하게 들려주었다.

성 위의 보초가 "누구냐! 누구냐!" 하고 소리치자 유수대장인 소후에 소위는 대원을 전원 비상소집하고 점검하였다. 점호를 세 번이나 했는데도 내가 사라진 것을 몰랐다고 한다. 이것은 일본군으로서는 도저히 상상할 수 없는 일이다. 남아 있는 고참병들까지 합해서 60여 명밖에 없었고 한 개 분대에 18명뿐인데 어떻게 1명이 없어진 것을 몰랐을까? 아마 깊은 잠에서 갑자기 깨어나 정신들이 몽롱하였을 것이고, 또한 주로 신병들이라서 그런 착오를 범했을 것이다. 오히려 신병인 보초가 무엇을 잘못 보고 겁에 질려 소리쳤다고 하여 기합을 받았다는 것이다. 그래서 다시 잠자리로 돌아갔는데, 다음 날 아침 7시 점호 때에야 비로소 내가 사라진 것을 알았다 한다. 그 시간이면 나는 중국 유격대원과 필담하고 있을 때이다. 나는 정말로 운이 좋았다.

내 이불 속에 남긴 편지를 발견한 다음에 일본군은 원래 계획대로 다먀오까지 완전무장의 행군을 하면서 철도 주변의 민가를 수색하는 작업도 했다고 한다. 혹시 내가 편지에 쓴 대로 다먀오로 혼자 가다가 중국군에게 붙잡힌 것이 아닌가 하는 생각 때문이었다. 이 수색전은 사흘간 계속됐는데 나중에 내가 중국 유격대에서 혁명 영웅으로 대접받고 있다는 정보를 얻은 다음에야 중단했다고 한다. 나의 탈출 사건으로 진급에 영향을 받았을 소후에 료이치 소위를 생각하니 대학 동창으로서 미안한 감도 없지 않았다.

III.

반격 개시
-중국 유격대

1. 유격대 사령부

나는 성공하였다. 자유의 몸이 되는 데 성공한 것이다. 이제 민족의 자유를 위한 투쟁의 선두 대열에 참여하게 된 것이 얼마나 다행한 일인가. 일본으로부터 받은 억압과 치욕에 대한 원수를 갚아야 한다.

이제 반격을 개시할 차례이다. 조국이 독립되고 우리 겨레가 해방되는 그날까지 반격을 계속해야만 된다. 나는 제2의 인생의 시발점에 선 것을 분명하게 알 수 있었다.

융숭한 접대를 받은 다음 정오쯤 유격대의 사령부를 향해 호위병 네 명의 안내와 보호를 받으며 의기양양한 마음으로 중국인 마을을 떠났다. 젊은 호위병들은 어느새 청색 군복, 말하자면 국민정부군의 복장으로 갈아입고 앞장섰다. 네 명 모두 모젤식 권총을 차고 있었으며 말은 통하지가 않았지만 웃는 얼굴로 친절하게 대해 주었다. 우리 일행은 나룻배로 강을 건너 사령부로 향했다. 몇 시간 전 이른 아침에 내가 헤엄쳐서 건너려다 포기한 그 강이다. 강을 건너서는 산으로 들어가지 않고 동북쪽으로 계속 걸었다.

초봄의 날씨는 화창했다. 땅속에서 겨울을 보낸 생명들이 새싹을 틔우는 이 계절에 내 마음도 새로이 태어나는 것 같았다. 왼쪽으로 끼고 도는 산은 산맥이 아니라 넓은 평야에 우뚝 솟아오른 산이다. 내가 중국군을 만나지 못하면 낮에 숨어 있으려고 한 산인데 나무가 없는 바위산이었기에 여기 숨으려고 했으면 큰 고생을 했겠구나 하는 생각이 들었다. 탁 트인 넓은 들과 홀로 우뚝 솟아오른 산의 풍경을 바라보며 묵묵히 걸음을 옮겼다. 호위병들과 대화를 나누고 싶어도 말이 통하지 않으니 어쩔 수 없었다. 저희끼리는 떠들며 장난질도 쳤지만, 나는 여전히 여러 생각이 머릿속을 맴도는 데다 중국 대지를 처음 걸으며 잠시나마 감상에 잠겨보았다. 한 시간쯤 걸으니 좌측의 산도 멀어지면서 사면이 광활한 평야로 변하고 저 멀리 눈길 닿는 곳의 끝에는 땅이 하늘과 맞닿은 지평선이 보이는데 산이 많은 한국에서는 쉽게 볼 수 없는 풍경이었다. 광활한 대지 위에는 오로지 나와 네 명의 중국인 병사뿐인 듯하였다.

한참 감상에 잠긴 채 걷고 있을 때 호위병들이 내게 지분거리기 시작했다. 그들이 일본인에 대한 뼈에 사무친 증오심 때문에 한국인인 나에게 그러는가 보다 하였다. 나는 그때 군모만 쓰지 않았다 뿐이지 옷은 일본 군복을 입고 있었으니 일본인을 연상케 할 것으로 생각하였다. 또한 중국에 와서 아편 장사를 한다든지 일본군의 통역을 하는 한국인이 많은데 대한 나쁜 감정이 있는지도 모른다. 일본 군복을 입은 차림새가 못마땅하여 증오심을 내비치는 것인가 하였다. 자기들끼리 무엇이라고 떠드는데 나는 한마디도 알아들을 수가 없었다. 일본인에 대한 증오심이나 일본인의 앞잡이로 나쁜 짓을 하는 한국인들에 대한 반감으로 나에게 짓궂은 행동을 취하는구나 하고 나는 처음에 부끄럽게 생각하고 또 한편으로는 그들의 민족정신에 내심 감탄하기도 하였다.

그러나 그것은 잠깐의 생각이고, 그들의 목적이 다른 데 있다는 것을 금세 알게 되었다. 병사들은 내 소지품에 욕심을 내고 있었던 것이다. 그중 한 녀석은 권총을 뽑아 들었고, 다른 녀석은 내 손목의 시계를 빼앗았다. 그다음엔 방한 내의까지 가져갔다. 다만 부적 속에 넣어둔 돈은 눈치채지 못하여 지킬 수 있었다. 혹시 중국 군인이 아니라 비적 떼는 아닐지 의심이 들기 시작하였다. 이들의 행동은 강도가 하는 짓이지 군인의 모습은 절대 아니었다. 적어도 내가 알고 있는 군대란 절대로 이런 것이 아니었다.

나는 다시 죽음을 생각하게 되었다. 내가 이런 비적 무리에 들어가려고 죽을 고비를 넘기면서 여기까지 찾아왔단 말인가! 기쁨은 순식간에 실망과 공포, 그리고 허탈함으로 바뀌어 있었다. 그러나 이해되지 않는 것이 있었다. 비적이라면 처음 만난 데서 모든 것을 빼앗을 노릇이지 여기까지 끌고 올 까닭이 없지 않은가! 또 혁명지사이니 하면서 융숭히 대접하며 환영할 까닭도 없다. 더욱이 나를 죽이려고 했다면 이런 복잡한 절차를 밟을 까닭은 더욱더 없다. 생각이 여기에 미치고 나니 병사들의 강도질은 일탈행위라는 것이 짐작되었다. 그렇다면 생명의 위협이 더 큰 것 아닐까 싶었다. 저들끼리 음모해서 나를 살해하고 상부에는 "도망치려고 했기 때문"이라고 보고하면 그만이 아닌가.

내가 가장 분노한 것은 어머니의 시계를 강탈당한 것이었다. 그러나 한편으로는 이 시계 덕으로 내가 무사히 탈출하여 이곳까지 찾아왔고, 또 시계를 줌으로써 내 목숨을 건지는 것이라고 억지로나마 위안하며 분을 가라앉혔다.

시계와 내복을 빼앗은 다음에 그들의 눈에 든 것은 나침반과 아버지의 칼이었다. 나는 얼른 나침반을 내어주고 칼만은 안 된다고 손짓하며,

땅에 한자로 '이것은 아버지의 유일한 유품이기 때문에 줄 수가 없다'라고 썼다. 사실 이 주머니칼은 어디서나 구할 수 있는 값싼 물건이다. 그러나 나에게는 둘도 없이 소중한 물건이다. 나를 인도하고 보호해 주시는 아버지의 유일한 유물을 나는 내놓을 수가 없었다. 이것만은 내 목숨을 잃는 한이 있더라도 굳게 지키겠다고 결심하였다. 나의 태도나 얼굴빛이 결연해 보였던지 칼만은 빼앗지 않았다.

그들은 마을의 부대를 떠나면서부터 옥신각신하는 것 같았다. 알아들을 수는 없어도 칼을 놓고 의견이 둘로 갈라진 것이 느껴졌다. 특히 좀 더 강경한 쪽에서 내 안경까지 빼앗으려고 할 때 의견 대립을 확실히 눈치챌 수 있었다. 다른 사람의 안경을 빼앗는 것은 어떤 의미인지 그들도 알았을 것이다. 나는 신의주고보 3학년 때부터 안경을 끼었는데 해를 거듭할수록 점점 눈이 나빠져서 알이 두꺼운 안경을 끼었던 터라 보통사람이 끼면 어지러울 정도였다. 자기들에게 맞지 않는 안경이라는 걸 알았을 텐데 그냥 안경테가 탐이 나서 빼앗으려고 하는 것일까? 새것도 아니라서 팔아보았댔자 몇 푼이나 받겠는가. 그 이유는 유격대 생활을 몇 달 한 다음에야 알았다. 안경은 그들 사회에서 지체 높은 사람의 상징이기 때문이었다. 그러나 이것은 그쪽 사정이고 나로서는 안경 없이는 책은 고사하고 당장 바로 앞도 안 보이니 없어서는 안 되는 물건이었다.

나는 칼을 지키는 데 성공한 것에 용기를 얻어 이번에는 안경 없으면 소경과 같다는 몸짓을 과장하여 표현하였다. 이것을 보고 온건파 쪽에서 강경파를 설득하여 안경을 나에게 되돌려주었다. 더는 빼앗을 것이 없다고 판단한 그들은 갑자기 태도를 바꾸어 나를 회유하려는 기색이었다. 물건을 강탈당하는 모욕을 당했으니 내 표정이나 태도가 굳어 있는 것을 눈치챘을 것이 틀림없었다. 그들이 태도를 바꾼 것은 미안해서가 아니라 사령부에 도착한 뒤에 내가 그들을 고발할까 싶어서였다. 한 병사가 땅에 '발설하지 말라'는 글자를 써서 보이기에 나는 고개를 끄덕였다. 그러지 않았어도 나는 입을 열지 않았을 것이다. 그랬다가 무슨 보복을 당할지 알 수 없으니 말이다. 내가 탈출에 성공하여 우리 독립군에 갈 수만 있으면 됐지 물건이 무슨 소용이 있겠는가. 그 물건이란 나의 목적을 달성하는 데 필요한 도구이지 목적은 아니다. 나는 중국군에 대한 커다란 실망을 안고 묵묵히 그들의 뒤를 따라갔다. 생각해 보면 오늘 하루 사이에 몇 번이나 위험과 절망, 해방과 희망을 되풀이했는가. 내 인생에서 가장 긴 하루였다.

한두 시간이면 도착할 줄 알았는데 사령부는 생각보다 먼 곳에 있었다. 걸으면서 애써 강탈 사건을 머릿속에서 떨쳐내려고 노력하였다. 탈출에 성공했고, 얼마 뒤에는 오랫동안 동경하던 독립군에 참여하여 일본군과 죽음을 걸고 싸울 터이고, 또한 이 세상에 나와서 처음으로 '자유'의 진미를 맛보았는데 무슨 유감이 있겠는가. 어머니의 시계를 간직하지 못한 것이 죄스러울 뿐이지 물건 자체는 아까울 것이 하나도 없었다. 시간이 지남에 따라 다시 용기를 얻고 희망이 샘물처럼 솟아오르는 것을 느꼈다. 어서 사령관을 만나 우리의 임시정부와 독립군에 보내달라고 간청해야겠다고 생각했다.

우리는 가끔 마을도 지나갔다. 허술한 옷을 입은 마을 주민들은 우리 일행을 물끄러미 쳐다보았다. 일본 군복을 입은 내게 호기심이 쏠리는 눈치였고, 어린아이들은 한참 동안 뒤따라오기도 했다. 나이 든 농민 가운데는 먹던 죽 그릇을 내밀며 "니츠! 니츠!" 하는 것이었다. '니츠' 정도의 말은 알아들을 수가 있었다. "먹으세요"라는 말인데, 이것도 나중에야 알았지만 그저 형식적 인사일 뿐이지 정말로 먹으라는 뜻은 아니다. 죽은 수수죽인지 국물이 많고 멀겋게 보였다. 왜 오후 서너 시에 죽을 먹고 있는지, 주식은 무엇이고 하루에 몇 끼나 먹는지…, 궁금한 것이 많았지만 말이 통하지 않으니 해답을 얻을 수 없었다. 하루빨리 중국어를 배워 중국에 대한 궁금증을 모두 풀어야만 속이 시원할 것 같았다. 나는 다시 '임시정부·독립군·죽음'과 '중국사·중국 사정'에 관한 생각이 교차하였는데 '탈출' 생각만은 어느새 사라지고 말았다.

전초지를 떠난 지 다섯 시간쯤 지나서 해 질 무렵에 어떤 마을에 가까이 갔다. 호위병들이 그곳에 사령부가 있다고 한다. 나는 드디어 도착했구나 하고 병사로 보이는 건물을 찾았으나 보이지 않았다. 사령부라면 당당한 건물이 있을 것 같아서 자꾸만 두리번거리면서 찾아보았으나 그럴 만한 건물이라고는 하나도 없었다. 그것은 내가 유격대가 무엇인지 몰라서 일으킨 착각이었다.

사령부가 있다는 이곳도 걸어오면서 본 여러 마을과 마찬가지로 수십 호가 모여 있는 조그마한 마을에 불과하고 성곽 같은 것도 없었다. 이들이 혹시 비적이 아닌가 하는 의심은 마을에 들어서면서 대번 사라졌다. 어린아이들이 뛰노는 마을이 우선 평화스러웠고, 우리가 도착하자 여러 사람이 우르르 문밖으로 뛰어나와 내 도착을 반갑게 환영하였다. 말은 모르지만 그들의 말과 행동에서 진심을 느꼈다.

조그마한 언덕 위에 있는 평범한 집으로 안내되었는데 류 참모장이라는 분이 나를 반갑게 맞아주었다. 내가 온다는 연락을 받고 기다리던 모양인데 단정한 국민정부의 군복·군모 차림이었고 대단히 인자하게 보였다. 나이는 45세 정도였는데 성품이 아주 부드러운 듯이 보였다. 날이 저물어 가고 있어서 우선 인사만 하고, 나를 맡아 돌봐줄 사람을 소개하였다. 쑨잉 참모였는데 나이는 32~33세 정도로 보였고, 퍽 깔끔한 성격인 것 같았다. 그이는 그 뒤로 이 유격대에 있는 4개월 동안 날마다 나와 함께 생활한 사람이다.

쑨잉 참모

참모장실에서 나온 다음 나는 쑨 참모가 안내하는 다른 민가의 조그마한 방으로 갔다. 방 안에는 두 청년 군관이 있었으며, 역시 내가 그들과 행동을 같이하게 된다는 것을 아는 듯하였다. 모두 참모역을 맡고 있었다. 장 대위라는 사람은 28~29세로 보이는 정열적인 장교였고, 류 중위라는 사람은 내 나이와 비슷하게 보였는데 몸도 건강하지 못하고 학생 같은 느낌이 들었다. 이것은 내가 느낀 첫인상이었고 그들의 경력이나 확실한 직책을 알 까닭이 없었지만 내게 좋은 인상을 주었던 것은 틀림없다. 쑨 참모·장 대위·류 중위, 이 셋이 그동안 늘 함께 지내오다가 이제 '나'라는 외국인이 이 그룹에 끼게 된 것이다.

친절한 그들 틈에서 나는 낮에 물건을 강탈당할 적의 불쾌감이나 불안감은 벌써 깡그리 잊어버렸다. 다만 말이 통하지 않아 답답하기 그지없었다. 그렇게 필담을 하다가 용기를 내어 내가 서툰 영어를 했더니 그들도 알아듣는 것이 아닌가. 셋 가운데 류 중위의 영어가 가장 뛰어났다. 서로가 부족한 영어였으나 의사가 통하니 참으로 다행이었다. 이들과 의사가 통할 수가 있다니 신기하기까지 하였다. 이때처럼 어학의 중요성을 뼈저리게 느낀 일은 없다.

학교에 다니면서 영어 공부를 시작한 것은 벌써 10년 가까이 된다. 신의주고보에서 배웠고 게이오대학에서 배웠다. 그러나 일본인의 영어 교수법은 읽는 데 치중하여 재미없는 문법만 강조하고 회화에는 관심이 없었으므로 실용적이지 못했다. 대학의 예과에서 영국인 강사 이스트레이크에게 매주 2시간씩 영어회화를 배웠지만, 그 사람은 그 당시 일본어 공부를 하러 도쿄에 온 사람이라 수업시간에 영어를 가르치는 것보다는 자기의 일본어 연습에 더 관심을 두었던 관계로 학생들의 회화 실력이란 정말로 빈약하였던 것이다. 당장 중국 사람들과의 의사소통의 필요성에 부딪치고 보니 회화 공부를 제대로 하지 않은 것이 후회스러웠고 일본인들의 교수법이 원망스러웠다.

나는 영어가 통하고 나이가 비슷한 류 중위와 금세 가까워졌다. 그러는 동안에 날이 어두워지고 저녁식사가 들어왔다. 돼지기름을 쓰는 등잔불 밑에서 넷이 모여앉아 저녁을 먹었다. 식사를 가져다준 중년 남자는 그들에게 배속된 전속 요리사였는데 민간 옷차림의 깨끗하고 온화한 성품의 농민으로 보였다. 쑨 참모가 나에게 소개해주었는데, 이 요리사도 내가 이곳에 있는 4개월 동안 생사를 함께한 동지이다. 식사는 보릿가루를 반죽하여 솥에 붙인 것으로서, 말하자면 종이처럼 얇은 빈대떡인데 그들은 이것을 '젠빙'이라 한다. 짭짤한 두사(일종의 콩자반)에 빨간 고추를 약간 섞은 반찬에 '지단탕'(계란국)을 마시며 젠빙을 먹었다. 나는 아주 고맙고 기쁘게, 그리고 맛나게 먹긴 했지만 젠빙이 아주 질겨서 먹고 나니까 턱이 아팠다.

아무튼 길고 긴 역사적인 하루를 지내고 이제 잠자리에 들려던 밤 9시 무렵, 갑자기 부대의 출동 명령이 떨어졌다. 참고로, 이날 호위병에게 시계를 빼앗긴 뒤 늘 세 사람에게 돌아가며 시간을 묻게 되었는데, 제2차 세계대전이 끝날 때까지 나에게는 시계가 없었다.

어젯밤 한잠도 못 자고 새벽 두 시부터 '활극'을 전개한 탓에 저녁을 먹고 나니까 피곤이 한꺼번에 몰려와 잠자리에 눕고 싶은 생각이 간절하던 차에 출동 명령이 내려진 것이다. 그 순간 정신이 바짝 들고 피로감은 싹 날아가 버렸다.

'전투로구나! 왜놈과 싸우게 되는구나!'

중국군에 도착하는 첫날부터 원수와 총부리를 맞대게 되었다는 데 여간 흥분되지 않았다. 이제는 싸우다 죽어도 떳떳하다는 생각이 들었다. 반격이다!

나는 짐도 없고 총도 없고, 맨몸으로 나가면 되니까 출동 준비랄 게 특별히 있을 리가 없었다. 다만 아직 일본 군복인 것이 마음이 걸렸다. 쑨 참모를 따라 바깥에 나갔더니 캄캄한 넓은 마당에 사람들이 꽉 차 있었다.

마을은 완전히 등화관제였고 모인 사람들도 담배는 물론 기침하는 사람도 없었다. 들리는 것은 발자국 소리뿐이었다. 달이 뜨지 않는 음력 그믐이라 캄캄하여 잘 보이지 않았는데, 옆줄에 선 사람들의 복장은 군복보다는 평상복 차림이 더 많았다. 일본인들이 말하는 '편의대'가 바로 이것이로구나 하는 것을 느꼈다. 이윽고 침묵의 행군이 시작되었다. 인기척 하나 없다. 긴 행렬인데 인원수가 얼마인지 어디를 공격하러 가는 것인지 알 길이 없었다. 류 중위에게 영어로 물어볼 수도 있었겠지만 첫째로 말을 해서는 안 되고 또 말이 허용된다고 하더라도 군사기밀을 내가 물어봐서는 안 될 것이다. 일본 군대에 있을 때 3월 8일 새벽 2시에 비상소집을 당하여 완전무장으로 구보하던 생각이 났다. 적군과 아군! 이제 나는 내가 설 곳에 있었다. 총소리가 들려오지 않는 것을 보면 일본군의 어떤 부대를 어둠을 이용하여 급습하는 작전으로 짐작되었다. 내가 이곳에 도착하기 전에 이미 계획된 군사행동일 것이다.

말없이 걷고 또 걸었다. 걷는 방향이 동쪽인 것만 짐작하였지 모든 것이 내게는 미궁이었다. 간혹 쌀쌀한 바람이 얼굴을 스쳤다. 한두 시간 걸을 때까지는 닥쳐올 전투만 생각하였지 다른 것은 생각할 여유가 없었다. 내 손에 총은 없지만 왜군을 공격하는 이 작전에 내가 끼어 있다는 것만으로도 흥분하고 만족하였다. 이 기회가 오기를 얼마나 기다렸던가! 나는 이제야 한국의 아들 구실을 하는구나 하는 희열을 느꼈다. 이 첫 번째 전투에서 전사하는 일이 있어도 후회할 것이 없었다.

시간이 흐름에 따라 고향 생각이 나기 시작하였다. 내가 써 놓고 온 유언대로 나는 죽더라도 조국의 광복을 위해 싸우다가 죽게 된다는 것을 어머니와 형제들이 알아주기를 빌었다. 그러나 중국군이 아니라 우리 독립군의 일원으로 일본군과 싸웠으면 얼마나 더 좋겠는가 하는 생각이 간절했다. 침묵의 행군은 밤새 계속되었다. 고향의 가족들은 내가 이 시각에 이렇게 당당하게 행진하는 것은 모를 것이다.

오늘밤에는 전투가 없을 것으로 보였다. 그러면 꽤 먼 데 있는 일본군을 공격하려고 많은 군대를 집결시켜서 총공격하는 것일까. 일본군이 하남작전을 준비하느라 비워둔 경비대가 많을 터이니까 이때야말로 사방을 급습하는 좋은 기회일 것으로 혼자 궁리하였다.

이러면서 60~70리는 걸었을까! 새벽 서너 시 무렵이었을 것이다. 갑자기 행군하던 중국 군대가 모래밭에 물 붓듯 소리 없이 어디론가 모두 사라져버렸다. 소리라고는 전혀 없으니까 어떻게 명령이 전달되는 것인지 알 길이 없었다. 나는 우리 팀(쑨 참모·장 대위·류 중위)과 함께 어떤 농가에 들어갔다. 여기서도 불을 켜지 못해서 배치된 집의 구조나 방의 모양을 전혀 알 수 없었다. 넷이 다 한방에서 자는데 삼밧줄로 엮은 침대만 있을 뿐 침구는 없고 옷을 입은 채로 자게 되었다. 나는 28일 아침에 기상한 후부터 한잠도 못 잤으니까 30여 시간 만에 처음 자게 된 것이고, 29일 새벽 2시에 탈출하고부터 계속 긴장과 행군을 되풀이했던 처지였으므로 드러눕기가 무섭게 잠이 들었다. 이것이 중국 유격대에서의 나의 첫 번째 밤이었다.

다음 날 눈부신 아침 햇살을 보며 눈을 뜬 것은 10시가 다 되었을 때이다. 같은 방의 쑨·장·류 참모들은 아직도 곤하게 자고 있었다. 탈출에 성공하여 중국 장교들과 한방에서 밤을 지냈다는 것이 꿈만 같았다. 자리에 누워 온갖 생각에 잠겨 있는데 쑨·장·류 참모들도 일어나기 시작한다. 나도 자리에서 일어나 영어로 '굿모닝'을 연발하였다.

11시 무렵에 아침을 먹으면서 안 일인데, 간밤의 행군은 일본군의 습격을 피하려는 목적이었다고 한다. 내가 사령부로 탈출해 왔기 때문에 일본군이 추격하여 내습할 가능성이 커서 취한 군사행동이라는 것이다. 나는 전투, 즉 일본군에 대한 반격 작전이 아닌 것을 알고 내심 실망하였으나, 동시에 나 때문에 사령부를 포함한 전 부대가 이동한 것이 미안하였다. 나의 뜻을 류 중위를 통하여 영어로 표시하였더니 부대 이동은 늘 있는 것이니 미안해할 것 없다고 쑨 참모가 위로해주었다.

그런데 첫째로 부딪친 것은 이 사람들을 어떻게 호칭할 것인가 하는 문제였는데, 그것은 '동지'라고 부르면 된다는 쉬운 답을 얻었다. 그 사람들은 예사로 사용하는 말일는지 모르지만 나에게는 의미심장한 말이었다. 그렇다. 우리는 동지이다. 일본을 물리치자는 뜻을 같이하는 사람들이다. 나는 무엇보다도 중국어를 배우고 싶다고 하였더니 선뜻 류 중위가 맡아주기로 하였다. 류 중위는 영어도 알거니와 베이징 출신이어서 발음이 정확하다고 하기에 나는 대단히 만족스러웠다.

2. 한즈룽 사령관의 환영연

평양에서 일본군에 입대한 것이 1944년 1월 20일, 그로부터 두 달 열흘이 지난 3월 30일에 나는 중국 장쑤성의 서북부에서 중국 유격대의 일원으로서 항일전에 참가할 준비를 하고 있었다. 류 동지와 중국어 공부 계획을 짜고 있는데 쑨 동지(참모·소령)가 무엇을 안고 들어왔다. 그는 활짝 웃으면서 "김 동지의 군복이니 갈아입으라"라는 것이었다. 정말 고마웠다. 어서 일본 군복을 내동댕이치고 싶었지만 말하지 못하고 있던 처지였다.

국부군의 청색 군복에 청천백일[01] 휘장이 붙은 군모를 쓰게 되었다. 우리 독립군의 복장은 아니지만 우선 연합군의 일원인 중국의 군복을 입게 된 것이 여간 자랑스럽지가 않았다. 외양만 보고는 내가 한국 사람이라는 것을 알 수 없게 되었다.

마을은 조용하고도 평화스러웠다. 닭들이 마당에서 먹이를 쫓고, 아이들이 뛰노는 소리가 골목을 채우는데, 이 풍경만을 보면 전쟁이 과연 일어난 것인지 모를 정도였다. 같은 방 동지 셋이 다 사령부로 가고 나 혼자 남았다. 나는 무엇보다도 먼저 중국어를 체계적으로 배울 방법을 궁리하였다. 우선 일상생활에 가장 필요한 중국어를 적어서 외우고, 중국 학교의 중국어 교과서를 구해서 배워야겠다고 생각하였다. 입대할 때 마련한 일본어로 된 중국어 회화책도 참고하기로 하였다. 사전도 있으면 좋겠지만 얻을 수 있을는지 모를 일이었다.

“고맙습니다”, “안녕하세요”, “나는 한국 사람입니다”, “내 이름은 김준엽입니다”, “이것은 무엇이지요?”, “세수, 치약, 칫솔, 비누, 수건…”, “밥, 반찬, 국, 젓가락, 숟가락…”, “네, 아니오”. 외울 중국어를 적고 있는데 마을 사람들이 하나둘씩 방문 앞에 모여들었다. 어른들 틈에 아이들도 끼어서 쳐다보는 것이었다. 처음에는 무슨 일인가 했는데 가만 보니 나를 구경하러 온 것이 틀림없었다. 이방인이 나타났으니 신기했을 것이고 내가 자기들과 얼마나 다른지를 알고 싶었을 것이다. 그런데 잠깐만 구경하고 가는 것이 아니라 한참 동안 서서 수군거리는 것이었다. 나도 차차 불편해지기 시작하였다. 마치 동물원 원숭이라도 구경하는 태도가 아닌가. 아무리 촌무지렁이라도 너무나 예의 없는 행동이었다. 그렇다고 화를 낼 수도 없는 처지였다. 몇 시간을 그러고 나니 내 신세가 한심하게 느껴졌다. ‘이것도 나라 잃은 사람의 서러움이로구나’ 하는 생각이 마음속으로 스며들었다. 나중에 알게 되었지만, 중국 사람들이 한국 사람을 욕할 때는 흔히 ‘망국노’라고 하였다. ‘나라를 잃어버린 못난 자식’이라는 뜻인데, 어쩌다 우리 조상들은 나라를 빼앗겨 후손이 이러한 모욕을 당하게 하나 원망스러웠다. 일본에 짓밟히고 중국 사람들에게 업신여김받는 신세가 생각할수록 분통이 터질 지경이었다. 어서 나라를 찾아야 한다. 떳떳한 독립 국가를 만들어 우리 후손에게는 절대로 이런 고생을 시켜서는 안 된다고 다짐하였다.

이럴 즈음에 세 동지가 함께 돌아왔다. 동지들이 돌아오고 나서야 구경꾼들은 흩어졌다. 쑨 동지가 커다란 선물을 주듯이 편지봉투를 내게 주었다. 뜯어보니 한즈룽 유격대 사령관의 초대장인데, “환영, 한국 혁명지사 김준엽 동지”라고 적혀 있었다. 유격대 사령관은 다음 날 낮에 나와 쑨 참모 등 우리 팀 전체를 식사에 초청하였다. 이 초대장을 받으니까 우울하던 마음이 싹 가셨다. 사령관이 나를 '혁명지사'로 대해 주는 것이 아닌가! 무례한 주민들의 행동에 마음 상할 것 없다. 나는 혁명지사다운 위엄을 지키면서 업적을 남겨야 한다.

어느새 날이 저물어 모여 앉아 저녁 식사를 하였다. 어제와 같은 젠빙인데 질겨서 턱이 아프다 뿐이지 맛은 좋았다. 식사는 하루 두 끼로서 아침이 10시 30분, 저녁은 5시 정도였다. 나는 중국 유격대에 있는 동안 그들과 마찬가지로 하루 두 끼밖에 먹지 않았지만 일본 군대에서처럼 배고픈 것을 느끼지는 않았다. 두 끼일망정 많이 먹을 수 있었기 때문이다. 저녁식사가 끝나기가 무섭게 나는 류 동지에게 중국어를 배웠다. 쑨 동지와 장 동지는 어디로 나가고, 등잔 밑에 류 동지와 단둘이 앉았는데, 중국어도 중국어려니와 류 동지가 영어로 설명해주는 이곳 사람들의 이야기가 더욱 내 관심을 끌었다.

류 동지는 더듬거리는 영어로 자기소개부터 하였다. 고향은 베이징이고 일본군 점령하에서 베이징대학 2학년까지 다니다가 항일 투쟁을 위하여 학교를 떠났고, 수많은 곡절과 고생을 겪으면서 이 유격대에 참여하게 되었다고 한다. 쑨잉 소령은 고등학교를 졸업한 후 헌병학교를 마친 다음에 쉬저우회전에 참여하였다가 이 부대에 왔으며, 정규 군관학교를 졸업한 사람은 장 대위뿐인데 그도 쉬저우회전에 참여했다고 한다. 그리고 셋은 모두 미혼이었다. 한즈룽 사령관은 육군 중장이며, 부인은 전사하였고 외아들이 유격구 내에 있는 중학교에 다닌다고 한다. 내가 일본군을 탈출한 뒤에 전초지에서 처음 만난 책임자는 좡홍쿠이 소령이며 대대장이라 한다. 그리고 류 참모장은 육군 소장으로서 한즈룽 사령관처럼 전쟁 초기부터 많은 전투에 참여하였고, 특히 유명한 타이얼좡 전투에서 용맹을 날렸다는 것이다.

더 듣고도 싶고 물어보고 싶은 이야기가 많았지만 다른 두 동지가 돌아와서 하던 것을 멈추고 일찍 잠을 자기로 하였다. 쑨·장·류 세 동지는 모두 최고학부를 다닌 중국의 지식층이다. 나는 그들과 함께 있게 된 것을 정말로 다행으로 생각하였다.

임진왜란에서 오늘에 이르기까지 한중 두 나라는 일본의 침략에 공동으로 대항하는 밀접한 관계를 맺고 있었다. 자리에 누워 묘한 역사 관계를 생각하였으며, 나 자신이 그 역사의 한 단면이라고 느껴졌다. 그런데 고향에서는 내 편지를 받아보았을까! '초초'라고 쓴 편지를 꼭 받았어야 할 터인데…. 캄캄하고 적막한 중국의 한 마을에서 두 번째 밤을 지내고 있는 것이다. 오래간만에 초저녁부터 정상적으로 잠자리에 든 것 같았다.

사령관의 식사 초대에 나는 물론이고 다른 세 동지도 기분이 들떠 있었다. 그들로서는 영광이 아닐 수 없었을 것이다. 나는 그들이 기뻐하는 것을 보고 은근히 마음이 놓였다. 그들도 얻는 것이 있어야지 나로 말미암아 귀찮은 일만 생긴다면 미안하기 짝이 없는 노릇이었다. 초대받은 날 아침부터 나는 꽤 흥분하고 또 긴장하고 있었다. 첫째로 이틀 전까지 일본군의 일개 졸병이던 내가 갑자기 중국군 사령관의 식사 초대를 받게 되었으니 감격이 아닐 수 없었고, 둘째로 아무리 국가 이익을 생각한 처사라고는 하지만 나를 이렇게 따뜻하게 받아주고 환영해준다는 것이 고맙기 한량없는 일이었다. 동시에 나는 '한국의 혁명지사'답게 말과 행동을 조심할 것은 물론이려니와 고국을 떠날 적부터 나의 소망인 우리 임시정부와 독립군에 참여케 도와달라는 청을 해야만 한다. 중국군의 일원으로서 적과 싸우는 것도 의의가 있지만, 나는 우리 독립군의 일원으로서 싸워야만 더욱 빛나고 값어치 있는 것으로 확신하고 있었다. 앞으로 사령관을 다시 만나기는 대단히 어려울 터이니 이 기회에 꼭 나의 뜻을 명백하게 해둬야 한다고 생각하였다.

우리 팀은 쑨 참모를 선두로 하여 사령관을 찾아갔다. 한즈룽 사령관은 옆 마을의 조그마한 농가에 머물고 있었다. 들어보니 그저께 내가 탈출한 날 밤에 부대가 이동할 적에 사령관도 이곳으로 이동했다고 한다. 유격대란 불시에 전투를 하거나 예측하지 못하는 곳에서 전개하는 것만이 아니라, 사령관부터 각 부대에 이르기까지 한곳에 정착해 있는 것이 아니라는 점을 깨달았다.

따라서 고정된 위치의 사령부 건물이나 사령관 관저가 있을 까닭이 없었고, 사령관이라고 해서 특별히 좋은 건물에 머무는 것도 아니었다. 일본군의 주둔지와 가깝다 보니 간첩이 들락거릴 수도 있어서 사령관의 행방을 감추려면 오히려 허술한 집에 묵을 법도 하였다. 사령관부터 이런 고생을 하면서 항일 투쟁을 계속하는 것이 여간 인상 깊지 않았다.

평상복 차림의 부관의 안내를 받으며 사령관실로 들어갔다. 잠시 뒤 한즈룽 사령관이 활짝 웃는 얼굴로 나타났다. 깨끗한 비단옷 차림의 인물인데 험난한 전장의 장군 같지 않게 부드럽고 인자하였다. 돌아가신 내 아버지보다는 두세 살 적어 보였으며 첫눈에 나는 깊은 친근감을 느꼈다. 물론 밝은 색의 평상복 때문에 그렇게 느낄 수 있었겠지만 나는 아주 편안한 마음으로 그를 대할 수 있었다. 반면 최고 사령관의 앞이라서 그랬는지 동행한 쑨·장·류 동지들은 잔뜩 굳어 있었다. 사령관이 나에 관해서 여러 가지를 묻는 것 같았는데 모두 쑨 참모가 대답하였다. 언어의 장벽이 한스러웠지만 어쩔 수 없는 일이고 나는 류 중위에게 영어 통역을 부탁하였다. 사령관은 말은 못 하지만 영어를 알아듣는 것 같았다.

나는 우선 환영하고 보호해주는 것에 대해 진심으로 고마움을 표하

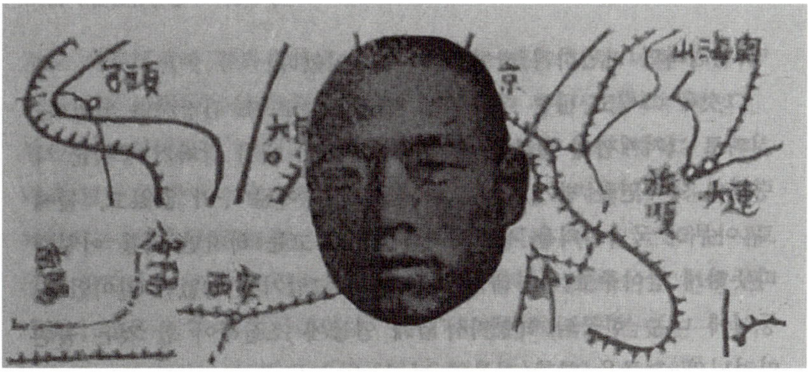

한즈룽 중국 유격대 사령관

였다. 그리고 쑨·장·류 세 동지가 나에게 잘해준다는 것을 특별히 강조하였고, 류 중위가 나에게 중국어를 가르쳐주고 있으니까 다음번 만날 때는 틀림없이 내가 중국어로 대화할 수 있을 것이라고 말했다. 그 말에는 또 만나고 싶다는 뜻이 포함되어 있었다. 우리 독립군으로 가려면 사령관이 결단을 내려줘야 할 것 같았기 때문이다.

식탁이 있는 옆방으로 자리를 옮긴 다음 한즈룽 사령관은 내게 주빈 자리를 내주었다. 그야말로 진수성찬으로 진기한 요리들이 식탁을 가득 채우고 있었다. 어머니가 이 광경을 보면 얼마나 기뻐하실까. 신의주 고보 시절에 갔던 안둥 구시가나 도쿄 유학 시절의 중국음식점에서는 볼 수 없는 요리들이었다. 이때만 해도 나는 대표적 중국 요리로 꼽히는 것이 베이징 요리, 상하이 요리, 쓰촨 요리, 광둥 요리 등의 네 가지이고, 거기에 더 첨가한다면 후난 요리와 푸젠 요리가 있다는 것을 몰랐고, 내가 사령관으로부터 대접받은 음식이 어떤 요리인지도 몰랐지만, 지금 생각하면 베이징 요리가 아니었던가 싶다.

낮이었지만 사령관은 배갈을 권했는데 그는 술이 꽤 센 것으로 보였다. 작은 잔이기는 하지만 그 독한 술을 매번 건배하는 것이었다. 사령관이 권주하니 기분도 최고였고 음식도 별미가 되어 나와 동지들은 술을 많이 마셨다. 중국식으로 술을 권하는 방법도 배웠다. 우리나라처럼 술잔을 건네는 것이 아니라 각자가 자기 잔을 들고 좌석의 누구에게나 권주하면서 자기도 마신다. 권하면서 '쑤이볜'이라고 하면 각자가 마시고 싶은 만큼 마시고, '간베이'라고 하면 잔을 비우는 것이었다. 사령관이 시작하니까 배석한 동지들도 내게 건배를 권하는 바람에 취기가 금세 올라왔다.

그러나 나는 정신을 바싹 가다듬고 취하지 않도록 노력하였다. 체면보다도 질문에 제대로 대답하고, 또 독립군에 가고 싶은 심정을 똑똑히 밝혀둬야 했다.

사령관은 여러 가지를 차근차근 물었다. 나의 탈출 동기나 경위, 한국의 국내 사정, 일본 국내나 일본군의 사정 등을 하나씩 물었다. 나는 아는 대로 소상히 설명하고 특히 한국민은 누구나 반일 감정이 깊고 독립사상이 강하므로 기회만 주어진다면 대일 투쟁에 기꺼이 참여할 것이라는 점을 강조하였다. 사령관은 하남작전으로 일본경비대의 내부가 허술하다는 점과 한국 사람이라면 누구나 기회만 있으면 대일 투쟁에 참여할 것이라는 나의 말에 관심이 깊은 듯이 보였다. 사령관은 그 자리에서 나에게 민간인이든 군인이든 가릴 것 없이 재화한인에 대한 선전공작을 담당하여 많은 한국인이 일본군이나 일본 점령구를 이탈하여 중국군이나 한국 독립군에 참여하도록 힘써달라고 하였다. 나는 탈출 동기를 설명할 적에 우리 임시정부나 독립군에 찾아가서 조국 독립을 위하여 목숨을 바칠 각오라는 것을 힘주어 말했다. 한 사령관은 "하오! 하오!"를 연발하며 내가 위대하다고 칭찬해 주고 격려하는 것이었다.

도쿄 유학 시절에 들은 바와 마찬가지로 김구 선생이 임시정부의 주석이라는 것을 알았고, 또 우리 유격대군을 광복군이라고 부른다는 것을 처음 알았다. 한즈룽 사령관은 기회가 닿는 대로 임시정부와 광복군 총사령부가 있는 충칭으로 보내주겠지만, 전선에서 충칭까지는 매우 멀어서 가는 길이 그리 쉽지 않다는 것을 설명해주었다. 나는 어차피 원수인 일본군과 싸우는 것이 목적인만큼 이곳에서 사령관의 지시에 따라 대일 투쟁에 참가하는 것에 큰 보람을 느낄뿐더러 만족하고 있으니 무리하거나 서두를 것이 없다고 대답하였다.

다만 무슨 기회가 있으면 꼭 충칭으로 보내주어 내가 광복군의 일원으로 대일 전쟁에 참가할 수 있게 해달라고 부탁하면서, 사령관이 이야기한 선전공작은 곧바로 착수하면 좋겠다고 대답하였다. 나는 이곳에서 담당할 임무를 받아 들고 용기백배하였다.

일생 처음으로 긴 점심시간을 가졌다. 시계가 없어 정확한 시간을 알 수가 없으나 세 시간 정도는 지났을 것으로 짐작되었다. 식사로 흰쌀밥이 나왔다. 사흘 만에 본 흰쌀밥인데 그렇게 반가울 수가 없었다. 나를 위하여 특별히 마련했다고 한다.

나는 '혁명지사'라는 영예를 얻은 데다 진수성찬의 환대를 받았고, 또한 내가 하고 싶은 이야기를 충분히 한 데다 유격대에 있는 동안에 내가 할 일거리도 얻고 하여 여간 기쁘지가 않았다. 세 동지와 함께 사령관에게 깊은 사의를 표하고 옆 마을인 우리 숙소로 돌아올 적에는 이 세상에 나와 최고의 날을 맞이한 기분이었다. 세 동지의 말에 의하면 사령관의 기분도 최고로 보였다고 한다. 내가 보기에도 한 사령관은 정말로 흥이 꽤 났던 것 같았다.

3. 유격대 생활

내가 3월 29일에 이 유격대에 도착하여 7월 27일에 부대를 떠났으니 4개월간 유격대 생활을 하였다. 불과 4개월의 시간이지만 내 기억 속에는 굉장히 오랜 세월이었던 것처럼 남아 있다. 그곳에서의 경험은 처음으로 경험하는 중국 생활이었고, 조국의 독립을 위하여 내 생명을 내건 전투의 연속이었기 때문이다. 나날이 긴장된 생활이었으며 나날이 겪는 일들이 이국적이었기에 일생을 두고 잊히지 않을 뿐만 아니라 항상 생생하게 느껴진다.

나로서는 원수 일본에 대한 반격의 개시이며, 동시에 중국을 공부하는 학도로서의 실제 연구와도 같은 것이었다. 앞서도 이야기했지만, 나는 지식에 대한 욕망이 얼마나 강한 것인가를 잘 깨달았다. 오늘 죽을지 내일 죽을지 모르는 처지인데도 중국과 중국사에 관한 지식을 넓히느라고 애쓴 나 자신을 이해할 수가 없었다.

중국 유격대에 참여하기 전에 '유격대'니 '유격전'이니 하는 말은 들었으나 그 실태에 관해서 내가 아는 것은 거의 없었다. 그래서 일본군을 탈출한 다음에 유격대 사령부인가 싶은 큰 건물이 어디에 있는지 두리번거리며 찾았던 것이다.

먼저 '유격대'란 무엇인가 하는 것부터 밝혀야 할 것 같다. 유격대는 빨치산 또는 게릴라라고도 한다. 빨치산은 프랑스어 '파르티잔(partisan)'이 원래 발음인데 본래의 뜻은 당원이나 동지이다. 그런데 일반적으로는 외국군이나 국내의 반혁명군에 대하여 자발적으로 무기를 들고 싸우는, 정규군에 들어가 있지 않은 유격병을 가리키는 말이다.

게릴라도 마찬가지 뜻인데, 유격전을 뜻하는 게릴라전이란 소규모

전쟁을 뜻하는 스페인어에서 파생한 말로서, 원래는 19세기 초 나폴레옹군의 침입(1808년)에 대하여 스페인 국민이 각지에서 펼친 저항전을 말한다. 그러나 게릴라 전술 자체는 기원전부터 이미 존재하여 역사상 사례가 매우 많다. 특히 러시아혁명 때나 제2차 세계대전, 그리고 베트남전쟁 때 그 활동이 매우 많았고, 우리나라에서는 임진왜란 때의 의병도 게릴라이다.

일본군에게 '점과 선'을 점령당한 중국은, 대규모 항일운동을 배경으로 정규전과 교묘하게 배합시킨 빨치산 전법을 도처에서 발동하여 '선'을 위협하면서 '점'의 점령을 불안정하게 만들었다. 이것은 국부군이나 공산군계를 막론하고 채택한 전술이었다. 다만 공산군은 전쟁 전 국부군과의 투쟁 때부터 이미 사용했던 방법이었으므로 좀 더 조직적이었다. 마오쩌둥은 항일전쟁이 한참 진행 중일 때 주로 옌안에서 유격전에 관한 저술에 착수하여 1938년 5월에 《항일유격전쟁의 전략문제》라는 저서를 발표하였는데, 마오쩌둥의 유격전술은 다음과 같은 것을 포함한다.

(1) 동쪽에서 공격하는 척하고는 서쪽에서 공격한다.

(2) 적의 강한 곳은 피하고 취약한 곳을 노린다.

(3) 공격·후퇴·복병·기습·즉결·숙려를 배합한다.

(4) 적이 반격하면 후퇴하고, 정지하면 습격, 도망하면 추격한다.

(5) 적이 추격해 오면 도망했다가 상대가 피곤했을 때 반격한다.

(6) 전 주민을 정보망으로 묶고 적에게는 아군의 행동을 감춘다.

(7) 게릴라에서는 후방 '병참'이 없으며 현지에서 해결한다.

이러한 유격대의 성격에 관한 일반론은 나도 전후에 책을 읽고서야 명확히 안 것이고, 전쟁 중에는 체험을 통하여 인식하였을 뿐이다. 유격대에 도착한 3월 29일 저녁에 다른 마을로 밤새 걸어서 이동했던 것처럼 유격대에 있는 동안 한 마을에 나흘 이상 머무는 일이 없었다. 항상 이동했다. 대략 밤 9시경에 행동을 개시하여 60~70리를 걸어서 새벽 3~4시쯤에 다른 마을로 옮기곤 했다. 그것은 첫째로 안전을 도모하는 것이었다. 제아무리 게릴라라고 해도 의식주를 해결할 물자가 필요하고, 그것을 구하려면 알맞은 장소와 주민의 협력이 반드시 있어야 한다. 게다가 게릴라는 치고 빠지는 전법이 행동의 기본이므로 추격을 피하는 데 편리한 은신처, 말하자면 삼림이나 산악지대가 필요하다. 언제 추격당할지 몰라서 끊임없이 긴장한 상태로 지내는데, 인간에게는 한계가 있기 때문에 추격군의 손이 미치지 않는 곳을 찾아서 휴양도 취해야 하고 또 훈련도 필요한 것이다. 그러나 내가 있던 유격대는 일본군과 너무 가까운 곳에 있었을 뿐만 아니라 지리적으로 삼림이나 산악지대가 없는 곳이었으므로 대원의 안전을 위하여 고달프기는 해도 항상 이동해야만 했던 것이다.

이쪽의 소재지를 감추려고 어둠을 틈타서 이동하고 동시에 적의 움직임을 신속하고도 정확하게 알기 위하여 간첩 활동을 활발하게 하였다. 전 주민이 유격대와 협력하여 정보망을 형성하였는데 중국인들의 반일의식이 높아서 훌륭하게 운영되었다. 그러나 유격대의 동향은 일본군도 자세히 알고 있었는데, 여기에는 같은 동족으로 조직된 왕징웨이 괴뢰군의 역할이 컸다. 전쟁이 오랫동안 제자리걸음을 하다 보니 첩보전이 가장 활발하게 되고 적과 아군 간에 편지까지 오간다는 것을 나중에 알게 되었다.

나는 이 유격대를 떠난 후 지금까지도 이 유격대의 활동 범위가 정확하게 얼마만큼이었는지 모른다. 그러나 이동하는 거리나 방향으로 봐

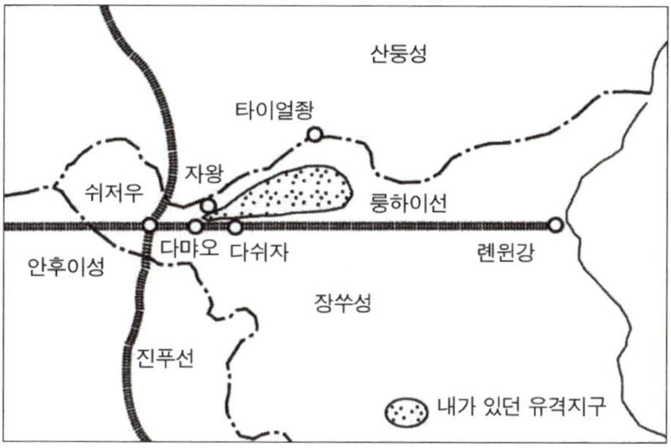

내가 있던 유격지구

서 넓은 면적이 아니라는 것만은 틀림없었다. 대략 위의 지도와 같은 지역이었을 것으로 짐작할 뿐이다.

1938년 5월에 쉬저우가 함락된 다음 이 대회전에서 패배한 많은 군인이 이 지역에서 자발적으로 유격대를 조직하여 항일전을 계속하면서 일본군이 점령한 '점과 선'을 꾸준히 괴롭혔다. 내가 있는 유격대도 그중 하나이고, 한즈룽 사령관이나 류 참모장, 그리고 쑨잉 소령이나 장 대위도 쉬저우대회전에 참여했던 인물들이다. 자발적으로 조직되고 거의 독자적 행동을 취했지만, 계통적으로는 국민정부의 장쑤지구 유격대 총사령관인 리밍양 장군에게 속해 있었다. 따라서 군수물자의 공급을 리밍양 장군이 책임져야 했지만, 실제로는 곤경에 처해 있던 국민정부가 제대로 유격대를 지원할 수 없었으므로 각 유격대는 스스로 군수물자를 해결할 수밖에 없었다. 무기와 탄약은 적으로부터 빼앗은 것이었다. 우리 유격대의 무기와 탄약은 주로 왕징웨이군에서 나온 것이었다. 4개월간 이 유격대에 있는 동안, 이쪽에서 공격한 대상이 한 번을 제외하고는 모두 왕징웨이군이었다는 것을 보아도 이러한 사정을 잘 이해할 수 있을 것이다.

시간이 흐름에 따라 유격대의 나에 대한 신임은 더욱 두터워져 웬만한 군사기밀도 나에게 알려주었다. 이 유격대의 병력은 약 1만 명이고, 박격포가 12문, 기관총이 약 30정이라 했다. 상부인 리밍양 사령부와는 항상 무전 연락을 하는 것을 보았다. 이 부대가 이동할 때는 전체가 한군데 모여서 움직이는 것이 아니라 단위별로 옮긴다. 사령부를 중심으로 그 주위를 방위하는 형태로 이동하는데 나는 항상 사령부와 함께 행동하였다. 정보가 신속하고도 충분하였지만, 가끔 사전에 일본군의 움직임을 몰라 야간 이동 중에 복병의 기습을 받는 일이 있었다. 이럴 때가 가장 위험했다. 적의 동향을 제대로 파악하지 못한 채 치르는 야간 전투에 당황하게 된다. 그러나 유격대는 기동력이 있어서 적의 공격을 받으면 재빠르게 후퇴한다. 중국 땅인 데다가 수년 동안 주로 야간에 이동하는 생활을 계속했기 때문에 유격대원들은 이 지역의 지리를 훤하게 알고 있었다.

따라서 적의 기습을 받으면 계획대로 모두 흩어져서 지정한 장소에 재집결하는 것이었다. 나는 이곳에 있는 동안 몇 차례 이러한 일본군의 기습을 당한 일이 있는데 그때마다 희생자가 거의 없는 것을 보고 놀랐다. 그런데 이곳의 지리나 말을 모르는 나는 남달리 위험을 느꼈다. 캄캄한 밤에 일어나는 일이어서 만일 우리 팀과 떨어지기만 하면 나는 미아가 될 것이 뻔하였다. 말도 모르고 지리도 모르는 데다 어디에서 집결하는지도 모르니 말이다. 그러므로 한밤중이라도 이쪽에서 공격할 때는 마음이 훨씬 가라앉았으나, 그 반대로 적의 기습을 당할 때는 가슴이 철렁 내려앉을 때가 많았다.

유격대가 이동한다고는 하나 아무 데나 가는 것이 아니라 일정한 범위가 있었다. 말하자면 관할지역이 있어서 그 안에서만 사방으로 이동하는 것이다. 이 범위는 자연적 지형에 따라 형성된 것이며, 일본이 점령한

'점과 선' 이외의 광대한 지역에 정규군과 크고 작은 유격대가 산재해 있었다. 세력 확대로 말미암아 유격대 사이에서 마찰이 없는 것은 아니지만 같은 국민당 계열 사이에서는 비교적 평화적으로 해결되었다. 그러나 공산당과의 관계에서는 그렇지 못했다. 공산당은 자기 세력을 확장하려고 국민정부 계열의 유격지구를 하나하나 잠식했던 것이다.

이 관할구에서는 단지 전투를 하거나 주민들이 군대의 의식주를 제공하는 것으로 끝나지 않았다. 유격대 사령관이 동시에 군정장관이기도 하였다. 사령관은 지역에서의 전투를 지휘하였을 뿐만 아니라 지역의 행정·사법·입법 등의 권한을 장악하여 마치 작은 영주나 전제군주와도 같았다. 세금 징수부터 종교나 교육에 이르기까지 모든 업무를 장악하고, 이 구역에서만 통용되는 화폐를 발행했으며(이것은 각 유격구에서 흔히 볼 수 있는 현상이었다), 백성들의 생사여탈권을 쥐고 있었다. 주민의 생활은 이러한 유격대 사령관을 잘 만나느냐에 따라 좌우되었다. 다행히도 이 지역의 주민들은 한즈룽 사령관의 선정을 고맙게 생각하고 있었다. 물론 선정이라 하더라도 전쟁 중 이들의 생활은 말이 아니었다.

청나라 말기로부터 1928년에 장제스가 중국을 통일하기까지 계속된 군벌전쟁과 국공투쟁, 그리고 일본군의 침략전쟁 등으로 말미암아 백성들의 생활은 도탄에 빠졌다. 전란으로 생명을 잃은 사람, 부상당한 사람, 병졸로 끌려가 생사가 묘연한 사람, 집을 잃은 사람, 고향을 잃고 타향으로 유랑하는 사람 등으로 이들의 생활은 우리나라 농민들보다도 훨씬 비참하게 보였다.

당시 중국 농가는 겉보기엔 우리나라 농가보다 커 보였지만 내부는 형편없었다. 여기 있는 동안 많은 농가에서 유숙했지만 제대로 가구를 갖추고 사는 집을 보지 못했다. 식사는 수수죽이나 감자죽, 밀가루떡 등이

주식이었고, 제대로 반찬을 놓고 먹는 일도 없었다. 젠빙이라도 먹으면 잘 먹는 편이고, 우리가 흔히 먹는 만두조차 사치스러운 음식에 속했다. 군인들 사이에서는 마작 놀이가 성행하였지만 백성들에게는 무슨 오락이 있는지를 알 수 없었다. 부라오허에 물고기가 없어서인지 낚시하는 것도 본 일이 없다. 곳에 따라 며칠에 한 번씩 장이 서는데 그 모습은 우리나라의 시골 장과 비슷하였다.

아무튼 외적을 물리쳐야 하므로 고생을 참아내야 하겠지만 농민들의 처지란 정말로 비참하였다. 유격대의 이동에 따라 나도 함께 여러 농가에 머물면서 폐를 끼치게 되었는데 아무리 전쟁 때문이라고 하나 미안하기 짝이 없었다. 앞서 이야기한 바와 같이 한번 움직이면 대개 새벽 3~4시 무렵에 다른 마을의 농가에서 잠을 자는데, 삼밧줄로 엮어 만든 침대에서 잔다는 것은 하늘의 별 따기처럼 극히 드문 일이었고, 보통은 맨 흙바닥에 밀짚을 깔고 잤다. 때로는 아침에 눈을 뜨고 보면 옆에 소나 개·돼지가 있는 것을 보기도 하였다.

나는 이런 생활 속에서도 보람을 느꼈고 정성과 최선을 다하였다. 우선 중국말을 배우는 데 전력을 기울였다. 말을 모르고는 임무를 수행할 수 없는 것은 물론이고 하루하루의 생활도 제대로 못 하고, 또 갑자기 밤에 적과 맞붙어 싸우다가 흩어지기라도 한다면 안전을 지킬 수도 없는 노릇이었다. 게다가 중국을 공부하는 나로서 중국어를 익힌다는 것은 필수적인 것으로 생각하였다. 사전을 찾아 혼자 더 공부하려고 발음부호는 배웠으나 성조에는 집착하지 않았다. 류 중위뿐만 아니라 중국 사람들이 글자 하나하나의 성조를 알고 발음하는 것이 아니라 자연스럽게 흐름에 맞게 발음하는 것이다. 그래서 억양을 조절하면서 류 동지가 발음하는 그대로 따라 하느라고 노력하였다. 일상생활에 요긴한 말들을 중국말로 적어서 외웠고 또 교과서를 열심히 배웠다. 한국 사람이라고는 나 혼자뿐이어서 주위의 모든 사람이 교사이고 또한 말하기 연습 대상이었다. 말을 외우면 얼른 생활에서 써보았다.

이런 식으로 열심히 중국말을 배웠더니 한 달이 지나니까 입이 떨어지고 귀가 트이기 시작하여 일상생활은 큰 불편이 없게 되었다. 내 중국말이 형편없었겠지만 어쨌든 통하면 되는 것 아닌가. 서너 달이 지난 뒤에는 한즈룽 사령관이 일본 대표와 담판할 때 내가 통역을 맡을 정도로 중국어 실력이 많이 발전하였다.

한 사령관의 환영 식사 대접을 받은 다음 약 3주일이 지난 뒤의 일이다. 나는 사령부의 여러 사람과 익숙해지고, 특히 류 참모장과 가까워졌다. 그는 대단히 친절하였으며 가끔 나를 불러 대화를 나누기도 하였다. 내 중국어 수준이 대단하다고 과장되어서 전달됐던 모양이다. 아무튼 이날은 통역 없이 단둘이 편안하게 담소하였는데, 가끔 말이 통하지 않으면 종이에 글을 쓰면서 필담도 하였다. 그는 나를 위로하고 격려하면서 일본군의 사정은 물론이고 일본 국내 사정이나, 한국 사정을 자세하게 물어보는 것이었다. 나는 한 사령관에게 이야기한 그대로 중국말로 설명했는데, 뜻이 옳게 전달됐는지 의문이지만, 그는 열심히 들어주었다. 특히 내가 한국 독립군에 참여하여 대일 투쟁을 하고 싶은 심정을 깊이 이해해 주는 것이 고마웠다.

그러다가 류 참모장은 나에게 편지를 하나 보여주었다. 인편으로 온 것인데 수신인은 한즈룽 사령관이고 발신인은 일본 다쉬자 경비대장으로 되어 있었다. 내가 깜짝 놀라 어리둥절하고 있으니까 어서 읽어보라는 것이었다. 내용인즉 생명은 보장할 터이니 도망간 병졸을 일본군으로 인도하라는 요구였다. 도망한 병졸은 다름 아닌 나였다. 발신일자는 4월 5

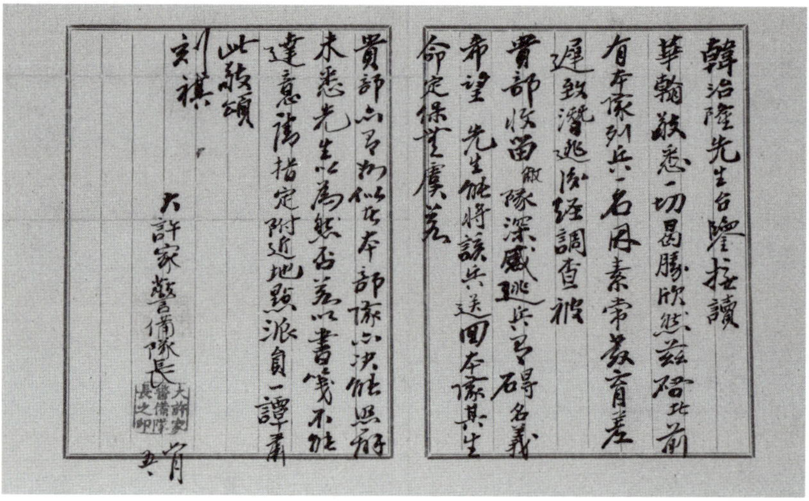

다쉬자 일본 경비중대장이 중국 유격대 한즈룽 사령관에게 보낸 편지

일로서 이미 2주일이나 전이었다.

한 사령관이나 류 참모장은 일부러 시간이 많이 지난 다음에 나에게 보여주기로 합의하였는데, 참모장의 말인즉 일본 측에 회답을 하지 않았을 뿐만 아니라 그 당시에 내가 이 사정을 알면 몹시 불안해할까 봐 일부러 알리는 것을 늦췄다는 것이다. 나는 정말로 감격스럽게 생각하였다. 아무리 정치적 뜻이 크다고 할지라도 일본군의 보복을 피하려고 나를 희생시킬 수도 있는 일이었다.

나는 그들의 정치적 식견에 탄복했을 뿐만 아니라 나에게 인간적 측면에서 세심한 데까지 신경을 써주는 그들에게 무한한 고마움을 느꼈다. 언젠가 기회가 온다면 이들에 대한 고마움을 기록에 남기겠노라 마음먹었고, 이제 그 결심을 실현에 옮기고 있다. 그 편지도 내가 보관하고 있다.

정치적인 면에서 볼 때, 나를 일본군에 돌려보내면 즉각적 보복은 피할는지 모르지만 앞으로 일군이나 일본 점령구에 있는 한인은 절대로 탈출하는 일이 없을 것이다. 그뿐이랴. 일본은 국내외로 대대적인 선전을 하여 중국 측을 궁지에 몰아넣을 것이고 한국 청년에게는 큰 협박을 가하는 결과를 초래할 것이다.

나는 류 참모장에게 진심으로 고맙다는 뜻을 몇 번이고 표시했다. 그리고 야간 행군 중에 일본군의 기습을 받아 포로가 되는 일이 생긴다면 나는 자살할 생각이니 권총을 하나 달라고 부탁했다. 만일 권총이 여의치 않으면 아편을 한 덩이 달라고 하였다. 왜 그러냐 하기에 아편을 한꺼번에 많이 먹으면 죽는다는 이야기를 들었다고 대답하였다. 어렸을 때 시골에서 복통이 심할 적에 한의사가 환자에게 아편을 조금 먹이는 것을 보았는데, 그때 한의사가 아편을 많이 먹으면 죽는다고 말했었다. 이 말을 듣고 참모장은 한 사령관과 의논해서 선처하겠지만, 나의 안전은 절대로 지킬 터이니 안심하라고 위로하였다.

그로부터 며칠 뒤 사령관이 나를 불렀다. 류 동지는 사령관이 머무는 집까지 안내하고는 되돌아가고 사령관과도 역시 단둘이서 대좌하였다. 내 중국말이 어느 정도 통한다는 것을 인정받은 셈이니 기뻤고, 그보다도 사령관이 나와 단둘이 있는 것을 조금도 꺼리지 않는 것이 매우 고마웠다. 나를 절대적으로 믿는다는 뜻이었으니 말이다. 또한 사령관이나 참모장이 군의 계급을 조금도 염두에 두지 않고 나를 '한국 혁명지사'로 여겨 이렇게 마주 앉았다고 생각하니 무척 감격스러웠다.

사령관은 두 번째로 만나는 나와 중국말로 대화가 된다는 것이 흡족한 모양이었다. 나를 부른 까닭은 야간 전투 시에도 나를 잘 보호할 터이니 걱정은 깨끗이 접으라는 것이었다. 그러면서 권총이나 아편을 주는 대신 아편을 흡연하는 방법을 가르쳐주겠다는 것이었다. 이때까지 나는 담배도 피워 본 적이 없었다. 그런데 아편이라니…. 나는 귀가 번쩍 뜨였는데 그것은 아편전쟁 때문이었다.

중국 최근세사를 전공하는 나는 아편전쟁의 중요성을 누구보다도 잘 알았는데, 그 전쟁의 직접 동기가 바로 아편이었다. 아편은 당나라 때 아랍 상인들이 중국에 들여오면서 중국 사람들에게 알려졌는데 순전히 약용이었다. 아편이라는 말도 아랍어의 'afyun'을 중국어로 음역한 것이고, 의약용이기 때문에 수입량도 적었다고 한다. 중국 사료에 나타난 첫 번째 아편 중독자는 명나라 말기의 황제인 신종이다. 그 무렵부터 약용보다도 흡연용으로 이용되었고, 인도에서 재배된 다량의 아편이 수입되기 시작하였다. 수입 경로였던 중국 동남부 연해안 지방에서부터 흡연 풍습이 확산되어 아편전쟁이 발생하는 1840년경에 이르러서는 국민의 건강에 크나큰 악영향을 미친 것은 물론, 아편 수입 대금으로 엄청난 양의 은이 유출되어 경제적으로도 큰 타격을 받게 된 것이다.

그러면 아편을 왜 흡연할까? 몸을 해치면서까지 피우는 데는 이유가 있을 것이 아닌가. 담배도 피우지 못하는 주제에 아편 맛을 내가 알 까닭이 없었다. 다만 흡연용 아편이란 어떤 모양이며 또 이것을 어떤 방법으로 이용하는지 몹시 궁금하였던 것이 사실이었다. 나는 사령관의 권고에 따라 자살 운운은 싹 잊어버리고 중국의 오랜 폐단인 아편 흡연에 관심이 집중되었다. 그런데 아편은 절대로 금지되어 있을 터인데 사령관 자신이 피워도 되는 것일까? 잘못이라는 것을 알면서도 사령관과 함께 아편을 피운다면 나도 공범이 되는가? 이런 자책감도 있었지만, 사령관의 극진한 친절에 감사하는 마음으로 딱 한 번 경험 삼아서 흡연해 보았다.

침대에 드러누워 빠는데 침대 옆의 작은 탁자 위에는 아편액이 든 조그마한 유리병과 실험실에 있을 법한 알코올램프, 그리고 대나무로 만든 긴 빨대와 아편을 집는 데 쓰는 가느다란 쇠꼬챙이가 놓여 있었다. 사령관이 나에게 가르쳐 주기 위하여 시범을 보여주었다. 침대에 옆으로 눕더니 쇠꼬챙이로 병 속의 아편액을 집어서 알코올램프 불에 구우면서 빨대 머리에 대고 빠는 것이었다. 몇 차례 되풀이하더니만 나보고 빨아보라고 하였다. 나는 본 대로 따라 했지만 제대로 되지는 않았고, 어쩌다 들이킨 연기가 코와 입으로 내뿜어졌다. 그 순간 기침은 물론이고 머리가 아찔하면서 구역질이 나는 것이었다. 나는 간신히 참기는 하였으나 다시 시도할 용기가 나지 않았다. 아편을 어떤 방식으로 흡연하는지 아는 것은 이것으로 충분하였다.

사령관은 계속해서 기분 좋게 흡연하더니만 저녁식사를 함께하자는 것이었다. 나는 사양하였으나 나를 위해 특별히 무슨 반찬을 준비한 것이 아니고 평소 먹던 대로 차렸으니까 사양 말고 먹고 가라고 하였다. 나는 사령관과 단둘이서 배갈을 마셔가며 저녁까지 함께 먹었다. 나중에 린촨에 가서 탈출한 학병들을 모두 만났으나 나만치 중국군으로부터 우대받은 사람은 하나도 없었다. 저녁을 먹으면서 사령관은 일본의 패망은 틀림없다고 강조하면서 앞으로 필요할지 모르는 기마 연습을 해두라는 것이었다.

이날 이후 나는 한 사령관과 더욱 친밀하게 되었는데, 이런 사실이 금세 유격대에 알려져서 대원들뿐만 아니라 지역 주민들도 나에게 더욱 더 친절하게 대하였다. 며칠 후에 쑨잉 참모는 사령관의 지시라면서 기마 연습을 하자고 했다. 사령관이 지나가는 말로 한 줄 알았는데 정말로 말을 탈 기회를 주었고, 말에 대한 권위자라는 교관이 친절하게 가르쳐주었다. 이것이 동지와 적과의 차이로구나 하는 것을 절감하였다.

나와 형제들은 개를 좋아하는데 모두 아버지의 영향을 받은 것이다. 사냥을 좋아하였던 아버지가 사냥개를 애지중지하였고, 나아가 개에 대한 깊은 이해와 우정으로 변한 것이었다. 아버지는 세 마리의 개를 키웠는데, 포인터, 셰퍼드, 진돗개가 서로 의좋게 항상 내 옆을 따라다녔다. 특히 포인터는 총명하고 잘생겼으며, 아버지가 세상을 떠난 다음에 음식을 전혀 먹지 않다가 아버지의 뒤를 따라 열두 살에 순사하였다. 그때 받았던 감동적인 인상으로 인해 나도 일생을 두고 개를 항상 소중하게 키웠다.

그런데 말에 관해서는 전연 예비지식이 없었다. 우선 교관에게 말이 어떤 동물이며 말타기의 기본기술은 무엇인지 설명을 들었고, 일주일 정도 연습해야 탈 수 있을 것으로 생각하였다. 그런데 배우기 시작한 지 한 시간도 되지 않아서 교관이 나보고 말에 올라타라고 하더니만 갑자기 말의 궁둥이를 탁 치면서 말을 달리게 하는 것이 아닌가. 덜컥 겁이 났지만 한국 남아로서 소리도 지를 수 없었다. 말이 놀랐는지 전속력으로 달리는데 배운 대로 정지 신호를 아무리 보내도 막무가내였다. 달리는 말에서 내리뛰는 기술이 나에게 있을 까닭이 없었다. 호미난방이라는 말이 생각났다. 말고삐를 꽉 쥐고 열심히 정지 신호를 힘껏 했으나 소용이 없었다. 내가 잘못 배운 것이 아닌가 하는 생각도 들었지만, 교관과 함께 연습할 때는 내 신호대로 말이 잘 움직여준 것이 분명하였다. 말은 기운 좋게 계속 전속력으로 달렸다.

광활한 평야를 혼자서 달리는데 말은 점점 일본 군대가 있는 방향으로 뛰는 것이 아닌가. 말에서 떨어질까 걱정하다가 이제는 일본군 부대 쪽으로 달려가면 어쩌나 하는 심각한 걱정이 머릿속에 떠올랐다. 정지 신호뿐만 아니라 좌행·우행의 신호를 보내도 여전히 말은 제멋대로 달렸다. 누구를 원망할 수도 없었다. 아마 한 시간은 달렸을 것이다.

끝내 이렇다면 죽을 각오로 말에서 뛰어내려야 할 판이었다. 그때 갑자기 눈앞에 부라오허가 나타났다. 바로 내가 탈출하던 날 새벽에 옷을 벗고 찬물에 들어갔던 그 강이다. 강가에 다다라서 비로소 말은 정지하였다. 탈출할 때는 이 강 때문에 곤욕을 치렀지만 이번에는 강 덕분에 말이 멈춰 섰다. '살았구나' 하며 숨을 몰아쉬고는 이제부터 안전하게 사령부까지 걸으면서 끌고 가리라 마음먹었다. 그러다 부라오허를 보니 강 건너 일본 군대 쪽으로는 말이 가지 못하겠구나 싶었다. 잠시 말과 함께 숨을 돌린 다음에 말에 올라타서 배운 대로 천천히 신호를 해보았다. 그런데 이게 웬일일까. 그렇게 막무가내이던 말이 고분고분 내 신호대로 움직이는 것이 아닌가. 달려온 길을 되돌아가는데 말은 100% 내 뜻을 따라주었다. 처음에는 조심조심 천천히 가다가 뛰게도 하고 또 멈춰 보기도 하였는데 호흡이 완전히 일치하는 것이었다.

어찌 된 일일까 이것저것 생각해 보았는데, 결국 나는 이 말이 나를 시험해본 것이라고 해석하였다. 또한 짧은 시간에 기마술을 배운 것 같아서 마음의 여유도 생기고 아주 유쾌하였다. 그제야 주위의 풍경이 눈에 들어왔다. 나 자신이 한 폭의 그림 속 인물이 되는 상상을 하며 달렸다. 이 말은 '생각하는 말'이로구나 하는 생각이 드니까 더 깊은 애정을 느끼게 되고, 사람과 다를 바가 없다는 결론을 내리게 되었다.

돌아갈 적에는 천천히 갔으므로 사령부에는 퍽 늦게 도착하였다. 왕복하는 데 세 시간은 걸렸을 것이다. 돌아가니 모두 걱정하고 있었다. 교관은 사령관에게 심한 꾸지람을 들었다고 한다. 나는 혼은 났지만 교관의 극약 처방 같은 방법 덕분에 말타기를 쉽게 배운 것을 고맙게 생각하고 몇 번이고 인사하였다. 앞뒤의 경과를 들은 교관과 동지들은 깔깔 웃으면서 재미있어 했고, 또한 나의 용기를 칭찬해주었다. 이날부터 이 말은 이 유격대에 있는 동안 나와 아주 가까이 지냈다. 사령관은 부대가 이동할 때 가끔 이 말을 내게 맡겼다. 나는 말의 이름이 없다는 걸 알고 '친애하는 마동지'라고 불러주곤 했는데 지금까지 그 마동지와의 사연과 모습을 잊을 수가 없다.

간단하게나마 중국말이 통하고 글을 읽게 된 다음, 그러니까 유격대에 온 지 약 한 달이 지나면서부터 사령관이 내게 맡긴 선전공작을 시작하였다. 이 일은 류 동지와 둘이 전담하기로 하였다. 선전이란 쉬저우를 중심으로 그 주변의 일본군 부대와 그곳에 있는 한국인을 대상으로 하는 두 가지 종류의 전단(일명 '삐라') 작성이었는데 이 전단은 쉬저우에 거주하는 한국인이나 일본인에게도 살포할 계획이었다. 전단의 운반이나 살포는 다른 부처에서 맡았고, 나는 한국어와 일본어로 선전문을 만드는 일을 수행하였다. 유격대에 있는 동안 나의 주업무는 선전문 작성이었고, 전투할 때마다 사령부와 동행하는 것이었다. 류 동지는 내가 선전문을 작성하는 데 중요한 정보를 제공했으며, 일단 내가 선전문을 작성하면 중국어로 번역해서 상부의 승인을 받고 또 이것을 인쇄하는 공작을 담당하였다. 물론 선전문을 쓸 때는 내용에 관하여 자주 의논하였는데 류 동지뿐만 아니라 쑨·장 동지도 항상 좋은 의견을 제공해 주었다.

일본군을 상대로 한 선전문에는 태평양 전선에서 연합군이 압도적으로 승리하고 있는 상황을 강조하고, 또한 유럽 전선에서는 독일과 이탈리아 군이 패배하고 있으므로 일본군을 비롯한 동맹군 측의 패전이 머지않다는 것을 알려주었다.

나는 진실을 전하는 것이 가장 훌륭하고도 효과적인 선전이라고 믿었던 까닭에 과장하지 않았다. 전세의 설명이나 전망뿐만 아니라 일본 국내의 어려운 사정을 설명하고 미국의 일본 본토 공습에 관한 것도 알려주었다. 내가 있어보았기 때문에 잘 아는 일이지만, 일본 정부의 보도 통제가 있는 데다 일본 군대 내에서는 신문이나 방송을 접할 수 없어서 일본군 사병들은 전쟁이 어떻게 진행되는지 전혀 몰랐다. 그러기에 내가 쓰는 전단을 읽기만 하면 전세도 어느 정도 알 것이고, 또 일본 국내 사정도 얼마만큼 짐작할 수 있기에 그들의 사기를 저하시키는 데 도움이 될 것으로 나는 확신하였다. 항상 선전문의 마지막에는 일본의 패전이 가까우니 목숨을 잃지 않도록 조심했다가 그리운 부모형제를 꼭 만나라고 하였다.

한국인 사병에 대해서는 우리 민족에 대한 일본인의 잔인한 압박을 서술하고 우리 젊은이들은 총궐기하여 나라의 주권을 되찾고 민족의 해방을 쟁취하는 데 선봉이 되어야만 한다는 점을 우선 강조하였다. 이어서 이 목적을 달성하기 위하여 충칭에는 김구 선생을 주석으로 하는 임시정부가 건재할 뿐만 아니라 광복군이 연합군과 어깨를 나란히 하여 대일투쟁에 전력하고 있으며, 글을 쓰는 나 자신도 바로 광복군의 일원이라고 하였다. 동시에 태평양 전선이나 유럽 전선에서의 연합군의 승리를 설명하고, 일본의 패전이 가까우니 하루빨리 일본군을 탈출하여 우리 광복군에 참가하라고 호소하였다. 탈출만 하면 중국군이 두 손을 들고 대환영을 할 터이니 아무 걱정 말라고 하고, 또한 중국군이 일본군 부대에서 불과 40~50리 거리에 있다는 것을 잊지 않고 설명하였다.

나는 유격대에 있는 동안 많은 선전문을 작성하였다. 같은 뜻이라도 각도를 늘 달리하면서 간단명료하게 문안을 만들었다. 전단도 크고 작은 것을 나누어서 만들었고 가끔 색지도 사용하였다. 언제인가는 산둥지구의 중국 공산군에 참가한 한국인들이 만든 전단을 입수한 일이 있다. 역시 석판 인쇄인데 내용은 내 선전문과 대동소이하였다. 다만 내가 민족주의를 강조하고 공화정치를 부르짖은 데 반해서 그쪽에서는 일제 타도와 동시에 프롤레타리아의 승리를 강조한 것이 달랐다. '조선민족해방동맹'

과 '조선의용대'의 두 이름으로 만들어진 전단이었다. 나는 그 당시 이 전단을 보고 매우 기뻤다. 공산당원이라는 이질감보다도 어느 곳에선가 같은 동족이 일본 제국주의자들과 맞서 투쟁하고 있다는 데 기쁨과 용기를 얻은 것이다.

나는 이 선전공작이 어느 정도의 효과를 낼 수 있을 것인지는 알 수가 없었다. 그러나 왜적을 타도하는 데 조금이라도 도움이 된다면 내 정성만은 다하여야만 된다는 신념으로 꾸준히 일을 추진하였다.

내가 선전공작으로 했던 일 가운데 하나는 중국 사람을 상대로 하는 강연이었다. 중국 사람들의 사기를 올리기 위한 강연이었는데, 물론 한 사령관과 류 참모장이 의논해서 정한 일이지만 문제는 언어였다. 내 중국어 실력은 연설을 할 정도는 못 되었다. 그래서 생각해 낸 것이 내가 영어로 강연하고 그것을 다른 사람이 중국어로 통역하는 방식이었는데, 문제는 영어 실력도 부족하다는 것이었다. 그러나 이것도 타협이 이루어졌다. 내가 하고 싶은 이야기를 통역을 맡은 영어 교사에게 미리 충분히 설명하고, 내가 아무리 엉터리 영어를 하더라도 영어 교사는 개의치 않고 이미 알고 있는 내용을 청중에게 전달하는 방식이다. 나는 이 영문 강연의 원고를 만드는 데 정말로 진땀을 흘렸다. 아무리 청중이 영어를 모른다고 하더라도 영어 교사는 내 영어 실력을 알게 될 것이 아닌가. 그러나 강연은 내 영어 실력을 보여주는 데 목적이 있는 것이 아니기에 나는 용기를 내서 문안을 작성했다.

나는 임진왜란 때 한중 두 나라가 굳게 협력하여 일본의 침략을 물리친 역사적 사실을 상기하면서 이번 전쟁에서도 반드시 힘을 합쳐서 일본 침략군을 물리칠 수 있을 것이며, 또 꼭 물리쳐야 한다는 것을 우선 강조하였다. 다음으로 우리 한민족은 30여 년간 일제의 통치를 받고 있지만 전 민족이 일본에 대한 증오심과 적개심에 불타고 있으므로 기회가 찾아오면 모두 총칼을 들고 일본을 무찌르며 독립을 쟁취하는 데 앞장설 것인데, 내가 바로 그 산 증명이라고 했다. 세 번째로는 일본 국내 사정이 대단히 어려우며 특히 식량이 부족하여 백성들은 끼니도 채우지 못하고 있는 형편이라는 것을 나의 경험을 토대로 설명하였다. 그러니 조금만 더 참고 투쟁을 계속하면 승리는 틀림없이 우리 것이라는 점을 결론으로 맺곤 하였다.

나는 같은 내용의 강연을 중학교에서 한 번, 초등학교에서 두 번 하였다. 장소만 학교를 빌렸을 뿐이지 청중은 일반 주민이 대부분이었다. 내가 외국 사람이고 최근에 일본군에서 탈출한 대학생이라는 것이 널리 알려진 탓인지 청중이 마당을 꽉 채웠다. 나는 박수도 많이 받았고 강연이 끝나면 반드시 마을 유지들이 찾아와 반갑다고 내 손을 꽉 쥐는 것이었다. 나는 정말로 신바람 나서 떠들었다. 원수 일본을 마음 놓고 공격하고 또 이에 맞장구를 치는 박수 소리를 들으니 내 마음은 후련하기 한이 없었다.

사나흘에 한 번은 밤마다 60~70리씩 걸어서 다른 마을로 이동하였고, 아군이 공격하거나 적군의 기습에 맞서서 전투를 치르기도 하고, 또 선전물을 만들거나 강연하면서 큰 마을들을 말 타고 순회하기도 하는 생활을 계속했다. 또 마을의 결혼식이나 장례식에도 참가하여 중국의 풍습을 관찰하기도 했다.

계절이 바뀌어 여름철에 접어들면서 밤에는 멍석을 깔고 밖에서 자는 날이 많아졌다. 드러누워 밤하늘을 쳐다보면 아버지가 하늘에서 나를 굽어보시는 것 같았고, 아득히 먼 고향에서 나를 걱정하고 그리워하실 어머니의 모습이 선하였다. 여름철의 야간 행군 때는 개구리 소리가 요란하게 밤공기를 채우는데, 어렸을 적 동무들과 함께 개구리 잡던 생각도 났다. 탈출해서 중국 군대에 참가한 지 석 달밖에 되지 않지만 벌써 오랫동안 유격 생활을 한 것 같았고 신의주고보나 게이오대학 시절 그리고 일본 군대 생활이 모두 아득한 옛날과 같았다.

이렇게 중국어가 제법 늘어 소통하게 되니 마음이 훨씬 느긋해지는 것 같았다. 전투도 여러 차례 되풀이하면서 죽음의 공포도 누그러지고, 사령부 사람들의 친절함에 마음이 완전히 안정되었다. 매사에 서두르지 않는 중국 사람들의 기질에 영향을 받아서인지 내 마음도 전보다 훨씬 '만만디(천천히)'가 되는 듯하였다. 그러나 6월 무렵부터 새로운 사태가 벌어질 징조가 보이며 유격대의 분위기도 차차 달라지는 듯한 느낌이었다. 그것은 중국 공산군이 이 지역으로 세력을 확대하여 조만간 우리 유격대를 공격할 것이라는 풍문 때문이었다.

처음에는 단지 떠도는 소문이라 여겼고, 이해할 수도 없었다. 외적을 앞에 두고 동족끼리 싸운다는 것은 내 상식으로는 도저히 알 수 없는 일이었다. 외국인인 내 귀에도 들려왔으니 부대 내에서는 누구나 알고 있었을 것이다. 나는 이 유격대의 정보책임자인 장 대령에게 직접 이 소문의 진위를 물어본 일이 있다. 항상 평상복 차림인 장 대령은 쉰이 넘는 나이에 아주 강인한 성격의 소유자이고, 또 오랫동안 정보활동에 몸담아 경험이 풍부한 인물로 알려져 있었다. 장 대령도 나에게 친절하였고, 일본군에 관한 것과 일본이나 한국 국내 사정을 알고 싶을 때 나를 자주 찾아서 함께 식사한 일도 여러 차례였다. 이런 사이였으므로 나는 공산군의 동태에 대해서도 마음 놓고 물어볼 수 있었다.

그는 공산군을 가리킬 때는 항상 엄지와 검지로 여덟 팔 자 모양을 만들어 보이곤 했는데 그것은 팔로군이란 뜻이다. 나의 물음에 대하여 장

대령은 분명하게 이야기하지는 않았으나 공격해 올 가능성이 없지는 않다고만 대답하였다. 그러나 말하는 눈치로 봐서는 염려된다는 태도였다. 내 상식으로는 도저히 그럴 수가 없는 일이라고 판단하지만 풍문이 그렇고, 또한 정보책임자인 장 대령의 태도가 이러하고 보니 사태가 심상치 않다고 생각되었다.

내가 공산주의나 공산주의자에 관심을 갖게 된 것은 이때부터이다. 특히 중국 공산주의 운동에 관한 지식 없이는 중국을 이해할 수 없을 것으로 생각하고, 이때부터는 이곳 동지들과의 대화 중에는 반드시 공산당에 관한 이야기를 제기하여 나의 부족한 지식을 넓히는 데 노력을 기울였다. 공산당의 관할구역과의 접경지대에서 열리는 장날에 가보면 공산군계의 군인도 많이 와 있었다.

군복은 국민정부계의 군복과 마찬가지로 청색이고 군모도 같은 모양인데, 한 가지 다른 것은 국민정부계의 군모에는 '청천백일'의 표시가 있는데 공산군의 모자에는 '붉은 별' 표시가 붙어 있었다.

4. 사파전

나는 도쿄 유학 시절에 일본 언론이 중국 국민당과 공산당이 중일전쟁 중에도 서로 대립하여 투쟁한다고 보도하는 내용을 믿지 않았다. 1937년에 일본의 침략에 맞서려고 제2차 국공합작이 이루어졌는데 외세와 전쟁하는 중에 동족끼리 싸운다는 것은 도저히 이해할 수 없는 일이었다. 그러나 현지에서 본 전쟁은 중국과 일본과의 투쟁이면서 국민당과 공산당의 국공 투쟁이기도 하고, 게다가 왕징웨이 군대가 일본의 꼭두각시로서 전쟁에 한몫 끼어서 사파전의 양상을 띠고 있었다.

말하자면 중국인들은 일본군의 침입이라는 국가 위기 속에서 국민당과 공산당, 그리고 왕징웨이 세력으로 삼분하여 민족의 추태를 만천하에 드러내놓은 것이다. 일치단결해도 외적의 침입을 물리치기 어려울 터인데 어찌하여 이 사람들은 이렇게 분열되었을까? 국민정부군과 일본군이 싸우면 공산군은 수수방관하고, 그 반대도 마찬가지였다.

더욱 기가 막히는 것은 같은 국민당 계열의 유격대끼리도 일본군이나 공산군의 공격을 받는 아군을 서로 지원하지 않는 상황이었다. 처음에는 그 까닭을 알 수가 없었지만 차차 유격대에서의 세월이 흐름에 따라 진상을 파악할 수 있었다. 이것은 사령관이나 간부가 부하를 잃고 무기가 소진되면 자기 자리를 지킬 수 없었기 때문이다. 병사와 무기를 누구도 보충해주지 않으니 일어나는 현상이었다. 이는 국민당계의 현상이고, 좀 더 조직적인 공산군에서는 볼 수 없는 일이었는데 중일전쟁 중에 국민당계 유격대가 하나하나 공산군에게 잠식당한 주요한 원인이다. 또한 전후의 본격적인 국공 전쟁에서 국민정부가 패퇴하게 된 원인의 하나이기도 하다.

이런 복잡한 사정을 바로 이해하려면 당시의 전반적 상황을 먼저 살펴볼 필요가 있다.

일제의 대륙 침략과 중국의 대응

1937년 중일전쟁이 일어나고 중국을 밀어붙인 일본은 1938년 10월 후베이성 한커우를 점령하면서 중국이 굴복할 것이라 기대했던 희망은 물거품이 되고 불가불 장기전을 각오할 수밖에 없게 되었다. 그런 중에 일본은 1941년 태평양전쟁을 일으키면서 전력을 태평양 전선으로 집중할 수밖에 없었다. 그러나 중국 측도 쉽사리 전세를 역전시키지 못하였다. 1939년 겨울에 65개 사단을 동원하여 대반격을 펼쳤으나 실패하였다. 계속해서 반격할 전력이 부족하였던 것이다.

장제스는 아무리 많은 도시와 공간이 일본의 손에 넘어가더라도 중국은 항전할 수 있다고 믿었다. 그는 일본군이 중국군보다 우세하다는 것을 잘 알고 있었으므로 국민정부가 서부 오지로 후퇴함에 따라 화베이와 화중의 넓은 지역을 상실할 수밖에 없는 것을 인정하고 있었다. 그가 이런 전략을 생각하게 된 것은 늦어도 1935년 8월이었을 것이다. 그는 그때 한 정치 간부 모임에서 중국 본토의 18개 성 중에서 15개 성을 잃더라도 중국이 쓰촨성, 구이저우성, 윈난성만 장악하면 어떤 외적이든 물리칠 수 있고 잃은 땅을 다시 찾을 수 있다고 말한 바 있다.

장제스의 확신은 중국의 제반 사정이 전근대적이라는 인식에서 이루어진 것이다. 그는 중국의 정치, 경제, 사회, 군대를 근대화한 다음에야 일본의 침략에 제대로 대항할 수 있을 것으로 판단하였다. 특히 새로 등장한 공산군 문제를 해결하기 전에는 일본과의 전면전쟁을 해서는 안 된다고 생각하고 있었다. 바로 거란의 침입에 대항하여 송나라의 태조가 취했던 '양외필선안내' 정책을 장제스도 답습하려고 했다.

그러나 중국의 통일이나 강성을 가만히 쳐다만 보고 있을 일제가 아니었다. 이런 상황에서 전쟁이 발생한 것이니까 장제스는 1935년에 생각했던 전략에 따라 전쟁을 수행하였다. 시간은 중국 편이라고 믿었으므로 일본이 지치기를 기다리는 것이다. 그렇게 중국군은 일본군의 포병과 기계화 부대가 힘을 발휘하기 어려운 오지와 산속에 진을 치면서 일본군의 공격을 곤란하게 만들었다. 이때부터 1944년 4월까지 양쪽 군대가 대치한 전선은 기본적으로 변함이 없는 것이었다.

그러나 전쟁의 장기화에 따라 국부군의 손해는 병력에만 국한되는 것이 아니었다. 무기와 장비의 부족이 심각해져 2~3명 또는 그 이상의 병사가 총 한 자루를 공유하는 것이 보통이었다. 1940년 이후 중국은 인플레이션으로 인해 더는 군비 지출을 늘릴 수 없어서 군인들의 경제 상태는 갈수록 악화하였다. 다른 한편으로는 국민당과 공산당의 갈등도 깊어지고 있었다. 그러다 보니 전쟁은 일본과 내부의 적이라는 두 개의 전선이 공존하였다.

지지부진하던 전쟁은 내가 유격대에 참가한 무렵부터 달라졌다. 일본군이 다시 대규모 작전을 전개하는데, 4월부터 하남작전을 시작하고 5월 25일에 뤄양을 점령하자 곧 제1호 작전을 개시하여 그해 말까지 화난 지역에서 대전투를 벌였다. 이 작전에 동원한 일본군은 36만의 대병력으로서 중일전쟁 중의 최후의 대공세였다. 중국군은 신체적으로나 정신적으로 쇠약해진 데다 무기도 제대로 갖추지 못해서 효과적으로 저항할 수 없었다. 대전투 끝에 만주에서 동남아시아에 이르는 수송로를 확보한 일본은 중국 전선에서 거듭 승전고를 울렸다.

중국 전선에서 승승장구한 것과 반대로 태평양 전선에서 일본군은 패전을 거듭하였다. 1942년 6월 미드웨이해전에서 일본 해군의 패배를 계기로 전세는 역전되기 시작하였고, 1944년이 되자 태평양 전선에서 일본군의 패색은 뚜렷해졌다. 1944년 11월 24일, 100대의 B29 전투기가 사이판에서 떠나 도쿄 대폭격을 감행하였는데, 이것은 두리틀 중령이 수행한 1942년 4월의 공습 이래로 처음 있는 일본의 수도 폭격이었다. 특히 마리아나군도 해전에서 일본 해군의 참패는 해상 보급로의 차단을 부른 치명적 패배였다. 이렇게 패색이 짙어지자 각 점령지의 군사들은 자포자기하고 군기가 문란해지면서 현지 주민들의 신망을 완전히 잃었을 뿐만 아니라 게릴라 활동으로 궁지에 몰리게 되었다.

당시의 도조 내각은 완전한 군벌 파시즘 정권인 동시에 도조 개인의 독재정치였다. 언론과 학문까지 통제하다 보니 대다수의 일본 국민들은 서전의 전과에 현혹되어 이 전제정치에 복종하였다. 또한 재정은 이미 중일전쟁으로 몹시 팽창하고 있었는데 태평양 전쟁의 발발로 놀랄 정도의 거액에 달하게 되었다. 이를테면 1944년에는 1,584억 엔에 달하였는데, 이것은 이 해의 국민총소득 약 768억 엔에 비하여 2배 이상이나 되는 거액의 지출이었다. 이 밖에도 군사공업의 조성을 위하여 정부가 지출한 보상금도 막대한 금액이었다. 이러한 지출을 위하여 해마다 증세와 다액의 공채 발행, 그리고 국방 헌금을 강요하였는데, 그것은 국민의 부담 능력을 훨씬 초과하는 것이었다. 일본의 산업은 오로지 군사와 관련한 것에만 집중되어 국민이 생활하는 데 필요한 평화 산업들은 방치되었다. 농업 생산마저 낮아져서 국민의 궁핍함과 영양 상태가 말이 아닌 지경이 되었다.

앞에 쓴 바와 같이 마리아나 군도의 상실은 전쟁 국면 전개에 치명적 타격을 주어 일본의 해군 측이나 중신들의 도조 독재정권에 대한 비판이 차차 증대되어 1944년 7월에 드디어 도조 내각은 총사직을 하게 되었다. 고이소 내각이 들어섰지만 상황을 돌이키기 어려웠고, 10월에는 우세한 미국 함대가 대만과 필리핀 해상에서 일본 함대를 궤멸시킨 후 더글라스 맥아더 장군의 연합군은 일본 본토로 향하였다. 이때 일본이 더 어려워진 것은 약 100만 명의 일본군이 중국 전선에 묶여 있었기 때문이다. 중국군의 끈질긴 항전이 일본군을 떠나지 못하게 하면서 결과적으로 연합군의 승리에 커다란 공헌을 하였다.

왕징웨이 괴뢰정권

왕징웨이에 관해서는 그가 일본에서 유학하였고 혁명가로 활동한 경력이 있으며, 일본의 꼭두각시가 됐다는 사실만 어느 정도 알고 있었다. 그가 왜 난징에 와서 괴뢰정권을 수립하게 되었는지는 알지 못하였다.

전쟁이 장기전으로 들어가자 일본은 한편으로 전쟁의 종결을 위해 화평공작을 전개하였다. 일본은 중국 국민정부의 장제스가 하야하고, 항일정책을 버리고 반공정책을 함께 펼친다면 신중앙정부에 국민정부를 참여케 하겠다고 제시하였다. 그러나 국민정부는 휴전 협정을 맺을 의향은 있으나 장제스는 하야할 수 없다는 뜻을 일본 측에 전달하였다.

이 무렵 일본의 참모차장 타다 하야오는 지금까지의 모든 마찰을 버리고 즉각 화평을 실현해야만 된다고 강력히 주장하였다. 쉬저우에 이어 한커우까지 일본의 손에 들어간다면 중일 양국의 평화 교섭은 매우 곤란해진다는 것을 예측하였던 것이다. 이보다 앞서 일본 참모본부는 비밀리에 왕징웨이 국민당 부총재를 지렛대로 삼아 화평운동을 구체화하기로 협의하였다.

1938년 12월, 왕징웨이는 국민정부가 있던 충칭에서 탈출하여 베트남 하노이에 도착한 뒤 일본과의 평화를 제창하였다. 일본 정부는 왕징웨이에 호응하여 중일 양국의 선린우호, 공동 방공, 경제 제휴를 골자로 하는 성명을 발표하였다. 그러나 중국의 여론은 왕징웨이의 화평론을 찬성하지 않았고, 동조자는 극히 소수였으며 이들에게는 모두 한간[02]이라는 낙인이 찍히게 되었다.

왕징웨이는 1939년 5월에 하노이를 떠나 도쿄에 도착하여 히라누마 기이치로 내각과 협의하였다. 그 결과 1940년 3월에 친일을 내세운 신생

국민정부가 수도 난징에 들어섰다. 이것이 바로 왕징웨이 괴뢰정권인데, 일본은 아베 노부유키 대장을 전권대사로 파견하여 이른바 일화기본조약을 체결하였다.

그러나 일본의 도움으로 난징에 수립된 이 왕징웨이 정권은 중국 민중으로부터 일본군의 괴뢰라는 취급을 받아 인심을 얻지 못하였다. 이 때문에 일본은 중일전쟁의 끝맺음을 위해서는 충칭의 국민정부와 직접 교섭하는 것 말고는 방법이 없다고 판단하여 홍콩에 참모부원을 상주시켜서 충칭과 연락을 취하게 하였다. 이른바 충칭공작인데 중국 측에서는 이에 호응하는 척하면서 일본과 왕징웨이 괴뢰정권을 교란시키고 있었다. 그러다 1940년 9월 일본·독일·이탈리아 삼국동맹이 체결되면서 일본의 충칭공작은 중지되었다.

그런데 이후에도 일본에는 충칭의 국민정부와 계속해서 연락을 이어오던 이들이 있었다. 이때 충칭 정부는 평화의 조건으로 일본군의 전면 철수와 왕징웨이 정권에 대한 승인 중지를 내걸었다. 이런 조건은 일본 측에 받아들여지지 않았다. 일본은 일본군이 중국에 일부 주둔하고, 장제스와 왕징웨이 정권이 합작하여 항일 정책을 버리기 바랐던 것이다. 중국과 일본 양측의 조건은 전면적으로 대립되는 것이었다. 결국 일본 정부는 11월 30일에 왕징웨이 정권을 공식적으로 승인하였다.

왕징웨이라는 인물만을 살펴보면, 그는 훌륭한 정치가였다. 본명은 왕자오밍이고 징웨이는 그의 자이다. 광둥 출신으로 일본 호세이대학 유학 중에 쑨원의 중국혁명동맹회에 참여하였다. 신해혁명 직전에 청나라 마지막 황제 푸이의 아버지로서 섭정했던 재풍을 암살하려다가 실패하여 사형 선고를 받은 일이 있다. 혁명 후에 석방되어 쑨원과 후한민의 측근으로서 혁명운동에도 적극적으로 참여하였다. 1923년 국민당 개조 이후로 1927년의 우한 정부 수립에 이르기까지 급진적 민족주의자로서 국민당 좌파를 이끌고, 반제국주의운동을 전개하면서 항상 장제스와 대립하며 경쟁 관계에 있었다. 뒤에 장제스의 난징 정부에 합류하여 행정원장으로서 장·왕 합작 시대를 이루다가 일본의 침략을 맞이하게 된 것이다. 그는 정세 판단의 착오로 결국 말년에 일본의 꼭두각시가 되었는데, 일본의 패망을 앞두고 나고야 대학병원에서 사망하였다.

사람은 관을 덮은 다음에 평가하라는 말이 있다. 이것은 바로 왕징웨이를 두고 하는 말인 것 같다.

국공투쟁—국민당과 공산당

1944년 6월 무렵부터 내가 속한 유격대를 중공군이 공격할 것이라는 풍문이 나돌며 분위기가 바뀌기 시작하였다. 이때의 유격대의 형편이나 중일전쟁, 나아가 현대 중국을 바르게 이해하려면 국민당과 공산당의 관계를 정확하게 파악해야만 한다. 그러나 유격대에 있을 당시에는 이러한 상황들을 충분하게 알지는 못하였다. 훗날 이때의 경험에 자극을 받아 나는 공산주의 운동에 깊은 관심을 두었고, 또 그것이 계기가 되어 전후에 《중국공산당사》, 《중공권의 장래》, 《중공과 아시아》 등의 책을 펴내게 되었다.

중국은 서구 열강이 이권을 다투는 틈바구니에서 벗어나 강한 국가를 이루고자 하였다. 그러나 신해혁명으로 탄생한 중화민국은 첫 걸음부터 순탄치 못했다. 중국의 통일과 강화를 적극적으로 방해한 것은 첫째로 일본이었다. 일본은 중화민국에 특혜를 요구했으며 지난 출병, 만주사변 등으로 끊임없이 중국 대륙을 독점하려는 검은 속내를 드러냈다.

이와 같은 일제의 중국 침략을 이용하여 성장한 것이 바로 중국 공산당이다. 중국 공산당은 러시아혁명 이후인 1921년 창당하였다. 그들은 국민정부가 대일 전쟁에 몰두하여 전력이 약화하는 틈을 이용하여 중국을 공산화하자는 계획을 세웠다. 하지만 겉으로는 민족의 위기를 극복하려면 이념을 가리지 말고 국민당과 공산당이 합작해야 한다고 주장하였다. 이것은 그 당시 일제를 미워하는 일반 민중의 비위에 맞았으며, 이로 말미암아 인민의 호응도 얻었다.

그러나 공산당의 본심을 잘 아는 장제스는 외적을 막으려면 내부를 먼저 안정시켜야 한다는 생각이었다. 일본군보다 공산군을 먼저 토벌하기로 하고 여섯 차례의 소공전[03]을 벌여 주요한 공산당 근거지에서 승리를 거뒀다. 그런데 제6차 소공전에서 지휘를 맡았던 장쉐량 때문에 장제스는 봉변을 당하게 된다.

만주 지역의 군벌 장쭤린의 아들인 장쉐량은 일제에 의해 목숨을 잃은 아버지에 대한 복수심으로 공산당보다 일본을 더 증오하였다. 그러다 공산당 저우언라이의 모략에 넘어가 1936년 12월 소공전을 독려하려고 시안에 온 장제스를 체포하여 감금하고 말았다. 내전을 멈추고 항일 투쟁에 나설 것 등을 요구했으나 장제스가 받아들이지 않았던 것이다. 이후 공산당의 마오쩌둥은 장제스를 사형할 생각이었지만 소련의 지령에 따라 석방했다고 한다.

갑작스러운 사태로 말미암아 장제스의 국민정부는 건국 이래 고수한 '양외필선안내'의 정책을 버리고 어쩔 수 없이 항일전쟁의 구렁텅이에 빠질 수밖에 없었다. 이 시안사변으로 인하여 국민당과 공산당의 타협은 공산당의 뜻대로 진척되었다. 마침내는 예측한 것처럼 국민정부는 붕괴하고 공산당이 중국을 제패하였다.

1937년 9월 발표한 중국 공산당의 선언에 의하면 "공산당은 평화와 민족적 통일 및 외적에 대한 공동 저항이라는 기초 위에 국민당과 양해가 성립되었다"라면서 다음과 같은 선언을 발표하였다.

(1) 쑨원이 천명한 삼민주의는 오늘날 중국에 가장 필요로 하는 것으로서 중국 공산당은 그 실현을 위하여 노력한다.
(2) 중국 공산당은 국민당 정권에 대한 폭력 행위, 소비에트화 운동, 토지 몰수의 정책을 포기한다.
(3) 중국 공산당은 소비에트 정권을 해소하고 민권에 기초를 두는 민주주의를 실현하고 국민의 정치적 통일을 꾀한다.
(4) 중국 공산당은 홍군(공산군)을 해산하고 국민군으로 개편하여 국민정부 군사위원회의 직접 통할 하에 두고 그 명령에 따라 전선에서 항전의 직책을 담당한다.

이에 대하여 장제스는 곧바로 만족의 뜻을 표하였다. 그런데 공산당 지도자 마오쩌둥의 속마음은 달랐다. 그 무렵 마오쩌둥이 공산군 부대에서 한 강연 내용은 다음과 같다.

(1) 중일전쟁은 중국 발전의 가장 좋은 기회이다. 우리의 정책은 7부 발전, 2부 응부(국민정부에 대하여), 1부 항일이다.
(2) 이 결책은 다음과 같은 3단계로 갈라서 실시한다.
제1단계: 국민당과 타협하여 공산당의 생존과 발전을 꾀한다.
제2단계: 국민당과의 세력 균형을 달성하고자 투쟁한다.
제3단계: 국민당에 반격하기 위하여 화중 각지에 깊이 침투하여 화중 근거지를 건립한다.

이 외에도 중국 공산당의 결의나 일반 당원에게 보낸 설명 문서의 내용은 장제스의 국민정부를 기만하는 것이었다. 그들은 위기를 모면하려고 순수한 민족주의자로 가장하여 일본에 대한 항전을 부르짖은 것이고, 또 항일전을 이용하여 세력을 회복하고 중국을 독점하자는 것이었다. 그래서 일본군과의 전면전은 국민당에 돌리고, 공산군은 회피전술과 유격전술로서 오로지 국민당 타도를 목표로 근거지 확장과 병력의 충실에만 급급하였던 것이다.

국민당에 패한 뒤 2만 5천리의 도망(이른바 '대장정') 끝에 1935년 11월 산시성에 도달했을 때의 공산군은 극도로 피곤했고, 병력은 제대로 무장도 못한 1만 명 정도의 패잔병밖에 없었다. 그 후 1937년 7월 중일전쟁이 발발하기까지 약 2년간 중국 공산당은 휴식과 조직 정비를 하였다. 그 해 9월부터 공산군은 마오쩌둥의 전략에 따라 적 후방의 광대한 지역에 침투하여 근거지를 획득하고 또 인력을 얻어 조직과 훈련을 급속히 하였다. 한편, 국민정부는 일본군의 전면 공격에 대비하여 군대가 언제라도 집결할 수 있도록 광대한 지면을 버리고 내지로 이전하게 되었다.

일본과 국부군이 치른 대규모 전투는 모두 22차에 달하였다. 그런데 기동력이 강한 일본군의 작전은 도시와 교통로의 점령 작전으로서 이 '점과 선' 사이의 광대한 지역을 거의 방치하였기 때문에 이 공간이야말로 공산군이 침투하는 데 가장 이상적인 곳이었다. 공산군의 침투는 일본이 투항할 때까지 계속되었으며 이렇게 차지한 지역을 '해방구'라 하였다. 1945년 10월까지 전 중국에 19개의 '해방구'가 있었는데 이곳에 사는 인구만 무려 1억 명에 달하였다. 이와 같은 지역과 인구에 대하여 공산당이 국민정부의 간섭을 배제하고 독자적으로 통치한 것은 두말할 것도 없다.

또 공산군은 일본군과의 정면 대결을 피하고 유격전술을 사용하여 병력의 보존과 확충에 몰두하였다. 그동안의 병력의 발전을 보면 1935년 말에는 겨우 1만 명이던 것이 1938년에는 20만 대군으로 발전하였고, 1939년에는 주력부대인 팔로군이 54만 명, 신사군이 10만 명으로 합계 64만의 군대가 되었다. 1945년 일본이 투항할 때의 중국 공산군 병력은 정규군 91만 명과 민병 220만 명에 이르렀다. 공산당원도 1945년 4월에는 121만 명으로 증가하였다. 1937년 공산당 중앙정치국에서 결의한 것이 실현되어, 국민당은 전쟁의 희생으로 말미암아 최소한도로 축소되었고, 공산당은 부단히 발전을 하여 국민정부와 대등하는 강대한 세력으로 나타난 것이다.

여기서 국공 관계를 다시 살펴보면, 공산당의 속내는 따로 있었다고 해도 대일 전쟁의 초기에는 표면상 국공 협력은 잘 되었다. 국공합작이 성립된 후 처음 3년간, 공산계의 군대는 국민정부로부터 재정적 보조를 받았고, 또 공산당은 1938년 한커우에서《신화일보》발행을 허락받았다. 그러다 1938년의 후반부터 국공 관계는 차차 악화되어 그해 10월 한커우가 일본에 함락된 다음부터는 더욱 나빠졌다.

1939년 당시 충칭에 있던 국민정부는 공산당 점령 지역을 무력 봉쇄하고 그들이 국민당 지구로 침투하는 것을 방지하였다. 그러면서 국민당과 공산당의 관계는 점점 심각해졌고, 1941년 1월 양쯔강 유역에서 발생한 국부군과 신사군의 충돌사건인 완난사변에 이르러 절정에 달하였다. 그것은 대일 전쟁 중에서의 가장 중대한 충돌이고, 국공전쟁의 시작이기도 하였다. 중국 공산당에 속한 신사군은 국민정부가 지정한 방위지역 외로 진출하여 그 지배구역을 확장하려고 하였는데, 국부군의 포위 공격을 받아 9천 명의 군사가 괴멸하는 상태에 빠지고 말았다.

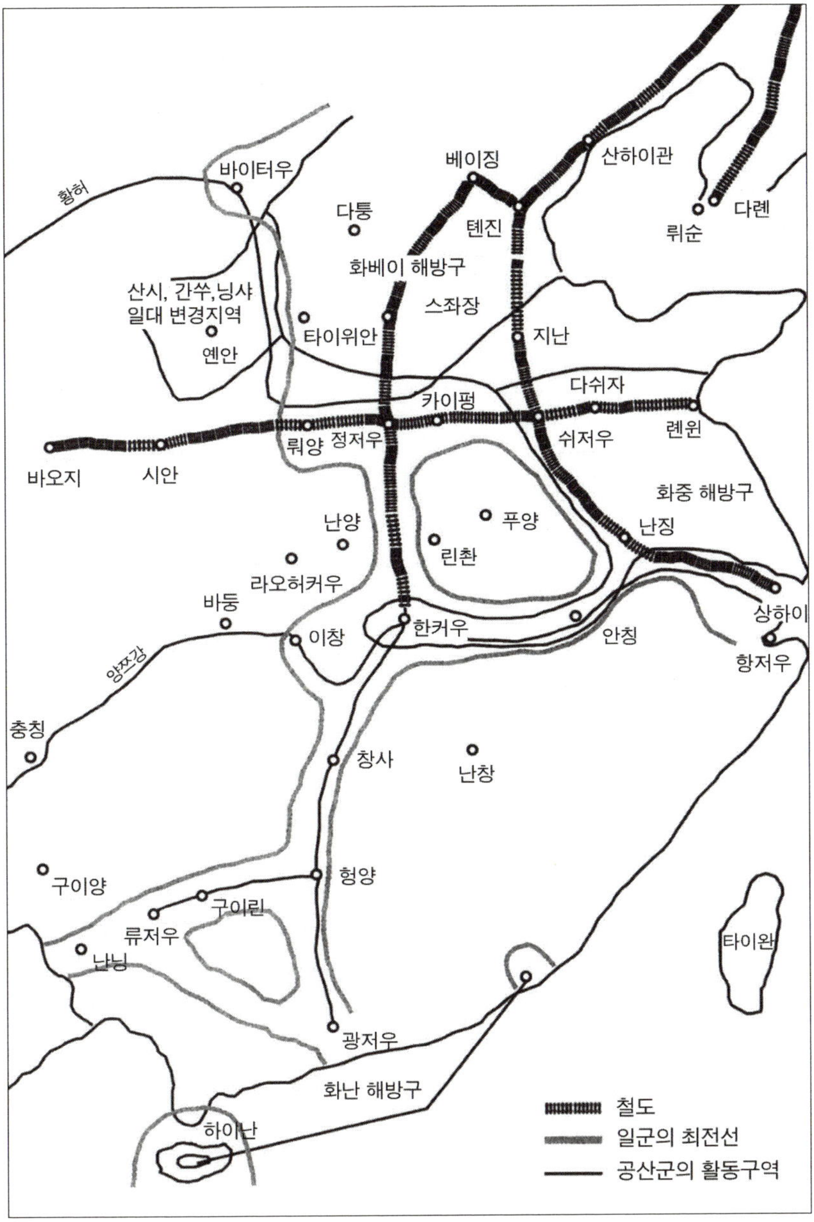

1944년의 일본군의 최전선과 중공군의 활동 지역

국민정부는 곧바로 신사군의 해산을 명령하였지만 공산당은 복종하지 않았고, 마오쩌둥이 임명한 천이 등이 양쯔강 북쪽에서 난을 모면한 군사들을 조직하여 세력 확장에 전력을 기울였다. 재건신사군은 그 후로 적극적인 활동을 전개하여 주로 장쑤성 북쪽 지구를 기반으로 활발한 유격전을 전개하였고, 일본이 투항할 때까지 정규부대 7개 사단, 30만 명에 가까운 병력을 갖추게 되었다. 참고로 말하면, 1946년 10월에 중국 공산당은 신사군을 근간으로 하여 '화둥 야전군'을 조직하였고, 1948년의 가을에 이르러서는 이 부대를 '중국 인민해방군 제3야전군'이라고 개칭하였다. 장쑤성 북부의 신사군, 즉 천이부대는 나에게도 중대한 의미가 있다. 다음에 서술하겠지만, 바로 천이가 지휘하는 신사군의 공격을 받아 내가 속한 유격대는 전멸하고 나도 목숨을 잃을 뻔했다.

5. 자왕 공격

신사군의 습격이 있기 전, 우리 유격대는 자왕탄광에 주둔한 일본군을 공격한 일이 있다.

자왕탄광은 쉬저우 동북쪽으로 약 200리, 그리고 우리 유격대 활동 지구의 서북쪽 방면에 있는 곳인데 일본군이 점령하여 경영하고 있지만 광부는 모두 중국인이었다. 일본인들은 광부들을 비참할 정도로 혹사시키면서도 임금은 박하기가 한이 없었다. 이에 한즈룽 사령관은 수차례에 걸쳐 중국인 광부들에 대한 처우 개선을 일본군에 요구하였던 것이다. 그러나 아무런 응답이 없자 한 사령관은 7월 6일 정오까지 임금 인상을 하지 않으면 탄광을 폭파시키겠다고 최후통첩을 보냈고, 일본 측이 이를 무

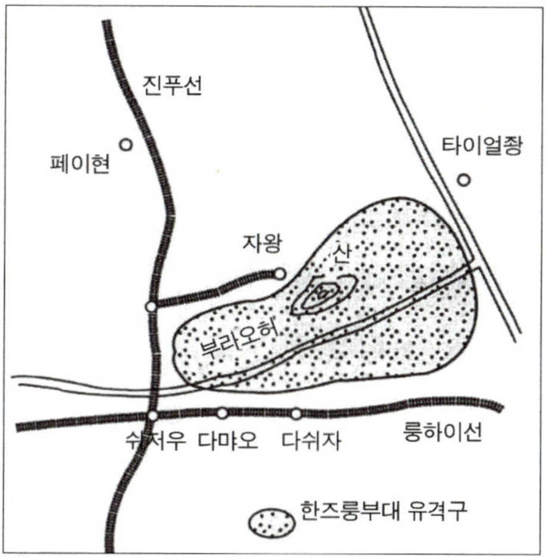

한즈룽부대 유격구 및 자왕의 위치

시하자 드디어 6일 밤 자정에 자왕탄광에 대한 공격 명령을 내렸다.

내가 이 유격대에 참여한 이후로 이쪽에서 공격한 대상은 항상 왕징웨이 부대가 대상이었지 일본군은 아니었고, 일본군과의 전투는 일본군이 먼저 공격했을 때만 벌어졌으므로 나는 내심 불만스러웠다. 한 번쯤이라도 다쉬자 경비중대를 먼저 공격했으면 하는 것이 바람이었다. 그러던 차에 이제 자왕탄광을 공격하게 되었으니 나는 무척 기뻤다. 원수 일본에 대한 반격을 내 손으로 해내고 싶었던 것이다. 한 사령관은 일본 측에서 최후통첩을 받아들이지 않을 것으로 예측하고 자왕을 총공격할 만반의 준비를 해놓고 있었다. 상세한 계획은 알 수 없으나 쑨잉 참모가 알려준 바에 의하면 유격대가 보유한 화력을 총동원하여 자왕탄광을 철저히 파괴한다는 것이었다.

6일 저녁식사가 끝난 다음, 날이 컴컴해지자 부대 이동이 개시되었다. 나도 사령부를 떠나 자왕탄광에 가까운 전투 지역으로 전진했다. 목적지에 도달한 것이 밤 11시 반 무렵인데 탄광에서는 우리의 접근을 전혀 눈치채지 못했던 듯 전기가 휘황하게 비치고 있었다. 일본군에서 탈출한 이후로 처음 보는 전깃불이었다. 아주 짧은 순간이었지만 전쟁이라는 것을 잠시 망각하고 아련한 그리움과 애착이 느껴졌다. 불과 석 달이 조금 넘었을 뿐인데 전깃불을 본 것이 아득한 옛날인 것 같았다. 문명에 대한 애착심이 이렇게 강한 것이었던가. 그러나 그것도 순간이었고, 나는 문명의 탈을 쓰고 야만 행동을 자행하는 일본군을 드디어 공격한다는 마음에 흥분되었다.

자정이 되자 포문을 열고 탄광을 향하여 일제히 사격을 개시하였다. 우리 유격대에 12문의 박격포가 있다는 이야기를 들은 일이 있는데 아마 전부 동원해서 포격하는 것 같았다. 포 소리가 요란하자 탄광에서는 금세 전등을 껐지만, 포격으로 발생한 화재 때문에 자왕탄광은 순식간에 불바다가 되었다. 탄광의 동·남·북쪽 삼면을 가깝게 포위한 유격대는 기관총이고 소총이고 가릴 것 없이 무기를 총동원하여 공격하였다. 기습을 당해서인지 일본군은 전혀 맞서지 못했다. 캄캄한 밤에 우리 부대가 어디에 있는지 모를 터이니 응사할 수 없었을 것이다. 게다가 탄광이 불바다가 되었으니 어쩔 줄 모르고 있었을 것이다. 일본의 대응 사격이 없고 보니 나는 마음 놓고 공격전을 구경하였다. 장 대위와 류 중위는 전투에 참가하여 사령부에 없었고 나는 쑨 참모와 행동을 함께하였다. 쑨 참모도 나와 마찬가지로 일본군을 공격하는 것이 통쾌한 것 같았다. 우리는 손을 꽉 쥐고 탄광이 파괴되는 것을 관찰하였다. 나의 욕심으로는 파괴만으로 그칠 것이 아니라 자왕으로 진입하여 탄광촌을 점령하기를 바랐으나 한 사령관은 그런 명령을 내리지 않았다.

공격은 날이 밝도록 계속되었다. 대여섯 시간에 걸친 공격으로 유격대에 저장했던 포탄은 전부 쏘아대는 것이 아닌가 하는 느낌이 들 정도였다. 평소 어디에 숨겨 두었기에 포탄이 이렇게 많을까. 탄광촌에 사는 중국인들은 미리 연락받아 모두 피했으므로 중국인 사상자는 거의 없으리라는 것이 쑨 참모의 분석이었다. 그러다가 7월 7일 아침 8시 무렵부터 일본군이 대응 사격을 시작하였다. 그것도 야포를 이용한 응전이다. 쑨 참모는 일본군이 밤새 쉬저우에서 야포를 끌고 왔을 것이라고 하였다. 일본군의 야포가 포위된 삼면을 동시에 공격하는 걸로 보아 대포를 많이 동원한 모양이었다. 그런데 포격만 할 뿐 보병이 움직이지 못하는 것을 보니 우리 쪽 작전에 대하여 아는 것이 전혀 없는 것 같았다.

아침 11시 무렵까지 계속 포격전을 하다가 후퇴하라는 명령이 내려왔다. 자왕탄광을 파괴한다는 작전 목표를 충분히 달성하였다는 것이다. 이 작전에서 일본군이 받은 손해가 얼마인지는 알 수 없었다. 다만 이후 오랫동안 가동을 못 한 것을 보면 탄광의 피해가 컸을 것이 분명하다. 나는 우리 측의 피해를 정확히 몰랐으나 쑨 참모의 설명에 따르면, 극히 적은 부상자가 났을 뿐이라고 하였다. 결과가 어떻든 나는 일본군을 정면 반격하는 대열에 참여한 것이 무척 통쾌하였다. 이 세상에 나오면서부터 일본에 받은 수모를 한꺼번에 되돌린 것 같은 기분이었다.

각 부대는 원위치로 돌아왔다. 사령부를 따라 어젯밤 떠났던 마을로 나도 돌아왔는데, 일선 전투에 참가했던 장 대위와 류 중위가 무사한 몸으로 벌써 돌아와 있었다. 나는 그들의 늠름한 모습과 웃는 얼굴에서 중국의 승리를 믿었고 우리의 독립이 멀지 않았다는 것을 느꼈다. 정말로 이들은 나의 전우이자 동지들이다. 우리는 서로 무사함을 축하하며 배고픔도 잊은 채 우선 잠부터 자기로 하였다. 지난밤 한잠도 자지 못하고 긴장된 시간이었던 터라 드러눕기가 무섭게 모두 깊은 잠에 빠졌다. 해 질 무렵에야 잠에서 깨어났는데 밤 9시 무렵이 되자 다시 다른 마을로 이동하는 행군에 나섰다. 일본군이 복수하러 올 가능성이 있기 때문이었다.

하루 푹 쉬고 9일이 되었다. 아침에 쑨 참모가 사령부에 다녀오더니만 흥분한 목소리로 우리 유격대의 서남지구에 일본군 네 명이 나타났다는 것이다. 일본 군복은 입었으나 무기가 없는 것으로 보아 탈영병이 틀림없다는 것이었다. 나는 직감적으로 나와 같은 '한국인 학병'일 것으로 판단하였다. 내가 만든 삐라를 보고 찾아오는 우리의 독립투사인 것이 분명하였다. 그런데 네 명이 나타났다는 것만 알지 어떤 사정인지는 모른다는 것이다. 나는 쑨 참모에게 그들이 나와 같은 한국인 학병일 터이니 잘 보호하고 환영해줄 것을 사령부에 일러달라고 부탁하였다.

이날은 종일 그 네 명을 목이 빠지도록 기다렸는데, 오후 3시쯤엔 흥분되는 또 하나의 소식이 들어왔다. 자왕탄광 문제로 한 사령관을 만나 협의하고 싶다는 자왕 일본군 경비사령관의 제의가 왔고, 내게 회담의 통역으로 동행해 달라는 사령관의 부탁이었다. 이날은 무슨 좋은 날이기에 반가운 소식이 연거푸 들려오는 것일까. 내가 한 사령관과 일본 경비사령관과의 회담에 참가한다니, 이 얼마나 감격스럽고 보람된 일인가!

한 사령관의 뜻을 쑨 참모가 전한 것인데 비밀을 지켜달라면서 오늘 밤에 사령관과 함께 말을 타고 출발할 터이니 그리 알고 있으라고 하였다. 내가 이곳에 와서 열심히 배운 중국어를 금세 요긴하게 쓸 줄은 몰랐다. 아직 내 실력이 온전한 것은 아니었지만 한 사령관이 내 중국어를 잘 알아듣는다는 것을 이미 잘 알고 있는 터라 큰 걱정은 하지 않았다. 말타기를 배워둔 것도 여간 다행스럽지가 않았다.

한 사령관은 이런 일이 있을 것을 예측하고 나에게 말타기를 배우라고 한 것만 같았다. 여러 가지 생각에 마음이 두근거렸는데, 특히 경비사령관이라는 자가 나를 보면 어떠한 표정을 지을지 짐작하면서 스릴을 느끼지 않을 수가 없었다.

한국인 학병들—장준하 형

어느덧 해가 서쪽 하늘로 지기 시작할 때이다. 갑자기 마을 사람들이 왁자지껄하는 소리가 들리더니 쑨 참모가 '일본 병사'들이 방금 도착하였다고 말하였다. 마당으로 뛰어나가 보니 일본 군복 차림의 청년 셋이 서 있는데, 그 지성적인 얼굴과 느낌으로 대번 한국의 '학병'일 것으로 단정했다.

"한국 분들이죠?"

그렇다는 대답을 듣자마자 와락 달려들어 그들을 차례로 꽉 끌어안았다. 가슴 깊은 곳에서 감격과 희열이 넘쳐 올라왔다. 이제 한국인 동지가 생긴 것이다. 조국의 독립을 위해 몸을 바치려는 씩씩한 동지들을 얻은 것이다. 겨우 몇 명이었지만 백만의 독립군이 조직되는 듯한 느낌이었다. 이 세 청년이 바로 장준하·윤경빈·홍석훈이었고, 함께 탈출한 김영록은 오는 길에 헤어졌다가 그날 밤 자정께나 사령부에 도착하였다. 나와 장준하 형의 만남은 이때가 처음인데 이후 우리 둘은 친형제 이상으로 가깝게 지냈으며, 그가 1975년 8월에 별세할 때까지 일생 고락을 함께하게 된다. 처음 만났을 적의 정황을 장형(그는 나보다 네 살 위였다)은 그의 《돌베개》에서 다음과 같이 묘사하고 있다.

> 드디어 사령부라는 데 다다랐다. 기대와는 달리 역시 조그마한 마을에 불과했다. 거의 우리의 도착과 더불어 해가 서쪽으로 빠져들어 가고 저녁 하늘이 붉은 피에

베이는 듯이 젖어들어 갔다.

우리는 어느 한 집으로 안내되었으며 그 뜰 안의 밀집 낟가리 밑에 기다리게 되고 전령만이 안으로 들어갔다. 초조한 한순간이 가슴을 조여왔다. 무엇인가 석연치 못한 것 같아 우리는 불안을 억지로 삼키면서 그저 다시 어떤 기적이 일어나든지, 아니면 운명에 대해 새로운 도전을 할 기회가 오든지를 기다리는 수밖에 없었다.

이윽고 한 사람이 나타났다. 중국 군복을 입은 한 홍안의 미청년이었다. 어쩐지 말도 내기 전인데 호감이 가는 인상이었다. 우리는 우리의 앞을 점치고 있었다. 그러나 이상하게도 그는 우리를 보자마자 이미 다 알고 있었다는 듯이 미소를 머금었다. 우리들 여섯 개의 눈동자 속에 그는 점점 다가오고 있었다.

그리고는 와락 달려들듯이, "한국 분들이죠?" 하고 분명한 우리말로 이렇게 물으면서 바로 우리 앞에 섰다. 우리는 아무도 입을 열지 못했다. 누구의 입도 떨어지지 않은 것이 사실이다. 이런 곳에서 한국 사람을 만나다니…, 나는 절대자에게 감사를 느꼈다.

"그렇습니다. 한국 사람입니다." 아직도 공포에 싸이고 지친 가느다란 목소리였다. 이 한마디를 큰 소리로 못하고 머뭇거린 그 이유를 나는 아직도 모르고 있었다.

그는 우리의 한국말 대답을 듣고 와락 달려들어 우리를 차례로 안아주었다.

"탈출이시죠?"

"그렇습니다."

그는 더욱 힘차게 끌어안았다.

그도 탈출병이라고 했다. 그도 한국인 학도병이라고 했다. 더욱 놀란 것은 쉬저우에서 탈출했다고 했다. 그가 바로 쓰카다 부대 한국 학도병 탈출병 제1호였다. 그는 한 5개월[04] 전에 탈출에 성공했다. 우리가 온다는 것은 이미 연락을 받아 알고 있었다고 말해주었다.

이 아름다운 낯선 청년의 친절과 같은 모국어에서 풍기는 그 다정함은 우리에게 하나의 등대와 같았다. 우리 가슴에 숨어 고개를 들던 모든 의혹은 깨끗이 씻기어 졌다. 이 청년의 그 미소가 바로 모든 의혹을 다 씻어준 것 같았다. 그는 곧 우리에게 친숙해졌다. 불과 몇 시간 동안에 나는 십년지기의 친구와 같은 정을 따뜻이 느낄 수가 있었다. 그 이름은 김준엽이라고 하였다. 김 동지는 우리의 도착을 즉시 사령부에 연락했다. 그리고 그는 정훈참모라는 손영 소좌를 우리에게 소개했다. 김준엽 동지는 탈출 이후부터 배운 것이라는데 놀라울 정도로 중국어를 유창하게 하고 있었다. 그의 통역으로 우리는 그동안 말 못하던 벙어리 가슴을 털어놓았다.

(《돌베개》, 1971년, 69~71쪽)

장형 등은 중국어를 몰라서 벙어리 냉가슴을 앓았지만 나는 지나간 넉 달 동안 한국말을 할 기회가 없어 벙어리나 마찬가지였다. 제 나라 말인데도 쓰지를 않으니까 말문이 제대로 열리지 않았다. 머리와 가슴에는 하고 싶은 말이 가득 차 있었으나 내 입이 제대로 움직이지 않는 것이었다. 한 시간이나 지난 다음에야 입이 술술 트이기 시작하였다. 할 말들이 많았다. 마치 우리는 이 시간밖에 이야기할 기회가 없는 양 말꽃을 피웠다. 쑨 참모는 물론 장 대위와 류 중위도 모두 소개하였는데 우리는 마치 온 세상이 우리 것이라도 된 듯 한국말로 떠들었다. 푸짐한 저녁 식사에 모두 마음껏 배부르게 먹었다. 역시 젠빙이 나왔고 모두 배고파서 그렇겠지만 맛있게 잘들 먹었다.

김영록 동지가 나타나지 않아 다들 마음 한구석에 걱정이 깔려 있었겠지만, 우선 탈출에 성공한 기쁨과 함께 먼저 와서 자리 잡은 나를 보며 안심하는 듯하였다.

세 사람 가운데 처음부터 장형이 가장 인상적이었다. 하얗고 깨끗한 얼굴에 매사 침착하였다. 그는 무슨 이야기든지 차분한 목소리로 조리 있게 이야기하여 내 마음에 꼭 들었다. 그리고 탈출하다가 헤어진 김영록 동지에 대한 생각도 남달리 깊었다. 자정이 되어서야 김 동지가 나타났는데, 그가 오기를 기다리면서 피곤함도 잊은 채 장형 일행의 탈출 경위를 들었다. 왜 김영록 동지와 헤어지게 되었는지 말하자니 자연히 탈출 과정을 설명할 수밖에 없었기 때문이다.

그들은 오랜 상의 끝에 7월 7일 밤 9시 30분 무렵에 쉬저우 일본 부대의 철조망을 함께 넘었다고 한다. 그러나 내가 네 시간 만에 중국 군대를 만난 것과 달리 그들은 사흘 동안 갖은 고생을 겪은 뒤에야 겨우 이곳 유격대에 도달하였다. 그들이 나보다 더 많은 고생을 한 까닭은 첫째로 탈출 전에 중국 군대가 있는 지점을 몰랐고, 둘째로는 나침반을 준비하지 못해서 전진 방향을 제대로 잡지 못하고 우왕좌왕했다는 데 있었다. 내가 만들어서 살포한 삐라를 본 일이 없다는 대답에 나는 실망했지만, 만일 삐라를 일본 병영에 제대로 뿌리기만 하면 우리 '학병'들은 틀림없이 거의가 탈출해 올 것이라는 데 의견이 일치되었다. 그리고 그들은 쓰카다 부대에 있을 적에 이미 내 이름을 들었다고 한다. 제1호 탈출병인 내가 팔로군에게 붙잡혀 죽창에 찔려 죽었다고 일본군이 선전했다는 것이다.

일본군 수비대장과의 담판

장형 일행과 만나 감격의 이야기를 나누는 동안에도 나는 한 사령관으로부터 언제 출발하자는 전갈이 올지 몰라 남모르게 긴장하고 있었다. 김영록 동지가 도착한 다음에야 잠자리에 들었는데 새벽 2시경 쑨 참모가 나를 깨웠다. 이제 때가 왔구나 하고 자리를 박차고 일어났다. 깊이 잠들었던 장형과 동지들도 모두 일어났다. 무슨 일인지 몰라 불안해하는 동지들에게 나는 일의 내막을 간단히 설명하고 하루 이틀 사이에 돌아올테니 안심하라고 하였다. 그리고 쑨 참모에게 그들을 단단히 부탁하고 한 사령관의 뒤를 따랐다. 그리고 나는 한 사령관을 호위하는 20명 내외 기마대의 일원이 되어 '마동지'의 등에 올랐다.

참모장 이하 쑨 참모 등의 사령부 간부들과 새로운 네 동지의 작별 인사를 받으며 캄캄한 평원으로 나섰다. 7월, 오곡이 무럭무럭 자랄 때였다. 평원이라고는 하나 길가의 수수나 옥수수가 말을 탄 내 키보다도 높게 자라서 낮이라도 먼 데서는 우리를 볼 수가 없을 듯하였다. 우리는 좁은 길을 따라 한 줄로 나아갔다. 힘껏 달리면 요란한 말발굽 소리 때문에 적에게 발각되어 기습당할 염려가 있으므로 구보 속도로 행진하였다.

말이나 담배는 물론 기침도 하지 말라는 엄명이 내렸기 때문에 들리는 건 말발굽 소리밖에 없었다. 천지개벽 직전의 적막인 듯싶었다. 간혹 수수밭에서 잠자던 들새들이 인기척에 놀라 화닥닥 날아가면서 적막을 깨뜨릴 때면 나도 덩달아서 깜짝 놀라곤 하였다. 나는 목적지가 어디인지 얼마만큼 달리면 도착하는지를 몰랐지만 가는 방향으로 보아서 서남쪽으로, 그리고 일본군 주둔 지역 쪽으로 달리고 있다는 것만은 알았다. 어스름한 달밤이기에 가까이 달리는 앞뒤 사람들의 얼굴도 분간할 수가 없었다.

나는 문자 그대로 감개무량하였다. 어려서부터 지금에 이르기까지의 모든 것이 생각났다. 일본인들에게 당하던 굴욕과 울분의 나날이 새로웠고, 그럴수록 복수의 일념에 가득 차는 것이었다. 이제 당당한 독립투사로서 중국의 애국자요 유격대 사령관인 한즈룽 장군과 어깨를 나란히 하고 적과 담판하러 가다니 이 얼마나 통쾌한 일인가!

간교한 일본인들이 약속을 어기고 한 사령관과 나를 살해할 수도 있을 것이다. 그러나 이미 죽음의 공포에서 벗어난 지 오래여서 마음은 대단히 차분하였다. 이러다가 죽더라도 내 일생은 멋지고 값어치 있는 것이라고 확신하였다. 겨레나 나라를 위해 더 많은 일을 못 하고 죽는 것이 아쉬울 뿐이었다. 지나온 짧은 나의 일생과 죽음의 문제, 그리고 몇 시간 전에 도착한 장 동지 일행에 대한 생각, 내 머리에 깊이 자리 잡은 중국과 그 역사에 대한 학문적 호기심까지 교차하면서 어둠 속 대륙의 벌판을 달렸다.

쉬저우는 춘추전국시대에 팽성이라 불렀으며 유명한 초나라의 항우가 도읍으로 삼았던 곳이다. 나는 이 지역을 근거지로 세력을 확장한 일대의 영웅 항우가 말을 타고 밤길을 달리는 모습을 상상하여 보았다. 그가 유방과 합세하여 진나라를 멸망시켰을 때의 의기양양한 모습, 오래지 않아 유방과 천하 쟁탈을 놓고 벌인 5년간의 혈투 초한전쟁, 마지막 해하의 전투를 치르면서 적에 포위되어 사랑하는 여인 우미인과 작별하고 끝내 자결하는 비극이 내 머리를 스쳐 간다. 우미인은 해하에서 적에게 포위당했을 때 항우의 시에 맞추어 춤을 추고 자살하여 항우를 격려하였던 것이다. 내가 마치 그 비극의 여주인공인 우미인을 구하려고 지금 달리고 있는 듯하였다.

그뿐이랴. 삼국시대의 영웅인 조조도 바로 쉬저우에서 멀지 않은 패현에서 태어난 인물이다. 그는 문벌 없는 집안에서 태어났지만 황건적을 토벌하는 데 공을 세우고 원소와 동탁과의 전쟁에 참가하여 동군태수가 되었는데, 그가 한나라 말기 군웅의 한 사람으로 활약한 근거지도 바로 이 부근이었다. 뒤에 화베이의 실권자인 원소의 대군을 격파하고 뒤이어 원씨 일족, 유표, 오환 등을 토벌하여 화베이를 통일하고 삼국시대의 위나라를 창설한 것이다. 싸운 지역은 이 지방이 아니지만 나는 오의 손권이나 촉의 유비와 싸우면서 중국을 3분했던 조조의 모습, 그리고 관우나 장비의 용맹스럽게 싸우던 모습을 차례로 그리면서 적군 쪽으로 달린 것이었다. 가끔 구름이 걷히고 밝은 달이 우리 일행을 비추기도 했다. 밝은 달밤에 까마귀가 나는 것을 보니 '월명성희 오작남비[05]'라는 한시가 떠올랐다.

이런 꿈같은 생각에 젖어 있는데 갑자기 비행기 소리가 천지를 진동하듯 요란하게 들렸다. 아주 낮게 비행하여 우리의 머리를 스쳐 가는 듯하였다. 물론 일본 비행기일 터인데 어째서 이 시간에 이곳을 날아가는지 알 수 없었다. 우리를 정찰하고 있던 것일까? 캄캄해서 보이지도 않을 터였다. 그러면 고장난 비행기일까? 추락하는 소리가 들리지 않는다. 아마도 가까운 쉬저우비행장에 착륙하려고 저공비행하는 것 같았다. 요란스럽던 비행기 소리가 지나가고 나니 주위는 더욱 적막하였다. 생사를 건 싸움터에 있다는 엄연한 현실을 다시 깨달았다. 전국시대나 삼국시대가 아니라 바로 20세기의 일본 군국주의자들과 싸우고 있다는 현실 말이다. 우리 일행은 너나 할 것 없이 모두 제각기 상념에 잠긴 채 묵묵히 전진을 계속하였다

시계가 없어서 정확한 시간을 알 수 없었지만 대략 세 시간 정도는 달렸을 것이다. 새벽 동이 트기 직전에 어떤 마을에 도착하였다. 우리 일행은 조용히 배정된 숙소로 나뉘어 몸을 숨겼다. 나는 한 사령관과 같은 집에 묵게 되었다. 사령관은 내게 다정한 말로 피곤하지 않은가 묻고 담판은 밤에 있을 터이니 그때까지 푹 쉬라고 하였다. 밤새 쉬지도 못하고 긴장된 행군을 했던 터라 침대에 눕자마자 깊은 잠이 들었다.

잠에서 깬 것은 오전 11시 무렵이었다. 바깥에는 어느새 가랑비가

소리 없이 내리고 있어서 더욱 푸근한 늦잠을 자게 되었는지 모르겠다. 잠시 후 부관이 내게 이곳에 있는 동안 사령관과 식사를 같이할 것이니 그리 알라고 하였다. 사령관은 아직 일어나지 않았는데 그런 분부를 해놨다고 한다. 이 부관은 내가 사령관을 만날 때마다 봐왔는데 머리가 대단히 명석하고 행동이 민첩할 뿐만 아니라 배우처럼 잘생긴 청년 장교로서 인상에 깊이 남는 인물이었다.

그의 설명에 의하면 오늘 저녁에 회담할 장소는 이 마을에서 약 800미터 떨어진 다음 마을인데, 양측 대표는 각각 1개 중대씩만 대동하고 회담 장소의 옆 마을에 머물기로 하였다는 것이다. 정보에 의하면 일본 측 대표도 이미 경호대 1개 중대를 거느리고 조금 떨어진 어느 마을에 도착해 있다고 하였다. 말하자면 회담이 열리는 마을을 사이에 두고 양측의 거리는 1,600미터밖에 되지 않는 셈이다. 언제 무슨 짓을 할지 예측할 수 없는 자들이 일본군이기에 기습에 대한 만반의 준비를 하고 있다는 것이 부관의 설명이었다. 정말로 묘한 전쟁이라는 것을 거듭 뼈저리게 느꼈다.

양측 대표회담은 밤 8시 반에 시작하기로 하였고, 낮에는 예비 접촉이 있는 모양이었다. 고급 참모 한 사람이 부지런히 한 사령관의 방을 하루 종일 들락날락하는 것을 보았다. 이날은 적의 코앞일뿐더러 비까지 내려서 방에만 있었는데, 사령관도 참모와 의논하는 시간을 빼고는 나와 함께 시간을 보냈다. 한 사령관은 전쟁에는 용맹하였지만, 인간적으로는 대단히 부드럽고 인자하였고 또 소탈하였다. 특히 그는 내 소원대로 빨리 충칭으로 보내주지 못하는 것을 미안하게 생각하고 있었다. 나는 이런 중요한 회담에 나를 데려와 준 것에 깊이 감사한 마음을 전하며, 여기서 중국 군대의 일원으로서 전쟁에 참여하는 데 무한한 보람을 느끼고 있으니 충칭행에는 너무 신경 쓰지 말라고 부탁하였다. 중국군이든 독립군이든 일본군을 무찌르기만 하면 되지 않겠느냐는 생각에서였다.

얼마 후 사령관이 파인애플 통조림을 먹으라고 건넸다. 일본 대표와 회담 전 선물 교환을 하는데, 한 사령관은 부관을 통해 돼지고기를 소금에 절인 음식인 '화퇴'를 주었고, 일본 대표는 장군용 가죽장화와 파인애플을 보내왔다는 것이다. 자기는 단것을 먹지 않으니 나보고 먹으라고 하였다. 한창 젊은 내가 늘 배고플 것이라고 생각해서 귀한 음식을 준 것이다. 중일전쟁을 치르는 동안 일본에서도 점차 보기 어려웠고 태평양전쟁이 일어나자 싹 자취를 감춰버린 진귀품이었다. 나는 몇 통의 파인애플을 부관과 함께 앉은자리에서 다 먹어치웠다.

일본 사람들은 중국인이 의심이 많은 민족이라고 늘 헐뜯었다. 한 예로 손님을 식사에 초대하면 가장 안쪽에 손님을 앉히고 주인은 방문을 등지고 앉게 되어 있는데 그것은 자객이 문밖에서 갑자기 방으로 침입하면서 손님을 살해할 수 없게 한다는 뜻이라고 설명하던 일본 교수의 얼굴이 생각났다. 하지만 한 사령관을 보면서 그것은 일본 사람들의 편견일 뿐이라는 것을 알게 되었다. 한 사령관은 다른 나라 사람인 나를 믿어주고 도와주는 사람이었다. 중요한 회담에 동행케 했을 뿐만 아니라 같은 집에서 자고, 같이 식사하고, 거의 하루 종일 담소하면서 시간을 보내고, 또 이런 진귀한 것을 나에게 주니 얼마나 고마운 일인가. 훗날 이 은인에 관하여 꼭 기록을 남겨야만 되겠다고 다짐하였다.

드디어 회담 시간이 되었다. 양측에서 각각 세 명이 회담 장소에 도착하였다. 우리 쪽에서는 사령관과 나, 그리고 예비접촉을 한 고급 참모였고, 일본 측도 마찬가지일 것이다. 캄캄한 밤에 참모가 안내하는 장소까지 말을 타고 갔다. 회담 장소는 문이 양쪽으로 난 방이 있는 농가였다. 정해진 시각이 되어 양쪽 대표와 통역이 각각 문을 열고 방에 들어왔다.

이쪽 대표는 한 사령관, 저쪽은 자왕 경비사령관이 대표로 회담 테이블에 앉았다. 양측 고급 참모는 옆방에 대기하고 있었다. 방안은 전깃불이 없어서 기름등을 켜 놓았으니 어두울 수밖에 없었다. 나는 몹시 긴장하였다. 내게 맡긴 임무도 틀림없이 수행해야만 되었거니와, 한편으로 넉 달 만에 원수와 얼굴을 맞대게 되었으니 긴장하지 않을 수 없었다. 나는 한 사령관의 말을 일본어로 통역하고 저쪽 통역은 일본 대표의 말을 중국어로 통역하기로 합의가 되어 있었다.

일본 대표의 계급장을 보니 대좌였고, 콧수염을 기른 전형적인 쉰 살 정도의 일본인이었다. 그는 서로 오해가 있어 자왕을 포격하는 불행한 일이 일어나서 대단히 유감스럽다고 이야기를 꺼냈다. 나는 이 '불행한 일'이라는 것을 이해할 수가 없었다. 전쟁 중 일어난 포격과 살상에 새삼스럽게 불행 운운할 까닭이 있던가. '오해'라는 말이 나오자 한 사령관은 대번 반박하였다. 한 사령관은 날짜를 일일이 대면서 중국 광부들에 대한 대우를 개선할 것을 요구한 사실을 들었다.

이렇게 시작이 된 담판은 자정 무렵까지 진행되었다. 한 사령관의 요구는 요컨대 만족할 만한 임금 인상을 하지 않으면 다시 '불행한 일'이 일어날 수 있다는 협박 같은 것이었고, 일본 측은 대우를 개선할 터이니 그런 '불행한 일'이 다시는 일어나지 않도록 하자는 것이었다. 결국 쌍방이 만족할 만한 임금 인상 폭에 대한 교섭으로 시간이 걸렸다. 일본 측은 탄광을 무사히 운영하여 석탄 생산을 계속하는 데만 목적이 있는 것 같았다. 합의된 임금 인상 수치는 정확하지 않지만, 만족해도 좋을 정도였다는 것으로 기억한다. 한 사령관이 회담 후에 기분 좋게 격양됐던 모습이 눈에 선하다.

그런데 나에게 더 중요한 것은 탄광에 대한 담판을 끝맺은 다음에 일본 대표가 불쑥 내놓은 한 통의 공함이었다. 그것은 쓰카다 사단장이 한 사령관 앞으로 보낸 서신인데, 한 사령관은 내용을 보고 심각한 얼굴로 나에게 건네는 것이었다. 그 내용이 나와 관계가 있을뿐더러 대답할 여유를 얻기 위하여서인 것 같았다. 나는 읽는 순간 활화산과 같은 분노로 가슴이 들끓는 것을 느꼈는데 서툰 중국어로 된 그 서신의 내용은 이런 것이었다.

"… 귀 부대의 병사 30여 명을 포로로 이곳에서 잘 대우하고 있다. 정확하게 하고자 명단을 동봉한다. 그런데 유감스럽게도 이 부대에서 이탈한 일본 군인 여러 명이 귀 부대에 강제로 억류되어 있다는 말을 들었다. 그들과 귀하의 부하 30여 명을 교환함이 어떤가? 즉시 교환할 것을 제의한다.

만약 이에 응하지 않는다면 본관으로서는 어쩔 수 없이 특별대책을 세울 수밖에 없다는 것을 명백히 해두는 바이다. 현명한 장군의 신속한 판단을 바란다."

나는 분노와 동시에 순간적으로 불안감도 느낀 것이 사실이다. 5대 30의 비율이 아닌가, 한 사령관의 입장에서는 한국인 5명보다도 중국 동포 30여 명이 더 소중할 수도 있다. 그러나 사령관이 이 편지를 나에게 보여준 것은 쓰카다의 요구를 거부하겠다는 뜻으로 보였다. 그가 요구를 받아들일 생각이라면, 나에게 보여주지 않고 막연하게 '선처하겠고 구체적인 것은 따로 통지하겠다'라고만 하면 나는 그대로 통역했을 것이고, 무슨 뜻인지 몰랐을 것이다. 그러나 내가 편지를 읽고 나자 한 사령관은 침착하면서도 단호한 태도로 이렇게 대답하였다.

"우리 부대에 일본 군인이 억류되어 있다는 말은 잘못 들은 말이다. 우리 부대에는 단 한 사람도 귀 부대의 군인이 없다. 다만 일본군 한 명이 우리 대원의 추격으로 사살되었고 다른 서너 명이 신사군 쪽으로 도주해 갔다는 정보는 들은 바가 있다. 이 말을 믿어주기 바란다."

나는 한 사령관의 결연하고도 의로운 태도에 다시 한번 고개를 숙였다. 내가 한 사령관의 처지라면 이렇게 훌륭한 태도를 취할 수가 있을까. 과연 그는 '대인'이었다.

한 사령관의 말을 나는 또박또박 일본어로 통역하면서 일군 대좌의 눈을 뚫어지게 쏘아봤다. 마치 초인적인 '기'의 힘으로 그를 없애버리려는 듯이 말이다. 대좌는 한 사령관의 분명한 대답에 더 말할 여지가 없다고 판단했는지 "혹시 앞으로 일본 병사가 억류되는 일이 생긴다면, 우리로서는 언제든 중국 포로와 교환할 생각이 있다는 것을 유념해주기 바란다"라고만 말하였다. 그런 후에 대좌는 나를 쳐다보며 "대단히 훌륭한 일본어를 하는데 어디서 배웠습니까?" 하고 묻는 것이었다. 그자는 분명히 내가 일본군에서 탈출한 한국 학병인 것을 알고 있는 듯하였다. 한편으로는 내 중국어 실력으로 보아 수일 전에 탈출한 학병으로 보지 않을 것도 분명하였다. 역사란 묘한 것이었다. 나는 당당하게 신분을 밝히고, 한국의 독립을 위해 싸우고 있으며 우리는 꼭 승리한다고 외치고 싶었으나 일본 측에서 포로와 교환하자고 제의하는 마당에 한 사령관의 입장을 어렵게 만들 수 없어서 "나는 대만 태생의 중국인"이라고 가볍게 대답하였다.

이렇게 회담이 끝나고 헤어지는데 50대의 일본 대좌가 나에게 절하면서 "제발 잘 부탁합니다"라고 할 때 나의 통쾌감, 승리감은 어디에 비할 곳이 없었다. 무엇을 잘 부탁하는지는 알 수 없었다. 그저 습관처럼 한 말인지 모르지만 일본군 대좌가 '불령선인'에게 잘 부탁한다고 말하는 것은 국내나 일본에서는 상상도 할 수 없는 일이었다.

포로를 교환하자는 제의가 마음 한구석에 걸리기는 했으나 회담에서 우리 측의 요구가 관철되었고, 또 무엇보다도 내가 통역 임무를 무난히 완수한 데다 일본군 대좌 앞에서 한국의 독립투사로서 당당하게 행동했다는 자부심에 매우 흡족하였다. 무겁던 어깨가 가벼워지고 막혔던 체증이 풀리는 듯하였다.

자정이 다 되어 회담을 마치고 나오자 우리는 사령관을 선두로 그 길로 귀로에 나섰다. 회담장 옆 마을에 남아 있던 경호대가 만일을 대비하여 출동 태세를 갖추고 있었다. 우리는 올 때와 달리 전속력으로 그 마을을 떠났다. 일본군의 추격을 피하기 위해서였다. 올 적과 마찬가지로 나는 사령관의 뒤에서 '마동지'의 등에 올라타고 힘차게 달렸다. 마동지는 이제 내 생각을 모조리 안다는 듯이 정말로 신기할 정도로 내 뜻을 잘 따라주었다.

이 상쾌한 기분, 이렇게 보람을 느끼는 순간! 나는 말을 달리면서 나 자신을 역사의 한 토막, 큰 그림의 한구석, 소설의 주인공이라도 되는 양 자꾸만 낭만적 감성에 잠겼다. 전쟁이란 살아만 난다면 이렇게 낭만적인 때도 있음을 깨달았다. 약 두 시간은 달렸을까? 우리는 새까만 어떤 마을에 도착하였다. 나는 사령부나 장 동지 일행이 있는 마을에 돌아온 줄만 알았더니 그곳이 아니었다. 보안을 위하여 세심한 신경을 쓰고 있었다. 사령부와는 전혀 거리가 먼 엉뚱한 마을에서 1박을 한 것이다. 사령부에 돌아간 것은 그다음 날, 그러니까 7월 11일의 오후 2시경이었다.

류 참모장을 비롯하여 사령부의 전 간부, 쑨 참모, 장 대위, 류 중위 그리고 장준하 동지까지 모두가 우리 일행의 귀환에 안도의 숨을 내쉬는 것 같았다. 더욱이 이곳에 온 지 이틀밖에 되지 않는 데다 말도 통하지 않아 장 동지 일행은 몹시 불안했었다고 한다. 나는 우선 쑨 참모 등의 중국 동지에게 중국어로 회담 경과를 설명하고 곧이어 우리말로 장 동지 등에게 알려주었다. 그들은 포로 교환 제의에 더욱 불안감을 느끼는 듯하였다. 그도 그럴 것이 갖은 고생을 겪으면서 이곳까지 왔고, 나를 만나 좀 안심했다가 그날 밤으로 내가 훌쩍 떠나버렸으니 온갖 상상과 불안감에 빠지게 되었을 것이다. 게다가 한 사령관을 비롯한 이곳 지도층에 대한 이해가 없었을 터이니 그들의 불안감을 나는 충분히 이해할 수 있었다. 그들은 앞으로 사령관으로서 어쩔 수 없는 조건을 일본군이 제의해 오면 우리를 희생시킬 것이 아닌가 하고 근심하면서 하루속히 우리가 충칭으로 가도록 강력히 교섭해 달라는 것이었다. 나도 동감이라고 하면서 다시 충칭행을 부탁할 터이니 마음 놓고 있으라고 위로해주었다. 나는 이곳 사정도 그들보다 잘 알거니와 넉 달이라는 세월에 내가 벌써 중국화가 되었는가 하는 느낌이 들었다. 나는 느긋한 심정이었고 또 그들을 안심시키려고 더욱 태연하고도 낙관적인 태도를 취하였다.

그러나 유격대는 그날 밤에 또 다른 마을로 이동하였다. 이것이 장형 일행에게는 처음 겪는 경험이고 보니 무척 처량할 것이라는 생각에 사전에 유격대의 본질에 관하여 그들에게 설명해 주고, 나는 이런 생활을 이미 넉 달이나 했다고 말하였다. 그들과는 달리 나는 전보다 훨씬 마음이 가벼웠고 다른 한편으로는 어깨가 더욱 무거워지는 것을 느꼈다. 마음이 가볍다는 것은 이제는 나 혼자가 아니라 우리의 독립투사가 다섯이나 함께 행동하게 되었기 때문이고, 어깨가 무겁다는 것은 나 혼자만의 안전이 아니라 말도 모르고 지리도 모르는 이 네 동지의 안전까지 책임져야 하는 데서 오는 중압감이었다. 장형 일행은 내 뒤를 따라 묵묵히 행진하고 있었다. 각자 생각이 깊었을 것이다. 나라 잃은 젊은이들의 고생을 생각할수록 나라를 빼앗긴 조상이 원망스러웠고, 내가 그런 못난 조상이 되어서는 안 되겠다는 생각에 새삼 주먹이 불끈 쥐어지는 것이었다.

6. 유격대 궤멸

장형 일행이 찾아오고 또한 자왕탄광을 성공적으로 공격한 후, 그리고 중일 사령관 회담에 참가하고 나서부터 나의 사기는 더욱 충천하였다. 아무리 좋은 대접을 받아도 이방인으로서의 고독감에 마음잡을 수 없던 때가 한두 번이 아니었는데 이제 나와 같은 동족이며 뜻을 같이하는 젊은 동지를 넷이나 얻었으니 여간 마음 든든한 것이 아니었다. 그뿐이랴. 이제 다섯이 좀 더 적극적으로 활동하면 이 유격대로 수십 명의 학병을 모아서 적어도 1개 소대 정도의 독립군 소대를 꾸릴 수 있겠다는 전망이 보였다. 독립군이다. 우리 손으로 독립군을 조직하여 일본군과 싸우는 것이다.

7월 12일의 아침이었다. 피로를 푼 장 동지 등도 거머리같이 지긋지긋한 일본 군복을 벗어버리고 중국 군복으로 갈아입었다. 독립군의 군복을 입은 것만은 못하였어도 같은 적과 싸우는 중국 군복을 입고 왜색에서 벗어난 느낌이 상쾌하였다. 우리는 아침 햇살을 바라보며 마을 앞에 흐르는 부라오허의 강변으로 나가 목욕재계하듯 일제히 물속으로 뛰어들었다.

여태까지 일제로부터 받은 더러운 모욕의 상처를 깨끗이 씻어버리고 거룩한 독립운동의 일선에 함께 선다는 뜻이었다. 이때의 정황을 장 동지는 그의 《돌베개》에서 이렇게 묘사하고 있다.

> 어느새 이국의 태양은 머리 위에 올랐고 강물 위엔 쏟아진 햇볕이 물결을 덮으며 웅장한 음악이 강 밑으로 흐르는 것이었다. 우리의 소망과 새로운 각오를 위해 강은 흘렀다. 우리는 목욕을 마치고 군복을 입었다. 서로 서로를 돌아보며 새 결의를 다짐했다. 모두 새사람이 되었다. 진정 우리는 새사람이 되어야만 했다.
>
> 조국 광복, 이 깊고 긴 강처럼, 크고 깊고 긴 일을 마침내 나는 찾아낸 것이다. 이제 우리는 떳떳한 조국의 아들이 다시 되었다. 기쁨과 감격은 이 아침을 신비롭게 하였다. 우리는 동북쪽의 조국을 향하여 경건하게 머리를 숙였다. 이글거리는 태양을 마주하고 가로로 한 줄을 만들어 서서 이 가슴의 감격을 조국에 고하고자 했다. 김준엽 동지, 윤경빈 동지, 김영록 동지, 홍석훈 동지, 그리고 나 이렇게 차례로 서서 조국을 향한 배례를 한 것이다. 머리가 깊이깊이 숙어져 내려가기만 했다. 두고 온 산, 강, 뛰놀던 고향이며 부모와 사랑하는 사람들이 자욱이 머리에 떠올랐다.
>
> (《돌베개》, 84쪽)

다음으로 우리는 다 같이 애국가를 불렀다. 이때 우리가 부른 애국가는 지금과 가사는 같지만 곡조는 스코틀랜드 민요 '올드 랭 사인'에 얹은 것이다. 나는 가사를 1절까지만 알고 있었는데 장 동지는 2절까지도 똑똑히 알고 있어서 선창하였다. 일본의 탄압으로 애국가를 부를 수 없는 시기에 장 동지가 가사를 분명하게 아는 것도 인상적이었다. 장 동지는 목사의 장남으로 태어나 도쿄에서 니혼신학교에 다니다가 학병으로 징집되었다고 한다. 평안북도 선천에 있는 신성학교를 졸업한 후 한동안 초등학교에서 교편을 잡았다가 조금 늦게 유학하다 보니 나이가 나보다 네 살이나 위였다. 윤경빈 동지는 메이지대학, 김영록 동지는 니혼대학,

홍석훈 동지는 릿쿄대학 출신으로서 모두 도쿄 유학생들이었다.

이로부터 우리는 한마음 한뜻으로 맺어진 동지로서 조국의 독립을 위해 있는 힘과 정성을 다한 것이다. 유격대에 합류한 뒤 내가 겪었던 것과 마찬가지로 장형 일행들도 우선 중국어부터 배우기로 하였다. 그러면서 내가 하는 작업에 다 함께 심혈을 기울였다. 전단을 여러 가지 모양으로 만들었고 복사도 함께 거들었다. 모두 희망과 자신감을 가지고 헌신하였다. 우리 한국인만으로 독립군 전투부대를 편성할 수 있는 최소한의 인원을 일본 병영으로부터 탈출시키겠다는 신념에서 한 일이었다.

이렇게 활기차게 일한 지 겨우 1주일이나 되었을까. 7월 20일의 일이다. 그날 새벽 3시경, 동이 트기도 전이었는데 우리는 적의 습격을 받았다. 가끔 밤에 부대 이동 중에 일본군의 기습을 받은 일은 있지만 이렇게 사령부가 습격당한 일은 없었다. 나뿐만 아니라 새로 도착한 장 동지들도 하마터면 모두 목숨을 잃을 뻔한 사태가 벌어진 것이다. 이때의 상황을 장 동지가 《돌베개》에서 생동적으로 묘사하였으므로 다시 인용한다.

> 그 무렵 우리는 실내가 너무나도 무더워 밖의 나무그늘 밑에서 잠자리를 하고 있었다. 그날도 그랬었다. 그날따라 쑨 참모도 같이 누워서 이런저런 얘기 끝에 잠이 늦게 들어 막 첫잠이 들었던 그 순간 굉음의 작렬과 함께 땅이 흔들렸다. 별안간 바로 머리맡에서 '꽝' 하고 귀를 찢는 폭음이 터졌다. 연거푸 또 났다. 그것은 수류탄의 폭발음인 것을 즉각적으로 알 수 있었다. 정신을 차릴 여유도 없이 수류탄은 계속 터지면서 육박해 왔다.
>
> "일본놈의 습격이구나!"
>
> 전에도 가끔 있었던 일이라면서 쑨 참모는 이런 추측을 혼잣말처럼 되뇌었다. 며칠 전의 교환제의도 있었고 하여 우리도 그대로 믿었다. 어느새 동지들은 거의 본

능적으로 어디론지 확 퍼져 흩어졌다. 나와 김준엽 동지는 급히 자리를 더듬어 동지들의 신발이며 소지품을 모두 챙겼다. 만약의 경우를 위해서 이곳을 피하더라도 우리의 흔적을 그대로 놓아둘 수는 없었다. 우리가 소지품을 정리하는 동안에도 수류탄은 거푸거푸 터졌다.

"짱, 꽈르르, 짱, 꽈르르…"

뒤미쳐 소총소리가 콩튀듯 했다. 우리가 자리를 정리해 가지고 부라오허 강변의 갈대발 속으로 몸을 숨겼을 땐 수류탄과 소총 소리는 대지의 밤을 수놓고 있었다. 우리가 부어놓은 애국가의 여운이 저만치서 여유 있게 흐르고 있는 듯했다. 새벽별의 눈짓이 갈대발 속으로 떨어져 왔다. 키 높은 갈대발이 부라오허 강변을 따라 무성해 있었다. 우리가 기어든 갈대발엔 무릎까지 물이 차올랐다. 갈대발 속에 끼였던 칠흑의 어둠이 갈대 사이사이로 빠져나가면서 우리의 윤곽을 조금씩 드러내주기 시작했다. 그래서 우리는 다시 안전한 곳을 찾아 어디 몸을 좀 피신시켜야 했기 때문에 보다 안전한 지대를 찾아 더듬었다.

그동안 총성은 여전히 계속되었다. 이곳의 지리에 밝지 못한 우리는 지금 들리는 총성으로서는 도저히 갈대발 밖의 상황을 짐작할 수가 없었다. 이곳 사령부에 있으면서 우리들 주변의 지형을 잘 살펴두지 않고 방관했던 점이라든지, 더구나 밤이어서 더욱 알 수 없는 그런 점이 우리를 어찌할 수 없게 하고 있지 않은가. 어느 길로 빠져나가야 할 것인지도 알 수 없고 또 어디가 수심이 깊어지는 쪽인지도 분간할 수가 없었다.

그런데 그때 갈대발 속에서 어떤 움직임이 웅크린 채로 주저앉아 있는 것이 보였다. 우리는 놀랐다. 김 동지와 나는 조금씩 간격을 두고 옆으로 흩어지면서 그 움직임의 정체를 눈여겨보았다. 움직임은 네 개나 되었다. 흩어졌다가 겹쳐졌다가 하는 움직임이 틀림없는 사람이었다. 우리는 적에게 포위되어 있는지도 모른다는 생각이 들었다. 포위되어 있다면 혈로를 뚫어야 할 것이 아닌가.

그러나 사실은 우리 쪽보다 먼저 저쪽에서 우리의 움직임을 주시해 온 것이었다. 그들이 움직였는데도 우리 쪽에서 별 반응을 보이지 않자 그들은 오히려 우리를 시험하고 있었다. 그들은 먼저 피신을 한 세 동지와 쑨 참모였다. 우리는 사지에서 만난 사람들처럼 서로 끌어안을 뻔했다. 그러나 이 반가움을 오래 나눌 여유가 없었다. 무릎까지 물속에 잠겨서는 마음대로 재빠르게 몸을 가눌 수가 없는 것이었다. 다행히 쑨 참모는 우리를 안내해 주었다. 처음 당하는 일이 아니라고 하면서 오늘은 우리의 남쪽이 포위되어 있다고 총성으로 전황을 식별하였다. 부라오허를 가로질러서, 북쪽으로 건너가는 길밖에 없다고 그는 말하였다. 강을 건너기 위해서는 이 갈대밭을 따라 물가로 오 리쯤 올라가면 교량이 있다고 쑨 참모는 우리를 그쪽으로 이끌어갔다.

평지라도 오금이 저려 걸음이 제대로 걸어지지 않을 것인데, 무릎 위까지 물이 차는 캄캄하고 우거진 갈대밭 속을 헤치며 나가는 걸음걸이, 손에 들었던 짐이 처져서 그 짐 보따리가 물에 잠겨 팔이 빠지는 듯이 무거워졌다. 우리 일행의 짐 보따리를 전부 김준엽 동지와 같이 꾸려가지고 두 사람이 나누어 들었던 것이 물에 흠뻑 젖었으니 천만 근의 무거움으로 팔이 떨어질 지경이었다.

이렇게 얼마를 걷자, 마침내 총성이 뒤에서 들렸다. 비로소 적의 포위망에서 벗어났다는 다소의 안도감을 가질 수 있었다. 그때부터는 마음으로라도 얼마간 발걸음이 가벼워지는 것 같았다. 불과 오 리밖에 안 된다는 그 교량에 닿았을 때 우리 일행은 모두들 기진맥진한 상태가 되어 있었다. 위로는 옷이 전부 땀으로 젖었고 아래는 강물에 휘말려 몸은 지칠 대로 지치게 되었다. 시간도 이럭저럭 꽤 된 것 같았다. 어쩔 수 없이 쉬어가기로 했다. 으스스 떨려오기 시작했다. 그러나 쉰다는 것은 겨우 숨을 좀 돌려 쉬어가는 정도였다. 내처 걸어야만 했다.

그런데 이렇게 얼마를 걷다가 내 앞에 걸어가는 동지들이 맨발임을 그때서야 비로소 발견하였다. 내가 지금 들고 가는 짐 보따리 속에 먼저 피신했던 동지들의 신발이 들어 있다는 사실을 그때까지는 깨닫지 못했던 것이다. 동지들의 맨발이 찢기어 핏발이 선 것이며 심지어 부상까지 입어 피를 흘리고 있는 모습을 보게 되니 비로소 짐 꾸러미를 풀어 동료들의 젖은 신발들을 꺼내 신겼다. 그 친구들이 고마워하던 그 눈초리는 잊을 수가 없다. 신을 신도록 해주고 나니까 나의 짐도 가벼워지고 팔의 부담도 덜어졌다.

이윽고, 다리에 다다랐다. 부라오허를 가로질러 다리를 건너자 때마침 동쪽이 뿌옇게 트기 시작했다. 아침 하늘의 신비가 대륙의 웅장함을 보여주었다. 오묘한 동녘의 밝음이 우람한 소리를 내며 강으로 쏟아져 들어오는 것 같았다. 나는 걸으면서 이 아침 하늘을 헤치고 솟아나오는 대륙의 태양에 매혹되어 들길을 다 가도록 동녘만을 보았다. 그것은 황홀한 분만이었다. 멀어서 들리지 않는 듯한 교향곡이, 조국의 환상으로 흘렀다.

들길이 다하자 우리는 산길로 들어섰다. 이 산은 바로 우리가 처음 이곳의 유격대원들에게 추격당하다가 잡혔던, 우리가 벌렁 한길에 누워서 쳐다보던 그 산이었다. 산은 말이 없었으나 우리의 행렬을 품 안으로 받아주며 격려와 위로를 주는 것 같았다. 잡히고 또다시 떠나가고 하는 이 모든 운명을 산은 가엾게 여겨주는 듯했다.

이 산기슭에 마을이 하나 있었다. 활짝 터진 아침 햇살 속에 마을은 평화롭게 고개를 숙이고 있었다. 우리가 빠져나온 저만치의 시야 속엔 아직도 계속되는 전투광경이 바로 눈 아래에 굽어보였다. 마침 이 산기슭부터 아침 안개가 길게 가로 비껴 깔려 있어, 그 안개를 사이에 두고 양쪽이 서로 대치되어 있는 것이 보였다. 전진했다가 다시 밀리고 밀렸다간 다시 나오고 하면서, 기어 달리다 각개약진하여 완전 포복으로 개구리처럼 납작 엎드려 살살 없어지는 광경이, 콩 볶는 듯한 총성만 아니면, 골목 패싸움이나 초등학교 운동회같이 보이기도 했다. 우리가 높이 서서 내려다봐서 그런지, 실전 같은 감이 나지 않고 아이들의 장난처럼 구경거리가 되었다.

우리가 정신없이 이 전투 광경을 내려다보는 동안에 쑨 참모는 마을에 들어갔다. 이 마을에도 유격대의 파견대가 있어서 우리를 습격해 온 자들의 정체를 좀 알아보고 온다는 것이다. 그런데 얼마 뒤에 우리가 적의 정체를 알고는 너무나도 의외여서 놀라지 않을 수 없었다. 적은 뜻밖에도 일본군이 아니고 중국의 '팔로군'[06]이었다.

[…중략]

그런데 이번의 습격은 소규모가 아닌 것 같았다. 쑨 참모도 우리의 견해를 시인했다. 전투도 우리가 불리한 것 같이 보였다. 쑨 참모도 또 시인했다. 이곳의 사령부도 일단 작전상의 후퇴를 한다는 사실을 그제서야 털어놓았다. 그리하여 우리의 방향도 후퇴하는 사령부의 집결지로 정하였다. 긴 한숨이 나의 체내의 어떤 감회를 밖으로 내보내는 동안, 내 몸 둘 곳이 이리도 편치 못하다는 사실에 집념할 수 있었다. 내 이 광야에서 벨 베개는 돌베개임을 벌써 일군을 탈출하기 전 마지막 편지로 아내에게 말하였고 또 각오한 것이 아닌가? 그러나 이제부터 내가 베어야 할 나의 돌베개는 어느 지점에서 날 기다리고 있는가? 나의 고행은 어디서부터 정작 시작되어 어디까지 가야 할 것인가.

우리는 우선 이 산을 넘어 산 뒤로 우회로를 따라 사령부 집결지로 가기로 합의하였다. 일단 결정한 뒤로는 더 지체할 것 없이 곧 산을 오르기로 했다. 처음엔 산길이 그리 험하지 않은 완경사였다. 산턱에 작으나마 산마을이 모여 있을 만큼 오르막의 경사가 완만한 편이었지만, 이 마을을 지나자 산은 암벽만을 안고 있어서 나무라고는 거의 볼 수 없고 깎아 세운 암봉이 허리를 드러내어 보이고 있었다. 돌산의 길은 험준하기가 이루 말할 수 없었다.

산을 반도 못 올랐는데 해는 벌써 한나절이나 지나 불붙는 듯한 직사광선이 퍼붓고 있었고 그 복사열은 산 위의 바람을 열풍으로 데우고 있었다. 밤 동안에 흠씬 젖었던 중국 군복은 겉으로는 마르면서, 안으로는 다시 젖어들어 소금기가 하얗게 서렸다.

목이 마른 것은 말할 것도 없었다. 우리는 수수밭 속에서 지렁이처럼 알몸이 되어 조금이라도 축축한 곳을 찾아 한나절을 뒹굴던 그 탈출의 경험을 되씹으며 갈증을 참았다. 그러나 다만 그때와 다른 것은 높은 산이라 가끔 선선한 바람기가 있었다.

새벽에 갈대밭 속을 헤매고 아직 아침밥을 못 먹은 뱃속의 시장기는 또다시 우리에게 시련을 요구했다. 풀잎이라도 짓씹어 보고 싶은 욕구를 견디어 내며 나는 야곱의 돌베개를 생각했다.

[…중략]

낮 두 시가 넘어서야 우리는 겨우 산정에 올랐다. 돌아다보니 전투는 아직 치열한 듯이, 총소리와 아울러 포연도 자욱했다. 역시 치열한 전투라는 느낌을 줬다. 다시 산을 내려가서, 서쪽의 산줄기를 타고 내려가기로 했다. 연봉을 잇는 산정을 돌고 돌아 우리는 아무런 목표가 없는 듯이 걷고 또 걷고 무작정 앞으로 걸었다.

오후 다섯 시가 되어서 우리는 조그마한 부락이 시야에 들어오는 지점에 도착했다. 갑자기 다리가 무거워졌고 허리의 힘이 빠져나갔다. 말 한마디 없이 앞사람을 좇아 산정을 돌던 우리는 눈앞의 부락을 보고 피로와 현기증을 느끼게 되었다.

“아아, 부락이 보인다.” 나는 이렇게 소리치며, 나 자신과 그리고 동지들에게 분발을 청했으나, 오히려 역효과만 났다.

암산의 연봉은 내가 벨 베개가 아니라 나의 투지가 베어야 할 크나큰 돌베개이다. 나는 벅찬 가슴을 심호흡으로 달래이고 길잡이로 다시 나섰다.

부락에는 놀랍게도 유격대의 연락책이 조직되어 있었다. 우리는 쑨 참모의 안내로 그곳을 찾아가 우선 냉수부터 바가지로 퍼마시고 난 다음에 비로소 음식도 청해 먹었다. 이것이 조반이었다.

그런데 이곳엔 가장 슬픈 소식이 우리를 기다리고 있었다. 그것은 며칠 전 우리의 운명을 정해준 한 이국의 은인 한 사령관의 전사 통보였다. 우리가 속해 있던 유격대의 타격의 심한 모양이다. 한즈룽 사령관의 전사가 마치 우리의 책임인 것처럼 넋을 잃고 주저앉고 말았다. 우리의 비통은 산속의 적막을 흔들었다. 형용할 수 없는 슬픔이 숨 돌린 가슴을 대신 메꾸었다. 우리 일행 가운데 쑨 참모의 직속상관이요, 김준엽 동지는 그분과 알고 지낸 시일이 우리보다 몇 달을 앞섰던 터이라 더욱 그 애도의 뜻이 깊었으리라.

자왕탄광 분규 문제로 일본군 수비대장과의 2인 담판에서 한 사령관은 자신의 부하 30명과 우리 다섯 명과의 교환을 한마디로 거절한 인간애의 인물이었다. 이 인간애는 정말 미칠 듯이 괴롭게 우리 피부 안으로 스며들었다. 숨진 인간 한즈룽의 그 넓은 도량과 지휘관으로서의 사랑이 우리 한국 청년의 가슴에 잊혀질 수 없는 한 그루 기념수로 심어진 것은 가장 고귀한 교훈이다. 그러나 나는 한 사령관의 죽음을 끝내 믿고 싶지 않았다. 그 인자한 모습이 나의 애통 속에 되살아왔다. 그것은 환상이 아니라 하나의 교훈이었다. 우리에게 알려진 한 사령관의 부음은 거의 우리를 허탈 상태로 몰아넣어 버린 것 같다. 물론 우리뿐 아니라 중국군에게는 더욱 큰 슬픔일 것은 말할 나위도 없으리라. 한 사령관을 애도하는 생각에 젖어 한 시간을 머물렀다.

그러나 이런 감상에만 잠겨 있을 수는 없는 처지다. 다시 떠난 길은 휘청휘청 헛디뎌졌다. 밤 열한 시가 되어서야 우리는 사령부의 후퇴 집결지에 도착했다. 사령부 요원 오륙십 명이 모두 그곳에 집결해 있었다. 그러나 사령관의 전사, 전황의 불리 등으로 한결같이 얼굴 표정은 납덩어리처럼 차게 굳어져 있었다.

전투지역의 총성은 이곳까지 들렸다. 전선의 후퇴가 불길하게 머릿속에 들어오는 예감이었다. 아니나 다를까, 우리가 이곳에 닿은 지 불과 한 시간도 못 되어서였다. 전선은 정말 무너져, 이쪽으로 밀려나오기 때문에, 사령부가 또다시 후퇴해야 한다는 명령이 내려졌다.

사령부는 즉시 정비, 후퇴를 시작했다. 우리도 물론 행동을 같이했다. 콩발과 조발뿐인, 말 없는 들판에 행렬이 길게 늘어섰다. 밤의 행렬이 침묵을 따라 길게 흘렀다. 우리가 서너 시간이나 걸어서 어느 한 콩발에 다다르자, 밤을 밝히기로 하고 그 기나긴 행렬이 모두 주저앉아 버렸다. 행군의 끝이 닿은 곳은 밭 한가운데 무덤들이 있는 곳이었다. 우리는 무덤에 등을 기대이고 좀 눈을 붙였다가 이내 흔들어 깨우는 바람에 눈을 떴다. 어느새 날이 밝아 있었다. 너무나 고달파서 눕자마자 잠이 든 모양이었다. 다시 붙는 눈을 억지로 떼며 비틀비틀 행렬의 뒤를 따라섰다.

날이 새자 우리를 쫓아오던 총소리는 좀 멀어지고 얼마간 덜한 듯하였다. 우리는 사령부가 임시로 집결한 인근 부락으로 들어섰다. 이곳에서 하루 낮을 지내며 사령부의 작전계획을 짜고 있는 모양을 엿볼 수가 있었다. 결국 그들이 얻은 결론은 새로운 계획에 의한 작전시도로 사령부가 또 물러나기로 한 모양이다.

해가 질 무렵 우리의 대열은 다시 서쪽을 향해 늘어졌다. 마침내 한 탄광이 나타났다. 이 탄광이 바로 그 유명한 자왕탄광이라 했다. 그동안 말로만 자주 들었던 것을 처음으로 구경하게 된 것이다. 그런데 이곳에서 우리는 도저히 납득이 가지 않는 현상을 목격하였다. 그것은 탄광의 일본 경비병들은 그 문전으로 통과하고 있는 우리 수천의 대열을 보고도 그저 본척만척하고 도외시하는 사실이, 적이 이상한 것이 아닐 수 없었다. 가장 놀란 것은 물론 우리 한국 청년들 다섯 명의 가슴이었다.

"…저자들이 왜 저렇게 얼이 빠져 있을까?"

나는 일행의 동지들에게 하도 어이가 없어 물어보았다. 그러나 그 대답은 참으로 기가 찬 일이었다.

우리에게 코웃음치고 있는 태도라는 것이다. 국공 간의 충돌에는 일본군이 절대로 끼어들지 않는 것이 하나의 관례로 되어있다는 것이다. 가만히 보고만 있어도 그들의 적은 어느 한 편이든 넘어지는 것이요, 만일 참견했다가는 두 쪽이 다 함께 일본군에게 총부리를 돌리게 되므로 어부지리의 이익만을 기다린다는 것이다. 말하자면 방휼지세를 기다린다는 격이다. 일군이 괘씸스러운 것보다도 참으로 큰일이구나 하는 생각에 중국의 분열이 남의 일 갈지 않게 느껴졌다.

이날은 만 하룻밤을 눈 한 번 붙여보지 못하고 꼬박 행군으로 보냈다. 걸으면서 자고, 자면서 발을 옮겼다. 심야의 행군은 별똥이 무수히 떨어지는 대륙의 밤을 기어가는 것이었다.

먹물이 번지는 듯한 먼동이 지평선 한끝에 트이며, 가느다란 지선의 윤곽이 드러날 때야 비로소 우리는 어느 조용한 동양화와 같은 마을에 들어섰다. 아직 어둠이 서려 그것은 꼭 묵화만 갈았다.

완전히 전투지구에서 벗어난 것이다. 우리는 집집에 배정되어 분산 수용되었다. 우리들 다섯 동지가 사령관 대리, 참모장 및 보좌관급 고급 참모와 함께 짐을 푼 집은 이 마을에서 제일 규모가 크고 또 유족해 보이는 부잣집인 듯했다. 얼마 걸리지 않아서 아침상이 들어왔는데, 그 많은 사람 몫의 음식이 아주 푸짐하고 융숭한 것을 보아서도 알 수 있었다.

(《돌베개》, 90~106쪽)

여기에 도착한 것이 7월 22일인데 우리는 약 일주일간 이곳에 머물렀다.

이 공산군(신사군) 의 기습은 나에게도 여러 가지 의미가 있다.

첫째로 지난 넉 달 동안의 유격대 생활에서 사령부가 기습당하여 이렇게 커다란 타격을 받은 것은 처음이었다. 수류탄이 터지고 나서야 잠에서 깼으니 적은 이미 100미터 가까이 접근해 있었다는 뜻이 된다. 잠이 깊이 든 새벽어둠을 이용하여 기습할 수만 있다면 그 이상 효과적인 공격은 없다는 것을 깨달았다. 우리 쪽에서 자정을 기하여 자왕탄광을 기습하였을 적에 일본군은 지금의 우리처럼 지리멸렬했을 것이 분명하다.

둘째로 기습을 당했을 적의 장준하 동지의 침착성은 나에게 깊은 인상을 주었고, 이것이 나와 장 동지가 일생 서로 믿고 존경하는 벗이 되는 계기가 되었다고 생각한다. 나는 이미 넉 달이나 유격대 생활을 하면서 많은 전투를 겪어본 경험이 있지만 장 동지는 전투라고는 처음 맛보는 일이었는데 수류탄이 터지고 총알이 날아오는 속에서 그렇게 침착하게 다른 동지들의 짐까지 묵묵히 꾸리는 모습을 보고 나는 장 동지의 담력이나 인간성에 감탄한 것이다.

셋째로 쑨잉 참모에 대한 고마움이다. 나는 넉 달 동안 매일 쑨 참모와 함께 지냈기 때문에 정이 깊어진 것이 사실이지만, 이때의 기습으로 모두 살길을 찾아 흩어졌는데도 쑨 참모는 끝까지 우리 일행을 안내하고 보호하는 책임을 완수하였다. 그의 군인으로서의 자세나 인간으로서의 깊이에 나는 정말로 감동하였다. 사람은 위기 앞에 섰을 때 그 진면목이 나타난다고 한다. 적의 기습을 당하여 당장 자기 목숨을 부지하려면 쑨 참모도 얼마든지 단독행동을 하고 뒤에 또 얼마든지 그럴싸한 변명을 할 수 있는 처지였다. 그러나 그는 그렇게 하지 않았다. 쑨 참모의 책임감과 의리로 가득한 필사적 길 안내가 없었더라면 우리는 그때 전사했거나 아니면 공산군의 포로가 되었을 것이다. 나의 인생의 은인의 하나이며 일생 잊을 수 없는 훌륭한 인물이다.

넷째로는 유격대의 활동 지역이 내게 더 또렷하게 각인되었다는 데 의미가 있다. 나의 일생에서 절대로 잊을 수 없는 곳으로 내 고향 시중과 함께 가장 깊이 뇌리에 남아 있다. 내가 탈출하던 날 추운 아침에 옷을 벗고 들어갔던 부라오허. 우리 다섯이 목욕재계의 뜻으로 뛰어들었던 부라오허. 적의 기습을 받고 부라오허의 갈대밭을 헤치며 피신하던 강. 동쪽으로 한참 가면 다리가 있다는 것을 처음 알았다. 그리고 산, 내가 탈출하기 전에 만일 중국군을 만나지 못하면 숨어 있으려고 하던 산이다. 적에게 쫓기면서 그 산을 넘기는 하였으나 마치 멀리서만 바라보던 신비의 막을 뚫고 들어간 기분이었다. 총소리를 들으며 물 한 모금도 마시지 못하면서 힘들게 넘은 산이었지만 내게는 정말로 다정하게 느껴진다. 산의 모습은 전혀 다르지만 고향 집 앞의 청룡산과 같이 뜻깊은 산이다.

자왕탄광을 가까이 볼 수 있게 된 것도 내게는 깊은 의미가 있다. 바로 이 탄광에 우리가 집중포화를 퍼부었고 그로 말미암아 2인 담판에 내가 통역으로 참가했던 것이 아닌가.

이곳에서 나는 인생 처음으로 자유를 만끽하였고, 목숨을 바쳐도 좋다고 생각했다. 또한 한즈룽 사령관과 쑨 참모 같은 훌륭한 사람들을 만났고, 또 다섯 명의 독립투사, 그중에서도 내 일생에서 가장 가까운 친구이자 동지였던 장준하 형을 만났으며, 나에게 중일전쟁의 진상과 국공 관계를 가르쳐준 곳이다.

다섯째로 사파전, 특히 국공 투쟁의 심각성을 깨달은 데 의미가 있다. 6월 무렵부터 공산군이 공격해 올 것이라는 풍문은 있었으나 정말로 그런 일이 일어나리라고 도저히 생각할 수가 없었다. 아무리 전쟁 전부터 국공의 혈투가 있었다지만 외적을 앞에 놓고 어찌 동족을 칠 수 있는가! 1937년에 제2차 국공합작이 이루어졌을 때 공산당이 약속한 것은 무엇인가? 모든 것을 국민정부의 지시대로 움직이겠다고 맹세하지 않았던가. 국민정부에서 외적과는 싸우지 말고 동료 유격대를 공격하라고 한 적이 있었나. 나는 이 일을 겪은 다음부터 공산주의나 공산당에 대하여 깊은 관심을 갖기 시작하였다.

이후에 나는 일생 중국 공산당이나 한국 공산주의 운동에 관한 연구에 많은 시간과 정력을 바쳤다. 1958년에 하버드대학에 객원교수로 가서 1년간 체류한 적이 있다. 그때 만난 존 페어뱅크 교수는 나와 전공이 같을뿐더러 베이징에서 유학하였고, 태평양전쟁 시기에는 OSS의 일원으로 충칭에서 활약한 경험도 있어 우리는 서로 절친한 사이였다. 중국 최근세사를 전공한 중국 전문가로서 미국 내 일인자로 꼽히는 페어뱅크 교수는 매주 목요일 오후면 자택에서 다과회를 열었다. 이 자리에서는 중국 연구자들의 간담과 토론이 이루어지곤 하였다. 어느 다과회 때 중일전쟁 당시에 미국 국무성의 동북아 담당 책임자로서 국민정부를 비판하면서 중공을 두둔한 일이 있는 빈센트 씨를 불러서 이야기를 부탁한 일이 있었다. 그는 국공 관계에 관한 견해를 밝혔는데 나로서는 그 내용에 찬성할 수 없는 대목이 있었다. 즉, 국민정부는 일본군과는 싸우지 않고 공산군만 공격한 데 반하여 중공군은 오로지 일본군과의 전투에만 전념했다는 것이다. 나는 가만있을까 하다가 손을 들고 발언권을 얻어 나의 경험담을 이야기하였다. 학문이란 진실을 찾는 것이 아닌가. 바로 내가 있던 국부군 유격대가 중공군의 기습으로 전멸 상태에 빠졌고, 나도 하마터면 죽을 뻔했다는 것을 자세히 설명하였다. 아직도 기억이 생생하지만 빈센트 씨는 한마디의 반론도 펴지 못하였다. 앞서 설명한 바대로 이때 우리를 공격한 중공군은 천이가 지휘하는 '재건 신사군'이었다. 외적과는 싸우지 않고 전후 정권 장악을 위해서 혈투를 벌이는 이 나라 사람들이 한심하게만 생각되었다.

여섯째로 한즈룽 사령관의 전사는 내게 큰 충격을 주었다. 나를 보호해주고 일본 측의 교환 제의를 두 번이나 단호히 거절한 생명의 은인인 한 사령관의 전사에 대한 나의 슬픔은 형용할 수가 없었다. 일본군과 싸우다가 이런 불행한 일이 일어났어도 괴로웠을 터인데 하물며 동족인 공산군의 기습으로 사망했다는 것이 내게는 더 참을 수 없는 고통이었다. 공산주의를 실현한다는 구실로 그렇게 나라를 위하고 백성을 보호한 한즈룽 사령관을 살해해도 좋단 말인가. 아무리 생각해도 공산당의 행동을 이해할 수 없었다. 사령관뿐만 아니라 그의 어린 외아들까지 총살하였다니 도대체 공산당은 무슨 논리로 이런 만행을 정당화할 수 있을까? 나는 한 사령관의 전사를 슬퍼할수록 공산당의 만행에 대한 증오심이 치솟는 것을 누를 수 없었다. 이때의 경험이 내가 일생 공산당을 믿지 않고 싫어한 원인의 하나이다.

마지막으로 이 사건은 나의 소망인 충칭행을 이룰 수 있는 계기가 되었다는 데 의의가 있다. 이에 관해서는 설명을 덧붙인다.

앞서 이야기한 대로 이 마을에 22일 도착하여 일주일간 머물렀는데 표면상으로는 조용했으나 모든 것이 불안하고 초조한 상태였다. 외국인인 나로서는 유격대의 사정을 잘 알 수 없는 처지였는데, 다만 한 사령관이 전사한 뒤 류 참모장이 사령관직을 대행하여 이곳으로 집결한 부대의 재편성에 분주한 것만은 눈치챌 수 있었다. 쑨 참모와 달리 장 대위와 류 중위는 기습당했을 적에 우리와 같이 있지 않아서 그동안 생사가 어떻게 됐는지 전혀 모르고 있었다. 그런데 우리가 이 마을에 도착한 다음 날 뜻밖에 두 동지가 씩씩한 모습으로 사령부에 잠깐 나타났다. 살아서 만남에 반가웠던 것도 잠시였고, 그들은 곧 사령부에서 멀지 않은 곳에 있는 전방부대로 돌아가야 한다고 하였다.

전방이든 후방이든 괴멸의 위기에 처한 것은 마찬가지라서 장 대위나 류 중위와 헤어지는 순간에 그것이 이 세상에서의 마지막 작별이라는 것을 우리는 알고 있었다. 나는 넉 달 동안 이들과 정이 들대로 들었기에 헤어짐이 여간 괴롭지 않았다. 특히 류 중위는 나와 마찬가지로 대학 재학 중에 군대에 들어온 중국의 젊은 학도병으로서 나에게 중국어를 가르쳐주고 또 선전 삐라를 함께 만들던 동지였다. 그가 내 마음을 상하게 하지 않으려고 억지로 웃으면서 사지로 돌아가던 뒷모습을 나는 평생 잊을 수 없다. 사령부에는 극소수의 인원만을 남기고 전원 총을 잡고 일선으로 나간 것이다.

부대의 재편성은 마지막 총반격을 시도하려고 한 것이다. 그런데 유격대는 자기들이 관할하는 지역이나 군대를 상실하면 사령관 이하 모두 자리를 잃게 된다. 다른 유격대에 들어가면 계급이나 지위가 보장되지 않는 것이 중국의 실정이었다. 따라서 지금 이 유격대가 붕괴의 위기에 처해 있는데도 부근의 같은 국부계 유격대들이 하나도 도와주지 않는 것이다. 잘 모르기는 하나 류 사령관 대행은 이곳에 있는 일주일 동안 부대의 재편성과 총반격 준비, 그리고 가능한 한 다른 유격대의 지원을 받아보려고 노력하였지만 모두 부질없는 수고가 된 것으로 보였다.

이 얼마나 긴장되고 안타까운 순간인가! 총반격에 실패하면 모두 죽음을 각오해야 할 것이며 살아남는다고 해도 비참하기 이를 데가 없을 것이다. 중공군의 포로? 살려준다고 하더라도 중공군의 졸병으로 살아야만 할 것이다. 다른 국부계 유격대로 투신? 이 경우가 가장 가능성은 높아도 이곳에서 누리던 계급이나 지위는 물론 포기해야 한다. 일본군 점령구로 피신? 일본군이나 왕징웨이군의 눈을 속일 수 있을까?

총반격을 한다고 해도 승산이 없다는 분위기가 가득 차 있었다. 쑨 참모부터가 회의적이었다. 그런데 이런 분위기 속에서 마련된 것이 24일부터 27일까지 나흘 밤낮으로 이어진 주연이고 향연이었다. 이것은 나의 일생에서 처음이자 마지막으로 겪어본 것인데, 4일 동안 날마다 24시간을 계속한 마라톤 향연으로서 조금도 잊혀지지 않는 사건이었다. 이것은 그들 나름의 '최후의 만찬'이었다. 나는 전에 읽은 루쉰의 《아큐정전》이 생각났다. 아큐를 사형에 처하기 전에 돼지고기와 술을 잔뜩 먹이는 장면이 있는데 중국에서는 예전부터 사형 집행 전에 성찬을 베풀어 주는 관습이 있다고 한다. 그러니 이 마라톤 향연은 틀림없이 죽음을 앞둔 사람들의 최후의 만찬인 것이다. 그러나 중국 사람들은 누구 하나 죽음에 관한 이야기를 나누는 사람도 없고, 우울한 표정을 짓는 사람도 없었다. 적어도 겉으로는 평상시와 조금도 다를 바가 없었다.

아침·점심·저녁·밤참으로 네 끼는 정찬이고, 그 사이사이에 얼마든지 먹을 수 있는 진수성찬이 가득하였다. 중국 음식의 맛과 다채로움에 정말로 놀랐는데, 나는 일생동안 중국 각지에서 수많은 식사 자리에 초대받았지만 '최후의 만찬' 때와 같은 진귀하고도 많은 음식을 먹어본 일이 없다. 정찬 때는 여러 큰 식탁에 10명 내외로 나뉘어 식사하고, 그 밖의 소찬은 희망에 따라 제각기 하였다.

이 밖에 술을 마시며 호금에 맞춰 창희[07]도 하고, 또 몇 사람씩 모여서 마작을 즐기기도 하였다. 내가 보기에 중국 사람들은 누구나 마작을 할 줄 아는 것 같았다. 사령부를 따라다닐 적에 일본군이 쳐들어오는데도 등잔 밑에서 마작을 즐기는 광경을 나는 여러 번 본 일이 있다. 그럴 때마다 나는 초조하기 짝이 없었으나 한편으로는 태연자약한 중국 사람들의 담력에 감탄하였다.

그럼 중국 사람들은 이렇다 치고 우리는 무엇인가. 우리가 이곳으로 탈출해 온 것은 우리의 독립군에 가담하여 원수인 일본군과 싸우기 위하여서가 아니었던가. 독립군에는 형편상 가지 못하고 중국 군대에 있더라도 싸우는 상대는 일본군이라야 될 것이 아닌가! 그런데 이것이 어찌된 셈인가. 정권 쟁탈을 위한 중국의 내전에 휩쓸려 목숨까지 잃어버릴 지경에 놓이게 되었으니 말이다. 그것도 원수인 일본군들의 조소를 받으면서 전개되는 추한 내전에서 외국인인 우리가 개죽음을 당할지도 모르니 아무리 생각해보아도 한심한 일이 아닐 수 없었다. 나는 기습을 당하는 날 후퇴하는 우리를 습격한 것이 일본군이 아니라 중공군이었다는 사실을 안 다음부터 한시도 이 생각에서 벗어날 수가 없었고 기회를 보아 다시 충칭으로 보내줄 것을 간청하리라고 마음먹었다.

하지만 산속 마을에 도착하여 사령관직을 대행하며 부대를 재편하느라고 정신이 없고, 또한 총반격 작전을 세우느라고 노심초사하는 류 참모장에게 우리의 이야기를 불쑥 꺼낼 수는 없었다. 장준하 형을 비롯한 우리 동지들은 다 나와 같은 생각이었고, 날이 갈수록 모두 초조하였다. 그러나 이곳 사정을 조금이라도 더 아는 나는 이야기를 꺼낼 가장 적당한 시기를 포착하느라고 신경을 쓰고 있었다.

그러던 차에 이 마라톤 향연이 시작된 것이다. 나는 시기가 왔다고 판단하였다. 연회 자리에서 류 사령관 대행의 눈치만 살폈다. 그는 첫날보다 둘째 날이 더 누그러지고, 셋째 날이 되니까 더욱 안정되어 여유가 생긴 듯이 보였다. 드디어 넷째 날 아침에 류 사령관 대행에게 면회를 신청하였다.

나는 말을 꺼내기가 무척 어려웠으나 이 시기를 놓쳐서는 안 된다는 생각에 용기를 내어 충칭으로 보내달라고 부탁하였다. 내가 이곳 유격대에 도착하면서부터 기회 있을 때마다 왜 충칭으로 가려고 하는지 되풀이해서 설명했으므로 류 사령관 대행은 나의 뜻을 충분히 이해하고 있었다. 류 대행은 오히려 처음부터 그곳으로 후송하지 못한 것을 미안하게 생각한다면서 곧 출발 준비를 서두르겠다고 대답하였다.

그러면서 류 대행은 어버이처럼 눈물 어린 어조로 우리가 가야 할 앞길이 심한 험로여서 걱정스럽다고 했다. 우리의 두 다리로 걸어야 할 충칭까지의 6천리 길에는 일본군도 있고 중공군도 있고, 또한 왕징웨이군이나 토비들도 있을 것이니 조심해야 한다고 말해주는 것이었다. 진심 어린 걱정과 당부의 말에 정말로 고마웠다.

나는 지난 넉 달 동안 이들과 고락을 함께한 날들이 주마등처럼 머릿속을 스쳐 가는 것을 느꼈다. 이분은 우리를 걱정하지만 나는 오히려 이들의 안전을 걱정하지 않을 수가 없었다. 총반격에 꼭 성공하기를 바란다는 말밖에 위로의 뜻을 표할 수가 없었다. 고맙다고 하는 류 대행의 잔잔한 얼굴에는 눈물이 고이는 듯하였다. 그동안 깊은 정도 들었거니와 서로 앞길을 가늠하지 못한 채 이별의 말을 나누고 있으니 괴롭기가 한이 없었다. 류 대행은 오늘 저녁 연회에서 자기와 자리를 함께하자면서 우리의 출발은 보안상 절대로 비밀로 해야 하니 누구에게도 말하지 말라고 하였다. 쑨 참모에게는 류 대행이 직접 말하겠다는 배려까지 해주었다.

주

01 중국 국민당의 깃발
02 매국노
03 공산군 섬멸전
04 4개월의 착각
05 달빛이 밝아 별빛 흐려지는데 까막까치는 남쪽으로 날아가는구나(月明星稀 烏鵲南飛)
06 정확히 말하면 '신사군'이다.
07 중국 전통 오페라

IV.

장정(상)
- 유격대에서 린촨까지

1. 유격지를 출발

7월 27일 저녁의 류 사령관 대행과의 식사는 문자 그대로 이곳에서의 '최후의 만찬'이었다. 우리 다섯 명을 '위로'한다는 명목이었는데 동석한 사람 중에는 쑨 참모만이 이날 저녁식사의 뜻을 알고 있었기에 우리는 눈치를 보이지 않으려고 노력하였다. 진수성찬이었지만 가슴이 먹먹하여 독한 술만 내리 마셨다. 북받쳐 오르는 감정에 눈물을 참느라고 무던히 애써야 했다.

1944년 7월 28일, 해가 저물어 갈 즈음 우리는 드디어 충칭으로 향하는 기나긴 '장정'에 오르게 되었다. 류 사령관 대행과 쑨 참모를 비롯한 극소수의 사령부 간부들과 한 사람씩 굳은 악수를 나누고는 넉 달 동안 깊게 정든 사람들과 고장을 떠나 충칭으로의 길에 올랐다. 넉 달 동안 생사를 함께했던 이들과 헤어지는 마음이 괴로웠다. 하루도 빠지지 않고 나와 함께하며 돌봐준 쑨잉 참모와 마지막 손을 맞잡은 순간에는 서로 눈물을 감출 수 없었다. 이들이 중공군의 습격을 받지 않고 희망찬 항전의 분위기 속에서 떠나게 되었더라면 이렇게 괴롭지는 않았을 것이다. 더욱

이 이날 오후 4시경부터 이미 총반격을 개시하여 총소리가 멀리서 요란하게 들려오는데, 반격작전이 비관적이라는 소식을 들으면서 떠나게 되니 침울한 마음을 걷잡을 수가 없었다.

오랫동안 기다리고 꿈꾸던 충칭으로의 출발이건만 떠나는 발걸음은 천근만근이었다. 전사한 한 사령관의 얼굴, 그리고 전방에서 지금 싸우고 있는 장 대위와 류 중위의 모습을 머리에 그리면서 무거운 걸음을 떼었다.

나의 장정 제1단계는 유격대로부터 안후이성의 서북쪽에 자리 잡은 린촨까지의 노정이고, 제2단계는 린촨에서 충칭까지의 길인데 합쳐서 약 6천리가 된다. 장정의 방법이 1단계와 2단계가 조금 차이가 있지만, 우선 린촨까지의 길을 이야기하겠다.

출발할 때 우리의 길 안내를 맡은 사람은 황 선생이었다. 지금 그의 이름은 잊었지만 40대로 베이징에서 미술전문학교를 졸업한 대단히 점잖은 화가였다. 졸업 후 고등학교에서 교편을 잡다가 일본군의 침략에 항거하여 이 유격대에 투신하였으며, 그동안 사령부의 총무처에서 일하고 있었다. 내가 전단을 만들 때 미술적 부분을 그가 맡아서 처리했기 때문에 잘 아는 사이였다. 나는 유격대에 있으면서 이 황 선생과 같은 문인들이 종군하여 항일하는 모습을 보고 감동한 일이 한두 번이 아니었다. 정말로 거족적 항전이라는 것을 실감한 터인데 바로 이 문인 출신의 황 선생이 우리의 길 안내라는 위험하고도 어려운 일을 맡은 것이다.

황 선생은 류 사령관 대행으로부터 진푸선 너머 서쪽에서 활약하는 유격대 사령부로 보내는 서신을 휴대하였는데, 내용은 물론 우리 다섯 명에 관한 이야기이다. 우리는 모두 대학 출신의 한국의 독립투사로서 충칭에 있는 한국 임시정부로 가는 길이니 숙식이나 안전을 부탁한다는 것이었다. 말하자면 한 유격대에서 다른 유격대로 릴레이하듯 호송된 것인데,

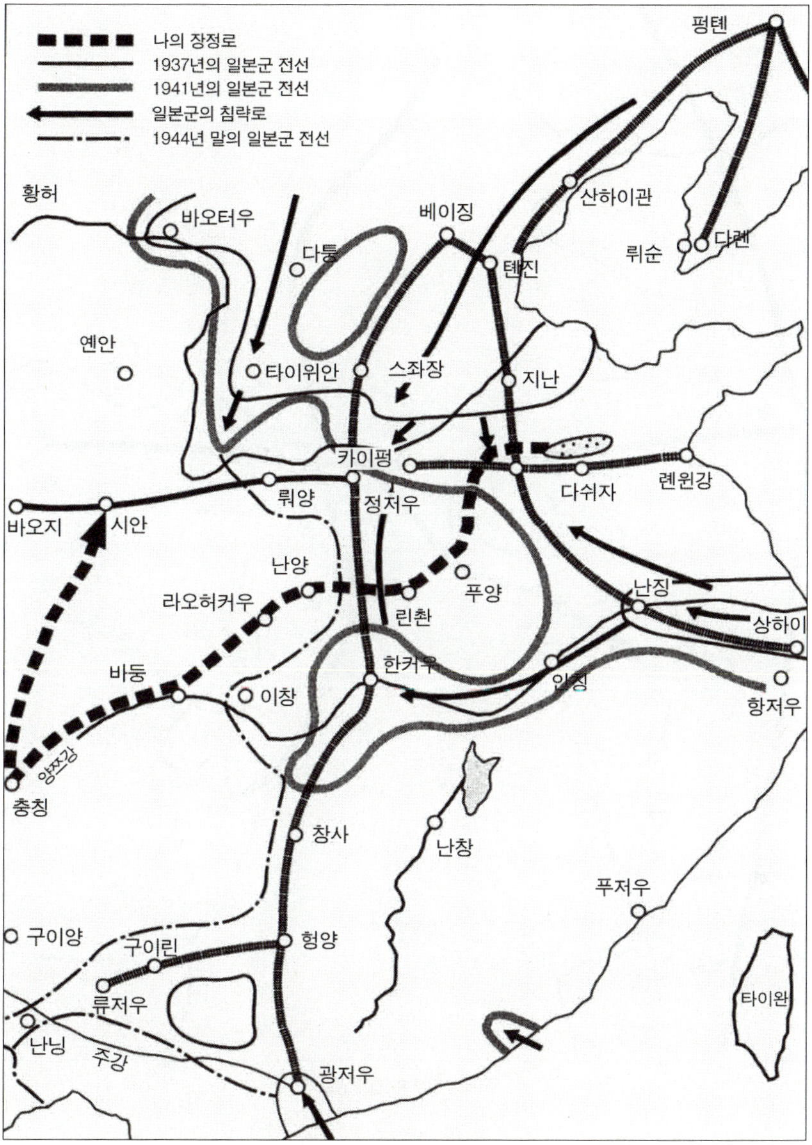

일본군 전선 및 저자의 장정 노정

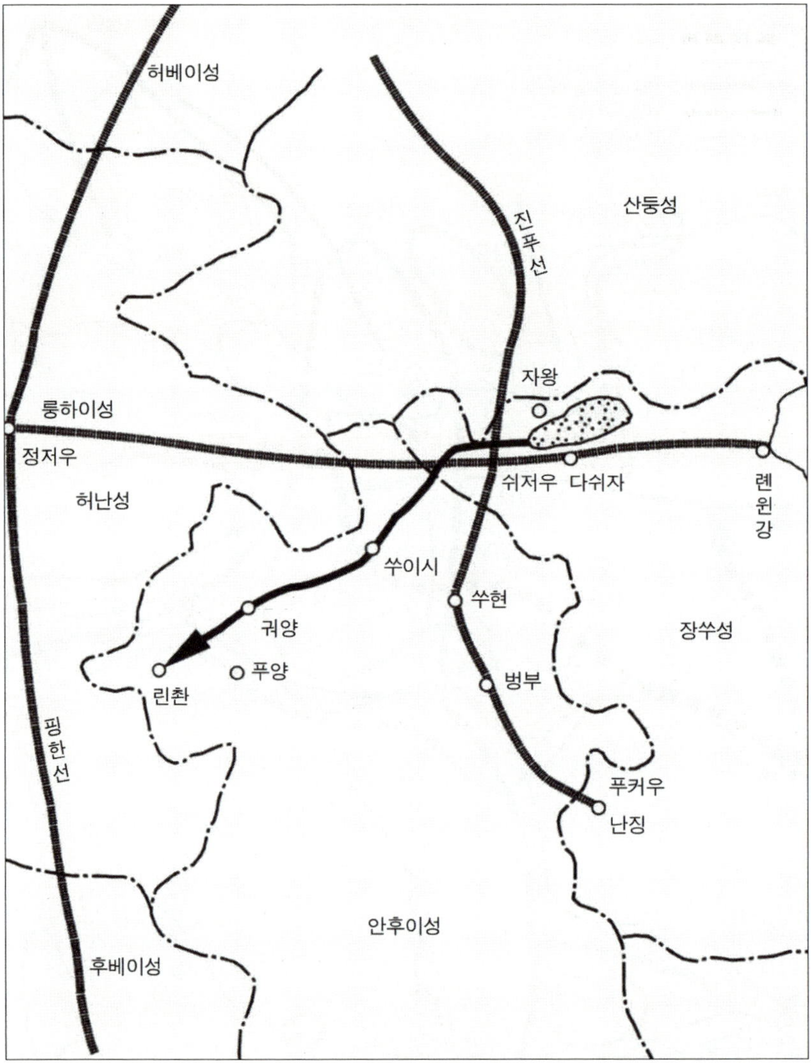

저자의 장정 제1단계 경로

한 유격대 구간을 통과하는 데 보통 5일에서 일주일이 걸렸다. 처음에만 황 선생이 혼자 길 안내를 하였고, 다음 유격대부터는 다섯에서 열 명의 호위병이 항상 우리와 동행하였다. 유격대마다 새로운 호위병이 번갈아 가며 길 안내를 맡았기 때문에 그들은 각 사령부까지 왕복 열흘 내지 두 주만 걸으면 되었으므로 걷는 속도가 굉장히 빨랐다. 게다가 일본군이나 중공군, 그리고 왕징웨이 군대나 토비들이 어디에서 튀어나올지 몰라서 위험 부담이 컸을뿐더러, 누더기 차림의 꾀죄죄한 외국인을 호송하는 것이 흔쾌하지 않았던지 호위병들은 한시라도 빨리 임무를 끝내려는 듯 속도를 내어 하루에 걷는 거리가 무척 길었다. 하루에 120리에서 150리를 걷는 엄청난 강행군이었다.

7월 28일에 유격대에서 출발하여 린촨에 도착한 것은 9월 10일이었다. 중간에 비를 만나거나 친절한 사령관을 만나면 그의 호의에 따라 며칠씩 쉬었다가 다시 행군을 계속하였다. 나는 학생 시절부터 운동이라고는 전혀 안 해서 팔다리가 가늘고 볼품이 없었지만, 유격대에서의 쉴 사이 없는 이동과 충칭까지의 장정으로 말미암아 다리가 축구선수처럼 굵고 튼튼하게 되었다. 다리가 굵어졌을 뿐만 아니라 발바닥이 소가죽처럼 두꺼워져서 웬만한 것은 밟더라도 배기지가 않을 정도였다. 무더운 8월에 나무 한 그루 없는 평원을 날마다 50여 킬로미터씩 걷는다는 것은 그만큼 힘든 일이었다.

우리가 무더위에 걷는 것을 딱하게 본 유격대장 중 어떤 사람은 '태평차'를 제공해주었고 또 어떤 대장은 '추차'나 당나귀를 타게 해주었다. 태평차는 소 두 마리가 끄는 큰 달구지인데 짐을 나르는 데 쓰는 것이지 사람이 타는 것은 아니다. 우리 다섯이 이 태평차에 올라앉아 아득히 너른 벌판을 천천히 세월없이 굴러가는 모습은 겉보기엔 틀림없이 태평스러웠을 것이다. 사실 한두 시간이라도 걷지 않고 이 태평차를 타고 가노라면 잠시나마 모든 것을 잊고 무념무상의 경지에 도달하게 되니 말 그

대로 태평차였다.

'추차'라는 것은 사람이 몰고 가는 한 바퀴의 수레인데, 바퀴의 양쪽에 짐을 신도록 장치가 된 원시적인 운반도구이다. 그런데 어떤 유격대장이 우리에게 이것을 타도록 배려해줘서 타기는 했지만, 차를 미는 사람이 비지땀을 흘리는 것을 보고는 도저히 탈 수가 없었다. 대장의 호의를 저버릴 수 없어 일단 탔다가는 대장의 모습이 시야에서 벗어났을 때 얼른 추차에서 내려 주인에게 '죽을죄를 지었다'는 듯이 사과한 일도 있다.

가장 고마운 우대는 당나귀를 탈 수 있게 해준 일이다. 꼭 한 번 있었던 행운이었는데, 나는 유격대에서 말을 탔던 경험이 있어서 당나귀와 금세 가까워질 수 있었다. 그런데 다른 동지들은 애를 좀 먹었다. 당나귀는 키가 작아서 등에서 떨어져 봤댔자 위험할 것 없지만, 자기의 비위에 맞지 않으면 제 길로 가지 않고 아무 데나 마구 다니면서 등 위의 사람을 골탕 먹이는 습성이 있다. 앞으로 가지 않고 옆으로 달리거나 심지어 뒤로 돌아서서 거꾸로 달리기도 한다. 우리는 이런 기회에 쉴 겸 잠시나마 장정의 고달픔을 잊고 동심으로 돌아가서 낭만적 기분을 맛보기도 하였다.

그러나 태평차니 추차니 당나귀니 하는 것은 긴 여정에서 의외로 맞이한 오아시스였고, 대부분 시간은 불볕 같은 태양 아래서 나무 그늘도 찾지 못하는 강행군의 연속이었다. 물을 제대로 마시지 못하니까 흐르는 땀도 별로 없었다. 얼굴들이 새까맣게 타서 눈알만 반짝거렸다.

어디서나 깨끗한 물을 볼 수 있는 우리나라 생각이 간절했다. 이 중국 평원에서는 물이 귀했다. 강우량이 적은 탓으로 시냇물이나 강물을 구경하기가 힘들다. 부라오허가 흐르던 유격대 지구와는 또 달랐다. 간혹 흐르는 물이나 우물을 만나기도 했으나 그 물이란 더럽기 짝이 없다. 물이 뿌옇고, 그릇에 담아놓으면 허연 침전물이 밑바닥을 채우는 수질이기에 웬만해서는 마실 생각이 나지 않는다. 중국인들이 물을 꼭 끓여 먹고 또 찻잎을 넣어서 마시는 까닭을 이해할 수가 있었다. 찻잎도 웬만한 가정이라야 사용할 수 있는 것으로서 가난한 농가에서는 그조차 사치품이었다. 따라서 우리가 얻어먹은 물은 고작 끓인 물이었고, 보통은 생수였다.

내가 중국에서 신장결석이라는 질병을 얻은 것은 전쟁터에서의 긴장된 생활과 물을 충분히 마시지 못한 데다 수질이 나쁜 물을 마셨으며, 또 뜨거운 햇볕 속에 오래 있었기 때문이라고 중국 의사들이 설명해주었다.

나는 일본군에서 탈출한 뒤에 이때까지 더운물에 목욕한 것은 꼭 한 번밖에 없었다. 펄 벅의 소설《대지》에서 주인공 왕룽이 이 세상에 나와 어머니 배 속에서 태어날 적과 결혼하기 전날, 두 번밖에 목욕을 해본 일이 없다고 묘사한 장면이 있다. 나는 학창 시절에 이 소설을 읽으면서 도저히 이해할 수가 없었는데 중국에 와서야 그것을 이해하였다.

유격대에서 지내던 어느 날, 나더러 물을 끓여 놓았으니 생각이 있으면 목욕을 해도 좋다는 연락을 받은 적이 있다. 나는 신바람이 나서 쑨 참모와 함께 십리 길을 걸어서 어떤 마을의 목욕탕에 갔었다. 그날은 유격대원들만 입욕이 허락되었는데 우리가 들어갔을 적에는 탕 안에 사람이 가득 차 있었다. 그런데 그 목욕물이란 게 어찌나 더러운지 물 빛깔이 좀 과장해서 말하면 꺼먼색이었다. 도저히 탕 안에 들어갈 수가 없어 밖에서 몸에 물만 바르고 돌아왔는데 요컨대 깨끗한 물이 부족하니까 생기는 현상이었다.

유격대를 떠나 린촨까지 가는 길은 나지막한 산 하나도 구경할 수 없는 광활한 평야였다. 눈에 보이는 것은 거의 콩밭이나 보리·수수밭인데, 그것은 이 지역이 강우량이 적어 벼농사가 되지 않는 곳이기 때문이었다. 우리에게 다행스러웠던 것은 가는 길에 종종 있던 수박밭과 또 거기에 딸린 원두막 덕분에 햇빛을 피하여 쉴 수 있을 뿐만 아니라 수박을 먹을 기회가 적지 않았던 것이다.

이곳의 수박은 속이 노랗고 씨가 적었는데 꽤 달았다. 고생스러울 때 먹어서 그런지 내 일생에 그렇게 맛있는 수박을 먹어본 일이 없다. 다만 처음 출발할 적에 우리를 안내한 황 선생은 여비가 있어서 우리에게 맛있는 수박을 여러 차례 사주었지만, 그다음부터는 호위병들에게 여비 배당이 없었던지 원두막에 가면 으레 돈도 내지 않고 수박을 빼앗아 먹는 것이었다. 따라서 저들끼리 먹고 우리 다섯 명에게는 여간해서는 차례가 오지 않았다. 어쩌다 우리에게도 한두 조각씩 나눠줄 때가 있었지만 농민들 손에서 약탈하는 것이라서 영 내키지 않았다. 그런 수박을 먹느니 목이 마른 편이 훨씬 낫다고 여겨서 사양할 때가 많았고, 그저 원두막에서 쉬어가는 데 만족하곤 하였다.

날마다 비슷한 행군을 계속하는 동안에 우리는 말이 적어졌다. 묵묵히 각자가 열심히 걸었다. 걷는 것만이 희망이었다. 그래야만 충칭에 도착하는 것이고, 독립군에 참여하여 원수를 무찌를 수 있기 때문이다.

2. 진푸선을 넘다

전쟁 중이니 당연한 일이지만 우리는 충칭까지 가는 동안 여러 차례의 위험한 고비를 만났다. 전투 지구를 지나갈 때, 일본 공군의 폭격을 받았을 때, 산적의 소굴에 잘못 들어갔을 때, 그리고 쓰촨으로 가는 산길에서 호랑이를 만났을 때는 물론이고, 일본군이 점령한 철로인 진푸선(톈진

~푸커우)·룽하이선(롄윈강~바오지)·핑한선(베이징~한커우) 등을 건널 적에도 여간 위태롭지 않았다.

7월 28일에 유격대를 떠나 우리는 황 선생의 안내를 받으며 천천히 이동하였다. 근방에 깔린 일본군과 왕징웨이군의 눈을 피해서 철로를 넘어야만 했기에 잔뜩 몸이 얼어붙었다. 철로가 가까워질수록 긴장감은 높아졌다. 우리에게는 무기가 전혀 없었으므로 일본군에게 들킨다면 꼼짝없이 붙들릴 수밖에 없었다. 그러니 무슨 방법을 쓰든 일본군의 눈을 속여 철로를 건너야 했다. 꼬박 사흘을 걸어 진푸선에서 30리밖에 되지 않는 곳의 어느 외딴 농가에 머물게 되었다. 이 농가에서 오랜만에 비 구경을 하는 사이에 황 선생은 혼자서 밖으로 나가 눈부신 활동을 시작하였다.

그는 사흘 뒤에 철도 너머에서 장이 선다고 하였다. 그날 우리를 장꾼으로 가장케 하여 다른 장꾼들이 철도 건널목을 건너는 틈에 끼어서 진푸선을 넘는다는 계획을 세웠다. 경계가 삼엄해서 야간에 넘는 것은 더욱 위험하다면서 이 길을 택했다고 한다. 그는 어디에서 구해 온 것인지 몰라도 장꾼 행세에 필요한 모든 것을 마련해 왔다. 우선 허술한 농부의 옷에서부터 구멍 뚫린 밀짚모자, 도담(긴 막대 끝에 각각 바구니를 담고 어깨에 메어 나르는 운반기구), 곡물을 담는 남루한 자루에 이르기까지 모두 준비하였다. 도담을 지기로 한 장 동지는 다른 사람들이 눈치채지 못하게 저녁마다 혼자서 한쪽 어깨에 올리어 메는 연습까지 하였다.

이틀 뒤, 그러니까 장이 서는 전날 밤에 우리는 밤길을 타고 밤 11시경 철도 바로 옆의 2~3리 지점까지 접근하여 다시 외딴 농가에 숨었다. 그곳에서 날이 새기를 기다린 것인데 이 농가도 우리의 안내자인 황 선생이 통하는 유격대의 연락 장소인 모양이었다. 그것은 황 선생을 도와주는 사람의 손이 많은 것으로 알 수 있었고, 농가에 머물러도 아무런 이의

가 없었던 점으로 짐작할 수 있었다.

우리는 밤이 어서 새기를 기다리며 잠을 청했으나 마음 놓고 잘 수 없었다. 간혹 들려오는 기적 소리에 마음이 더욱 울렁거렸다. 입대할 때 듣고는 처음 들은 탓도 있지만 기적 소리는 일본군이 가까이 있다는 것을 경고하는 듯하였다. 날이 밝으면 일본군 앞에 다시 나서야 할 운명에 불안감을 느꼈기 때문이다.

아침이 되자 황 선생은 또 어디서인지 우리와 비슷한 옷차림의 중국인 셋을 데려왔다. 세 사람은 우리의 동반자이다. 황 선생까지 합한 우리 일행 6명을 둘씩 세 조로 나누고 한 조마다 중국 사람 하나씩 동반하는 계획이었다. 만약에 우리의 정체가 들통나더라도 몽땅 체포될 가능성을 미리 배제한 현명한 조치였다. 용의주도한 황 선생은 만일 일본 경비병이 말을 걸어올 때 답변할 중국인이 필요할 것으로 판단한 것이다. 나는 온순한 화가 출신의 황 선생이 이렇게까지 주도면밀할 줄은 몰랐다. 그는 불안해하는 우리에게 절대로 성공할 것이니 마음 놓으라고 몇 번이나 다독였다.

아침 10시 무렵 장꾼들이 가장 많이 몰리는 시각에 우리는 마침내 행동을 개시하였다. 일본군 초소가 철로 건널목의 왼쪽에 있으므로 중국 사람이 왼편에 서기로 하였다. 우리는 일단 간격을 두고 흩어져서 철로를 건너고, 한 3리쯤 떨어진 곳의 큰 느티나무 아래서 다시 모이자고 약속하였다. 드디어 철길이 가까이 바라보이는 언덕에 도달하였다. 이곳은 오가는 장꾼들이 잠깐씩 쉬었다 가는 장소인데, 여기서는 일본군 초소가 한눈에 잘 내려다보였다. 여기서부터 조별로 나뉘어 움직이는 것이다.

홍석훈 동지와 윤경빈 동지가 1조, 장준하 동지와 김영록 동지가 2조, 그리고 나와 황 선생이 3조로 짜여 조마다 동반한 중국 사람과 함께 일본군 초소 앞을 지났다. 모두 해어진 농부 옷에 헌 농립모를 쓰고 있어서 뒤에서 봐도 과연 그럴싸한 중국 농부였다. 안내인이 시간을 잘 맞추어 놓았으므로 우리 이외에도 중국인 장꾼들이 부단히 이 건널목에 서 있거나 건널목을 건너가고 있었음은 참말로 다행한 일이었다.

그러나 모두 긴장하고 불안한 눈치였기에 나는 일부러 더 태연한 모습을 보였다. 동지들은 무슨 일이 있을 적마다 내 눈치를 살핀다는 것을 알기 때문에 나는 정말로 언동을 조심할 수밖에 없었다. 나는 웃는 얼굴로 일일이 악수를 나누고 어깨를 두드리며 격려하였다. 모두 무사하게 안전지대로 건너는 것을 확인한 다음에 마지막으로 떠나는 것이 좋을 것 같아 나는 3조에 끼인 것이다. 이런 탓으로 1조와 2조가 일본군의 경비초소 앞을 통과하는 광경을 모두 보게 되었다. 동지들이 한 걸음 한 걸음 초소에 가까워질수록 내 손에 땀이 더해갔다.

겉으로는 태연하였으나 이때처럼 마음 졸인 일은 없었다. 중국말도 못하는 동지들이기에 일본군 경비병이 심문이라도 한다면 만사가 끝이라는 생각이 들었다. 그러나 하느님의 보살핌이 있어서일까 모두 무사하게 철로를 건넜다.

마지막으로 나와 황 선생 조의 차례였다. 건널목의 초소를 보니 칼 달린 총을 든 일본 병사가 건너는 사람들을 살피고 있었다. 불쑥 “동작이 수상하니 이리로 좀 오라”고 할 것만 같았다. 문득 일본 유학 시절 부산항에서 부관연락선을 탈 때면 한국 유학생을 콕콕 집어내어 취조하던 일본인 형사가 생각났다. 나는 심문을 당하면 중국어를 활용할 생각이었으나 문제는 내가 지고 건너는 곡물 자루였다. 나는 유격대에 있는 동안 하루도 빼지 않고 일기를 적어두었는데, 몹시 소중하여 위험천만한 것을 알면서도 자루의 밑바닥에 일기책을 깔고 그 위에 수박을 몇 개 얹어 놓은 것이었다. 따라서 어깨에 멘 자루를 조사하게 되면 나는 피할 길이 없었다. 될 수 있는 대로 자연스럽게 발자국을 옮기느라 애태웠지만 모든 것은 운명에 맡기고 돌아가신 아버지의 가호를 또 빌었다.

결국 경비병은 이 '중국 농부'의 정체를 알아보지 못하고 물끄러미 쳐다만 보고 있었다. 무사히 지나자 "성공했구나" 하는 생각과 함께 뒤에서 꽉 목덜미를 잡아채는 것만 같은 느낌도 들었다. 약속했던 큰 느티나무 밑에서 우리는 모두 무사하게 모였다. 이렇게 하여 우리는 진푸선의 횡단에 성공한 것이다. 왕래하는 장꾼들의 눈 때문에 힘껏 끌어안을 수는 없었지만 두 손들을 꽉 쥐고 서로 뜨거운 눈빛으로 기쁨을 나누었다.

위험을 무릅쓰고 우리와 동반해준 중국인 세 사람은 그저 자기들이 할 일을 한 것뿐이라는 듯이, 자랑스러운 표정이나 수고스러웠다는 표현도 없이, 별다른 인사조차 하지 않고 뒤돌아 갔다. 이 사회의 밑바닥에 있는 민중들의 애국심! 결국 이 민중이 나라를 지키는구나 하는 것을 목격한 셈이다.

나는 훗날 어니스트 헤밍웨이의 《누구를 위하여 종은 울리나》라는 소설을 읽었고, 또 그것을 영화로 만든 것도 대단히 감회 깊게 보았다. 그 가운데서도 유격대원들이 철교를 폭파하는 임무를 달성하고 적진에서 말 타고 후퇴하는 장면이 가장 감동적이었다. 그들도 몇 명씩 조를 나누어 철로 건널목을 건너는데 적은 이때 일제히 총질을 해댔다. 결국 주인공은 총을 맞고 쓰러지지만 끝까지 적에게 응사하여 다른 동지들을 무사히 피하게 하는 것으로 이야기는 끝난다. 이 소설에서 철로를 횡단하는 장면은 우리가 겪은 경험과 굉장히 비슷하여 실감 나게 읽었다. 그리고 그 영화를 세 번이나 더 보았다.

진푸선을 무사히 넘고서 함께 간 중국 농부들과 작별하고 우리는 장이 선 곳으로 갔다. 장은 우리나라의 시골 장터처럼 며칠에 한 번씩 정기적으로 열리는데 나는 유격대에 있을 때 가끔 구경한 적이 있다. 하지만 다른 동지들은 처음 구경하는 시골 장터 풍경이 대단히 흥미로운 듯이 보였다. 여기서는 이렇게 정기적으로 열리는 장을 '간집'이라고 하는데 이것은 유럽 중세의 페어(Fair)와 같은 것이며, 중국에서는 상업이 발달한 송나라에 이르러 처음으로 나타났는데 이를 '와시'라고 했다는 설명을 대학 강의에서 들은 기억이 난다.

진푸선 너머의 이 장은 조그마한 노천 시장이었으나 음식점도 있었고, 제법 모여든 사람도 많았다. 우리는 조금 전까지의 생사를 건 긴장감을 확 풀고 두리번거리면서 장을 신나게 구경하였다. 나는 한편으로 중국사나 중국을 공부하는 학도라는 생각이 되살아나 열심히 관찰하였다. 한 주막에 들러 아침밥을 사 먹기로 하였다. 그 주막에 변장용으로 가지고 온 도담이니 자루니 하는 물건들을 모두 맡겼다. 이 주막도 유격대와 관계가 있는 집인 것 같았다. 한 편의 철로횡단극을 마치고 아침까지 먹고 나니 날은 벌써 한나절이 넘었다. 뜨거운 지열이 퍼지기 시작하였다. 이로부터 본격적인 장정에 오른 것이다.

3. 어떤 유격대장

진푸선을 넘어 이글거리는 태양 아래 끝없는 대륙을 개미처럼 걷다가 밤이 되면 나무 그늘이나 남의 집 헛간에서 밀짚을 깔고 자면서 닷새를 걸었다.

엿새째 되던 날 오후 3시쯤에 우리가 새로이 인계되는 어떤 지점에 도달하였다. 또 다른 유격대의 사령부가 관할하는 지역에 들어선 것이다. 드디어 어느 촌락에 닿았다. 사실은 이곳 역시 그동안 있었던 유격대처럼 장쑤지구 유격대 총사령관 리밍양 장군이 지휘하는 예하 사령부의 하나였다.

우리의 안내자인 황 선생은 가지고 온 서신과 함께 우리를 이곳에 인계하였다. 그는 지난 두 주일 동안 우리를 무사히 안내하느라고 목숨을 내걸고 갖은 고생을 다 하면서 임무를 훌륭하게 완수한 것이다. 크나큰 도움을 받았다는 고마움과 함께 유격대 생활 중 전단을 만들며 함께 심혈을 기울였던 처지라 그와의 헤어짐은 정말로 마음 아픈 일이었다. 더욱이 총반격이 비관적이라는 소식을 듣고 떠나온 터라 과연 그가 돌아갈 곳이 있을는지 무척 걱정스러웠으나 어쩔 수가 없었다. 전쟁의 냉혹함을 뼈저리게 느꼈다. 그는 우리에게 부디 충칭까지 무사히 잘 가서 한국의 독립을 위해 분투하라고 몇 번이고 말하면서 돌아갔다. 나는 전쟁이 끝나면 다시 만나자는 말도 할 수 없었다. 과연 전쟁에서 살아남을 수 있을까. 우리의 이별은 그렇게 침울하였다.

이 낯선 곳에서 우리는 하룻밤을 묵고 이튿날 곧 떠나기로 되어 있었다. 그런데 이 부대에 대한 우리의 인상은 정말로 나빴다. 아무리 이해하고 좋게 보려고 해도 그럴 수 없었다. 눈에 보이는 것은 "영 글러먹었다"라는 표현을 벗어날 수 없는 형편이었다. 장준하 동지는 그의 《돌베개》에서 이때의 상황을 다음과 같이 묘사하였다.

> 사실 우리가 입고 있다기보다 걸치고 있는 농군복이 원래 남루하기 짝이 없으니까, 우리를 그렇게 대하는 것인지는 몰라도 도무지 우리를 대해 주는 부대원들의 태도가 불친절하고 오만하고 불손하기 짝이 없는 것이었다. 마치 우리를 일본놈

포로처럼 그들의 눈에 보이는 듯싶었다. 우르르 몰려와서 모멸의 시선을 던져가며 히히거리고 심지어는 우리를 건드려보고 어린아이들처럼 뚫어진 옷 속으로 손가락을 밀어넣으며 야유하고 있었다.

우리가 도착한 지 두 시간이 넘어서야 우리는 이곳 사령관이 부른다는 전달을 받고 사령관실로 안내되었다. 정작 우리가 놀란 것은 이곳의 일이다. 사령관이라고 하는 사람은 처음 만나는 우리를 '러닝셔츠'와 '팬티' 바람으로 불러들인 것이다. 그보다 더 가관인 것은 꼭 손녀같이 보이는 16~17세가량의 계집아이를 무릎에 올려놓고 있는 그 태도였다. 쉰 살이 더 넘었을 것 같은 인상에 머리가 벗겨지고, 그러나 안경은 걸치고 있었다. 무릎 위의 여자를 우리는 처음 그의 막내딸이나 손녀로 생각했으나 여자의 몸차림도 역시 속옷 비슷한 것이었고, 우리가 안내되어 들어가도 태연히 여자를 애무하고 있었다. 우리는 혹시나 잘못 안내된 것이 아닌가 하고 불안하기까지 하였다. 열여섯을 넘지 않았을 이 여자는 그의 다섯째 첩이라는 사실을 뒤늦게나마 알고 고소를 금치 못했다.

우리는 이 사령관이란 자를 어떻게 보아주어야 할지 이해가 되지 않았다. 이 부대의 군기며 부대원의 교양이며 분위기를 대번에 짐작할 수 있었고, 또 그것은 적중한 추측이었다. 처음 우리를 대하던 부하들의 그 모욕적 태도에 납득이 갔다. 오히려 그만하기가 다행스러웠다. 마구간 비슷한 방에서 하룻밤을 일 년보다 더 지루하게 지내고 이튿날 아침 십여 명이나 되는 무장병들의 호위 겸 안내를 받으면서 다시 길을 떠났다.

며칠 동안 우리는 낮길만을 걸어왔지만, 이 지역부터는 낮에만 걷고 밤에는 부락에 들어가 쉴 수만은 없었다. 이 지역은 이른바 '화평군'(왕징웨이군의 자칭)의 경계구역과 팔로군의 출몰구역이 인접된 일종의 혼합지대였기 때문이다. 그리하여 밤길도 많이 걸었다. 무장 호송병을 열 명이나 딸려 보낸 것도 바로 이러한 이유에서인 듯했다. 그러나 우리는 낮길보다 차라리 밤길이 더 좋았다. 그것은 따가운 햇볕을 피할 수도 있지만 그보다도 더 큰 하나의 이유가 따로 있었다.

우리를 호송한다는 무장병들은 까닭 없이 우리를 괴롭혔다. 마치 그들이 호송해야 할 이유를 우리에게서 구태여 발견해 내려는 듯이 발길질까지 하는 것이었다. 더구나 부락 앞을 통과할 때면 부락민들이 보는 앞에서 일부러 우리를 놀리고 "뀌즈, 뀌즈" 하는 것이었다. 뀌즈란 말은 '도깨비'라는 뜻이고, 중국 사람들에게는 일본놈이라는 뜻으로 통하고 있었다. 사실상 '뀌즈'란 말은 욕지거리로 쓰이는 말이다. 우리가 이런 욕지거리를 받아야 할 이유는 하나도 없었다. 구태여 우리도 어떤 이유를 찾아야 하는 것은 아니지만, 다만 조국이 없어 당하는 모욕이란 슬픔이 치켜오르는 것만은 어쩔 수 없는 노릇이었다.

사람들이 많이 모인 곳에선 더욱 심했다. 마치 총을 멘 보람을 우리를 놀리면서 느끼는 듯이 우쭐거리는 것이었다. 그렇지 않아도 우리는 진푸선 철도횡단 때 바꿔 입은 이 남루한 옷 때문에 창피스러워 얼굴을 제대로 못 들고 길을 가는 형편인데, 이 자들의 행패가 이렇게 혹독한 것이니, 영 견딜 수가 없는 지경이었다. 동네에만 들어가면 애들 어른들 수백 명씩 모여 "일본놈 어떻게 생겼나 본다"고 야단법석이고, 무장군인 놈들은 구경시켜 주느라고 뽐내고 다닌다. 그러나 밤이면 이들의 행패는 퍽 누그러졌다. 행패를 부린다 하더라도 아무도 보아주는 사람이 없으니까 순하게 굴었고 또 우리의 남루한 의복에도 신경을 쓰지 않아도 되었다. 우리는 밤길을 원했고 밤길이 좋았다.

(《돌베개》, 122~125쪽)

내가 말하는 '어떤 유격대장'이란 바로 이곳의 사령관을 두고 하는 말인데, 나는 중국말을 아는 탓으로 우리 다섯 사람을 대표하여 어디서든 말해야 할 '의무'가 있었다. 손녀 같은 계집을 무릎에 앉히고 거만하게 이야기하는 이자와의 대화처럼 구역질 나는 일은 없었다. 그런 대장 아래

부하들 역시 형편없는 불량배들로 우리를 몹시 괴롭혔는데 나는 어쩔 수 없이 대화를 나누어야 했다. 오히려 중국말을 모르는 동지들이 마음 편했을 것이다. 불량한 데다 또한 어찌나 무지한지 도대체 말 상대가 되지 않았다. 우리를 호위한 열 명의 책임자는 장교였는데 그의 행동도 불쾌했지만 그의 무식에는 아연실색할 수밖에 없었다. "일본 사람들은 눈이 하나인가?" 하고 정말로 의심스러워서 묻는가 하면, 한반도의 위치를 만주의 북쪽에 있는 것으로 알고 있을 정도였다.

누가 이 말을 믿으랴마는 그들의 태도는 실제 그러하였다. 나는 이곳 사람들을 한즈룽 사령관이나 류 참모장 등과 비교하지 않을 수가 없었다. 내가 탈출한 날 전초지에서 사령부까지 가는 동안 호위병들에게 어머니가 주신 시계 등을 빼앗기기는 하였으나, 그래도 정말로 운이 좋았다는 것을 새삼스럽게 느끼게 되었다. 내가 일본군을 탈출하여 이런 사람들을 만났으면 어떻게 되었을까 하고 상상하니 소름 끼치는 일이었다.

그런데 진푸선이나 룽하이선 부근에 자리 잡은 유격대들은 한즈룽 부대를 제외하고는 별로 다르지 않은 듯하였다. 어느 지역을 지날 때는 전날 일본군과 전투하고 후퇴해 왔다는 부대를 우연히 만난 적도 있었는데 그 처량한 모습이란 이루 형용할 수가 없을 지경이었다. 13~14세가량의 어린아이로부터 쉰이 넘은 듯한 늙은이까지 가지각색으로 구성된 군인들이었다. 말이 군인이지 그 남루한 군복이며, 맨발이나 짚신으로 서 있는 모습으로 볼 때 도저히 전쟁을 치러낼 군인으로는 볼 수 없었다. 비쩍 마른 몰골이 식사도 제대로 못한 것 같아 마음이 편치 않았다.

그러면 국부군은 어찌하여 이렇게 되었을까?

이 해답을 얻으려면 중일전쟁 전까지 거슬러 올라가야만 되는데 물론 내 나름대로의 이 해답도 전후에서야 얻은 결론이다.

장제스는 1928년의 북벌 성공으로 드디어 중국을 통일하고 군벌 문제를 대체로 해결하였다. 물론 국민정부가 수립된 후에도 옌시산, 펑위샹, 리쭝런 등의 군벌문제가 남아 있었고, 또한 잡다한 군대들을 어떻게 통일하고, 조직화하고, 현대화할지 커다란 난제가 빙산처럼 우뚝 솟아 있었다. 더욱이 새로운 무장 세력인 홍군이 세력을 확대하고 있으니 군대 문제를 해결하지 않고 어떻게 현대화한 일본군과 싸울 수 있겠는가. 누구보다도 이 점을 잘 알았던 장제스는 일본과의 무력충돌을 되도록 피하면서 군대의 현대화에 전력을 기울였다.

우선 1929년에 황푸군관학교를 광둥에서 난징으로 이전하고 이를 중앙육군군관학교라 개칭하여 초급 장교를 양성했고, 1932년에는 난징에 육군대학을 설립하여 고급 장령을 양성했으며, 1933년 루산에 군관훈련단을 설립하여 크고 작은 군벌 소속의 고급 장령들을 재교육하였다.

그밖에도 항공학교·해군군관학교·육군군관학교의 뤄양·광둥분교 등을 설립하였고, 또 중요 지구마다 병기창을 설립하였다. 국민의 보편적 군사훈련을 위하여 보갑제도(송대부터 이어온 민간 자위 조직)를 수행하였고, 또 외국에서 비행기·중포·전차 등을 구입하여 신식 장비를 갖추는 노력을 기울였다.

이리하여 중일전쟁 발발 전까지 육군 182개 사단 170만 명, 공군 비행사 3천 명, 비행기 600대, 해군 4개 함대 11만 톤을 보유하게 되었으나 일본군에 비교하면 여전히 모든 면에서 몹시 열세였다. 일본은 중국이 더 강해지기 전에 저들의 야망을 달성하려고 무력 침략을 단행했다는 것은 이미 설명한 바와 같다.

그런데 중일전쟁이 일어난 지 몇 달 만에 장제스는 직계 병력의 많게는 3분의 2를 상실하였다. 1929년과 1937년 사이에 중앙군관학교를 졸업한 약 2만 5천 명의 장교 중 개전 초기 넉 달 동안에 전사한 사람이 최소한 1만 명이나 되었는데 중앙군은 이 손실을 끝내 회복하지 못한 것이다.

전쟁이 계속되는 동안 필요한 군대의 수도 늘었지만 당장 장교의 수가 부족하여 머릿수 채우기에 급급하였다. 그러다 보니 장교 교육이 부실해졌고 병사를 장교로 승진시키는 일도 있었다. 상부의 작전 계획이 현장에서 실현되지 않은 것은 물론 기본적인 원칙마저 무시되었다. 무기와 장비를 정비조차 하지 않았으며, 정보의 수집과 기밀 보호는 엉망이었다. 게다가 부패가 심하여 장교들은 사병의 식비를 갈취하거나 의약품을 팔아먹고 도처에서 민폐를 끼치는 일이 비일비재하였다.

그러면 사병들은 어떠하였던가?

태평양전쟁이 일어난 다음 국민정부의 군사고문으로 부임한 미국의 조지프 스틸웰 장군은 중국 군대는 통솔을 잘하면 어떤 나라 병사의 용맹과도 맞먹을 수 있다고 평가한 일이 있다. 그러나 국부군의 사병들은 일반적으로 너무도 형편없이 다루어졌고, 못 먹어서 효과적으로 싸울 능력도, 사기도 부족하였다.

원래 국부의 징병법에 따르면 18세에서 45세의 남자는 모두 병역 의무가 있었는데, 인구가 많다 보니 지방 당국은 제비를 뽑아 징발 대상자를 선정하였다. 원칙은 이렇지만 실제는 달랐는데, 징병업무를 지방 당국에 맡긴 것부터가 잘못된 일이었다. 그 지방의 부유하고 세력 있는 유력자들의 이익을 대표하는 지방 당국에 대하여 중앙정부는 이들을 거의 통제하지 못하였다. 따라서 유력자의 아들은 징병을 면하였고, 가난하고 힘없는 집안의 아들만 군에 끌려갔다. 제비뽑기가 시행된 경우는 전혀 없었다. 설사 징병이 됐다고 하더라도 돈으로 얼마든지 징병을 피할 수 있었다. 부자들은 으레 아들들을 대학에 보내 징병에서 면제시켰다. 더 보편적인 방법은 대신 군대에 갈 사람을 돈으로 사는 일이었다. 어떤 불량배들은 돈을 벌기 위하여 대신 군복무를 자청하는 일도 있었다. 그들은 첫 번째 군에서 도망쳐서 또다시 돈을 받고 다른 사람을 대신하여 군에 입대하는 식의 협잡을 되풀이하는 것이었다.

이런 상황이 이어져 1941년 무렵에는 징병이 대단히 어렵게 되었다. 결국 병사를 강제로 끌어오는 일이 전국에서 발생하였는데 이를 '납병'이라 하였다. 정식 징병제도로서는 병졸을 충당할 수 없으니까 지방 전선에 주둔한 군대에서는 필요한 수의 신병을 확보하려고 '접병대'라고 하는 강제 모병대를 각지에 파견하여 주로 빈민들을 납치한 것이다. 수를 채우자니 나이도 무관하였다. 이렇게 12~13세의 어린아이부터 50여 세에 달하는 늙은이까지 병졸로 충당하였다. 군에서는 이런 병졸들이 도망가지 못하게 하느라고 여러 가지 비인도적 방법을 썼다. 그나마도 신병훈련이 엉망이었고 때로는 '납병'하자마자 전선에 투입되는 일이 있었다.

게다가 전쟁의 장기화에 따라 정부의 재정이 곤란하여 군수 지원을 하지 못하는 데다 지휘관들의 부패로 말미암아 사병들의 비참한 생활이란 이루 형용할 수 없었다. 제대로 먹지 못한 것은 물론 군인으로서 입어야 할 군복과 군화조차 갖추지 못하였다. 또한 의약품과 군의관이 부족하여 질병이 생겨도 치료받을 수 없었다. 그런 중에도 부패한 장교들은 의약품을 내다 팔아 이익을 챙겼다.

이런 상황에서 탈영병이 속출하였다. 시안에 사령부를 둔 후쭝난 부대는 북부의 공산군을 대비하기 위하여 전투에는 종사하지 않았는데도 항상 탈영병이 있었다. 1943년에 약 1만 명으로 구성된 각 사단에서 매월

600명의 탈영병이 발생하였다는 보고도 있었다.

적어도 1942년 이후부터 국부군은 지속적이고 효과적인 군사작전을 할 수 없었다. 전군 참모총장 허잉친 장군의 표현을 빌린다면, 전쟁 말기에 국부군은 '극도로 피폐'해 있었다. 그러니 일본군에 효과적 항전을 못했을 뿐만 아니라 전후에 계속해서 발생한 공산군과의 대규모 내전에서 국부군은 패배를 당하게 된 것이다.

짧은 설명이나마 우리가 본 어떤 유격대장이나 그 부하들의 추악상이나 행패, 그리고 무지의 원인을 돌아볼 수 있으리라고 믿는다.

4. 대지·황허의 범람

다시 닷새를 걷자 우리 앞에는 새로운 난관이 가로놓여 있었다. 이번에는 룽하이선 철도였다. 우리는 철로 횡단을 도와줄 안내원을 건널목 북쪽 30리 지점의 들판 옥수수밭에서 기다렸다. 그 사람은 우리를 철로 남쪽으로 안내하여 다른 안내원에게 우리를 인계하는 임무를 맡고 있었다. 여기서 지긋지긋한 지금까지의 호위병들과는 작별하게 되었다.

이때의 정형을 다시 장준하 형의 《돌베개》를 인용하여 살펴보기로 하겠다. 장형이 문학적으로 잘 묘사하기도 하였고, 나는 이 수기를 쓰면서 40여 년 전의 그때와 마찬가지로 매일 장형과 함께 지내는 기분이 들기 때문이다. 그는 룽하이선을 넘을 때의 광경을 다음처럼 묘사하였다.

> 어둠과 함께 우리를 찾아온 청년은 한 평복 차림의 미남이었다. 후리후리한 키에 말쑥한 체격을 가졌고 또 외양이 퍽 단정해 보였다. 우리의 조바심과는 달리 그는

오히려 너무 친절하였다. 가버린 호송병들과는 너무나 대조되는, 어딘가 정이 가는 청년이었다. 이 청년은 우리의 룽하이선 횡단만을 책임진 청년이다. 스스로 자기의 임무가 거기까지에 한한다고 밝혀주었다.

우리는 룽하이선 바로 인근의 한 민가에 들러 일단 기회를 기다리기로 하였다. 밤 1시가 그 기회였다. 이 경비초소의 교대가 동초인 경우 밤 1시인 것을 미리 이 청년이 알아온 정보였다. 그런데 이 룽하이선 철도의 경비는 진푸선과는 비교가 안 될 만큼 삼엄했다. 일군은 철도 양쪽으로 각각 두 개씩의 호를 터널같이 파 놓고 사람의 접근을 막고 있었다. 이 호는 전부 일본군이 중국 사람들을 동원해서 판 경비호였다. 이만큼 이 철도는 일군의 보급에도 큰 역할을 했고 또 일본군의 경계의 대상이 되는 철도였다.

이윽고 밤 1시라는 시간이 다가왔다. 오기 싫은 시간처럼 그것은 우리를 기다리게 했으나, 막상 밤 1시가 되었을 때 우리는 새벽바람 속에 몸을 떨었다. 청년은 우리를 밖으로 불러냈다. 그런데 청년의 손에는 웬 밧줄이 하나 들려 있었다. 우리는 허리를 나직이 굽혀 첫 번째 호에 이르렀다. 우리는 청년의 동태를 주시하면서, 또 다른 고비의 시련을 느끼기 시작했다. 만일 발각되는 경우엔 무차별 사격을 해올 것이라는 생각에 우리 몸의 움직임은 빠르지 못했다.

그러나 청년은 자기의 지시대로 하라면서 그 밧줄의 한 끝을 호 안에 슬슬 내려보내고 다른 한 끝을 자기 몸에 감고 버티어 선 채 우리를 한 사람씩 내려가라고 했다. 우리는 밧줄을 잡고 호 속으로 떨어져 내려가야만 했다. 호의 깊이는 우리의 키로 두세 길이 실히 넘는 것 같았고 밑바닥에는 한 자가량의 물까지 고여 있었다.

[…중략]

호 밑바닥에서 올려다보이는 것은 다만 길쭉한 하늘, 그 좁은 하늘에는 새벽별이 유난히도 많이 돋아 있었다. 그리고 별빛은 모두 우리에게 쏟아져 내리는 것 같았다. 하염없이, 길쭉한 밤하늘의 별발에 내 생각을 치켜올리고 있는 동안, 별은 자꾸 돋아나 몰려들었고, 그 몰려든 별빛은 계속 우리에게로만 쏟아져 내렸다.

그때였다. 철썩 하고 정말 무엇이 떨어졌다. 호 속의 물을 튀기면서 날씬한 그 청년이 밧줄을 내던지고 사뿐히 뛰어내리는 것이 아닌가. … 그 경쾌한 동작은 날아내리는 듯하였다. 나의 입 속에선 "야!" 하는 감탄사가 새어나왔다. 바로 내 앞의 동지는 고개를 끄덕였다. 청년은 우리가 감탄사를 발할 여유도 주지 않고 다시 뛰어내린 맞은 편 벽 위를 향해 밧줄을 던지고 한두 번 잡아끌어 보더니 기어오르기 시작했다. 어느새 날쌘 몸을 날려 벽에 착 달라붙었다. 일본놈들이 깎아 세운 듯이 직경사로 파놓게 한 이 호 벽을 기어오르는 그 재주는 놀라운 것이 아닐 수 없었다.

깊은 골짜기에 빠진 듯이, 우리는 하나의 심연 속에 빠져 있었다. 이 심연은 첫사랑과 같은 것, 분명히 이 첫사랑은 나의, 우리의 첫 번째 나라 사랑이었다. 이 호벽을 어떻게 기어오르나 하던 염려가 청년의 기술 앞에 깨끗이 사라졌다. 우리는 엄두도 내지 못하던 일을 청년은 경쾌한 동작으로 해치웠다. 우리는 일체를 이 청년에게 내맡기는 수밖엔 별 도리가 없었다. 참으로 신기하다고 말할까? 묘한 솜씨로 밧줄을 붙잡고 저쪽 벽을 거의 다 기어올랐다. 도시 어디에 손발을 붙이고 기어올랐는지, 휙 날아가 붙었는지 알 수가 없었다. 마치 삼국지 속에 나오는 신출귀몰의 장수들 재주를 눈앞에 구경하는 듯했다. 청년은 우리에게 밧줄을 타고 올라오라는 듯 자신만만하게 손짓하였다. 이렇게 산을 타듯이 밧줄을 타고 오르고 또 내리고 하여 우리는 두 개의 호를 모두 무사히 건넜다.

이제는 이 룽하이선 철도의 무쇠 철로를 건너뛰는 일이다.

납작 엎드린 채 청년의 동정만을 살폈다. 얼굴을 땅에 깊이 묻고, 우리는 숨을 죽이며, 뻗어간 철로의 한 끝에서 다른 한 끝으로 고개를 휘젓는 청년의 눈치를 기다렸다. 마침내 청년은 두 팔을 길게 앞으로 뻗어 흙을 움켜쥘 듯이 몸을 앞으로 당겼다. 주욱. 청년의 몸이 파충류 동물처럼 전진했다. 청년이 이런 포복을 두 번 계속할 동안 우리도 말없이 이런 식의 포복을 했다. 마침내 차디찬 감각이 두 손바닥에 착 달라붙었다. 룽하이선 철로의 싸늘한 냉기가 두 손바닥에 잡혔다. 만지지 못할 것을 만진 듯이 전신이 오싹 긴장되었다. 벌판의 밤을 달려간 크나큰 대륙의 뱀이 휘감기는 듯했다.

청년은 철로와 평행하게 몸을 눕히더니 살짝 몸을 뒤젖혀 철로와 철로 사이에 누웠다. 우리도 차례로 침목 위로 몸을 조금씩 뉜 채로 당겼다. 또 한 번 청년이 몸을 뒤집어 마침내 이렇게 포복과 뒹구는 것으로 몸을 거의 땅에 붙인 채 불과 2미터 미만의 폭이지만 룽하이선 철길을 넘고 있다. 갑자기 나를, 안타까운 초조감이 휩쌌다. 꼭 이제 무슨 일이 일어날지도 모른다는 경박한 초조이다. 청년만 넘고 우리는 불과 2미터도 못 되는 룽하이선 철도를 못 넘고 그냥 거기에 낙오되지나 않을까 하는 긴장과 조바심이었다.

[…중략]

자, 이제 나의 몸은 룽하이선 두 줄기 철길 속에 누웠다. 갑자기 기차가 이 밤 1시의 적막을 뚫고 달려올 것 같은 거대한 강박관념이 날 짓눌렀다. 다시 몸을 뒤집어 누운 채로 왼쪽 철길로 옮겼다. 또 하나의 철길 위로 몸을 뒤집는 순간, 내가 베고 누운 돌베개는 룽하이선 철도의 침목이라는 생각이 불현듯 떠올랐다. 나는 몸을 젖혔다. 무수한 별의 별빛 때문인지, 멀리 사라진 철로 두 줄기가 굽은 곳엔 철로가 반짝 빛났다. 밤은 좀 더 칠흑으로 깜깜해 주었으면 싶다. 밤은 너무 우리를 몰라주었다. 어느새 한 동지 한 동지씩 철로 위로 몸을 뒤집어 넘어오고 있었다. 이렇게 하여 룽하이선 철로를 넘어 왼쪽 첫 번째 호 속에 밧줄을 다시 타고 내렸을 때, 손안의 땀과 전신의 땀이 내 몸을 우려낼 듯이 흥건히 고였었다. 가장 아슬아슬한 곡예를 마치고 난 곡예사의 심정이라고나 할까.

우리가 충칭까지 가는 동안의 그 모든 일, 그리고 그 어떤 일이나 우리는 우리가 가진 각오 때문에 늘 자신을 든든히 가졌고 또 가질 수 있지만, 언제나 이런 사선을 넘었을 때는 새삼스럽게 스스로의 행동이 감개무량해지는 것이었다.

첫 번째 호 속에 들어가 깎은 듯한 두 개의 벽 속에서 하늘을 보고 우리는 서로를 끌어안았다. 울려고 끌어안은 것은 아니지만 너무나도 우리의 체험은 감격스러웠다. 밤 1시가 좀 지났을 중국 땅 어느 작은 한 지점에서 한국 청년 다섯이 지금 뛰는 가슴을 진정시키며 무엇인가를 하고 있다. 이 순간이 고귀한 것이기를 누가 빌어주고 있을 것인가. 우리는 외롭고 가엾었다.

다시 청년이 기어 올라가 잡아주는 밧줄을 타고 우리는 기어올랐고, 한 번 더 이 짓을 하고 난 뒤 우리는 모두 쓰러졌다.

마지막 작업은 어떻게 이루어졌는지 도무지 기억할 수가 없다. 아무래도 내 정신으로 한 것 같지가 않았다. 만세라도 부르고 싶은 가슴이 어두운 대기 밑에 눌려 터질 듯이 벅차올랐다.

그로부터 다시 십여 리의 길이 우리를 기다리고 있었다. 밤의 호수가 잠들지 않고 깨어 있었다. 잔물결이 일고 있는 어느 한 호숫가에서, 우리는 다른 연락소의 연락책에 인계되고 그 청년과는 헤어지게 되었다.

(《돌베개》, 125~130쪽)

호숫가에서 쉴 겸 새로운 안내자를 기다리고 있었다. 룽하이선에서 불과 10여 리밖에 되지 않지만 벌써 일본군의 세력에서 벗어난 듯하였다. 진푸선을 넘어서 큰 느티나무 밑에서 쉬던 생각이 났다. 그런데 모두들 갑자기 갈증을 느꼈다. 철로를 넘을 적에는 너무 긴장해서 목이 마른 것도 몰랐다. 물을 찾으니까 이 안내원은 서슴지 않고 우리들 보고 수박을 따 먹자고 한다. 물론 훔쳐 먹는 것인데 모두들 주저하지 않고 안내원의 뒤를 따라 수박밭으로 침입한 것이다. 큰 것은 없고 모두 참외만 한 조그만 것으로 익지도 않은 수박인데 우리는 모두 몇 개씩 배부르게 먹어치웠다.

그런데 이것이 웬 말인가. 우리도 어느새 얼마 전 우리를 호위하던 난폭한 군인들처럼 되었단 말인가? 물론 우물이 있었으면 덜 익은 남의 수박까지 훔쳐 먹지는 않았겠지만, 이것으로는 우리의 행동을 정당화할 수는 없다. 나는 이 세상에 나와서 이것이 두 번째 도적질이었다. 일본군에서 탈출할 때 고참병의 수류탄을 훔친 것이 첫 번째이고, 이 수박 도적이 두 번째이다. 전쟁이라고 해서 이런 행위가 용서받을 수 있을까? 사람은 누구나 굶주리면 무슨 짓이라도 다 하는가 보다. 나는 수박을 먹으면서 빅토르 위고가 쓴 소설《레 미제라블》의 주인공 장 발장이 빵을 훔쳐 먹는 장면이 머리에 떠올랐다.

이러는 동안에 새로운 안내자가 나타나서 날이 밝기 전에 더 안전한 곳까지 걸어야 한다고 한다. 여기서 우리는 룽하이선을 무사하게 넘겨준 청년과 작별하였다. 불과 두서너 시간의 동행이었지만 위태롭고 어려운 일을 너무나도 훌륭하게 수행한 이 청년과 헤어진다는 것이 마음에 걸렸다. 나는 고맙기도 하고 또한 그의 탁월한 행동과 애국심에 감동되어 그의 이름이라도 알아두려고 하였으나 이 청년은 이름을 대는 대신 이렇게 말하였다.

"나 같은 사람의 이름은 알아서 무엇하겠소. 다만 중국의 한 애국청년이라고 알아주면 되오. … 내가 여러분을 안내한 것은 우리 두 민족의 공동의 적인 일본을 때려 부수려는 동지이기 때문이오. 나는 중국인으로서 응당히 해야 할 일을 한 것뿐이오. 피차 손잡고 노력하여 하루빨리 일본놈들을 물리치고 자유의 나라가 됩시다."

청년은 이 말을 마치자 나와 굳은 악수를 하고는 돌아서면서 손을 번쩍 들며 우리 모두에게 작별 인사를 대신했다. 그러고는 바람에 날아가

듯 어둠 속으로 사라져갔다.

나는 일생 동안 이 청년을 잊을 수가 없고, 기회 있을 때마다 여러 나라 사람들에게 이 청년의 훌륭한 애국심과 용기를 이야기했다. 감동을 받기도 하였지만 그가 우리에게 베풀어준 은혜에 보답하는 길로 생각했기 때문이다. 중국 민족을 구한 사람은 바로 이러한 무명의 젊은이라는 것을 나는 똑똑히 목격한 것이다.

한잠도 자지 못하고 약 40리를 더 걸은 뒤에 새벽이 되어서야 우리는 다른 유격대가 주둔하고 있는 한 마을에 닿았다. 여기서 한나절을 쉬고 우리는 오후에 다시 길을 떠났다. 린촨에 도착할 때까지 호송병들이 바뀌어가며 우리를 안내하였지만, 이제는 그때까지의 상황과는 좀 달랐다. 지금까지는 일본군이나 왕징웨이군, 또는 공산군들이 출몰하는 위험지구여서 생명 보호에 중점을 두어 우리를 안내하였지만, 룽하이선을 넘어서부터는 지방에서의 길 안내에 불과한 것으로 보였다.

그것은 무엇을 의미하는가 하면 여기서부터는 완전히 국부군의 세력 하에 있다는 것을 말해 주는 것이었다. 몰상식한 호위병들의 행동이 마음에 걸렸을 뿐 아주 평온한 '평화'를 만끽하게 된 것이다. 한여름 불볕더위 속에서 거지와 다를 바 없는 숙식을 하고, 날마다 새벽부터 저녁까지 100리가 넘는 길을 걸었지만 생명의 위험이 사라지니 마음의 여유가 생겼다. 전쟁터에서는 체념했던 생존의 본능이었다. 전쟁터에서는 생명에 대해서 체념하고 있다 뿐이지 생명에 대한 욕심을 포기하는 것은 아니다.

벅찬 강행군이지만 평온함 속에서 걷는 동안 나는 다시 학생의 기분으로 되돌아갔다. 이 시기의 내 머릿속은 전쟁, 독립군, 죽음에 대한 일련의 생각과 또한 학업에 대한 한 갈래의 욕구가 교차로 전개되고 있었다.

생명에 대한 애착만큼이나 중국을 알고 싶다는 집념이 강했다. 나는 어떤 마을을 지나가든지 들판의 원두막에서 쉴 때면 언제나 중국 사람들과 대화를 나누었다. 그것은 중국어 연습을 하기 위함이기도 했다.

끝없는 평원이 계속되었다. 이 지역은 강수량이 적은 데다 작년에 이어 금년도 가뭄이 심하여 흉년이라 한다. 작년에는 흉년 피해가 심하여 곤충은 물론이고 흙까지 끓여 먹는 형편이었고, 어떤 곳에서는 어린아이를 잡아먹었다는 믿기 어려운 이야기까지 들렸다. 전쟁으로 농토가 황폐해지고 지방의 많은 젊은이가 군대로 끌려 나가 경작할 만한 일손이 부족한 것도 흉년이 든 원인이었다. 훗날 듣기로 1941년과 1942년의 허난성의 가뭄은 전례가 없을 정도로 혹독하였다 한다.

어느 날 들판을 걷고 있는데 멀리서 "우웅…" 하는 비행기 소리가 들려왔다. 우리는 다소 불안한 마음으로 모두 말없이 비행기의 위치를 알아내려고 멈춰 서서 하늘을 쳐다보았다. 그러나 비행기는 보이지 않고 하늘 끝에 새카만 구름덩이가 이쪽으로 움직여 오는 것이 보였다. 비행기 소리는 점점 크게 들리는 데 정작 기체는 보이지 않았다. 그때서야 호위병들에게 저것이 무엇이냐고 물었더니 황충(메뚜기과의 곤충)의 떼라는 것이다. 시커먼 구름덩이는 가까워질수록 점점 커지면서 소리도 요란하여 천지를 진동하는 듯하였다. 그러더니 이번에는 마을 농부들이 저마다 빗자루나 갈고리 같은 것을 들고 들판으로 뛰어나서는 것이었다.

황충 떼는 삽시간에 하늘을 덮는 듯하더니 일제히 우박처럼 땅에 떨어졌다. 우리의 머리 위에도 떨어지고 눈앞에 펼쳐진 모든 곡식을 덮쳤다. 농작물을 습격한 것이다. 농부들은 이 황충의 떼를 빗자루나 갈고리로 쫓으려 하나 그것은 완전히 역부족이었다. 허사인 줄 알면서도 가만히 있을 수가 없어 밖으로 뛰어나와 '항전'해 보는 것에 불과할 것이다. 밭 위에 내려앉은 황충은 수천 마리나 수만 마리가 아니다. 땅을 뒤덮고 콩 볶듯 뛰는데, 아마 땅에서 30~40센티미터 두께는 쌓였을 것이다. 우리는 눈 속을 걷듯 두껍게 쌓인 황충을 밟으며 걸었다. 커다란 재해임에 틀림없으나 그것은 장관이기도 하였다.

나는 대학 시절에 펄 벅의 소설《대지》를 읽었고 또 영화화한 것을 두 번이나 보았다. 이 영화에서 본 황충 떼가 여기 농작물을 습격하는 광경과 비슷하다. 다만《대지》에서는 밭 주변에 호를 파고 석유를 뿌린 다음에 불을 질러서 그 연기로 간신히 황충을 쫓아버리지만 내가 보는 이 농부들은 석유를 준비할 만한 여유도 없는 빈농인 듯했다. 펄 벅이 중국에서 지낸 곳이 바로 우리가 황충 떼를 만난 곳에서 동남쪽으로 멀지 않은 쑤현이었다. 펄 벅도 이 부근에서 황충의 습격을 보고 크게 놀라서 그 장면을 소설에서 묘사했을 것이다.

황충의 습격은 약 40분 동안은 이어진 것으로 기억된다. 곡식이라는 곡식은 모조리 먹어치운 다음에야 이륙하는 것이었다. 올 때와 마찬가지로 새까맣게 떼를 지어 요란한 폭음을 내면서 어디론가 날아간다. 여기서 먹은 것만으로는 배가 부르지 않을 것이다. 몇천만 마리가 되는지 몇억 마리가 되는지 그 숫자를 알 수가 없는데 그 많은 황충의 배를 불리기에는 땅이 모자란 듯하였다.

이 황충 떼가 대지를 누비며 눈에 보이는 곡식은 죄다 먹어치울 터이니 가난한 농민들은 무엇을 먹고 살까? '일본 꿔즈'의 침략이나 국공의 투쟁, 왕징웨이 군대나 토비들의 행패로 생명을 부지하기가 어려운 데다 가뭄, 그리고 황충 떼의 습격으로 헐벗은 농민들의 생활이란 문자 그대로 도탄에 빠진 상황이었다.

그런데 사람이란 본성적으로 잔인한 것이 있는가 보다. 나는 비참한 중국의 농민들을 진심으로 동정하면서도 한편으로 이 황충 떼의 습격 장면을 목격한 것이 의미 있게 느껴졌다. 중국 농촌의 참상을 이해하는 한 계기가 된 것 같아서였다. 그뿐이랴! 황충 대군의 급습 장면은 일대 장관이 아닐 수 없었다. 물론 나와 직접적 이해관계가 없기 때문에 그렇게 느낄 수 있었을 것이다. 1812년 나폴레옹의 러시아 원정 당시 러시아군은 모스크바에 스스로 불을 질러서 도시를 비우는 초토작전을 폈쳤다. 이때 참전했던 소설가 스탕달은 불바다가 된 모스크바를 바라보면서 그 장관에 감동하고, 자기 혼자서만 구경하는 것이 아깝다고 하였다. 이 대지에서 일어난 황충 떼의 무법난동을 우리만 보자니 아쉽다는 생각이 든 것도 그와 비슷한 느낌이었을 것이다.

이 '참변'을 보고 또다시 걷기 시작하였다. 여전히 더웠고 평원은 다시 조용해졌다. 걷고 또 걸었다. 끝도 시작도 없는 광활한 대지이다.

황충 떼를 만나고 이틀 뒤에 이번에는 난데없는 '대해'를 마주하게 되었다.

대해라고 한 것은 정말로 파도치는 파란 바다라는 뜻이 아니라, 끝없는 평원이 온통 진흙물로 가득 차 있었다는 말이다. 바다도 아니요 호수도 아니라는 것은 물에 잠긴 집들의 지붕이 군데군데 보였기 때문이다. 한눈에 하천이 범람한 것을 알아볼 수 있었다. 그런데 가뭄이 심하다는데 웬 홍수일까? 그것은 일본군의 진격을 막으려고 1938년에 황허의 제방을 국부 측이 일부러 무너뜨린 탓에 생긴 홍수였다. 침수된 면적은 5만 4천 제곱킬로미터였는데 눈에 보이는 아득한 지평선까지 모두 진흙탕물이었고, 익사·실종된 인명은 89만 명으로 추정된다.

우리는 호위병들과 함께 조각배를 타고 하루 종일 이 '바다'를 건넜다. 가도 가도 물인데 뱃사공의 말에 의하면 해 질 무렵에나 물 건너편에 도달할 수 있을 것이라고 한다. 우리는 오늘 하루는 걷지 않아도 되니 우선 다행스럽게 생각했다. 이 홍수로 수많은 농민이 집과 농토를 잃고 방랑생활을 할 것이라는 동정심보다는 몸 편한 것을 다행으로 생각하는 내 자신이 야속하였다.

그러면서 또 한편으로 학생 시절에 귀에 못이 박히도록 듣던 황허와 중국 문명의 관계를 떠올렸다. 황허 유역은 중국 문명의 원천이며, 역사시대의 중원을 가리키는 말이다. 미국에서 극동사 연구의 대가로 나의 가까운 친구인 라이샤워 교수와 페어뱅크 교수는 공저인 《동양문화사》에서 황허에 관하여 아주 간명하게 잘 설명하였다.

> 중국의 대하천은 산맥들 사이에 놓여 있는 주거지의 중앙 핵심부를 흐른다. 모든 (중국의) 하천은 중앙아시아의 고지로부터 동으로 흘러내린다. 역사시대에 들어와서도 모든 하천은 중국의 대지를 여러 마일이나 해중으로 연장시켰다.
> 북쪽에 있는 황허는 그 길이가 2,700마일가량 된다. 바다로부터 약 500마일 되는 북중국의 평야에 들어오면서부터 황허는, 오랜 세월을 두고 그 자체가 운반한 진흙이 침전·퇴적되어 이루어진 넓은 평야를 지난다. 여기서 하상은 1마일에 겨우 1피트의 경사가 지고 있다. 여름의 홍수기에는 서쪽에 있는 무목의 대산맥에서 흘러내리는 물은 때로는 중량으로 46%나 되는 많은 황토의 퇴적물을 동반하여 황허라는 이름이 생겼다. 그 결과로 황허는 항상 그 하상을 높이며, 상고로부터 이 중국 최고의 지방정치가들은 황허를 그 수로에 가두어두기 위하여 제방을 쌓지 않으면 안 되었다. 보통 '중국의 비애'라고 하는 이 하수는 그 주변의 평지보다 10~40피트 높은 제방 사이를 흘러 이 평야를 관통한다. 제방에 한 군데라도 파열이 생기면 몇

인치 혹은 한 피트 깊이의 물이 수백 평방마일에 퍼지며, 수백만 농민의 생계를 빼앗아버릴 수 있다. 1935년의 홍수로 황허는 6피트 두께의 황토의 퇴적을 남겨놓았다. 홍수로 황폐된 토지를 다시 경작하기까지는 여러 해가 걸린다. 그동안에 기근이 홍수를 뒤쫓아 오는 법이다.

황허의 문제가 대단한 것이라는 사실은 역사상 그 하상이 산둥반도의 북쪽과 남쪽을 번갈아 이동하였다는 것으로서 사실적으로 나타난다. 1191년부터 1852년까지 그 하수는 대체로 반도의 남쪽에서 대양으로 들어갔는데, 1852년부터 1938년까지는 북쪽에서, 1938년에서 1947년까지는 다시 남쪽에서 바다에 들어갔다. 1938년에 일본의 침입을 막기 위하여 터뜨려진 제방은 겨우 1947년에 미국의 도움으로 보수되어 그 하천을 현재의 수로로 돌리면서 천진 근방에서 다시 반도의 북쪽에서 대양으로 들어간다. 미시시피강이나 그 밖의 대하천보다도 황허는 인간이 해결할 수 없는 것같이 보이는 문제를 제시한다. 중국의 지배자들은 항상 이 문제에 부딪혔으나 이를 정복하지 못하였다.

(《동양문화사》, 20쪽)

나는 '우왕치수'의 고사 등을 생각하면서 '바다'를 건넜다. 그러면서 "역사는 다리로 공부하라"고 한 어느 학자의 말을 다시 되씹었다. 나는 중국에 강제로 끌려오기는 했으나 중국 대지를 기차로 달리고, 내 두 다리로 직접 걸어 다니고, 또한 말이나 당나귀, 그리고 태평차나 추차로 누비고, 이제 하루 종일 범람한 지역을 배로 건너면서 중국을 살핀다는 것이 다행스럽게 생각되었다. 그것은 내가 살아남아서 그 무엇에 쓰려고 하는 뜻에서가 아니라 중국사나 중국에 대한 나의 지식을 조금씩 더 넓혀주는 데 스스로 만족감을 느끼기 때문이었다.

오후 늦게 드디어 육지에 닿았다. 온종일 앉아만 있었더니 다리가 저렸다. 여기서부터 두어 시간 걸으면 오늘의 목적지에 도착하고, 이 호위병들은 거기서부터 원대로 돌아간다고 좋아한다. 실은 이 자들과 헤어진다는 것을 우리가 더 기뻐했을 것이다.

한 20리를 걸었을까. 이번에는 큰 강이 흐르고 있는데, 강 건너편 성벽에 둘러싸인 조그마한 도시가 바로 안후이성 쑤이시라는 곳으로서 오늘 저녁 거기에서 자게 된다고 한다. 강의 이름은 쑤이허라고 하며, 멀리 홍쩌호로 흘러들어 가는 큰 강이다. 앞서의 잔잔한 '바다'와는 달리 이 강물은 힘차게 흐르고 있었다.

쑤이시라는 소도시는 우리나라의 읍 크기와 비슷한 곳으로서 쉬저우를 떠난 후 처음 보는 도시이다. 컴컴한 분위기였지만 떠들썩한 것이 제법 도시다운 풍경이었다. 전쟁이라곤 까마득하게 잊어버린 듯하였다. 거의 다섯 달 만에 보는 도시, 그것도 전쟁과는 전혀 상관이 없는 듯한 도시에 들어서니 마음이 푹 놓였다.

해가 질 무렵에 이 지구의 군사령부에 도착하였다. 도시에 있는 군사령부라고는 하지만 커다란 병영을 따로 만든 것이 아니라 제법 큰 어떤 민가를 사용하고 있었다. 여기가 어떤 유격대 사령부인지 또는 중앙 정규군에 속하는 어떤 부대의 사령부인지는 알 수가 없었다. 이런 생각을 한 까닭은 일본군이 점령한 '점'이나 '선'과는 거리가 먼 아주 평화스러운 지역이라는 것, 여기서 만난 사령관이나 그의 부하가 다른 유격대의 사령관이나 부하들과는 너무나 차이가 있었기 때문이었다. 중앙 정규군이 틀림없었을 것이다.

여기 사령관은 서신을 받자마자 당장 우리를 만나자고 했다. 그는 점잖은 성품이었으며 첫눈에 대인의 풍격을 지녔음을 느낄 수 있었다.

우리가 사령관 앞으로 다가서자 그는 무척 놀라며 당황하였다. 우리가 몸에 걸친 옷이 너무 남루하여 꼭 거지 행색이었으니 말이다. 그는 곧 바로 한국의 혁명 청년들에게 이렇게 대접하여 미안하다, 그동안 당신들이 지나온 과정이 너무 험난했던 것을 알고 있으니 용서해 달라고까지 했다. 저녁식사 후에 곧 목욕하고 낡은 군복이나마 임시로 갈아입도록 하라고 부관에게 지시하였다. 그리고 사령관은 우리에게 이곳에서 며칠 동안 푹 쉬고, 옷도 새로 해 입고 가라고 했다. 무척 고마운 일이었다. 그는 즉시 우리의 숙소를 마련해주었으며, 또 정말 재봉사가 달려와서 우리의 몸 치수를 각각 재어갔다.

우리는 이곳에서 오래간만에 좋은 음식도 먹고 목욕도 하고, 또한 사령관의 융숭한 대접도 받았다. 그뿐이랴. 깨끗한 무명으로 지은 새 군복까지 입게 되었다. 중국군의 군복이 청색임에 반하여 우리에게 백색 군복을 지어준 것은 우리가 백의민족임을 아는 사령관의 배려인 것 같았다. 게다가 사령관은 우리에게 조금씩 나눠 가지라면서 용돈까지 주는 것이었다.

이런 후대를 받고 나니 여태까지 인상 찌푸리게 했던 유격대장들이나 호위병들은 깨끗이 잊어버리게 되었다. 더욱이 "앞으로 중한 양국이 하는 일이 모두 성공하기를 바란다"라는 사령관의 작별 인사를 듣고는 더욱 용기를 얻어 경쾌한 마음으로 다시 장정에 오를 수 있었다. 역시 무장 호송병을 붙여주었는데, 출발 전에 사령관의 특별 훈시도 있었던 터라 이번 호송병들의 태도는 엄격하였다. 그들은 마치 무슨 장관이라도 모시고 가듯이 영광으로 알고 또 실상 우쭐대며 우리 행렬의 앞뒤를 호위하며 따라왔다. 백색 정장을 한 우리도 떳떳할 수 있었다.

5. 일본군 포로들

쑤이시를 떠나 사흘을 꼬박 걸어서 이번에 도착한 곳은 쑤이시보다 조금 더 커 보이는 안후이성 워양이라는 소도시였다. 사전에 연락이 잘 되어 있었던지 시내에 숙소가 정해져 있었고, 다음 날 아침 사령관에게서 우리를 만나고 싶다는 전갈이 와 있었다. 모든 것이 조직적으로 잘 진행되는 것을 보니 여기는 중앙 정규군의 관할 지역임에 틀림없었다.

여기서 우리를 흥분시킨 일이 두 가지가 있었다. 첫째는 린촨이란 곳에 우리 한국 청년들이 많이 집결해 있다는 소식이고, 둘째는 일본 포로들과 대면하게 된 일이었다. 이 두 가지 모두 다음 날 사령관을 만났을 때 알게 된 사실이다.

아침 10시에 사령관을 만나기로 되어 있었다. 사령부는 교외에 있었는데, 일본군을 탈출한 다음 처음으로 전용 병영을 갖춘 중국군의 사령부를 방문하였다. 내가 짐작한 대로 이곳은 국부 중앙군, 말하자면 장제스의 직계 부대가 주둔하고 있었다. 우리는 사령관실 옆방의 응접실에 안내되었는데 실내가 간소하기는 하지만 완전히 현대식이었다.

잠깐 기다리자 사령관이 만면에 웃음을 지으며 들어와서 굳은 악수로 우리를 뜨겁게 환영해주는데, 그는 배우처럼 잘생겼고 동작도 모두 서구식이었다. 40대 후반으로 보이는 인자하면서도 날카로운 수재형의 장군으로 보였다. 그는 가끔 영어를 섞어가며 이야기하는 품새가 미국 유학을 한 사람같이 보였다.

그는 내가 중국말을 썩 잘하는데 어디서 배웠는가 하고 물으면서 통역의 수고를 끼쳐 미안하다는 인사도 잊지 않았다. 여기서 우리가 사령관으로부터 직접 들은 것이 린촨이란 곳에 한국 청년이 많이 집결해 있다는 소식이었다. 우리는 기뻐서 어쩔 줄을 몰랐다. 가슴속에 그리고 그리던 '독립군'을 이제 며칠 후면 만날 수 있다고 생각하니 흥분된 마음을 가라앉히기 어려웠다. 어서 빨리 린촨으로 달려가서 독립군의 품에 안기고 싶은 생각이 간절하였다.

사령관은 국제 정세를 간단히 설명하면서 일본의 패망이 멀지 않았고, 따라서 한국의 해방은 틀림없을 것이라면서 우리를 격려하였다. 함께 점심식사를 하자면서, 그 전에 이곳에 잡아놓은 일본 포로를 좀 만나달라는 것이었다.

일본인 포로, 이것 또한 흥분되는 소식이었다. 그 원수들이 포로로 잡혀 있다니! 일본 정부나 군은 "일본인은 절대로 포로가 되는 일이 없다"라면서 얼마나 자랑했던가. '대화혼'이니 '무사도'의 정신에 투철한 대일본 제국의 군인은 단 한 명의 포로도 없다느니 얼마나 선전했던가.

우리는 그 포로들을 어서 만나고 싶다고 하였다. 우리 눈으로 일본의 허위를 확인하고 싶었던 것이다. 사령관이 우리로 하여금 일본 포로들을 만나게 한 데는 깊은 생각이 있었던 것으로 짐작된다. 첫째로 일본인의 포로를 보여줌으로써 한국 사람들의 가슴속 깊이 맺힌 한의 일부라도 풀어주자는 뜻이었고, 다음으로는 형편없는 일본 포로들의 모습을 보여줌으로써 우리에게 자신감을 심어주려는 뜻이었을 것이고, 셋째로는 일본 포로들에게 일본의 패망은 멀지 않았으니 조용히 기다리고 있으리라는 뜻을 전하고 싶어서였을 것이다. 일본 포로들이 중국군과 합작하는 한국군(우리 5명)의 모습을 보고 일본의 장래에 대해 다시 생각할 것이라는 사령관의 계산이 깔려 있음을 나는 짐작하였다. 그동안 언어의 장벽으로 말미암아 그런 뜻을 일본 포로들에게 제대로 전달 못 했는데, 이제 '통역관'이 나타났으니 얼마나 좋은 기회였을까. 이로써 나는 두 번째로 중국

사령관과 일본 군인의 통역을 맡았다. 한즈룽 사령관과 자왕탄광의 일본 경비사령관의 회담을 통역한 경험 덕분에 자신이 있었다.

얼마 지나지 않아 큰 홀에 일본 포로들을 집합시켰다는 부관의 보고가 있었다. 우리는 사령관의 뒤를 따라 홀에 들어갔더니, 100명가량의 포로가 포승도 하지 않은 채 일본 군복 차림으로 앉아 있었다. 중앙에 만든 단에 사령관과 우리 다섯이 앉고, 단을 중심으로 둥그렇게 책상을 둘러놓았는데 포로들의 책상 위에는 다과까지 마련되어 있었다.

사령관은 '한국의 혁명 동지'라고 하면서 우리를 소개하였는데, 포로들 가운데 가장 계급이 높은 자는 일본 공군 소장이었다. 중국군에 격추되어 포로가 되었다고 한다. 그러나 공군 출신은 몇 명밖에 없었고 대부분이 육군 출신이었다.

사령관은 시국을 설명하였다. 남태평양에서 연합군이 마리아나군도를 점령하였고 7월에 도조가 수상직에서 물러났으며, 8월 말인 지금은 마리아나군도를 기지로 한 미군이 날마다 일본 각지를 공습하고 있고, 일본 해군도 전멸 상태에 있으므로 곧 연합군의 일본 상륙작전이 있을 것이라고 하였다.

유럽에서도 연합군이 지난 6월(1944년)에 사상 최대의 작전이라고 하는 대륙 진공을 개시하여, 지금 미군이 프랑스 파리를 점령했고 독일의 항복도 멀지 않았다고 열변을 토하면서 설명하였다.

이런 소식은 우리도 처음 듣는 사실이었다. 나는 이때 사령관이 좀 과장해서 이야기하나 싶었지만, 신바람이 나서 일본어로 통역하였다. 세상에 나와서 이렇게 신나는 일도 드물 것이다. 나는 경어를 일체 쓰지 않고 비하하는 낮춤말을 썼다. 중국어에는 본디 우리말이나 일어와 같은 경어법이나 비하화법이 없는데 내가 일부러 택해서 쓴 말이다. 쉰 살이 넘은 공군 소장으로부터 나보다 나이가 많아 보이는 일본 군인들에게 말을 낮추니 여간 통쾌하지 않았다.

사람이란 똑같은 법, '일본 정신'이니 '대화혼'이니 '무사도'니 하는 것도 모두 허울 좋은 이야기들이다. 이 포로들처럼 겁에 질려 목숨만 살려주면 무엇이든지 하겠다는 식의 일본인이 다른 민족보다 우수할 것이 뭐가 있단 말인가. 중국 사령관에게만 아니라 우리에게도 굽실거리는 일본 포로들! 개인적으로는 그들을 미워할 까닭이 없다. 일본 군국주의의 희생양이 되어 중국에 왔다가 포로 신세가 된 그들이 한편 가련하게 보였다.

사령관은 일본의 투항이 멀지 않고 따라서 포로들이 일본으로 돌아갈 날이 멀지 않았으니 건강에 조심하면서 조용히 기다리라는 점잖은 말을 끝으로 연설을 마쳤다.

이 모임이 끝난 다음 우리는 사령관이 베풀어준 점심 초대에 참석하였다. 사령관은 물론이고 여러 명의 고급 간부가 함께한 자리에서 모두 우리나라의 조속한 독립을 기원해주었다. 사령관은 일본의 침략으로 중국은 큰 희생을 당했으나 장 총통의 훌륭한 영도로 반드시 승리한다는 것을 강조하였고, 여러분이 노력하여 반드시 한국의 독립을 쟁취하라면서 우리를 격려하였다. 우리는 린촨에 집결해 있다는 한국 청년들에 관하여 더 상세한 것을 물어보았으나 더는 모른다는 대답밖에 듣지를 못하였다.

이처럼 일본 포로를 보고, 그들에게 통역일망정 말을 퍼부을 수 있었던 것은 우리에게 청량제가 아닐 수 없었다. 더욱이 세련된 사령관의 후대를 받으니 그간 여정의 고단함을 싹 잊는 듯하였고, 우리는 새로운 기분과 경쾌한 마음으로 이곳을 떠났다. 더구나 우리의 독립군을 곧 만날 수 있다는 기대감에 마음이 잔뜩 부풀어 있었다. 어서 가자 린촨으로!

세 명의 깔끔한 호송병의 안내를 받으며 우리는 열심히 걸었다. 오지로 들어갈수록 더욱 평화로웠다. 일본군의 침략을 전혀 모른다 싶으리만큼 조용하였다. 중국은 과연 넓은 대지라는 것을 실감하였다.

이처럼 평화로운 곳에서 희망에 가득 찬 마음으로 사흘을 걸었더니 앞으로 린촨까지 100리밖에 남지 않았다고 한다. 내일이면 린촨에 도착하여 그토록 기다리던 독립군을 만날 것을 생각하였는데, 그날 밤부터 계속 비가 내리기 시작하였다. 비는 하루에 그치는 것이 아니라 며칠 동안 퍼부었다.

오는 내내 불볕 같은 해가 내리쪼이기에 중국에는 전혀 비가 오지 않는가 보다 했을 정도였는데 착각을 고쳐주려는 듯이 비는 힘차게 연일 내리 쏟아졌다. 언젠가 진푸선을 횡단하기 30리 밖의 지점에서 비를 만났던 기억이 난다. 처음 철도를 넘으려고 장날을 기다리던 그때의 초조감과 같은 심정은 아니었고, 다만 우리의 기대와 희망을 가로막는다는 생각에 비가 원망스럽게 느껴졌다.

쉴 새 없이 내리는 비 때문에 밖에 나갈 수도 없이 꼬박 사흘 동안 우리는 방 안에 갇혀 있었다. 어떤 농가의 땅바닥에 밀짚을 깔고 드러누워 있자니 오랜만에 고향 생각이 간절하였다. 어머니와 누나, 형들은 어떻게 지내고 계실까? 형수들과 조카들도 잘 있는지. 어릴 때 놀던 청룡산이나 집 앞에 흐르는 독노강, 심지어 비를 축축이 맞으며 외롭게 서 있던 앞마당의 닭 모습까지 머리에 떠오른다.

옆에 있는 동지들도 말없이 깊은 생각에 잠겨 있는데 역시 고향 생각을 하고 있을 것이다. 학병으로 끌려 나오기 직전에 결혼했다는 장준하 형과 홍석훈 형은 아마 부인에 대한 걱정이 더 클는지 모르겠다. 나도 입대 전에 어머니가 결혼을 몹시 권하던 생각이 난다. 나는 죽을 수도 있다 생각했기에 어머니의 말씀을 거역하였지만 장형이나 홍형은 맏아들이어서 그럴 수가 없었던 것 같다.

그리운 부모형제, 처자, 그리고 정든 고향! 그것이 우리의 조국이다.

9월 10일, 나흘째 되던 날 아침에 비로소 비는 멈추었다. 우리는 나는 듯한 기분으로 린촨으로 향하여 출발하였다. 축축이 젖은 대지에서 싱그러운 향기가 솟아오른다. 우리는 새로운 힘으로 넓은 벌판을 뛰어넘을 듯이 빠르게 걸었다. 오후 서너 시가 되었을까 린촨이란 곳이 멀리 바라보였다.

린촨은 워양보다 조금 더 큰 소도시였다. 호송병들도 린촨에는 처음인지 한국인이 집결한 곳을 찾느라 무척 애썼다. 그러다가 어느 부대의 영문 앞에 도달하였다. 호송병이 서신을 들고 문 앞으로 들어갔는데 불과 1~2분이 지났을까. 별안간 아우성을 지르면서 중국 군복 차림의 청년들이 문으로 쏟아져 나오는 것이었다. 나는 흥분하고 긴장하였다. 이 청년들이 분명 우리의 독립군일까!

그들은 우리를 와락 껴안았다. 틀림없이 그립던 우리나라 말로 "…얼마나 고생들 하였소" 하며 저마다 악수를 청하는 것이었다. 우리는 손과 손을 굳게 붙잡고 영문 안으로 들어섰다.

V.

광복군훈련반

1. 한광반의 환영회

우리가 감격스러운 환호를 받으며 들어간 곳은 중국 중앙육군군관학교였다. 쑨원이 세운 황푸군관학교의 후신으로 그 안에 한국광복군 간부훈련반이 특설되어 있어서 이것을 '한광반'이라고 약칭하고 있었다. 우리는 드디어 우리 독립군의 품에 들어간 것이다. 얼마나 기다리고 기다린 독립군인가! 내 가슴은 감격으로 터질 것만 같았다.

린촨은 안후이성 푸양현에 속하는 소도시인데 중국 제10전구(사령관 리핀셴 장군) 관할지역으로서 제19집단군 사령부가 설치되어 있었다.[01]

중국 국민정부는 전쟁에 나갈 장교를 양성하려고 9개의 분교를 설치하였는데 린촨분교는 그중 하나이다. 윤봉길 의사의 쾌거 이후 국민정부는 우리 임시정부의 요청으로 1933년 12월에 중앙육군군관학교 뤄양분교에 한인반을 특설하여 한국 청년들을 훈련시킨 바가 있고, 그 밖에도 난징 중앙군교에서 한국 청년들을 받아들인 일이 있었으며, 또한 다른 분교에서도 광복군의 간부를 훈련할 수 있게 하였다.

이 린촨 한광반은 김학규 주임이 지도를 맡았고, 이평산·진경성(일명 신송식)이란 두 교관이 주임을 돕고 있었다. 주임인 백파 김학규 장군은 이때 44세의 중년 신사로 온화하고 인자한 인품이었으며, 군인이라기보다는 학교 선생과 같은 인상을 받았다. 신흥무관학교 출신으로 1929년에는 만주 싱징에서 현정경·현익환 등과 조선혁명당 창립에 참가하였으며, 1932년에는 양세봉이 이끄는 조선혁명군의 참모장으로서 중국의용군 리춘룬 부대와 연합하여 만주 융링제와 랴오닝성 싱징에서 일본군과 혈전을 전개한 애국투사이다.

1934년에 조선혁명당을 대표하여 난징에 파견되어 임시정부와 만주에서의 무력투쟁 부대와의 유기적 연계방략을 협의하는 등의 활약을 하다가 1940년 9월 충칭에서 한국광복군이 창설되자 사령부 참모로서 김구 주석과 지청천 광복군 총사령관의 두터운 신임을 받았다.

일본군에 징집되어 중국으로 배치되는 한국 청년의 수가 많아진다는 정보를 입수하자 우리 임시정부와 광복군에서는 이들을 광복군으로 모집하는 공작 계획을 수립하여 중국 정부의 협력을 받아 중요한 지역에 '초모처'를 설치하기에 이르렀다. 김학규 장군이 광복군 제6초모 분처의 책임을 맡고 안후이성 푸양에 도착한 것은 1942년 4월이었다. 그는 이곳을 근거지로 하여 일본 점령지구에 대한 지하공작을 치밀하게 전개하고 있었다. 이리하여 자발적으로 탈출하는 학병 외에도 지하공작에 의하여 넘어오는 한국 청년들의 수가 증가하자 김 장군은 이곳 중앙군관학교 린촨분교에서 광복군 장교를 길러낸다는 계획으로 중국 측과 교섭한 결과, 우리가 도착하기 약 4개월 전에 특설된 것이 바로 '한광반'이었다.

이 한광반에 모인 사람은 70여 명이었다. 늘어가는 탈출 학병과 계속되는 초모 공작으로 모집된 청년들로 한광반은 열기가 뜨거웠다. 이들의 출신을 보면 충칭에서 파견된 사람이 5~6명, 자진 탈출한 학병이 30

여 명, 그리고 일본 점령지역에서 상업이나 심지어 접대부 일까지 하면서 연락 공작에 참여하였던 여성 동지 몇 명, 또 중국군에 포로가 되었다가 인수된 몇 명과 왕징웨이 군대에서 장교로 있다가 탈출한 사람들로 구성되어 있었다.

광복군 제3지대장 김학규 장군

우리가 더욱 반가웠던 것은 우리와 똑같은 경력과 뜻으로 일본군을 탈출한 학병들을 만난 일이었다. 장준하 동지나 윤경빈 동지는 일본군에 있을 적에 함께 지내던 학병들을 만난 것인지 서로 얼싸안고 기뻐하였다. 나는 비록 처음 만나는 동지들이지만 오랜 옛 친구나 친형제처럼 순식간에 다정하게 되었는데, 그것은 나라와 겨레를 해방시키는 데 목숨을 바치겠다는 공통의식 때문일 것이다. 서로 이름을 교환하고 얼굴을 익히고 출신학교와 이곳까지의 경로를 이야기하고, 우리는 백색 군복의 연유를 묻고 또 대답하면서 흥분된 첫날을 보냈다. 그런데 그동안 우리가 당한 일이 가장 고생스러웠던 것 같았지만 이곳 친구들의 이야기를 들어보니 훨씬 심한 고초를 겪은 것을 알게 되었다. 이야기를 종합하면, 그래도 우리의 경로가 자부할 수 있는 떳떳한 대우를 받은 탈출 경로였고, 그 중에서도 나는 가장 우대받은 탈출병이었다는 것을 깨닫게 되었다.

그날 저녁 우리 다섯을 위하여 한광반 전원이 참석한 환영회가 열렸다. 대원 전체가 모여 사는 기다란 토막집 병사 안에서 거행되었다. 흙바닥에 가마니를 깐 내무반에 군데군데 등잔불을 켜놓고 열어준 진심에서 우러나온 환영이었다.

이때의 환영회의 모양을 장준하 형은 그의 《돌베개》에서 다음과 같이 묘사하였다.

작은 질그릇에 들기름을 따르고 목화 심지에 불을 당겨 밝힌 것을 등이라 하여 매어놓고, 그 밑에 늘어앉아 식순에 따라 환영회가 진행되었다. 격식대로 대표가 환영회 개최사를 해주었다. 애국가 봉창이 있은 후 몇 동지들의 환영사와 격려사에 이어 우리(5명) 모두가 한 사람씩 답사를 했다.

아직도 감격스런 그 부라오허 강변의 애국가가 우리 귓전에서 맴돌건만 이곳서 부르는 애국가는 그 곡이 달랐다. 우리가 알던 아일랜드의 민요곡이 아니라 지금의 안익태 씨 작곡의 곡이었다. 우리는 따라 부르지 못하고 그 경건하고 장엄한 분위기에 고개를 숙였다.

이어서 연회가 벌어졌다. 뚝배기 잔치였다. 배갈을 몇 개의 뚝배기에 나누어 담아서 차례로 돌려가며 한 모금씩 마시고 달아오르는 기분을 흥으로 돌렸다. 노래 부르고 춤까지 추며, 안주 없고 부족한 술로 그 흥분을 지속시켰다. 그래도 아무런 거리낌 없이 유쾌히 놀았다. 그리고 진정으로 우리를 환영해 주는 가릴 것 없는 낯으로 우리를 찬양해 주었다. 각자가 지닌 장기라는 노래는 모두 쏟아져 나왔다. 동지들은 김 주임에게 노래를 요구하는 박수 를 쏟았다. 김 주임은 흔쾌한 표정으로 연한 목청을 돋구어 가며,

(1) 석탄 백탄 타는데 연기도 김도 안 나고
삼천만 가슴 타는데 혁명의 불길이 오른다
에헤야 에헤야 에헤야 혁명의 불길이 타오른다

(2) 서울 장안 타는데 한강수로나 끄련만

삼천만 가슴 타는데 무엇으로 끄려나
에헤야 에헤야 에헤야 혁명의 불길이 타오른다

(3) 사쿠라가 떨어져 태평양 속으로 묻히고
무궁화가 피어서 우주의 향기를 피운다.
에헤야 에헤야 에헤야 혁명의 불길이 타오른다.

노래를 부르자 이곳저곳서 취흥에 젖은 목소리로 개성 난봉가를 비롯해 팔도강산의 모든 민요가 다 쏟아져 나와 군영은 떠나갈 듯해졌다. 취흥과 환희는 한없이 퍼질 듯싶었다. 드디어 독립군의 노래[02]가 이 끝을 맺어주었다. 그 제창은 힘차고 맥박이 뛰는 가사였다.

(1) 요동만주 넓은 뜰을 쳐서 파하고
여진국을 토멸하고 개국하옵신
동명왕과 이지란의 용진법대로
우리들도 그와 같이 원수쳐보세
(이하 후렴)
나가세 전쟁장으로, 나가세 전쟁장으로
검수도산 무릅쓰고 나아갈 때에
광복군아 용감력을 더욱 분발해
삼천만 번 죽더라도 나아갑시다.

(2) 한산도의 왜적을 쳐서 파하고
청천강수 수병 백만 몰살하옵신
이순신과 을지공의 용진법대로
우리들도 그와 같이 원수쳐보세 (후렴)

(3) 배를 갈라 만국회에 피를 뿌리고
육혈포로 만군중에 원수 쏴죽인
이준공과 안중근의 용진법대로
우리들도 그와 같이 원수쳐보세 (후렴)

(4) 창검빛은 번개같이 번쩍거리고
대포알은 우레같이 퉁탕거릴제
우리군대 사격돌격 앞만 향하면
원수머리 낙엽같이 떨어지리라 (후렴)

(5) 횡빈 대판 무찌르고 동경 드리쳐
동에 갔다 서에 번득 모두 한칼로
국권을 회복하는 우리 독립군
승전고와 만세소리 천지 진동해 (후렴)

(《돌베개》, 144~146쪽)

우렁차고 기백 있는 군가였다. 어느새 우리나라가 독립이라도 된 듯 우리는 자랑스러웠고 또 떳떳한 자존심이 느껴졌다. 당장이라도 일본군의 진중에 뛰어들어 몇 놈쯤 단번에 해치울 것 같은 의욕이 솟아올랐다. 이렇게 환영회를 마치고 그들과 함께 자리에 누웠으나, 밤이 깊도록 감회가 젖어올 뿐 잠이 오지 않았다.

2. 한국광복군

이튿날부터 우리 다섯 명도 청색 중국 군복으로 갈아입고 다른 생도

들과 같이 생활하였다. 중국군관학교 린촨분교의 한국광복군 간부훈련반에 입교한 셈이다.

하루 일과는 중국 국기의 게양식과 하기식에 참가하는 것 이외에 한두 시간 정도의 도수제식 교련이 있었는데 중국인 장교 한 사람과 우리나라 장교인 진경성 교관이 지도하였다. 그 밖에 김학규 주임의 한국 독립운동사 강의를 들었으며, 이평산 씨의 세계혁명사라는 강의를 2~3일에 한 번씩 듣는 것이 전부여서 온종일 편하게 노는 것이었다.

도수제식 교련이 우리가 받은 군사훈련의 전부인데, 이것은 우리가 일본 군대에서는 고사하고 이미 중학 시절에 몸에 익힌 것들이었다. 새롭다면 진 교관의 구령이 '앞으로 갓', '뒤로 돌아', '구보' 등 우리나라 말이라는 것과 중국 교관이 '샹첸저우,' '샹허우좐', '파오부저우'라고 하는 중국어 구령이었다.

물론 중국인 학생들의 훈련 과정은 집총훈련에다가 사격훈련, 병기분해훈련, 야외훈련 등의 본격적 군사훈련이었는데, 어찌 된 셈인지 우리는 총 없는 군대였고 형식적 도수제식 교련이 고작이었다.

이 훈련 과정은 처음에만 그런 것이 아니라 한광반을 졸업할 때까지 되풀이되었다. 우리보다 대여섯 살 많은 진경성 교관은 중국 군관학교를 졸업했다고 하는데, 매사에 사양을 하고 또 훈련도 체조와 비슷하게 얼버무리고 끝내곤 하였다. 이것은 중국인 교관도 크게 다르지 않았다. 세계혁명사 강의는 주로 러시아 혁명사를 다루었는데 역사학을 전공한 나는 물론이고 다른 동지들도 매우 형식적이라고 평가했다. 강사인 이평산 씨의 나이는 김학규 주임과 비슷하였고, 일본 경찰의 고문으로 다리를 다쳐서 한쪽 다리를 절었으며, 사상은 좀 좌경한 사람으로 보였다. 그나마 밑천이 달렸는지 한 달 정도로 끝이 났다.

이것은 김학규 주임의 강의에서도 마찬가지였다. 한 달 만에 더는 강의할 내용이 없었는데, 그래도 만주 벌판에서 일본군과 싸운 독립군의 이야기나 자기의 투쟁 경험담은 대단히 흥미진진하였다. 김 주임의 구상은 독립군의 역사나 세계혁명사를 강의하면서 생도들의 독립정신을 함양하는 데 있었을 것이다. 투철한 독립군 정신이 배양된 것을 확인한 다음에 우리를 일본 점령지구에 침투시켜 지하공작을 전개하려고 했던 것이다. 그런데 그 구상은 좋았으나 강의 자체만은 큰 성공을 올렸다고 할 수가 없었다. 그것은 강사의 학문적 연구가 부족한 데다 참고서적도 거의 없는 데 반하여 학생들의 지적 수준이 높았기 때문이다.

따라서 우리 가운데는 노골적으로 불평하거나 비꼬는 사람도 있었다. 이런 관계로 한 달 만에 강의가 없어지게 되었는데, 그렇다 해도 김학규 주임의 '한국 독립운동사' 강의는 나에게는 대단히 유익한 것이었다. 우리 독립군이 만주에서 어떻게 싸웠으며, 또한 광복군이 어떻게 탄생하였고, 지금 어떠한 상황에 있는지를 줄거리마다 알게 된 것은 나에게는 정말로 소중한 소득이었다.

여기에서 당시 광복군의 상황을 살펴보는 것이 중요할 것 같다. 이때 김학규 주임에게서 들은 이야기와 그 후로 충칭과 시안에서 원로 독립운동가들로부터 들은 이야기, 그리고 전후에 책으로 읽은 것들을 종합하면, 중국 본토에서의 우리의 무력투쟁사의 개략은 다음과 같다.

중일전쟁 이전 광복군의 군사 활동

1931년 9월에 만주사변이 일어나자 상하이의 대한민국임시정부는 대일 무력항쟁의 새로운 주역으로 등장하였다. 그 이전의 대일 무력항쟁만 보면 임시정부의 군무부(오늘날의 국방부)의 역할은 만주 지역의 독립군 부대들의 활약과 비교하여 유명무실한 실정이었다. 군무부는 1919년 임시정부 수립 초부터 설치되었지만 전체 독립군 부대를 장악하지 못하고, 단지 독립군의 대일 항쟁 방향을 제시하며 부분적 연계를 맺는 수준이었다.

임시정부는 만주 지역에서 활약하는 모든 독립군 부대를 끌어들이지는 못하였지만, 독립전쟁 수행에 필요한 군사 인재의 양성을 중요시하여 중국의 여러 무관학교에 위탁하여 유능한 독립투사들을 배출하였다. 군사교육을 위한 노력의 일환으로 1920년을 전후하여 상하이에 임시 육군무관학교를 설립하여 한인 청년들의 군사교육을 하고, 미국 캘리포니아주에 비행사 양성소를 설립하여 비행사를 길러냈다. 그리고 한국노병회와 같은 단체를 통하여 한인 청년들이 중국의 군사교육기관에서 훈련받을 수 있도록 주선하였다. 그러나 임시정부 자체가 존립에 위협을 받을 만큼 큰 시련을 겪고 있는 상황에서 여러 가지 시도는 실제로 큰 성과를 거둘 수 없었다.

이런 상황에서 발생한 것이 만주사변이다. 일본의 만주 점령으로 만주에서의 독립군 활동은 극히 어려운 처지에 빠지게 되었는데 만주사변으로 중국민족의 배일의식이 고조됨에 따라 임시정부에는 대일항쟁의 활력소가 될 수 있는 두 가지의 여건이 조성되었다. 그 하나는 임시정부 내부에서 단결을 촉진하는 분위기가 형성된 것이고, 다른 하나는 완바오산사건[03]으로 악화했던 한중 양국이 응어리를 풀고 일본에 맞서고자 협력관계를 모색하게 된 것이다. 1932년 1월에 일본군이 '상하이사변'을 일으키자 중국군은 일본군의 침범에 완강하게 저항하였는데, 임시정부는 곧바로 상하이 일대의 한인들에게 중국군을 도와 항일 투쟁에 적극적으로 참여하라는 성명을 발표하여 중국을 간접 지원하였다.

또한 그해 김구 선생 주관으로 이루어진 거사가 1월 이봉창 의사의 일왕 저격 사건이고, 4월 윤봉길 의사의 훙커우공원 의거이다. 한편으로는 특무공작을 다시 전개하여 조선 총독을 비롯한 일본의 고위 장성과 관료에 대한 처단을 시도하였다. 그러나 이들의 의거는 사전에 탄로나 성공하지 못하고 윤봉길 의사만이 성공한 것이다. 이봉창, 윤봉길 두 의사의 의거가 있자 중국 정부와 국민들의 임시정부나 한국민족에 대한 시각이 달라졌다.

임시정부는 윤 의사의 의거 후 일제의 마수를 피하여 청사를 항저우로 이전하고, 체제를 정비하면서 중국 국민정부와 유대를 긴밀히 하여 공동 항일전선의 강화를 모색하였다. 그리하여 1933년 5월에 난징에서 김구 선생과 장제스 주석이 만났고, 이때 한국의 독립전쟁을 수행할 무관 양성에 대한 협의가 이루어졌다. 즉, 일본의 간섭을 피해 난징에서 멀리 떨어진 허난성 뤄양의 중국 육군중앙군관학교 분교에 한국독립군 간부를 양성할 한인 특별반을 설치하고, 국내외에서 독립군으로 헌신하려는 청년들을 모집하여 교육 훈련을 실시하기로 한 것이다. 그리고 1934년 2월에 중국 육군중앙군관학교 뤄양분교에 제2총대 제4대대 소속 육군군관훈련반 제17대로 한인반이 문을 열었다. 교육훈련에 필요한 시설과 교재는 중국 측의 지원을 받고, 교관과 학생 확보는 임시정부가 맡았다. 교관으로는 만주에서 일본군과 여러 해 동안 혈전을 벌인 독립군의 간부 지청천·이범석·오광선·공진원 등이 참여하였다.

지청천의 총책임 하에 이범석이 대장으로서 실제 교육 훈련을 주관하였고, 오광선·조경한·한헌 등 교관이 92명의 학생에게 혁명정신 교육 등의 정치 훈련과 일반 군사 교양 및 전술(각종 포와 기관총 조작법)을 가르쳤다. 이들은 2년제 정규 군사훈련 과정을 이수하기로 되었으나, 첫 졸업생을 내기도 전에 교육이 중단되었다. 그것은 두말할 것도 없이 중국 정부에 대한 일본의 압력 때문이었다.

결국 한인반은 중국 측의 요청으로 1935년 4월에 제1기 62명의 졸업생을 배출하고는 폐쇄되었다. 졸업생 일부는 중국군의 장교로 임관되든지 난징에 있는 군관학교 본교로 진학하였고, 또 일부는 임시정부의 군사요원으로 활약하게 되었다.

한편 '조선의열단'[04]은 1924년에 활동 근거지를 만주에서 베이징으로 옮기고 임시정부와는 별도로 중국 측의 협력을 받아 군사교육을 실시하였다. 1924년 1월 중국국민당 제1차 전국대표자회의가 상하이에서 개최될 때 의열단원들은 쑨원과 면담하고 그의 권유에 따라 1925년 말에 김원봉을 비롯한 20여 명이 황푸군관학교[05]에 입학하게 되었다. 이들은 황푸군관학교 제4기생으로서 단기과정을 수료하고, 1926년 10월에 졸업과 동시에 중국 북벌군에 참여하였다.

1931년에 만주사변이 일어나자 김원봉은 난징으로 가서 중국 측에 혁명투사를 양성하여 한중 합작으로 일본 세력에 대항하고 만주국을 타도해야 한다는 건의서를 제출하였다. 장제스는 의열단의 건의를 받아들여 지하공작 요원 양성을 목적으로 난징 근처 탕산에 있는 중국군사위원회(위원장 장제스) 간부훈련반 내에 1932년 10월 '조선혁명간부학교'를 설립하게 되었다. 한국인에 대한 군사교육 실시는 한인반과 마찬가지로 중일 간 마찰을 불러올 우려가 있었으므로 장제스는 비밀리에 조선의열단을 지원토록 하였다.

이리하여 조선혁명간부학교에서는 1933년 4월에 제1기 26명을 졸업시켰다. 이들은 중국인 3명과 한국인 17명으로 구성된 교관단으로부터 정치·경제·사회·철학 등의 정치적 교육과 제식훈련·사격훈련·포탄 제조법 등의 군사교육을 1년간 받았다. 제2기생 54명은 1934년 4월에 졸업하고, 제3기생 36명은 1935년 10월에 졸업하였다. 그러나 이 학교도 3기를 끝으로 문을 닫을 수밖에 없었다. 역시 일본의 압력 때문이었다.

그 후 한인 학생들은 1935년 10월부터 장시성 싱쯔현의 중앙육군군관학교 싱쯔 군교에서 특별반으로 훈련받았다. 이 훈련반은 처음에는 한인 학생이 3~4명 정도로 적었으나, 중일전쟁이 일어난 직후인 제6기에 가서는 100여 명의 한인 학생이 입학하여 한인 특별반을 설치하게 되었으며, 이들 싱쯔 출신과 조선혁명간부학교 출신 120명이 1938년 10월 한커우에서 조선의용대를 편성하여 중국군을 도와 항일 전선에 나서게 됐다.

중일전쟁의 발발과 대일 무력투쟁

이 당시의 독립군 진영의 대일 투쟁은 다음의 세 가지 방면으로 전개되었다.

① 임시정부의 활동

임시정부는 노구교사건이 일어난 지 1주일 후인 1937년 7월 15일, 난징에서 이동녕 주석의 주재로 국무회의를 열고 비상대책을 논의한 결과, 다음과 같이 결의하였다.

(가) 군무부에 '군사위원회'를 설치하고, 장차 군사 활동에 관한 종합 계획을 수립한다.

(나) 일제에 대한 특무공작을 강화한다.

(다) 장차 독립전쟁에 가용될 대부대를 편성하기 위하여 초급간부를 양성한다.

임시정부는 군무부장 조성환에게 대일 전쟁 수행을 위한 군사 계획 및 제반 업무를 통합할 수 있는 군사위원회를 설치하도록 하였고, 유동열·지청천·이복원·현익철·안공근·김학규 등 6명을 군사위원으로 선임하였다.

그리고 1개 연대 규모의 독립군 편성을 위하여, 모병 활동에 필요한 자금 30만 원(중국 화폐)과 초급간부 200명을 양성하는 데 소요되는 자금 7만 원을 임시정부의 예산으로 책정하고, 이 재원을 확보하고자 상하이·난징·광저우 등 주요 지역 교민들의 협력을 촉구하였다. 이 군사비는 1938년도 임시정부의 전체 예산 57만 8,867원 중 64퍼센트에 달하는 것이었다.

그러나 전세가 불리하여 국민정부가 이동함에 따라 임시정부도 난징을 떠나면서 모든 계획을 중단할 수밖에 없었다. 임시정부는 난징이 점령당하기 1개월 전인 1937년 11월에 후베이성 한커우를 거쳐, 다음 해 2월에 후난성 창사로 옮겨갔다. 그러나 일본군의 침공 위협이 있자 7월에는 다시 광둥성 광저우로 이동하였다가 뒤이어 11월에 광시성 류저우에 도착하였다.

임시정부는 반년 정도 류저우에 머무는 동안, '광복진선 청년공작대'를 조직하여 광시성 남부지역에서 중국군을 도와 선전 공작을 실시하기도 하였다. 그러나 류저우도 임시정부가 안주할 만한 곳이 되지 못하였으므로 1939년 5월에 쓰촨성 남부의 치장으로 이동하였다. 치장은 중국의 임시수도인 충칭과 100리 남짓 떨어진 곳이었다.

이같이 임시정부의 계속된 이동은 난징에서 조직된 군사위원회의 역할을 수행할 수 없게 하였으며, 모병과 초급간부 양성을 위해 모은 자금은 임시정부의 이동 경비로 쓰임에 따라 치장에 도착할 때까지 임시정부로서의 군사 활동은 전무하였다. 그러나 이범석 장군이나 김홍일 장군, 그리고 뤄양분교에서 훈련을 받은 바 있는 안춘생과 같은 한국 청년들이 중국군의 일원으로서 일선에 나가 일본 침략군과 혈전을 치른 것을 잊어서는 안 된다.

치장에 정착한 임시정부는 참모부를 신설하고 참모부장에 유동열을 임명하였다. 군사 전반에 관한 계획 업무를 참모부에서 관장토록 하는 한편, 조소앙·홍진·안훈(본명 조경한)·양묵(본명 양우조)·엄항섭 등을 위원으로

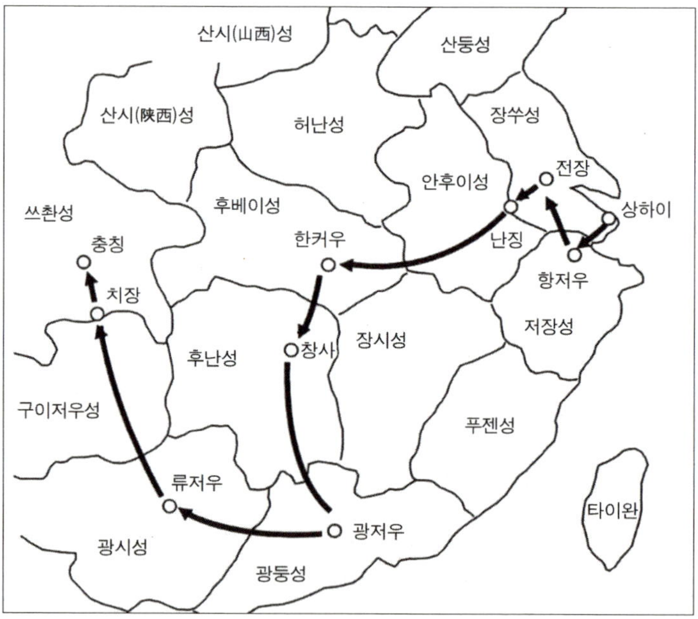

임시정부의 이동 경로

하는 선전위원회를 설치하여 독립운동에 대한 대내외의 선전업무를 맡게 하였다. 이와 동시에 임시정부는 중국 측에 임시정부를 대일 교전단체로서 정식으로 참전시켜 줄 것을 요구하고 군사특파단을 조직하여 전선에 파견하였다.

임시정부는 군무부장 조성환을 군사특파단의 주임으로 임명하고, 황학수·왕중량(본명 나태섭)·이준식 등의 단원 및 노복선·서파 등 청년 공작원을 전선지구인 시안으로 파견하였다. 이들은 그곳에서 임시정부 산하의 독립군 편성을 위한 병력 모집과 선전 활동 등 전지 공작을 전개하였다. 그리고 1939년 12월 22일에 전 국무위원의 연명으로 내외 동포들에게 임시정부의 독립운동 방향에 관한 장문의 선포문을 다시 발표하였다.

② 조선의용대의 활동

김원봉 일파는 임시정부와는 별도로 대일 무력항쟁을 위하여 1938년 10월 한커우에서 좌파 세력을 규합하여 조선의용대를 편성했는데, 이들은 중국군사위원회 정치부의 주관 아래 활동을 개시하게 되었다.

조선의용대 창설 당시의 대원은 120여 명으로서 대부분이 싱쯔 군교 출신이었다. 싱쯔 군교는 난징이 함락된 후로 장시성의 싱쯔에서 후베이성 장링으로 옮겨 1938년 5월에는 다시 84명의 한인 졸업생을 배출하였다.

조선의용대는 김원봉을 대장으로 하여 처음에는 2개 지대로 편성되었다. 제1지대는 박효삼, 제2지대는 이익봉이 지휘하였으며, 그 후 1939년 말에 김세일을 지대장으로 하는 제3지대가 편성되었다.

조선의용대는 중국군사위원회 정치부의 전지공작대에 예속되어 본부를 광시성 구이린에 두고, 지대를 중국군의 각 전구에 파견하였다. 제

1지대는 제9전구의 후난성과 장시성 일대에, 그리고 제2지대는 제5전구의 후베이성과 허난성 일대에 각각 배치되었다. 이때 이소민이 이끌었던 1개 소대는 저장성과 푸젠성 일대를 작전 지역으로 하는 중국군 제3전구 사령부에 파견되었다. 1939년 말 구이린에서 창설된 제3지대는 장시성으로 파견되어 제1·제2지대들과 같은 활동을 하였다.

이들은 중국군 정치부의 전지공작 위원들과 같이 대적 전단 살포와 대적 방송 등 심리전을 수행하는 선전 공작, 포로 심문·적 문서 번역 등 정보수집 공작, 그리고 적 후방을 교란하는 파괴 공작 등을 병행하였다. 이들 각 지대는 구이린의 본부가 충칭으로 이동하자, 그 뒤를 따라 1940년 말에 충칭의 본부로 집결하였다. 1940년 2월 현재, 조선의용대의 총병력은 318명이었다.

그러다가 조선의용대는 1941년 1월에 중국군사위원회 정치부의 명령에 따라 허난성 북부와 허베이성 남부 북방에서 대일 유격전을 전개하게 되었다. 그런데 같은 해 4월에 조선의용대의 주력이라 할 수 있는 대원 120명이 지대장 박효삼·김세일 등의 주동으로 대부분 팔로군(중앙군)으로 전향하는 사태가 발생하였다. 이 때문에 조선의용대 측은 세력이 급격히 약화된 데다 국민정부의 불신을 받아 김원봉은 대단히 난처한 처지가 되었다.

③ 한국청년전지공작대

임시정부가 치장에서 건군 계획을 세우고, 조선의용대가 전선에서 전지공작을 할 무렵인 1939년 10월, 충칭에서 '한국청년전지공작대'가 조직되었다. 이는 중국 정부의 천도와 함께 충칭으로 이동한 한인 청년들이 임시정부와 행동을 같이하던 중, 먼저 대일 항전 단체를 구상한 것이었다. 이들은 임시정부가 대일 항전을 주도해주기를 기다렸으나 임시정부의 군사 활동이 계획 단계를 벗어나지 못하자, 혈기 왕성한 청년 30여 명이 모여 하루빨리 전장에 뛰어들어 일제와 싸우겠다는 열망에서 자발적으로 조직한 것이다.

이들은 황푸군관학교 제8기생으로서 중국군의 장교로 복무했던 나월환을 비롯하여 중국 군관 출신이 20명이나 되었으며, 그 밖에도 대부분이 중국의 군사기관에서 복무했거나 일본과 중국에 유학하여 학식이 높은 청년 지사들이었다. 이들은 중국 항일전의 승리가 곧 한국의 독립과 직결되므로 먼저 중국을 도와야 한다고 전제하고, 다음과 같은 목표를 제시하였다.

(가) 중국 내에서 반제국주의 혁명 역량을 집합하여 중국 항일전을 협조한다.

(나) 일본군의 죄악상을 폭로, 적군에게 반전사상을 고취한다.

(다) 적정을 수집하여 우군(중국군)의 대일 작전을 지원한다.

(라) 적 후방에서 한국 동포를 구출하여 한국군으로 재무장시켜 한국군의 기초를 세운다.

(마) 국내 동포와 적국(일본) 국민들에게 반제국주의 혁명사상을 고취한다.

이와 같은 목표를 세운 한국청년전지공작대는 1939년 12월에 전선과 가까운 시안으로 이동하였다. 시안은 당시 산시성의 군사 중심지로서 적의 점령 지구에 대한 대적 선전과 첩보 수집·초모(모병) 등 전지 공작을 수행하기에 적합한 지역이었다.

시안에 도착한 한국 청년 공작대는 군·민 위안을 겸해 일선의 중국군에 보낼 위문품 마련을 위한 연예 활동을 시작하여 중국의 국·관·민에 큰 감명을 주었다. 그들은 이러한 연예 활동과 더불어 현지 중국군과의 협의를 거쳐 김천성·이해평·김동수 등 8명을 일선으로 파견하였고, 이들은 중국군 제2전구 유격대와 합류하여 정보 수집·초모 공작 등을 전개하였다.

그리하여 일본군 점령지역 내에서 한인 청년 50여 명을 포섭하여 시안으로 보냈고, 제2전구 사령부 내의 전시 간부훈련단에 특설된 '한청반'(한국 청년 간부훈련반)에서 훈련받게 하였다. 또 다른 대원들은 허난·후베이성의 전투지역으로 파견되어, 중국군 유격대와 함께 적 후방 파괴 활동을 하였다. 일본군 포로의 심문과 적 진영에 대한 한글 전단 살포 및 한국어 방송을 실시하여, 일본군에 끌려온 한국인 병사(지원병)들이 대일 항전을 전개하도록 촉구함으로써 1941년까지 약 100명의 한인 청년을 적지에서 구출하여 독립군으로 이끌었다.

이들은 비록 소규모의 조직으로 출발하였으나 중국군과 한국 독립군 진영을 위한 활약은 실로 막대한 것이었다. 이들은 1941년 1월에 광복군 제5지대로 개편된다.

광복군의 탄생

1940년 9월에 임시정부는 청사를 치장에서 충칭으로 이전하여 중국 측과의 협조관계를 더욱 긴밀하게 하였다. 그리고 임시정부의 주도하에 대한민국 광복군사령부를 설치하기로 하였다. 임시정부에 대해 확신하지 못하고 조선의용군을 지원해오던 중국 정부도 결국 임시정부의 요청을 받아들여 광복군 총사령부의 설치안에 찬성하였다.

1940년 9월 17일 충칭의 자링강 기슭의 자링빈관에서 임시정부 주석이며 광복군 설치위원회 위원장인 김구의 주관 아래 광복군 총사령부 성

지청천 한국광복군 총사령관

한국광복군 창군기념식에서 지청천 총사령관에게
광복군기를 헌정하는 저자의 아내 민영주(결혼 전)

립 전례를 개최함으로써 드디어 광복군 총사령부가 탄생하였다.

총사령 : 지청천(이청천)

참모장 : 이범석

참모 : 이복원·김학규·공진원·유해준·이준식

부관장 : 황학수

부관 : 조시원·노복선·조인제·고일명

주계장 : 조경한

주계 : 지달수(지청천의 장남)·나태섭·민영구·김의한·전태산

그리고 임시정부의 포고문을 통하여 국내외 동포에게 광복군 총사령부의 창설을 알리고, '1907년 8월 1일에 일제가 한국 군대를 해산시켰던 그날이 바로 광복군 창설일'임을 선언하여, 광복군이 구한국군의 후신으로 33년간에 걸친 의병과 독립군의 항일 투쟁을 계승한 전통 무장독립단체임을 강조하였다.

동시에 임시정부는 중일전쟁 개전 직후에 설치하였던 군사위원회를 폐지하였다. 그 대신 군의 최고 통수기관인 통수부를 설치하고, 광복 후를 대비하여 다음과 같은 활동 목표와 당면 전략을 수립하였다.

활동 목표

(가) 우리의 분산된 역량을 독립군에 집중하여 전면적 조국 광복전쟁을 전개한다.

(나) 중국의 대일 항전에 참가하여 중국 항일군과 연합, 왜적을 복멸한다.

(다) 국내 민중의 무장 반일운동을 적극 지도한다.

(라) 정치·경제·교육 등 균등한 신 민주국가를 건설하는 무력적인 기간을 이룬다.

(마) 인류의 평화와 정의를 저해하는 일체의 요인을 제거한다.

당면 전략

(가) 군의 경비와 장비·물자는 외국의 원조로 충당한다.

(나) 군사 간부를 다량으로 단기 양성하는 한편, 국내·만주·중국 각 지방에 필요한 인원을 파견하여 동포 사병을 초모하여 훈련시킨다.

(다) 군사령부 창설 1개년 후에는 최소한 3개 사단을 편성하여 국토를 수복할 때까지 전투를 한다.

(라) 선전전을 실시하여 밖으로 우리의 과거 투쟁의 역사와 현재의 분투 상황을 소개하고, 우리 민족의 독립 자격이 충분함을 천명·선양하며, 안으로는 적 후방의 동포들을 고무·격동시켜 우리의 군사행동에 협력하도록 촉진한다.

그러나 창설된 지 1년이 지나도록 광복군의 발전은 제자리걸음이었는데, 그것은 중국 측에서 광복군의 확충에 소요되는 재정 및 군수지원을 하지 않았기 때문이다. 그 까닭을 보자면, 중국 측에서는 그동안 지원해오던 조선의용대와 새로 시작하는 광복군이 통합되기를 희망하였으나 조선의용대 측이 광복군을 배격하여 이에 가담하지 않았던 것이다.

그러다가 광복군이 창설된 지 1년이 지난 1941년 10월에 이르러 장제스는 광복군과 조선의용대를 함께 중국군사위원회에 예속하도록 조치하였다. 광복군을 조선의용대와 같은 조건으로 중국군에 편입시켜 중국군 총참모장의 지휘를 받게 한 다음, 중국군 측에서 주도적으로 두 부대를 통합 육성한다는 방침을 세운 것이다.

이러한 장제스의 조치에 따라 중국군사위원회는 그해 11월 15일 임시정부에 대하여 '한국광복군 9개 행동준승'을 제시하였다. 그 내용에는 다음과 같은 의도가 내포되어 있었다.

첫째, 광복군이 중국 영토 내에서 항일전을 수행하는 동안에는 중국군사위원회에 예속되며, 작전권 및 운용에 관한 모든 권한을 중국군 참모총장이 장악한다는 것으로서, 이것은 중국 측에서 광복군을 확실하게 장악하자는 것이다.

둘째, 광복군이 중국군사위원회에 예속되는 동안 임시정부와 광복군의 관계를 단절시키는 것으로서, 이것은 광복군에 대한 임시정부의 간여를 배제하자는 것이다.

셋째, 광복군의 공작 활동 지역은 피점령지구로 하고 부대의 편성과 훈련기지는 중국 전구 제1선(군급 - 부대사령관 소재지) 지역으로 한정하여 중국 후방 지역(전구사령부 소재지 지역)에서의 광복군의 활동을 엄격히 제한한 것으로서, 이것은 광복군 안에 일본군의 간첩이 있을 수도 있다는 전제 아래, 고급 사령부의 정보가 유출되거나 후방 지역이 교란되는 것을 방지하자는 것이다.

임시정부 안에서는 이 9개 준승이 광복군의 자주성과 임시정부의 권위를 부정하는 것이었으므로 수락 여부를 놓고 논란이 일어나고, 거부하자는 의견도 제기되었다. 그러나 그때의 상황으로는 중국 측의 지원이 절실하였기에 그 제시를 승낙하지 않을 수 없었다. 임시정부로서는 우선 광복군을 발전시켜 조국 광복의 전쟁을 전개하면서 차차 9개 준승을 고쳐나가기로 방침을 세운 것이다.

9개 준승을 수락함에 따라 광복군의 조직이 개편되었으며, 1942년 4월에 중국 측 총사령부 참모위원들이 파견됨으로써 광복군 총사령부는 한중 연합사령부와 같은 체제를 이루게 되었다. 그러나 총사령부의 직제와 복제 등이 중국군 형태로 바뀌고, 총사령 지청천 등 한국인 간부들이 중국 측에 재임명되는 절차를 거쳐야 했으며, 중국 측에서 파견된 참모장(인청푸 중장, 이범석은 부참모장이 됨)이 중국군 참모총장의 명령을 받아 광복군을 실질적으로 운용해 나갔으므로 실제로는 광복군은 중국군화되었다.

임시정부는 그 후로 9개 준승을 시정하느라고 꾸준한 노력을 계속하였는데, 1941년 4월 마침내 조선의용대의 주력대가 팔로군으로 빠져나가면서 상황이 변화하였다. 김원봉의 세력이 약화되었을 뿐만 아니라 중국 측에서 김원봉을 불신하고 그를 압박하여 1942년 5월에 조선의용대를 광복군에 편입시킴으로써[06] 한인 무장부대를 통합하는 데 성공하였다.

이에 중국 측의 주장이 약화되어 임시정부에서는 더욱 적극적으로 9개 준승의 취소를 교섭하였고, 드디어 1943년 9월에 광복군을 임시정부에 귀속하는 결정에 이르렀다. 그러나 그 구체적 방안은 1945년 5월에야 구체화되었는데 이것이 '원조 한국광복군 판법'이라는 것이고, 6월에 중국 측에서 파견된 참모위원들이 모두 중국군으로 복귀하게 되었다. 이로써 중국군과 광복군 사이의 상하 명령체계가 상호 협조관계로 전환되고,

군비도 임시정부가 중국 정부로부터 차관 형식으로 제공받았다.

이와 같은 과정을 거쳐 광복군은 작전지휘권만 중국 측에 이양한 상태에서 군의 운용에 관한 모든 권한을 임시정부의 통수부에서 행사하였다. 따라서 임시정부의 대외적 주권이 강화되고 광복군의 지위가 확고해졌다.

광복군의 조직 확대

1940년 9월에 광복군 총사령부를 창설할 때 참여한 사람은 지청천·이범석 등 불과 30여 명이었다.

10월에 임시정부는 '광복군사령부 조직조례'와 '대한민국 임시통수부관제'를 제정하여, 광복군의 통수권을 행사할 통수부를 신설하고 시급한 부서에만 인원을 배정하여 총사령부의 간부진을 다음과 같이 개편하였다.

총 사 령: 지청천　　참 모 장: 이범석
총무처장: 최용덕　　참모처장: 채원개
부관처장: 황학수　　경리처장: 조경한
정훈처장: 조경한　　훈련처장: 송호성
군의처장: 유진동

군사 경험이 풍부한 인사들로 총사령부의 부서를 개편한 광복군은 임시정부가 수립한 당면 전략에 따라 1년 이내에 3개 사단의 전투부대를 편성하여 항일 전선에 참여한다는 목표 아래 총사령부 예하의 지대 편성에 주력하였다.

총사령부는 우선 적극적인 모병 활동을 위하여 전선사령부를 시안에 설치하였다. 지청천 총사령과 이범석 참모장 등은 중국 측과 군사협력 문제를 매듭짓기 위하여 충칭의 사령부에 잔류하고, 대부분의 총사령부 요원들은 다음과 같은 전선사령부로 흡수되어(1940년) 11월에 시안으로 이동하였다.

총사령 대리: 황학수 총무처장 대리: 조경한
참모처장 대리: 김학규(참모장 대리 겸임) 부관처장 대리: 조시원
참모: 공진원·이복원 경리: 민영구·지원수
기타 간부: 전태산·조인제·이건우·유해준·이준식·나태섭·김광·고일명·노복선·오광심·지복영·조순제

이에 따라 광복군 창설을 위해 기초작업을 하던 '군사특파단'을 해체하여 '전선사령부'에 합류시키고, 광복군의 단위부대인 지대의 편성에 착수하였다.

광복군은 병력을 확보하기 어려워서 먼저 총사령부를 설치하고, 상부조직을 중심으로 하여 하부조직을 지대-구대-분대로 확대해 나가는 하향식 편성 방법을 채택하였다. 따라서 소수의 중국인 고용병을 제외한 모든 광복군에게 소위 이상의 계급을 부여하여, 장차 확대 개편될 사단 혹은 군단의 간부가 되도록 하였다.

이러한 지대 편성 방침에 따라 시안의 광복군 전선사령부는 1940년 말까지 시안 지역의 광복군 총사령부 인원으로 제1지대·제2지대 간부를 선정하고, 이들을 지대 창설 요원으로 삼아 1941년 2월부터 일본군과의

접전 지역으로 파견하여 지대를 편성하도록 하였다.

제1지대

제1지대는 1941년 초에 시안에서 구성되어 산시성 다퉁 지역으로 파견됨으로써 2월부터 지대 활동을 시작하였다.

시안에서 다퉁으로 이동한 제1지대는 산시성 주석 겸 제2전구사령관 옌시산의 협력을 얻어, 일본군 점령 지역인 타이위안·스좌장·린펀 등 산시성의 주요 도시를 무대로 한국 교포들을 초모하면서, 일본군을 대상으로 중국군과 연합하여 대적 선전·적 시설물 파괴 등의 유격 활동을 전개하였다.

제2지대

제2지대는 시안에서 쑤이위안성 바오터우 지역의 중국군 푸쭤이 부대와 협력하여, 허베이성의 베이징·톈진·탕산·장자커우 등 광범한 지역에서 교포 청년을 포섭하여 지하공작의 거점을 확보하려고 노력하였다. 그러나 장자커우에서 유해준 등이 일본군에 체포되는 등 활동이 여의치 않아서 1941년 말에 시안으로 철수하고 말았다.

제5지대

제5지대는 시안을 근거지로 허난성과 허베이성 일대의 카이펑·타이위안·스좌장·베이징 등지에서 공작 중이던 한국청년전지공작대의 조직 기반을 지대로 전환시킴으로써 제1·제2지대보다 월등히 활발한 지대 활동을 하였다. 제5지대의 공작 성과는 매우 커서 한국청년전지공작대가 시안에 설치한 중국 중앙전지간부 훈련단 제4단의 '한청반'(한인청년교육반)

초기의 광복군지대 활동 지역

을 통해 많은 한인 청년에게 군사교육을 실시하였다.

징모분처 설치

1940년 11월 군사특파단의 해체에 따라 군무부장으로 복귀한 조성환은 모병사업을 더욱 강화하려고 '징모분처'를 설치하는 데 힘을 기울였다. 즉, 제1지대장 이준식이 '제1징모분처 주임'을 겸하고(다퉁 지역), 제2지대장 공진원이 '제2징모분처 주임'을 겸하고(바오터우 지역), 제5지대장 나월환이 '제5징모분처 주임'(시안 지역)을 겸하게 하는 명령을 내렸다.

1941년 3월에는 충칭에서 '제3징모분처'를 새로 발족하고, 이를 광복군의 지대가 배치되어 있지 않은 장시성 상라오에 파견하였다.

제3징모분처는 4월 10일, 중국군 제3전구(사령관 구주퉁 장군)가 위치한 상라오에 도착하여, 제3전구 간부훈련단에서 활동하던 김형석·전복근·유상운·유증영과 제3전구 특무단에서 활동하던 한진원·이명식·이기수·정봉수·김운경 등을 제3징모분처로 합류시켜 모병 활동을 시작하였다.

제3징모분처는 임시정부로부터 먼 곳에 위치하여 군무부의 지령이 제때 하달되지 않은 관계로 현지에서 독자적으로 활동할 수밖에 없었고, 그들은 모병 업무에만 국한하지 않고 실질적으로 지대로서의 모든 전지 공작을 전개하였다.

광복군의 개편

1941년 11월에 중국 측에서 요구한 '한국광복군 9개 행동준승'을 임시정부가 수락함으로써 광복군은 기구 개편이 불가피하였다.

1942년 4월, 광복군의 총사령 지청천 중장을 중국 측에서 그대로 인준하였으나, 참모장에는 중국 군사위원회의 고급 참모인 인청푸 중장, 참모처장에는 위안저 소장, 정훈처장에는 왕핑이 소장 등 중국인을 임명하였으며, 광복군의 이범석 소장은 참모부장으로서 인청푸 중장과 총사령을 보좌하게 되었다.

1942년 5월에 조선의용대가 광복군에 편입되자 조선의용대를 이끌던 김원봉을 예우하여 소장 계급을 부여하고 광복군 부사령에 임명하였다.

광복군 총사령부는 지대로 개편하게 되어 5월에 부사령 김원봉 소장을 제1지대장을 겸임케 하고, 참모부장인 이범석 소장을 제2지대장에 임명하였다. 이범석 소장은 그해 10월에 시안의 제2지대장으로 임명되어 부임하였으며, 김원봉 소장은 12월에 충칭에서 부사령에 취임하였다.

이범석 소장이 제2지대장으로 전임함에 따라 부참모장직은 폐지되었고, 시안의 전선사령부도 해체되어 충칭으로 복귀하였다.

제1지대의 개편

광복군은 조선의용대를 흡수하자 이를 제1지대로 만들었다. 편제에 따르면 지대는 3개 구대로 편성되어야 하나 조선의용대는 주력대가 빠져나가 병력이 격감된 상태였으므로 제1·제2구대만 편성하였다. 지대본부는 충칭에서, 제1구대는 중국군 제5전구(사령관 리쭝런) 관할지인 후베이성 라오허커우에서, 제2구대는 중국군 제3전구(사령관 구주퉁) 관할지인 저장성 진화에서 각각 활동하게 되었다.

그 후 1944년 4월에 김원봉이 군무부장에 취임함에 따라 송호성 소장이 제1지대장에 임명되었다.

제2지대의 개편

종전의 광복군 제1지대·제2지대·제5지대를 통합하여 3개 구대를 갖춘 제2지대로 개편하고, 이범석 참모부장을 제2지대장으로 임명하였다.

제2지대는 지대본부를 시안에 두고 산시성(陜西省) 일대와 허난성 뤄양, 산시성(山西省) 타이위안·스좌장 등의 지역에서 활동하였다. 이상에서 보다시피 광복군의 주력부대는 제 2지대였다.

징모분처의 증설:

당시 실질적으로 군무부 산하에 있던 것은 장시성 상라오 지역의 제

3징모분처뿐이었다.

군무부는 모병 업무를 강화하려고 시안에서 제6징모분처를 편성하여 1942년 2월에 산둥으로 파견하였다. 그러나 산둥성에서의 활동이 어려워지자 그해 4월에 안후이성 푸양에 이르러 이곳을 거점으로 활동을 전개하게 되었다.

제6징모분처 역시 제3징모분처와 마찬가지로 징모 업무 이외에 대적 공작 업무까지 병행함으로써 사실상의 지대 역할을 하였다.

기타 총사령부 직할대의 편성:

1943년 7월, 후난성 창사 지역에서 중일 간의 치열한 공방전이 거듭됨에 따라 총사령부는 첩보 수집 등으로 중국군을 지원하려고 이병곤·최문용·김귀선을 공작원으로 하는 '제9전구공작대'를 중국군 제9전구사령부(사령관 쉐웨 장군)가 있는 창사로 파견하였다.

그리고 같은 해 8월에 인도 주둔 영국군의 대일 작전을 지원하려고 대장 한지성을 비롯한 8명의 '인도연락대'를 편성하여 인도로 파견하였다. 이것은 광복군이 중국 이외의 연합군과 협력한 시초이며 또 그 활동 범위를 중국 이외의 지역으로 확대한 것을 의미한다.

이상으로서 이곳의 '한광반'이란 것이 그동안 독립투사들이 설치한 '한인특별반'이나 '한청반'과 성격이 비슷하다는 것을 이해할 수가 있다.

이때 알게 된 것은 내가 일본 군대를 탈출하여 한즈룽 유격부대에 있을 적에 일본군과 그곳 한인 사병들에게 선전 공작을 하거나 한국 청년들을 중국군으로 끌어들이려고 전개한 공작 등이 바로 광복군에서 실시한 공작과 같은 것이라는 점이다. 그때 내 판단대로 활동했던 것이 비록 미미한 것이기는 하나 방향은 옳았던 셈이다.

3. 《등불》 잡지

린촨에 9월 10일에 도착하여 11월 21일에 떠났으니 우리가 여기에 체류한 기간은 70일에 불과하다. 그러나 그 시간은 대단히 길었던 것으로 느껴졌고, 지금도 역시 그렇다. 아마도 형식적인 훈련과 부실한 수업으로 채워진 지루한 시간의 연속이었기 때문일 것이다.

김학규 주임은 우리의 졸업을 기다렸다가 무슨 공작 임무를 부여할 생각이었겠지만, 우리에게 린촨은 어디까지나 충칭으로 가는 길의 중간 기착지로밖에는 생각하지 않았으므로 생활과 생각에 큰 괴리가 있었던 것이다. 무료하고 공연히 시간만 낭비하는 것 같다 보니 불평도 생기고 불미스러운 일도 발생하였다.

이 지루한 시간을 어떻게 보내야만 가치가 있을까? 그러던 어느 날 장준하 형의 제안을 듣고 나는 대번에 찬성하였다. 그것은 우리가 각자 대학에서 전공한 것을 발표하는 강좌를 만드는 일이었다. 김학규 주임과 이평산 교관의 강의가 끝나자 우리는 곧바로 일에 착수하였다. 참고서도 없이 강의한다는 것은 여간 어려운 일이 아니었으나 학창 시절에 배운 것을 상기하여 강의안을 만들었다. 첫 강의에 나선 장준하 형은 '아가페와 에로스'라는 제목으로 "사랑이란 오직 주기만 해야지 아무런 대가도 바라서는 안 된다"라는 것을 강조하였다. 그는 신학교 출신답게 인간의 사랑, 하나님의 사랑, 그리고 나라와 겨레에 대한 사랑을 논리정연하게 역설하여 대단히 깊은 감명을 주었다.

두 번째 순서를 맡은 나는 '사관'을 주제로 하였는데, 이것은 내가 이 세상에 나와서 처음으로 시도하는 강의였다. 이때만 해도 내가 일생 대학 강단에서 강의 생활을 하리라고는 꿈에도 생각하지 못했다. 나는 대학에서 배우고 또한 읽었던 책들을 빠짐없이 추억하면서, 영웅이 역사를 만든다는 이론에서부터 유물사관에 이르기까지를 정성 들여 엮어나갔다. 나는 역사란 영웅이나 소수의 엘리트 또는 물질이 좌우하는 것이 아니라 인간—절대다수의 인간, 즉 국민이 창조한다는 것을 강조하면서 이 평산 교관의 좌경적 역사 해석을 간접적으로 비판하였다. 동시에 나는 여기 모인 모두가 역사의 창조자라는 것을 설명하면서 우리의 독립은 우리가 함께 이룩해야만 된다고 결론을 내렸다. 대단히 불충분한 내용이기는 하였으나 격려의 박수를 받고 여간 기쁘지가 않았다.

다음으로 도시샤대학 영문과 출신 윤재현 동지가 '셰익스피어 문학'을 들려주었고, 도호쿠 제국대학 법과 출신 김용민 동지는 '우리의 진로'를 주제로 건국이 되면 민주공화제를 해야 한다고 역설하였다. 이렇게 차례로 강단에 서서 열변을 토했는데 각자의 전공이 다른 덕분에 우리는 서로 배우는 것이 많았다.

이 강좌를 계속하자니까 모두 바빠졌다. 적어도 자기의 강의안을 꾸미는 데 며칠씩은 이마를 싸매고 몰두할 수밖에 없었고, 또한 강의를 흥미 있게 듣다 보니 시간 보내기가 훨씬 쉬웠다.

우리의 생활이 달라지자 이번에는 문학을 전공한 윤재현 동지가 우리 손으로 잡지를 만들어보자고 제안하는 것이었다. 윤 동지는 흥분한 표정으로 기발한 생각을 장 동지와 나에게 의논하였고, 셋이 합의한 다음에 전체회의에서 이를 거론하였더니 모두 대찬성이었다. 그리고 이야기를 꺼낸 우리 세 사람에게 편집을 맡겼다.

우선 첫 권은 그동안 우리가 강의한 것을 문장으로 만들어 엮으면 될 것이고, 계속하여 각자 원고를 쓴다면 다음 책도 문제없을 것이라는 결론을 내렸다. 그러면 제호를 무엇이라고 할까? 여러 가지 이름이 나왔지만 결국 이 잡지의 내용은 우리의 길잡이, 나아가서는 민족의 길잡이가 되어야 한다는 원대한 포부를 가지고 용감하게도《등불》로 하자는데 의견을 모았다.

그러나 잡지를 만든다는 것까지는 좋았으나 인쇄는커녕 등사판도 없고, 또한 종이를 살 돈도 없는데 어떻게 잡지를 만든단 말인가? 궁하면 통한다고 하였다. 우리는 김학규 주임에게 간청하여 잡지를 두 권 만들 수 있는 종이와 붓과 벼루를 얻는 데 성공하였다. 종이라고 해야 질 낮은 '마분지'로 울퉁불퉁하고 거칠어서 이름만 종이였다. 우리는 여럿이 나누어 모인 원고를 일일이 붓으로 써내려갔다. 며칠을 주야로 쉬지 않고 필사에 열중하니 시간이 언제 지나가는지도 몰랐다.

잡지에는 각자의 강좌 내용을 게재하는 한편, 시·단편·수필·희곡까지 실었으며, 내가 그린 만화도 지면에 선보였다. 나는 학창 시절에 취미로 그림을 그리곤 했기 때문에《등불》에서 몇 가지 삽화와 만화를 그렸는데, 그중에서 동지들의 찬사를 받은 것은 '천손강림'이라는 제목의 만화였다. 후지산을 비롯한 일본 전역에 태극기와 연합국의 국기를 손에 쥔 낙하산 부대가 하늘로부터 내려오는 장면이다. 일본 국사에 '천손강림'이라 하여 일본 민족은 '천조대신'의 후손으로 하늘에서 내려온 우수민족이라고 내세우는데 내가 그린 만화 '천손강림'은 그러한 것을 비판함과 동시에 머잖아 연합군과 함께 우리 광복군이 일본을 점령한다는 의미였다.

잡지의 표지도 내가 그렸는데《등불》이란 제호 밑에 한반도를 그리고 그 속에 빛나는 램프를 그려 넣었다. 그런데 나중에 이 표지가 문제였다. 이에 대하여 장준하 동지는 그의 《돌베개》에서 다음과 같이 묘사하였다.

> 물론 제본도 우리가 해야 했다. 특이 이 제본에 마음을 많이 쓰게 된 것은 모처럼 우리의 성심성의가 결정되는 것이니만큼 외관상으로 예쁘고 아담스러워야 한다는 조건도 있었지마는 그보다도 겨우 두 권의 잡지로 팔십여 명이 돌려가며 읽자니 웬만큼 단단히 매지 않으면 우리의 보람이 곧 찢어지거나 해져버릴 것 같아서였다. 우리는 생각다 못해 천을 사용하기로 했지만, 종이조차 구하기 힘든 이때, 두터운 종이는 고사하고 천을 마련한다는 것은 정말 기발한 착상이 아니고는 해결될 수 없는 문제였다.
>
> 김준엽 동지는 하루 낮, 하루 밤을 곰곰이 생각한 끝에 벌떡 일어났다. 내의를 빨기로 했다고 한다. 비누도 없이 빨고 또 빨고 하여 깨끗이 헹군 다음 널어놓고 살며시 다시 잠자리에 들었다. 그 내의로 책뚜껑을 만든다는 것이다.
>
> "… 무슨 일이야?" 옆의 동지가 물었다.
>
> "내의를 벗어 빨았어."
>
> "내의를? 여자도 아닌데 왜 하필 밤에 벗어 빨아."
>
> "…응, 그저…"
>
> 나 혼자대로의 생각으로, 나는 그 밤을 즐겁게 지새웠다.
>
> 다음 날 우리는 이 김 동지의 내의를 잘라 종이와 겹겹으로 붙여서 표지를 만들었다. 비록 짧은 무명내의로 된 표지였으나 훌륭한 표지가 되었다. 의젓하고 고답적이었다.
>
> 역시 김준엽 동지의 그림 솜씨로 램프를 그려놓고, 그 위에 《등불》이라는 제자를 써넣었다. 무릎을 쳐 손색이 없을 정도로 잡지는 잘 되었고 우리는 만족스러웠다.
>
> 그러나 정작 이 결실을 두고 만족스러웠던 것은 동지들이 이 《등불》을 보고 좋아

하며 서로 먼저 보겠다고 야단법석을 치는 그 표정을 바라보는 우리의 심정이었다. 흡족한 마음으로 돌아가서 우리는 만족에 겨워했으며, 새로운 용기를 얻었다.

(《돌베개》, 151쪽)

만족도 하고 새로운 용기를 얻은 것도 사실이나, 나는 《등불》의 덕으로 이때부터 12월 초순 난양에 도착할 때까지 팬티를 입지 못한 신세가 되었다.

우리는 이어 2호를 착수하기로 하였다. 다음에 말하겠지만, 장준하 형이 취사를 맡게 되어 주로 윤재현 동지와 내가 《등불》의 편집과 제작을 해야 했다. 이 제2호에 나는 노능서 동지의 탈출 경로를 희곡으로 만들어 게재하였고, 우리의 졸업식 때 연극으로 공연하기도 했다. 이 희곡은 학생 시절 문학에 심취했던 나의 처음이자 마지막의 '작품'인데, 당시로서는 흐뭇했으나 지금 생각하면 그 만용에 스스로 놀랄 지경이다.

아무튼 잡지를 만드느라고 바빴던 우리 셋은 그런대로 시간 보내기가 쉬웠으나 대다수의 동지들은 여전히 무료한 시간을 보내고 있었다.

그런데 우리에게 공통된 더욱더 절박한 문제는 허기진 배를 채울 양식이었다. 이 급식 문제는 새삼스러운 것이 아니었고, 또한 우리의 노력으로 해결될 수 있는 것도 아니었다.

이곳 군관학교 내의 '한광반'의 생활환경이란 유격대 생활에 비교하면 좋다고는 하겠으나 다른 나라의 군대생활에 견주어 보면 형편없이 뒤떨어진 것이었다. 그만큼 일본의 침략으로 중국이 궁핍해졌다는 것을 단적으로 말해 주는 것이다.

막사라야 흙으로 된 기다란 토막에 가마니를 깔아놓은 것이고, 군복도 발이 굵은 무명으로 만든 초라한 것이며, 군화라는 것은 밑바닥만 있는 짚신이었다. 식사는 하루에 두 끼(오전 10시, 오후 4시 반)뿐인데 식사 1회분은 '깡즈모' 한 개와 멀건 밀가루 국물에 채소 몇 줄기가 둥둥 떠 있는 국이 전부였다. 목욕을 할 수 없어서 온몸이 더러울 뿐만 아니라 이가 득실거렸다.

'깡즈모'라는 것은 사람의 주먹 두 개만 한 색이 검은 밀가루 만두이다. 분쇄만 한 밀가루로 만든 것이라서 색이 검고 먹을 때 목이 깔깔하다. 식사하는 모습을 보자면, 맨 흙바닥에 열 명이 한 조가 되어 둥글게 둘러앉아 '깡즈모' 한 개씩 손에 들고 국 한 사발을 중앙에 놓고 나눠 먹는 것이다. '깡즈모'는 개인 몫이 있고 국은 공동으로 나눠 먹으니 국을 먹는 속도가 '깡즈모' 먹는 속도보다 빨라지는 것은 자기도 모르는 사이에 일어나는 야속한 현상이었다.

하도 배가 고파 생강도 썰어 먹고, 마당에 있는 감이 익기도 전에 따 먹었다. 덜 익은 감은 떫어서 먹을 수가 없으므로 뜨거운 물에 데쳐 먹었다. 그러니 맛이 있을 까닭이 없고, 그냥 텅 빈 위장에 뭐라도 채워 볼까 하는 몸부림이었다. 견디다 못하여 어떤 동지가 일본군 탈출 때 가지고 나온 일본도를 들고 깊은 밤에 담 밖으로 나가서 들개를 잡아 왔다. 그것을 중국 교관이 모르게 솥에 푹 삶아가지고 다음 날 밤에 회식한 일도 있다. 그런데 아무리 배가 고파도 나와 장형은 개고기를 먹지 못했다. 나는 일생 개고기를 먹어본 일이 없는데, 그것은 고향에서 사랑스럽게 키우던 개들이 눈앞에 아른거렸기 때문이다.

그러나 이 '들개 살해사건'이 중국 측에 발각되어 우리 전체가 기합을 받았다. 이때의 '하수인'인 L과 P는 다시 한밤중 담을 넘어 외출한 적이 있는데, 술에 취해 민가에서 난동을 벌이다가 붙잡혀서 중국 육군형무소에 갈 뻔하였다. 장준하 형의 절절한 구명 노력과 이에 감동된 우리 전체의 저지 운동이 아니었으면 두 동지는 불귀의 몸이 될 뻔했다. 이 모든 것은 배고픔과 지루한 생활로 인해 생긴 불행한 일이었다.

그런데 '기아'는 그것으로 끝이 아니라 우리 전부를 '고구마 도적'으로 변신케 하는 위대한 힘을 발휘하게 만들었다. 여기에는 얽힌 사연이 있다.

우리에게 지급되는 급식 배당량은 1인당 하루에 밀가루 한 근 정도, 부식비 20원으로 정해져 있었다. 그때 20원을 오늘날 화폐가치로 추산하면 약 200원에 해당될 것이다. 본래 부식비가 적기도 하지만 취사반이 부정을 저지른다는 소문이 나돌았다. 취사반이 아침마다 시장에 나가 부식품을 사 오는데, 그들은 적당히 술과 담배며 고기까지 우선 사 먹고 그 나머지 돈으로 부식품을 사는 현장을 목격한 동지가 있었다. 이렇게 되니까 배고픔에서 나오는 불만이 취사반으로 쏠리게 되고, 마침내 취사반을 전원 교체해야 된다는 여론이 지배적이 되었다. 이 일로 취사반의 책임을 맡게 된 것이 장준하 동지였다. 우리 모두가 장 동지의 인격과 성실함, 그리고 그의 기독교정신을 믿는 까닭에 만장일치로 장 동지에게 떠맡긴 것이다.

과연 우리의 생각은 적중하였다. 장 동지가 취사반을 맡게 되자 당장 국이 달라지는 것이 아닌가. 국에 떠 있는 채소도 현저하게 많아졌거니와 생전 보지도 못하던 고깃덩이가 국에 보이는 것이었다. 모두들 기뻐했다.

그렇지만 실물로 배급받은 밀가루의 양은 늘릴 수 없는 것이었고 우리는 여전히 배고픔을 견뎌야 했다. 장 동지는 고심하였다. 무슨 방법으로 동지들의 공복을 채워 줄 수 있을까 하고 그는 혼자 끙끙대다가 결심한 것이 고구마 도적이었다. 세월은 어느새 가을이 되어 사방에는 무르익어 가는 곡식들이었다. 그의 눈을 끈 것이 고구마였다.

어느 날 깊은 잠에 들었는데 갑자기 전원을 쉬쉬하면서 깨우는 것이 아닌가. 새벽 세 시경일 것이다. 다들 눈을 비비며 일어나보니 난데없는 삶은 고구마가 눈앞에 쌓여 있었다. 까닭도 모르고 맛있게 먹어치운 다음에야 그 연유를 알았다. 취사반의 장 동지와 김성환 동지가 몰래 담을 넘어 고구마를 훔쳐 온 것이다. 그리고 중국 교관에게 들킬 것을 염려하여 깊은 밤에 우리를 깨웠다.

이때를 생각하면 기막힌 일이었다. 누구 하나 이 도적 행위를 나무라지 않고 고맙게 생각하였을 뿐만 아니라 '떼도둑'으로 변한 것이다. 다음 날 밤부터 우리는 군복 바지의 가랑이 끝을 잡아매고, 꼬챙이를 하나씩 나눠가지고 줄지어 담을 넘고 고구마밭으로 침입하였다. 나에게는 나무 꼬챙이보다 더 예리한 '무기'가 있었다. 그것은 돌아가신 아버지의 유품인 주머니칼이다. 내 배를 채우려고 그 칼을 썼다고 하여 아버지가 노여워하지는 않으시겠지? 혼자 변명하며 그 칼을 이용하여 남보다 훨씬 더 많은 '수확'을 올릴 수 있었다.

나는 이것이 이 세상에서의 세 번째 도둑질이었다. 룽하이선을 넘을 때 남의 수박을 훔쳐 먹고 고구마 도적까지 되고 보니 사람이 배가 고프면 별 수 없구나 하는 생각이 들었다. 이래도 되는가 하는 반성도 했으나 도둑질은 중국 농부들이 추수할 때까지 계속되었다. 나 같은 속인도 이런 반성을 하는데 신학교 출신인 장 동지의 심정이야 얼마나 괴로웠을까.

4. 군관학교 졸업식

이곳 중국 군관학교 간부훈련반의 교육기간은 4개월이었다. 전쟁 중에 장교가 부족하니까 우수한 사병을 선발하여 단기간의 교육으로서 위관급 장교로 배출하는 것이다. 우리 한광반도 이들과 마찬가지로 역시 4개월 만에 졸업하였는데, 나중에 도착한 우리 몇몇 동지는 입교한 지 3개월도 못 되어 졸업하였다.

이때 졸업식의 광경을 생생하게 묘사한 장준하 동지의 《돌베개》를 다시 인용하겠다.

> 중국군 졸업반은 이 졸업을 위해서 졸업식 행사로 대규모의 모의 작전훈련과 사열과 분열식이 거행되었으나, 우리 한광반은 그 대신 기념행사로서 연예회를 하라는 요구를 군관학교 당국으로부터 받게 되었다.
>
> 졸업식 2주일을 앞두고 우리는 학교 당국으로부터 약간의 예산을 얻어 연습에 들어가기로 했다. 우리는 우선 연설과 독창과 연극과 승무 몇 종목으로 순서를 짜고, 중국어로 하는 연설은 김준엽 동지가 맡기로 하고, 연극은 약 30여 명이 출연하는 4막짜리 일군 탈출의 내용을 택했고, 우리나라 민속을 소개하는 의미에서 진 교관이 승무를 추기로 했으며, 홍석훈 동지의 독창과 합창 몇 개를 준비했다. 그런 중에도 그동안까지 《등불》 한 권을 더 내놔야 할 계획이 있었다. 졸업 이전에 잡지 2호를 내놓지 못하면 우리의 애써온 잡지는 창간호로서 그 수명을 마치는 것이 되어버린다. 그래서 졸업 전에 반드시 내놓기로 몇 번 다짐까지 했던 것이다.
>
> 나는 눈코 뜰 새가 없었다. 그런데 우리 한광반에서는 학병에 끌려나올 때 홀어머니를 남기고 온 외아들 노능서 동지의 애화가 한 전형적인 학병의 비극처럼 알려져 있었다.

김준엽 동지가 우선 이 노능서 동지의 경우를 각색해서 각본을 쓰기로 했다. 《등불》 제2호의 제본을 하고 있을 때 김준엽 동지가 들어와 편집실에 원고를 내밀었다(제목은 〈광명의 길〉).

"…너를 내가 눈을 뜨고는 보내지 않아. 알았느냐, 능서야."
"네, 어머니, 어서 일어나셔야죠. 전 안 가겠습니다. 어머니를 두고 어떻게 하직을 한단 말입니까?"
아들의 학병 입영 소식을 소문으로 들은 어머니는 머리를 싸매고 누워버렸다. 어린 나이에 청상과부가 된 어머니는 아들 하나만을 믿고 20여 년을 살아왔다. 아들의 성공을 위해서 일본 유학까지 시켰던 홀어머니의 심정, 아들을 개죽음의 전쟁터로 내보내기에 앞서 지금 칼로 저미듯 아픔에 몸부림치는 장면이었다. 나는 김 동지가 쓴 각본을 읽어보며 일본의 잔학무도한 근성이 잘 나타나 있다고 생각했다.
어머니는 마침내 화병으로 인해서 돌아가시고 말았다. 능서는 어머니를 안고 사나이의 통곡을 터뜨리고 있었다.
대문을 박차고 장화를 신은 일본 헌병 두서넛이 몰려와 구둣발로 방안에까지 올라온 왜놈들은 능서의 목덜미를 뒤로 잡아채었다.
"이봐, 죽은 자는 죽은 자이고 산 사람은 산 사람이 아닌가. 동리에서 곧 장례를 지내줄 거야."
혼연히 능서는 일어나 일본 헌병을 노려봤다. 그 충혈된 눈방울은 아직 피압박민족의 슬픔이 마르지도 않은 눈.
"당신도 인간이오? 당신은 부모가 없소?"
능서는 두 손을 부르르 떨더니 고개를 떨어뜨리고 그 머리를 두 손으로 감싸며 돌아섰다.
"야 이 새끼! 죽은 자는 죽은 자이고 나갈 사람은 나갈 사람이라는데 내 말에 틀린 것

있어?"

"수천 명의 입영 날짜를 너 하나 때문에 연기하란 말이야."

삿대질로 다가서는 일본 헌병과 경찰.

한숨짓는 능서의 표정이 하늘을 쳐다보며 청중 쪽으로 돌아선다.

두 팔을 벌리고 독백이 흘러나온다.

"아, 하나님, 이것이 나의 운명이었군요. 이것이 이 나라의 운명이었군요. 당신의 뜻이라면 가겠나이다. 그러나 결코 당신의 뜻이라고 믿어야만 할는지…."

왜놈들은 능서를 끌고 나갔다. 끌려 나가던 능서는 어머니의 시체 위에 한 번 더 얼굴을 묻으려고 했다. 이번에는 두 놈이 합세하여 무자비하게 능서를 끌고 나갔다. 애절한 능서의 부르짖음이 골목 밖에서 어머니의 시체 위로 새어 들어왔다.

"꽈아앙!"

김준엽 동지는 한발을 쳐들었다가 땅을 치며 입으로 꽹과리 소리를 내었다.

"어때? 이만하면 됐어?"

"응, 훌륭하군, 이것이 제1막이지?"

대강 제1막에서 김 동지는 일본에 패망의 기운이 돌고 전세가 완연히 불리해지자, 인력 부족을 보충하는 한편 한국의 지식층의 반동을 두려워하던 그들이라 일석이조의 효과를 위해서 지식분자들인 대학생들을 전선으로 끌어내던 한국 사정을 재현시켰다.

제 2막의 무대는 쉬저우.

일군 병영 안에서의 일군의 횡포. (조)선인이라 하여 한국 학병을 오만불손하게 학대하는 장면. 일본 군복을 입고서도 당하는 피압박민족의 설움을 그렸다.

능서는, 애끓는 어머니와의 서신왕래가 있다가 그만 어머니가 돌아가시게 된 것이었으나 김 동지는 이 사실을 픽션으로 순서를 뒤바꿔놓은 것이다. 아들을 그리는 어머니의 정이 글줄에 눈물을 담고 그 속에 고여와서 능서의 가슴에 빠갤 때마다 능서는 주먹을 쥐어 그 분노를 쥐어짰으며, 그 뒤로부터는 거의 나타날 만큼 왜놈에 대한 증오를 품었다. 이 사실이 나타나자 그 다음부터는 능서의 편지에 이어 오는 어머니의 답장에 먹줄이 그어지기 시작했고 얼마 안 가서 서신 왕래가 끊겨 버렸다. 어머니의 죽음은 능서에게 어머니의 사랑을 알게 해주었고 그것을 조국에의 사랑으로 승화시켰다.

노능서 동지는 정말 늘 왜놈들의 눈엣가시처럼 얻어맞는 대상이 되어버렸다. 김 동지는 이 사실을 가지고 왜놈들의 계속적인 한민족에 대한 압박으로 그렸다. 잡지 편집을 마치고 난 나는 이 연극의 연출을 맡게 되어 있었다.

나는 이 제2막의 연출을 어떻게 해야 하는가 하고 고심하지 않을 수 없었다. 되도록 일본에 대한 적개심을 불러일으키고 관중들이 모두 분개할 수 있도록, 제2막의 내용은 열연을 요구하는 장면이었다. 김 동지는 나의 손을 잡으며, "장 동지라면 이것을 해낼 수 있을 거야" 하고 무조건 격려했다.

우리는 다시 읽어 내려갔다.

제3막은 능서의 결심이 굳어지는 장면이 그 클라이맥스를 이루고 있었다.

능서는 동지를 규합했다. 십여 명의 동지들과 탈출의 감행을 결의했다. 중대장인 니시하라 대위를 칼로 찔러 죽인다.

"나의 원수, 내 어머니의 원수, 아니 한민족의 원수로 나는 그를 희생시켰다. 내 그 피묻은 대검을 잊지 않는 한 나는 영원한 일본의 원수요 일본은 나의 원수이리라…"

능서의 독백은, 중대장 살해의 흥분과 긴장에 비해서 훨씬 긴 편이었다. 그때 다른 동지들이 중국 사람과 접촉을 한다. 병영 안의 학대받은 한국인들에게 비밀리에 탈출의 정보를 제공한다. 쉬저우 근방의 지리며, 중국군 유격대의 위치며, 탈출시의 암호 등을 알려주는 고마운 중국인이 등장한다. 용감무쌍한 중국 유격대의 활약이 일본군에게까지 침투하여 우호적인 공동전선을 펴게 된다는 영웅적 활약을 김 동지는 삽화로 삽입시켜 놓았다. 우리들의 연극의 효과를 살리는 비상한 솜씨였다.

제4막은 이들 혁명적 동지 일행 십여 명이 니시하라 대위를 살해한 직후에 탈출에 성공하여 중국군 진영으로 들어온다는 아슬아슬한 장면이었다.

우리는 즉석에서 주인공을 결정했다. 연극의 주인공은 실제의 인물 노능서 동지에게 맡기기로 하고 나머지 배역 10여 명도 대충 결정되었다. 이렇게 일은 착수되었다. 우선 일본 군복들은 준비된 것이 마침 있어서 편리하였다. 물감을 사왔고, 배경의 무대장치를 그려가며(그림은 모두 나의 담당—주) 어설프게나마 만들었다.

되도록 간단한 구조와 의상을 준비하고 매일 저녁마다 연습에 들어갔다. 나는 초등학교 교원을 할 때 아동극을 지도했던 일 이외에는 연극에 아무런 경험도 없었다. 단지 나의 의욕이 시키는 대로 나는 동지들의 연기를 보살폈다. 대사, 억양, 표정을 일러주었고 무대며 진행까지 나는 감당해야 했었다.

그런데 나의 풋내기 연출은 동지들의 의욕을 정반대로 상실시켰다. 제1막은 모두 잘 했으나 제2막의 연습에는 배역을 맡은 동지들이 슬슬 피하는 것이 아닌가. 계속적인 왜놈들의 학대를 나타내는 장면에서 노능서 동지를 비롯한 학도병들이 실제로 늘씬하게 매를 맞았다. 일본군 장교와 헌병과 하사관들에게 구둣발로 채이고 깨이고 하여 그 발길질은 동지들의 몸에 멍이 들게 하였다.

이것은 연기가 아니고 실기였다. 정말로 코피가 터지고 밟히고 걷어차이는 이 연습은 연극의 생명인 실감을 더할 나위 없이 풍겨주었다. 하지만 동지들은 종내 이를 계속하려 들지 아니했다. 이것은 모두 나의 연출의 책임이며 결과였다.

그러나 이것은 놀라운 연극효과를 나타내었다.

마침내 졸업 전야에 연예회가 열렸다. 강당에는 이 지구사령관(천다칭 제19집단사령관), 린찬 군관학교 교장 이하 즐비하게 장성급들이 모두 참여하였고, 전 군관들과 병사들이 참관하고자 빽빽이 들어찼다.

새삼스러운 긴장이 우리를 마비시키는 듯했고, 새로운 후회가 내 가슴 안에서 일었다. 어떻게 오늘밤의 순서를 잘 이끌어 이들에게 한국 청년의 능력을 보여줄 수 있을 것인가. 좀 더 열심히 연습을 해야 했을 것을…. 이런 나의 기우에도 불구하고 마침내 일은 시작되었다. 박수 속에 김학규 주임의 인사말 겸 개회사가 있었고, 이어 김준엽 동지가 한광반을 대표로 하여 우리의 결의를 말하는 내용의 연설을 하였다.

미청년의 카랑카랑한 목소리가 강당 안에 한국 청년의 기개를 토하고 있었다. 일제의 압박 속에서 탈출한 한국 청년들이 중국군의 우호적인 호의로 그동안 교육을 받았으며 우리는 이제부터 일본 제국주의 침략에 대항해서 영웅적 투쟁을 하여 이것으로서 보답하겠다는 내용이었다.

이어 연극의 막이 열렸다. 연극은 의외로 심각하고 침착하게 진행되었다. 진 교관이 변사로서 무대 한 옆에 서서 연극의 내용을 중국말로 설명하였다. 우리의 열연이 통역으로 설명될 때마다 중국 관중의 박수갈채가 쏟아져 나왔다. 지독하게 얻어맞은 노능서 동지에게 미안하기 짝이 없었다. 동지들의 실제의 비명이 날 괴롭혔다. 나는 내 얼굴을 감싸고 박수갈채 소리에 귀가 먹은 나 자신을 발견했다.

세 번째 순서로 홍석훈 동지가 우리나라 민요를 독창으로 불렀고, 진경성 교관은 하이얀 고깔을 쓰고 승무복을 입고 나와 북을 치고 돌아가며 승무를 추었다. 한국의 고유한 민속은 이들 중국 관중에게, 더구나 군인들의 특이한 관심 속에 환영을 받았다. 마지막 순서로 독립군가가 무대에 출연한 전원에 의해 합창되었다. 청중의 열광적 박수는 우리의 성공을 말하여 주는 듯했다. 그 박수갈채는 모두 중국 하늘에 가득한 별무리가 되었으리라.

(《돌베개》, 181~188쪽)

한광반 졸업 기념사진(안후이성 린촨) 앞에서 2번째 줄 오른쪽에서 첫 번째가 저자

이상에서 보는 바와 같이 내가 지은 희곡이 장준하 형의 연출로 상연되었는데 오히려 장형이 나보다 생생하게 기억하고 있기에 《돌베개》를 길게 인용하였다. 장형은 연출하느라고 나의 작품을 여러 차례 읽은 것도 사실이지만, 광복 후에도 국내에 들어와서 6·25 전쟁이 일어나기까지 중국 시절을 회상하면서 《등불》 잡지를 되풀이해서 읽었기 때문이라 했다.

중국어 강연이며 희곡이며 모두 유치했을 것이 틀림없지만 그 당시로서는 이것이 나의 독립운동이다 하고 심혈을 기울였던 것만은 분명하다. 지금 생각하면 그 시절 나는 정말로 만용으로 가득 차 있었다는 것을 새삼 느끼게 된다.

다음 날은 졸업식이었다. 우리는 중앙군관학교 교장 장중정(장제스)의 명의로 된 졸업장과 중국 육군 소위의 임명장을 받았다.

허술한 교육, 그것도 3개월도 못 되는 기간의 훈련을 받고 정식으로

광복군에 참여했던 학병 동지들

중국 육군 소위에 임명을 받고 나니 쑥스러웠지만, 이 '소위 임명장'은 그 뒤에 우리의 활동에 큰 영향을 주었다. 중국 정부에서 준 자격 증서를 가지고 있었기에 우리는 충칭까지 무사히 장정할 수 있었다.

아무튼 졸업하고 나면 어떤 일이든 우리가 실제로 활동할 수 있으리라는 희망과 기대 속에서 우리는 감개무량한 졸업식을 마쳤다. 지난 70일 동안의 일이 주마등처럼 나의 머리를 스쳤다. 고향에 계신 어머니와 형제들은 편안하신지. 내가 지금 중국 육군 소위 임명장을 들고 있는 모습을 생각도 하지 못하고 계시리라.

주

01 중국군의 편성은 군사위원회, 전구, 집단군, 군의 4급으로 되어 있는데 군 밑에 사가 있다.

02 용진가

03 1931년 7월 2일 지린성 창춘현 완바오산 지역에서 수로 공사 중 분쟁으로 중국인이 한국인을 집단습격한 사건. 일제의 술책으로 사건이 과장보도되어 한중 관계가 나빠졌다.

04 1919년 11월에 김원봉 등 10여 명이 만주 지린성에서 조직한 항일 비밀결사

05 정식 명칭은 중국 국민당 육군군관학교이며, 쑨원이 설립하였다. 한국인으로서 황푸군관학교를 졸업한 사람은 약 100명에 달한다.

06 이때 김원봉을 광복군 부사령으로 영입하였다.

VI.

장정(하)
– 린촨에서 충칭까지

1. 서쪽으로 가는 길

졸업이 가까워옴에 따라 다시 우리의 거취가 문제 되기 시작하였다. 처음부터, 말하자면 일본군을 탈출할 때부터, 그리고 유격대에 있을 때도 우리의 목적지는 언제나 충칭의 임시정부였으므로 충칭에 도착할 때까지는 우리의 거취에 무슨 문제가 생길 까닭이 없었다. 그것은 린촨에 우리보다 먼저 와 있던 학병들도 대략 마찬가지였다.

그런데 문제가 생긴 것은 김학규 주임이 우리를 린촨에 붙들어 두고 충칭으로 떠나는 것을 막으려고 한 데서 시작되었다. 이것은 우리에게는 뜻밖의 일로서, 이로 말미암아 김 주임과 우리 사이가 서먹서먹해지고 말았다.

김 주임이 우리의 충칭행을 막으려고 한 데는 충분한 이유가 있었다. 그것은 첫째로 그가 맡은 임무와 애국심 때문이다. 초모처의 임무는 될수록 많은 한국 청년을 일본군이나 일본 점령 지구로부터 불러 모아 광복군의 병력을 늘리고, 중국군 또는 연합군과 어깨를 나란히 작전을 전개하여 일본군을 섬멸하는 데 있었다. 김 주임으로서는 이미 70여 명의 유능한 간부를 확보하였으니 이들을 활용하여 적어도 1개 연대의 병력은 쉬이 편성할 수 있을 것으로 생각하였을 것이다.

사실 린촨에 집결한 혁명 청년의 수는 당시 시안에 모여 있는 한국 청년보다는 적었지만, 대부분 최근에 일본군을 탈출한 학병이어서 유용 가치는 시안이나 충칭의 광복군보다 낫다고 판단했을 것이다. 또한 린촨의 입지 조건이 광복군으로서는 충칭은 물론이고 시안보다도 좋다고 평가하였을 것이다. 이러한 임무와 판단으로 김 주임은 우리의 충칭행을 단념시키고, 즉각 적 후방 지하공작에 우리를 투입하고 싶었던 것이다.

둘째로 우리가 짐작한 이유는 혁명 진영에서 그의 지위를 높이려 한 데 있었다. 만일 김 주임의 계획대로 1개 연대 규모의 부대라도 편성에 성공한다면 틀림없이 자기가 광복군의 주력을 통솔하는 것이 되고, 그의 위상도 강화할 것이다. 그가 만주에서 대일 무력투쟁에 참여하였던 만큼 홍범도 장군이나 김좌진 장군과 같은 혁혁한 공을 세우고 싶었을 것이다.

이것은 순전히 우리의 추측이었지만, 김 주임이 제2의 홍범도 장군이나 김좌진 장군이 되고 싶은 포부를 가졌다고 하여 나무랄 것이 없고 오히려 칭송해야 할 일이었다.

아무튼 김 주임은 끈질기게 우리의 충칭행을 막으려고 노력하였다. 충칭은 자기가 있어봐서 잘 알지만 노인들이 당파 싸움을 거듭하여 시끄러운 곳일 뿐만 아니라, 우리가 그곳에 가봤자 할 일이 없어서 크게 실망할 것이니 자기와 함께 린촨에서 대일 투쟁을 하자는 것이 그의 설득 내용이었다.

그러나 우리의 태도는 김 주임의 설득 공작이 심할수록 반대로 더욱 강경해졌다. 졸업생들은 전체 회의를 열어서 나와 장준하 동지를 대표로 선출하였고, 김 주임과 정면으로 대결하는 국면이 되고 말았다.

김 주임이 린촨을 근거지로 하여 대일 투쟁을 전개하자고 주장하는 것도 충분히 수긍할 만한 일이었다. 우리가 일본군에서 탈출한 목적이 바로 독립군으로서 일본군과 혈전을 벌이려고 했던 것이니 거기에 이의가 있을 까닭이 없었다. 그러나 우리는 충칭으로 가서 오래전부터 동경하던 임시정부를 우리 눈으로 직접 보고, 또 임시정부를 이끌어 온 대지도자인 김구 선생을 비롯한 여러 독립운동의 원로를 찾아뵙고 싶은 마음이 훨씬 컸다. 무엇보다 임시정부나 광복군 총사령부를 찾아가서 독립운동의 역사와 현 위치를 제대로 파악한 다음에 우리가 무엇을 하는 것이 가장 옳은 것인지 결론을 내리고 싶었다. 우리의 하나밖에 없는 생명을 독립운동의 제단에 바치고자 하는 결심에는 추호의 변함이 없었지만, 충칭행은 우리의 생명을 가치 있고 가장 유효적절하게 바치는 것이 어떤 것이냐 하는 신념을 얻고자 함이었다.

김 주임의 설명만으로는 우리의 결심을 꺾을 수가 없었다. 독립운동이라는 큰 테두리와 더불어 구체적으로 우리가 진심으로 존경하는 지도자의 가르침을 받고 싶었던 것이다.

충칭의 임시정부에 내분이 있으니 실망할 수 있다는 설명에도 우리는 뜻을 꺾지 않았다. 국내의 삼천만 동포가 일제의 악랄한 식민지 통치로 도탄에 빠져 있으면서도 희망을 잃지 않고 있는 것은 임시정부가 있고, 위대한 지도자들이 앞장서서 동포를 구원할 것이라는 기대 때문이다. 우리는 그 기대를 지도자들에게 직접 전달하고 싶었고, 만일 내분이 있다 해도 젊은 우리가 감으로써 해소될 수 있다고 믿었다.

더욱이 김 주임이 우리를 밑천으로 하여 자기 세력을 확대하려는 속내가 보였기 때문에 장 동지와 나는 물러서지 않고 우리 주장을 관철시켰다. 마침내 김 주임은 우리의 뜻을 받아주었다. 진경성 교관을 안내 인솔자로 하여 충칭으로의 장정에 다시 올랐다.

1944년 11월 22일 오후 2시, 53명이 린촨을 떠났다. 학병 25명 외에도 다른 사람들이 함께했는데, 이 가운데는 여성 6명과 아이 3명도 끼어 있었기 때문에 우리의 장도를 더욱 심각하게 만들었다. 일본 점령지역에서 장사하던 세 쌍의 부부와 그들에게 달린 아이들이 불과 한 달 전에 린촨에 도착했던 것이다. 나머지 3명의 여성은 충칭에서 왔다가 돌아가는 오희영 양(오광선 장군의 영애)과 두 명의 공작원이었다.

학병 출신 중에 8명은 김 주임과 행동을 같이하기로 하였고, 또 다른 대원 7명도 린촨에 남기로 하였으므로 잔류 인원은 김 주임을 비롯해서 20명 정도가 되었다. 말하자면 70여 명 중에서 53명이 충칭으로 떠나 주력이 빠져나간 셈이다.

11월 하순의 날씨는 우리가 쉬저우 근방의 유격대를 출발할 적과는 달라서 아주 쌀쌀한 바람이 불기 시작하였다. 겨울이 가깝다는 신호나 하듯이 찬바람이 우리 귀밑을 스쳐 가며 시련을 암시하는 듯하였다.

우리가 출발할 때 지급된 것은 약간의 밀가루와 소금국을 끓일 수 있을 정도의 부식비였고, 옷은 한광반에서 입던 청색의 얇은 여름 군복이었으며, 맨발에 짚신을 신은 초라한 모습이었다. 밀가루는 각자 일정량을 자루에 넣어서 어깨에 지고, 나머지는 추차에 싣고 중국 인부에게 밀고 가게 했다.

우리의 모습은 초라하였지만 사기는 충천하였다. 우리는 철통같은 동지 의식으로 이 험난한 길을 주파하고 나라의 독립을 기어코 성취하겠다는 굳은 의지로 뭉쳐 있었다.

우리는 먼저 닷새 동안 강행군하여 후방으로 이동하는 중앙군 1개 사단의 병력과 합류하기로 되어 있었다. 합류한 뒤에는 그날 밤중으로 80리를 걸어서 핑한선을 횡단하고, 다시 50리를 더 가야만 안전지대에 도착하는 일정이었으므로 엄청난 강행군이었다.

린촨에서 70일간 쉬다가 다시 시작한 행군은 여간 어려운 것이 아니었으나, 그보다도 더 큰 난제는 무사하게 핑한선을 넘어야 하는 것이었다. 연합군이 해상 보급로를 차단하여 육로 보급에 의존할 수밖에 없는 일본군으로서는 핑한선이 대단히 중요해져서 철로 경비가 더욱 삼엄하였기 때문이다. 우리는 진푸선이나 룽하이선을 넘을 때의 쓰라린 경험이 떠올라서 핑한선에 가까울수록 말 못할 중압감을 느꼈다. 그런데 중국군과 합류하여 철도 가까이 도달하였을 때 마침 하남작전에 출동하던 일본 기병대의 습격을 받았다. 그 때문에 30여 리를 후퇴하게 되었는데, 겁에 질린 추차 인부가 도망쳐버려 우리가 번갈아가며 추차를 밀고 갈 수밖에 없었다. 마을의 농민들도 부대가 접근하면 모두 도망쳤다. 그것은 군인들이 농민들을 붙잡아 무기나 탄약을 운반시킬 뿐만 아니라 경우에 따라서는 함부로 징집까지 하기 때문이다.

비바람까지 겹쳐 날씨는 몹시 추웠다. 여기서 다시 닷새간 전진을 못하고 농가의 헛간에서 대기하고 있었는데, 6일째 되는 날 밤에 중국군 사단으로부터 전진한다는 연락을 받고 '긴 행렬'의 맨 뒤에서 따르게 되었다.

'긴 행렬'에 관해서는 설명이 좀 필요하다. 이 행렬은 사단 병력의 이동이라고 단순하게 생각하면 이해하기 어려운 모양새이다. 무기나 탄약 운반을 위해 징발된 지게꾼이나 추차의 행렬은 말할 것 없고, 사단장이나 고급 간부들의 처첩을 태운 가마 행렬이 첨가되어 있는 것이다. 한 둘도 아니고 그 수가 가마 50여 대에 이르니 기막힌 일이 아닐 수 없었다. 이래서야 어떻게 전쟁을 치를 것이며 어떻게 일본을 물리칠 수가 있겠는가. 그것도 유격대가 아니라 중앙군이니 한심스럽기 짝이 없었다.

그러나 그들은 이런 식의 이동에 익숙한 것 같았다. 가마나 지게, 추차를 옮기는 행동이 매우 민첩하였으며 아무런 소음도 내지 않고 전진하였다. 오히려 그들의 발이 빨라서 우리는 뛰어야만 따라갈 수 있었다. 날이 컴컴하여 겨우 5미터 정도의 앞을 내다볼 수 있었고, 앞사람을 놓치는 것은 죽음을 뜻하는 것이기에 필사적으로 따라가야만 했다. 그러다 보니 가마 속의 여인들은 물론이고 우리 일행 중의 여인들도 행렬의 바로 두어 발자국 옆에서 잠깐씩 용변을 보는 형편이었다.

그나저나 이 많은 사단 병력이 무슨 방법으로 핑한선을 넘을 것인가 내내 궁금하였다. 일본군은 철로의 안전을 위하여 철길 양쪽에 거대한 참호를 만들어 감시하면서 사람과 말의 통행을 막았고, 또 좌우 50리씩을 특별경계구역으로 설정하여 경계에 철저하였다. 이런 대부대는 참호를 몰래 넘을 수 없을 터이니 반드시 전투가 벌어질 것으로 예상하였다. 철도 가까이 몰래 접근하였다가 철로 건널목의 소규모 일본 경비대를 무력으로 제압하고 횡단할 것으로 나는 짐작하였다.

앞뒤를 분간할 수 없는 칠흑 같은 밤, 자정 무렵 전 부대가 정지한 곳은 복숭아밭이었다. 누구 하나 말을 하거나 기침 소리도 없이 숨을 죽이고 기다렸다. 복숭아나무 아래 모두 쪼그리고 앉았으나 마음은 조급하였다. 이 순간에는 오직 무사하게 철로를 넘는 것만 생각했지 무슨 다른 생각을 할 여유가 없었다.

얼마 후에 중국군으로부터 연락 오기를, 잠시 후 새벽 2~3시 사이에 철로 횡단을 감행한다는 것이었다. 멀리 마을에서 개 짖는 소리와 핑한선을 달리는 기차의 기적 소리도 간간이 들려왔다. 은은한 기적의 여운이 두어 번 밤의 정적을 흔들고 간 뒤에야 출발 신호가 왔다.

나중에 알았지만, 우리가 쪼그리고 앉았던 복숭아밭은 철로에서 10리가량 떨어져 있던 곳이고, 중국군과 철로 경비의 일본군 사이에 모종의 타협이 이루어졌다고 한다. 즉, 일본군은 소규모여서 중국 부대의 철로 횡단을 묵인하고 그 대신 중국군은 철로를 파괴하지 않는다는 타협이었다. 유격대에 있을 적에 자왕탄광을 지키던 일본 경비대 앞을 태연하게 지나던 생각이 났다. 어떻게 생각하면 중일전쟁이란 재미나는 것이기도 하였다.

그러나 출발 신호를 받았을 때는 이런 내막을 몰랐기에 모두 극도로 긴장하였다. 출발과 동시에 힘껏 뛰었다. 숨이 턱에 닿는 것만 같았다. 서쪽으로 10리 길을 뛰고 나니 어슴푸레하게 아카시아나무가 보이고 그 사이로 늘어선 철로가 보였다. 우리는 단숨에 철로 위를 가로질렀다. 발밑으로 자갈이 밟히고 '레일'이 차이기도 했다. 자갈 밟히는 소리가 유난히 크게 울리는데 마치 일본군을 깨워 부르는 소리만 같았다. 그러나 일본군 초소나 불빛 같은 것은 전혀 보이지 않았다.

죽는지 사는지도 모르고 앞사람의 뒤만 따라 힘껏 달렸다. 철로에서 벗어나 한참 동안 구보를 멈출 수 없었다. 아마도 안전지대까지 내리 50여 리를 뛰었을 것이다. 일본군과 합의가 된 짧은 시간 동안에 경비지역을 완전히 벗어나려는 것이었다.

달음질 끝자락에 동이 터 올랐다. 그것은 1944년 12월 1일의 새벽이었다. 내 앞에서 달려가던 어느 동지 뒷모습의 윤곽이 차차 뚜렷해진다. 이때부터는 뛰지 않고 빠른 걸음으로 걸었는데, 땀이 식어가며 선뜩한 추

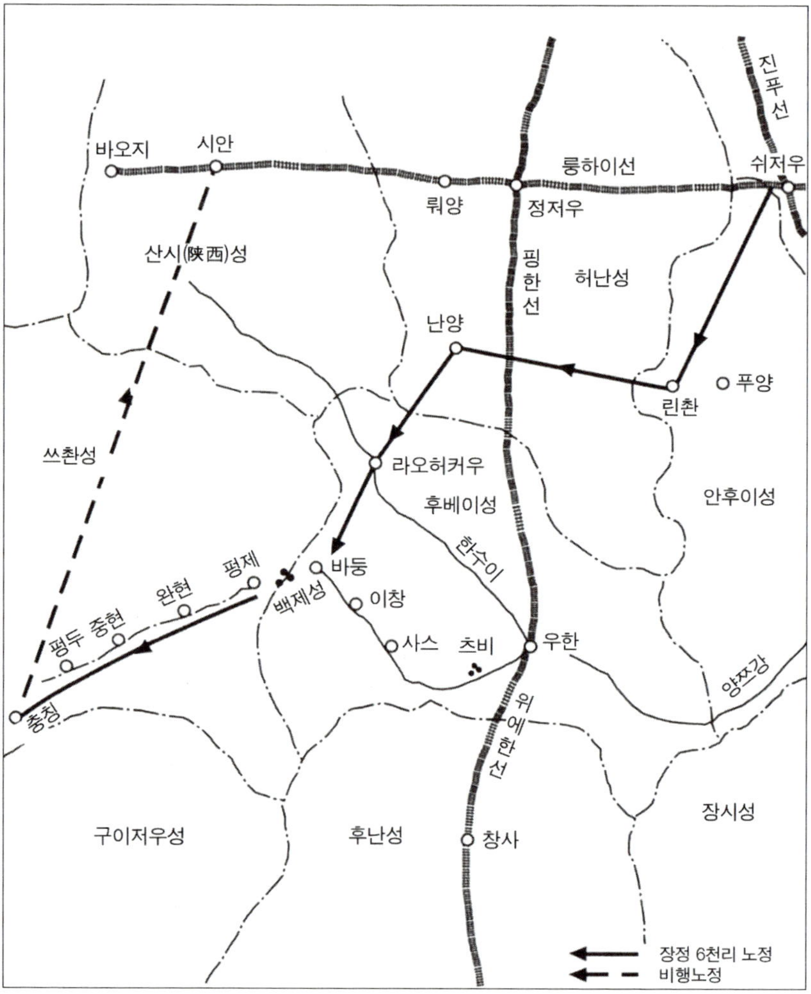

장정 6천리 노정과 비행 노정

위를 느끼기 시작하였다. 날씨는 찌푸리고 금방이라도 눈이 내릴 것 같은 초겨울의 중국 대륙이었다.

오후 2시 무렵부터 중국 사단은 시안 방면으로 갈라져 가고 충칭으로 가는 길에는 다시 우리 53명만 남았다. 이로부터 우리끼리 거대한 대륙의 낯선 길을 헤쳐 가며 서쪽으로 가는 장정을 계속하게 된 것이다.

우리는 네 그룹으로 편성하여 행동하기로 하였다. 그러는 것이 아무래도 속도나 행군에 능률적이라고 생각하였기 때문인데, 걸음이 빠른 선발대는 목적지에 먼저 도착하여 숙소나 식사 준비를 마련하는 임무를 맡았다. 늘 그랬던 것처럼 이때도 장준하 동지는 선발대에 끼어 어려운 일을 도맡았다. 중국어에 통달한 진경성 교관과 선우진 동지도 선발대였다. 나도 가끔 선발대에 참가하여 장 동지를 도왔는데 우리는 교대로 선발대의 임무를 맡도록 조치한 것이다.

선발대가 목적지에 도착하면 먼저 마을의 '보장'[01]을 찾아 숙소를 소개해달라고 부탁한다. 이곳의 보장은 우리나라의 면장과 비슷하지만 전시라 그런지 권한이 큰 것 같았다. 군인 몇 명이 묵을 숙소를 부탁하면 곧 가가호호에 물어서 유숙하게 해주었다. 다행히 우리가 중국군 소위 신분이어서 보장에게 부탁하는 일이 그리 어렵지 않았다. 게다가 우리가 가는 길은 거의 군인들만 왕래가 가능하고, 또 전후방을 연결하는 운송도로였으므로 이런 일이 다반사인 듯했다. 숙소라고 해야 헛간이나 마구간인데 이것은 우리가 유격대에서 린촨까지 장정할 때와 같았다. 숙소가 정해지면 우리는 쌓여 있는 낟가리로 달려가서 콩깍지나 밀짚을 헛간이나 마구간으로 날라다 깔고 돼지처럼 그 속을 비비고 들어가 잠을 자야 했다. 콩깍지나 밀짚을 찾지 못하면 냉기를 피하려고 나뭇가지를 깔고 잘 때도 있었다.

선발대는 숙소를 마련하는 일 이외에 식사를 준비하는 임무가 있었다. 식사 준비라고 해야 추차에 싣고 온 밀가루를 반죽해서 떡을 만드는 일인데, 밀가루는 각자에게 지급된 양에서 날마다 하루치를 덜어서 추차에 싣고 선발대가 끌고 갔다. 우리는 하루 세 끼를 밀가루떡으로 충당하였던 것이다. 우리는 날마다 100여 리를 걸어야 했는데, 선발대는 숙소나 식사 준비를 위해 남들보다 먼저 네 시 정도에 목적지에 도착해야만 했다. 파촉령을 넘어 양쯔강변의 샹시진(바둥현)에 도달할 적까지 매일 이러한 생활의 연속이었다.

핑한선을 횡단하고 중국 사단과 헤어지던 날, 말하자면 우리 53명만 따로 이동하게 된 그날 밤에 아찔한 순간이 있었다. 길을 잘못 들어 산적의 소굴로 가게 됐는데 하마터면 식량은 물론이고 목숨까지 잃어버릴 뻔한 것이다.

핑한선을 넘으면 중국의 대평원은 차차 사라지게 되고, 한중 고원지대가 가까워지면서 산들이 나타나기 시작한다. 우리가 잘못 찾아간 산성은 바로 산적의 본거지였다. 우리의 인원도 적었고 가진 것이 없는 데다 우리가 한국인이라는 것을 알고 무사하게 '석방'해주기는 하였으나 그날 밤 우리는 긴장 속에 한잠도 이루지 못했다. 전날 밤은 핑한선을 뛰어넘느라고 자지 못하였고, 이날 밤은 산적들과의 대치로 한잠도 자지 못한 것이다. 마치 무협소설에 나올 듯한 산적 소굴이었는데, 나중에 중국 사람들이 말하기를 이 소굴에 들어갔다가 살아남은 사람은 우리뿐이라고 하였다.

이 산성을 빠져나온 다음부터는 충칭까지 이렇다 할 위험은 없었다. 일본군은 물론이고 왕징웨이 군대나 공산군도 없었다. 국민정부가 완전히 지배하고 있는 안전지대여서 숙식은 어려웠어도 마음은 느긋하였다.

날씨도 춥고 행군도 고달프기 한이 없었으나 위험이 없는 중에 발동하는 중국에 대한 호기심은 나를 다시 유쾌하게 만들었다. 도보로 무전여행을 즐기는 김삿갓이라도 된 것처럼 낭만적 기분이 드는 것이었다. 하도 걸어서 발바닥은 소가죽처럼 두꺼웠고 양쪽 다리는 축구선수처럼 굵고 단단해졌다. 다만 나는 운동과는 인연이 멀기 때문에 두 팔은 가느다랗지만 다리는 굵은 불균형한 모습이 되었다.

중국 대륙은 참으로 넓었다. 걷고 또 걸어도 한이 없었다. 여간해서는 이 광대한 땅을 제대로 통치하기가 어려울 것이다. 교통도 불편하고 문맹이 많은 이 나라에 전제 정권이 불가피하다는 이론에도 수긍이 가는 듯했다. 게다가 지금 전쟁 중이고 보니 모든 것이 비정상일 수밖에 없을 것이다. 산적이나 도적들이 판치는 것도 무리가 아니라고 생각되었는데 이때 중국에서는 이들을 '토비'라고 하였다. 역대 왕조 말의 혼란기에 천하를 어지럽게 하던 적미적이니 녹림적·오두미적이니 하는 이름들이 머리에 떠올랐다.

우리는 이발이나 목욕 같은 것은 꿈같은 일로 생각조차 할 수 없었는데 항상 괴로웠던 것은 온몸을 누비고 다니는 이들이었다. 생명의 위협을 느낄 때는 전혀 신경 쓰지 않았지만 총소리가 들리지 않고 안전지대를 걷기 시작하니까 이가 기어다니는 것이 몹시 신경을 건드리는 것이었다. 추운 겨울이지만 걷다가 쉬는 시간만 있으면 모두 옷을 벗고 알몸으로 이 사냥을 하였다. 옷을 벗어 우선은 활활 털어서 피를 빨아먹고 통통해진 이를 얼어붙은 대지에 사정없이 내던지고, 다음에는 각개 격파하는 것이었으나 도저히 소탕할 수가 없었다. 군복의 솔기 사이사이에 알을 까고, 잠복하고 있어서 옷을 몽땅 불에 태우는 초토전쟁을 벌이기 전에는 이와의 전쟁에서 이길 방도가 없었다. 우리는 그것을 알면서도 하루에 한두 번은 줄을 지어 언덕에 올라앉아 이런 전투를 되풀이하였다.

설상가상으로 어느새 동지들의 전신에는 옴이 만연하였다. 목욕을 못한 까닭도 있겠지만 아무 곳에서나 잠을 자던 밀짚에서 전염된 모양이었다. 손가락 사이, 겨드랑이, 사타구니로 번진 옴은 차차 커져서 곪기까지 하여 몹시 가려운 것은 말할 것도 없고 심하면 걷는 데 지장까지 주었다. 특히 백정갑 동지가 큰 고생을 했는데, 혼자 걸을 수가 없어 동지들이 두 어깨를 부축해줘야 간신히 걸을 정도였다. 같은 조건의 생활이건만 어찌된 셈인지 나와 장준하 형만은 옴의 걸리지 않았다. 충칭에 도착할 때까지 옴이 옮을까봐 전전긍긍하였으나 나와 장형은 용케 옴의 내습을 모면하였다.

누구의 처방인지는 몰라도 돼지기름에 유황을 섞어서 옴이 오른 환부에 바르고 불에 쪼이면 치유가 된다는 말이 돌았다. 그래서 밤이면 농가 헛간에서 밀짚 불에 유황을 바른 알몸으로 줄을 서서 고행을 계속하였으나, 그렇다고 옴을 퇴치한 동지는 하나도 없었다.

날씨는 점점 더 추워졌다. 외투는 물론이고 내의도 얻어 입지 못하였고 여름 군복에 맨발이었으니 가히 우리가 느낀 추위를 짐작할 수 있을 것이다. 그때의 옷차림이나 숙식, 그리고 전신에 흩어져 있는 이나 옴을 생각하면, 우리 모습은 거지 가운데에서도 상거지에 속해 있었을 것이다.

그러나 우리는 누구를 만나도 부끄럽지 않았고 우리의 사기는 대단하였다. 지금 비록 일본군을 피하여 후퇴하는 것이지만 이것은 어디까지나 이보전진을 위한 일보후퇴에 불과하다. 승리는 반드시 우리의 것이라는 신념을 품고 우리는 충칭의 임시정부를 향해 장정을 힘차게 계속하였다.

2. 난양과 라오허커우에서

핑한선을 넘어 다시 닷새를 행군한 다음 날, 나는 흥분한 마음으로 선발대에 끼어 새벽같이 출발하였다. 점점 옛날의 초나라 땅으로 들어간다는 생각이 내 머리에 꽉 찼다. 이 길에서 중국에서의 첫눈을 맞이하였지만 나는 현재보다는 옛 생각에 깊이 잠겨 있었다. 지금 걷고 있는 땅은 옛 촉나라 땅으로 유비와 제갈량의 활동무대였던 곳, 이제부터 그곳을 향한다는 생각만으로도 모든 것을 잊는 듯하였다.

12월 5일 우리는 허난성 난양에 다다랐는데 이 근방에 와룡강이라는 이름의 언덕이 있는 것을 알기에 내 마음이 설렜다. 제갈공명의 명성이 높아 그를 와룡이라 하였는데 그가 자라난 곳이 바로 이곳이다. 공명은 삼국시대의 특출한 영웅으로서 나관중의 역사소설 《삼국지연의》의 영향으로 중국뿐만 아니라 우리나라에서도 그를 존경하는 마음은 대단하다. 나 또한 틀림없이 그 영향을 받고 있었다.

먼저 와룡강을 보고 목적지인 난양까지 가려면 남보다 시간이 더 필요하였다. 와룡강은 큰길에서 샛길로 빠져 약 15리는 떨어져 있기 때문에 다른 동지들보다 이날 30리는 더 걸어야 했다. 나는 이곳 하나만을 보기 위해서라도 중국을 방문했을 것이란 생각에 거리 같은 것은 염두에도 없었다. 선발대 동지들에게 와룡강 이야기를 꺼냈더니 장정에 지칠 대로 지친 동지들은 내 말에 흥미가 없는 듯했고, 이때도 오직 장준하 형이 나와 뜻을 같이하였다. 공명의 사당을 둘러본 다음에 다시 선발대와 합류하려면 왕복하는 동안 힘껏 뛰어야 했다. 숨이 차서 헐떡거리긴 했지만 핑한선을 뛰어넘을 때와는 전혀 다른 기분이었다.

와룡강은 아주 낮은 야산의 일부였고, 인가도 없는 곳에 사당만 우뚝 서 있었다. 사당에 들어가 보니 묵화로 그린 제갈공명의 커다란 초상화가 높은 벽의 중앙에 걸려 있고, 제단은 여러 향로에서 피어오르는 향의 연기로 자욱하였다. 와 보면 별것 아니지만 보지 못하면 영원히 한이 될 곳이다. 그런데 사당은 장터가 된 듯 장꾼들로 떠들썩하였고, 다방을 겸하고 있는 터라 먹고 남은 호박씨·수박씨·호콩의 껍질이 바닥을 메우고 있는 형편이었다. 어떻게 유적을 이렇게 소홀하게 다룰 수가 있을까? 아무리 전쟁 중이라도 관리가 거의 되지 않는 것으로 보였다. 나는 실망하고 사당을 나와 조금 떨어진 곳에 공명을 위해 건립한 와룡비를 찾았다. 비석의 뒤에 작은 글씨로 조각된 '출사표'가 보였다.

이곳에 머문 시간은 한 시간도 채 되지 않았다. 시간도 짧고, 장터가 되어버린 사당에 실망은 하였으나 나로서는 와룡강을 찾은 것이 마치 달나라에라도 다녀온 느낌이었다. "역사는 다리로 공부하라"는 말이 새삼스럽게 다시 머리에 떠올랐다. 마치 공명과 직접 대면이라도 한 듯한 기분이었다. 장형과 나는 선발대를 따라잡기 위해 다시 뛰었다. 다행히도 난양시에 들어가기 전에 그들과 합류할 수 있었다.

린촨을 떠나 보름 만에 도시에 오고 보니 우리의 모습이 초라하여 좀 부끄럽기도 하였다. 석근영 동지가 지나가는 여학생에게 부탁하여 실과 바늘을 얻어왔다. 우선 떨어진 곳이라도 꿰매야 하겠기에 우리는 모두 모여서 군복을 수선하였다. 하복에서 벗어나 추위를 막아줄 동복으로 바꿔 입고 외투도 걸치고 싶었다.

사실 옷보다 더 심각한 문제는 양식이 바닥이 나서 새로운 보급을 받지 않고는 더는 전진할 수가 없다는 것이었다. 우리는 난양시에서 좀 떨어진 중앙군 보급창이 있는 어느 마을의 헛간을 숙소로 배정받아 10여 일을 머물게 되었다. 여기서 오랫동안 지체하게 된 것은 우리에게 필요한 보급을 받지 못했기 때문이다.

진경성 교관과 내가 대표로 뽑혀 이곳 군사령부로 찾아가 보급 교섭을 하게 되었다. 그런데 거의 날마다 사령부에 출근하다시피 하면서 보급

품에 대한 교섭을 하였으나 결말이 나지 않았다. 그들의 설명에 의하면 이곳은 제5전구에 속해 있으므로 전구사령관인 리쭝런 장군의 인준이 있어야만 지급할 수 있는데, 그 지시가 내려오지 않았다는 것이었다. 날씨는 춥고 먹을 것이 없는 데다 숙소가 외양간 같은 곳이니 정말로 고통스러운 일이 아닐 수 없었다. 아무 결과 없이 돌아올 때마다 우리의 초조함과 실망은 점점 심해졌다.

그런 중에도 우리는 이 무료하고 답답한 시간을 어떻게 활용할지 궁리하였다. 이때 착안한 것이 난양에 있는 10여 개의 중·고등학교를 순방하면서 일본의 침략에 항거하는 의식을 고취하고, 동시에 한국의 독립에 대한 정신적 지원을 얻는 데 힘쓰자는 구상이었다. 이것은 일석삼조의 효과가 있었다. 항일 투쟁을 쉼 없이 전개한다는 효과 이외에도, 이 기회에 헛간 밖으로 나와 가슴을 활짝 펴고 걸으니 건강에도 좋고, 또한 학교나 거리를 구경한다는 것은 중국을 이해하는 데 도움이 되는 일이었다. 난양에 있는 동안 거의 날마다 내리는 비와 진눈깨비에 시달리면서도 우리는 부지런히 밖으로 나갔다. 그동안 일행으로 함께 온 세 쌍의 부부와 여성들 때문에 몇몇 동지 사이에 불미스러운 일도 있었는데 밖으로 나가니까 이런 사태도 극복할 수 있었다.

때마침 이곳에 와보니 중국 정부는 이해 10월부터 '10만 학생 종군운동'을 전개 중이었다. '청년군'이니 '학생군'이니 하였다. 지식수준이 높은 학생으로 정예부대를 편성하여 대일전을 강화하려는 것이고, 말하자면 우리와 같은 '학도병'인데 그것은 어디까지나 자발적 지원에 의한 모병이었다. 우리가 이곳의 중·고등학교를 순방하는 동안에 우리가 모두 대학생이라는 것을 안 지방 당국은 특별한 관심을 보이기 시작하였고, 우리가 린촨군교 졸업식에서 연극과 강연을 하였다는 사실을 알고는 우리에게 재연을 부탁하였다. 우리는 항일전에 조금이라도 도움이 된다는 확신으로 기꺼이 이에 응하였다.

이리하여 1차는 어느 고등학교 강당에서, 2차는 시민회관에서, 3차는 공설운동장에서 린촨 졸업식 때 상연한 〈광명의 길〉(일명 일본군 탈출기)이라는 연극을 선보이고, 그때마다 나는 '일본 점령하의 한국'이라는 제목으로 강연하였다. 린촨에서 했던 것과 같은 내용의 강연인 데다가 몇 차례 되풀이하였더니 중국말이 술술 풀리는 것이었다. 특히 세 번째 공연을 할 때는 수많은 시민이 '환영 한국혁명청년', '한국독립만세' 등의 구호를 쓴 플래카드를 들고 나와 우리를 감격하게 했다. 우리의 강연과 연극에 감동한 남녀 학생들은 우리를 찾아와 자기들도 종군하여 일본군과 싸우겠으며, 우리에게 이곳에 남아서 함께 일하자고 호소하였다. 또한 시내에 '환영 한국광복군'이란 플래카드가 나붙게 되자 각 기관은 앞을 다투어 건물에 플래카드를 내걸었고, 요소마다 큼직한 붓글씨로 쓴 벽보가 나붙기 시작하자 모금운동이 전개되어 많은 일용품과 돈이 전달되었다.

이것은 전혀 뜻밖의 일이었다. 나는 우선 팬티부터 사 입었다. 그리고 떨어진 '짚신'을 벗어던지고 선물로 들어온 헝겊신으로 갈아 신어 맨발 신세를 면하게 되었다. 그뿐이랴. 조그마한 식당이기는 하나 음식점을 찾아 두부탕이란 국도 사 먹으며 모두 기뻐하였다. 그보다 더 중요한 것은 이곳 사령부로부터 '학생 종군운동'에 큰 도움이 되었다는 치하를 받은 일이었다. 추운 헛간에서 이와 옴, 그리고 굶주림에 시달리던 고생은 순식간에 다 잊어버리고 우리는 다시 생기를 찾았다.

그러는 동안에 리쭝런 사령관으로부터 지시가 내려와 라오허커우까지 가는 데 필요한 식량과 동복, 그리고 약간의 노자까지 지급받았다. 이로부터 다시 장정에 올라(12월 17일 출발) 사흘을 꼬박 걸어서 라오허커우에 도달하였다.

길은 차차 고원지대로 접근하였는데 날씨가 더욱 추울뿐더러 사방은 흰 눈으로 덮여 있었다. 어느새 갈아입은 옷에도 이가 급속도로 번식하였다. 가다가 쉬는 시간이 있으면 낮에는 웃통을 벗고 이 사냥을 전개하였는데, 눈 위에 떨어뜨린 이들이 추위에 못 견디어 불그렇게 통통 부어오르면서 동사하는 것을 보고 쾌재를 불렀다. 처음에 쉬저우역에 도착하였을 때 거지가 윗옷을 벗고 이를 잡아먹는 광경을 본 것이 머리에 다시 떠오르기도 했다. 옴이 심한 동지들은 엉기적엉기적 기다시피 하면서 행군을 계속해야 했다.

난양에서 라오허커우로 가는 길에는 지나는 화물자동차를 신기한 눈으로 구경하였다. 유격대에 참가한 다음에 처음 보는 자동차이다. 차를 타고 가는 운전수가 여간 부럽지 않았다. 문명의 이기에 대하여 새삼 존경의 마음이 간절하였고, 현대문명에 염증이 나느니 어떠니 하던 학창시절의 생각이 새삼 우스웠다.

라오허커우 가까이 도달한 것은 한밤중이었다. 얼어붙은 단강을 넘어야만 시내로 갈 수 있는데, 초겨울의 결빙이라 과연 그 위를 걸을 수 있을지 알 수 없었다. 새까만 밤이라 얼음이 얼마나 두꺼운지 몰라서 강가에서 날이 밝기를 기다리기로 하였다. 그런데 집 한 채 없는 허허벌판에서 밤을 새운다는 것은 여간 괴로운 것이 아니었다. 밤이 되니까 기온이 뚝 떨어지고, 살을 깎아내리는 듯한 찬바람에 우리는 어쩔 줄을 몰랐다. 서로 꽉 끌어안고 체온을 유지하느라고 필사적인 노력을 하였다. 나는 장형과 끌어안고 길고 긴 대륙의 얼어붙은 겨울밤을 강가에서 지냈다. 장정으로 고달픈 탓에 그 추위 속에서도 잠은 부단히 우리를 괴롭혔다. 여기서 잠이 들면 얼어 죽을 수밖에 없는 것을 알기에 우리는 서로 깨우며 몸부림쳤다. 몸이나 입이 얼어붙은 것은 물론이고 우리의 생각마저 꽁꽁 얼어붙은 상태였다. 밤새 냉혹한 바람 소리를 들으며 한밤을 지새웠는데, 나는 일생을 두고 이때처럼 추위에 시달린 일은 없다.

동이 터서 강을 보니 강의 가장자리만 몇 미터씩 얼었을 뿐 중간은 얼지 않았으므로 한참 기다렸다가 나룻배를 타고 건널 수 있었다. 강을 건너가 주막을 찾아 뜨거운 '두부탕'을 마신 다음에야 얼었던 몸이 풀어지는 듯하였다. 우리는 다시 30~40리를 걸은 뒤에 라오허커우시에 도착하였는데 그날은 12월 20일이었다.

무엇보다도 우리가 기뻤던 것은 라오허커우에 우리 광복군의 전방 파견대가 있다는 소식이었다. 이곳에는 광복군 제1지대[02]의 제1구대가 있었는데 구대장은 김준이고 대원은 14~15명이었다(대부분이 전방에 나가고 구본부에는 김준 씨 외에 2명만 있었다). 여전히 김원봉의 세력 하에서 좌파 노선을 걷고 있었지만 우리의 도착을 크게 환영해주었다. 그들은 제5전구 사령부와 밀접하게 연결되어 대적 공작을 열심히 진행하고 있었고, 또한 허술한 건물이기는 하나 이층집을 청사로 쓰고 있어서 우리는 그곳에 머물게 되었다. 음식도 제공하여 이곳에 있는 동안 우리가 따로 식사를 준비하는 번거로움은 없었다.

라오허커우는 한수이 강변의 절벽 위에 자리 잡은 도시로서 크기는 린촨이나 난양과 비슷하였다. 이곳에서부터 파촉령을 넘을 수 있어서 국민정부로서는 화중에서의 가장 중요한 전략기지인 제5전구 사령부를 설치하였고, 화중 일대의 군수물자의 공급지이기도 하였다. 도시에서 내려다보이는 한수이는 정말 아름다웠다. 강 건너에는 군수창고가 즐비하였고, 교외에 비행장이 있어서 미국 제14항공대(대장 셔놀트 소장)의 파견대가 중국군의 전투를 지원하고 있었다. 그러나 거리는 조용하고 옛 생각을 하기에 알맞은 곳으로 느껴졌다.

다시 머리에 떠오른 것이 적벽대전이었다. 적벽은 이 한수이가 양쯔강과 합류하는 부근에 있는 곳으로서, 공명과 손권의 부장인 주유가 합력하여 조조의 80만 수군을 격파한 유명한 사적지이다. 해전에 서툰 조조의 수군은 여기서 대패하고 조조 자신도 간신히 북쪽으로 후퇴하였다. 이 전투 결과로 조조는 북쪽, 손권은 남쪽, 유비는 서쪽을 세력 범위로 만들게 되며, 마침내 공명의 구상인 '천하삼분'의 계략대로 삼국 분립의 대세가 확립되었다.

이와 연결해서 생각난 것이 시인 소동파의 '적벽가'였다. 황주로 유배되던 소동파는 47세 때인 1082년 7월에 옛 전장인 적벽을 찾고 '적벽부'라는 시를 지었다. 뱃놀이의 즐거움과 함께 이곳에서 싸운 조조와 주유를 회상하였다. 유구한 천지에 비교하여 인생이 짧다는 것을 탄식하면서도 '강상의 청풍'과 '산간의 명월'[03]이 주는 즐거움을 향수하는 것은 누구에게나 허용된다고 하는 달관으로 끝맺는다. 소동파는 그해 10월에 다시 이곳을 유람하면서 또 '후적벽부'라는 시를 지어 지난 석 달 동안에 강류가 줄고 풍경도 달라졌다는 것을 표현하였다.

나는 절벽에 서서 한수이를 바라보며 그 옛날의 일들을 상상하였으나 불행하게도 내게는 시를 지을 재주나 마음의 여유가 없었다. 그저 장정의 고달픈 몸을 잠시 쉬면서 흐르는 강물을 즐기는 것이 다였다.

이러한 낭만은 잠깐이었고, 우리가 도착한 첫날 밤 단잠을 자다가 요란한 '사이렌' 소리에 깨어난 다음부터는 모든 회상이나 낭만이 머릿속에서 싹 달아나버렸다. 이것은 중국에서 받은 첫 번째 일본군의 공습이었다. 도쿄에서 미군의 공습을 받던 날이 떠올랐으나 그때와는 느낌이 전혀 달렸다. 우리는 뒷문을 박차고 나가 한수이 강가의 절벽 밑으로 내려가 폭격을 피하였는데 비행기의 프로펠러 소리가 밤하늘을 뒤흔들었다. 일본 비행기 3대가 강 건너의 군수창고에 폭격을 시작하자 화염은 순식간에 하늘에 솟아오르고 강물이 그 불빛에 벌겋게 물들었다. 폭격은 한동안 계속되었고 중국군의 대공 사격 소리가 요란하였다.

화염은 화산이 폭발한 것처럼 하늘을 뒤덮었지만 공격이 강 건너에만 집중하는 것으로 보아 신변의 위협은 없는 것 같았다. 그러자 '장관'이라는 생각이 들었다. 바로 이것이 '강 건너 불구경'이다. 1806년 나폴레옹의 러시아 원정에 따라간 소설가 스탕달이 화염에 싸인 모스크바를 바라보면서 그 장관에 되취하여 혼자서 보기가 아깝다고 말한 생각이 떠올랐다. 그러나 그것은 정복자의 일원으로서의 쾌감이었겠지만, 피해자의 하나인 나로서는 '장관'이기는 하나, 불길이 솟아오르면 오를수록 일본 침략자에 대한 분노의 불길도 내 가슴속에서 활활 타올랐다.

그날 밤 한잠도 자지 못하였는데 다음 날도 거의 같은 시각인 밤 12시경에 공습경보가 울리고, 강 건너의 보급창에서 다시 화염이 올라왔다. 공습은 사흘째 되던 날에도 계속되었다. 역시 밤 12시 무렵, 그러니까 거의 일정한 시각에 역시 3대의 일본 폭격기가 들이닥쳤다. 그런데 이때까지 대공 사격만 하던 중국군이었는데 이날은 난데없이 비행기 한 대가 떠올라 일본 비행기에 도전하였다. 눈에 보이지는 않았지만 공중에서 요란한 총격 소리가 계속되더니 마침내 한 대가 화염에 싸여 추락하였다. 어느 쪽 비행기가 떨어졌는지는 알 수 없으나 일본 비행기들은 이날 밤에 폭격도 못하고 달아나버렸다. 얼마 지나서 일본기 한 대가 떨어졌고, 반격에 나선 비행기는 미군 무스탕 전투기였다는 소식이 들려왔다. 우리는 기쁨의 환성을 지르고 날이 새면 기어코 추락한 비행기를 구경하러 가리라고 마음먹고 잠자리에 들어갔다.

추락 장소는 라오허커우시에서 그리 멀지 않아서 수많은 주민이 몰려가 구경하느라고 야단들이었다. 우리도 물론 그 인파에 끼었다. 기체는 조각조각으로 파손되어 형체를 알아볼 수 없었다. 상반신이 없는 조종사의 알몸이 불에 그슬린 채 오그라져 뒹굴었다. 처참한 장면이었다. 옆에 불에 탄 일장기와 '무운장구'라고 쓰인 끈이 보였다. 일본의 패망을 상징하는 듯하여 통쾌하기는 하였으나 한편으로 군국주의의 희생물이 된 이 젊은이가 가엾기도 하였다. 본인은 말할 것 없고 그 부모형제가 이 참상을 보면 얼마나 애통할 것인가! 이 일이 있은 다음 우리가 묵는 동안 라오허커우에는 두 번 다시 일군 비행기는 날아오지 않았다.

우리는 공습으로 떠들썩했던 나날을 잊어버리고 몸과 마음을 푹 늘어지게 쉰 다음 막연하게나마 충칭에 있는 광복군 제1지대 본부에서 무슨 희소식이 오기를 기다리고 있었다. 우리가 도착하였을 때 김준 구대장은 열렬히 환영해주었고 앞으로 충칭까지 가는 데는 아무 걱정할 것 없다면서 피복이며 노자, 심지어 비행기편까지 주선하겠다고 말하였기에 우리는 안심하고 이곳에 체류하였던 것이다. 다만 충칭에 있는 제1지대 본부의 지시를 받아야만 된다기에 우리는 '희소식'을 기다렸다.

그러나 날이 갈수록 우리는 구대장의 말을 의심할 수밖에 없었다. 일주일이 지나도 아무 소식이 없을 뿐만 아니라 김준의 태도가 이상하게 보였기 때문이다. 린촨의 김학규 주임과 마찬가지로 충칭행이 무의미하다면서 우리 일행의 개개인에게 은근히 설득하였고, 우리 일행의 대표격인 나와 장준하·윤재현 동지를 다른 동지들로부터 고립시켜 단결을 와해하려는 공작을 전개한 것이다.

김준 구대장은 우리의 단결을 무너뜨린 다음에 될 수 있는 한 많은 동지를 이곳에 남도록 하려는 것인데, 그것은 자기 세력을 확장하고 또한 우리를 좌경화하자는 의도였다. 이에 대하여 우리 셋은 우리의 의지를 관철하기 위하여 단호하게 대항하였다. 동지들도 대부분 우리 셋과 같은 의견으로, 이제부터 우리의 장정은 우리 손으로 해결할 수밖에 없다는 결론을 내렸다. 이에 나와 장준하 동지를 다시 대표로 선정하여 리쭝런 사령관에게 직접 교섭하는 방법을 택하게 되었다. 나는 리쭝런 사령관을 만나서 일대 열변을 토할 준비를 단단히 하였다. 또한 중국사를 공부하는 학도로서 그와 직접 만난다는 것은 흥분되는 일이 아닐 수 없었다.

리쭝런 장군은 유명한 군벌이다. 그는 광시성 구이린 출신으로 광시 육군학당을 졸업하였다. 처음에 군벌 루룽팅의 부하로 있다가 뒤에 국민당에 입당하여, 북벌 때는 제3로군 총지휘 겸 제7군장이었다. 1927년에 난징 정부와 우한 정부 사이를 조정하면서 장제스를 하야시키고 한때 총사령관이 되었다. 1928년에 제4집단군 총사령관으로서 제2차 북벌에 참여하였는데 바이충시와 함께 광시 군벌의 거두였다. 1929년, 1930년 장제스와 불화가 생겨서 광시를 기반으로 장제스에 대항하는 '반장전쟁'을 일으켰지만 실패하였다. 그로부터 7년 동안 그는 광시의 내치에 전념하면서 성외로는 나가지 않고 장제스에 대립한 하나의 적국을 만들고 있었다. 1931년에 광둥 정부에 참여하여 1936년에 광둥성과 광시성에서의 반장 항일운동[04]을 일으켰으나 실패했다. 같은 해 리쭝런은 광시수정주임에 임명되었다. 중일전쟁이 발발하자 중앙으로 나가 1938년 제5전구 사령관 겸 안후이성 주석으로서 타이얼좡에서 일본군을 격파하는 대승을 거둔 명장이었다.

나와 장 동지는 긴장된 마음으로 사령부에 찾아가 대담하게 리쭝런 장군과의 면담을 요청하였다. 유감스럽게도 장군은 전선 시찰을 나가 자리에 없었고, 그의 참모장이 우리를 만나주었다. 참모장 쉬주이 중장은 우리에 관한 보고를 이미 받고 있었던 것 같이 친절하게 대해 줄 뿐만 아니라 우리의 노고를 치하하고, 또한 일본이 망할 때까지 끝까지 싸우자고 격려하였다. 용건을 묻기에 나는 리쭝런 장군에게 하려고 준비한 말을 모두 전달하고, 충칭까지의 노잣돈 십만 원을 빌려달라고 제의하였다. 충칭에 도착하면 우리 임시정부에 이야기하여 갚아주겠다고 하였다. 나의 제의를 듣고 참모장은 '임시정부도 중국 정부의 원조로 지탱하고 있는 판인데…' 하고 속으로 웃었을지도 모른다. 나는 외투 등의 일용품의 지급도 요청하는 것을 잊지 않았다.

참모장은 50대 중반 반백발의 신중한 장군으로 인상이 대단히 좋은 인물이었다. 말하는 태도며 품위 있는 행동, 간소한 사무실에서 항전에 몰두하는 그의 모습에 깊은 감명을 받았으며, 선처할 터이니 안심하라는 그의 말을 나와 장형은 전적으로 신뢰하였다. 이 참모장은 내가 일생에 만나본 인물 가운데 아주 훌륭한 인물로 늘 기억하는 사람 중의 하나이다.

얼마 뒤 사령부 정훈참모부에서 '10만 학도종군'을 위하여 라오허커우에서도 연극을 공연해달라는 요청이 왔다. 우리는 기꺼이 이에 응하기로 하였다. 대일 투쟁을 위하여 필요하다면 무엇이든 하기로 각오한 우리가 아닌가. 여전히 연출은 장형이 맡고 강연은 내가 하였다. 시민회관에서 행사를 열었는데 전구 사령부의 고급 참모들과 미군 지휘관들이 앞자리에 앉았고, 유지들과 천여 명의 시민으로 장내는 초만원이었다.

이곳에서도 동지들은 열연하여 열광적인 박수갈채를 받았으나 막이 내리는 순간 장 동지가 졸도하는 불상사가 생겼다. 그제야 알았지만 장형은 심장이 워낙 좋지 않은 데다 계속되는 피로에 지쳐서 쓰러진 것이었다.

나는 깜짝 놀라 지체 없이 장형을 등에 업고 밖으로 나가 병원을 찾았다. 캄캄한 밤이었으나 중국 사람들이 일러준 대로 병원으로 달렸다. 힘이 세지 못한 내가 어떻게 그를 업고 달렸는지 지금도 알 수가 없다. 전혀 힘든 줄 모르고 장형의 생명을 걱정하면서 힘껏 뛰었다. 그러다가 인력거를 만나 장형을 태웠다. 그러나 문을 두들긴 병원마다 거절당하거나 의사가 없다는 것이 아닌가! 숨이 막힐 것만 같은 상태로 라오허커우의 밤거리를 헤매다가 마침내 여섯 번째 병원이 문을 열어주었다. 복음병원이라고 써 붙인 것을 보니 교회 병원인 듯하였다. 스웨덴 사람이 경영하는 병원인데 의사는 중국인이었다. 장형은 여전히 의식불명이었다. 쉰이 넘어 보이는 의사는 진찰하더니 역시 과로 때문에 심장이 극도로 쇠약해졌다고 하면서 주사를 놓아주었다. 한참 있으니까 장형이 눈을 떴다.

나는 비로소 마음을 놓았다. 내가 장형의 손을 꽉 잡고 있으니까 장형은 아무 말 없이 미소를 지었다. 나는 이때처럼 혼도 나고 기뻐했던 일은 없다. 나는 그동안에 장형과 얼마나 가까운 사이가 되었는지 절감하였다. 동지 이상으로 나의 친형님이나 다름없었다. 아마 이때를 계기로 장형과 나는 친형제 이상의 사이라는 것을 서로 마음속 깊이 느낀 것으로 안다.

우리가 병원마다 거절당한 것은 군복을 입고 있었기 때문일 것이다. 치료비를 받을 수 없을 것으로 판단했던 모양이다. 내가 "모두들 거절하던데요" 하니까 중국 의사는 눈을 들어보지도 않고 책을 읽으면서 "난 기독교 신자입니다" 하고 대답하는 것이었다.

그날 밤은 나도 한잠 자지 못하였고, 이튿날 다시 장형에게 주사를 맞게 한 다음 약을 받아서 퇴원했다. 치료비를 물었더니 의사는 끝끝내 사양하였다. 나는 현금이 없었으므로 구대에 이야기하여 지불토록 할 생각이었으나 의사는 우리의 건투를 빌면서 문밖까지 친절하게 배웅해주는 것이었다.

수일 후에 전구 사령부에서는 외투를 비롯한 보급품은 물론이고, 내가 제의한 10여만 원을 지급해주었다. 빌려주는 것이 아니라, 중국군 소위의 봉급이라는 명목으로 지급했는데 정말로 고맙고 기쁘기가 한량이 없었다. 나는 그동안 여러 차례에 걸쳐 우리 동지들을 대표하여 중국 측과 교섭을 맡았고 그때마다 운 좋게 성공하였다.

아무튼 우리는 큰 금액을 영수하여 한 사람당 2천 원씩 분배하고 나머지 돈을 노능서 동지에게 공용으로 보관케 하고, 1945년 1월 6일 라오허커우를 떠나 파촉령으로 발을 내디뎠다. 그러나 안광언·김영록 동지는 이곳에 남게 되어 학병 출신은 23명만이 충칭으로 가는 장정을 계속하게 되었다. 김영록 동지는 옴이 심하여 도저히 더 걸을 수가 없어 이곳에 잔류하게 된 것이다. 학병들이 린촨에서 갈라지고 또 이곳에서도 일부 동지들이 갈라지게 되어 나는 씁쓸한 마음을 누르기가 어려웠다.

3. 파촉령을 넘다

파촉령을 넘으면 양쯔강에 도착하고, 거기서부터 배편으로 충칭까지 갈 수 있다니까 이 산길이 장정의 마지막 고비가 될 것이다. 그러나 이 산길은 험하기로 유명하여 제비도 날아서 넘어가지 못한다는 고사가 있을 정도이다. 라오허커우에서 들은 이야기로는 파촉령의 정상인 다바산은 높이가 3천 미터에 달하고, 양쯔강 기슭까지는 빨라도 두 주는 걸린다고 한다.

유격대를 떠나 이때에 이르기까지 이미 5천리를 걸었으나 그것은 평지였고, 산을 넘기는 이번이 처음이었기에 나는 각오를 더욱 단단히 하였다. 다만 한 가지 마음이 놓이는 것은 우리 주머니에 2천 원씩 노잣돈을 가진 덕분에 직접 취사하는 수고를 덜 수 있다는 점이었다.

한겨울 추운 바람을 꿰뚫고 우리는 삼삼오오 그룹을 지어 라오허커우의 시가를 벗어났다. 소식에 의하면 산길 중간중간에 주막이 있어서 숙식할 수 있다기에 하루의 목표를 정하고는 가까운 사람들끼리 분산하여 행군하였다.

발걸음을 더할 때마다 차츰 산속으로 깊이 묻혀들어갔다. 걸어도 걸어도 이 산속에서 헤어날 것 같지가 않은 오르막길과 등산 장비가 있어야만 할 것 같은 험준한 모험의 길이었다. 길인지 아닌지 분간 못할 숲길이 꼬불꼬불 바위에 부딪치고 원시림을 돌아 언덕을 넘어 이어져 있었다. 이렇게 험한 길 자국은 신비하게도 우리를 산속으로 유도해 들어가게 했다.

말도 지나가지 못하는 파촉령의 험로는 이창이 일본군에 함락되어 양쯔강을 이용한 수송로가 차단되자 국민정부가 궁여지책으로 개척한 통로로서 전후방을 연결하는 전령로 겸 수송로가 된 것이다. 이창에서 이어지는 양쯔강 상류는 강변 삼협의 절벽과 물속의 암석 때문에 일본군이 더 이상 침범하지 못하였고, 또한 이 파촉령도 기동부대를 주로 하는 일본군으로서는 진격의 엄두도 내지 못하는 지역이었으므로 중국군이 이 산길을 이용하는 것이었다. 이용이라고 해봐야 험준한 산길이라서 그 쓰임새가 극히 제한되었지만 항쟁을 계속하려면 어쩔 수 없는 일이었다.

겨울철 산속에서는 날이 금방 저물었다. 그런데 한 80리를 걸었을까. 동화 속의 풍경처럼 흰 눈으로 덮인 산중에서 실오라기와 같은 연기가 피어오르는 것이 보였다. 이런 험준한 지대에 실제 주막이 있었다. 주막에선 주로 '두부탕'을 사 먹으며 추위와 허기를 달랬다. 주막은 거의 일정한 거리에 있었고, 우리는 주막의 헛간에 나뭇단을 깔고 밤을 밝히기를 여러 날이었다. 무슨 짐승인지 알 수 없지만 짐승 우는 소리도 산나무 가지 흔들리는 바람 속에 묻어와서 지나가곤 하였다.

우리가 엿새째 계속 고원지대로 향해 오름길을 오르고 있을 때였다. 거의 지칠 대로 지친 우리는 이제 한나절만 더 오르면 고원지대라는 말을 주막에서 듣고 기를 쓰고 걷는 중이었다. 오후 4시경이 되어 정상 가까이 도달하니, 길 양쪽에는 그래도 높은 봉우리가 우뚝 서 있고 그 사이로 좁다란 길이 깊게 쌓인 눈 사이로 나 있었다. 장준하 형과 나, 이렇게 단둘이서 이야기를 주고받으며 걷고 있었다. 내가 앞에 서고 장형이 뒤에 서서 걸어가는데 무엇인가 난데없이 오른쪽 언덕 위에서 떨어지는 것이 느껴졌다. 무언가 보니 내 앞 5미터는 됨직한 커다란 호랑이가 소리도 없이 사뿐 내려앉는 것이 아닌가.

그 순간 아무 말 못하고 그 자리에 얼어붙었고, 장형도 발을 멈추었다. 너무나도 큰 놀라움으로 내 가슴속에서는 무엇이라고 부르짖었으나 끝내 입을 열지 못하였다. 그런데 무슨 일인가. 호랑이는 우리를 본 체도 않고 순식간에 건너편 봉우리 쪽으로 미끄러지듯 지나갔다. 호랑이에게 홀린 듯이 꼼짝도 못 하고 호랑이가 지나가는 것을 바라보았다. 우리에게 덤벼들지 않을 것이라는 판단이 선 다음에야 나와 장형은 "정말로 장관이다" 하고 동시에 입을 열었다.

그런데 호랑이가 왜 우리를 본 척 만 척하고 지나갔을까. 배가 불렀던가? 우리가 낭떠러지 밑을 바싹 기대어 걷고 있어서 미처 보지 못한 것인가? 나는 무엇인가가 우리를 돕고 있다는 생각이 들었다. 그날 밤 다른 동지들에게 호랑이를 만난 이야기를 했지만 믿는 사람이 하나도 없었다.

아무튼 엿새 만에 우리는 파촉령의 최고봉에 당도하였다. 더욱 심한 한파가 휘몰아쳤다. 첩첩이 쌓인 흰 눈은 태곳적 신비를 그대로 간직하고 있는 듯하였다. 우리는 이런 고원지대를 나흘간 행군하였다. 고원지대는 혹한이기는 하였으나 걷기가 쉬워 마음을 놓았다.

이렇게 마음을 놓다 보면 이의 움직임을 다시 느끼게 된다. 계곡이 진 곳에 햇볕을 마주하고 쭈그리고 앉아 쉴 때면 일제히 저고리를 벗고 이의 소탕 작전을 전개하였으나 별다른 효과는 거두지 못했다. 그것을 알면서도 소탕전을 되풀이한 것은 얼마만큼이라도 죽인다는 이에 대한 '보복심' 때문이었을 것이다. 게다가 밤이면 옴에 시달리는 동지들이 벌거벗은 몸에 돼지기름과 유황을 섞어서 번질번질 바르고 불을 쪼이는 고행을 다시 시작하였다. 옴이 오르지 않은 장형과 나는 동지들에게 미안할 지경이었다. 그러나 뭐니 뭐니 해도 가장 고생한 것은 부녀자들과 아이를 등에 업고 고산을 넘은 남편들이었을 것이다.

이곳에서 본 기이한 것은 주막에서 만나는 이곳 주민들은 남녀를 막론하고 턱에 커다란 혹을 하나씩 달고 있는 풍경이었다. 이곳을 흐르는 물은 맑고 깨끗하지만 오랫동안 마시면 혹이 생긴다는 것이다. 이곳의 풍토병이었다.

우리가 고원지대를 채 벗어나기 전의 어느 날이었다. 그날은 목적지에 도착하기 전에 날이 저물기 시작하였다. 설경의 신비에 홀려 제대로 걷지 못한 탓일까. 낮에도 찾기 어려운 산길을 어둠 속에서 걷는다는 것은 죽음을 의미한다. 예측지 못했던 암담함이 우리를 사로잡았다.

이 눈 위에, 어디 한 곳 몸 둘 곳 없는 이 고원 위에서 우리는 밤을 지새야만 하게 되었다. 이 파촉령의 고원에서 한밤을 무사히 지낼 수 있는지는 오직 하늘에 맡길 수밖에 없는 것이었다. 어둠이 깔리기 전 우리는 나뭇가지를 꺾어다 움푹한 곳에 자리를 잡고 그 위에 솔가지를 깔고 쭈그리고 앉아보았다. 라오허커우로 가다가 날이 저물어 단강 강변에서 밤새 추위에 떨던 생각이 났다. 나는 다시 장형과 마주 앉아 서로 껴안았다. 둘의 체온으로 얼어오는 몸을 녹여가며 어서 이 처절한 밤이 지나가길 기다렸다. 이 추위 속에서도 피곤한 우리의 눈은 자꾸만 감겼다.

"잠이 들면 죽는다. 잠이 들면 죽는다."

우리는 또 한 번 서로를 깨우며 밤새도록 추위와 잠에 맞서 악전고투하였다.

"우리는 또다시 못난 조상이 되지 말아야겠어…."

우리 조상들은 망국의 유산을 우리에게 남겨주어 우리가 이 고생을 겪게 했지만, 우리 후손에게는 절대로 이런 고생을 맛보게 해서는 안 된다고 입술을 깨물며 몇 번이고 다짐하였다. 그러려면 이 고투를 이겨내고 일제가 망할 때까지 힘차게 싸워야 한다고 외쳤다. 고향의 어머니 생각이 난다. 어머니와 형제들은 내가 이 밤중에 파촉령의 눈 속에서 고투하고 있는 것을 알지 못할 것이다. 오직 돌아가신 아버지가 근심스러운 얼굴로 몸부림치는 나를 굽어보고 계시는 듯하였다. 몇 번이나 나의 생명을 구해준 아버지께서 오늘밤도 보호해주실 것이라 믿고 용기를 냈다.

아침 동녘은 아름다운 희망이 되어 기어이 우리에게 와 주었다. 아, 죽지 않고 살았구나! 곳곳에서 웅크리고 있던 동지들이 두서넛씩 일어나 비틀거리며 모여들었다. 조국의 해방을 위하여 목숨을 바치기로 한 믿음직스러운 동지들이 희생자 없이 모두 모였다. 동지애라는 것은 이런 경험을 하지 않고는 그 참뜻을 이해하지 못할 것이다. 우리는 너나 할 것 없이 동지로서 그리고 친형제처럼 서로 부둥켜안고 기뻐했다. 인내! 인내하는 자만이 승리한다.

해가 높아서야 우리는 주막을 찾아냈다. 주막집 부엌에서 두부탕이 부글부글 끓고 있었다. 그 두부탕의 맛이란 기가 막히도록 좋았다. 몇 그릇이나 먹었는지 모른다. 주막 주인이 계속 두부탕을 끓여도 모자랐다. 돼지기름으로 끓인 뜨거운 두부탕은 훈훈하게 우리를 녹여주었고, 비로소 살 것만 같았다.

라오허커우를 떠난 지 열흘 만에 우리는 고원지대 횡단을 마치고 다시 바둥으로 가는 내리막길에 들어섰다. 오르막처럼 힘이 드는 것은 아니었으나, 내리막길은 무척 조심해야 하는 길이었다. 파촉령을 무사히 넘는다는 안도감 속에 우리는 속력을 내었다.

내려오는 길을 하루 종일 걸은 다음에 우리는 처음 보는 조그마한 산중 마을에 도착하였다. 마을이라고 해야 10여 호의 농가가 있을 정도이다. 그래도 그날 밤에 자게 된 주막은 대나무로 만든 이층집인데, 우리 일행은 모두 2층의 넓은 방에서 함께 자게 되었다.

추위에 떨고 걸음에 지치고, 호랑이에 놀란 탓으로 이날 밤은 특히 고단하여 깊은 잠이 들었다. 하기는 단강가와 파촉령 고원의 눈 속에서 밤을 지새운 날을 제외하고는 깊은 잠이 들지 않은 때는 거의 없었다. 헛간이건 마구간이건 밀짚을 깔고 자건 나뭇가지 위에서 잠을 자건 잠은 달고도 깊었다. 나는 이런 경험을 한 덕에 일생 잠자리를 바꿨다고 해서 잠 못 자는 일은 한 번도 없다. 내가 무슨 특별한 운동을 하지 않으면서도 건강을 유지하는 이유 중의 하나는 잠을 잘 자기 때문인 것 같다. 유격대로 탈출한 이후로는 이불이라고는 덮어본 일이 없었다. 그래도 밤중에 깨는 일 없이 아침까지 잘 잤고, 그 덕에 항상 새로운 활력을 얻으면서 장정을 계속할 수 있었다.

그런데 이날 밤만은 예외였다. 초저녁부터 일행 모두가 깊이 잠들었는데 나는 무슨 소리에 잠이 깼다. 시계가 없으니 알 수가 없지만 새벽 두 시경이나 되었을 것이다. 그런데 이것이 웬일인가. 이 깊은 산속에서 젊은 여성들의 합창 소리가 들려오는 것이 아닌가! 내 귀를 의심하였고, 또 내가 꿈을 꾸고 있는 것이 아닐까 싶었지만 분명히 여성들의 합창이 틀림없었다. 높은 금속음의 중국 여성들의 독특한 노랫소리가 들려온다. 나는 유격대에 있을 때 한즈룽 사령관이 축음기로 들려준 중국 여성의 노래가 생각났다. 한국이나 일본 여성들의 노래와 다르다는 데 관심이 있는 것이 아니라 이 산중에서 여성들의 합창을 듣는다는 것이 신기하였던 것이다. 노랫소리로 봐서 합창하는 사람이 20여 명은 되는 듯하였다. 그것도 한 곡이 아니라 계속 여러 가지 노래를 불렀다. 일행 중에 나 이외에도 누군가 듣고 있는 것일까 하고 살펴보았으나 방 안은 코고는 소리밖에는 아무런 인기척이 없었다.

나는 노래에 매료되어 잠을 이룰 수가 없었다. 그들이 부르는 노래를 하나도 빼지 않고 다 듣고 싶었다. 일본군에 입대한 이후로 젊은 여성을 구경도 하지 못하였거니와 여성에 대한 생각조차 해본 일이 없었다. 그러나 이 합창을 들으며 나는 이성이 주는 매력에 한순간에 빠져드는 것을 느꼈다. 그러면서 연애 한번 못 해본 내가 한심스럽기도 하였다. 일제의 압박에 대한 몸부림, 입대, 탈출, 유격전, 장정, 그리고 이 산중의 헛간…. 청춘을 고스란히 잃어버린 인생이다. 날이 밝으면 새벽같이 일어나 그 여성들의 정체를 밝히리라고 마음먹었다. 방 안으로 비치는 밝은 달은 금방이라도 나를 밖으로 불러내는 듯하였다.

뜬눈으로 밤을 새우고 새벽을 알리는 닭의 울음소리를 듣자 나는 자리를 박차고 일어났다. 도깨비에 홀린 듯이, 어쩌면 몽유병자와 같았을는지 모른다. 슬그머니 혼자서 사다리를 타고 내려와 밖으로 나갔다. 아직 날이 채 밝지 않았지만 사방을 살필 수 있었다. 싸늘한 새벽 추운 바람이 내 뺨을 사정없이 스쳐 갔으나 나는 아랑곳없이 10여 호의 농가를 모두 찾아다녔다. 농가들은 띄엄띄엄 떨어져 있었는데 우리가 묵은 주막을 빼고는 20여 명이 함께 묵을만한 곳은 없어 보였다. 나는 아침 산보를 하는 척하고 여러 바퀴를 돌았으나 누구 하나 만날 수가 없었다. 점점 수수께끼같이 느껴졌다. 내가 정말로 도깨비에게 홀린 것이 아닐까? 실망하여 고개를 숙이고 헤매는 모습이 아침 햇살에 비쳐 흰 눈 위에 그림자로 남았다.

주막에 돌아와 두부탕을 마시면서 장형은 물론이고 여러 동지에게 물어보았으나 노래를 들었다는 사람은 하나도 없었다. 나는 점점 도깨비에 홀렸다는 생각이 들었다.

수수께끼를 안은 채 다시 산길을 내려갔다. 그로부터 이틀을 더 걸어서, 라오허커우를 떠난 지 꼭 열사흘 만에 우리는 눈물도 얼어붙는다는 설야의 파촉령을 완전히 벗어나 양쯔강의 한 지류가 흐르는 평지 가까이 이르렀다. 그것은 양쯔강변의 바둥에서 80리가량 떨어진 싱산이라는 마을인데 농가가 70여 호 남짓 보였다.

이곳에서 바둥까지 배를 타고 강을 따라 갈 수 있다고 한다. 싱산에 도착한 것은 해 질 무렵인데, 이곳에서 배편으로 가면 몇 시간이면 바둥현 샹시진에 도달할 수 있지만 걸어가면 이틀은 더 걸린다고 한다. 80리라는 것은 직선거리이고, 도로를 따라 걸으면 우회하기 때문이다.

그런데 라오허커우를 떠날 적에 각자에게 2천 원씩 분배했는데, 요령 없이 돈을 쓴 사람들에게는 선표를 살 만한 돈이 남아 있지 않았다. 노능서 동지가 보관하던 공용금도 두 주일 동안의 공동비용으로 거의 바닥이 나 있었다. 하는 수 없이 돈 없는 몇몇 동지들은 이틀을 더 걸을 수밖에 없었다.

나나 장형은 뱃삯을 미리 내고 배를 탔다. 싱산에서 처음 먹어본 '자차이'에 우리는 기뻐서 어쩔 줄을 몰랐다. 우리나라 배추 뿌리와 비슷한 채소인데 이것을 고추장에 절인 것으로써 그 맛이 우리나라의 총각김치나 장아찌를 연상케 하는 독특한 맛이다. '김치병'에 걸렸던 우리가 이것을 먹으면서 기뻐한 것은 한국 사람이 아니고는 이해하지 못할 것이다. 두부탕에 찐빵을 먹을 적에 반찬으로 처음 사 먹은 것인데 하도 맛이 좋아 서너 개씩 더 사서 배 위에서 맨입으로 먹으면서 김치에 대한 향수를 달랬다.

걸어가는 동지들에게 미안하고 마음 아픈 일이기는 하였으나 어찌할 도리가 없었다. 배를 타고 급류를 빠른 속도로 달리자 모든 고생은 삽시간에 날아가버렸다. 강 중심에 군데군데 암석이 돌출하여 충돌할 위험이 있었으나, 뱃사공은 밤길인데도 자신 있게 배를 조종하는 것이었다. 어려서부터 이 일에 일생을 바쳤기에 눈 감고도 강물의 바위 하나 풀잎 하나도 그 위치를 알 수 있으니 안심하라고 하였다.

샹시진에 닿은 것은 밤 12시가 되어서였다. 파촉령을 넘는 데 꼭 14일이 걸린 셈이다. 1945년 1월 20일에 우리는 6천리의 강행군을 끝맺고 양쯔강가의 바둥현 샹시에 무사히 도착한 것이다.

4. 양쯔강에서

아침에 일어나 보니 샹시진은 강가에 있는 산언덕을 중심으로 도시를 이루고 있어서 웅장한 양쯔강을 한눈에 내려다볼 수 있었다. 인구가 7천에서 8천 명 정도로 보이는 조그마한 도시인데, 우리는 이곳에서 충칭으로 가는 군용 선박을 기다리며 사흘을 묵었다. 양쯔강변의 따뜻한 날씨는 우리의 마음을 포근히 가라앉혀 주는 것이었다.

참으로 오랜만에 사람이 정상적으로 일상생활을 할 수 있는 도시의 공기를 느낄 수 있었다. 남은 돈으로 음식점을 찾아 두부탕이나 간단한 반찬도 사 먹고, 또 저녁이면 배갈 몇 잔을 마시고 취하기도 하였다. 그러다가 우리는 삼삼오오 지나가는 군복 차림의 중국 청년들 가운데 여성들도 끼어 있는 것을 발견하였다.

나는 문득 산속에서 밤중에 들은 합창소리가 떠올라 용기를 내서 여성들에게 접근하였다. 혹시 라오허커우를 떠나 파촉령을 넘어서 이곳에 온 것이 아니냐 하고 성급히 물어보았다. 그들은 조금도 어색함이 없이 웃는 낯으로 그렇다고 하면서, 자기들은 난양과 라오허커우에서 온 학생인데 '학생군'에 지원하여 충칭으로 가는 길이라고 한다. 그때서야 나의 수수께끼가 시원하게 풀렸다. 내가 몽유병자가 아니었다는 기쁨과 동시에 침략자를 물리치려고 용감하게 총을 들기로 한 그들에게 탄복하였다. 우리도 조국의 해방을 위하여 여기까지 온 한국의 대학생이라는 것을 설명하고 함께 힘을 모아 왜적을 타도하자고 힘주어 말하고 헤어졌다. 그런데 사흘 뒤 우리와 함께 배를 타게 되어 충칭까지 가는 동안에도 가끔 그들과 이야기를 나눌 수 있었는데 이것은 내가 처음으로 젊은 중국 여성들과 대화를 나눈 경험이었다.

삭막한 벌판과 산길만을 걸어온 우리는 사람 사는 곳 같은 샹시진에서 사흘을 쉬면서 조금도 지루한 줄 모르고 지냈다. 파촉령의 추위와는 달라서 샹시진의 기후는 봄날처럼 따뜻하였다. 유유히 흐르는 양쯔강은 아무리 보아도 싫증이 나지 않았다. 흙탕물의 물빛이 아침, 낮, 저녁으로 변하면서 호연하게 흐르고 있다. 책으로 배우고 늘 상상만 하던 양쯔강을 직접 보기만 해도 흐뭇한데, 그 위로 배를 타고 지날 생각을 하니 감개가 무량하였다. 우리는 강도 구경하고, 샹시진을 누비며 가게나 음식점을 찾으면서 이곳 주민들의 표정이나 아가씨들의 모습을 보는 동안에 여태까지의 고통은 모두 잊는 듯하였다.

앞서도 말한 것처럼 일본군이 이창까지 점령하고 더는 양쯔강 상류로 진격하지 못한 것은 이곳의 천연장애물 때문이다. 이창과 샹시진 사이에 3협 12봉이 있어서 수백 리 벼랑에다 강 속에 깔려 있는 많은 암석과 굽이치는 급류 때문에 옛날은 말할 것 없고 현대화한 일본군도 감히 진격할 엄두를 내지 못하는 곳이었다. 게다가 중국군이 도처에 기뢰를 부설하고 있으니 아무리 충칭까지 쳐들어가고 싶은 일본군도 어찌할 수가 없었던 것이다.

한편, 충칭에서 내려오는 중국의 군용선도 이곳 샹시진을 더 내려가서는 정박할 곳이 없어 샹시진까지를 항행 종착점으로 하고 있었고, 전방과의 모든 연락은 자연히 유일한 파촉령의 산길을 택하지 않을 수 없었다. 이런 환경 덕에 샹시진은 안전하였고 또한 군사적으로 중요한 위치를 차지하고 있었다.

1월 23일, 우리는 드디어 충칭으로 가는 500톤 급의 군용선에 올라타게 되었다. 먼저 간단한 수속으로, 우리의 공함을 가지고 8일간의 식권을 무료로 받았다. 충칭에서 샹시진까지 물결을 따라 내려오는 경우엔 사흘이 걸리는 거리인데, 샹시진에서 충칭으로 거슬러 올라가는 경우엔 여드레나 걸린다고 한다.

배 안에 탄 승객 대부분은 군인이었다. 그것은 중국의 학도지원병들이었고, 샹시진에서 만났던 군복 차림의 여학생도 수십 명이 끼어 있었다.

양쯔강은 말이 강이지 실제로는 바다 같아서 건너편 기슭이 보이지 않을 정도로 넓은 곳도 있었다. 그러나 샹시진에서 얼마 동안은 협곡을 지나기 때문에 양쪽 산봉우리의 암석들이 금방이라도 배로 굴러떨어질 것만 같았다. 몇 시간을 거슬러 올라가자 승객에게 모두 하선하라는 것이었다. 그곳은 암석이 많고 물살이 거세어 배가 손님을 태우고는 운항할 수 없기 때문이었다.

이 난관을 어떻게 해결하는가 하였더니 육지에 수백 명의 '쿠리'들이 대기하고 있다가 배에다 밧줄을 매고 끄는 것이 아닌가! 정말로 기이한 일이기도 하지만 자연에 도전하는 인간의 의지에 나는 감탄하였다. 우리들도 자발적으로 모두 '쿠리'에 가세하였다. 양쯔강에서 배를 끄는 나의 모습을 사진에 찍어서 남기고 싶은 충동을 느꼈다. 한편 생각하면 낭만적이기도 하였다. 학교에서 책으로 배우고 그림으로만 보던 양쯔강에서 내가 배를 끌고 있다니….

이곳을 헤쳐 가는 데 두 시간은 걸렸을 것이다. 해가 서쪽으로 기울 무렵에야 다시 승선하였다. 우리는 난간에 서서 긴장을 풀고 도도히 흐르는 양쯔강에 모든 시름을 풀어 던졌다.

양쯔강은 평원을 끼고 누웠는가 하면 산을 뚫고 기어 올랐고, 산 사이를 빠져나와선 물이 급류를 이루는가 하면, 또 어떤 곳엔 물이 전혀 움직이지 않는 듯이 완만한 흐름이 있는 곳도 있었다.

그날 밤늦게 정박한 곳은 평제라고 했다. 하루의 피곤과 낭만으로 갑판 위에서 달콤한 잠에 들었다. 그러다가 요란한 폭음에 모두 놀라서 일어났다. 일본 비행기의 폭격이었다. 비행기 소리로 봐서는 한 대의 폭격기였다. 다행히도 폭탄은 모두 강물에 떨어지기는 하였지만 우리의 낭만은 일시에 깨지고 말았다. 전쟁이다! 전쟁이란 꼬리표를 달고 있다는 것을 잠시라도 잊어서는 안 된다. 중국 청년군 인솔장교의 말에 의하면 일본 비행기들이 밤마다 양쯔강을 따라 강변의 도시들을 폭격한다고 했다. 달빛에 비치는 양쯔강은 일본 비행기들의 좋은 길잡이가 되었다. 그로부터 사흘 동안은 밤마다 공습으로 한두 번씩은 꼭 단잠에서 깨어나곤 했다.

그러나 이 공습은 신경전을 목적으로 하는 듯하였다. 밤잠을 못 자는 것 이외에는 별다른 손실이 있는 것 같지 않고 중국 사람들은 이를 대수롭지 않게 여겼다. 정말로 태연하였다. 차차 우리도 중국 사람들의 분위기에 흡수되어 느긋한 마음으로 항행을 계속하였다. 밤잠을 설친 데다 6천리 장정에서 벗어난 심신을 풀려는 듯 선실이나 갑판에서 잠잘 때가 많았다.

백제성

나는 충칭의 임시정부나 김구 주석을 비롯한 여러 혁명 원로를 상상해 보았고 또한 그 이후에 내가 해야 할 일이 무엇일지 생각에 잠기기도 하고, 국내에서 일본인의 횡포로 시달림을 당하는 부모형제나 친구들의 고생도 생각하였다.

그러나 더 관심을 끄는 것은 내가 눈앞에 보고 있는 중국이었다. 샹시진을 떠나 얼마 안 되어 우측의 산 중턱에 자리 잡은 유비의 '백제성'을 바라만 보고도 나는 흐뭇했었다. 이릉전투에서 패하고 백제성에서 도피한 유비는 관우와 장비를 잃은 슬픔과 형주를 되찾지 못한 좌절감으로 병을 얻었다. 죽음을 앞에 둔 유비는 제갈량을 급히 불러 아들을 부탁하는 유언을 남기고, 제갈량은 울면서 유비에게 충성을 맹세한다. 백제성의 규모는 작았지만, 그 성루에 올라 장강 삼협 쪽을 바라보았을 유비를 생각하며 유구한 중국의 역사를 더듬어보기도 하였다.

함께 동행하는 중국 청년들에게 이것저것 물어보았다. 이 젊은이들은 고교생[05]들이었는데, 깊은 지식은 없어도 중국사에 관해서는 아는 것이 많았다. 나는 열심히 그들에게 여러 가지를 물었다. 그것은 또한 나의 중국어를 익히는 좋은 기회이기도 했다.

일본에 대한 적개심은 대단하였다. 만주사변[06]으로부터 시작되는 노골적인 일본 제국주의의 침략에 대하여 이를 갈고 있었다. 그들은 우리 임시정부나 광복군, 그리고 김구 선생에 관해서는 아는 바가 없었지만, 안중근 의사나 윤봉길 의사만큼은 잘 알고 있었을 뿐만 아니라 위대한 애국자라고 극구 찬양하였다.

내가 대학 출신으로 중국 유격대에서 일본군과 싸웠다는 것을 알고 그들은 대단한 호기심을 표시하였을 뿐만 아니라 온갖 정성을 다 베풀었다. 자기들 동료와 이야기를 시작하면 언제나 우르르 내 옆에 모여들어 한국 사정이나 일본의 상황, 그리고 내 집안에 관한 것까지 두루 물어보았다. 그중에는 여학생들도 있었다.[07] 그들은 남녀공학이었기 때문에 서로 어색함 없이 대화가 자연스러운 것이 아주 인상적이었다.

내가 중국의 현대소설에 관한 질문을 했을 때, 살아 있는 작가로서는 바진·차오위·빙신 등을 열거하면서 바진의 《가(家)》라는 작품이 유명하다고 했다. 학문적 설명은 없었어도 무슨 작품이 널리 읽히는지를 안 것만도 크게 도움이 됐다. 나는 충칭에 도착하면 이런 작품들부터 읽어 보리라고 마음먹었다. 죽는 순간까지 나는 독서를 하리라. 나는 고향에서 징발이 되어 평양의 일본 부대로 가는 기차 속에서 베르그송의 《웃음의 철학》을 읽었던 생각이 났다.

해가 기울기 시작하여 양쯔강의 풍광이 또 다른 신비로운 모습으로 변해 가는데 그들은 남녀가 어울려서 곧잘 합창하였다. 그들이 여러 차례 부른 노래 가운데 내가 인상 깊게 듣고 가사를 적어달라고 한 것은 다음의 두 노래였다.

〈9·18〉

1931년 9월 18일에 만주사변이 발생. 동북지방인 만주 수복을 다짐하는 노래이다.

내 고향은 동북의 송화강이지요
거기에는 수풀과 탄광이 있고
끝없는 들판에는 콩과 수수가 있지요
내 고향은 동북의 송화강이지요
거기에는 내 동포가 있어요
그리고 내 연로하신 부모님이 계시지요
9.18 9.18, 그 비참했던 시간 이래
고향을 떠나
그 무궁한 보물도 남겨놓고 떠나게 되었지요
어머니, 아버지!

언제 같은 곳에 모일 수 있을까요?

<유격대가>

중일전쟁 중에 가장 보편화한 군가이다.

일어나라! 노예가 되기를 원치 않는 사람들이여!
우리의 피와 살로 새로운 만리장성을 세우자!
중화민족에 가장 위험한 시기가 닥쳐올 때,
억압받는 한 사람마다 마지막 함성이 터져나오리!
일어나라! 일어나라! 일어나라!
우리의 마음을 하나로 모아서,
적의 포화에 맞서, 전진!
적의 포화에 맞서, 전진!
전진! 전진! 전진!

나는 산속에서 깊은 달밤에 홀린 듯이 들었던 여성들의 합창에 관해 이야기하였더니, 여학생들은 깔깔 웃으면서 자기들이 불렀다며 기꺼이 다시 한번 불러주었다. 어느새 배는 캄캄해진 양쯔강을 거슬러 올라가고 있었는데 불빛이라고는 선실에서 흘러나오는 희미한 광선밖에는 없었다. 선객들은 잠이 들었는지, 여학생들의 합창에 도취되어 조용히 눈을 감고 있는 것인지 알 수 없었지만 어두운 중국 대륙은 조용하기만 하였다. 이 적막을 뚫고 번져나가는 여학생들의 합창 소리는 정말로 그 무엇과도 바꿀 수 없는 훌륭한 '음악회'였다. 그 가운데서 가장 내 마음을 끄는 노래 두 곡을 또 적어달라고 하였다.

<어광곡(漁光曲)>

어부들의 고생스러운 생활을 묘사한 노래이다.

구름은 하늘과 바다 위에 나부끼고
물고기는 물속에 숨어 있네
아침 태양 아래 그물을 말리고
바다에서 불어오는 산들바람을 맞이하네
밀물이 몰려오고 파도가 솟구치는 와중에
물고깃배가 각자의 길을 떠나네
가볍게 그물을 던지고 힘차게 밧줄을 당기며
연기와 안개 속에서 물고기를 기다리네
물고기는 잡기 힘든데 세금은 내야 하니
어부는 오래도록 궁하네
할아버지께서 남기신 그물
조심히 다뤄 다음 겨울을 나야 하네

<초연녀(初戀女)>

첫사랑의 여인을 노래한 것이다.

나는 세상의 끝으로 가는 길 위에 발을 디디고
멀리서 구름과 나무들을 하염없이 바라보네요
지난 날의 많은 일들을 나는 셀 수 없지만
그대, 그대는 어디에 있나요?
당신의 슬픔과 원망이 섞인 눈빛을 난 잊을 수 없어요

당신의 말하지 않은 감정, 나는 다 알아요
나를 하나의 꿈 속으로 데려가 줘요
나는 다른 꿈 속에서 그대를 잊을 테니
아! 나의 꿈과 잊어버린 사람
아! 나의 첫 축복을 받은 사람
종일, 저는 장미를 보살피지만
그러다가 내 난초는 시들지요

다음 날 그러니까 샹시진을 출발하여 나흘째 되는 날, 우리는 완셴이라고 하는 큰 도시에 도착하였다. 펑제를 지나면서부터 가끔 농민들이 열심히 우물을 퍼내는 광경을 보았는데, 알고 보니 염정에서 소금물을 퍼내는 작업이었다. 바닷가의 염전만 알고 있던 나로서는 신기하기만 했다. 이곳은 아마도 먼 옛날에 바다였을 것이다. 염정에서 작업하는 모습을 본 다음에야 커다란 수수께끼가 하나 풀렸다. 일본군에 해변이 점령당하고 수송로가 차단된 상황에서 어떻게 소금을 구하는가 하는 궁금증이 풀린 것이다.

완셴은 양쯔강 북안의 언덕에 자리 잡은 인구 약 40만의 도시인데, 쉬저우를 떠난 후 만난 가장 큰 도시였다. 배는 강 한가운데 닻을 내리고 우리는 작은 배로 갈아탄 후 완셴시에서 하룻밤을 묵었다. 이곳은 쓰촨성에서도 가장 비옥한 지역 중의 하나로 암염뿐만 아니라 삼모작이 가능하여 국민정부의 항일전쟁을 뒷받침하는 곡창지대이기도 하였다.

우리가 상륙한 것은 저녁이었지만, 시가지의 현대식 건물이며 주택가의 벽돌집 양옥들이 제대로 대도시의 형태를 갖추고 있었고, 더구나 전기가 들어와 화려한 야경을 이루어 우리를 황홀하게 만들었다. 이제는 완전히 일본 지배권에서 벗어나서 어깨가 가볍고 모든 것에 자유로운 기분을 충분히 느낄 수 있었다.

우리는 밤새 거리를 쏘다니며 호떡이며 요리다운 중국 음식도 제대로 골라 참으로 오래간만에 입맛 당기는 것을 사 먹었다. 탈출병의 신세는 대륙 횡단 6천리 길 위에 뿌려 던지고, 이제는 유람객처럼 유쾌한 구경을 할 수 있었다. 학창 시절에 수학여행이나 고적 답사를 다니던 기분으로 완셴에서의 하룻밤을 마음껏 즐겼다.

다음 날 새벽 4시, 다시 배에 올랐다. 이제 샹시진에서 충칭까지의 반을 온 셈이고, 앞으로 나흘만 더 가면 목적지 충칭이다. 웅장한 양쯔강의 해돋이를 보면서 마음도 웅장해졌다. 중현·평두·창서우를 지나고, 샹시진을 떠나 정확히 여드레째 되는 날 오후 3시경 우리는 충칭이 눈에 보이는 지점을 통과하였다.

언덕 위에 나타난 충칭의 건물들이 우리를 끌어당기는 듯했다. 가슴이 설레었다. 일본 유학 시절에 기차를 타고 고향의 마을이 보이기 시작할 때보다 더 깊은 감격으로 충칭시를 바라보았다. 동지들은 모두 갑판에 올라와서 충칭이 보인다고 떠들썩하였다. 임시정부의 청사는 어디 있을까? 김구 선생을 비롯한 우리의 지도자들은 지금 우리가 이곳에 도착한 것을 알고 계실까?

충칭은 쓰촨분지의 동부, 양쯔강과 자링강이 합류하는 곳에 반도형으로 돌출한 암산 위에 있는 도시이다. 두 강이 합치는 곳이라 하여 합주라고도 하였는데, 물을 무서워하는 몽골군이 남송의 수도인 항저우를 공격할 적에 양쯔강 하구에서 2,400킬로미터나 떨어진 이곳에서 도강한 것은 널리 알려진 사실이다.

일본의 침략으로 난징이 함락되자 국민정부는 한커우로 천도하였다가 1938년에 다시 충칭으로 옮겼다. 그만치 중국 오지에 있는 중요한 도시로서 제2차 세계대전 전에는 일본·영국·미국·프랑스·독일 등의 영사관이나 조계가 있었고, 항일전쟁 중에는 중국 동부 해안지방이나 양쯔강의 중·하류 지역에 있던 많은 공장이 이곳으로 이전하였는데, 인구도 전쟁 전의 40만에서 100만 명으로 급증하였다. 제14항공대가 오기 전까지는 날마다 일본 공군의 폭격을 받아 시가가 모두 파손되었고, 지금 우리가 바라보는 건물들은 그 뒤에 재건한 것이라 한다.

우리는 초조한 마음으로 배가 닿기를 기다렸다. 충칭 앞을 흐르는 양쯔강은 강폭이 1킬로미터나 되어 보였고, 급류인 데다가 수심도 깊다. 강가의 부두에 배가 닿자 우리는 앞다투어 충칭 땅에 첫걸음을 내디뎠다.

얼마나 기다렸던 충칭인가. 도쿄에 있을 때부터 꿈꾸던 충칭! 강제로 학병으로 끌려갈 적부터 꼭 찾으려고 했던 충칭! 유격대와 린촨, 그리고 라오허커우에서도 모든 장애를 물리치고 충칭행의 집념을 굽히지 않았던 나의 뜻은 이제 그 결실로 충칭에 힘찬 첫걸음을 옮기고 있는 것이다. 린촨을 떠난 지 73일, 일본군을 탈출한 지 10개월 만에 나는 이 감격의 날을 맞이하였다. 1945년 1월 31일, 나는 고난의 장정을 끝맺었다.

진경성 교관이 이곳 충칭의 지리를 잘 알고 있으니까 곧 임시정부를 찾아가리라고 생각하면서 부둣가에서 언덕을 오르기 시작하였다. 충칭의 거리는 높은 언덕 위에 있어 '활간'(두 사람이 어깨에 지고 가는 가마)이 교통수단으로 많이 이용되고 있었다. 우리는 강변으로부터 약 80미터나 높은 언덕길을 걸어서 올라갔다. 지나가는 짐꾼들의 이마에는 구슬 같은 땀이 흐르고 있었다. 날씨가 늦은 봄같이 따뜻하여 우리도 등이 땀으로 젖었다.

언덕 위에 올라 거리에 들어서자 우리는 진 교관을 선두로 이열종

대로 보무당당하게 행진하였다. 우리가 입은 것은 중국 군복이었지만, 한국광복군이라는 표시로 라오허커우에서부터 특별한 마크를 달았다. 내가 생각해낸 것인데 가슴에 '한반도에 태극기를 그린' 마크를 단 것이다. 광복군의 기개를 보이려는 듯이 가슴을 펴고 곁눈질하지 않고 힘차게 걸었다.

그러나 뜻밖에도 진 교관은 임시정부 청사를 찾지 못하였다. 충칭을 떠난 지 몇 년이 지난 데다 그동안 일본 공군의 폭격으로 거리가 많이 변했고, 또한 임시정부가 다른 곳으로 청사를 옮겼기 때문이었다. 세 시간이나 헤맨 끝에 해 질 무렵에야 겨우 임시정부 청사 앞에 섰다.

높다란 5층 건물이 우리를 맞이했다. 대문 위에 가로로 큼직하게 '대한민국 임시정부'라는 한글이 쓰여 있고, 꼭대기에는 태극기가 펄럭이는 것이 아닌가! 청사는 층이 진 지형 위에 차례로 지어 올라간 단층과 2층 건물인데 겉모양으로는 웅장한 5층 건물이었다(주소: 충칭시 위중구 치싱강 롄화츠 38호). 건물을 보고 이렇게 감격한 것은 생전 처음이다. 우리 임시정부가 당당히 그 위세를 천하에 떨치고 있는 듯이 보였다.

눈물이 글썽하여 태극기에 정성껏 경례하였다. 우리 모두가 청사 앞에 도열하여 경례하는 동안 진 교관이 우리의 도착을 알리려고 청사 안으로 뛰어서 들어갔다.

주

01 중국 송나라 대에 창설된 보갑의 장. 보갑이란 군사력의 향상을 위해 향촌 사회를 일정한 단위로 묶은 조직으로서 청나라 때는 1천 가호마다 보장을 세워 향촌 사회를 통제하였다. (출처: 한국고전용어사전)

02 1944년 4월에 지대장 김원봉이 임시정부의 군무부장에 취임함에 따라 송호성이 그 뒤를 계승하여 지대장이 되었다.

03 강 위에는 맑은 바람이 불고, 산간에는 밝은 달이 떠 있다(江上之清风，山间之明月)

04 반(反) 장제스 항일운동

05 중국은 이때 벌써 미국식으로 중학교 3년, 고등학교 3년으로서 일본의 중학 5년제와는 달랐다.

06 그들은 9·18이라고 하였다. 이것은 만주사변이 1931년 9월 18일에 발생했기 때문에 생긴 명칭이다.

07 중국은 청나라 말부터 이미 남녀공학이다.

VII.

우리의 임시정부

1. 충칭의 감격

1945년 1월 31일, 마침내 우리는 지청천 총사령관 앞에 서 있었다. 지청천 장군은 진경성 교관의 안내를 받으며 몇 명의 군인들을 대동하고 우리 쪽으로 걸어오고 있었다. 우리는 부동자세로 숨을 죽였으며, 독립군 총사령관의 사열을 받는다는 감격과 긴장감으로 온몸이 굳는 것만 같았다. 고향의 압록강 건너편에서 쏘아대는 독립군의 포성을 들을 적부터 그리던 총사령관이 아닌가! 학교에서, 일본 군대에서, 일장기 밑에서 일본인의 사열을 받을 때마다 우리 독립군 총수의 사열을 받았으면 얼마나 좋겠는가 하고 꿈에 그리던 그 순간이다.

우리는 마음에 품은 정성과 기백을 드러내고 싶어서 가슴을 활짝 펴고 두 눈을 크게 부릅뜨고 총사령관이 앞에 서기를 기다렸다. 나는 눈에서 불꽃이 튀는 듯한 기분이었다. 이윽고 진 교관이 떨리는 목소리로 "일동 차렷! 총사령관님에게 경례!" 하는 구령을 크게 외쳤다.

답례를 하는 지청천 장군을 바라보니 황갈색 군복 차림의 위엄 있는 모습이었고, 57세인 실제 나이보다 훨씬 더 들어 보였다.

우리는 린촨의 한광반에 있을 때부터 김학규 주임이나 충칭에서 온 다른 분들을 통해서 지청천 장군이 어떤 분인지 자주 들어서 알고 있었다. 만주나 시베리아에서 일본군을 무찌른 혁혁한 공적은 말할 것 없다. 특히 지청천 장군이 제1차 세계대전 때 일본 육군 중위로 중국 칭다오에서 작전을 펼치던 중에 중국군으로 탈출하려다가 실패한 일이 있고, 그 뒤 1919년 3·1운동이 일어나자 일본군을 탈출하여 만주로 망명하는 데 성공하고 우리 독립군에 참여하였다는 이야기는 우리에게 깊은 감명을 주었다. 그때 지청천의 나이는 26세이므로 우리와 비슷했다. 말하자면 일본군 탈출의 선배이고, 독립군의 대선배가 바로 지청천 장군이기에 나는 그를 본받아 뒤따르는 느낌이었다.

지청천 장군은 대열 앞에서 한 사람씩 뚫어질 듯 눈을 마주치며 지나오다가 마침내 내 앞에 이르렀다. 나는 온갖 경의를 다 바치는 몸가짐으로 장군에게 주목하였다. 오랜 풍상을 겪느라고 얼굴에는 주름이 많았으나 장군의 눈빛은 무섭게 빛나고 있었다.

내가 일본군을 탈출하여 중국 유격대에서, 린촨에서, 그리고 장정 6천리 길에서 고투하였지만, 그것은 불과 10개월 동안의 일이었다. 그에 비하여 내 앞에서 서 있는 총사령관은 25년 동안이나 오직 조국의 독립과 동족의 해방을 위하여 갖은 고초를 겪었다고 생각하니 눈물이 핑 돌았다. 그의 얼굴에 보이는 주름살 하나하나가 역전의 고투를 말해 주는 듯하였다. 만주 벌판에서 말달리던 선구자가 바로 이 어른이 아닌가!

사열을 끝낸 다음 총사령관은 진 교관으로 하여금 우리를 '열중 쉬어'하게 하고, 강철 같은 목소리로 훈시를 시작하였다.

"수고들 많이 했소이다.…동지들이 무사히 도착하기를 기원하고 있었소. 동지들은 총사령관인 나보다도 훌륭하오. 나는 옛날 일본 육군사관학교를 졸업하고 중국 칭다오작전에 배치되어 탈출하려다가 실패하고, 수년 후에야 비로소 탈출에 성공하여 만주의 우리 독립군에 참가하였는데, 동지들은 '학병'으로 중국 전선에 오자마자 대번 탈출에 성공하였으니 말이오. 한마디로 독립군의 투쟁이란 그렇게 시작하는 것이오.…"

지청천 장군은 많은 감회 속에서 짧은 말을 골라내는 듯하였다. 앞으로 튀어나온 이마가 그의 특징이었고, 꽉 다문 입엔 나이를 초월한 매서운 투지가 보였다. 키는 중키인데 총사령관의 군복에는 아무런 견장도 계급장도 없었다. 그는 사열하면서 카랑카랑한 기침을 하였는데 훈시 중에도 몇 번 기침을 하였다.

"… 앞으로 나와 함께 이곳에서 일을 함께할 터이니까, 차차 많은 이야기를 하게 될 것이고, 오늘은 피로한 여러 동지에게 긴 얘기는 하지 않겠소. 곧 우리 정부의 주석이신 김구 선생께서 나오실 것입니다. 이만 끝."

이렇게 지 장군이 훈시를 맺자 벌써 청사의 위쪽 층계에는 푸른 중국 두루마기를 입은 거구의 노인이 앞장서고, 그 뒤로 머리가 희끗희끗한 일행 10여 명이 따라 내려오고 있었다.

앞에서 걸어오는 거구의 노인이 김구 주석일 것이라는 것을 직감하였다. 유학 시절에 도쿄공과대학에 다니던 김형기 형이 몰래 단파 무전으로 듣고 알려주었던 김구 선생, 평양 입대 시에 강계 선배들이 우리 독립운동의 총영도자가 김구 선생이니 그를 따르라고 격려해 주던 생각이 번개같이 머리를 스쳐 갔다. 이봉창, 윤봉길 의사 등의 거사를 지휘하신 분이 바로 김구 선생이었다는 독립운동사 강의를 린촨에서 들었을 때도 우리가 얼마나 흠모했던 지도자였던가. 이 땅에 오기 전에도 그리고 6천리 장정에서도 못내 그리워하며 만나길 고대하였다. 이제 그 간절한 소원이 달성되는 순간이 온 것이다.

그 위대한 혁명 영웅을 만나는 감격과 기쁨은 이루 형용할 수가 없었다. 더욱이 그의 검소한 인품은 우리에게 또 다른 충격을 주었다. 검은 안경테 속에 빛나는 눈매와 엷은 미소에서 풍기는 인자한 인품이 우리를 사로잡았다. 정중하고도 소박하고 또 침착한 그의 성품이 온몸에 배어 있는 것을 느꼈다. 이때 김구 선생의 나이는 70세, 근엄하고도 건장한 모습이었다.

김구 선생은 잠깐의 침묵을 깨뜨리고 말문을 열었다. 그 옆에는 청·흑색의 두루마기를 입은 백발이 성성한 혁명 대선배들이 자랑스럽다는 표정으로 우리를 두루 살피면서 한 줄로 서 있었다.

"그간 소식을 듣고 기다리던 여러 동지가 이와 같이 씩씩한 모습으로 당도했으니 무한히 반갑소이다. 더구나 국내로부터 갓 나온 여러분을 눈앞에 대하고 보니 마치 내가 직접 고국산천에 돌아온 것 같은 생각이 들어, 북받쳐 오르는 감회를 억누르기 힘든 것도 사실입니다. 그러나 우리 독립운동가들은 많은 말이 소용없습니다. 우선 좀 쉬도록 하고, 오늘 저녁 정부에서 동지들에게 베푸는 환영회에서 또 만납시다."

김구 선생의 말씀은 극히 짧았다. 장정으로 힘든 우리를 헤아려 어서 좀 쉬라고 하는 어버이의 배려였다. 또한 김구 선생의 말씀대로 말이 무슨 소용이 있겠는가. 독립운동가는 애국애족하는 정열을 행동으로 표해야만 한다.

나는 김구 선생과 지청천 장군을 이렇게 짧은 시간이나마 직접 뵙게 된 것만으로도 만족하였다. 충칭행을 끝까지 고집한 것은 정말로 잘한 결정이라고 생각하였다. 이 순간의 감격으로도 6천리 길을 걸어온 보람을 느꼈으며, 이러한 위대한 지도자를 모시고 있으니만치 나의 생명을 조국 광복에 바친다는 것은 영광된 일이라고 생각하였다.

김구 선생은 곧 좌우에 선 분들을 한 명씩 소개하였는데 모두 임시정부의 각료들이었다.

김규식 박사, 이시영 선생, 조소앙 선생,
최동오 선생, 박찬익 선생, 신익희 선생,
엄항섭 선생, 조완구 선생, 유림 선생,
유동열 선생, 황학수 선생, 차이석 선생.

모두 국내와 남북 만주·시베리아에서, 그리고 국제무대에서 수십 년간 조국의 광복을 위하여 일제와 싸운 혁명의 대선배들이었다. 우리와 같은 혈기 왕성할 때부터 민족의 해방을 위하여 국내에서 싸우다가 국외로 망명하였고, 그 뒤로 오늘에 이르기까지 항일 투쟁에 목숨을 걸고 고난의 길을 걸어온 분들이다. 한 분도 빠짐없이 몹시 노쇠해 보였다. 얼굴은 핏기가 없이 부석부석하였으나 두 눈과 꽉 다문 입술에 서린 혁명가의 굳은 의지는 한눈에도 똑똑히 알아볼 수 있었다.

김구 선생과 임시정부 요인들이 자리를 뜬 다음, 양복을 입은 신익희 내무부장의 인도로 우리는 대열을 지어 청사 안으로 들어갔다. 콘크리트로 된 짙은 회색의 이 청사는 앞서 이야기한 대로 5층 건물이 아니고, 암벽을 깎아 집을 올려 지었는데 단층과 이층집이 포개진 구조로서 얼핏 한 건물로 보였다. 청사 가운데 돌로 된 계단이 여러 층 올려 쌓여 있고, 좌우로 단층 또는 2층집이 겹치듯 들어앉았으며, 높이 올라갈수록 집의 크기가 작아지기는 하지만, 멀리서 보기엔 꼭 5층 건물처럼 웅장해 보였다.

우리가 안내된 곳은 맨 꼭대기의 우측에 있는 국무회의실이었는데 바로 옆이 김구 주석의 판공실이었다. 우리 일행이 마룻바닥에 모두 누울 수 있는 꽤 넓은 회의실이었다. 부녀자들과 아이들은 다른 곳으로 배정되었기 때문에 더욱 여유가 있었다.

우리는 누구 하나 피곤한 기색이 없었고 고향에라도 돌아온 기분으로 기뻐서 날뛰었다. 저녁식사까지 시간이 있으니 목욕과 이발을 하라고 안내되었다. 라우허커우를 떠난 다음에 처음 하는 목욕이고 고향을 떠난 뒤 처음 찾는 이발소였다.

목욕과 이발을 끝마치고 청사에 와 보니 광복군의 새 군복이 지급되어 있었다. 산뜻한 새 옷으로 갈아입으니 기분이 날아갈 것처럼 상쾌하고, 모두 새로운 사람이 된 듯하였다. 이가 득실거리고 넝마처럼 너덜너덜 찢긴 옷을 벗어던지니 마치 매미가 껍질을 벗어버린 듯하였다. 이제 일본군이나 중국군의 껍데기를 완전히 벗어 버리고 진정한 조국의 독립군이란 제 모습으로 변한 것이다. 이 또한 얼마나 기다리던 순간인가. 어느 하나 감격스럽지 않은 것이 없었다.

저녁식사가 끝난 다음 밤 9시경에 김구 선생을 비롯한 임시정부 각료 전원과 광복군 총사령부의 간부들, 그리고 충칭에 있는 혁명 진영의 남녀노소 300여 명이 한자리에 모여 우리를 환영하는 모임이 열렸다.

환영회 장소는 회의장과 식당을 겸하고 있는 큰 홀이었다. 희미한 전깃불이 켜진 넓은 회의장은 사람으로 꽉 차 있었고, 자리가 모자라 뒤쪽으로도 사람들이 서 있었다. 식탁 위에는 막과자 몇 그릇이 띄엄띄엄 놓여 있고, 그 옆에 질그릇에 담은 배갈 술[01]이 초라하게 자리 잡고 있었다. 이 과자를 안주 삼아 술 한 모금씩 돌려가며 마시는 지극히 간소한 연회였다. 얼마나 궁색하면 그 먼 길을 목숨을 걸고 천신만고 끝에 찾아온 우리를 이렇게밖에 접대할 수 없었을까 하고 생각하니 눈물이 앞섰다. 선배님들의 심정 또한 오죽했으랴!

신익희 내무부장의 간단한 환영사로 연회는 시작되었다. 신 선생은 이때 나이가 53세였지만, 역시 머리는 백발이었고 목소리가 독특한 것이 인상적이었다.

그다음에 김구 선생의 격려사가 이어졌는데 우리의 가슴을 찔렀다. 버티고 서서 또박또박 말씀하시는 우리의 지도자는 정말로 거인이었다. 우리는 숨을 죽이고 경청하였다.

"오랫동안 해외에 나와 있었기 때문에 국내 소식에 아주 감감합니다. 그동안 일제의 폭정 밑에서 온 국민이 모두 일본인이 된 줄 알고 염려했더니, 그것이 한낱 나의 기우라는 것을 깨닫게 되었습니다. 여러분이 왜놈에게 항거하여 이렇게 용감하게 탈출해서 이곳까지 찾아와 주었으니 더할 수 없는 고마움을 느낍니다. 나의 지금까지의 착잡하고 헛된 고민이 한꺼번에 사라집니다. 숭엄한 조국의 혼이 살아 있는 하나의 증거가 아니고 무엇이겠습니까.

결코 한국 사람은 한국 사람 이외에 아무것으로도 변하지 않는다는 산 증거로서 여러분은 우리 앞에 나타났습니다. 지금 일본인들은 한국 사람들이 한결같이 일본 사람이 되고자 원할 뿐만 아니라, 다 되었다고 선전하고 있고 또한 젊은이들은 한국말조차도 할 줄 모른다고 선전하고 있지만, 한국의 혼은 결코 죽지 않는다는 것을 여러분은 스스로 보여주었습니다. 내일은 이곳에 와 있는 전 세계 신문기자들에게 이 자리에서 이 산 증거를 알려주고 보여주게 될 것입니다. 무엇보다도 이 충칭에 와 있는 모든 외국인에게 우리가 얼마나 떳떳할 수 있는가 하는 생각에 진정 나의 이 가슴은 터질 것만 같고 이 밤중에라도 여러분을 끌고 이 충칭 거리를 시위라도 하고 싶은 심정입니다. 여러분 자신이 훌륭한 실증이요, 여러분 자신이 한국의 혼입니다."

그 목소리는 인자하였으나 그 억양에는 한평생의 투지가 우러나 우리 가슴에 울렸다. 말씀이 끝나도 누구 하나 기침 소리도 없이 숙연하였다. 우리 중에서는 장준하 형이 대표로 답사하였다.

"저희는 왜놈들의 통치 아래서 태어났고, 또 그 밑에서 교육을 받고 자랐기 때문에 우리나라의 국기조차 본 일이 없었던 청년들이었습니다. 어려서는 일장기를 보았지만 무심하였던 것입니다. 철이 들면서부터 저것은 우리나라 기가 아니고 일본 국기라는 것을 알게 되었습니다. 이것이 조국의 현실입니다.

그래서 우리에게도 우리나라의 국기가 있을 것이 아닌가 하고 생각하게 되었습니다. 그때부터 모든 것은 의혹의 대상이 되었고, 풀리지 않는 많은 문제가 저희를 괴롭혀 왔습니다. 우리나라의 국기가 보고 싶어졌습니다. 전국에 나부끼는 것이 일장기가 아니고 우리의 국기라면 얼마나 행복할 것인가 하고 생각하던 옛 그리움이 이제, 오늘 이 충칭에서 다시 살아나 깊은 감회 속에 젖게 합니다.

왜놈에 대한 반발과 혐오는 그래도 순수한 것이었습니다. 그러나 막상 일본군에 강제로 끌려나오게 되고, 고국에 남긴 가족들이 폭정에 시달리는 것을 생각할 때마다 저희는 나 자신을 다시 생각해야 했습니다. 누구를 위해 이 고생을 하며, 왜 왜놈 상관에게 경례를 붙어야 하며, 왜 나의 조국은 사라졌는가 하는 분노가 용암으로 끓어 화산구를 찾기 시작했습니다.

오늘 오후 이 임시정부 청사에 높이 휘날리는 태극기를 바라보고 우리가 안으로 울음을 삼켜가며 눌렀던 감격, 그것 때문에 우리는 6천리를 걸어왔습니다. 그 태극기에 아무리 경례를 하여도 손이 내려지지를 않고, 또 하고 영원히 계속하고 싶었습니다. 그것이 그토록 고귀한 것인가를 지금도 생각하고 있습니다.

그래서 아까 총사령관께서 사열하실 때, 전 정성을 기울여 차렷 자세를 취하였습니다. 왜놈 상관 앞에 차려를 강요하던 그 모든 힘을 한데 묶어, 아니 그 몇십 배로 늘려 차려를 하고 마음속으로 깊이 울었습니다. 아! 우리도 우리의 상관 앞에 참다운 사열을 받고 있구나. 꿈만 같았습니다. 주석 김구 선생님 앞에 섰을 때는 더 말할 것 없었습니다. 진정한 조국의 이미지와 우리의 지휘관과 우리가 몸 바칠 곳을 찾았다는 기쁨 속에 몸을 떨었습니다.

이제 저희는 아무런 한이 없는 것 같습니다. 조국과 민족을 위해서라면, 그리고 선배 여러분의 그 노고에 다소나마 보답이 된다면 무엇이든지, 어디든지를 가리지 않고 하라는 대로 할 각오를 답사로 드리는 바입니다. … 아까 백범 선생님께서 말씀하신 것처럼 왜놈들은 우리 한국인들이 스스로 일본인이 되길 바란다고 황당무계한 날조를 일삼지만, 그 반증은 우리 50여 명의 각자가 다 가지고 있습니다."[02]

장형이 답사하는 동안 김구 선생과 여러 노인 각료들은 소리 없이 울고 있었다. 그러다 김구 선생이 "흑!" 하고 누르고 있던 울음을 터뜨렸다. 그 처절한 울음이 신호가 되어 장내는 삽시간에 울음바다가 되어버렸다. 이시영 선생도 울고, 조완구 선생, 조소앙 선생, 그리고 김원봉 선생도 울고, 모두가 목 놓아 울었다. 환영회는 통곡의 바다가 되어버렸고, 아무도 먼저 말리려 들지 않았다.

이런 분위기 속에서 다음 차례로 김원봉 군무부장이 격려사를 하였다. 김 부장은 이때 나이가 47세였는데, 왜 나이가 더 많은 원로 각료가 아니라 그가 격려사를 하게 되었을까. 우리가 군인이므로 군무부장으로서 말하는 것인지, 좌우 합작인 임시정부의 좌파의 대표로서 나서는 것인지 알 수 없었다. 민족혁명당 당수이자 임시정부의 부주석인 김규식 박사도 자리에 있는데 말이다. 당시 김원봉 부장에 관해서는 의열단 단장으로서, 또한 조선 의용대의 대장으로서 끈질긴 항일 투쟁을 계속하여 많은 공을 세웠다는 것과 임시정부의 좌파 실력자라는 것 이외는 잘 모르고 있었다.

후리후리한 체격에 양복 차림, 거무스름한 그의 얼굴은 혁명가다운 굳은 의지가 엿보였고, 또 나이는 좀 들어 보였지만 남자답게 잘생긴 얼굴이 인상적이었다. 김 부장은 우리의 용기를 찬양하고 우리의 투쟁은 조국 광복을 위한 민족투쟁임과 동시에 일본 파시즘과 싸우는 민주투쟁이라는 것을 강조하였다. 다만 말솜씨가 모자라는 듯, 이론적으로 우리의 투쟁을 깊이 설명하려고 하면서도 그것을 충분히 표현하지 못하는 것을 안타깝게 여기는 듯하였다. 오른팔을 힘껏 높이 들었다가도 말이 뒤따르지 못하기도 하였다.

그래도 우리는 감격하였다. 독립운동의 대선배들이 정성껏 환영해 주니 얼마나 고마운 일인가! 우리의 도착으로 이제 독립은 틀림없이 달성된다는 그런 분위기였다. 정말로 충칭까지 찾아오기를 잘했다는 생각이 머리에 꽉 찼다.

울음바다로 변한 장내를 기쁨의 환호로 전환시키려고 신익희 선생이 여흥을 제안하였다. 기쁜 날에 울기만 하면 되겠는가 하니 모두 이에 찬동하였다. 우리 일행 중의 홍석훈 동지가 〈울밑에 선 봉선화〉와 〈산타루치아〉 등의 가곡을 불렀고, 특히 김성근 동지가 거지 흉내를 내면서 "작년에 왔던 각설이 죽지도 않고 또 왔네… 품파품파…" 하는 바람에 모두 폭소하며 웃음바다가 되었다. 연회는 밤 12시가 다 되어서야 끝이 났다.

숙소에 올라가 배급받은 담요 속에 발을 뻗고 누우니 감개무량하였다. 일본군에서 탈출한 다음 처음 이불을 덮고 자게 된 것이다. 모두 흥분하여 잠을 이루지 못하는 것 같았다. 고향의 어머니와 형제들이 내가 이렇게 무사하게 임시정부의 청사에서 잠자고 있는 것을 알 까닭이 없었다. 3월 29일에 탈출하라고 꿈에 나타나서 말씀하신 아버님께 다시 감사드리고, 고향 어머니의 꿈에 내가 무사함을 알려주십사 하고 기도하였다.

이튿날, 2월 1일 우리는 일찍 일어났다. 새 희망에 부푼 가슴으로 충칭의 아침을 맞이하였다. 겨울답지 않게 충칭의 날씨는 따뜻한데 안개가 자욱하였다. 쓰촨분지의 중앙에 있는 충칭은 주위가 산으로 둘러싸여 대기층이 안정되어 있고, 복사열에 의한 안개가 자주 발생하여 1년의 반은 안개가 낀다고 한다. 특히 겨울에 안개가 심한데, 촉나라(충칭은 옛 촉나라의 땅이다)의 개는 어쩌다 날이 맑으면 낯선 해를 바라보고 짖는다는 뜻의 '촉견폐일'이라는 성어가 있을 정도이다.

나는 청사의 구조를 살필 생각으로 밖으로 나갔다. 높은 계단의 양쪽에 방이 여럿 있었다. 임시정부 각 부처의 집무실과 30여 명의 임시정부 요원 숙사로 사용되고 있었다. 임시정부 요원 대부분은 독신이어서 이 청사 안에 기거하는 분이 많았다.

임시정부가 이곳 롄화츠의 건물로 옮긴 것은 우리가 도착하기 4개월 전이며, 그전에는 10분 정도 떨

대한민국 임시정부 청사(충칭)
민필호 선생(오른쪽)과 민영구 씨

어진 거리에 있는 우스예상의 초라한 2층 목조 건물에 있었다고 한다. 이 청사를 마련하는 것을 도맡아 주선한 분은 당시 김구 주석의 판공실장 민필호 선생이었는데, 이 건물은 원래 판보룽이라는 중국인 소유의 호텔이었다. 30여 개의 방이 있는 이 호텔을 개조하여, 중국 국민당의 지원을 받아 연 40만 원의 세를 내면서 사용 중이었다.

청사 밖으로 나가 언덕 아래쪽을 바라보았으나 짙은 안개에 가려서 잘 보이지 않았다. 하지만, 일터로 가는 사람들이 보이는가 하면, 손님을 끌려는 장사하는 사람들의 높은 목소리들로 요란하였다. '샤오빙! 유티아오!'를 연발하며 아침식사를 청하는 소리가 귀에 들어왔다. 이것은 '군밀가루떡'과 '꽈배기', 그리고 '콩국'을 어깨에 메고 다니며 파는 것인데, 신의주에서 중학 시절에 본 일이 있는 낯익은 장면이라서 대단히 즐겁게 느껴졌다.

그러다 보니 시장기가 돌아서 청사로 돌아왔으나 아침식사 시간은 10시경이라고 한다. 그제야 알았지만, 이곳 임시정부에서도 독신생활을 하는 김구 선생, 이시영 선생, 조완구 선생, 차이석 선생을 비롯한 각료들은 모두 이곳 청사 식당에서 하루에 두 끼밖에 식사를 못 하였다. 오전 10시경에 아침, 오후 5시경에 저녁 식사를 하는 형편이었다. 식사라고는 밥 한 그릇에 국 한 그릇이었는데, 쓰촨 지역은 쌀 생산이 많아서 밥은 쌀밥이었으나 국이라고는 고기 한 점 보이지 않는 밀가루 뭇국이었다. 날마다 이렇게 식사를 하니까 모두 얼굴에 기름기가 없고 부석부석한 것이었다.

아무튼 우리는 모든 것이 고마웠고, 이날 오후 4시에는 광복군 총사령부에서 환영연을 열어 준다기에 그때까지 자유 시간을 얻었다. 우리는 모두 시내 구경에 나섰다. 도쿄 유학 시절 이후 이렇게 한가하게 도시 구경에 나선 것은 처음이다. 이때 충칭의 인구는 100만이라 했는데 그동안

내내 농촌과 소도시만 돌아다녀서인지 충칭 시내가 대단히 번화한 것으로 느껴졌다. 산으로 둘러싸인 도시답게 언덕길이 많았다. 즐비한 상가와 극장가, 서점도 들러보았지만 다과점에서 사 먹은 아이스크림의 맛은 잊을 수가 없다.

도시의 주변에는 아름다운 공원과 온천은 물론 역사적 명소도 있었다. 명대의 비가 있는 뤄한사, 우의 아들인 계의 탄생지라고 전하는 도교 사원 라오쥔둥 등이 있다고 하는데 차차 시간을 내어 찾아보려고 마음먹었다. 또다시 중국 연구에 대한 관심이 머릿속에서 고개를 들기 시작한 것이다.

오후 4시에 우리가 초대받은 광복군 총사령부로 찾아갔다. 총사령

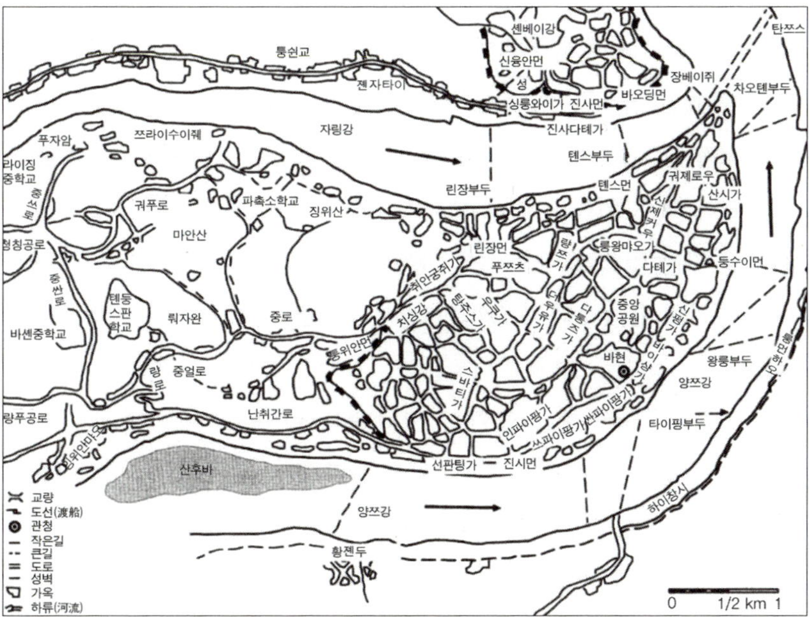

항전 시기의 충칭시 지도(왕웨이쥔의 논문에서 인용)

부는 임시정부 청사에서 거리가 좀 떨어져 있고, 충칭에서 흔히 볼 수 있는 대나무로 만든 2층 건물이었다.

환영회에서는 중국 군인도 많았다. 1941년 11월에 중국 측에서 제의한 '한국광복군 9개 준승'에 따라 1942년 4월부터 새로운 편제를 하게 되었는데, 그때 광복군 사령부로 중국군 요원이 많이 들어왔기 때문이다. 인청푸 참모장(중국군 중장), 위안저 참모처장(중국군 소장), 왕펑이 정훈처장(중국군 소장) 등이 지청천 총사령관을 비롯한 우리 측 간부들–채원개·이복원·최용덕·이준식·김관오·양우조·김의한·염온동·조시원–과 함께 자리를 채우고 있었다.

이날의 환영회는 임시정부에서 베푼 환영연과는 달라서 진귀한 중국 요리가 듬뿍 준비되어 있었다. 술과 맛있는 요리를 잔뜩 먹었으나 식사 후에 지청천 장군의 환영사를 듣다가 우리는 다시 울음을 터뜨렸다.

특히 남북 만주에서 현대식 무기를 갖추고 또한 수적으로나 기동력이 월등한 일본군과 싸우다가 쓰러져 간 우리 동포의 처참한 최후를 장군이 직접 보고 실례를 들어가며 이야기할 때 그만 우리는 울음을 참을 수 없었다. 나라 없는 민족의 서러움에 울었고, 또한 격분하였다. 선열들의 뒤를 따라 겨레를 위하여 이 한목숨을 기꺼이 바치리라 다시 맹세하였다. 그리고 무엇보다도 빨리 서둘러서 일을 해야겠다는 생각이 간절하였다.

그 후로 계속하여 며칠 동안 여러 중국 단체에서 우리에 대한 환영회가 잇달아 있었다. 중한문화협회, 삼민주의청년단, 중국부녀위로총회 등에서 초청하여 주었는데, 대외적 행사라 하여 우리 일행은 나에게 대표로 답사를 도맡게 하였다.

나는 이 일이 충칭에 도착한 다음 나라를 위하여 무엇인가를 공헌하는 첫 기회라고 생각하였다. 그런 모임에는 틀림없이 중국 측의 요인이 참석할 것으로 예측했기 때문이다. 그리고 예상한 대로 쑨커·천리푸·사오리쯔·마차오쥔·리더취안 씨 등의 정계 요인과 바이충시, 허잉친, 천청 등의 군 최고 수뇌들이 여러 모임에 참석하였다.

나는 무슨 이야기를 할 것인지 여러 동지들과 상의하였고, 또한 임시정부의 외무부장인 조소앙 선생을 찾아가서 질문하였다.

내가 조소앙 선생을 개별적으로 만난 것은 이때가 처음이다. 조 선생은 이때 나이가 58세였는데 대단히 반갑게 맞아주었다. 내가 그때까지 그에 대해서 알고 있는 것은 그가 일본 메이지대학 법과에 재학할 때부터 이미 독립운동에 앞장섰고, 3·1운동을 계기로 상하이로 망명하여 임시정부 수립에 큰 역할을 했다는 것, 임시정부의 외무부장으로서 우리나라의 독립과 임시정부에 대한 각국의 승인을 얻고자 진력하고 있다는 사실 정도였다.

조그마한 집무실은 그의 거구로 꽉 차는 듯하였다. 더욱이 남달리 커다란 머리가 나를 압도하였다. 회색 두루마기를 입은 조 선생의 방은 각종 서적으로 가득 차 있었고, 혁명가라기보다는 철학자와 같은 인상을 풍겼다.

나의 방문의 뜻을 듣자 그는 지극히 만족해하는 눈치였다. 문제의 중요성을 알고 의논하러 온 것을 기특하게 생각하는 듯했다. 선생은 약 한 시간에 걸쳐서 소신을 조리 있게 설명해주었다. 지금 단계에서 가장 중요한 것은 중국 정부가 정식으로 임시정부를 승인하는 일이니 그에 초점을 맞춰 이야기하는 것이 좋겠다는 것이었다. 중국 정부가 솔선하여 우리 정부를 승인해야만 미국·영국을 비롯한 연합국에서 승인할 것이 아닌가. 그리고 우리 일행의 도착으로서 국내 3천만 동포가 한결같이 항일사상으로 뭉쳐 있을 뿐만 아니라 임시정부를 절대 지지하고 있음이 증명된 것이라는 점을 역설하면 훌륭한 답사가 될 것이라고 일러주었다.

조 선생은 지난 여러 해 동안 임시정부에 대한 승인을 얻으려고 자신이 고심한 여러 가지를 설명해주었다. 사실 우리는 충칭에 도착할 때까지 임시정부는 이미 국제적 승인을 얻고 있는 것으로 잘못 알고 있었다. 나는 이러한 조 선생의 생각을 당연한 것으로 받아들였고, 선생님의 말씀에 전적으로 동감한다고 힘주어 대답한 후 자리를 떴다. 조 선생은 언제든지 찾아오라면서 웃는 낯으로 문밖까지 바래다주었다. 나는 그 길로 우리 침실로 돌아가 넓은 방에서 혼자 답사 원고를 온 정신을 집중하여 작성하였다.

2월 5일 중한문화협회[03]가 먼저 환영회를 열었다. 이때 나는 정확한 의사 전달을 위하여 우리말로 답사를 했고, 중국 정치대학 출신인 신기언 씨가 유창한 중국말로 통역하였다.

"우리 일행을 위하여 바쁘신 중에도 한중 양국의 여러 요인들께서 참석하여 성대한 환영회를 열어주신 것을 고맙게 생각하며 또한 일생 잊지 못할 영광으로 생각합니다.

이미 중국 지상에도 보도되었습니다만, 우리는 작년(1944년) 1월에 일본 제국주의자들의 강압으로 이른바 '학병'이란 이름으로 끌려나왔다가 조국의 독립을 위하여 결사적으로 일본군을 탈출한 한국의 청년들입니다. 우리는 탈출한 후 귀국의 유격대에서 중국 청년들과 어깨를 맞대고 포악한 일본군과 싸우다가 우리의 임시정부를 찾아 이곳까지 6천리 길을 걸어서 왔습니다. 우리는 국내의 3천만 동포가 진심으로 존경하고 하루 빨리 환국하는 날이 오기를 고대하는 우리 독립운동의 지도자들에게 조국의 실정을 알려드리고, 또한 그 어른들의 지도를 받으려고 충칭까지 찾아왔으며, 앞으로 그분들이 지시하시는 대로 어떤 일, 어떤 곳에서도 조국의 광복과 도탄에 빠진 동포들의 해방을 위하여 이 한목숨을 기꺼이 바칠 각오가 되어 있는 한국의 젊은이들입니다.

여러 선생님께서 아시는 바와 같이 우리는 일본이 한국을 강점한 다음에 태어났으며, 또한 대학에 이르기까지 그들의 교육을 받으며 자라온 세대입니다. 일본 제국주의자들은 한국 문화를 말살하고 이른바 일본에 동화시킨다고 하여 가지가지의 민족말살정책을 써 왔습니다. 그들은 학교에서 한국어를 가르치지 못하게 하였을 뿐만 아니라 '국어 상용'이라 하여 일본어만을 쓰도록 강요했으며, '한국혼'을 없애려고 우리의 역사를 가르치지 못하게 하였고, 심지어 교정에다 '봉안전'이라 하여 일왕의 사진을 걸어놓고 아침마다 경례를 시켰고, '동방요배'라 하여 천황이 있다는 동쪽을 향하여 배례를 강요하였습니다.

그뿐입니까! 아침마다 조회 때면 '황국신민서사'라는 것을 고창케 하였으며, 나중에는 한국인의 성씨까지도 일본식으로 고치라고 강요하였습니다. 한국의 정치·외교·군사·경제·문화권을 박탈하였을 뿐만 아니라, 우리 국토에 일본인들이 이주하고 한국 사람들로 하여금 만주지방으로의 이민을 강요하고 있는 실정입니다.

우리가 왜 징집되었습니까! 일본 침략자들은 전쟁이 장기화됨에 따라 인적 자원의 부족을 느낀 까닭도 있지만 차제에 한국의 지식분자를 제물로 만들어 한민족을 영원히 말살하려는 음모 때문인 것입니다. 그러나 5천 년의 빛나는 역사를 자랑하고 독립정신에 투철한 한민족을 그들은 어찌할 수가 없는 것입니다. 그들이 아무리 포악한 흉계를 쓴다고 해도 한국혼은 영원히 살아 있는 것입니다. 여기까지 찾아와서 이 자리에 앉아 있는 우리 50명이 바로 그 산 증거입니다.

우리 50명만이 아니라 3천만 우리 동포는 우리와 똑같은 생각을 가지고 있습니다. 기회만 오면 남녀노소를 막론하고 총궐기하여 총칼을 들고 왜놈들을 무찌를 것입니다.

우리 일행은 3천만 동포의 각오를 우리 영도자들에게 알리고 동시에 우리나라와 역사적으로나 지리적으로 가장 가까운 귀국의 정부나 국민에게 우리 민족의 뜻을 알리고 함께 3천만 동포가 총궐기하여 일본 강도를 구축할 수 있는 계기를 만들기 위하여 이곳까지 온 것입니다.

그러나 우리는 충칭에 와서 크게 실망한 것이 한 가지 있습니다. 그것은 귀국에서 아직까지 우리 임시정부를 정식으로 승인하지 않고 있다는 사실입니다. 물론 우리는 귀국에서 물심양면으로 꾸준히 우리의 독립운동을 지원해준 것을 잘 알고 있습니다. 그러나 가장 중요하고도 핵심적인 임시정부 승인 건은 유감스럽게도 주저하고 있습니다. 중일전쟁이 발발하기 전에는 일본 군국주의자들의 침략을 피하고자 구실을 주지 않으려고 임시정부를 승인하지 않았을 것으로 이해합니다만 오늘날에 이르러서는 무슨 이유로 승인을 주저하는지 그 진의를 알기가 대단히 어렵습니다. 여기 도착하기 전까지의 우리 50명은 물론이고, 국내에 있는 3천만 동포는 모두 귀국이 우리 임시정부를 벌써 승인한 것으로 알고 있었습니다.

혹시 임시정부가 해외에서 조직이 되어 오랫동안 망명생활을 하고 있기 때문에 한국민의 임시정부에 대한 지지를 의심해서 승인을 꺼리는지도 모르겠습니다. 그러나 우리 임시정부는 1919년에 일어난 거족적 항일운동, 즉 3·1운동을 계기로 국내외 한민족 전체의 의지와 지지로 조직된 정부이며, 오늘에 이르기까지 오히려 그때보다도 우리 민족은 우리의 유일한 정부로 충칭에 있는 임시정부를 지지하고 있을 뿐만 아니라 오직 임시정부에 대한 기대로 일본의 폭정에 항거하고 있습니다. 여기 앉아 있는 우리 50명은 감히 전 민족을 대표하여 임시정부에 대한 우리 민족의 절대적 지지를 귀국 정부나 국민에게 알려드리는 바이오니 하루속히 임시정부를 정식으로 승인해주십시오.

1921년 귀국의 국부이신 쑨원 선생께서 호법정부의 대총통으로 계실 때 우리 임시정부를 이미 승인한 바가 있는 것을 우리는 잘 알고 있고, 또한 그로 말미암아 한국 민족은 쑨원 선생을 더욱 존경하고 있습니다. 쑨원 선생의 원대한 뜻이 빠짐없이 실현되기를 간절히 바라는 바입니다.

끝으로 우리나라의 독립운동을 위하여 많은 지원을 해주신 귀국의 정부를 비롯한 각계각층에 심심한 사의를 표하는 바입니다. 더욱이 우리가 일본군을 탈출한 다음에 베풀어 준 일선의 귀국 장병들의 따뜻한 보호에 대하여 이 자리를 빌려 깊은 감사의 말씀을 드리고 이만 줄이겠습니다."

연설 중간마다 청중의 박수갈채가 이어졌다. 그런 가운데 이야기가 끝나자 가장 기뻐한 것은 환영회에 참석한 임시정부의 요인들이었다. 나는 조금이라도 우리 독립운동에 기여한 느낌이 들어 여간 흐뭇하지가 않았다. 다시 한번 충칭까지 오기로 결심한 것이 잘된 것이라고 생각하였다.

이날의 모임에 대해서도 충칭의 각 신문은 대서특필하였는데, 가장 권위 있는《대공보》신문은 2월 6일자 기사에서 다음과 같이 보도하였다.

> 중한문화협회에서 '탈출 한국청년을 환영'이란 제하로 적군 부대에서 탈출하여 충칭 임시정부에 도착한 한국 학병들을 위한 환영회 석상에 한국 측은 김규식 부주석, 조소앙 외무부장, 엄항섭 선전부장, 신익희 내무부장 등 제씨와 중국 측은 비서장 사오리쯔, 부부장 마차오쥔, 주임위원 방회이 및 내외 신문기자 20여 명이 참석

한 자리에서 사오리쯔 비서장은 "중한 양 민족은 동북아시아의 조속한 평화를 실현시키기 위하여 손을 잡고 일본을 격멸해야 합니다. 이번의 한국 지식 청년들의 탈출은 양 민족의 합작 결심을 증명한 것입니다"라고 환영사를 하였다. …끝으로 한국의 탈출병을 대표하여 김준엽은 답사를 통하여 한국 임시정부를 적극 지지하여 줄 것을 요구하고, 연합군과 손잡고 한국의 해방을 쟁취할 것을 다짐하였다.

《대공보》를 비롯한 중국 신문기자들만 아니라 환영회를 참관한 서구의 기자들이 모여들어 사진을 찍어대며 인터뷰를 요청하기에 우리는 성심껏 응했다. 탈출 경로, 한국 사정, 일본 사정 등 아는 대로 소상하게 설명해주었다.

잇달아 며칠 동안 계속된 삼민주의청년단, 중국부녀위로총회 등에서도 나는 중한문화협회 개최의 환영회 때와 마찬가지로 우리 일행을 대표하여 비슷한 답사를 하였다. 중국부녀위로총회의 회장 쑹메이링 여사는 참석하지 못하고 부회장인 리더취안 여사가 주관하였다. 리 여사는 유명한 펑위샹 장군의 부인으로서 대단히 지성적이고도 열정적이었고 또한 달변인 것이 인상적이었다. 전후 미국에서 출판한 펑위샹의 《나의 의제 장제스》란 책은 그가 구술한 것을 부인 리더취안이 정리 집필한 것이다.

앞서 신문보도에 관하여 잠깐 언급하였지만 충칭의 내외 각 보도기관에서는 우리가 도착한 이후로 20여 일 동안 연일 우리를 찾아와 취재하였고, 우리가 집단으로 충칭에 도착한 것을 환영하는 기사를 크게 보도하였다. 또한 방송망을 통하여 한국의 민족정기가 세계 각국으로 전파되었다. 일례로 2월 4일자 《대공보》는 다음과 같은 기사를 실었다.

충칭을 찾아온 한국 청년들은 '한일병탄' 후에 출생, 성장한 청년들로서 일본의 동화교육을 받았고 일본에 가서 진학하였으나 적은 이 한국 청년들의 항일사상과 민족관념을 소멸시키지 못했다. 한국 청년들은 한국은 망하지 않았으며 그 앞날이 광명과 희망에 차 있음을 우리에게 일깨워 주었다.

중국의 유명한 평론가인 거츠펑 씨는 우리를 인터뷰하여 이를 바탕으로 《한국혁명기》라는 책을 저술하였으며, 미국·영국을 비롯한 연합군의 정보 장교들이 날마다 찾아와 한국 사정은 물론이고 일본 국내 사정과 중국 전구의 일본군의 상황을 묻기에 우리는 아는 대로 상세하게 알려주었다. 그것이 우리의 공동의 적인 일본을 타도하는 데 도움이 될 것으로 확신하였기 때문이었다.

이때 임시정부 각료들은 우리만 보면 "요즘 중국 요인들이 모인 곳에 가면 인사받기에 바빠 어깨가 으쓱해진다"라고 하면서 기뻐하신 것이 우리를 더욱 뿌듯하게 해주었다.

2. 대한민국임시정부

그러면 우리의 임시정부는 어떻게 성립되었으며, 그동안 어떠한 길을 밟아왔고 또한 우리 민족사에 어떠한 위치를 차지하는지 간략하게나마 먼저 살펴보는 것이 충칭 임시정부를 이해하는 데 도움이 될 것 같다.

임시정부의 역사적 위치

우리 한민족은 오랜 역사를 통하여 민족국가의 자유의지와 문화적 연속성을 지켜왔다. 우리 민족은 수많은 외세 침략과 국난을 거치는 동안에 을지문덕, 이순신 등 민족적 영웅을 배출하여 한민족의 자기동일성의 원천인 '국혼'(민족의 자주정신이며 민족정신)을 굳게 지키면서 빛나는 국난 극복의 민족사를 창조해왔다.

1919년의 대한민국임시정부는 독립운동과 그 대표적 표현인 3·1 독립정신, 그리고 우리 민족혼이 민족국가의 잠재적 형태로 구현된 것이다. 임시정부는 근대화 과정에서 한국사의 주체이고, 동시에 조선왕조가 종말한 후 정치사의 공백을 메우며 새로 대두한 공권력의 원천이었다는 점에서 그 역사적 의의는 높이 평가되어야 한다.

대한민국임시정부는 어떻게 우리 민족사의 정통성을 이었는가. 이에 대한 답은 상하이 임시정부가 항일독립운동, 특히 3·1운동 정신의 산물일 뿐만 아니라 1945년 일제가 패망할 때까지 국외에 존재한 민족 주권이었고, 우리 민족의 유일한 정부였다는 사실을 인식하는 데서부터 찾아야 한다.

건국정신으로서 대한민국임시정부가 민족사적 정통성의 근원이 된다는 명제를 논증한다면 다음과 같다.

첫째로 대한민국임시정부는 그 임시 헌장에 나타난 바와 같이 1919년 독립운동과 그 독립선언에 의해 탄생한 3·1 독립정신의 정통적 계승자요, 그 소산이라는 점이다.

둘째로 3·1 독립선언에 의해 독립국가를 건설하는 민족자결의 권리를 선언하고 난 다음, 한성, 연해주, 상하이에 각각 임시정부가 세워졌으나 곧 세 정부는 통합 절차를 거쳐서 상하이 및 연해주 임시정부를 해소하고, 3·1 정신을 계승하여 '한성 임시정부'의 법통을 존중하는 '대한민국임시정부'의 국호가 확정되고, 그 정부 소재를 상하이로 정했다.

셋째로 대한민국임시정부는 근대적 민주 헌정의 신기원을 이룩했을 뿐만 아니라 대통령 중심제, 내각책임제, 집단지도체제, 주석제 등 갖가지 권력 구조를 모두 체험해 보고 1944년 제4차 개헌에서는 삼균주의를 반영하여 민주 사회주의적 경제정책을 가미한 복지국가형 민주주의의 이념도 제시했다.

넷째로 우리는 대일 전쟁에서 대한민국임시정부가 그 국제적 공인의 문제는 차치하고라도 교전국의 자격을 자인했다는 점을 중시하지 않을 수 없다. 대한민국임시정부는 1940년 9월 17일 국내에 진입하여 자력으로 연합국군의 일원으로 참전하였다. 자력에 의한 민족해방을 위해 광복군을 조직하고, 1941년 12월 9일 대일 선전성명을 발표한 역사적 사실을 중요시해야 하며, 또한 광복군이 중국군이나 인도 전선에서의 영국군, 미군(OSS)과 합작하여 제2차 세계대전에 참가했다는 사실을 주목해야만 한다.

우리는 광복운동이 건국정신의 원천으로 제자리를 잡아 일제에 참사당한 35년을 알리는 데만 그치지 말고, 그 역사를 민족 저항의 독립운동사로 재해석하여 오늘의 모든 국민뿐만 아니라 후손에게 국난 극복의 보람된 민족사를 길이 전해야 할 것이다. 여기서 강조해야 할 것은 대한민국임시정부가 우리 항일투쟁사의 중핵이자 구심체라는 점이다.

끝으로 또 한 가지 지적해야 할 점은 임시정부의 요인들은 모두 젊었을 때부터 이미 국내에서 주권 수호나 국권 회복을 위하여 투쟁의 선봉에 섰던 중심인물이었으며, 만주나 연해주에서도 항일 무력투쟁을 전개했던 중추 인물들이라는 사실이다. 독립협회를 통한 근대적 민족국가 수립운동, 애국계몽운동, 신민회운동, 3·1운동을 펼쳤으며, 20년 동안이나 만주와 연해주에서 치열한 무력투쟁을 계속한 애국 투사들의 총집합체가 대한민국임시정부인 것이다.

임시정부의 성립 과정

다음으로 임시정부의 성립 과정과 그동안 걸어온 길을 간략하게 그 줄거리만 적어보겠다.

대한민국임시정부는 신규식·이동녕·이시영 등에 의하여 1919년 4월 13일 상하이에 수립된 민주공화정부인데, 임시정부 수립의 태동은 그보다 앞서 국내나 중국·연해주·미국에서 이미 시작되고 있었다. 일본이 한국을 병탄한 직후인 1910년 9월 말부터 일부 천도교도 사이에서 민주정부인 국민국가의 조직을 논의하였고 일반 국민 사이에도 그러한 생각이 팽배해 있었다.

한편 당시 중국으로 망명한 독립투사들 사이에도 임시정부 수립의 준비 작업이 진행되고 있었다. 1911년 중국으로 망명하여 중국 혁명지사들과 교우하고 쑨원의 중국동맹회에 한국인으로 처음 가담하여 신해혁명에도 참여한 신규식은 1912년 7월 '동제사'라는 독립운동기구를 조직하였다. 그가 이사장, 박은식이 총재였으며, 김규식·신채호·문일평·조소앙·박찬익·이광·신석우·변영만 등이 가담하였다. 그리고 1917년 7월 신정〔신규식〕·조용은·신헌민·박용만·한진·박은식·신채호·조욱·박기준·신빈·김성·이일 등은 '유일무이의 최고기관'으로서 중앙총본부(임시정부)를 수립하자는 발기 선언을 하였다.

또한 1918년에 신규식의 지원으로 조직된 신한청년단에는 여운형·장덕수·김철·선우혁 등 30여 명의 청년이 참여하였는데, 이들은 김규식을 파리평화회의에 파견하여 한국의 독립 보장을 역설하도록 함과 동시에 임시정부 수립에 관한 논의도 하였다.

한편 러시아 연해주에서는 1910년대 후반 블라디보스토크에 이상설과 이동휘를 정부통령으로 하는 대한광복군 정부가 수립되었고, 미국에서는 1909년 국민회가 조직된 후 1913년 흥사단이 신민회의 국권회복 정신을 이어받아 독립운동을 전개하다가 미국 대통령 우드로 윌슨이 제창한 민족자결주의의 소식이 비공식으로 알려지자 1916년부터 임시정부의 조직을 구상하게 되었다.

이러한 배경에서 1919년 3·1운동이 일어나자 3월 21일에 러시아의 블라디보스토크에 '대한민국 의회정부', 4월 13일에 중국 상하이에 '대한민국 임시정부', 4월 23일에 서울 '한성임시정부'가 각각 수립되었던 것이다.

이렇게 거의 동시에 세 갈래로 임시정부가 수립된 것은 사상적 대립이나 경쟁으로 인한 것이 아니라 서로 연락이 어려웠기 때문이다.

그중 1919년 4월 10일 역사적인 제1회 '임시의정원'이 상하이에서 열렸는데(상하이 임시정부), 여기서 의결된 임시헌장 10개조는 군주제와 결별한 민주공화체제의 제도적 장치로서 커다란 역사적 의미가 있다. 이에 앞서 '대한민국'이라는 국호와 관제를 결정하고, 4월 13일에 '대한민국임시정부'의 수립을 내외에 선포하였다.

독립운동가들은 세 갈래의 임시정부를 하나로 통합해야만 한다는 인식으로 꾸준히 노력하였다. 특히 안창호의 알선으로 상하이와 연해주에서 성립된 임시정부는 해소하고, 국내에서 13도 대표가 창설한 한성정부만을 정통 정부로 인정하여 이 법통을 계승하는 형식으로 '대한민국 임시정부'를 개조하였다.

1919년 9월 6일 대통령중심제로 하는 삼권분립 형태의 전문 8장 58개조로 된 첫 헌법을 완성하여, 11월 임시의정원에서 이를 공포함과 동시에 이승만을 임시 대통령으로 선출하였다. 이때 이승만은 미국에 있었으나 임시 대통령 명의로 임명된 국무의원은 다음과 같다.

임시 대통령 이승만

국무총리 이동휘

내무총장 이동녕

외무총장 박용만

군무총장 노백린

재무총장 이시영

법무총장 신규식

교통총장 문창범

노동국 총판 안창호

임시헌법이 개정되고 임시정부가 개조되자 9월 15일을 임시정부의 시정일로 정하게 되었다.

임시정부의 초기 활동

① 교통국과 연통제

임시정부는 국내 독립운동과 연계하여 국외에서의 독립운동에 필요한 군자금을 모집하고, 동시에 국내의 지방행정을 지휘할 목적으로 1919년 5월에 '교통국'과 '연통제'를 실시하였다.

교통국은 교통부 소속의 통신기관으로 정보 수집과 분석, 교환, 연락 업무를 맡았다.

연통제는 내무부 소속의 지방행정기관으로서 임시정부와 국내 지방 조직 사이의 연락과 모금을 담당하였다. 1911년 서울에 임시총판부를 설치하고, 각 도에 독판, 군에 군감, 면에 면감을 두는 전국적인 조직을 갖추었다.

국내 각지에서 이에 호응하여 성금을 보내고 금붙이까지 바치는 국민이 많았다. 그러나 일제의 발악으로 지하공작원이나 애국성금을 바친 사람들이 수난을 당하는 일이 많아서 커다란 성과는 올리지 못하였다.

② 선전 외교 활동

임시정부로서 줄기차게 활동을 계속한 것은 선전 활동과 동시에 외교 활동이었다. 임시정부가 수립되자 기관지로 《독립신문》을 발간하여 임시정부의 활동과 국내외의 독립투쟁 상황을 보도하고, 사설이나 논설로 독립운동의 방향을 지시하면서 국민을 계몽 선도하였다. 동시에 임시정부 내에 사료편찬소를 두고 《한국 독립운동사》, 《한일관계 사료집》, 《한국독립운동의 진상》 등 30여 종의 서적을 편집 간행하여 민족의식을 고취했을 뿐만 아니라 이러한 간행물들을 국제연맹을 비롯한 여러 국제기구에 발송하여 한국의 독립을 주장하였다.

외교면에서는 임시정부 '외교위원제'를 만들어 각지에 외교위원을 파견하여 활동을 전개케 하였다.

임시정부가 수립되기 전에 이미 신한청년당의 대표로 파리평화회의에 파견된 김규식은 임시정부가 수립되자 1919년 4월 외교총장 겸 전권대사에 임명되어 비록 기대하였던 목적은 달성하지 못했으나 파리를 무대로 눈부신 외교 활동을 전개하였다.

같은 해 7월 조소앙은 스위스 제네바에서 개최된 '만국사회당대회'에 참석하여 한국의 독립 문제를 승인받는 데 성공하였다. 1920년 10월에는 임시정부 주파리위원부의 대표인 황주환의 노력으로 영국에 '한국친우회'를 조직하였는데 여기에는 매켄지를 비롯한 학자, 국회의원, 신문기자 등 62명이 참가하였다.

한편 미국에서 이승만, 서재필 등이 중심이 된 임시정부 구미위원부는 우선 미국인에게 한국을 인식시키겠다는 생각으로 한국을 잘 아는 헐버트, 스코필드 등의 선교사를 초청하여 강연회를 여는 동시에 매켄지의 《자유를 향한 한국의 투쟁: 한국의 비극》을 비롯한 수십 종의 선전 책자를 간행하였다. 이 결과 한국 독립 지원을 목적으로 하는 '한국친우회'가 조직되었다. 1921년 워싱턴에서 열강들의 군축회의가 개최되자 임시정부에서는 이승만을 수석대표, 서재필을 대표로 하여 한국 독립을 승인받기 위한 노력을 하였다.

그러나 임시정부가 전개한 외교 활동 중 가장 커다란 성과는 국민당 총리 쑨원이 비상 대총통으로 영도하는 광둥의 '호법정부'[04]로부터 대한민국임시정부를 승인받은 일일 것이다. 임시정부는 1921년 10월에 국무회의의 의결로 국무총리 겸 외무총장인 신규식을 광둥에 특사로 파견하였다. 신규식은 그해 10월 3일 쑨원을 만나 국서를 제출하고 드디어 임시정부를 승인받는 데 성공하였던 것이다. 신규식은 이미 신해혁명 때 쑨원을 도와 이에 참가한 일도 있었을 뿐만 아니라 외교적 수완이 탁월했고, 또한 중국의 유력 인사들과 깊은 신뢰관계를 맺고 있었기 때문에 이 대업을 성취한 것이었다.[05] 이로써 임시정부는 처음으로 외국과 정식 외교관계를 맺었다.

그 밖에도 1922년 1월에는 러시아 모스크바에서 개최된 '극동 인민 대표대회'에 대규모의 대표단을 파견하여 한민족의 해방을 위하여 많은 노력을 기울였다. 이 대회의 대표 총수는 144명이었는데 한국 대표단은 23개 단체에서 뽑은 52명으로서 전체의 3분의 1을 훨씬 넘었다. 민족주의자나 공산주의자를 막론하고 한민족의 해방을 위하여 함께 이 회의에 참가하였는데, 민족주의계 인사는 김규식·나용균·김시현·김원경·권애라 등이었고, 공산주의계 인사는 이동휘·박진순·여운형·장건상·박헌영·임원근·김태연 등이었다.

③ 여운형의 도일 사건

1919년 후반 일본의 척식장관 고가 렌조는 대한정책을 재검토할 생각으로 상하이 임시정부와 접촉할 계획을 세웠다.

이에 그들이 상대로 선정한 인물이 당시 임시정부의 외교차장인 여운형이었다. 여운형은 임시정부의 반대에도 불구하고 장덕수·최근우 등을 대동하고 일본으로 건너갔다.

여운형은 도쿄에서 고가 등 일제의 수뇌들을 만나 한국 문제에 관해 의견을 교환하였으나 합의에 이르지 못한 것은 당연한 일이었다. 아마 그의 큰 성과는 11월 27일 도쿄 '제국호텔'에서 내외 기자단을 포함한 50여 명에게 연설할 기회를 얻은 일일 것이다. 여기서 그는 당당하게 한국의 독립을 주장하였는데, 이 사실이 보도되자 일본의 조야는 발칵 뒤집힌 것이다. 당황한 일본 정부는 여운형 등을 상하이로 되돌려 보냈으나 일본 의회는 그들 정부를 탄핵하는 소동까지 벌였다.

한편 여운형의 도일을 반역행위라고 규탄했던 임시정부는 그가 한 연설의 외교적 효과를 인정하여 여운형의 행동이 독립운동을 위반한 것이 아니라는 결론을 지었다.

④ 레닌의 지원금

1919년 10월 임시정부는 레닌 정권에 한국 독립운동의 원조를 받기 위하여 여운형, 안공근, 한형권 세 사람을 교섭 대표로 파견하기로 하였다.

그러나 임시정부의 국무총리에 취임한 뒤 '공산주의자 그룹'과 '고려공산당'을 조직하고 있던 이동휘는 시베리아 시절부터 자신의 충실한 부하이자 배후인물인 한형권만을 단독으로 파견해 버렸다. 이에 앞서 이동휘는 한형권과 마찬가지로 자신의 심복으로서 '고려공산당' 조직을 위하여 암약하던 박진순을 따로 모스크바로 출발시켰다. 이동휘는 박진순을 시켜서 레닌에게 상하이 임시정부는 내용상으로 한인사회당[06]의 정부이며, 한인사회당은 공산주의를 위하여 심신을 바치겠다는 서약을 하게 하였다.

아무튼 박진순과 한형권의 활약으로 레닌으로부터 200만 루블의 독립지원금을 약속받고, 그 가운데서 우선 60만 루블을 인수하였다. 한형권은 잠정적으로 20만 루블은 모스크바에 예치하고 40만 루블만 가지고 귀로에 올랐다. 그가 치타에 이르자 이동휘가 보낸 김립이 나와서 그 돈을 인수하였고, 한형권은 다시 잔여금을 가지러 모스크바로 돌아갔다.

김립이 40만 루블을 들고 1920년 12월에 상하이에 도착한 뒤 이 자금으로 인하여 큰 분란이 발생하게 되었다. 이동휘는 이 돈을 임시정부에 제출하지 않고 '고려공산당'의 활동에 충당했던 것이다. 독립원조금을 불법으로 사용한 데 대하여 임시정부 안에서 규탄의 소리가 높아지자 이동휘는 국무총리를 사임하고 1921년 7월 러시아로 가버렸고, 김립도 국무원 비서장직을 사임하였으나 1922년 2월 암살되고 말았다.

⑤ 독립전쟁과의 연결

3·1운동이 일어나고 상하이에 대한민국임시정부가 성립되는 동안 만주에서는 독립군들이 실력을 기르고 있었다. '신민회' 간부들이 주장한 '독립전쟁론'에 바탕을 두고 독립운동 기지에서 양성된 독립군들이 일제히 독립전쟁 전선에 나아갔다.

이에 임시정부는 만주의 무력투쟁 단체들과 연결을 맺으면서 이들을 통괄하고자 노력하였다. 임시정부 내에 대본영, 참모부, 군사위원회 등을 설치하였으며, 육군 무관학교를 세울 계획도 세웠다.

이리하여 몇몇 독립군 부대가 임시정부의 관할 하에 들어오고 1924년에는 '육군주만참의부'까지 설치하였으나 모든 독립운동 세력을 아우르지는 못하였다. 그것은 상하이와 거리가 멀었을 뿐만 아니라 임시정부에 대한 반대파도 있었기 때문이었다. 그러나 독립전쟁의 수행에 필요한 군사 인재의 양성을 중요시하여 중국의 여러 무관학교에 위탁하여 유능한 독립투사들을 배출하였다.

임시정부가 대일 투쟁으로서 가장 중시한 것은 외교 활동과 군사 활동, 그리고 테러 활동인데, 이봉창 의사, 윤봉길 의사의 거사와 광복군에 관해서는 앞서 말한 바와 같다.

임시정부의 고투

임시정부 초기에는 이상과 같이 활발한 활동을 전개하였으나 날이 갈수록 시련을 겪을 수밖에 없었다. 그 첫째 원인은 말할 것 없이 일제의 파괴 공작 때문이다. 일제는 형사나 밀정을 동원하여 임시정부의 내부를 정탐하는 동시에 임시정부 요인들의 암살이나 체포에 혈안이었고, 임시정부의 경무국장을 맡은 김구는 이들과의 투쟁에 편안한 날이 없었다.

다음으로는 재정난이다. 교통국과 연통제를 통하여 모집하던 국내의 애국성금도 1921년 말에 연락망이 파괴되면서 끊겨버렸다. 북미나 하와이에서의 공채 모집도 한때 이루어지긴 하였으나 그것도 제대로 되지 않았고, 특히 1925년 3월에 이승만 대통령에 대한 탄핵안이 의결된 뒤로는 미주에서 오는 성금도 단절 상태가 되었다. 외국의 지원 상황도 앞서 살핀 바와 같이 레닌 정권의 원조금은 이동휘가 고려공산당의 조직에 사용해 버렸고, 오직 중국 측으로부터 한중 호조사나 지사들의 개인 지원이 약간 있었을 뿐이다.

이런 상황이기 때문에 임시정부는 정부청사의 월세 30원, 심부름꾼의 월급 20원도 제대로 지불할 수 없게 되고 임시정부 요인들은 생활난으로 각각 흩어져 밥벌이를 하거나 교포들 집을 몰래 찾아다니며 걸식하는 형편이 되어버린 것이다.

설상가상으로 임시정부 내부에 분규까지 발생하게 되었다. 가난한 집안에 싸움만 계속된다는 말과 같이 임시정부도 그러한 상황이었다. 물론 이것은 우리나라 혁명 진영에만 있는 현상은 아니다. 러시아혁명 전 볼셰비키와 멘셰비키의 치열한 투쟁이나 신해혁명 전 일본 도쿄에서 벌어진 중국의 혁명당과 보황당의 싸움, 그리고 같은 혁명 진영 내에서도 흥중회나 광복회, 화흥회 사이에 전개된 싸움은 널리 알려진 사실이다.

더욱이 임시정부에는 국내나 중국·만주·연해주·미주 등지에서 이미 독립운동을 각각 전개하던 투사들이 총집결했으므로 처음부터 내부가 복잡하였다. 게다가 좌우합작의 연합정부였기 때문에 민족주의와 공산주의의 이념 대립이 있었고, 또한 독립운동의 방략에서도 주장을 달리하였다. 선전 외교 활동을 위주로 생각하는 이승만, 김규식 등이 있는가 하면, 군사 활동에 치중하는 이동휘, 박용만 등이 있고, 그리고 점진주의를 표방하는 안창호의 노선이 있었다. 여기에다 출신지나 세대의 차이, 교육 배경의 차이에서 오는 갈등도 있었고, 임시정부의 헤게모니를 장악하려는 권력투쟁도 암암리에 전개되었다.

이러한 갈등이 표면화한 계기는 레닌 정권의 자금으로 야기된 이동휘의 국무총리 사임이었고, 1920년 9월의 박용만, 신채호, 신숙을 주축으로 하는 '군사통일책진회'의 결성이다. 책진회에 모인 사람들은 임시정부를 반대하는 사람들로서, 우여곡절 끝에 국민대표대회라는 것을 소집하여 드디어 1923년 6월에는 '조선공화국'을 따로 만들었다. 이것은 분명히 임시정부를 부인하는 단체인데 여기에는 김규식·한형권·윤해·원세훈·신숙·최동오·서병호·여운형·김철·김상덕·조동우·윤덕보·김응섭 등이 참여했으며, 그들은 소련의 후원을 기대하면서 1923년 8월 20일 상하이를 떠나 30일 블라디보스토크에 도착하여 신한촌에 머물게 되었다. 그러나 기대하던 레닌이 사망하였을 뿐만 아니라 일본과의 관계를 고려한 소련 정부가 1924년 2월 이들을 국외로 추방하면서 '조선공화국'은 와해하고 말았다.

다음으로 발생한 것이 이승만 대통령에 대한 탄핵 사건이다. 그것은 대통령이 된 이승만이 상하이에는 잠시 와 있었을 뿐 미국에 장기 체류하면서 직무를 돌보지 않았던 탓이다. 1925년 3월에 임시의정원은 탄핵안을 정식으로 의결하고 이동녕을 대리로 선출하였다.

더욱이 1925년 6월에 조선총독부 경무국장인 미츠야와 장쭤린 군벌의 경무처장인 위전이 이른바 3차 협정을 체결함에 따라 만주에서의 독립운동도 더욱 곤경에 빠지게 되었다. 이리하여 임시정부는 말할 수 없는 고난의 길을 밟게 되어 독립운동가들은 흩어지고 조각조차 어려운 지경에 이르렀는데, 김구 선생의 《백범일지》에서는 이때의 상황을 다음과 같이 말하고 있다.

> 임시정부는 인재 구하기도 극히 어렵고 경제도 매우 쪼들렸다. 정부제도는 대통령 이승만이 교체되고 박은식이 대통령으로 취임한 직후 대통령 제도가 국무령제로 바뀌었다. 초대 국무령으로 취임차 이상룡이 서간도로부터 상하이에 와서 인재를 물색했지만 입각 지원자가 없어서 간도로 되돌아갔다. 다음으로 뽑힌 홍만호 역시 전장으로부터 상하이로 와서 취임한 후에 조각에 착수하였으나 역시 응하는 인물이 없어 실패하였다. 임시정부는 마침내 무정부상태에 빠졌으므로 의정원에서 큰 문제가 되었다.
>
> (《백범일지》, 317~318쪽)

> 민국 원년으로부터 3, 4년을 지내고 보니 당시에는 열렬하던 독립운동자들이 하나둘씩 왜놈에게 투항하여 귀국했다. 임시정부 군무차장 김희선과 독립신문사 주필 이광수, 의정원 부의장 등을 위시하여 점점 그 수가 늘어났다.
> 다른 한편… 함경남도에서 연통제가 왜에게 발각되면서 각 조직이 파괴되었으니 비밀사명을 가지고 갔다가 체포된 자가 부지기수였다. 처음에는 열성으로 큰 뜻을 품고 상하이로 온 청년들도 점점 경제난으로 취직하거나 행상 노릇을 하였다. 이로 인해 한때 상하이의 우리 독립운동자가 천여 명이던 것이 차차 그 수가 줄어들어 수십 명에 불과하게 되었다. 이러니 최고기관인 임시정부의 처지를 충분히 짐작할 수 있는 일이다.
>
> (《백범일지》, 320~321쪽)

이러할 때 이동녕의 강권으로 국무원 주석에 등장한 것이 김구였다. 김구는 이 난국을 타개하는 방법을 이동녕과 함께 주야로 궁리하였다. 그 가운데 하나는 미주 교포들에게 호소하여 자금 지원을 받는 일이었고, 다른 하나는 충격적인 사건을 일으켜 임시정부의 존재를 널리 알림과 동시에 독립운동의 정열을 다시 살리는 일이었다. 이리하여 발생한 것이 이봉창 의사와 윤봉길 의사의 거사였다.

임시정부의 소생

한국에 대한 지배를 굳게 한 일제는 그들의 야망인 대륙 침략을 본격화하기 시작하였는데, 1931년 9월에 일으킨 만주사변과 1932년 1월 상하이사변이 그 첫 번째 단계이다.

이 침략으로 말미암아 만주에서의 우리 독립군은 암흑기를 맞이하게 되었지만 멀리 봤을 때 우리의 독립운동에 서광이 보이기 시작한 계기이기도 하다. 신민회 간부들의 독립전쟁론은 "일본은 그들의 야욕으로 말미암아 중국, 소련, 미국과 전쟁을 하게 될 것이고, 그때 우리 민족은 거족적으로 독립전쟁을 전개, 독립을 쟁취한다"라고 예견하였는데 이제 바로 그런 사태가 일어난 것이다.

이런 상황을 포착하여 임시정부의 존재를 널리 알리는 동시에 독립운동의 열망을 북돋우는 충격적인 방법이 등장하였다. 김구는 이봉창 의사로 하여금 1932년 1월에 일본 궁성의 사쿠라다문 앞에서 일왕에게 폭탄을 던지게 하고, 곧이어 4월에는 윤봉길 의사가 상하이 훙커우공원에서 상하이사변의 승리를 축하하는 일본 침략 괴수들에게 폭탄을 던져 상하이 주둔 일군 총사령관인 육군대장 시라가와, 제3함대 사령관 노무라, 제9 사단장 육군 중장 우에다, 주중공사 시게미쓰 등을 사상케 한 것이다.

반일 감정이 극도에 달한 중국인들이 두 거사에 쾌재를 외친 것은 당연하다. 중국 신문에서는 "한인 이봉창 저격 일황 불행불중"이라고 대서특필하였다.

홍커우공원에서의 이 거사는 단독으로 수행한 테러로 최대의 효과를 낸 것으로서 전 세계가 주목하였다. 김구와 이동녕의 구상은 적중한 것이다. 일제의 간악한 이간책으로 일어난 완바오산사건으로 인해 한중관계가 악화했었는데 이 사건 후 중국은 한국 임시정부를 적극 지원하는 상황으로 전환하였다. 임시정부 요인들을 보호했을 뿐만 아니라 임시정부에 대한 재정 지원을 개시하였고, 또한 김구의 요청에 따라 중국 육군 군관학교 뤄양분교에 한인 특별훈련반을 설치하여 독립군 장교 양성을 지원하였다.

한편 독립운동가들도 활기를 되찾고 1932년 7월에 한국독립당, 조선혁명당, 신한독립당, 의열단, 대한인독립단 등의 5개 혁명단체는 난징에서 '대일전선 통일동맹'을 결성하였는데 이것은 좌우합작으로서 형성된 동맹이었다. 그러나 이들은 임시정부와는 무관하다는 성명을 하면서 독자 노선을 걸으려고 하였다.

홍커우공원 의거 후 일제의 추적을 피한 임시정부는 항저우로 거점을 옮겼고, 임시정부를 고수한 이동녕·김구·이시영·조완구·송병조·조성환·박찬익·차이석·엄항섭·민필호·김의한 등은 모두 항저우나 자싱에 숨어 지낼 수밖에 없었다.

김구가 장쑤성 주석 겸 국민당 조직부장인 천궈푸의 주선으로 박찬익을 대동하고 난징 군관학교 교장실에서 장제스를 만난 것은 1933년 5

월의 일이며, 이때 장제스는 재정적 지원과 독립군 장교 양성을 김구에게 약속하였다.

1934년 임시정부는 비밀리에 난징에 가까운 전장으로 이전하였다. 일제의 감시가 심했을 뿐만 아니라 중국 정부를 난처하게 하지 않으려고 상하이나 난징을 피한 조치였다.

한편 정당 활동에 있어서는 1936년에 임시정부 고수파들도 '대한민국당'을 조직하였다. '민족혁명당'은 김원봉 등의 좌파가 헤게모니를 장악하려고 하자 조소앙·홍진 등 우파는 이를 탈퇴하여 '한국독립당'을 재건하였고, 그러자 좌파는 1937년에 따로 '조선민족혁명당'을 결성하였다. 같은 해 신익희·김인철 등은 '조선민족투쟁동맹', 현정경·김성숙·박건웅 등은 '조선민족해방동맹', 유자명·정화암 등은 '조선혁명자동맹'을 조직하였다.

이리하여 김구와 이동녕이 예측한 대로 만주사변과 윤봉길 의사의 충격적 의거로 말미암아 독립운동의 정열은 다시 불타올랐다.

중일전쟁의 발발과 임시정부의 이전

신민회 간부들이 일찍이 예견한 대로 끝없는 일제의 야욕으로 말미암아 1937년 7월 7일 중일 간 전면전쟁이 발발하였다. 희망에 찬 임시정부에서는 7월 15일 난징에서 이동녕 주석의 주재 아래 국무회의를 열고 비상대책을 논의한 결과 다음과 같이 결의하였다.

(가) 군무부에 군사위원회를 설치하고 장차 군사활동에 관한 종합적인 계획을 수립한다.

(나) 일제에 대한 특무공작을 강화한다.

(다) 장차 독립전쟁에 가용할 대부대를 편성하기 위하여 초급간부를 양성한다.

동시에 중국군에 있던 한인들은 물론이고 우리 청년들은 일제히 항일전쟁에 참가하였다.

한편 각 정당들도 대일 전쟁을 맞이하여 진영을 정비하였다. 우선 우파에 속하는 한국독립당, 대한민국당, 조선혁명당 그리고 미국의 동지회(이승만 등), 국민회, 대한독립단, 부인애국단, 단합회, 애국단 9개 단체가 1937년 8월에 난징에서 '한국광복진선'을 형성하였고, 이에 대하여 좌파에 속하는 조선민족혁명당, 조선민족해방동맹, 조선혁명자연맹의 3개 단체는 1937년 12월 한커우에서 '조선민족전선연맹'을 형성하였다.

그러나 전세는 중국에게 불리하여 중국 국민정부가 1937년 12월에 수도를 한커우로 옮기자 임시정부도 피란길에 오를 수밖에 없게 되어 다음과 같이 전전하게 되었다.

창사시대 : 1937년 12월 ~ 1938년 7월

광저우시대 : 1938년 7월 ~ 1938년 11월

류저우시대 : 1938년 11월 ~ 1939년 5월

치장시대 : 1939년 5월 ~ 1940년 9월

충칭시대 : 1940년 9월 ~ 1945년 11월

이 피난길에서 발생한 것이 창사사건이다. 창사에서 임시정부를 지지하는 한국독립당, 대한민국당, 조선혁명당 등 3개 당은 1938년 5월 창사의 난무팅에서 3당 통합 문제를 논의하게 되었는데 3당의 구성은 다음과 같았다.

한국독립당 – 조소앙·홍진·조시원 등

대한민국당 – 김구·이동녕·이시영·조완구·차이석·김붕준·엄항섭·조성환 등

조선혁명당 – 지청천·유동열·최동오·김학규·황학수·이복원·안일청·현익철 등

그런데 회의 도중 이운환이라는 자가 갑자기 뛰어들어 권총을 난사하여 김구·지청천·유동열이 부상을 당하고 현익철은 절명하는 사건이 발생하였다. 이운환은 전 조선혁명당 간부의 하나로서 일제와 내통하고 있던 박창세의 일파였던 것이다.

김구는 상야병원에서 치료를 받고 생명을 구하기는 하였으나 이 사건으로 우익 민족 진영의 활동은 큰 지장을 받았다.

또 한 가지 피란 시기의 큰 손실은 1940년 3월 이동녕 주석이 치장에서 병사한 일이었다. 신민회로부터 만주나 중국에서 독립운동의 중심인물이었으며 김구를 키워온 그의 별세는 커다란 손실이 아닐 수 없었다.

독립의 서광

이동녕을 이어 주석이 된 김구는 1940년 9월 임시정부를 국민정부가 있는 충칭으로 옮겼다.

비록 중국 전선에서는 중국군이 불리하기는 하였으나 장기전에 돌입하였고, 유럽에서는 나치 독일이 1939년 9월에 폴란드를 침공하기에 이르러 영국과 프랑스가 독일에 선전포고하였고, 1939년 외몽골과 만주 국경에서 소련군과 일본군 사이에 대규모의 무력충돌이 발생하였다. 또한 1940년 8월에 이른바 '대동아공영권'을 떠들면서 9월에 일본군이 프랑스령 인도차이나에 진주함에 따라 프랑스는 물론이고 미국·영국·네덜

란드와 일본이 첨예한 대립을 하게 되어 '독립전쟁론'에서 예견한 일제와 중국, 미국, 소련의 전쟁은 눈앞에 도달한 것이었다.

상황이 이렇게 발전하자 임시정부의 지도자들은 갈망하던 조국의 독립에 서광이 비친 것으로 확신하게 되었다. 이에 적극적으로 제2차 세계대전에 연합국의 일원으로 참전하는 동시에 혁명 진영의 통합을 꾀하면서 광복 이후의 국책을 구체적으로 강구하게 되었다.

이에 1940년 3월에 임시정부는 조소앙의 구상인 정치·경제·교육의 균등이라는 삼균제도를 기초로 한 건국강령을 발표하기에 이르렀고, 1940년 9월에는 광복군을 창설하여 중국군은 물론이고 미군이나 영국군과도 어깨를 나란히 하는 작전을 전개하게 되었는데, 1941년 12월에는 정식으로 대일 선전포고를 하였다.

한편 임시정부는 모든 독립운동가를 임시정부 산하로 단합시키는 일을 꾸준히 추진하였다. 우선 1939년 10월에 의정원의 의원을 확충하였다. 이때의 의원은 이동녕·김구·이시영·조성환·조완·차이석·송병조·엄항섭·양우조·신공제·문일민·민병길·김붕준·안경근 등 14명이었는데, 새로 홍진·최동오·지청천·조경한·신환·방순희·손일민·박찬익·김학규·조시원·이준식·나태섭·공진원 등 13명을 증원하여 총 27명으로 구성하였다.

김구는 다시 독립운동의 모든 단체를 통합하는 작업을 전개하였다. 대한국민당, 한국독립당, 조선혁명당, 조선민족혁명당, 조선민족해방동맹, 조선민족전위동맹, 조선혁명자동맹 등 7당 통합회의를 개최하였는데 중간에 해방동맹과 전위동맹이 탈퇴하고, 나머지 5개 당이 민족주의적 정당을 통합 조직한다는 협정에 서명하였다. 그러나 민족혁명당의 김원봉과 혁명자동맹도 이탈하여 결국 대한국민당, 한국독립당, 조선혁명당 등 3개 당만이 통합하여 새로이 김구를 당수로 하여 1940년 5월 한국독립당으로 발족되었다.

그 뒤에도 중국 측의 권고도 있고 하여 김구는 꾸준히 좌우합작을 추진하였는데 민족혁명당이 임시정부에 참여한 것은 1944년 초의 일이다. 즉, 1944년 2월에 삼균주의를 반영하는 동시에 부주석제를 신설하는 헌법으로 개정하여 3월에 다음과 같이 국무원을 개조하였는데 이로써 충칭에 있던 모든 독립운동가 단체는 임시정부로 총집결하는 데 성공하였다.

주석 김구

주석판공실장 민필호

부주석 김규식

국무위원 :

조완구(재무부장) 이시영

조소앙(외무부장) 조성환

김원봉(군무부장) 황학수

신익희(내무부장) 장건상

최동오(법무부장) 조경한

최석순(문화부장) 유 림

엄항섭(선전부장) 성주식

이상만(검사원장) 김붕준

유동열(참모총장) 김성숙

차이석(비서장) 박찬익

마지막으로 특기해야 할 것은 임시정부에 대한 중국 측의 재정적 지원이다. 중국은 특히 윤봉길 의사의 의거 이후 비록 흡족할 정도는 아니어도 꾸준히 임시정부에 대한 재정적 원조를 계속하였다. 광복군에 대한 지원 이외에 1941년부터 차관 형식으로 임시정부에 지원한 금액은 다음과 같다.

1941년 12월 ~ 1942년 5월 …… 매월 6만 원

1942년 6월 ~ 1943년 4월 …… 매월 20만 원

1943년 5월 ~ 1944년 8월 …… 매월 50만 원

1944년 9월 ~ 1945년 3월 …… 매월 100만 원

1945년 4월 ~ 1946년 6일 …… 매월 1,000만 원[07]

3. 내가 만난 임시정부 요인

내가 6천리를 걸어서 충칭까지 찾아온 기본적 목적은 우리의 독립운동을 총지휘하는 임시정부의 실태를 바르게 파악하고 김구 선생을 비롯한 여러 독립운동의 원로를 만나 지도를 받는 데 있었다. 따라서 나는 임시정부가 걸어온 길을 서적이나 면담으로서 이해하려 하였고, 많은 선배를 만나 지도받으려고 노력하였다.

나는 여기에서 그 당시에 직접 보고 느낀 것을 정직하게 서술하려고 한다. 그때 나는 20대 초반이었고, 또한 충칭에 체류한 것이 불과 3개월밖에 되지 않지만, 보고 들은 그대로 적는 것에 가치를 두고 추억으로 윤색할 생각은 없다. 따라서 만의 하나라도 잘못된 점이라든지 실례되는 점이 있으면 '20대 초반의 생각'이었다는 점을 감안하여 너그럽게 용서해 주기를 바라는 바이다.

충칭에 도착하여 이미 김구 선생을 비롯한 여러 선배님을 우리 일행이 단체로 만났고, 또한 김구 주석, 지청천 총사령관, 김원봉 군무부장, 신익희 내무부장의 환영사나 격려사를 들었으며, 그 밖에 조소앙 외무부장을 단독으로 만났기 때문에 요인들에 대한 어느 정도의 인식은 가지고 있는 셈이었다. 그러나 나는 개별적으로 직접 찾아뵙고 많은 이야기를 듣고 싶었다.

그러는 동안에 임시정부에서는 우리를 위하여 '교양 강좌'를 마련해 주었다. 김구 선생을 비롯한 각료들이 밤마다 한 명씩 우리가 묵고 있는 홀에 와서 본인들의 경험을 위주로 독립투쟁사를 들려준 것이다. 교양 강좌라고 한 것은 우리가 붙인 이름이지 임시정부에서 정한 것은 아니다. 원로의 개인 투쟁 경력을 중심으로 한 허물없는 담화 형식이었다. 따라서 부드러운 분위기였으며, 나는 정말로 흥미진진하게 들었고 또한 얻은 것도 많았다.

밤 8시 무렵부터 두세 시간씩 희미한 전등불 밑에서 강연하던 선배들의 모습을 나는 일생 잊을 수가 없다. 우리 50명은 마룻바닥에 앉아 있었고, 원로는 앞에 놓인 의자에 앉았으므로 뒤에서도 말씀하는 분의 얼굴 표정이 잘 보이고 말소리도 잘 들렸다. 나는 이 강좌가 계속되는 동안 항상 맨 앞에 앉았기에 여러 선배의 이야기를 하나도 빼놓지 않았을 뿐더러 그분들의 표정이나 말하는 스타일까지도 상세하게 볼 수가 있었다. 말씀 뒤에 숨은 생각까지도 모두 파악하여 나의 인생살이의 지침으로 삼으려고 노력하였다.

백범 김구 주석

첫날밤은 김구 주석께서 맡으셨다. 백범 선생은 처음 뵈었을 때처럼 까만색 두루마기를 입고 들어오셨다. 이때만이 아니라 내가 충칭에 있는 동안 다른 옷으로 갈아입은 것을 본 일이 없다. 의자에 앉으면서 대단히 기쁜 표정으로 활짝 웃으셨다.

백범 선생은 조금도 가식이 없이 소탈한 모습으로 있는 그대로를 쉬운 말로 표현하였다. 달변이나 이론적인 것은 아니었으나 그 구수한 말씨와 인품이 나를 자석처럼 끌어들이는 것이었다. 거무수레한 데다 서너 살 때 천연두를 앓아 얽은 얼굴이지만, 인자하기가 비할 데가 없었다. 다만 큰 몸집에다 삼각형의 작은 눈은 사람들을 압도하고도 남음이 있어 보였다.

이날 들은 김구 선생의 투쟁 경력을 간추리면 다음과 같다. 지금은 백범 선생이 살아온 길을 많은 사람이 알고 있으나 그때의 우리는 처음 상세하게 듣는 것이기에 여간 신비롭고 감회가 깊은 것이 아니었다.

김구 선생의 호 '백범'은 "백정과 같이 천한 신분의 범부", 즉 평범한 사내라는 의미이다. 이런 호를 지은 것은 조선시대 천민계급에는 국가의식이 거의 없고 더욱이 독립정신이 결여되어 있어서 "나라를 위하여서 그들의 의식 수준을 높이지 않으면 안 된다"라고 결의한 결과였다.

1876년 황해도 벽성군 장곡면 기동에서 태어났는데, 조선 초기에는 양반 집안이었으나 11대 전에 화를 입어 평민의 신분이 되었다. 고향마을 기동은 해주에서 서쪽으로 80리가량 떨어져 있는 벽촌이었다.

1887년 12세에 서당에서 한학을 배웠다. 그러나 집안이 너무 가난하여 그의 부친은 "큰 글을 하려고 애쓰지 말고 행문[08]이나 배우라"고 하였다. 그러나 그는 글을 읽다가 중국 진나라의 진승이 말한 '왕후장상 영유종호'[09]라는 구절에서 용기를 얻고, 또한 칼을 빼어서 뱀을 베었다는 유방의 이야기나 한신과 같은 위인이 빨래하는 아낙네에게 밥을 빌어먹었다는 이야기를 읽음으로써 더욱 격려가 되었다고 한다.

1894년에 동학농민운동이 일어났을 때는 19세의 나이로 선봉장에 임명되어 동학군을 이끌고 해주성을 공격하였다. 그러나 패전하여 신천군의 구월산 패엽사로 후퇴하였고, 그 후 동학군에 내분이 생겨 이동엽 부대에 패한 다음에는 청계동 안태훈[10] 진사의 집에 숨었다.

1895년에 고능선 선생의 권유로 홀로 혜산진을 경유하여 압록강을 건넜는데 도중에 명성황후 살해사건이 일어났다는 소식을 들었다. 그는 만주의 관뎬·지안·린장 등지를 시찰하면서 청국의 지사들을 탐방하고, 국모 살해 복수를 결심하여 김이언의 의병부대에 참가하였다. 그해 말에 그는 300명의 의병을 이끌고 내 고향인 강계성을 점령하려다가 실패한 일이 있다.

그는 또 공주 마곡사의 명승 용담의 가르침을 받으면서 원종이라는 법명도 얻었으나 그의 뜻은 구국투쟁에 있었으므로 다음 해인 1899년 그곳을 떠나 평양으로 갔다. 여기서 유학자인 최재학과 평양진영소의 참령 김효순의 도움을 받아 평양 서교에 있는 고평면 영천암에 잠시 은신하였다. 그는 반년 후에 환속하여 벗인 유인무와 성태영 등 양반의 도움을 받아 강화도, 충청도, 경상도의 각지를 유랑하면서 민정을 시찰하였는데, 이때 그의 이름을 김구로 고쳤다. 지방을 유랑하는 동안 24세 때 김구는 구국의 길은 과학문명을 보급시키는 데 있다는 결론을 얻고 신문화운동을 제창하였다.

28세에 그는 기독교 신자가 되는데, 1903년 2월에는 오인형의 후원으로 황해도 장연으로 가서 서당을 차렸다. 이것이 인연이 되어 백남당을 알게 되고, 다음 해에 장연공립학교의 교원이 되었다. 이 무렵은 러일전쟁이 일어나 일본군이 더욱 기승을 부릴 때이다.

그러나 그는 관직을 떠나 진남포로 가서 에벗(Evert) 청년회의 총무가 되어 항일운동에 종사하였다. 1905년 11월에 을사늑약이 발표되자, 이에 격분한 그는 상경하여 국권회복운동에 앞장서게 되었다.

1906년 그는 동지인 이준·이동녕·전덕기 등 23명과 함께 을사늑약의 철수를 상소하고 거리에서 성토 연설을 계속하였다. 그러나 민중이 계몽되지 않는 한 국권 회복이 어렵다고 생각한 그는 황해도로 돌아가 다시 교편을 잡았다.

1909년 34세 때 안악의 양산학교에서 가르치다가, 해서 교육총회 학무총감에 임명되어 학교의 설립과 운영을 맡았다. 이때 안중근 의사가 하얼빈역에서 침략 원흉 이토 히로부미를 사살하자 공모 혐의를 받아 해주감옥에 투옥되었는데, 무관한 것이 밝혀져 약 1년 뒤에 석방되었다.

1910년 8월에 이른바 한일합병이 발표되자 양기탁의 연락을 받고 상경하여 이동녕·안태국·이승훈 등과 함께 지하정부의 수립, 무관학교의 설치와 동시에 국외에서 독립군을 양성할 목적으로 만주 이민을 장려하는 것 등을 모의하였다.

다음 해에 황해도 안악의 양산학교 교장에 취임하여 독립운동을 하다가 1911년 일제가 독립운동 세력을 일망타진할 목적으로 날조한 '105인 사건'[11]으로 2년 형을 선고받았다. 그러나 수감 중에 전년(1910년)에 안악에서 발생한 '안악사건'[12]과도 연관되었다 하여 15년 형이 추가되었다.

이 서대문형무소에 수감되어 있는 동안에 김구의 한자를 구(龜)에서 구(九)로, 호를 연하에서 백범으로 고쳤다. 4년 동안 수감생활을 하다가

1915년 8월에 가출옥한 뒤 귀향하여 농촌계몽운동을 전개하면서 때를 기다렸다.

1919년에 3·1운동이 일어나자 동지들과 협의하여 상하이로 건너가 대한민국임시정부에 참여하였다. 우선 안창호 내무총장 밑에서 초대 경무국장에 취임하여 부하 20여 명을 거느리고 임시정부를 지키며 일본영사관 경찰들과 사투를 전개한 것이다.

임시정부에 참가한 다음, 1922년 47세 때 내무총장에 취임하였고, 1930년에 한국독립당을 창당하였다. 1931년에는 한인애국단을 조직하였고, 그해 말에 일왕 히로히토를 격멸하기 위하여 이봉창 의사를 도쿄로 보냈는데, 김구 선생은 폭탄 제작과 여비를 만드는 데 무척 고심하였다.

1932년 1월 8일 이봉창 의사의 의거는 실패하였으나 이에 굴하지 않고 석 달 뒤 4월 29일에는 윤봉길 의사로 하여금 상하이 훙커우공원 의거를 단행케 하였다. 이날 의거로 한민족의 독립을 향한 열망과 기백을 국제적으로 드높였을 뿐만 아니라 한중관계를 밀접하게 하였는데, 장제스가 이끄는 국민정부는 말할 것 없고 중국의 각층 각계에서 우리의 독립운동을 적극적으로 지원하게 되었다.

1933년 58세 때 임시정부의 국무령에 취임하였다. 1937년에 중일전쟁이 발발하자 장제스의 국민정부는 수도를 충칭으로 옮겼는데, 우리 임시정부도 창사, 류저우 등 몇몇 도시를 거쳐 1940년 9월에 충칭에 자리 잡았다. 백범은 임시정부 주석으로서 광복군을 조직하고, 대일 선전포고를 하는 등으로서 우리의 독립운동을 총지휘하고 있었는데, 우리가 도착한 것은 바로 이때인 1945년 1월이다.

백범 선생은 자정이 되도록 약 네 시간에 걸쳐 그의 경력과 그때그때의 심정을 들려주었다. 긴 이야기를 들려주는 동안 변함없이 웃는 얼굴로 당신이 하신 일은 아무것도 아니라는 듯이 무척 겸허하게 말씀하셨다. 한국 사람이라면 누구나 마음만 먹으면 할 수 있는 일이라면서 우리를 격려하였다. 그러나 어찌 평범한 사람이 그런 위업을 이룩할 수가 있을까. 나는 지난 몇 달의 고생이 정말로 아무것도 아니라는 것을 뼈저리게 느꼈다. 그러면 그럴수록 앞에 바위처럼 앉아 계시는 백범 선생이 위대하게 보였다.

백범 선생은 당신만큼의 투쟁과 고생은 많은 선열이 모두 겪은 것이고, 이곳 충칭의 임시정부 요인은 모두 그런 길을 걸어온 분들이라는 것을 강조하였다.

백범 선생은 동족에 대해서는 누구 하나도 비난하지 않았다. 1938년 일본군의 침략으로 후난성 창사로 임시정부 청사를 옮겼을 때 민족주의 3당의 통합 문제를 논의하던 난무팅에서 조선혁명당원 이운한의 저격을 받아 중태에 빠진 일이 있었지만, 그는 이운한에 대해서도 아무런 원한을 품지 않은 태도였다. 모든 것은 나라가 없는 탓이고, 그 기본적인 원인은 포악한 일제의 침략에 있다면서 우리의 적은 오직 일본의 군국주의라고 하였다.

그는 애국애족의 혼으로 굳어진 큰 바위이다. 계급을 타파한 위대한 서민이다. 말이 아니라 행동을 존중하는 실천가이다. 그러면서도 인정이 많은 인도주의자요 사상가였다. 백범에게는 외국적인 것은 하나도 보이지 않는 순수한 한국인이었다. 그의 흔들리지 않는 신념과 굳은 의지, 그리고 그의 투쟁 경력과 인격으로서 임시정부를 지켜온 것이다. 많은 이가 임시정부의 주도권을 둘러싼 암투에 휘말려 이합집산하였으나 그는 끝까지 바위처럼 흔들리지 않고 이 임시정부를 지키면서 우리의 어려운 독립운동을 총지휘한 것이다.

나는 네 시간 동안 숨을 죽이고 백범 선생의 말씀을 들으면서 인간은 어떻게 살아야만 된다는 것을 깨달은 듯하였다. 그리고 다시 한번 일본군을 탈출하여 항일 전선에 참가하고 이곳까지 찾아온 것을 천만다행으로 생각하였다. 백범 선생과 같은 위대한 지도자를 모시고 있는 것이 우리 임시정부나 광복군에게 행운이라고 생각하였고, 이봉창 의사나 윤봉길 의사가 백범 선생을 만나고 사지로 뛰어든 심정을 헤아릴 수 있을 것 같았다.

밤이 깊어서야 백범 선생은 자리를 떴는데, 일어서면서도 우리의 잠자리가 불편할 것이라면서 걱정해주었다. 우리는 모두 감격하여 한참 동안 잠을 이루지 못하였다.

덧붙이자면, 나는 충칭에 있는 동안 단독으로 백범 선생을 찾지 않았다. 공무에 바쁜 분인 데다가 주석이란 위엄을 생각하여 함부로 찾아가는 것이 예의에 벗어난 것으로 생각했기 때문이다. 그러다가 일본이 투항하기 직전에 시안에서 뵈었고, 일본이 항복한 다음 1945년 11월에 상하이에서 장준하 형과 함께 선생을 찾아뵐 기회가 있었다. 나중에 설명하겠지만 장형과 나는 이범석 장군의 명에 따라 상하이를 경유하여 귀국할 기회를 찾느라고 9월 14일에 이미 상하이에 와 있었고, 김구 주석을 비롯한 임시정부 요인들은 환국하기 위하여 11월 5일에 상하이에 도착하였던 것이다.

백범 선생은 11월 23일에 환국하셨는데, 상하이에 머무는 동안 처음에는 다른 요인들과 함께 양쯔반점(호텔)에 묵으셨지만 나중에 상하이 교민들이 마련한 2층 주택에 따로 머물게 되었다. 장형과 내가 백범 선생을 찾아간 것은 이 집이었는데 선생은 우리를 진심으로 반갑게 맞아주셨다. 충칭에서 작별한 지 약 7개월 만이었으며, 일본이 투항한 것을 기뻐하였고 장형과 내가 살아남은 것을 축하해주셨다.

백범 선생은 하지 장군이 보내는 비행기를 기다리느라고 18일간 상하이에 머물렀는데, 가장 감격스러웠던 것은 윤봉길 의사가 시라가와 대장 일행에게 폭탄을 던진 바로 홍커우공원에서 약 7천 명의 교민이 개최한 환영대회였다. 백범 선생이나 장형과 나, 그리고 참석한 모든 교포가 만세를 외치며 뜨거운 감회에 젖었다.

백범 선생은 옛날 임시정부가 쓰던 건물도 찾았다. 일제의 강압에 굴하지 않고 깨끗이 지조를 지킨 선우혁·서병호·한진교·장덕로 등의 옛 동지를 만난 것을 흐뭇하게 생각하시면서도, 이동녕·신규식·박은식·노백린·현익철 동지들이 이역 땅에 묻혀서 함께 환국 못 한 것을 몹시 안타까워하셨다.

선생은 소련군이 북한에 주둔하게 된 것을 걱정하면서 건국사업이 독립운동 못지않게 중요하고도 어려우니 더욱더 노력하라고 우리 둘에게 당부하셨다. 이때 나는 이미 김구 주석의 판공실장인 민필호 선생의 사위가 된 터라 선생이 나를 유심히 관찰하는 것으로 느꼈다. 또한 특히 다정하게 대해주시는 것을 알았다. 백범 선생은 내 아내를 어렸을 적부터 귀여워해서 그의 남편이 된 나를 세심하게 살피면서 내심 기대도 하시는 눈치였다.

뒤에 밝히겠지만, 나는 학문을 통하여 나라에 이바지하려는 생각으로 백범 선생 일행과 함께 귀국하지 않고 중국에 남아서 나의 전공인 중국사를 공부하였다. 그러다 난징에서 신장결석을 발견하고 1948년 5월에 수술을 받으려고 일시 귀국한 일이 있다. 회복 후 9월에 다시 중국으로 갈 때까지 나는 여러 차례 경교장으로 가서 백범 선생을 만났다.

백범 선생이 환국한 후 한동안 장준하 형이 선생의 비서로 가깝게 모셔서 국내에서의 정황은 장형을 통하여 자세히 들었다. 장형은 이때 이범석 장군의 민족청년단에서도 손을 떼고 미국 유학을 준비하던 시기여서 한가한 생활을 하고 있었다. 그래서 함께 백범 선생을 찾아갈 때가 많았고, 또 장인이 임시정부의 주화 대표단장을 맡고 있어서 백범 선생은 나를 따로 불러 식사하면서 대표단의 일이나 처가의 형편을 물어보기도 하였다.

내가 퇴원 후(6월) 처음 뵀을 때는 남북 협상으로 평양에 가셨다가 실패하고 돌아오신 뒤이고, 또 5·10총선거를 치르고 난 직후였으므로 심기가 불편하실 것 같아 국내 문제는 물어보지 않았고, 선생께서 물어보는 중국의 국공 관계에 대해서만 대답하였다. 중공군의 대거 남침으로 국민정부의 전도가 암담하다고 말씀드렸더니 퍽 쓸쓸한 표정이었지만 아무런 언급을 하지 않았다.

선생의 얼굴은 충칭에 있을 때의 부석부석하고 거친 안색이 사라지고 불그스름하게 활짝 펴 있어서 보기에 좋았다. 또한 국외에서 갖은 고생을 하다가 환국하여 국민의 환영을 받았고, 남(최창학)의 집에 머물기는 하지만 여유가 있어 보여서 마음이 든든하였다.

나는 9월 신학기가 되어 강의도 하고 대학원에도 나가야 해서 중국으로 떠날 수밖에 없었는데 백범 선생께서 고맙게도 나의 여비를 마련해 주셨다. 여유 있게 도와주셨기 때문에 그 여비의 일부로 장형과 함께 학생 시절에 찾아가 본 일이 있는 경주와 부여를 즐겁게 답사하기도 했다.

다음으로 백범 선생을 뵌 것은 중공군의 공격으로 난징이 위험하게 되어 처자와 함께 1949년 1월 말에 귀국하였을 때이다. 나는 귀국하였지만 장인·장모는 상하이에 있던 신국권 총영사가 여권을 발급하지 않은 관계로 대만으로 피신할 수밖에 없었다. 내가 이 사정을 백범 선생에게 말씀드렸더니 대로하여 대번 경무대에 연락해주셨다. 이런 관계로 이승만 대통령을 찾아뵙게 되었는데, 이 대통령은 이런 사정을 처음 알고는 몹시 불쾌해하시더니 어서 가서 장인을 모시고 오라는 것이었다. 나중에 이 박사는 신국권 총영사를 파면 조치하였다.

나는 2월에 배편으로 홍콩을 경유하여 타이베이로 가서 장인·장모와 처가 식구들과 함께 4월 말에 인천에 도착하였다. 귀국 후에 나는 취직자리를 찾는 데 바빠서 백범 선생을 자주 찾아뵙지 못하였고, 마지막으로 뵌 것은 선생이 흉탄에 맞기 사흘 전인 6월 23일이었다.

그날도 선생은 2층 거실에서 한가로이 독서하고 계셨다. 선우진 씨가 비서로 있어서 나는 자유롭게 출입하였는데 선생은 언제나 반갑게 맞아주셨다. 그때 고려대학에 나가기로 내정되었다고 말씀드렸더니 아주 흐뭇해하시던 모습이 눈에 선하다.

백범 선생에 대한 것을 비교적 상세하게 적은 까닭은 그분이 임시정부의 주석으로서 독립운동의 총사였기 때문이고, 또한 충칭에 와 있던 여러 혁명가의 경력은 대략 비슷하여 백범 선생의 험난한 발자취를 살펴보면 다른 분들에 대해서도 이해하기 쉬울 것으로 생각하기 때문이다. 따라서 '강좌'에 나온 다른 요인들에 대해서는 간략하게 설명하겠다.

김규식 박사

김규식 박사는 당시 64세였는데 건강이 좋지 않아 오랫동안 앉아 있지 못하여 한 시간 정도로 이야기를 끝냈다. 김구 선생과는 대조적으로 키가 작고 몹시 쇠약해 보였다. 회색 두루마기를 입고 지팡이를 짚으면서 들어와 의자에 앉았는데, 기침을 자주 하는 것을 보니 기관지가 좋지 않은 것으로 느껴졌다. 얼굴이 핼쑥하니 그의 눈이 유달리 더 커 보였고, 미국에서 교육받았으며 중국의 여러 대학에서 강의를 맡은 일이 있다는 선입견이 있어 그런지는 몰라도 한눈에 이 어른은 서구적이며 지성인이고 총명하신 분이라는 인상을 받았다.

기운이 없어 보였지만 말소리는 컸다. "여러분을 만나 장시간 이야기를 나누고 싶지만 내 나이도 많거니와 몸이 불편해서 많은 이야기를 할 수 없겠다"라고 하시는 것이 꼭 대학교수의 풍도였다.

김 박사의 아버지는 강원도 홍천 출신으로서 동래부의 관리로 있다가 개항 후 외무 관리로 발탁되어 일본과 러시아에 파견된 일이 있는데, 김 박사가 나중에 국제무대에서 활약하게 되는 배경에는 이러한 가정환경이 큰 역할을 한 것으로 보인다.

그러나 러시아에서 귀국한 부친은 러시아파로 지목되어 청국 세력에 밀려나 다시 동래부사 밑에서 일하게 되었는데 이때 올린 외교 문제에 대한 그의 상소문이 화근이 되어 귀양살이를 할 수밖에 없었고, 자연히 어린 김규식에게 큰 타격을 주었다. 집안이 하루아침에 몰락한 데다가 설상가상으로 여섯 살 때 어머니까지 별세하여 서울에 있는 숙부에게 맡겨졌다. 그러나 숙부 역시 그를 양육할 형편이 아니었다. 가난이 심하여 끼니조차 제대로 못하였다 한다.

이런 곤경에서 그를 구해준 사람이 언더우드 목사였다. 그의 지극한 정성과 사랑으로 김규식은 회생하였을 뿐만 아니라 큰 인물로 성장하게 된다. 김 박사의 뛰어난 영어 실력은 이미 언더우드 학당에서 기초를 닦은 것이다.

그러다가 어느 날 서울 거리에서 아버지를 만나 그길로 함께 고향인 홍천으로 갔으나 12세 때 부친마저 세상을 떠나 그는 문자 그대로 완전한 고아가 되어버렸다.

충칭에서 들은 그에 대한 평은 사람들에게 다정하지 못하고 차가운 인물이라고 하였는데 아마 그러한 성격은 불우한 소년기에 형성되었을 것이다. 항상 미소를 짓는 백범과는 달리 김 박사는 한 시간 동안 이야기를 하면서 한 번도 웃지 않았다. 그러나 그의 대쪽 같은 절개와 개척 정신, 그리고 굳은 의지도 그러한 어려운 환경 속에서 다져졌을 것이다.

그는 다시 언더우드 목사의 도움으로 미국으로 건너가 1903년 졸업할 때까지 6년간 로어노크대학에서 공부하였으며, 이어 프린스턴대학에서 석사학위를 받고 귀국하여 황성기독교청년회(YMCA) 총무, 경신학교 교감, 연희전문학교의 교수를 역임하면서 항일 활동을 개시하였다.

1910년 일본이 한국을 병합하자 그는 조국의 광복을 위하여 1913년 중국으로 망명하여 국제무대에서 분투하기 시작하였다. 1918년 모스크바에서 열린 극동피압박민족대회에 우리나라 대표로 참석하였고, 1919년 초에는 신한청년당의 대표로 파리평화회의에 파견되어 조국의 독립을 위하여 주력하였다. 4월에 상하이에 임시정부가 수립되자 외무총장 겸 파리평화회의의 전권대사의 직책을 겸임하게 되었는데 이때 그의 나이는 38세였다.

그 뒤 임시정부의 학무총장으로 활약하고, 1935년에는 난징에서 민족혁명당의 창당에 참여하였으나, 한동안 임시정부를 떠나 베이징·난징·청두 등지에서 대학교수를 하다가 1944년 64세 때 임시정부의 부주석으로 복귀하였다.

김 박사는 백범 선생의 이야기와는 달리 개인사보다는 독립운동의 원칙론을 강의식으로 말씀하였다. 구한국이 망한 중요한 이유 중의 하나는 당시의 위정자나 국민이 국제 정세에 어두웠다는 데 있다는 것을 강조하였고, 특히 강대국에 둘러싸인 한국으로서는 국제 정세에 민감해야만 생존경쟁에서 살아남을 수 있다면서 우리에게 영어 공부와 국제정치에 관한 연구를 소홀히 하지 말라고 가르쳐 주었다.

김 박사는 우리를 혁명 후배라기보다는 학생으로 간주하는 듯하였다. 그는 백범과는 달리 이론적이고 서구적이었으며, 인간적으로 좀 가깝게 하기가 어려운 성품으로 느껴졌다. 나는 그가 모스크바에서 열린 극동민족대회에 참가한 이야기나 파리평화회의에서의 활동에 관한 질문을 하고 싶었으나 병중이었기 때문에 말을 삼갔다.

그날 밤 '교양 강좌'는 이렇게 끝났는데, 나는 좀 더 깊은 이야기를 듣고 싶어 며칠 후 장준하 형과 함께 남안으로 김 박사님 댁을 방문하였다. 남안은 양쯔강의 남쪽을 가리키는 말인데 서울로 비교하면 강남이 될 것이다. 국민정부의 천도로 인구가 증가하니까 남안에도 인가가 들어서기 시작하여 조그마한 시가가 형성되어 있었다. 그런데 그제야 안 사실이지만 이곳 남안에는 김규식·김원봉·최석순·성주식·윤기섭을 비롯한 민족혁명당에 속하는 사람들이 살고 있었고, 한국 독립당 계열 사람들의 가족은 충칭에서 약 30리가량 떨어진 투차오라는 곳에 주로 살았다. 사는 곳마저 당에 따라 다른 것을 보니 당쟁이 정말로 심하구나 하는 것을 느꼈다.

아무 예고 없이 불쑥 찾아간 것이 미안하기는 하였으나 전화도 없고 하여 그럴 수밖에 없었다. 초라한 대나무로 만든 집에 들어서니 집이라고는 하지만 방 하나에 부엌 하나이고, 김 박사는 병석에 누워 있었는데 부인[13]이 방에서 한약을 달이고 있었다. 부인은 몸집이 크고 남성같이 보였다. 방 안에는 약 냄새가 가득 차 있었고, 간단한 가구며 책들이 가득했는데, 방이 비좁아 우리 둘이 앉을 자리도 없는 형편이었다.

우리 둘의 방문을 반갑게 맞이하면서 김 박사는 병상에서 반신만 간신히 일으켜 앉았다. "무슨 병환이십니까?" 하고 물었더니 "나에게 무슨 병이 있는가 묻지를 말고, 무슨 병이 없는가 하고 물어라"고 하셨다. 생각 이상으로 병고에 시달리는 것을 알고 '강좌'에서 묻고 싶었던 이야기는 이날도 입 밖에 끄집어낼 수 없었다. 장준하 형이 신학교 출신인 것을 알고 김 박사 내외가 국내의 기독교 사정을 물었다. 그래서 이날의 방문은 주로 장형의 설명으로 끝이 났다.

오랜 망명 활동과 정신적 좌절로 병이 생겼을 것이고, 또 궁색하여 치료도 제대로 할 수 없었을 것을 생각하니 여간 마음이 괴롭지가 않았다.

성재 이시영 선생

다음으로 '강좌'를 맡으신 분은 성재 이시영 선생이었다. 성재 선생은 이때 77세로서 충칭에 계신 원로 가운데 가장 연장자였다.

역시 회색 두루마기를 입고, 키는 작고 나이 탓에 허리가 구부러져 있었다. 김규식 선생과는 달리 시종 웃는 얼굴이었고, 자상하기 그지없었다. "나더러 무슨 이야기를 하라지만 할 만한 이야기가 있어야지" 하면서 겸손하게 사양하셨다. 말소리가 작아서 뒤에 앉은 사람들은 잘 들리지 않았을 것이다.

성재 선생은 이날 저녁 주로 가산을 정리하고 전 가족이 일본의 감시를 피하면서 어렵게 만주로 이주하여 신흥무관학교를 경영하던 시절을 이야기하였다. 누구나 알다시피 여기서 양성된 사관생들이 김좌진 장군이 지휘한 북로군정서의 중견 장교가 되어 독립운동사에 빛나는 청산리대첩이란 금자탑을 세웠으니 우리에게 그러한 훌륭한 투쟁을 하라는 뜻으로 그 시절에 관하여 이야기한 것으로 안다.

충칭에 계신 여러 선배의 혁혁한 독립투쟁의 경력은 비슷하지만 가정환경이나 교육 수준, 그리고 주의주장은 모두 달랐다. 구한국 시대의 양반계층과 상인계층, 한말의 구식 교육으로부터 일본 유학, 미국 유학, 그리고 민족주의로부터 사회주의·공산주의·무정부주의 등에 이르기까지 각양각색이었다.

성재 선생은 나이도 많았지만 태어난 집안 환경으로 말미암아 재래의 한학 교육을 받았고, 또한 구한말에 높은 벼슬까지 지낸 '지체 높으신' 분이었다.

선생의 아버지는 이조판서 이유승이고, 어머니도 이조판서를 지낸 정순조의 딸이었다. 7형제 중의 다섯째 아들이다. 7세부터 한문을 배우기 시작하여 16세 때는 벌써 동몽교관을 하였는데 이것이 출세의 출발이었다. 22세에 증광문배에 급제, 1893년 24세에 사헌부, 사간원 등 여러 곳의 직무를 겸임하였고, 25세 때는 승정원 동부승지로 정3품, 26세 때 청일전쟁 중에 칙명을 받고 관찰사로 3개월간 랴오둥반도 등지를 시찰한 일이 있다.

그의 장인인 김홍집이 피살된 다음 한동안 재야에 머물러 정치학이나 육법조문을 연구하고 있었는데, 그의 나라에 대한 지성과 공무에 대한 책임이 인정되어 1904년에 다시 충청도 순찰사에 임명되었고 1906년에는 평남 관찰사에까지 올랐었다. 그러나 배일사상을 고취했다 하여 1년 남짓해서 일본인들의 농간으로 해임되었다. 그러나 그 뒤로도 그의 애국지성이 높이 평가되어 1908년에 한성재판소장·고등법원 판사에 임명되고, 1909년에는 종2품 태극 팔괘장을 받았다.

이 당시 일본의 침략에 항거하는 운동이 각지에서 전개되어 많은 비밀결사가 조직되었다. 그 가운데에서도 특기할 것은 석오 이동녕 선생의 활동이다. 석오는 몇 년 전부터 상동교회에서 함께 일하던 동지들을 규합하여 범국민적 독립운동 단체를 구상하고 있었다. 1907년 4월에 석오는 양기탁·전덕기·이동휘·이갑·유동열·안창호 등과 모의하여 '신민회'를 발족하였는데 성재도 비밀리에 신민회에 참가한 것이다.

성재 선생이 계속 관직에 남아 있었던 것은 국외 연락이나 황제와의 밀통을 위하여 동지들이 그에게 권고했기 때문이다.

그러나 1910년 8월에 국치를 당하게 되자 성재는 하루도 국내에 더 머무를 수가 없게 되어 이동녕 등 동지들과 의논하여 만주로 건너가 독립운동을 계속하기로 하였다. 이리하여 그해 12월, 41세 때 이시영 선생 형제와 이상룡 등 여섯 세대의 가족들은 가산을 정리하여 분반으로 망명 생활을 떠난 것이었다. 그 재산으로 남만주 류허현 산위안바오에 신흥학교(뒤에 신흥무관학교로 개칭)를 세워 독립운동에 빛나는 공헌을 했다.

성재는 그 뒤에 상하이로 옮겨 임시정부의 창설에 중요한 역할을 하였고, 초대 재무부총장이 된 이후로 이동녕·김구와 함께 온갖 고난을 무릅쓰고 끝까지 임시정부를 고수한 애국 원로이다.

산위안바오 쩌우자가에 정착할 때까지의 고생, 일제 이외에도 중국 마적들의 습격, 추운 겨울에 땔 것이나 먹을 것이 없어 굶주리면서도 학생들의 교육과 훈련에 희망과 보람을 느끼면서 하루하루를 지나던 이야기를 들려주셨다.

나는 성재 선생을 통하여 대한제국의 말기부터 그때에 이르기까지의 슬픈 한국민족사를 읽는 듯하였다. 대학 시절에 동양사를 공부한 덕에 나는 우리의 역사를 어느 정도 알고 있다고 생각했으나 이런 내면적 실상은 전혀 모르고 있었던 것이다. 어찌하여 우리 민족은 이렇게 고난의 길을 걸어야만 하는가! 나는 늙으신 성재 선생의 모습을 보면서 한없이 비통하였다. 그러나 선생은 우리와 같은 씩씩한 애국 청년들이 있기에 우리나라의 전도는 광명에 찬 것이라고 하면서 격려해주셨다.

이런 선생의 모습에서 옛날의 양반이니 고관이니 하는 티는 조금도 엿볼 수가 없었다. 그저 평범한 서민이셨다. 세월이 바뀌어서 그럴까? 오랜 풍상을 겪는 동안에 인간으로서의 완성기에 이르러서 그럴까? 공자의 말대로 종심지경으로만 보였다.

덧붙여서 말하자면 성재 선생은 당시 독신으로서 임시정부의 청사 내에서 숙식하고 계셔서 식당이나 마당에서 가끔 뵙기는 하였으나 단독으로 찾아뵌 일은 없다. 그러나 내가 결혼한 후에 알고 보니 내 아내는 성재 선생과 잘 아는 사이였다. 그럴 수밖에 없는 것이 한말에 명성황후와의 관계로 선생은 민씨 일가와 깊은 사이였던 것이다. 게다가 상하이 시절에 임시정부 요인들은 생활이 곤란하여 날마다 나의 처가에서 기식을 하였다고 한다. 이때 장인은 중국 교통부에 취직하여 재화 일본 각 기관들의 통신 상황을 탐지하여 임시정부에 연락하는 책임을 맡고 있었으므로 생활이 남보다 좀 여유가 있었다. 그런 관계로 성재 선생뿐만 아니라 조완구·윤기섭·조성환·조소앙·성주식 선생 등 많은 분이 장인 집에 머물러 지내는 일이 잦았고, 따라서 성재 선생은 내 아내가 상하이에서 태어나 자라나는 과정을 계속 지켜보셨다.

윤봉길 의사의 훙커우 의거가 있고 난 뒤에 처가 식구도 일본 경찰을 피하여 모두 항저우로 이주하였는데, 이때도 성재 선생을 비롯한 조완구·홍진·박찬익·조소앙 선생 등이 처가의 '식객'이었다고 한다. 그래서 내 아내는 이시영 선생을 '성재 할아버지'라고 하였고, 성재 선생 역시 아내를 친손녀처럼 귀여워하셨다.

이러한 관계로 말미암아 나의 처가와 가장 가까운 사이에 있던 분은 김구·이시영·조완구·박찬익·엄항섭 선생이었다.

서울에서 나는 아내와 함께 가끔 성재 선생님 댁을 찾아뵈었고, 또 내 사촌 처남인 민영완이 환국 이후로 성재 선생의 비서직을 계속 담당하였으므로 부통령실로도 가끔 인사를 간 일이 있다.

조소앙 선생

다음으로 '강좌'에 들어오신 분은 조소앙 선생이다. 앞서 이야기한 바와 같이, 나는 임시정부에 도착하여 중한문화협회에서 답사를 하기 전 외무부장실로 소앙 선생을 혼자 찾아뵌 일이 있었다.

소앙 선생은 그때 내가 처음 받은 인상과 마찬가지로 철학자의 풍도였다. 이날 밤 말씀하신 내용 역시 삼균주의와 건국강령에 관한 사상 문제였다.

선생은 경기도 양주 사람으로서 통정대부 조정규의 차남이다. 양반 집안에 태어나 어려서는 고향 서당에서 한문을 배우다가 1902년 16세 때에 서울에 와서 성균관에 입학하여, 러일전쟁이 발발한 1904년에 성균관을 수료한 후 황실 유학생으로 일본에 가 도쿄부립제일중학교에 입학하였다. 1907년에 졸업한 다음 세이소쿠학원에서 영어를 공부한 후 1908년 21세에 메이지대학 법학부에 입학하였다.

선생은 학생 시절부터 애국적 논설을 많이 썼을 뿐만 아니라 미국에서 귀국길에 도쿄에 기착한 안창호도 만났고, 중국 혁명가인 다이지타오와도 교우하였다. 일본이 한국을 병탄하는 1910년에 기독교 신자가 되는데, 이 해부터 철학을 연구하기 시작하였다. 이 무렵 중국 망명을 계획하였으나 '105인 사건'이 발생하여 한때 일본 헌병에 구금되어 뜻을 이루지 못하였다고 한다.

1912년에 메이지 대학을 졸업하고 귀국하여 경신학교 등에서 교편을 잡으면서 상하이 동제사의 신규식과 연락을 취하였다. 다음 해 드디어 뜻을 이루어 베이징을 거쳐 상하이로 망명하는 데 성공하여 신규식·박은식·홍명희 등과 함께 동제사를 중심으로 활약하면서 신규식과 함께 박달학원을 창립하여 혁명청년들을 훈련시켰다.

1918년에는 국내외 동포들의 대동단결운동을 전개하려고 만주로 가서 윤세복·이시영·윤기섭 등과 협력하였고, 그해 11월에 여준·김좌진·황상규·박찬익 등과 '대한독립선언서'(속칭 무오독립선언서)를 작성하여 공포한 다음 다시 상하이로 갔다.

1919년 3·1운동이 일어나 4월 초순에 한성 정부가 비밀리에 조직되자 교통경에 추대되었는데, 선생은 4월 10일부터 상하이에 운집한 혁명지사들과 함께 의정원을 창설하고 '대한민국'이라는 국호와 대한민국의 정체, 십조헌장, 의정원법 등을 제정하는 데 진력하면서 초대 국무원 비서장에 선임되었다.

이때부터 선생은 주로 임시정부의 외무총장으로서 우리나라 독립에 대한 국제적 지지를 얻기 위해 온갖 노력을 하였다. 1919년 5월에 파리로 출발하여 김규식·이관용·여운홍 등과 합류하여 파리평화회의에서 활약하고, 8월에는 스위스에서 개최된 국제사회당 대회에 출석하여 임시정부의 승인과 국제연맹 가입을 위하여 노력하였다. 12월에는 미국으로 건너가 그곳의 독립운동가들과 유대를 맺었으며, 1920년에 다시 유럽을 방문하여 각국의 각계 지도자들을 만나고 그해 연말부터 1921년 5월에 이르기까지는 소련에서 활약하였다.

선생은 외교 활동과 동시에 언론 투쟁을 전개하였으며, 임시정부나 우리 독립운동의 이론화에 지대한 공을 세웠다. 임시정부의 거의 모든 문안은 선생이 작성했다고 해도 과언이 아닐 것이다. 선생의 삼균주의 사상은 1927년 무렵에 체계화되었으며, 삼균주의에 입각한 '건국강령'을 만든 것은 1941년, 55세 때의 일이다.

선생은 한국독립당을 창당하여(1929년) 정치 활동을 전개하면서도 저술 활동을 계속하여《한국문원》,《한국주자사고》,《대성원효전》,《유방집》 등을 간행하였다.

이처럼 그의 경력을 보면 알다시피 그는 구학문과 신학문을 겸비한 학자이자 혁명가이고, 언론인이자 정치인이며, 또한 외교관이었다. 내가 알기로는 당시 충칭의 독립운동가들 가운데 가장 학문이 깊고 이론적인 인물이었다. 내가 만난 원로 중에서 항상 독서와 집필 생활을 계속한 분은 소앙 선생 하나였던 것으로 기억한다.

선생의 육중한 몸은 의자가 모자라는 듯하였다. "지나간 이야기는 다른 동지들이 이미 많이 이야기하였을 터이니까 나는 앞으로 우리가 독립하면 어떠한 국가를 건설해야만 되겠는가 하는 미래 문제에 관하여 여러분과 의견을 나누고 싶다"라고 하시는 품이 대학원 학생들에게 강의하는 세미나와 같았다. 더욱이 코밑의 수염은 그를 돋보이게 하였다. 선생은 차분하지만 굵은 목소리로 천천히 말씀하셨는데 어휘도 하나하나 골라가면서 또박또박 '강의'하시는 것이었다. 나는 문득 린촨에서 들었던 독립운동사 강의와 비교해 보았다. 강의란 깊은 지식의 체계화 없이는 남을 감동시킬 수 없다는 것을 새삼 깨달았다.

"나는 우리의 독립이 멀지 않았다고 생각합니다. 물론 앞으로 더 많은 희생을 치를 것으로 알고, 또한 희생 없이 독립한다면 국제사회에서 우리의 발언권이 적어질 수밖에 없다고 생각합니다. 그런데 독립을 쟁취하는 것이 우리의 기본과제이기는 합니다만, 독립 후에 어떠한 나라를 건설해야만 되는가 하는 것도 그에 못지않게 중요합니다. 우리 임시정부에서는 1941년에 '건국강령'을 발표한 바가 있는데, 우리가 해방시킬 조국의 건설은 이 강령에 의해서 진행될 것입니다."

나는 그제야 새 나라 건설의 청사진을 임시정부가 가지고 있다는 것을 알았다. 여태까지 독립투쟁사에 관해서만 관심을 두었던 내게 새로운 눈을 뜨게 한 것이 사실이다. 그러나 나는 독립을 위해 나의 목숨을 바치려고 결심하고 있던 처지였으므로 독립 후에 어떤 나라를 건설하는가 하는 것은 먼 장래의 꿈과 같이 느껴졌다.

"여러분은 사람이 그가 추구하는 이상을 위하여 몸을 바친다는 말을 많이 들었을 것입니다. 우리의 이상은 민족의 해방과 동시에 진실한 민주주의의 실천이라는 것을 모두 똑똑히 인식해야만 될 것으로 압니다."

선생은 고차원으로 우리의 생각을 끌어올리면서 건국강령의 밑바탕이 된 그의 삼균주의를 설명하는 것이었다.

"삼균주의란 정치 균등, 경제 균등, 교육 균등을 말하는 것입니다. 보통선거를 실시하여 국민정권의 평등화를 이루고 남녀별·교파·계급의 차별을 묻지 않고 헌법에 국민의 기본권리의 평등화를 확정하는 것이 정치의 균등입니다. 경제의 균등은 토지 및 대생산기관을 국유로 하여 국민생활의 평등화를 이루는 것입니다. 그리고 교육 균등을 위해서는 국민생활상의 기본조직 내지 필요 기술을 보급하여 공비적(국비) 의무교육을 실시, 국민 수학권의 평등화를 이룩해야만 됩니다."

특히 소앙 선생은 자본가 전권과 파시스트 독재, 그리고 노농전정을 배격하면서 '전민족 정치균등'이라야 진정한 민주주의라는 것을 역설하였다. 그는 삼균주의 사상의 배경을 동서양 철학자나 정치가들의 말을 인용하면서 설명하였고, 건국 시기에 정치·경제·교육의 균등화를 위하여 실시할 구체적 사항도 조목조목 설명하였다.

나는 3시간에 걸친 선생의 '강의'에 완전히 매료되었다. 그의 심오한 학문에 탄복함과 동시에 우리의 임시정부가 이렇게 구체적인 건국 계획을 가지고 있다는 것을 발견하고 마음 든든하게 생각하였다. 독립 후의 모든 것은 이 어른들이 잘할 것이고 나는 그저 독립을 위해 목숨만 바치면 된다는 생각에 잠겼다.

소앙 선생은 장시간 이야기하고서도 조금도 피로한 기색이 없었다. 우리에게 질문이 있으면 서슴지 말고 발언하라고 하였으나 누구 하나 말이 없었다. 앞으로 시간이 많으니 전체적으로도 좋고 개별적으로도 좋으니 더 의견을 교환하고 싶다고 하면서 작별하였다.

나는 이날 밤처럼 깊은 생각에 빠진 일은 없다. 내 생각과 학문의 부족을 뼈저리게 느꼈다. 죽을 때는 죽더라도 책을 더 읽어야 되겠다고 마음먹었다.

김원봉 군무부장

다음 차례는 김원봉 군무부장(호는 약산)이었다. 이때 47세였기 때문에 '강좌'를 맡은 분 가운데는 비교적 젊은 각료였다. 외모는 거무수레한 얼굴에 키가 크고 남성답게 잘생긴 투사형이었다. 그는 '중산복'[14]을 입었고 양쪽 머리를 바싹 짧게 깎아서 키가 더 커 보였다.

김 부장의 강좌는 우리가 충칭에 온 지 한 열흘이 지난 다음이어서 그사이 그에 대한 소문도 많이 들었다. 음모술수가 많은 공산주의자라는 것이다. 그럴수록 그에 대한 나의 호기심은 커졌다.

김 부장은 우리가 그런 소문을 듣고 자기에 대하여 공산주의자라는 편견을 가지고 있을 것으로 짐작하였는지, 또는 그날 무슨 불쾌한 일이 생겨서 그러는지 그리 유쾌한 표정이 아니었다. 얼굴을 좀 찌푸리고 말도 많이 하지 않았다. 어쩌면 그의 성격이 과묵한 편이어서 그랬는지는 알 수가 없었다. 나는 선생이 군무부장이기 때문에 군인 신분인 우리에게 많은 이야기를 해줄 것을 기대하였고, 또한 공산주의자라면 공산주의자답게 이론적으로 우리를 설득할 것으로 생각했는데, 그날 밤은 완전히 실망하고 말았다.

김 부장은 그가 깊이 관여한 의열단이나 조선의용군, 그리고 민족혁명당에 관해서도 일절 언급하지 않고 다만 우리가 결사적으로 충칭까지 찾아온 것을 환영한다는 말과 충칭에는 여러 정당과 또한 생각을 달리하는 혁명지사가 많으니 골고루 만나서 많은 이야기를 들은 다음에 우리의 앞길을 정하라는 충고만 하고는 다른 약속이 있다면서 한 시간도 못 돼서 일어서는 것이었다. 어쩌면 의미심장한 충고인 듯하지만, 그의 투쟁 경력이나 민족의 앞길에 관한 이야기를 기대했던 나로서는 실망이 컸다.

김약산은 경남 밀양 출신으로 가난한 농가에서 태어났다. 어려서는 서당에 다녔는데 1908년 10세 때 보통학교 2년에 편입하고, 12세에 동화중학교 2년에 편입하였다.

그의 어린 마음에 배일사상을 싹트게 한 것은 전홍표 교장이다. 일제가 전 교장이 위험인물이라는 구실로 동화중학을 폐교하자 김원봉은 몹시 분개하여 서울로 올라가 중앙학교 2학년에 편입하였다. 당시의 교장은 유근이고 이때 친해진 소년이 이명건(뒤의 이여성)이다.

그러나 학비가 없어 공부를 계속 못하고 1914년 봄 16세의 나이로 무전여행의 길에 오르게 되는데 이때 그에게 깊은 감명을 준 사람이 부산의 김철성과 영주의 강택진이라 한다. 1916년 10월 김원봉은 톈진으로 건너가 덕화학당에 입학하였다. 다음 해 여름방학에 일시 귀국하였는데, 이때 중국이 연합국 측에 가담하여 독일과 오스트리아에 대하여 선전포고를 한 관계로 독일인이 경영하던 덕화학교는 폐쇄되고 말았다.

1918년 9월, 20세 때 김원봉은 김약수·이여성과 함께 중국 난징으로 갔다가 다음 해 2월에 다시 펑톈으로 향하였는데, 가는 도중에 국내에서 3·1운동이 일어났다는 소식을 들었다. 펑톈에서 회합한 그들은 협의한 결과 김약수와 이여성은 국내로 들어가 활동하기로 하고, 오직 무력만이 독립을 달성할 수 있다는 의견을 견지한 약산은 홀로 중국에 남게 되었다.

그는 지린으로 향하였는데 당시 지린성에는 '의군부'라는 조직이 있었다. 그곳의 주석은 여준이고 군무부장은 김좌진, 중앙위원은 손일민·황상규 등이었다. 약산은 그의 고모부인 황상규를 통하여 그들과 가깝게 된 것이다.

이때 그는 폭력혁명을 계획하게 되었고, 1919년 11월 김원봉·양건호·곽재기·이성우·윤소룡 등 13명은 의열단을 창설하였다. 김원봉은 의백(단장)이 되었는데, 그들은 독립운동의 방법으로 일제의 중요건물, 즉 조선총독부를 비롯한 각 세관 등을 폭파하고 악질 친일파를 암살키로 하였다. 이리하여 1920년 박재혁이 부산 경찰서장실을 폭파하도록 하였고, 1926년에는 나석주로 하여금 동양척식주식회사와 조선식산은행에 폭탄을 던지게 하여 세상을 놀라게 하였다.

한편 1925년 27세 때에 김원봉은 조선 혁명의 간부 훈련을 목표로 동지를 규합하여 황푸군관학교에 입학하였는데, 당시 이 군관학교의 교장은 장제스이고 정치부장은 저우언라이였다. 김원봉은 김약수나 이여성과 친교하는 동안에 좌경적 생각을 가지기 시작하다가 황푸군관학교 시절에 저우언라이의 영향을 받아 더욱 좌경적 색채를 띠게 된다.

그는 1926년 7월에 시작되는 장제스의 북벌군에 참가하였다가 북벌이 성공적으로 끝나는 1928년에 베이징에서 안광천[15]을 만남으로써 더욱 좌익적인 사상을 가지게 되었다.

그 뒤 1935년 37세 때 조선민족혁명당 성립의 주역을 맡았으며 1938년에는 조선의용대를 조직하여 항일전쟁에 참가하였다. 그러다가 1941년에 광복군이 성립되자 다음 해 4월에 조선의용대를 광복군에 편입시키고 5월에 광복군부사령에 취임하였고, 1943년에 임시정부의 군무부장에 취임하였다.

이상의 경력을 통해 짐작할 수 있지만 그는 학구적이거나 이론적인 인물은 아니고 실천적인 투쟁가라고 나는 생각한다. 공산주의자라기보다는 민족주의적 좌파일 것이다. 설사 공산주의라고 하더라도 공산주의 우파라고 해석하는 것이 타당할 것으로 생각한다.

아무튼 그가 어떠한 사상을 가졌든 항일 투쟁에서 커다란 공을 세운 것은 부인할 수 없는 사실이다. 앞서 이야기한 바와 같이 나는 장준하 형과 함께 남안으로 김규식 박사를 방문한 다음에 그 근처에 있는 김원봉 부장을 찾았으나 외출 중이어서 만나지 못하고 그의 서른 전후의 젊은 부인만 문밖에서 만났다. 이 부인은 당시 임시정부의 국무위원으로 있던 최석순 선생의 딸로서 재혼이라고 한다. 부인은 우리의 방문을 무척 기뻐하였는데 대단히 발랄한 미모의 여성이었다.

부인의 소개로 최석순 선생을 만났는데, 선생은 우리 둘과 같이 고향이 평안북도라고 하면서 평안도 사투리를 써 가며 무척 반가워하였다. 김원봉과 함께 민족혁명당의 간부였지만 소탈한 모습의 시골 훈장 같은 인상이었다. 나라를 잃고 이국땅에서 오랜 망명생활을 하다 보니까 동포를 만나기만 하면 무조건 반가워하는 듯하였다. 공산주의를 부르짖든 사회주의를 부르짖든 적어도 충칭에 있던 독립운동가들의 밑바탕은 짙은 민족주의자들이라는 것을 피부로 느꼈다.

나는 어느 날 충칭 거리를 혼자 다니다가 김원봉 선생을 우연히 길가에서 만난 일이 있다. 그는 언덕 위의 길목에 서서 누구를 기다리고 있었다. 내가 찾아갔을 때 집에 없어서 미안하다고 하면서 악수를 청하였는데 이때도 그는 웃는 낯이 아니었다. 방금 저우언라이를 만나고 오는 길이라면서 언제 조용히 만나 이야기나 하고 싶다고 친절하게 말하였지만 끝내 나는 그를 단독으로 만나지 못하였다.

조완구·신익희·엄항섭·최동오·유림 선생

'교양 강좌'는 계속되어 조완구 선생·신익희 선생·엄항섭 선생·최동오 선생·유림 선생이 차례로 좋은 이야기를 많이 해주셨는데 간략하게 인상에 남는 것만을 적어 보겠다.

조완구 선생은 이때 62세였는데 작은 키에 몸은 수척했지만 대단히 강단이 있는 분으로 보였다. 카랑카랑한 목소리에 긴 수염을 기른 모습이 절개 있는 선비형이었다. 그러면서도 우스운 이야기를 재미있게 하는 것이 인상적이었다.

"여러분 나를 잘 보시오" 하시더니 오른쪽 주먹을 그의 입 속에 다

집어넣는 것이었다. 우리는 그 '묘기'에 깜짝 놀랐다. "여러분도 나처럼 할 수 있는가, 한번 시험해 보시오" 하기에 우리 모두가 주먹을 쥐고 입에 넣어보려고 시도했으나 누구 하나도 성공하지 못하였다.

이어서 양쪽 손바닥을 펴더니 "누가 대표로 나와서 내 손금을 보시오" 하시기에 내가 나가서 상세하게 보고 여러 동지에게 보고를 하였지만 놀랍게도 양쪽 손바닥의 한가운데에 세로로 큰 금이 일직선으로 가운데 손가락까지 뻗어 있는 것이었다.

"여러분, 입이 크면 대정치가의 상이요, 손바닥에 세로로 큰 금이 일직선으로 뻗어 있으면 임금이 된다는 관상가들의 말을 알고 있소?" 하면서 크게 웃으시는 것이었다.

6·25전쟁 중 공산당에게 납북되어 숙청당하였다는 소식을 들었을 때 나는 선생의 이때 모습이 눈에 선하였고 여간 괴롭지가 않았었다.

신익희 선생은 이때 53세였고, 이미 환영회에서 그의 개회사도 들은 일이 있기 때문에 훨씬 친근하게 느껴졌다. 게다가 일본 와세다대학을 졸업한 후에 보성법률상업학교에서 가르친 일이 있고, 또 중국에서도 푸단대학, 난징대학, 중산대학 등에서 교편을 잡은 일이 있어 우리와 호흡이 잘 맞는 듯하였다. 항상 양복을 입었고, 굵직한 목소리가 인상적이었다.

이때 그는 청년당의 당수였지만 그것은 1인 1당이었다. 현대적 감각을 가진 정치가로 보였는데, 그는 젊은 사람들과 만나는 것을 좋아해서 나도 몇 차례 따로 뵌 일이 있다. 만날 때마다 시내의 조그마한 음식점으로 가서 호콩을 안주로 백주 대접을 받은 일이 있다. 그는 술을 몹시 즐기는 것 같았고 취기가 올라 얼굴이 불그스름해지면 으레 "김 동지 나랏일이 걱정이외다" 하였다.

광복 직후 국회의장을 하실 적에도 몇 차례 찾아뵌 일이 있는데, 그때도 그는 "김 동지 나랏일이 걱정이외다" 하면서 담화를 시작하였는데 그 말은 적어도 충칭 시절부터 애용한 말버릇인 것 같았다.

엄항섭 선생은 이때 46세였는데, 보기에 대단히 꾀가 많은 분으로 보였다. 사실 그 당시 임시정부를 움직이는 핵심은 백범·이시영·조완구·박찬익·엄항섭·민필호로 구성되는 기호파라고 했는데, 백범 선생의 지낭(브레인)은 엄항섭 선생이란 소문이었다.

그는 한국독립당에 관한 이야기를 주로 하면서 공산당에 대한 비판을 많이 하였다. 나중에 다시 언급하겠지만 충칭에 도착하여 시간이 흐르자 각 당에서는 우리를 끌어들이려고 애를 썼는데, 독립당으로의 권유는 엄항섭 선생이 도맡은 것 같았다.

우리가 투차오로 옮긴 다음 어느 날 엄 선생이 투차오에 와서 나를 찾더니, 충칭에 놀러 가지 않겠는가 하기에 나는 내심 그의 뜻을 알았지만 선생을 아는 좋은 기회라고 생각하여 대번 뒤따랐다. 우리는 약 30리를 걷기로 하였다. 따뜻한 날씨에 충칭의 교외 경치를 즐기면서 나는 그의 말을 경청하였다.

선생은 신변잡담에서 시작하여 차차 본론으로 들어갔는데, 임시정부 수립 이후로 많은 사람이 임시정부를 들락날락하였지만 온갖 고충을 무릅쓰고 이를 고수한 분은 백범을 비롯한 한국독립당의 몇몇 분밖에 없었다는 것, 김약산 등은 옌안의 공산주의자들이나 저우언라이와 결탁하여 임시정부의 파괴를 일삼아왔다고 하면서 실제 예를 들어가며 몹시 비난하는 것이었다.

지금도 잊히지 않는 것은 길 가다가 엿장수를 보더니 엿 두 가락을 사서 하나씩 먹자고 한 일이었다. 속으로 좀 놀랐으나 내색하지 않고 엿을 먹어가며 열심히 그의 말을 귀담아들었다. 그가 말한 것이 사실일 것이고 또한 새로운 것을 많이 알게 된 것도 틀림없었지만, 어쩐지 남을 비난하는 것이 그렇게 좋게 생각되지는 않았다. 일본을 물리치려면 무조건 단합해야만 된다는 것이 그때 나의 신념이었기 때문에 남을 헐뜯는 것이 그리 유쾌하지가 않았던 것이다. 그러면서도 한편 그가 말한 것이 사실이라면 김약산은 경계해야 되겠다는 생각이 들게 된 것을 보면 확실히 엄 선생의 말이 나에게 영향을 준 것도 분명하였다.

엄 선생과 나의 장인이 된 민필호 선생과는 개인적으로나 가족적으로 대단히 가까운 사이여서 환국한 다음에도 자주 만났다.

최동오 선생은 그 당시 무소속으로 입각하여 법무부장을 맡고 있었는데 충칭에서는 제갈공명이라는 별명을 갖고 있었다. 천도교를 신봉하는 분으로서 대머리에 수염을 길게 기르고 있는 품이 한의사와 같다는 인상을 받았다. 항상 웃는 얼굴이고 좋은 사람이라고 느껴졌다.

유림 선생은 무임소 각료였고 '무정부주의자 연맹'의 대표였는데 이것도 1인 1당의 조직이었다. 유 선생은 눈이 부리부리하고 '카이저 수염'을 기른 호걸형의 투사였다. 말소리도 크고 우람한 분으로 무엇이든 단도직입적으로 처리하리라는 인상을 받았다.

선생은 무정부주의에 관하여 열정적으로 설명하고 대일 투쟁에서 무정부주의자들이 세운 공로를 자랑삼아 이야기하셨다. 내가 "선생님, 아무리 무정부주의가 좋다고 하더라도 선생님 혼자서야 어떻게 큰일을 치를 수 있겠습니까?" 하고 물었더니, "모르는 소리 하지 말아요. 국내에 20만에 달하는 무정부주의자가 있어서 내가 국내에만 들어가면 이 동지들이 전국적으로 호응할 것이니 두고 보시오" 하고 기염을 토하셨다.

교양 강좌는 유림 선생을 마지막으로 끝이 났다. 충칭에 약 20일간 있다가 우리의 거처를 투차오로 옮기게 되어 더는 계속할 수가 없었는데 나는 다른 원로들의 이야기를 듣지 못한 것이 아쉬웠다.

그동안 한국독립당에서는 김구·이시영·조소앙·조완구·엄항섭, 조선민족혁명당에서는 김규식·김원봉, 청년당에서는 신익희, 무정부주의 연맹에서는 유림, 그리고 무소속의 최동오 선생 등이 말씀하셨는데 단체 대표 중 빠진 것은 조선민족해방동맹을 주도하는 김성숙 선생뿐이었다. 그래서 나는 김성숙 선생을 따로 찾아 그의 의견을 듣기로 마음먹었다.

이 강좌를 듣는 동안에 나는 많은 것을 배웠고 어쩐지 나 자신이 모르는 사이에 성장해 가는 것 같은 느낌이 들었다. 마치 대학원 과정을 끝낸 듯한 기쁨이었다.

국내에서 그리고 일본 유학 시절, 또 중국 유격대나 6천리 장정을 하면서 얼마나 머릿속에 그리던 지도자들인가! 나는 그 소망을 달성하여 그분들의 말씀을 듣고 또 가까이 모실 수 있는 것이 무척 만족스러웠다. 독립투쟁의 경과를 알고 민족이나 국가의 장래에 대한 지침을 알게 된 것도 다행이지만, 무엇보다도 우리 민족의 지도자들을 친히 알게 된 것은 참으로 영광이었다. 이분들이야말로 우리 민족사에 길이 빛날 위인들이 아닌가!

충칭까지 찾아온 것은 정말 잘한 일이다. 임시정부를 찾았고 우리 지도자들의 훌륭한 모습을 보았으니 이제는 내가 할 일을 정하고, 그를 위해 내 생명을 바치는 일만 남은 것이다. 어서 우리의 원수 일본 제국주의를 타도하는 선봉에 서야겠다고 다짐하였다.

4. 충칭 생활 3개월

나는 충칭에서 꼬박 석 달을 체류하였는데, 1945년 1월 31일부터 2월 20일까지는 충칭 시내에 있었고 그 뒤 시안으로 떠나는 4월 29일까지는 충칭 교외에 있는 투차오에서 지냈다.

충칭에 있는 동안 임시정부나 광복군을 비롯한 중국 여러 단체의 환영회에 참석하였고, 이곳에 찾아온 중국이나 연합국의 여러 기자와 정보 기관원을 만났으며, 또한 원로들의 '교양 강좌'를 들었다. 강좌를 통해 우리는 임시정부나 우리의 지도자에 대한 인식이 깊어졌으며, 조국의 광복을 위하여서라면 무엇이든지 하려는 각오로 그때를 기다리게 되었다.

나는 시간의 여유가 있는 동안 될 수 있는 대로 많은 선배를 직접 만나 지도받으려고 노력하였다. '교양 강좌'에서 빠진 분은 말할 것 없고, 충칭에 와 있는 혁명 가족들도 하나하나 모두 만나고 싶은 욕심이었다.

이때 충칭에는 남녀노소를 모두 합해서 350명 정도의 한국인이 있었는데 양쯔강의 북안(충칭의 중심지)과 남안 그리고 투차오에 산재해 있었다. 우리가 도착하기 전에 이동녕·신규식·박은식·노백린·이동휘 선생 등은 이미 작고하였고, 김두봉은 옌안으로 갔기 때문에 만나볼 기회가 없었다. 충칭에 도착하니 특히 이동녕 선생과 신규식 선생에 대한 존경심이 대단하였으나 만날 기회가 사라져서 매우 서운하였다.

나는 우선 정당 대표로서 '강좌'에서 빠진 조선민족해방동맹의 김성숙 선생을 찾았다. 구불구불한 충칭의 언덕 뒷골목에 있는 그의 거처를 간신히 찾아갔더니 다행히도 집에 있었다. '해방동맹'은 김성숙 선생과 박건웅 씨 둘이서 이끄는 정당이었다. 박건웅 씨도 함께 만나게 되었는데, 그들은 높은 언덕 위의 조그마한 죽제 가옥에서 자취생활을 하고 있었다.

충칭에서의 소문은 그들이 진짜 '빨갱이'라는 것이었다. 이것은 김원봉보다 훨씬 좌경이라는 뜻이다.

숨을 헐떡이며 집을 찾으니 김성숙 선생은 뜻밖의 방문에 놀라고도 기뻐하였다. 그때 그는 49세였지만 머리카락이 없는 넓은 대머리가 되어 나이보다는 훨씬 늙어 보였다.

"나보고 빨갱이라고 하는데 나를 찾아와도 김 동지는 괜찮겠소?"

"저는 왜놈과 싸워온 선배님들은 모두 존경합니다. 그리고 싸우는 방략이나 앞으로 건국이 되면 우리 민족이 어떤 길을 택해야 하는 방도에 관해서도 선배님의 고견을 듣고 싶어서 찾아왔습니다."

이것이 우리의 첫 대화였다. 그는 나의 태도를 흐뭇하게 생각하였는지 손수 차를 끓여서 대접하는 것이었다.

"내가 진짜 빨갱이라면 왜 충칭에 남아 임시정부의 국무위원으로 있겠어요? 나도 옌안에 가려면 얼마든지 갈 수 있어요."

그는 강력히 자기는 지금 공산주의자가 아니라고 하면서 그가 겪어온 이야기를 들려주었다. 그의 일생도 고난의 길이었고, 또한 공산주의자라는 평을 받을 만한 대목도 있었다.

그는 평안북도의 조그마한 농가에서 태어났다. 어려서는 한학을 공부하였고 뒤에는 대한학교에서 신학문을 배웠지만, 종교에 관심이 깊어 1916년 20세에 입산하여 승려 생활을 한 일도 있다. 이때부터 그의 항일운동이 전개되는데 때마침 3·1운동이 일어나 이에 가담하였다가 일본 경찰에 체포되어 2년간의 감옥생활을 치르게 되었다.

그의 사상이 좌파로 기울기 시작한 것은 이 무렵으로 1922년 '노동공제회'에 참여하였으며, 다음 해에 베이징으로 건너가 민국대학에서 공부하면서 장건상·장지락·이낙구·양명 등과 함께 창일당을 조직하였다. 그러다가 신채호의 추천으로 의열단에 가입하여 활동하였고, 다시 광둥으로 내려가 중산대학에서 정치학을 공부하였다. 이때 광둥으로 모여든 300여 명의 한국 청년과 함께 피압박민족의 해방운동을 전개하였는데 당시 그는 중국 공산당과 밀접한 관계를 맺게 된 것이다.

1927년 7월 중국의 우한 정부는 공산당과의 유대를 끊고 이들을 축출하였다. 이에 중국 공산당의 간부들은 주장에 집합하여 8월 7일 새로운 당의 방침을 수립하였다. 즉, 폭동정책으로 전환하여 당원들을 각지에 잠입시켜 노동운동과 농민운동을 선동하고, 각지에서 소비에트 정부를 수립하려고 획책한 것이다. 이리하여 발생한 것이 사성(장시성, 후난성, 광둥성, 장쑤성) 추수폭동사건과 하이루펑 소비에트 정부의 수립이고, 또 광둥코뮌사건이다.

광둥코뮌사건이란 광둥에 있는 노동자·농민들이 공산당 간부인 장타이레이의 지도로 무장폭동을 일으켜 사흘 동안 소비에트 정권을 수립한 사건이다. 이들은 1927년 12월 11일에 폭동을 일으켜 광둥을 점령하고, 12일에 쑤자오정을 주석에, 예팅을 노농적군 총사령에, 그리고 쑤자오정·황핑·펑파이·장타이레이·윈다이잉·예팅을 위원으로 하는 소비에트 정부를 수립하기에 이르렀다. 그러나 13일 리푸린 군에 격파되어 장타이레이는 전사하고 겨우 500~600명이 하이루펑으로 도주한 것 외에는 전부가 무장해제당하고 5천여 명이 총살되었다.

그해 중산대학을 졸업한 김성숙은 12월의 이 광둥 사건에 동지들과 함께 가담하였다가 구사일생으로 상하이로 도망한 것이었다.

이 경력으로 말미암아 그는 '진짜 빨갱이'라는 평을 받게 된 것이다. 그러나 상하이에 온 뒤로는 문필 활동에 집중하였다. 《봉화》와 《반일민족

신문》의 편찬위원으로 활동하였지만 그의 사상은 온건노선으로 바뀌었다. 그의 사상에 변화를 일으킨 것은 상하이의 어떤 부유한 중국인 집안의 예쁜 딸과 결혼한 것이 계기라는 소문이 있다.

그가 '조선민족해방동맹'을 조직한 것은 1936년이었으며, 1942년에 임시정부의 내무차관에 취임하였다가 1943년에 국무위원이 되었다.

그는 국내의 절대다수가 무산대중인데 그들의 지지 없이 어떻게 나라를 운영할 수 있겠는가 하면서도 계급투쟁이나 폭력 혁명은 반대한다고 하였고, 또 나라의 독립이 까마득한데 언제 건국 후의 일을 생각하겠는가, 우선 모든 사람이 힘을 합쳐 일본 제국주의의 노예가 되어 있는 동족을 해방시키는 것이 급선무라고 열띤 어조로 이야기하는 것이었다.

그의 외관으로 보면 승려와 같은 인상이지만 말문이 열리니 대단히 열정적이었다.

"혹시 나에 대한 것을 더 알고 싶으면 님 웨일즈가 쓴《아리랑》이라는 책을 읽으시오. 그 책의 주인공인 장지락은 나의 가까운 친구이며 오랫동안 함께 일한 동지이고, 그 책에서 말하는 중은 나요."

나는 이 책을 전후에야 비로소 읽었는데 책에 김성숙이라는 이름은 나오지 않지만, 주인공의 가까운 친구로서 금강산에 입산한 경력이 있는 승려생활의 배경을 가졌다는 인물이 바로 김성숙 선생이다.

박건웅 씨는 황푸군관학교 4기 졸업생인데, 말이 없었으나 나이도 젊고 훨씬 투쟁적인 인물로 보였다.

나는 마음속으로 임시정부에는 정말로 각양각색의 인물들이 모여 있구나 하는 생각에 깊이 잠기면서 그 집을 나왔다. 그런데 이 혁명 선배들에게 공통된 한 가지는 이미 10대에 국내에 있을 때부터 항일사상에 눈뜨기 시작하여 20대에 들어서면서부터는 모두 격렬한 투쟁에 가담하였다는 사실이다. 그러니까 최소한 나도 나이로는 그분들과 비슷하게 항일 전선의 말미에서 뒤따라가고 있구나 하는 생각에 스스로를 위로하는 느낌이었다.

나는 그 뒤에도 여러 선배를 개별적으로 방문하여 많은 이야기를 듣고 싶었으나 투차오로 숙소를 옮기게 되어 뜻을 이루지 못하였다.

러시아나 만주, 그리고 중국 본토에서 명성을 날린 박찬익·유동열·조성환·황학수·장건상·홍진·김붕준·윤기섭·성주식·차이석·김상덕·조경한·조시원 선생 등을 만나서 좋은 이야기를 듣고 싶었으나 짧은 시간에 내 욕심을 다 채울 수는 없었다. 대부분 독신으로 임시정부의 청사 내에서 숙식하는 분들이었으므로, 식당에서나 청사 마당에서 인사를 드리고 간단한 이야기를 나눈 일은 있으나 긴 이야기는 끝내 들을 기회가 없었다.

다만 김구 주석의 판공실장(비서장)인 민필호 선생과는 밀접한 관계를 맺게 되었다.

장준하 형과 나는 충칭에서 《등불》 잡지를 속간하기로 하고, 내가 민 실장에게 부탁하여 등사판과 인쇄용지를 입수하는 책임을 맡기로 한 것이 인연이 되었다. 린촨에서는 붓으로 글자 하나하나를 적어야 했기 때문에 발행부수가 두 권이었지만, 이제 충칭에 왔으니 좀 현대화하여 발행부수를 늘리자는 것이 우리의 생각이었다.

판공실로 찾아갔더니 민 실장은 웃는 낯으로 대단히 반갑게 맞이하여 주었다. 판공실은 김구 주석실과 가까운 위치인 청사의 맨 꼭대기에 자리 잡고 있었다. 판공실에는 중국인까지 합하여 직원이 네 명밖에 없었으며, 민 실장은 그들에게 나를 소개했다. 여직원 한 명은 그의 딸 민영주라고 하였는데 중국옷 차림에 뛰어난 미모의 젊은 여성이었고, 첫인상이 대단히 침착하고도 정숙한 아가씨로 보였다. 이때만 해도 내가 나중에 그와 결혼하게 될 줄은 꿈에도 생각하지 못하였다.

민 실장은 내가 찾아온 뜻을 듣더니 점심시간이 가까우니 밖에 나가 식사나 하면서 이야기하자고 했다. 나는 그를 따라 한참 동안 걸었다. 그는 키가 작은 편이고, 반 대머리에 동그란 안경을 끼고 있었다. 이때 그의 나이가 47세밖에 되지 않았으나 지팡이를 짚고 다녔는데 나중에야 알았지만 수년 동안 고혈압으로 고생했기 때문이라 한다. 그는 걸으면서 나의 집안 사정을 소상히 물어보았다. 나는 오랜만에 집안 이야기를 하다 보니까 갑자기 그리운 마음이 가슴에 가득 차오르는 것을 느꼈다. 어머니는 내가 지금 이렇게 충칭 거리를 걷고 있는 것도 모르고 날마다 걱정하고 계시겠지….

한참 걷다 보니 조그마한 중국 음식점들이 많이 모여 있는 거리에 다다랐고, 우리는 떠들썩한 어떤 식당의 식탁 하나를 차지하였다. 알고 보니 그곳 가게들은 모두 '훠궈' 전문점이었다. 민 실장은 훠궈의 기원이 몽골이라고 설명해줬는데, 펄펄 끓는 솥에 육류나 채소를 손님이 직접 넣고 익혀서 양념장에 찍어 먹는 음식이다.

그런데 이 지역은 양을 많이 키우는 곳으로 훠궈에 쓰는 육류는 모두 양고기였다. 나는 생전 처음 먹어보는 것이라 좀 이상한 느낌이었으나 고기 맛 자체는 괜찮은 것 같았다. 게다가 '파오차이'라고 하는 우리나라 김치 비슷한 것이 있어서 입맛을 돋워 주었다. 민 실장은 양고기가 몸에 좋다면서 많이 먹길 권하였다.

식사하면서 그는 등사판에 대해서는 걱정 말라고 간단히 말했다. 젊은 동지들이 문필 활동을 하겠다는데 아무리 임시정부가 궁하더라도 그것쯤이야 해결 못 해 주겠는가 하면서 격려했고, 잡지 발간에 필요한 모든 것을 지원할 터이니 꺼리지 말고 자기를 찾아오라는 것이었다. 그가 잡지에 대하여 이해가 깊은 것은 그 자신이 판공실장 겸 외무차관인 데다가 한국독립당의 선전부장으로서 《독립신문》을 복간하고 있었기 때문이었다. 나는 내 책임을 쉽게 해결하여 《등불》을 속간하게 된 것을 기쁘게 생각하면서 민 선생의 독립투쟁 경력에 관하여 질문하기 시작하였다. 내가 특히 관심을 두게 된 것은 명성황후 집안으로서 충칭까지 와서 항일 투쟁을 하는 사람은 민 실장 집안뿐이었기 때문이다.

그는 1898년 2월에 서울 인의동에서 태어났는데, 그의 아버지 민치헌은 명성황후와는 가까운 친척관계로서 임오군란 때 명성황후를 감추는 데 큰 역할을 했다고 한다.

민 실장이 1910년 휘문의숙을 졸업하던 해 국치를 당하게 되었는데, 이에 분개한 그는 다음 해 정월 13세의 어린 나이에 혼자 상하이로 밀항하는 데 성공하였다. 그는 다행히도 예관 신규식 선생의 보살핌을 받아 교육과 지도를 받게 되었다. 그는 말끝마다 예관 선생에 대한 존경의 정을 나타냈지만 민씨 집안에 대해서는 충정공 민영환밖에는 입에 담지도 않았다. 그럴 수밖에 없는 것이 그는 예관 선생의 도움으로 상하이 박달학원, 남양학당, 체신학교에서 공부하였을 뿐만 아니라 동제사에 가입하여 독립운동을 하였고, 또한 1917년에는 예관의 딸인 신명호 여사와 결혼까지 하였기 때문이다.

그로부터 그는 예관 선생의 비서로 일하였는데, 1921년 10월에는 임시정부 국무총리서리 겸 외무 및 법무총장인 신규식 특사의 수행비서로 광둥에 있는 호법정부의 대원수인 쑨원을 예방하여 우리 임시정부가 정식 승인을 얻는 큰일을 잘 보좌하였다. 1922년 그가 24세 때 예관 선생은 임시정부의 내분으로 상심한 나머지 25일간 식음을 전폐하는 일이 생

오른쪽부터 민필호 판공실장, 김구 주석, 김은충 중문비서

졌다. 결국 예관 선생은 몸이 쇠하여 43세를 일기로 별세하였고, 민 선생은 대성통곡하면서 한동안 비통한 나날을 보냈다고 한다.

1923년부터는 임시정부 재무부장인 이시영 선생의 비서로 활약하는 한편, 상하이교민단의 학무위원으로 인성학교의 운영 등 교민들의 교육사업에 전력하다가 일본의 기밀통신을 탐지하라는 임시정부의 명을 받고 중국 교통부의 통정사가 되었다. 앞서 말한 이시영·윤기섭·성주식 선생 등이 민 실장 집의 '식객'이 된 것은 이때의 이야기이다.

그리고 1932년 윤봉길 의사의 의거가 일어난 뒤 일본 경찰에 체포되어 고문당한 것도 이때의 일로서 그의 나이 34세였다. 일본 경찰들은 백범 선생을 비롯한 임시정부 요인들의 거처를 대라고 고문하였으나 끝내 함구하다가 여러 차례의 고문에 못 이겨 실신하였다고 한다. 이때 받은 고문으로 건강이 악화하여 일생 그 영향으로 고생해야 했다.

1937년에 중일전쟁이 발발하자 일제와 전면 투쟁을 위하여 중국군사위원회 장제스 위원장 시종실 암전연구소 총무(대령 대우)로 근무하다가 기술연구실 제3조장(소장 대우)이 되었다. 이때 그는 일본의 외교 군사 암호를 36종이나 해독한 공으로 중국 정부로부터 광화훈장을 받기도 하였다.

1938년 11월부터 장제스 위원장의 시종실이 쿤밍으로 이동하였는데, 그는 일제의 고문으로 신체가 쇠약해진 데다 암호의 해독이란 어려운 일에 열중하다가 그만 고혈압으로 쓰러졌다. 몇 달 동안 치료를 받고 호전되어 1939년 5월에 시종실을 사임하고, 42세이던 1940년에 김구 주석의 부름을 받아 다시 임시정부로 복귀하여 주석 판공실장이 되었다.

그는 조용하고도 차분한 성격이었지만 투지는 대단하였다. 그런데 이시영 선생이나 김규식 박사를 비롯한 임시정부 요인들 가운데는 민 실장과 마찬가지로 외유내강한 분이 많은 것이 특색이었다. 훌륭한 사람들은 칼날을 감추고 밖으로는 나타내지 않는 듯하였다.

그는 또한 실무형의 인물이었다. 큰소리는 잘하지만 현실적인 실무를 모르는 사람이 적지 않은데 많은 중국 친구를 두고 중국 사정을 깊이 이해하고 있는 그의 장점을 높이 평가하여 백범은 그를 판공실장과 동시에 외무차관에 임명한 듯하다. 판공실장이 되자 그는 대번 임시정부의 청사를 해결하여 우스예상에 있던 초라한 집으로부터 이 5층 건물로 이전케 한 것이었다. 소문에 의하면, 그 당시 임시정부에 가장 중요한 것은 중국과의 외교관계였는데 이 일을 실질적으로 진행한 사람은 중국통으로 평판이 나 있는 박찬익 선생과 민 실장이었고, 광복군의 창립을 실무적으로 추진한 사람도 이범석 장군과 그의 죽마지우인 민 실장이었다고 한다.

나는 좋은 음식도 먹고 등사판 문제도 해결하였을 뿐만 아니라 그의 발자취를 감명 깊게 들은 것을 큰 소득으로 알고 의기양양하였다. 그다음에도 등사판이나 인쇄용지 등을 얻느라고 여러 차례 판공실을 방문하였는데, 그는 대단히 부지런한 인물이었고 항상 겸손하여 남의 앞에 나서지 않으면서 뒤에서 임시정부의 모든 살림을 꾸려나가는 것으로 보였다. 민 실장은 가족들이 투차오에서 살고 있었지만 사무실에 간이침대를 놓고 숙식을 임시정부 청사에서 하고 있었다.

이 당시 임시정부 각료들을 보좌하거나 광복군 총사령부에서 기간 요원으로 활동하는 청년들이 많았으나 시간의 여유가 없어 그들과 만날 기회는 거의 없었다. 박영준·민영구·고일명·안병무·조인제·민영완·한도명·진춘호·권태종 등의 독립당 계열과 한지성·신기언·김철·이해명·김인호·윤징우·황민 등의 민족혁명당 계열이 있었고, 또한 중국 군관학교나 대학에서 공부한다는 민영수·마초군·김진헌 등이 있었으나 몇 사람밖에 만나지 못했다.

당시 가족과 함께 충칭으로 온 사람은 김구·김규식·조소앙·신익희·최동오·차이석·지청천·조성환·김원봉·신건식·민필호·김의한·조시원·김관오·양우조 등이었으며, 여성으로 활약한 분은 김순애·오광심·방순희·권기옥 등이었다.

젊은 여성으로는 신정완(신익희의 딸, 이명으로 왕령이 있음)·조계김(조소앙의 딸)·지복영(지청천의 딸)·신순호(신건식의 딸)·민영숙(민필호의 조카)·민영주(민필호의 딸)·오희영(오광선의 딸)·김상엽(김두봉의 딸로서 김원봉의 수양딸) 등이 있는 것으로 기억하며, 그밖에 어린아이들과 중·고교에 다니는 학생들이 꽤 있었다.

이때 딸을 둔 집안에서는 결혼 문제로 고심한다는 소문도 있었다. 민족사상이 투철하여 중국 사람에게 시집보낼 수도 없는 처지여서 우리 학병 일행의 충칭 도착은 이런 이유로도 관심이 많았다고 한다. 그렇다고 충칭에 있던 젊은 청년들도 결혼 문제가 심각하지 않았던 것은 아니다. 그들도 가능하면 한국 여성과 결혼하고 싶었지만 그 대상이 극히 제한적이어서 고민거리였을 것이 분명하다.

충칭에 있는 동안 틈만 있으면 나는 장형과 함께 거리 구경을 하였다. 더욱이 중국에 관한 관심이 깊은 나에게는 모든 것이 공부가 되는 듯하였다. 중한문화협회와 중국부녀위로총회에서 받은 용돈도 조금 있어서 서점이나 음식점에 들러기도 하였다.

양쯔강에서 중국 청년들이 가르쳐준 바진의 《가》라는 소설도 샀고, 차오위가 쓴 《뇌우》라는 희곡도 샀다. 특히 중국 공산당에서 경영하는 신화서점에는 공산당이나 공산주의에 관한 책이 가득 차 있어서 마오쩌둥의 《신민주주의론》과 《유격전》을 구입할 수 있었다. 언제 읽을는지는 몰라도 서점에 들어가면 책을 사야만 심사가 펴는 버릇이 되살아난 것이었다.

영화관에도 가고 다과점에서 아이스크림을 사 먹기도 하였다. 차가 중국인의 생활 속에 스며들어 있어서 곳곳에 '다관'이 있고, 또 '다청'이라는 곳도 있었다. 다관은 허술한 건물의 맨땅에 대나무 의자와 탁자를 놓고 차와 호콩이나 수박씨·해바라기씨를 파는 간소한 찻집인데, 한 번 들어가서 차를 주문하면 큰 유리컵에 찻잎을 듬뿍 담아주고 손님이 마시는 대로 하루 종일이라도 계속 뜨거운 물을 부어준다. 찻잎도 주문에 따라 여러 가지를 내놓는데 용정차나 향편이 좋다고 한다. 이 다관은 서민들의 사교장이나 사업거래장인 셈이었다. 그러나 '다청'은 이와는 달라서 고급 사교장이었다. 설비도 좋았고 조그만 무대까지 있어서 여자 가수들이 유행가를 부르는 곳이기도 했다.

이 무렵 어디서든 꼭 듣게 된 유행가는 '향빈주'라는 노래였다. 향빈주는 샴페인을 말한다. 그 가사는 잊어버렸지만, 샴페인을 마시면서 남녀들이 인생을 즐기는 내용인데 춤곡으로 대단히 경쾌한 음악이었다. 이와 비슷한 것으로 많이 유행한 노래는 다음과 같은 가사의 '야래향(夜来香)'이었다.

남쪽에서 시원한 바람이 불어와요

밤꾀꼬리는 가느다랗게 우는데
달 아래 꽃은 모두 잠들었는데
오직 저 야래향만이
향기를 드러내지요
저는 이 짙은 밤이 좋아요
이 노래하는 밤꾀꼬리도 좋아요
그렇지만 더 좋아하는 것은 꽃같은 꿈 속에서
야래향을 안고
야래향에 입을 맞추는 것이지요

이런 노래들을 듣다 보면 전쟁이 어디에 있는가 싶었다. 기아에 허덕이는 전선과는 달리 충칭은 물자도 풍부하고 평화스럽기가 한이 없었다. 목숨이 언제 달아날지 모르는 전쟁터와 달리 여기서는 모두가 생을 즐기고 있는 듯이 보였다. 산다는 것은 즐거운 일이다. 내 마음의 한구석에서 나도 모르게 생에 대한 애착이 다시 싹트는 것을 실감하였다.

어쩌다가 밤이 되면 장형과 함께 조그마한 중국 음식집에 들어가서 쓰촨요리를 먹기도 하였다. 가진 돈이 적어서 작은 접시의 초라한 요리를 시켜 먹는 것이 다였지만 그것도 우리에게는 진미였다. 쓰촨요리는 고추나 고추기름을 많이 쓰기 때문에 우리 입맛에 맞았다. 중국은 넓은 땅덩어리만큼이나 지방마다 특색 있는 음식이 있고 미식가가 많아서 음식문화가 대단히 발달하였다.

어느 날은 유격대에 있을 적에 한즈룽 사령관이 아편을 권하던 것을 떠올리게 하는 광경을 보았다.

바위산 위에 들어선 충칭시는 새 도로나 집을 짓기 전 쿠리들이 바위를 깎아내곤 한다. 굵은 쇠못을 바위에 박고 커다란 망치로 내리치는 작업인데, 웃통을 벗은 채 땀에 흠뻑 젖어 비명에 가까운 소리를 치며 일하는 모습은 정말로 가련하게 보였다. 노동자들은 거의가 영양실조로 뼈가 앙상하게 드러나는 허약한 몸이었다. 그런데 놀란 것은 이렇게 어렵게 사는 자들도 아편을 흡연한다고 한다. 일하다가도 아편의 기운이 빠지면 다 집어치우고 아편을 한 모금이라도 빨아야만 다시 일을 계속할 수 있다는 것이다. 아편 중독자들은 처자식을 팔아서라도 아편을 한다는 이야기가 거짓말이 아닌 듯하였다.

길가에서 가끔 칫솔·소금·양치 그릇과 수건, 그리고 큰 대야에 더운 물을 차려놓고 장사하는 사람을 보았다. 이것은 가난한 노동자들을 상대로 하는 것인데, 같은 칫솔과 양치 그릇을 여러 사람이 차례로 쓰는 것은 물론이고, 대야의 물도 한 번 쓰고 버리는 것이 아니라 수건을 물에 담갔다가 짠 다음 얼굴을 훔치는 것이었다. 다청이나 무청에서 생을 즐기는 사람이 있는가 하면 충칭의 다른 한구석에는 이렇게 고생하면서 연명하는 사람들도 있었다.

곳곳에 쿠리의 힘으로 동굴을 파놓았는데 일본 비행기의 공습이 있으면 돈이 있는 사람이건 없는 사람이건 앞을 다투어 모두 이 굴속으로 대피하였다. 하지만 미국의 제14항공대가 온 다음부터는 충칭에 대한 폭격이 없었다고 한다. 인생은 한 장의 그림과 같았고, 피카소가 그린 스페인 내전을 묘사한 추상화가 머릿속에 떠올랐다. 일부 사람들이 샴페인을 마시면서 환락가에서 생을 즐겼지만 대부분의 사람들은 부모, 형제, 자매 그리고 처자식이나 사랑하는 애인들을 일본의 점령구에 두고 왔기에 이별의 고통을 되씹으면서 한탄의 나날을 보내고 있었다. 당시 유행한 대중가요는 이러한 세태를 잘 보여준다.

<인격만중산(人隔萬重山)>

만날 수 없어
몰래 눈물을 훔쳐요
꽃난간에 의지해
종일 바라보네요
공허히 기다리며
가을 물을 하염없이 바라보는데
내가 사랑하는 사람은 만 개의 산 너머에 있으니
매서운 봄바람이 간간이 불어오네요
가슴에 가득 찬 근심은
바람이 흩어뜨릴 수 없고
그저 정을 더 깊게 하고
한도 깊어지게 하네요
만 개의 산을 사이에 두고
그 때의 일을 기억하나요?
달 아래에서 한 사랑의 맹세를
왜 우리의 약속을 배반했나요
설마 당신은 이미 잊은 건가요
소식은 끊겼고
내 가슴도 무너지네요
바다에 가라앉는 돌처럼
지난 날의 즐거운 웃음은 한낮 꿈이 되었네요

〈추수이인(秋水伊人)〉

저 가을 물을 한참 바라보았으나
내 그대의 모습은 어디에도 보이지 않네
남은 시간은 많지 않지만
외로운 기러기의 소리만 들리는구나
지난날의 온정은 가고 오늘날의 쓸쓸함만 남아
내 꿈속 영혼들은 의지할 곳 없고
공허한 마음에 옷깃만 눈물로 적시는구나
언제 오나요, 그대!
그대는 언제 저쪽의 수풀을 지나 이곳으로 올 것인가
그 정자 위 발자국의
저 얼룩진 무늬는
지금도 옛 정경 그대로 간직하는데
다만 그대의 사랑만 있을 뿐이네
절망의 수렁에 빠진
나를 위로해 주는
당신이 남긴 딸만 있을 뿐이네

〈하일군재래(何日君再来)〉

아름다운 꽃은 자주 피지 않고
아름다운 경치도 항상 있지 않은데
근심이 쌓여 웃음은 사라지고
눈물은 그리운 마음에 뿌려져요
오늘 이별을 하면

당신은 언제 다시 오실 건가요?

이 잔을 비우시고

안주도 조금 드세요

인생에서 취할 기회도 적은데

지금 즐기지 않으면 언제 또 이런 기회가 올까요?

자!

이 술잔을 비우고 다시 이야기해요

오늘 이별을 하면

그대는 언제 다시 올까요?

이렇게 속을 끓이는 애절한 노래와 함께 다른 한편으로는 씩씩한 군가도 흘러나왔다. 그중 가장 많이 들은 노래는 내가 바둥에서 충칭으로 올라오는 선상에서 중국 학생군들이 불러준 "일어나라! 노예가 되기를 원치 않는 사람들이여!"로 시작되는 '유격대' 노래였다.

우리가 충칭에 온 근본 목적은 여러 번 이야기한 바와 같이 독립운동의 중추인 임시정부를 우리 눈으로 똑똑히 보고, 여러 지도자를 직접 만나 우리가 해야 할 일을 결정하자는 데 있었다. 여기에 더해 소문으로 듣던 임시정부 내의 파쟁을 우리의 등장으로 중화시켰으면 하는 희망도 있었다.

이러한 생각에 임시정부나 광복군으로서 우리에게 베푸는 환영회는 고맙게 참석하였지만, 정당 단위로 여는 환영회에는 절대 응하지 않기로 회의에서 결정하였다. 우리가 정당마다 따로 참석한다면 파쟁을 더욱 조장하는 결과가 될 뿐만 아니라 궁색한 선배들을 더욱 어렵게 만들 것으로 판단했기 때문이다. 맨 처음에 거절한 것은 한국독립당이었고, 그 밖에도 민족혁명당 등 차례로 거절하였다.

그 당시 조소앙 선생이 한국독립당의 부위원장이었기에 나는 우리 일행의 대표로서 '거절하는 어려운 일'을 가지고 그의 집무실을 다시 찾았다. 소앙 선생은 나를 반갑게 맞이하여 주었으나 찾아간 이유를 짐작하지 못하고 있었다.

"내가 사람을 시켜 통지한 대로 우리 독립당에서 여러분의 환영회를 열기로 하였으니 한 사람도 빠짐없이 꼭 참석해 주시오."

소앙은 우리가 기뻐서 참석할 것으로 짐작하고 있었던 것 같았다. 나는 말문을 열기가 어려웠지만 용기를 내서 우리의 뜻을 전달하였다.

"선생님, 제가 찾아온 것은 환영회에 참석할 수 없다는 뜻을 전하려고 온 것입니다. 우리의 도착으로 여러 선배님의 사이가 더 벌어지게 된다면 우리가 죄를 짓게 된다는 느낌이 들어서입니다. 독립당뿐만 아니라 어떤 정당이나 단체의 환영회에도 전부 참석하지 않기로 우리는 뜻을 모았습니다. 우리는 선배 여러분이 한 덩어리가 되어 우리의 독립운동을 이끌어 주시기를 간절히 바라고 있습니다."

나의 이 말을 듣는 순간 소앙의 얼굴은 분노와 자책으로 변하는 듯하였다. 상기된 얼굴로 한참 동안 나를 쏘아보더니, "잘 알겠소이다. 우리의 당쟁이 얼마나 큰 해독을 끼쳤는지 김 동지의 말을 통하여 똑똑히 알았소이다" 하고 말했다.

나는 이 말이 떨어지자, "미안합니다. 고맙습니다" 하고는 뛰쳐나오다시피 그 방에서 나왔다.

이렇게 하여 각 당의 환영회를 거절하였으나 그것으로 일이 끝난 것은 아니었다. 집단 포섭이 불가능하다고 판단한 각 당은 개별 포섭 공작을 벌이기 시작한 것이었다. 우리가 훌륭해서가 아니라 그 당시의 정당 사정으로 우리 일행 50명이 어떤 정당에 가입하기만 하면 그 정당은 최대 정당이 될 수 있었기 때문이다. 이리하여 개별적으로 몇 사람씩 불러다가 술이나 음식을 사 먹이는 것이었다. 신익희 선생이 나에게 술을 사준 것도 그런 뜻일 것이고, 투차오로 간 다음에 엄항섭 선생이 나에게 충칭까지의 동행을 권유하면서 엿도 사주고 음식을 사준 것도 그런 뜻이었을 것이다.

우리가 도착한 지 2주째가 되는 일요일, 전 국무위원들과 교포들이 많이 모이는 주회에서의 장준하 형의 '폭탄선언' 사건도 이러한 분위기 속에서 일어난 일이다. 장형은 이날 주회에서 국내 실정에 대한 보고를 하게 되었는데, 보고의 마지막에 가서 '폭언'을 한 것이다.

> …우리는 여러 선배에게 조금이라도 힘이 되고자 해서, 아니 그 이념의 손과 발이 되고자 해서 몇 번의 사경을 넘고 수천 리를 걸어 기어이 이곳을 찾아온 것입니다. 때문에 일군에서 중국땅에 배치된 것을 다행으로 여겼는지 모릅니다. 그것은 처음부터 일본군에 끌려오면서 계획한 탈출이었습니다. 그런데 우리는 요즈음 이곳을 하루빨리 떠나자고 말하고 있습니다. 나도 솔직히 말해 이곳을 떠나고 싶어졌습니다. 오히려 오지 않고 여러분을 계속 존경할 수 있었다면 더 행복했을지도 모를 일이었습니다.
>
> 가능하다면 이곳을 떠나 일본군에 들어가고 싶습니다. 이번에 일본군에 들어간다면 꼭 일본군 항공대에 지원하고 싶습니다. 일본군 항공대에 들어간다면 충칭 폭격을 자원, 이 임시정부 청사에 폭탄을 던지고 싶습니다. 왜냐구요? 선생님들은 왜놈들에게서 받은 서러움을 다 잊으셨단 말씀입니까? 그 설욕의 뜻이 아직 불타고 있다면 어떻게 임시정부가 이렇게 네 당, 내 당하고 겨누고 있을 수 있는 것입니

까? 분명히 우리가 이곳을 찾아온 것은 조국을 위한 죽음의 길을 선택하러 온 것이지, 결코 여러분의 이용물이 되고자 해서 이를 악물고 헤매어 온 것은 아닌 것을 말합니다. 이것으로 저의 말을 맺습니다. 안녕히 계십시오.

(《돌베개》, 306~307쪽)

이 말에 국무위원들이나 교포들이 얼마나 놀라고 격분하였을까 하는 것은 짐작이 간다. 이 주회에는 장형 혼자 참석하고 우리 일행은 누구 하나도 가지 않았기 때문에 상세한 것은 모르며, 모두 장형의 뜻은 알지만 말이 너무 심했다고 생각하였다. 더욱이 일본 항공대에 자원하여 '임시정부 청사 폭격' 운운한 것은 오발임이 틀림없었다.

장형의 폭언으로 문제가 커졌으나 결국 장형이 주회에서 사과하는 것으로 일은 매듭지어졌다. 나도 장형에게, 너무 흥분해서 과격한 말을 한 것은 실수로 보인다고 말하였다. 그러나 장형이 이렇게 흥분하게 된 것은 그의 과격한 성격 탓도 있지만, 도리어 우리 일행 50명을 이간하려는 공작이 벌어지는 것을 보고 격분하였기 때문이다.

그러나 임시정부의 정치 풍토는 갈수록 태산이었다. 민족혁명당에서는 우리가 환영회를 거절하자 사상적으로 우리를 좌경화시키려고 젊은 친구들을 동원하여[16] 좌익 서적을 우리에게 잔뜩 안겨 주었다. 나는 읽을 책을 얻게 되어 다행이기는 하였으나 그들의 의도에 대해서는 불쾌하였다. 그뿐이랴. 이번에는 김붕준·홍진·유동열 씨 등이 중심이 되어 '신한민주당'이라는 또 하나의 정당을 만들려는 것이 아닌가!

우리는 이 시도를 분쇄하려고 결심하였다. 이때 일을 장형은 《돌베개》에서 다음과 같이 서술하였다.

기왕의 기존 정당-물론 간판뿐이지만-만 해도 우리에게 불쾌한 것이었는데, 또 당이란 것이 생긴다니 완전히 우리의 뜻이 무시되는 것 같아 우리는 그 나이에 분개하지 않을 수 없었다.

그중에도 이 새 당의 조직 실무를 맡은 이들이 안원생, 신기언 등 젊은 층으로 동에 번쩍, 서에 번쩍 뛰어다니며 뒤늦게 사람을 끌어모으는 꼴이 정말 우리의 기대에 먹칠하는 것으로 보일 수밖에 없었다.

어느 날 난데없이 '댄스 파티'가 있다고 수군대었다. 나는 의아스러웠다. 그것이 바로 새로운 당의 조직 경비 조달책이었음을 나중에 알게 되었다. 묘안이라고 그들이 짜낸 것인지 몰라도 참을 수 없는 일이라고 우리는 의견을 모았다. '댄스 파티'를 충칭에 쫓겨와 열어서 '티켓'을 팔아서 그 돈으로 당비를 만든다는 것이니….

전시여서 그랬는지 몰라도 충칭에서는 외국인만이 '댄스 파티'를 주최할 수 있었다. 그것은 그때 충칭에서의 하나의 관례였다. 물론 중국인은 주최할 수가 없었다. 그러나 외국인이 주최한 '댄스 파티'엔 중국인도 참가할 수가 있었다.

이런 것까지를 모두 계산해서 절안이라고 짜낸 것이 더욱 얄미운 것이었다. 전방과 후방의 간격은 충칭에도 마찬가지였다. 너무 오랜 항전이어서 권태와 해이함에 젖을 대로 젖어 있었다.

이 판국에 '댄스 파티'를 연다니 돈벌이로서는 제법이 아닐 수 없었다. 홀이 빽빽하도록 성황을 이룬다는 사흘째 저녁, 우리는 몽둥이와 밟으면 터져서 놀라게 되어 있는 화약물(콩알만한 딱총)을 가지고 20여 명이 작당, 점잖게 들어섰다. 한창 무아경으로 젊은 남녀들이 끼고 부비며 돌아가고 있었다. 우리는 화약을 흩뿌렸다.

아니나 다를까. 발밑에서 터지는 폭음으로 놀란 쌍쌍이 소란을 피우기 시작했다. 이번에는 뒤에서 몽둥이로 위협, 그들의 꿈을 깨버리고 말았다. 이날 이후 '댄스 파티'는 다시 열리지 아니했다.

더욱 이상한 것은 주최 측의 그들도 무던히 데었던 것인지, 별로 우리를 나무라지 아니한 것이다.

(《돌베개》, 312~314쪽)

물론 나도 이 침입에 앞장섰는데, 신한민주당의 결성을 저지하였지만 그렇다고 파쟁을 해소하는 근본적인 일에 성공한 것은 아니었다.

이 무렵 나도 격분하여 불손한 행동을 하였다. 임시정부 지도자들을 비꼬는 만화를 몇 장 크게 그려서 청사의 회의실 벽에 붙인 것이다. 큰 독을 그리고 그 밑바닥에 조그만 사람들이 모여 앉아 독 밖을 쳐다보며 "하늘이 저렇게 동그랗군!"이라고 말하는 장면이다. '우물 안의 개구리' 속담을 떠올리도록 한 것이다. 또 하나는 《걸리버의 여행기》를 차용하여, 조그마한 사람들이 잔뜩 모여 누워 잠들어 있는 '큰 사람'의 머리카락이나 몸에 난 털들을 사방에서 끌어당기는 장면을 그렸다. 큰 사람 걸리버는 임시정부를 상징하였다.

누구도 이 만화를 떼어버리지 않았기 때문에 오랫동안 붙어 있었다. 그런데 이것은 여담이지만 1986년 봄 3월 5일자 《동아일보》에 이동순 씨가 쓴 '어느 광복군'이란 제목의 수필에서 당시 나의 만화를 언급한 것을 보고 깜짝 놀랐다.

그(홍동산)는 마침내 충칭 임시정부로 들어갔고, 거기서 한 사람의 당당한 광복군이 되었다. 그때 임시정부 건물 벽에서 우물 안 개구리를 그려놓은 낙서를 자주 보았는데, 그것은 일본군에서 탈출해 온 젊은 학병이 임시정부 내부의 추한 파벌 다툼을 비꼬아 그린 것이었다.

문장이든 그림이든 기록으로 남기면 그 영향이 크고 길다는 것을 깨닫게 해주는 일이다.

그런데 나는 파쟁을 우리 힘으로 해소나 중화시키지 못했다고 해서 실망하지는 않았다. 그 이유는 첫째로 우리가 충칭에 온 가장 중요한 목적이 거기에 있는 것이 아니었고, 임시정부를 우리 눈으로 보고 이해하고 또한 혁명 원로들과 직접 만날 수가 있어서 나는 이미 만족하고 있었던 것이다.

둘째로 우리 힘으로 파쟁을 해소한다는 것은 우리의 역할에 대한 과대평가로 느꼈기 때문이다. 우리가 할 일은 일제를 타도하는 데 한목숨을 가치 있게 바치는 일밖에 없다고 굳게 믿고 있었다.

셋째로는 파쟁이 우리 독립운동 진영에만 있는 것은 아님을 역사학을 공부하는 동안에 수없이 보았기 때문이다. 일본의 메이지 유신 탄생의 주역인 죠슈번과 사쓰마번은 메이지 신정부를 수립 후에는 사이가 벌어져 결국 내전으로 번졌다. 러시아혁명 시기에도 볼셰비키와 멘셰비키는 국외에서 격렬한 투쟁을 반복하였다. 중국 혁명기에서도 마찬가지다. 국외로 망명한 혁명지사들이 혁명당과 보황당으로 대립하여 치열한 파쟁을 거듭하였다. 그뿐이랴. 지금 일본의 침략 하에서도 중국은 국민당과 공산당 그리고 왕징웨이파로 삼분하여 무력투쟁까지 하고 있지를 않은가. 여기에 비하여 우리 임시정부의 파쟁이란 아무것도 아니었다. 더욱이 임시정부란 권력도 없고 재력도 없는 형편으로 통솔이 어려운 조직이었다.

넷째로 그동안 임시정부가 처음부터 걸어온 길을 살펴보면, 여러 정당을 통합하느라고 얼마나 고심을 하였는지 나는 원로들의 말이나 책을 통해 익히 알고 있었다. 김구·김원봉의 공동선언도 있었고, 현재 임시정부 내에 한국독립당을 비롯하여 조선민족혁명당·조선민족해방동맹·무정부주의자연맹, 그리고 무소속들이 총망라되어 참가하고 있는 것이 그 증거이다.

다섯째로 일본 제국주의를 타도하고 새로운 국가를 건설하는 데 서로 의견이 다를 수 있다는 것을 나는 이해하기 때문이었다. 민족주의와 공산주의의 차이, 무력투쟁 방략이나 외교 투쟁 방략 그리고 점진적 개량주의 방략에 이르기까지의 차이, 또한 독립운동을 전개하는 지역-중국·만주·시베리아·미주 등-의 차이에서 오는 견해나 행동의 불일치를 나무랄 수만은 없는 것이다. 다만 안타깝게 생각한 것은 지역색을 노출하여 기호파니 평안도파니 하는 차원 낮은 파쟁의 형성이었다.

나는 임시정부의 파쟁에 대하여는 그리 실망도 하지 않았고, 임시정부는 지금 이대로 김구 선생의 영도하에 밀고 나가면 된다고 생각하였다. 문제는 내가 무엇을 해야만 일본을 물리치는 데 조그마한 역할이라도 할 수 있겠는가 하는 점이었다. 나의 역할이 곧 생길 것이다. 나는 묵묵히 그 '때'를 기다리는 동안 최대한 시간을 내어 책을 읽으면서 중국에 대한 지식을 더 넓히기로 마음먹었다. 《등불》 잡지를 속간하기로 한 것도 이 무렵인데 이때는 린촨 시절과는 달라서 매호 80부씩을 발행한 것으로 기억한다.

그러다가 우리의 체류가 길어져 2월 20일 투차오라는 마을로 거처를 옮기게 되었다. 청사 내에서 50명이 우글거린다는 것은 공무에 지장이 될 것이 뻔하였다. 어떤 임무를 맡을 때까지 투차오에서 기다리기로 한 것이다.

투차오는 충칭에서 서북방으로 30리가량 떨어진 교외 지역인데 자그마한 거리가 있고 충칭까지는 버스가 다녔다. 투차오 버스정류장에서 약 1킬로미터 정도 떨어진 언덕 위에 주로 독립당 계통의 가족이 사는 집들이 있고, 우리는 그곳에 있는 '한교기독교 청년회관'에 머물게 되었다.

그곳은 임시정부가 '중국진재위원회'[17]의 원조로 2천 평의 땅을 15년 동안 임대한 곳에 집을 지어 입주한 곳이다. 최동오·차이석·민필호·김의한·이광·유진동·양우조·신건식·엄항섭·민영구·유평파 등의 가족이 살고 있었는데, 방 두 개 부엌 하나의 조그마한 죽제 가옥이지만 집마다 작은 땅을 분배받아 채소도 가꿀 수 있었다. 우리가 들게 된 청년회관은 지은 지 얼마 되지 않은 깨끗한 서양식 건물이었고, 조금 떨어진 언덕 위에 자리 잡아서 근처의 풍경을 한눈에 내려다볼 수 있었다.

청년회관에서 내려다보면 언덕 아래로 흐르는 강이 보이고, 멀리 야산에 둘러싸인 분지에는 논밭으로 꽉 차 있고 군데군데 마을이 보여 한가롭고도 아름다운 도원경과도 같았다. 청년회관 내부는 세 구역으로 갈라져 있어서 한 홀에서는 예배나 강연을 할 수 있고, 다른 한 홀에는 나무 침대가 배열되어 있었다. 우리는 평양을 떠난 다음에 처음으로 사람다운 생활을 하게 되었는데, 이곳에 있는 동안 따로 설비된 주방을 이용하여 음식도 만들어 먹었다.

우리는 '광복군 투차오대'로 편성되어 총사령부의 총무처장인 최용덕 소장이 대장으로 우리와 함께 지냈다. 또한 우리 스스로의 단합과 활동을 위하여 내가 다시 대표로 선출되었다. 최 장군은 중일전쟁 초기에 중국의 공군 장교로서 난창비행장의 중책을 맡고 있었을 뿐만 아니라 전투기 조종사로서 일본 비행기를 많이 격추하는 전공을 세웠다. 그러나 불행히도 나중에 본인의 비행기가 격추당하여 전사할 뻔했다고 한다. 이 사고로 다리를 절고 있었다. 충칭으로 간 다음에는 광복군의 총무처장을 맡았는데 여간 호인이 아니었다. 군인이라기보다는 대단히 점잖은 아저씨 같은 분이었다.

우리는 여기 투차오에서 2월 20일부터 4월 29일까지 약 70일 동안

투차오의 청년회관

투차오의 임정 요인 숙사

투차오에서의 군사훈련 상황

살았는데 광복군 소위 신분으로 총사령부에서 그에 해당하는 급료를 지급받았다. 훈련은 체력 단련을 위한 아침체조나 구보 정도였고, 낮에는 논에 나가 우렁이를 잡아다가 반찬으로 먹기도 했다. '태풍 전야의 고요함' 같은 것이 느껴졌지만 나에게는 대단히 소중한 시간이었다. 마치 여름방학에 고향에 돌아와 있는 기분이었다. 비록 나라를 잃고 이국땅에 망명한 신세였으나 여기 있는 여러 가족들은 평화롭게 보였다.

어린아이들도 많아서 회관에 놀러 오기도 하였다. 어느 날 밤에는 학교에 다니는 아이들이 우리를 위로하는 합창회도 열어주었다. 그중에는 중국 노래도 있었으나 주로 우리나라 가요를 불렀는데, 〈봉숭아〉, 〈타향살이〉, 〈황성옛터〉 등의 고향을 그리는 옛날 노래들이었다. 부모들이 고향을 떠날 무렵이나 상하이에서 부르던 노래를 아이들이 배워서 부르는 것이다. 노래를 들으면서 우리는 모두 슬퍼졌다. 나라 잃은 백성이 고향 산천을 그리워하는 동병상련의 심정이었다. 그날 밤은 고향에 계신 어머니와 가족들이 못내 그리워 잠을 이루지 못하였다.

이곳에 있는 동안 나는 거의 날마다 독서로 시간을 보냈다. 넓은 방에서 혼자서 독서삼매의 생활을 하였다. 죽을 때는 죽더라도 공부는 계속해야 한다고 생각하였다. 지식에 대한 갈망이 나를 사로잡은 것이다. 중국어 공부를 겸하여 손에 잡히는 대로 소설을 읽었다. 소설은 중국 사람들의 심리나 감정 그리고 사회를 이해하는 데 가장 적절하다고 생각하였다. 이 밖에도 민족혁명당에서 빌려준 공산주의에 관계되는 책이나 쑨원의 《삼민주의》, 마오쩌둥의 《신민주주의론》 등을 읽었고, 영어 공부에도 열중하였다.

장준하 형은 신학교 출신이기 때문에 투차오에서는 장 목사라 불렸고, 일요일마다 이곳 가족들을 모아놓고 예배를 하였다. 또 김구 선생의 연락을 받아 중국의 기독교 인사들과 접촉하는 데도 바쁜 시간을 보내는 듯하였다.

물론 장형과 나와 윤재현 동지는《등불》을 속간하기도 하였으나 등사판 덕분에 많은 시간을 들일 필요는 없었다. 이 잡지를 만드는 동안에 알게 된 여성이 있는데, 김두봉의 딸인 김상엽이었다. 김상엽은 아버지 김두봉이 옌안으로 간 뒤 김원봉의 수양딸이 되어 남안의 김원봉 집에서 살고 있었는데, 그때《부(斧, 도끼)》라는 얇은 잡지를 만들고 있었다. 우리가 잡지를 만든다는 소식을 듣고 일부러 투차오까지 찾아와서《부》와《등불》을 합병하자고 제의하는 것이었다. 우리는 단합한다는 것은 무엇이든 좋다고 생각하고 있었으므로 금방 그의 제의를 받아들이고 편집위원의 한 사람으로 함께 일하기로 하였다.

김상엽은 내 나이 정도였는데 이름이 비슷하여 오누이 삼기로 하고 나를 오빠라고 부르게 되었다. 대단히 재간 있어 보이고 총명하고도 성격이 꽤 적극적인 데다 아름다운 여성이었다. 이렇게 자주 만나다 보니까 허물없는 가까운 친구가 되었고, 막내로 태어난 나는 정말로 누이동생 하나 생긴 것 같은 즐거운 느낌이었다. 삭막한 생활을 하다가 아리따운 여성과 가까이하게 되었으니 이성에 대한 그리움이 더욱 작용하였을지 모르지만, 우리 둘은 급속도로 가까워졌다. 그는 충칭의 밤거리를 안내해 주기도 했다.

그러나 이때 들려오는 풍문에 김원봉이 김상엽을 내세워 나에게 미인계를 쓴다는 것이고, 또한 그가 시안에 있을 때 삼각관계로 말미암아 나 모 씨가 암살되었다는 말도 있었다. 이 말을 듣고 나니 섬뜩해져서는 내심 조심해야겠다는 생각이 들었다. 그때 내가 김상엽과 연정에 빠져 있었던 것은 아니다. 다만 자주 만나다 보면 무슨 감정에 빠질는지도 모를 일이고 하여 이 소문을 들은 다음부터는 둘만 따로 만나는 일을 일부러 피했다. 물론 내색은 하지 않고 아무 일 없는 것처럼 그를 대했고, 그녀 역시 내가 충칭을 떠날 때까지 오빠라고 하면서 다정하게 대해주었다.

이렇게 나날을 보내던 어느 날, 투차오에서 멀지 않은 곳에 일본인 포로수용소가 있다는 소식을 듣고 우리는 그곳에 가보기로 하였다. 유격대를 떠나 린촨 가까이 와서 일본군 포로들을 만난 적도 있지만, 우리는 일본 포로들을 본다는 데 이상한 쾌감을 느끼고 있었던 것이다. 그것은 우리의 원수에 대한 보복심이기도 하지만, 자결할지언정 포로가 되는 대일본제국의 군인은 없다는 일본의 자랑이 얼마나 기만적인지 우리의 두 눈으로 확인할 수 있기 때문이었다. 우리는 30리의 산길을 넘어 찾아갔는데, 적군을 수용하는 포로수용소이기는 하였으나 생각보다는 훨씬 깨끗했다. 일본군 소장부터 졸병에 이르기까지 약 350명이 수용되어 있었다.

나는 다쉬자의 일본 경비중대에 있던 때가 생각났다. 그들은 실탄 연습을 할 적에는 중국인이 사는 마을에 대고 함부로 난사케 하였을 뿐만 아니라 농촌 길을 지나가는 중국인을 보면 까마귀라면서 쏘게 하였고, 심지어 중국군 포로를 잡으면 신병에게 '기모다메시'라 하면서 칼로 찔러 죽이게 한 것이었다. 그 장본인들이 여기에 있는 것이 아닌가! 게다가 그들은 선전하기를 중국군은 포로의 눈알을 빼고, 코를 자르고 생식기까지 잡아 뺀다고 하였다. 그러던 그 인간들이 이 수용소에 편안히 있는 것이 아닌가.

나는 그들과 마주치는 순간 증오와 분노의 눈초리로 쏘아보았다. 그러나 그들이 중국 감시병들에게 비겁한 애교로 굽실거릴 뿐만 아니라 우리가 한국인이라는 것을 알고서도 곱게 보이려고 갖은 교태를 부렸고, 앵무새처럼 저마다 일본 제국주의를 비방하면서 연합국을 치켜세우는 광경을 본 다음에는 마음이 바뀌었다.

인간은 어쩔 수 없는 궁지에 몰리면 저렇게 되는 것일까 하여 처량한 생각이 들었다. 저 사람들도 부모 처자가 있을 것을 생각하니 가엾기도 하였다. 그러나, 일본정신이니 무사도니 대화혼이니 하며 떠들던 일본인의 실태를 보는 듯하여 야릇한 웃음을 불러 일으키게 했다.

여유로운 날 남온천에 있는 정치대학도 구경하였다. 한적한 곳에 세운 목조 건물이기는 하였지만 그곳에서 조용히 공부하는 젊은 남녀 학생들이 부럽기도 하였다. 한편으로 저 학생들은 어떤 특권층의 자녀이기에 전쟁터에 나가지 않고 저렇게 공부할 수 있는가 하는 의심도 들었다. 대학에만 입학하면 병역 의무를 면하게 해주는 제도가 과연 옳은 일일까?

이러한 생활을 하는 동안에도 우리 정치인들은 가만히 있지 않았다. 내가 엄항섭 씨를 따라 충칭까지 같이 걸어간 것도 이때의 일이지만, 특히 청년당의 당수이자 내무부장인 신익희 씨의 암약이 대단하였다. 그는 우리 대원을 한둘씩 날마다 불러내곤 하였다.

나와 장형에 대해서는 포기한 모양이나 신 부장에게 불려나간 대원은 꽤 많은 듯하였다. 한두 명 불려 가는 동지를 보면서 우리는 그 의도를 눈치채기는 하였으나 꽤 은밀하게 계획을 진행한 데다 다녀온 대원들이 똑바로 말해주지 않아서 그 진상을 알 수가 없었다. 그러다가 시간이 지남에 따라 불려 갔던 대원의 수도 늘게 되어 차차 그 내막이 알려졌다. 임시정부 내부에 '경위대'를 새로 조직하는데 그 대원으로 뽑아간다는 것이었다. 이렇게 되자 신 부장의 권유를 응낙한 일부 대원들은 마침내 정식으로 임시정부로 돌아간다고 선포하였다.

어차피 앞으로 무슨 역할을 담당할 것인가 하고 대기하던 터이기에 이렇게 가만히 기다리는 것보다는 경위대원이라도 되는 것이 값어치 있다고 판단한 것이다. 떠나는 동지들을 나무랄 수는 없었지만, 남은 동지들은 이를 몹시 불쾌하게 생각하였다. 그것은 다름 아니라 철석같이 단결된 우리를 흐트러뜨리게 한 데 대한 분노였고, 신익희 부장이 임시정부의 경위라는 구실로 그의 청년당의 당세를 확충하여 임시정부 내에서의 그의 발언권을 강화하려는 의도로 보였던 것이다. 아무튼 우리는 가겠다는 사람을 붙잡을 수는 없었으나 막상 그 여덟 명이 떨어져 나가니까 허전하고 분한 마음을 더욱 떨칠 수 없었다.

그러나 나는 더 값어치 있는 사명이 맡겨질 것을 확신하면서 독서에만 열중하였다. 그러던 어느 날, 4월 20일경으로 기억하는데 이미 수없이 들은 바 있는 청산리대첩의 맹장인 이범석 장군이 우리 앞에 나타났다.

5. 이범석 장군과의 만남

충칭의 4월은 벌써 더워지기 시작하였다. 어느 날 오후에 철기 이범석 장군이 투차오에 왔다는 뜻밖의 소식이 날아들더니 나에게 좀 와달라는 전갈이 있었다. 나를 부른 까닭은 내가 우리 일행의 대표여서다.

가보니 민필호 실장 집의 앞마당에서 의자에 앉아 그 댁 가족과 함께 차를 마시고 있었다. 가장 가까운 친구가 민필호 실장이었기에 그 집에 들른 것 같았다.

이범석 장군에 대한 소문을 하도 많이 들어서 내 마음속에는 만나기도 전에 이미 그에 대한 동경으로 가득 차 있었다. 항일 투쟁 중의 가장 큰 전투인 청산리 싸움에서 승리를 거둔 맹장일 뿐만 아니라 그 후에도 중국의 유명한 마잔산 장군의 참모로서 북만주에서 계속 일본군을 무찔렀으며, 말을 잘 타고 사격술이 절묘하다는 등의 이야기를 내내 들었던 것이다.

더울 때라 그는 군복 윗저고리를 벗고 있었는데 양쪽 겨드랑 밑에 권총을 차고 있는 폼이 어김없는 군인이었다. 이때 그의 나이는 45세였고, 머리가 벗겨지고 탄탄한 몸이 무쇠같아 보였다.

그는 나를 보자마자 "준엽 동지요? 나 철기외다" 하면서 두둑한 손을 내밀어 악수를 청하는데 내 손이 아프도록 꽉 쥐는 것이었다. 이것이 철기와의 첫 만남이었고, 이때만 해도 내가 그와 일생 깊은 관계를 맺게 되리라고는 생각조차 못하였다.

"내가 이미 최용덕 장군에게는 부탁해 두었지만 여러 동지를 만나서 이야기하고 싶으니 모두 모이도록 김 동지가 연락해주시오."

우람한 목소리로 나를 직시하면서 이야기하는 것이었다. 그동안 김학규·지청천·유동열·조성환·황학수·김원봉·최용덕 장군 등 만주와 연해주, 그리고 중국에서 일본군과 싸운 군인 투사들을 많이 만나보았으나 가장 군인다운 군인은 철기인 것 같았다.

"이제 미군과 제휴하여 싸우게 되었으니 우리 광복군이 한국에 상륙할 날이 멀지 않을 것이오."

나는 이 말에 귀가 번쩍하였다. 미군과 제휴하게 되었다니? 처음 듣는 이야기에 나는 흥분하였다. 즉각적으로 나는 "내가 해야 할 일이 드디어 닥쳐왔구나" 하는 생각이 들었다.

"상세한 이야기는 전체 동지들 앞에서 설명할 터이니 김 동지는 어서 동지들을 집합시켜 주시오."

나는 철기의 말이 떨어지기가 무섭게 솟아오르는 용기를 느끼면서 동지들을 집합시켰다. 동지들이 회관 홀에 모이는 데는 아마 한 시간쯤 걸렸을 것이다. 동지들은 철기 장군이 왔을 뿐만 아니라 미군과 손잡고 고국에 상륙작전을 전개할 계획이라는 소식을 듣고 모두 흥분하였다.

먼저 최용덕 장군이 이범석 장군을 소개하였다. 최 장군은 말솜씨는 없지만 성실한 마음으로 이 장군을 제대로 알리려고 애썼다. 지금 광복군 제2지대장이지만 광복군 창설의 주역이며 초대 참모장이었다는 점을 강조하였다. 이어 단상에 오른 이 장군은 나라를 빼앗긴 다음부터 만주와 연해주, 그리고 중국에서 우리 독립군이 악조건 속에서 온갖 고난을 무릅쓰고 무력항쟁을 전개한 경로를 소상하게 설명하고는 가장 중요한 말을 꺼냈다.

"여러분! 왜놈을 고국산천에서 몰아내는 데 무력 이외에 무슨 방법이 있겠소. 그놈들이 설득이나 외교로 물러갈 놈들이오? 총칼로 쏘고 무찌르기 전에는 한 치도 후퇴할 놈들이 아니오. 이제 연합군이 총공격을 개시하였고 세계에서 가장 강대국인 미군이 우리와 손을 잡고 그리운 조국에 상륙할 계획을 세우고 있소. 드디어 기회가 온 것입니다. 나 이범석이 앞장을 설 터이니 여러분도 나와 함께 미군과 제휴하여 전쟁터로 갑세다. 군사기밀상 상세한 계획은 말할 수 없고 오늘 내가 이야기한 것도 비밀로 해두시오. 충칭 거리에도 왜놈들의 첩자가 우글거리고 있다는 것을 명심하시오.

나는 여러분을 나의 동지로 생각하오. 나와 함께 시안으로 가기를 바라지만 단 한 가지 조건이 있소. 그건 죽음을 두려워하지 않는 젊은이라야만 된다는 것이오. 여러분 각자가 정할 일이지만 우리에게는 시간 여유가 없으니 모레까지 나에게 알려주시오."

나는 그의 피 끓는 투쟁 의욕과 불타는 애국심에 감동하였다. 그는 약 1시간 반 동안 열변을 토하였고, 우리는 모두 숙연하게 경청하였다.

이범석 장군과 그의 애견(격돌)

나는 이미 마음속으로 그의 뒤를 따르기로 결심하였다.

이 장군과 최 장군이 나간 다음에 나는 여러 동지에게 각자 하루 동안 깊이 생각하고 내일 오후에 다시 모여 진로를 결정하자고 제의하고 해산하였다.

그날 저녁 철기는 다시 나에게 전갈하여 충칭까지 동행하지 않겠느냐고 물었다. 나는 기꺼이 그와 함께 지프로 달렸는데 이것이 내가 처음 타본 지프였다. 나는 충칭에서 하룻밤 묵으며 그와 함께 식사도 하면서 좀 더 상세한 이야기를 들었다.

"시안에 가면 미군의 특수훈련을 받은 다음 여러분은 국내로 잠입하여 지하공작을 전개하게 될 것입니다. 그렇게 하여 우리 광복군과 미군이 상륙할 적에 항일 세력들을 총궐기케 하고 상륙군에 호응하여 왜적을 멸살케 하는 비밀계획이오. 국내로 잠입한다는 것은 목숨을 거는 일이니 낮에 내가 강조한 대로 죽을 각오가 되어 있는 동지만 나를 따라 시안에 가도록 하시오."

철기는 일행의 대표라는 나의 각오부터 다짐받고 싶었던 것이고, 내일 있을 우리 전체회의에서 이 점을 내 입을 통하여 다시 설명한 다음에 각자가 최종 결정을 내리도록 하려는 신중한 생각이었다.

"되도록 많은 동지가 시안으로 갔으면 좋겠지만, 사지로 가는 일이니 적은 수라 하더라도 조국을 위하여 목숨을 바칠 단단한 각오가 되어 있는 동지들만 지원토록 하시오."

철기는 거듭 다짐하는 것이었다. 이에 나는 결연한 태도로 대답하였다.

"선생님, 우리가 왜 일본군을 탈출했겠습니까? 그때 이미 조국 광복을 위하여 우리의 생명을 바치기로 결심한 것이고, 또한 중국 유격대에서 목숨을 걸고 왜놈들과 싸웠던 것입니다. 그 결심에는 추호도 변함이 없습니다. 충칭에 온 다음 오늘까지 우리는 우리의 목숨을 바칠 만큼 가치 있는 일이 있기를 기다리고 있었습니다. 낮에 선생님의 말씀을 들은 직후에 나와 장준하 동지는 이미 선생님을 따라 시안에 가기로 결심하였습니다.

선생님의 말씀을 전하고 신중히 결정하라고 동지들에게 이야기하겠지만 다른 동지들도 저나 장 동지와 같은 생각일 것입니다."

내 말을 조용히 듣고 있던 철기는 흐뭇한 표정이었다.

이리하여 철기와 나의 대화는 끝났는데 솔직히 말해서 나는 그의 정열적이면서도 치밀하고 또한 패기만만한 기상에 압도되었고, 그의 강력한 추진력에 탄복하였다. 더욱이 어려서부터 압록강 너머로 들려오던 포성의 주인공이 내 앞에 앉아 있구나 하고 생각하니 감개무량하였다. 간도지방 그리고 북만주에서 말 달리던 '선구자'를 직접 대하고 보니 그저 고개가 숙여질 따름이었다.

다음 날 충칭에서 투차오로 혼자 돌아오는 버스 안에서 나는 깊은 감회에 잠겼다. '국가흥망 필부유책'이란 말이 생각났다. 필부에 지나지 않는 보잘것없는 사람이라도 국가 흥망에 책임이 있는 것은 틀림없는 일이다. 그러나 '때'를 잘 택해야 한다. '때'는 참고 기다려야 한다. 내가 중국 사람들에게서 배운 것의 하나가 '인(忍)'이다.

기회는 늘 오는 것이 아니다. 기회를 기회라고 인식하는 것도 중요하지만, 그 기회는 있을 때 붙잡아야지 지나간 다음에는 잡을 수가 없는 것이다. 그리스신화 속 기회의 신 카이로스의 앞쪽 머리카락은 길지만 뒷머리는 대머리여서 지나가면 잡기 어렵다는 말이 생각났다.

그러나 내가 잡은 이 기회는 목숨을 바쳐야 하는 일이다. 나는 일본 군대를 탈출하던 날이 생각났다. 내 생명을 건 결행이 아니었던가. 이제 다시 나는 목숨을 바치려는 중요한 결정을 한 것이다. 시안에 가지 않고 충칭에 그냥 남아 있으면 내 생명은 보장된다. 무슨 명목이라도 붙여서 임시정부에 남아 있으면 죽지는 않을 것이다. 그러나 나는 그렇게 할 수 없다. 임시정부는 선배들에게 맡기면 되는 일이고, 젊은 사람들은 총칼을 들고 왜놈을 하나라도 더 죽여야만 조국의 해방이 가까워진다. 이것은 나의 신념이었다.

나는 짧은 인생에서 두 번째의 중대한 결정을 하고 나니 마음이 후련하였다. 남이야 어떻든 내가 갈 길은 내가 택하는 것이다. 일본 경비중대에서 탈출하려고 할 때도 같이 있던 다른 학병들은 모두 탈출을 반대하지 않았던가. 그렇다. 오늘 전체 모임에서 나는 절대로 남에게 강요하지 않겠다. 또 강요할 성질의 일도 아니고, 강요한다고 될 일도 아니다. 각자의 자유의사에 맡기기로 하자.

생각에 골똘하다 보니 어느새 버스는 투차오에 도착하였다. 모두 내가 철기와 무슨 이야기를 했는지 궁금해하였다. 나는 철기의 '비밀 계획'을 말해 주고 오늘 오후까지 각자가 갈 길을 결정해 달라고 전하였다.

이리하여 철기 장군을 따라 시안으로 가게 된 사람은 19명이었다. 학병 10명과 비학병 9명이 지원한 것이다. 우리 일행 50명의 앞길은 이제 몇 갈래로 갈라지게 되었다.

이미 신익희 내무부장의 권유에 따라 임시정부의 경위대로 간 사람은 윤경빈·승영호·서상렬·백정갑·박승헌·이문화·신현창·이영길 등 학병 8명이고, 시안으로 가게 된 사람은 나·장준하·김유길·노능서·석근영·홍기화·김성환·김성근·김영호·이계현 등 학병 10명을 합한 19명, 그리고 아무 결정 없이 충칭에 남게 된 사람은 정명·윤재현·김춘정·홍석훈·박영록 등 학병 5명을 포함한 약 25명이었다. 이 25명은 부녀자들과 가족 동반으로 충칭까지 온 동지들이 대부분이었다. 진경성 교관도 충칭에 남았다.

이렇게 결정되고 보니 마지막까지 행동을 함께하기로 한 동지는 19명뿐이었다. 우리는 새로운 사명을 띠고 시안으로 간다는 생각에 흥분도 하였으나, 한편으로는 우리의 단결을 깨뜨린 정객들에 대한 분노를 느꼈다. 이에 우리 19명은 따로 모임을 갖고 정당의 몇몇 사람을 출발 전에 규탄하기로 결의하였다. 규탄하는 전단을 밤을 새워 만들었는데 문장은 내가 대표로 썼다. 다음 날 아침 일찍 우리 19명은 전단을 안고 몽둥이까지 하나씩 들고 임시정부 청사를 향해 걸어갔다.

아침 8시 무렵에 청사에 도착한 우리는 전단을 뿌리고, 지목한 몇 정객을 찾았으나 그들은 어느새 사라지고 없었다. 기운이 빠진 우리가 서성대고 있는 것을 철기가 발견하였다. 그는 우리를 말없이 한참 바라보더니 전단과 몽둥이를 일단 놓게 한 다음 청사 안의 한 방으로 우리를 불러 모았다.

"나는 여러 동지의 심경을 충분히 이해하지만, 이미 고질화되다시피 한 그들은 여러분의 젊은 힘으로도 고칠 수 없을 것이오. … 내가 왜 충칭을 떠나서 시안으로 가 있는지 알겠소? 나도 그분들의 정치 싸움에 진절머리가 났던 것이고, 이곳에 더 머물러 있는 것은 나와 나라에 아무런 이익도 주지 못한다는 것을 깨달았기 때문이오.… 아무 말 할 것 없이 여러분은 나와 함께 시안으로 가서 우리가 해야 할 일만 열심히 합세다."

철기가 힘찬 목소리로 격렬하게 당쟁을 지탄하는 것을 보고 우리는 후련한 기분으로 투차오로 돌아왔다.

그날부터 즉시 우리는 시안으로 이동할 준비를 하였다. 이 장군은 우리에게 떠나기 전에 이름부터 바꾸라고 했다. 그것은 정보 누설을 막기 위해서 필요하다고 했다. 우리는 이름을 어떻게 바꿀지 고심하였다. 나는 장 동지와 상의해서 '신'자를 돌림자로 하기로 하였다. 믿음이 없는 사회에서 서로 믿고 살자는 뜻이었다. 장 동지가 '김신철', 나는 '김신일'로 정했다. 이것으로 우리는 의형제와 같은 마음의 결속을 굳게 맺은 것이었다.

이리하여 4월 29일, 우리는 90일간의 충칭 생활에 종지부를 찍고 시안에 있는 광복군 제2지대로 가게 된 것이다.

시안에 간 다음의 일을 적기 전에 이 무렵의 전황과 국공관계에 대하여 간단히 살펴보기로 하겠다.

1944년 4월부터 12월까지 일본군은 제5호 작전과 제1호 작전을 전개하여 만주에서 베트남에 이르는 대륙 관통 수송로를 만드는 데 성공하였다. 그러나 태평양 전선에서는 일본군은 도처에서 패전을 거듭하였다.

1944년 10월, 우세한 미국 함대는 대만 해상과 필리핀 해상에서 일본 함대를 격멸시킨 다음, 1945년 2월에는 드디어 마닐라를 점령하기에 이르렀다. 그달에 미군은 서태평양의 일본 섬인 이오지마를 점령하고, 4

월에는 오키나와 상륙작전을 개시하였다.

이에 대하여 일본군은 특공대의 자살 전법이라는 최후의 방법을 쓰기는 하였지만 아무 소용이 없었다. 이로써 일본의 해상 수송로는 완전히 차단되어 군대는 고립되고 일본 본토의 전략물자는 극도로 궁핍하게 된 것이다.

한편 미군 B-29 전략 폭격대가 본격적으로 일본 폭격을 개시하여 1945년 3월부터는 도쿄·오사카를 비롯한 일본 전국의 도시가 차례로 폭격 세례를 받아 중요한 군수공장도 크게 파괴되었다. 군수산업뿐만 아니라 모든 경제활동이 마비 상태에 빠지면서 일본 국민은 기아에 허덕이며 공습·등화관제·방공호 속에서 암흑의 나날을 보낼 수밖에 없었다. 이러한 절망적 상황에서 1945년 4월에 스즈키 간타로가 새 총리대신이 되면서 그들은 본토 '초토'작전을 떠들기 시작하였다.

한편 유럽에서는 연합군이 노르망디에 상륙하여 반격전을 전개하자 독일은 사방에서 연합군의 공격을 받았고, 드디어 1945년 5월에 항복하였다. 이리하여 5월부터는 일본만이 절망적인 전쟁을 계속했다. 그동안 연합국 측은 1943년 11월에 미·영·중의 수뇌들이 카이로회의를 개최하였고, 또 1945년 2월에는 미·영·소의 수뇌가 크림반도의 얄타에서 회의를 개최하여 각각 일본과 독일에 대한 전략 및 전후 처리 방안을 결정하였다.

중국은 1938년 후반부터 국공관계가 다시 악화하였다. 1941년 1월에는 국부군과 신사군이 충돌하는 '완난사변'이 발생하기에 이르렀고, 전쟁이 끝나더라도 대대적인 내전이 전개되리라는 것을 예고하고 있었다.

1942년 장제스는 《중국의 명운》을 저술하였다. 그것은 반공을 위한 일종의 정신총동원 운동이다. 그는 이 책에서 새로운 국가 형태의 구상과 그에 도달하는 방법을 설명하였는데 이것은 마오쩌둥의 '신민주주의론'에 대항하는 역사관과 정치·문화론이다.

마오쩌둥의 신국가에 대한 구상은 '연합정부론'이다. 1945년 4월 중국 공산당은 옌안에서 제7차 전국대표회의를 개최하고 공산당이 취해야 할 '정책과 임무'[18]를 결의하였다. 이때 중국 공산당은 121만 당원의 대정당으로 발전하였는데, 이 대회에서 마오쩌둥은 '연합정부론'이라는 정치 보고를 하였다.

연합정부론은 문자 그대로 '연합정부'를 수립한다는 것이다. 마오쩌둥은 여기서 각당 각파–공산당·민주당·민주동맹 및 무당무파인사–가 단결하여 민주적 혁명을 단행하고, 국민대회를 개최하여 모든 당파를 포함하는 연합정부를 조직한다는 방식까지 명백히 하였다. 이 연합정부론이 많은 사람을 현혹하였는데, 그들의 최종 목표는 무산계급을 대표한다는 공산당이 정권을 장악하는 것이었다.

그러면 이때 중국 공산당은 자기들의 독재정부를 세우려고 하지 않고 왜 연합정부를 수립하려고 했던가. 그것은 아직 국민정부를 압도할 만한 힘이 없었기 때문이다. 국민정부는 미국의 후원을 받는 막대한 힘이 여전하였다.

이에 중공은 국민정부를 타도할 만한 시기가 도래할 때까지는 민주주의와 연합정부론을 내걸어 국내외 인사들의 공감을 얻으면서 국민당을 고립시키는 전술, 바로 '통일전선' 책략을 쓰기로 하였다.

이 전술을 가장 적절하게 구사한 인물이 저우언라이였다. 저우언라이는 중국 공산당 충칭 주재 대표단 단장으로서, 1940년부터 1945년까지 국공 교섭을 위하여 줄곧 충칭과 옌안을 왕복하고 있었다. 더불어 '통일

전선공작'으로 국민당에 반대하는 이들을 결집하려고 하였다. 여기에는 '민주동맹'에 참가한 각 당파와 좌익 사상을 가진 대학교수, 학생들이 포함되었다. 그들을 포섭하는 미끼로 쓴 것이 연합정부론이다.

민주동맹은 '중국민주정단동맹'이라 하여 원래 반공 성향의 청년당과 민사당이 중심이 되어 조직한 것이었는데, 뒤에 좌파 분자들이 침투하여 이를 지배하게 되고 '중국민주동맹'이라고 개칭한 것이다. 이들의 세력이 날로 팽창하여 마치 국공 사이의 제3세력처럼 되었으나 실제로는 공산당으로 치우쳐 있었다.

저우언라이는 이들을 조정하면서 반국민당 세력과 여론을 형성하였다. 훗날 대륙을 제패한 다음에 마오쩌둥은 "해방전쟁의 승리는 세 가지 보물로써 이룩한 것이다. 첫째는 당, 둘째는 해방군, 셋째는 통일전선이다"라고 말하였는데, 그 통일전선의 보물을 절묘하게 구사한 것은 저우언라이였다. 이때 저우언라이는 김원봉을 통하여 우리 임시정부에도 적지 않은 영향을 주었던 것이다.

주

01 쓰촨성 루저우의 특산품 술로 값이 아주 싸다.

02 김구 선생의 격려사와 장준하의 답사 내용은《돌베개》에서 인용하였다.

03 회장은 쑨원의 아들인 쑨커이며, 이날 행사에는 참석하지 않았다.

04 이때 중국에는 두 개의 정부가 있었는데, 북양 군벌 된치루이가 이끄는 북경정부와 쑨원의 호법정부이다.

05 상세한 것은 수행비서로 신규식을 따라 이 외교 교섭에 참여한 민필호의《한국외교사화》를 참조할 것.

06 이동휘가 시베리아에서 조직한 당으로서 그가 당수였다.

07 당시의 중국 법폐와 달러와의 환율을 보면, 공정환율은 항전 8년 동안 1달러대 20원으로 고정되어 있었으나 암시세는 달러가 계속 상승하였다. 이를테면 1943년 12월에는 1달러 대 85.4원이었고 1944년 12월에는 1달러 대 542.2로 뛰어올랐다.

08 당시 시골에서 축문 쓰기, 매매계약서 쓰기, 사주 쓰기 정도를 말한다.

09 '왕과 제후, 그리고 장수와 정승의 씨가 따로 있겠는가'라는 말로 사람의 신분은 태어날 때 정해지는 것이 아니라 노력하면 달라질 수 있음을 강조한 말이다.

10 안중근 의사의 아버지

11 '데라우치 총독 암살음모사건'이라고도 불린다. 일제가 민족해방운동을 탄압하려고 데라우치 마사타케 총독의 암살 미수 사건을 조작하여 105인의 독립운동가를 감옥에 가두었다.

12 안명근 등이 무관학교 설립자금을 모집하다 민병찬의 밀고로 황해도 일대의 항일운동가들이 체포된 사건

13 김순애 여사는 당시 한국부녀회의 회장이었다.

14 중국의 근대적 제복이자 예복으로 인민복이라고도 한다. 쑨원이 고안하였고, 중산은 그의 호이다.

15 도쿄에 있던 북풍회계의 공산주의자

16 당시 윤징우와 손두환이 민혁당의 이론가였다.

17 구호기관

18 1928년 모스크바에서 중국 공산당 제6차 대회를 개최한 후로 17년간이나 대회를 소집하지 못하였다.

VIII.

시안의
광복군 제2지대

1. 시안으로 비행

1945년 4월 29일, 6천리의 장정 끝에 찾아온 충칭을 나는 다시 떠나게 되었다. 온갖 고난을 무릅쓰고 임시정부를 찾은 것은 정말로 잘한 일이었다. 불과 석 달이었지만, 나는 충칭까지 찾아온 목적을 모두 달성했다고 믿었다.

그것은 첫째로, 철들면서부터 항상 동경하던 임시정부나 김구 선생을 비롯한 우리 독립운동의 최고 지휘자들을 직접 만났기 때문이다.

둘째로, 일본의 탄압으로 신음하는 3천만 동포가 너나 할 것 없이 모두 반일사상을 품고 있으며, 임시정부나 광복군이 하루속히 환국하기를 기다리는 실정을 바로 전달하였고, 나라가 망한 뒤에 태어나 일제의 식민지 교육을 철저히 받은 세대라 할지라도 조국의 독립이나 민족의 해방을 위해서 목숨을 바칠 각오가 잘 되어 있다는 것을 우리 50명이 산 증거가 되어 보여주었기 때문이다.

셋째로, 한민족의 독립정신을 의심하던 중국을 비롯한 연합군의 생각을 시정하는 데 공헌을 했다고 믿었고, 동시에 우리 독립운동가 전체의 총대표기관인 임시정부를 적극적으로 지지해줄 것을 우방국가에 호소할 수 있었기 때문이다.

넷째로, 김구 선생을 비롯한 여러 선배의 투쟁 경력이나 사상을 접함으로써 우리의 독립운동사에 대한 인식을 깊이 하였을 뿐만 아니라 민족의 진로에 관한 이해를 제대로 할 수 있었다.

다섯째로, 우리 독립군의 일원이 되어 원수인 왜놈을 무찌르는 선봉에 설 기회, 그것도 미군과 합작하여 조국 탈환의 위업에 참여할 수 있게 되었기 때문이다.

임시정부의 내분을 우리 힘으로 해소하려고 생각했던 것은 과대망상이었고, 민주주의를 목표로 하는 만큼 독립 노선이나 정견은 서로 다를 수 있는 일이다. 독립당이나 민족혁명당, 무정부주의동맹, 민족해방동맹 등의 각 당파가 임시정부라는 울타리 안에 모여 독립운동을 함께 추진하고 있다는 사실은 오히려 고무적인 현상이라고 나는 생각했다. 독립운동가 전체가 모여 있는 대표기관이 바로 임시정부이고, 연로한 지도자들은 계속 지금과 같이 임시정부를 고수하면 되는 것이며, 우리 젊은이들은 전선에 나가 일본과 혈전을 전개하여 승리를 거두기만 하면 된다고 확신하였다.

이렇게 만족하였지만 시안에 가서 OSS의 훈련을 받고 일제의 점령하에 있는 조국으로 침투한다는 것은 죽음을 의미하는 것이다. 일본군에서 탈출할 적에 죽음을 각오하였고, 유격대와 장정 길에서 수많은 죽을 고비를 넘기면서 생명에 대해 체념하였건만 평화로운 충칭에서 생에 대한 깊은 애착이 다시 살아난 것도 사실이었다.

그러나 철기 장군이 이야기한 대로 총칼로 무찌르기 전에는 포악한 일본이 조국 땅에서 물러날 까닭이 없다. 이 시대에 태어난 우리 젊은이들이 해야 할 일은 마땅히 총칼로 왜놈들을 몰아내는 일이고, 나부터 그 선봉에 서야만 한다고 믿었다. 의병운동으로부터 만주와 연해주에서 무력투쟁을 전개한 선배들의 뒤를 따라 나도 그 혈투의 대열에 끼어야 했다. 내가 충칭까지 일보 후퇴한 것은 이보 전진하기 위하여서이다. 이제 이보 전진의 첫걸음을 내디딘 것이다.

그 스무아흐렛날 새벽, 시안으로 가기로 결심한 우리 19명은 투차오를 떠나 마침내 충칭 임시정부 청사 앞에 다시 집결 정렬하였다. 3개월 전 그때 태극기 휘날리던 감격의 임시정부 청사와는 또 다른 감회가 우리의 가슴에 파고들었다.

우리가 처음 이 자리에 섰던 그때처럼 김구 주석을 비롯한 대부분의 임시정부 각료들이 청사 앞으로 나와 우리와 석별의 인사를 나누었다. 나는 처음 이곳에 도착할 때보다도 더 씩씩한 모습을 보이려고 온갖 신경을 썼다. 그리고 각료들이 악수하려고 손을 내밀 때마다 웃는 얼굴로 태연한 태도를 취하려고 애썼다.

우리가 가는 곳이 사지임을 우리보다 더 잘 아는 노선배들로서는 막상 떠나가는 젊은이들의 애국충심을 고맙게 생각한다는 듯이 비장한 표정으로 우리를 위로하여 주었다. 그러나 나는 선배들이 항일 투쟁으로 일생을 바친 것에 비하면 이것은 아무것도 아니라는 심정으로 서 있었다.

김구 선생은 작별사에서 우리를 한 번 더 감격하게 하였다. 그분은 떠나는 우리보다도 더 긴장하고 비장하게 보였다. 선생은 두루마기 안주머니에서 아무 말 없이 둥근 회중시계 하나를 꺼내어 우리에게 내보이셨다. 누구나 빠짐없이 다 보라는 듯이 시계를 우리 대열 앞에 높이 쳐들어 보여주었다.

"오늘 4월 29일은 내가 13년 전에 윤봉길 군을 죽을 곳에 보내던 날이오. 또 지금이 바로 그 시각(오전 7시)이오. 여러분도 다 알 것이오. 상하이 홍커우공원에서 폭탄을 던져 시라가와 대장 등을 죽이려던 그날, 의사 봉길 군이 나와 시계를 바꿔 차고 떠나던 날이오. 내가 가졌던 허름한 시계를 대신 차고, 내게는 이 회중시계를 주고 떠나가던 윤 군의 모습을 생각하며, 바로 같은 날인 오늘, 앞으로 윤 의사와 똑같은 임무를 담당할 여러분을 또 떠나보내는 내 심중이 괴롭기 한이 없구료. '선생님 제 시계와 바꿔 찹시다. 제가 가진 것은 선생님 것보다 나을 것입니다. 어차피 저는 시계가 필요 없어질 것이지만, 제 일이 성공하기 위해선 시계가 아주 없어서는 안 되겠지요.…' 하던 윤의사의 눈망울이 이제 여러분의 눈동자로 빛나고 있기 때문이오.

…그러나 그때보다 나는 더욱 마음 든든하오. 한 사람이 아니라 19명의 윤 의사와 같은 동지를 떠나보내니 조국 광복을 위하여 더 큰일을 성취할 것으로 믿기 때문이오.…, 여러분의 젊음이 부럽소. 반드시 여러분의 훈련이 끝나기 전에 한번 시안에 가 볼 생각이오.…"

나는 이 순간 역사의 주인공이나 된 듯한 느낌이 들었다. 의병운동, 3·1운동, 임시정부의 수립, 만주와 연해주에서의 무력투쟁, 그리고 광복군으로 이어 내려온 민족항쟁사의 거대한 물줄기에 물 한 방울로서 나도 끼어 있다는 자부심과 용기가 용솟음쳤다.

이윽고 우리는 이범석 장군의 인도로 미리 와서 대기하고 있던 미군 트럭에 나눠 탔다. 목적지는 양쯔강변의 산후바에 있는 비행장이었다. 비행장에 이르기까지 시내를 달리는 트럭 위에서 우리는 태극기를 흔들며 애국가와 용진가를 힘차게 불렀다. 비행장에는 우리가 탑승할 미군 수송기 한 대가 이미 프로펠러 소리를 내며 대기하고 있었다. 휴식할 겨를도 없이 우리는 이내 수송기에 몸을 싣게 되었다.

나는 장준하 형의 옆자리에 앉았다. 비행기가 이륙하자 모두 조용하게 깊은 생각으로 가라앉았다. 처음 타보는 비행기여서 호기심도 있었지만 쉬저우로부터 충칭에 도착하기까지의 괴로움이 한꺼번에 떠올랐다. 득실거리는 이와 옴에 시달리면서 몇 달을 걸어온 것이 어제 같은데 이제 깨끗한 몸과 새로운 각오로 비행기를 타고 다시 전선으로 나가는 것이다.

벨트를 매고 앉아 비행기 창문으로 충칭을 내려다보았다. 우리는 세 시간 가까이 계속 비행하였다. 사지로 가면서도 나는 비행기 창으로 쓰촨 분지나 다바산맥, 친링을 바라보며 다시 중국을 생각하게 되었다.

우리 조상들이 중국을 대국이라 한 것을 이해할 수 있을 것 같다. 쓰촨성 하나만도 당시 인구가 약 6천만 명으로 일본 인구와 비슷하였고, 면적은 56만 9천 제곱킬로미터로서 일본의 2배에 가까운 광대한 지역이다. 토지가 비옥하고 기후도 온화한 데다 강우량도 적절하여 농산물이 풍부하고 많은 지하자원의 혜택을 받아 쓰촨성 하나로도 독립국가로서 충분히 발전할 수 있는 곳이다. 옛날 삼국시대의 촉나라는 그만두고라도 충칭으로 후퇴한 국민정부가 항전을 계속할 수 있는 까닭을 이해할 수 있었다.

당대의 현종이 안록산과 사사명의 난이 일어나자 피난한 곳이 쓰촨성의 성도인 '청두'였는데, 양귀비와의 사랑에 빠져 국정을 소홀히 하다가 그만 쫓겨난 신세가 되었던 것이다. 시안에 가까울수록 높은 산악이 중첩되어 있는데 현종은 양귀비와 함께 피란길에 올랐다가 근위병들의 반란으로 이 산속에서(산시성 마외이역) 양귀비가 자살하는 비참한 상황을 볼 수밖에 없었다. 이 비극을 읊은 당나라 시인 백낙천의 '장한가'가 머리에 떠올랐다.

다른 동지들도 무슨 생각에 빠져 있는지 아무도 입을 열지 않았다. 이 우울한 기체 안에서 폭음을 들으며 한편으로는 고향 생각이 스며들었다. 저세상으로 떠나는 양귀비가 과거에 영화를 누리던 장안을 바라보려고 해도 안개에 가려 볼 수 없었던 안타까운 심정을 백낙천은 '장한가'에서 묘사하였는데, 그것은 바로 이 비행기 안에서 고향을 그리워하는 나의 안타까운 마음과도 비슷하지 않을까. 동지들은 모두 침착한 표정으로 눈을 감고 있었다.

> 그런데 마침 우리 일행 속에 민영주라고 하는 미모의 처녀가 한 분 섞여 있었다.… 이 처녀는 김구 주석의 판공실장인 민필호 씨의 따님인데 이범석 장군의 비서로 시안에 가는 길이었다.
>
> (《돌베개》, 329쪽)

'젊은 청년들의 기분은 동요하기 시작했다'라고 장준하 형은 회상하지만 사실 나는 항일 투쟁에 나선 우리의 한 젊은 여성을 자랑스럽게 생각하였다 뿐이지 이때만 해도 그 이상의 느낌이 든 것은 없었다. 오직 나의 관심은 광복군 제2지대에서의 OSS 훈련과 그 뒤에 전개될 국내 진입 공작, 그리고 죽음이라는 것과 역사에 관한 것이었다.

시안에 가까울수록 나는 오히려 서주·진·한·수·당에 이르는 천년 동안의 수도로서의 '장안'에 대한 역사학도로서의 호기심이 발동한 것이 사실이다. 산악지대(친링)를 지나니까 널따란 평야(웨이수이평야, 관중분지)가 펼쳐져 있고, 그 복판에 커다란 구렁이처럼 움직거리는 웨이수이강이 보이더니 마침내 시안이 가까웠다는 미군 승무원의 안내 음성이 들렸다.

삭막한 비행장에는 역시 미군 트럭이 대기하고 있었다. 우리는 다시

이 트럭으로 시안 시내를 통과하여 동남쪽으로 빠져나갔는데 시가는 성벽으로 둘러싸여 있었으며, 확실한 것은 모르지만 인구는 40만~50만 정도였다. 마르코 폴로가 그의 《동방여행기》에서 이곳에서 교역이 번성하였다고 말하고 있지만 전시라서 그런지 그리 번화한 도시로는 보이지 않았다. 다만 시내에 우뚝 솟아 있는 큰 건축물이 인상적이었는데 나중에 알고 보니 명나라 시대에 세운 유명한 종루였다.

교외로 나와 평야를 달리니 멀리 자은사의 7층탑이 보이는데 이것은 당나라의 고승 현장이 건립한 것이다. 시안 부근은 우리나라의 경주나 일본의 교토처럼 역사 유적이 도처에 있어서 죽기 전에 모두 찾아보고 싶은 생각이 간절하였다.

트럭에 동승한 다른 동지들은 무슨 생각을 하는지 모르지만 내 머릿속에는 문화유적에 대한 환상으로 가득 차 있었다. 시안 비림에는 당·송으로부터 내려오는 많은 석경이 보관되어 있고, 그 가운데는 당대에 기독교(네스토리우스주의)가 중국에 전래한 것을 기록한 '대진경교류행 중국비'도 있을 것이다. 교외에는 석기시대의 유적을 비롯하여 진시황이나 한무제의 능묘, 당 현종이 양귀비와 함께 즐기던 여산의 화청지도 있을 것이다. '시안사변'으로 유명하지만 장제스가 1936년 12월 공산군에 대한 마지막 공격을 독려하러 왔다가 장쉐량·양후청에게 체포된 곳도 바로 이 화칭츠이다.

시간이 되는 대로 이런 고적들을 꼭 탐방하리라는 생각에 흥분까지 하였다. 트럭은 약 40리를 동남향으로 달리더니 두취라는 조그마한 마을에 도착하였다. 그곳은 바로 중난산의 산록이었다. 운명이란 묘한 법이다. 중난산이야말로 신라시대에 원광이나 자장·의상·원측 등의 고승들이 불교를 연구하러 유학 왔던 곳이 아닌가. 우리의 옛날 조상들이 각고의 유학 생활을 하던 곳에 지금 내가 와서 조국의 영광을 되찾으려고 OSS 훈련을 받게 되었으니 이 얼마나 감개무량한 일인가. 게다가 두취는 당나라 때 여러 호족이 모여 살던 곳이고, 대시인 두보도 여기서 살았다.

이런 생각으로 가득 차 있다가 안내된 곳이 이범석 장군이 지휘하는 광복군 제2지대의 본부였다. 병영의 문에 들어서자 나는 꿈에서 깨어나는 듯하였다. 이곳이 바로 내가 국내로 진입하기 위해 무술을 익히는 훈련장이라고 생각하니 마음이 엄숙해졌다. 병영은 오래된 절간(낭랑묘) 내부를 개조한 것이었다.

2. 광복군 제2지대

트럭이 들어서자 100여 명의 광복군 동지가 일제히 밖으로 뛰어나와 뜨거운 박수로 우리를 열렬하게 환영해주었다. 처음 만나는 동지들이지만 모두 조국 광복에 목숨을 바치려는 같은 핏줄의 동족이기에 우리는 대단히 감격하였다.

이날 저녁으로 우리에게 새로운 옷이 지급되었다. 이번에 입은 것은 미제 군복이었고 신발도 미군화로 갈아 신었다. 다만 미군과 다른 것은 미군 군모에 태극기 휘장이 붙어 있는 것뿐이었다.

그 밖에도 야전용 침대와 모포 등이 지급되었다. 지난 14개월 동안에 일본 군복에서 중국 군복으로, 그리고 미군 군복으로 갈아입은 내 자신에 대하여 묘한 생각도 들었지만, 우선 생활환경이 '화려'하게 된 것이 기뻤다. 식사도 여기서는 세 끼를 먹는다고 하니 이제 정상적인 군대생활을 시작하는 것이었다.

밤이 깊어 침대에 누우니 일본군을 탈출한 이후의 극적인 장면들이 주마등처럼 스쳐 가고, 내일부터의 훈련과 그 뒤에 전개될 국내 진격을 생각하니 마음이 설레었다. 최선을 다하자. 다음은 천명에 맡기는 수밖에 없지 않은가. 까마득한 고향의 그리운 얼굴을 하나하나 생각하다 잠이 들었다.

광복군 제2지대의 구성원은 좀 복잡하였다. 원래 시안을 근거지로 활동한 조직체는 1939년 10월 충칭에서 성립된 '한국청년전지공작대' 이다. 처음에 30여 명으로 시작하여 그해 12월에 전선과 가까운 시안으로 이동한 '공작대'는 눈부신 활동을 전개한 결과 1941년에는 대원이 약 100명으로 증가하였다. 1940년 9월에 광복군이 창설되자 이들은 1941년 1월에 기꺼이 광복군 제5지대[01]로 개편한 것이다.

그러다가 광복군의 대개편으로 1942년 10월에 참모장이던 이범석 장군이 제2지대장으로 전임함에 따라 시안에 설치되었던 '전선사령부'가 해체되고, 종전의 제1지대[02]와 제2지대[03], 제5지대, 그리고 장시성 상라오에 있는 제3징모분처[04]까지 통합함으로써 인적 구성이 다양해졌다.

대개편 후에는 광복군이 김원봉의 제1지대와 이범석의 제2지대, 그리고 김학규의 '제6징모분처'[05]와 한지성 등의 '인도파견대'[06]로 편성되었는데 주력부대는 제2지대였다. 우리가 시안에 도착할 무렵의 제2지대의 병력은 약 250명이었으며, 시안의 지대본부에 약 170명이 있었고 전방공작대로 파견된 사람이 약 80명이었다.

1940년 9월에 광복군을 창설할 때 "우리의 분산된 역량을 독립군에 집중하여 전면적인 조국 광복전쟁을 전개한다"라는 활동 목표를 세우고, "군사령부 창설 1개년 후에는 최소한 3개 사단을 편성하여 국토를 수복할 때까지 전투를 한다"는 등 당면전략을 수립하였지만 여러 사정으로 인해 뜻대로 일이 진행되지 않았다.

1943년에 이르러 인도로 광복군을 파견하게 되어 중국 이외의 지역으로까지 활동 범위를 확대하기는 하였으나 조국으로의 진격과는 거리가 먼 것이었다. 그러다가 미국 전략첩보국 OSS와 합작하여 국내 진공계획을 수립하게 된 것이었으므로 이것은 광복군뿐만 아니라 우리 독립운동사에서 획기적인 전환이라 할 수 있을 것이다.

이 역사적인 계획을 실천하는 첫 역군이 되고자 우리는 시안으로 온 것이다. 훈련은 5월 1일부터 시작하기로 했으며, 특수훈련교관으로서 미군도 이미 약 20명(나중에 약 40명으로 증가)이 와 있었고, 훈련에 필요한 각종 기재들도 충분히 마련되어 있었다. 제2지대에 파견된 OSS 책임자는 사전트 소령이었는데 그는 중국 청두대학에서 교수생활을 하다가 OSS에 참여했기 때문에 중국어를 훌륭하게 구사하고 있었다. 하버드대학의 페어뱅크 교수나 프린스턴대학의 레비 교수 등도 이때 충칭에 있는 OSS에서 중국군과의 협동에 참여하고 있었다.

OSS란 미국이 제2차 세계대전에 참전한 다음 영국의 권고로 조직된 전략기구로서, 정보 활동과 유격 활동을 병행하면서 적의 후방을 교란하는 공작을 사명으로 하며, 유럽 전선, 아프리카 전선, 태평양 전선, 그리고 중국 전선 등을 활동무대로 하는 방대한 조직이었다. 본부는 워싱턴에 두었는데 총지휘관은 유명한 윌리엄 도노번 소장이었으며, 중국 전구의 지부 본부는 쿤밍에 있었고, 그 책임자는 변호사이기도 한 폴 홀리웰 중령이었다.

이범석 장군과 OSS 시안 책임자 사전트 박사

3. 이범석 장군의 부관

다음 날 우리 일행 19명은 부대 배치를 받고 5월 1일부터 바로 특수 공작훈련을 시작하게 되어 있었다.

그런데 나는 뜻밖에도 이범석 장군의 부관으로 발령되었다. 전임자가 있던 것도 아니고 새로 부관이란 자리를 만들어 나를 임명한 까닭은 알 수가 없었다. 이 장군이 투차오에 왔을 때 내가 우리 일행의 대표였고 또한 충칭까지 동행하여 하루 동안 함께 지낸 것이 인연이었을지 모른다. 본격적으로 훈련이 시작되면 보좌할 사람이 필요하리라 짐작은 되었다.

나로서는 청산리대첩 이래로 독립투쟁사에 빛나는 맹장의 부관이 되었다는 것은 일생의 영광임이 틀림없었다. 더욱이 국내 진격이라는 역사적 순간에 그 지휘관의 보좌역을 담당한다는 것은 여간 감격스러운 일이 아니었다.

그러나 과연 내가 이 중책을 감당할 수 있겠는가 하는 걱정이 앞섰다. 또한 우리 일행 19명에게는 물론이고 오랫동안 이곳에서 이 장군을 모시고 함께 고생한 수많은 동지에게도 미안한 생각이 들었다. 한편으로는 누군가의 시기를 받거나 모략을 당할지도 몰랐다. 그러나 군대에서 명령은 절대적인 것이다. 나는 죽기 전에 명장의 부관으로서 최선을 다하여 임무를 훌륭하게 수행하리라는 각오를 세웠다. 다만 이 직책은 다른 동지들과 함께 국내로 침투하기까지의 임무일 것이므로 부관의 임무와 함께 특수훈련도 받겠다고 이 장군에게 말씀드렸다. 이 장군은 갑절의 일을 해낼 수 있겠는가 하고 염려하였지만, 나의 각오가 흔들림이 없는 것을 헤아리고 승낙해주셨다.

그런데 다행스럽게도 5월 1일에 이범석 장군이 대원들에게 승진 발령을 내렸다. 충칭에서 새로 도착한 우리 일행 19명도 일제히 중위로 승진하였다. 다행이란 것은 모두 승진의 기쁨 덕에 나의 부관 취임에는 그리 신경을 쓰지 않았기 때문이다.

이범석 장군은 모든 것을 이미 사전에 준비하고 있었다. 광복군을 창설할 때 전 대원을 위관급 이상으로 임명한 것은 장차 확대될 광복군의 기간요원으로 삼으려는 것이었고, 또한 중국 측으로부터 지원을 많이 받기 위해서였다. 우리는 린촨분교를 졸업할 때 중국군 소위로 임관하였으므로 중위로 승진하는 데는 큰 어려움이 없었다. 다만 이 당시

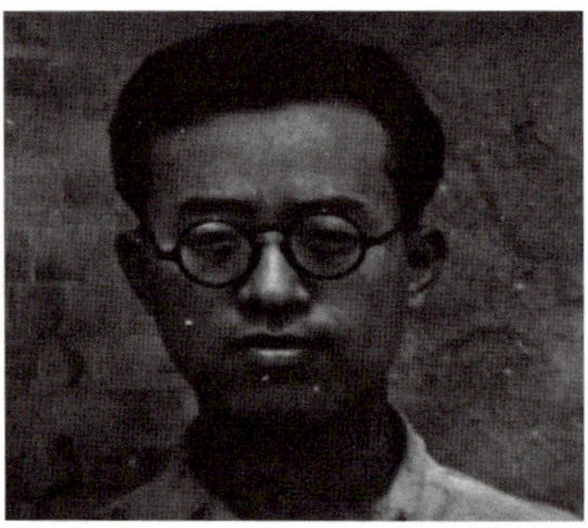

이범석 장군 부관 시절의 저자

이 장군은 중국과 미국 측으로부터 원조받던 처지여서 사전에 양측의 양해를 받아두는 번거로움이 있었을 것이다.

한편 나는 부관으로서 이 장군을 호위해야 할 임무도 있다고 하여 6연발 권총도 차게 되었다. 일본 군대를 탈출한 후 처음으로 무기를 몸에 지니는 기쁨도 있었으나 이것 역시 나로서는 신경이 쓰이는 일이었다. 군인은 누구나 무기를 사랑하고 소중히 여긴다. 특히 권총을 찬다는 것은 상당한 특권이기도 했다. 그날로 전 대원에게 미제 카빈총이 지급되었다. 그러니까 전부터 쓰던 중국군 보병총 이외에 새로 카빈총까지 소유하게 된 셈이다. 새 무기의 지급으로 또 한 번 대원들은 기쁨으로 떠들썩하였다. 노태준·안춘생·노복선 등 세 구대장에게도 같은 권총이 지급되었다. 나는 부관으로서의 첫날, 이 장군이 얼마나 세심한 마음으로 일을 진행하고 있는가를 살펴보며 정말로 감탄하고 배우는 바가 많았다.

5월 1일부터 우리는 일주일간의 예비훈련을 받았다. 첫날 훈련은 조회[07]에서 이범석 장군의 격려사와 사전트 소령의 일반 주의사항을 듣고, 이어서 무기를 배급받는 것으로 끝났다. 점심식사 후에 나는 장준하 동지, 노능서 동지와 함께 카빈총을 들고 들판으로 나갔다. 어서 이 카빈총을 한 번 쏘아보고 싶었다. 그것은 유격대에 참가한 이후로 무기 없는 독립군으로서의 서러움을 한꺼번에 씻어버리려는 충동이었던 듯하다.

들판으로 뛰어나가니 멀리 높은 나무 위에 독수리 한 마리가 오만하게 앉아 있는 것이 눈에 띄었다. 내 눈에는 가증하고도 흉악한 왜놈으로 보였다. 우리 셋은 경쟁이나 하듯 성급하게 카빈총을 어깨에 대고 조준한 뒤 방아쇠를 당겼다. '탕' 하고 총소리가 나더니 독수리는 순식간에 맞아 떨어지는 것이었다. 내 총알이 명중했다는 통쾌감을 느끼기 전에 이상한 것은 세 발의 총소리가 났어야 할 터인데 어째서 한 발밖에 터지지를 않았을까? 어리둥절한 얼굴로 총을 살펴보았더니 두 동지의 장탄이 잘못되었던 것이다. 결국 내 총에서 빠져나간 총알이 독수리를 잡은 것이다. 잠시 독수리에게 미안했지만, 금세 동정심은 다 잊고 기뻐했다. "나는 강계 포수란 말이야!" 하고 자랑했던 기억이 새롭다.

다음 날부터 나는 부관 일을 시작하면서 일주일의 예비훈련에 참가하게 되었는데 이때 제1기 훈련에 선발된 대원은 50명이었다. 훈련의 성격상 소수의 정예공작원을 집중 교육해야만 했으므로 기별 50명으로 한정한 것이다. 충칭에서 함께 온 19명은 모두 제1기 훈련을 받았다. 이 훈련 상황을 장형은 다음과 같이 설명하였다.

> 인가와는 멀리 떨어진 중난산 깊숙하게 종남사가 있는데 이 절 옆에 예비훈련장이 마련되어 있었다. 몇 개의 행군용 천막이 일정한 코스를 따라 드문드문 쳐 있고, 우거진 나무 그늘 밑에서 훈련을 받으나 만약 비가 오든지 하면 천막으로 몰리곤 했다.
>
> 예비 수훈생들은 등과 앞가슴에 번호패를 붙이고 20여 명씩 단위 조를 이루어 훈련 교관의 지시에 따라 이리저리 몰리면서 숙달 연습 과정을 치렀다. 예를 들면 도강술, 사격술의 기초과정에서 게릴라 전법에 필요한 갖가지 특전단의 군사훈련이다. 밧줄을 타고 절벽 밑까지 내려가 '페인트칠'이 된 나뭇잎을 따온다든지, 밤에 낙하연습을 한다든지, 식사 시에 매몰한 폭약을 바로 옆에서 폭발시킨다든지, 특수은폐 및 엄폐법을 가르친다든지 하는 적지 침투 공작이었다. 이 교관들은 모두가 미육군특전단의 전술사관들이었다.
>
> 이러한 예비훈련이 일주일 계속되는 동안에 교관들은 가슴과 잔등에 붙인 번호판으로 각자의 자질을 전문적으로 사정하여 자질 분석을 하였다. 물론 심리전 장교도 있고 정보장교도 있으며 정훈장교도 섞여 있어서 이들은 전문적으로 대원후보

> 자들의 적성을 개성과 성격과 지능에 따라 가려냈다. 훈련기간 중의 일거일동의 행동까지 전부 준비된 적성사정표에 기록되고 이것은 전연 비밀로 조금도 의식하지 못하는 사이에 이루어져 정규훈련에 들어가는 것이다. 이러한 객관적 자질심사에 의해서 기록된 판별과 적성은 각자의 정규 훈련과정의 결정에 가장 큰 역할을 했다. 즉, 앞으로 부여될 임무가 이때 정해지고 이 임무에 따라 실시되는 특수훈련의 내용이 분별되기 때문이다.
>
> 어떤 수훈생에 '통신', 어떤 수훈생에겐 '교란행동', 또 어떤 수훈생에게는 '정보수집', 그리고 심지어는 '유격대 조직'에 이르기까지 다원적인 임무가 주어졌다.
>
> (《돌베개》, 334쪽)

말하자면 요새 국군에서 시행하는 특전단 훈련인데 당시로서는 여간 신기하지가 않았다.

예비훈련을 받은 다음에 내가 배치된 것은 '통신반'이었다. 이로부터 7월 말까지 3개월간 정규훈련으로 타전 기술과 무전기 조작이나 수리법, 암호의 작성이나 해독법, 심지어 암살법[08]과 교량이나 건물의 파괴 등을 배웠다. 특히 타전 기술의 숙달에 집중한 훈련을 받았는데, 이것은 적중(국내)에서 신속 정확하게 시안 본부나 쿤밍의 미군 본부 등과의 연락을 수행해야만 하기 때문이었다.

당시 한반도는 중국 전구에 들어 있어서 중국 전구의 미군 사령관 웨드마이어 장군의 작전지구였고, 한반도 폭격은 쓰촨성의 청두기지에서 출발하는 B-29가 수행하게 되어 있었다. 당시 연합국 측에서는 일본 본토에 대한 상륙작전과 병행하여 적당한 시기에 한반도에도 상륙할 계획이었으며, 우리는 그 선발 공작대로서 활동하게 되었던 것이다. 우리는 한반도에 낙하산이나 잠수함으로 침투하여, 첫째로는 청두의 미 공군

B-29기에다 날씨나 기타 공습에 필요한 정보를 무전으로 알려주는 일, 둘째로는 군사시설 탐지 보고 및 파괴 공작, 그리고 지하유격대 조직 활동을 전개하여 연합군이 상륙작전을 감행할 때 이와 호응하여 일본군을 격멸하는 작전에 참가하는 것이 우리의 임무였다.

그 당시 일본의 전파 활동 탐지기의 성능으로는 비밀 타전의 장소를 알아내는 데 15분이 걸린다기에 모든 연락 공작을 15분 내에 끝내고 다른 장소로 신속히 이동해야만 했다. 다행히도 내가 속한 통신반은 지대본부 근방에서 훈련했으므로 부관직을 함께 수행하는 데 편리하였다. 오전에는 교관 교육을 받고, 오후에는 이범석 장군의 부관 업무를 하고, 밤 시간을 이용하여 타전 연습을 하였다. 그 밖에 대원들의 요청에 의하여 영어회화반이 조직되었다. 이때 회화를 담당한 사람이 시카고대학 출신의 마이어스 중위였는데, 나이는 나와 비슷하고 호리호리한 체격이었다.

나를 비롯하여 여러 대원이 한미협동작전을 위하여 영어가 꼭 필요하다는 것을 인식하였으므로 나는 유격대에서 류 중위로부터 중국어를 배우던 생각이 떠올랐다. 다만 이때 느낀 것은 우리가 받은 훈련이 특수공작이어서 그런 것인지 미국식 교육은 일본과는 다르게 모든 것을 대원들이 자발적으로 하도록 권장하는 방식이었다는 점이다. 린촨의 '한광반' 때와는 달라서 모든 대원이 드높은 사기로 눈코 뜰 새 없이 바쁜 생활을 하였다. 더욱이 나는 부관직을 맡았기 때문에 밤에도 제대로 쉬지 못하는 형편이었다.

당시 내 일과는 아침 7시에 조회 참가, 7시 반에 아침식사, 8시부터 12시까지 무전 훈련, 그리고 점심식사였고, 오후에는 부관 임무 수행, 6시에 저녁식사, 밤에는 타전 연습이라는 규칙적인 생활을 되풀이하였다.

이 장군이 집무하는 건물에는 방이 네 개가 있었는데, 나는 이 장군과 같은 방에서 그의 책상 옆에 따로 책상을 놓고 일하였다. 그 옆방은 민영주 씨[09]가 쓰는 비서실, 마주 보는 방은 OSS 지대 책임자인 사전트 소령의 방, 그리고 하나는 회의실이었다.

부관직이란 이범석 장군을 보좌하는 일인데, 말하자면 비서역이다. 명령의 전달, 문서의 기안·정리, 간부회(구대장·조장으로 구성) 참가에서부터 지대장에 관계되는 모든 일에 관여하였기에 꽤 신경 써야 하는 일이었다.

나는 처음 맡은 공직으로서 긴장된 나날이었지만 훌륭한 상사를 모시게 된 것은 정말로 다행한 일이었다. 이 장군의 애국심에 늘 감격하였을 뿐만 아니라 많은 것을 배웠다. 그의 세심한 배려나 일에 대한 치밀한 계획성과 과감한 추진력, 그리고 사후의 분석과 검토, 일을 처리하는 방법 등의 기본적인 것을 배운 것인데, 이것은 내 일생에 둘도 없이 고귀한 지침이 되었다.

사람이 모이면 반드시 문제가 생기는 법이고 기관장의 능력 여하는 이런 문제들을 어떻게 슬기롭게 원만하게 해결하는가에 따라 평가되는 법이다. 따라서 기관장은 항상 무슨 문제가 있는지 세심하게 살펴야 하고, 또 기관장의 의도를 충분히 알리면서 소속 인원의 자발적인 지지와 협력을 충분히 얻어야 한다는 것도 배웠다. 모든 일에 기관장은 솔선수범하여야 하고, 어려운 일일수록 자신이 앞장서되 그 책임 또한 모두 져야 하며, 무슨 공이 있으면 모두 소속 인원에게 돌리는 것도 배웠다.

훈련과 부관 업무에 매달리다 보니 다른 동지들과 개인적으로 어울리는 기회가 적어지고, 따라서 부대 내의 사정을 제대로 파악할 수가 없게 되어 나는 이에 관한 일은 모두 장준하 형에게 부탁하였다.

장형과는 날마다 따로 만나 항상 의논하였다. 훈련이 시작되고 얼마 뒤에 장형이 잡지 《등불》을 다시 내고 싶다고 제의하기에 나는 이 장군의 승낙을 받았다. 이 장군은 예술에 심취한 분이어서 장형을 진심으로 격려하고 잡지를 펴낼 사무실도 따로 마련해주었다. 뿐만 아니라 미국 측과 교섭하여 미제 인쇄기구나 잉크, 종이 등을 충분히 제공하였다. 이 장군은 우리의 몸과 마음을 조국에 바친다는 뜻으로 잡지의 제호를《제단》으로 고치자고 하면서 붓글씨로 '제단'이란 두 글자를 써주기도 하였다.

이로부터 장형은 밤에는 혼자서 이 잡지를 만드느라고 전력을 다하였는데 그의 사무실은 둘이 여러 일을 상의하는 좋은 장소가 되기도 하였다.

일을 성공시키려면 화합이 가장 중요하다. 당시 부대에는 특별히 큰 일은 없었지만, 제2지대의 구성원들이 다양하였기에 화합을 위해서는 세심히 신경을 써야만 했다. 그런데 어떠한 연유인지 몰라도, 간부 구성에서 '한국청년전지공작대' 계통의 인물들이 소외되어 있었고, 장형의 관찰에 의하면 그분들이 서운해하는 것 같다고 하였다. 그래서 장형과 나는 될 수 있는 대로 그들과 자주 만나 의견을 듣고 부대 운영에 충분히 반영하기로 하였다. 따라서 내가 시안에 있는 동안 사적으로 자주 만난 사람은 학병들[10] 이외에는 전지공작대의 간부들이었다. 나월환 씨는 우리가 시안에 도착하기 전에 이미 작고하여 만나지 못했고, 그 밖에 김동수·이해평·이하유·구양군·한유한 씨와 자주 만나 밤에 술도 함께 나누곤 했다.

하루는 이범석 장군으로부터 바오지에 있는 일본군 포로수용소를 시찰하라는 명령을 받았다. 그것은 수용소에 있는 한국인 사병의 실태를 조사하고 그 사람들을 위문하라는 것인데, 이 장군은 한적 사병의 수를 정확히 파악한 다음 그 사람들을 수용소에서 데리고 나와 광복군에 편입시키려는 의도였다. 나는 이 장군의 승낙을 받고 장 동지 등 5, 6명과 함께 시안역으로 나갔다.

광복군 제2지대 간부들
뒷줄 오른쪽에서 세 번째가 저자(앞줄 오른쪽부터 노복선, 이범석, 안춘생, 노태준)

처음 시안에 와서는 기회만 있으면 근처의 사적을 탐방할 꿈을 꾸었으나 그것은 허망이었다. 그럴 시간도 없었거니와 군사기밀상 우리의 신분을 노출할 수 없었기 때문이다. 지대본부가 시안 시내에 있다가 두취로 이전한 것도 일본 간첩의 눈을 피하기 위해서였다.

당일로 귀대해야만 했으므로 우리는 아침 일찍 지프로 시안으로 가서 기차를 탔다. 바오지는 룽하이선의 종착지로서 시안에서 서쪽으로 세 시간 정도의 거리에 있으며, 바로 산시성과 간쑤성이 맞닿은 지역에 자리 잡은 도시이다. 그 옛날의 '실크로드'를 비록 기차로 달리기는 하였으나 감개무량하였다. 전쟁에서 살아남는다면 이 길을 따라 란저우와 둔황을 거쳐 신장성을 횡단하면서 '실크로드'를 탐사하였으면 하는 꿈도 꾸어보았다.

포로수용소는 충칭에서 본 것과 비슷하였으며 일본 군인이 약 500명이 수용되어 있었고, 그중에 한인 사병이 20명가량 끼어 있었다. 일본인들이 굽실거리며 아첨하는 모습은 충칭수용소에서와 마찬가지였는데, 곧 광복군으로 편입될 것이라는 소식을 들은 한국인 병사들은 매우 고마워했다. 그날 밤 두취로 귀대하는 즉시 이 장군에게 보고하였다. 이 장군의 노력으로 얼마 후에 수용소의 한인들은 모두 석방되어 제2지대에 편입되었다.

이러는 동안에 인간적으로 가장 가까워진 것은 이범석 장군과의 관계였다. 나는 일생을 통하여 이 장군과 장준하 형을 나의 가장 가깝고도 존경하는 선배와 동료로 지낸 것이 늘 자랑거리였다. 이제 두 분이 다 작고하여 허전하기 그지없고, 옛일을 회상할 때마다 그분들을 향한 간절한 그리움을 누를 길이 없다.

날마다 같은 방에서 일하고, 미진한 일은 이 장군의 숙소에 가서 밤이 깊을 때까지 처리하는 날도 많았다. 이 장군은 본부에서 약 2킬로미터 떨어진 중국 가옥에 아내(김마리아)와 초등학교에 다니는 아들과 함께 살았는데, 충칭에서 우리와 같이 시안으로 온 민영주 비서도 이 장군 댁에서 숙식하고 있었다. 우리는 함께 식사도 하고 공무 이외의 이야기도 많이 나누었다. 이 장군은 술을 즐기는 분이어서 기회 있을 때마다 나에게도 술을 주셨다. 나는 담배는 피우지 않았으나 대학 시절부터 술은 마셨던 터라 주는 대로 술을 받아 마셨다.

술이 얼큰하면 이 장군은 더 많은 이야기를 하였다. 문학적 소질이 있어서 이야기가 재미도 있었거니와 수많은 풍파를 겪어온 삶이라 화제도 다채로웠다. 청산리 전투로부터 북만주나 몽골에서의 수렵생활, 시베리아를 거쳐 유럽을 경유하던 이야기, 그리고 중국 본토에 와서의 중일전쟁이나 광복군에 관한 이야기 등 그의 이야깃거리는 한이 없었다. 나중에는 우리 독립 진영의 인물에 대한 신랄한 비판부터 사랑하던 여성에 관한 이야기에 이르기까지 하나도 감추지 않았고, 때로 감정이 북받치면 눈물을 흘리고 시도 지었다. 문무를 겸한 역사적 인물에 관한 이야기를 학생 시절에 많이 들었지만, 이 장군이야말로 그런 인물로 내 눈에 비쳤다. 다정다감하면서도 사자나 호랑이와 같은 사나운 기질을 타고난 분이었다.

참고로 이 장군의 약력을 잠깐 적어보겠다.

이범석 장군은 1900년 10월에 서울에서 태어났고, 1910년 사립장훈학교에 입학하였다. 아버지가 강원도 이천군수로 부임하면서 이천보통학교 2학년에 편입하고, 1913년에 수석으로 졸업하였다.

곧 경기고등보통학교에 입학하였는데 여름에 한강으로 수영하러 나갔다가 여운형 선생을 만난 뒤 중국으로 가기로 결심하였다. 1915년 11월에 압록강 철교를 건너 펑톈에 도착하여 여 선생을 다시 만났고, 그를 따라 상하이로 갔다. 12월에는 예관 신규식 선생과 손위 매부인 신석우 씨와 만나고, 신채호·조성환 선생 등 여러 명사를 만났다.

1916년 가을 신규식 선생의 소개로 쑨원이 주선하여 윈난 육군강무학교에 이국근이라는 가명으로 입교하였다. 1919년 3월 윈난강무학교 제12기 기병과를 졸업한 다음 7월 상하이에 도착, 신규식 선생의 지도에 따라 만주로 가서 대일무력전에 참가할 것을 결심하였다.

1919년 10월 이시영 선생의 소개로 류허현에 있던 신흥군관학교의 교관으로 취임하였다. 1920년 3월 김좌진 장군의 요청에 따라 철기는 4월 지린성 왕칭현으로 가서 북로군정서의 사관연성소 교관으로 부임하였다. 이때부터 철기는 김좌진 장군과 깊은 관계를 맺게 되는데, 1920년 10월(20세) 유명한 청산리대첩에서 연성대장으로서 일선에서 지휘하여 전투를 승리로 이끄는 데 커다란 공을 세웠다. 1922년 10월 병으로 미산당벽진 맞은편 연해주로 치료하러 갔었다.

1923년 5월 김규식[11] 등이 시베리아에서 고려혁명군을 조직하였는데, 철기는 헤이룽장성 둥닝현 둥산차거우를 지나 러시아령 시베이창으로 가서 고려혁명군 기병연대장이 되어 활동하였다. 다시 김좌진 장군의 부름을 받고 1925년 닝구타로 와서 김좌진·조성환 장군 등의 입회하에 김마리아와 결혼하였다. 이로부터 김좌진 장군을 도와 대일 투쟁을 계속하였지만 정세가 불리하였고, 1929년에는 일본군의 끈질긴 추적을 피하려고 외몽골로 들어가 약 2년간 수렵생활을 하였다. 이 무렵 김광두라는 가명을 쓰고 있는데, 김좌진 장군이 공산 분자에게 암살당한 것은 1930년 1월의 일이다.

1931년 9월에 만주사변이 일어나자 중국 쑤빙원 장군의 연락을 받고 그의 비서 겸 고급 참모로서 일군과 싸우다가 다시 마잔산 장군의 요청으로 마 장군의 작전과장에 부임하여 활동하였다. 그러나 일본군의 진격으로 패퇴하여 1932년 말 철기는 마 장군 부대와 함께 중동철도의 서부 종점인 만주리를 경유하여 러시아령 다후리아로 월경하였는데(이때 그의 가명은 김요두), 이곳에서 중국 항일군으로서 무장해제를 당하였다. 이로부터 바이칼호의 북쪽 톰스크에 도착하여 8개월간의 억류생활을 하게 된 것이다.

1934년 7월에 톰스크를 떠나 마잔산 장군과 함께 모스크바를 경유, 국민정부의 요청으로 군사시찰단의 임무를 띠고 폴란드, 독일, 이탈리아, 이집트를 시찰한 다음 동년 10월 상하이에 도착하였다. 때마침 중국 중앙군관학교 뤄양분교에서 한국 청년들에 대한 비밀 군사훈련을 시작하게 되어 철기는 김구 선생의 요청에 따라 한인 군관 대대장으로 활동하였다. 중일전쟁이 발발하자 그는 중국군 고급 장교로서 크고 작은 전투에 참가하였다가 1940년 9월 광복군 총사령부가 성립되자 초대 참모장에 취임하였던 것이다. 철기 이범석 장군의 상세한 일생을 알고 싶은 독자에게는《우등불》을 읽을 것을 권한다.

철기의 역사에서 알 수 있다시피 그의 일생의 진로에 중요한 영향을 끼친 인물은 여운형·신규식·김좌진이었는데 그가 가장 존경한 사람은 신규식 선생과 김좌진 장군이었다. 그는 험구로서 웬만해서는 남을 존경하지 않고, 임시정부 요인들에 대해서도 바보니, 주정뱅이니, 쥐새끼니 하면서 신랄하게 비판하였지만, 신규식 선생과 김좌진 장군에 대해서만은 말이 모자라서 칭찬을 다 못한다는 태도였다. 그의 죽마지우는 민필호 선생이었고, 가장 허물없는 친구이자 동지로서 항상 따뜻하게 서로 감싸주는 것이었다. 말하자면 그는 좋아하는 사람과 싫어하는 사람에 대한 구별이 심했다고 할 수 있다. 그것은 부하에 대해서도 마찬가지였던 것으로 보였다. 이런 성품을 가진 그인데, 나에 대한 사랑은 지극하였다.

그는 틈만 있으면 독서를 하였는데 주로 전쟁사에 관한 책이고, 군사전략가로서의 나폴레옹을 대단히 높이 평가하였다. 앞서 나는 철기를 문무를 겸비한 인물이라고 평하였는데, 그가 전쟁사와 함께 즐겨 읽은 책들은 시집이었다. 그는 어떻게 입수했는지 몰라도 모윤숙 시인의 시집도 가지고 있었으며, 그가 살아서 환국하면 꼭 만나보고 싶은 여성이 모윤숙 씨라고 하였다.

철기는 사격이나 승마, 수렵을 좋아했을 뿐만 아니라 전문가의 지식과 기술을 가지고 있었다. 내가 만났을 때는 수렵한 일이 없었지만, 그가 들려주는 이야기의 대부분은 그의 전투 경험이나 말, 그리고 수렵에 관한 것이었고, 그가 사랑하던 애마 '무전'에 대한 감정은 어느 인간에 대한 애정보다도 깊은 듯이 보였다. 그는 또한 개를 사랑했다. 시안에서 그의 옆을 항상 따라다닌 개는 '격돌'이었다. 몹시 사나운 셰퍼드였는데, 개를 좋아해서만이 아니라 호신용으로도 필요했던 것 같다.

그의 머릿속에는 항상 그가 모시고 존경하던 김좌진 장군이 공산 분자의 총탄에 암살된 사건이 뿌리 깊게 남아 있는 듯하였다. 그가 공산주의자들을 혐오한 중요한 원인은 그가 시베리아에서 적로군의 총격으로 부상을 입었던 일과 김좌진 장군의 피살사건, 그리고 그가 시베리아의 톰스크에서 8개월간의 억류생활을 당하는 동안에 보고 겪은 경험 때문이었다. 그는 입버릇처럼 공산주의자들을 절대로 믿어서는 안 된다고 나에게 강조하였다.

사실 시안에는 일본의 밀정들이 잠입해 있었을 뿐만 아니라 옌안이 가까워서 공산 분자들의 책동이 계속되었고, '시안사변'이 그 대표적 사건이다. 국민정부로서는 순전히 공산군의 준동을 막기 위하여 후쭝난 부대를 시안 지역에 배치하는 실정이었다. 게다가 '청년공작대'의 대장이던 나월환도 시안에서 암살된 것이 아닌가.

그런 이유로 철기는 '격돌'을 늘 옆에 데리고 다닌 것인데 개가 하도 사나워서 대원들의 미움을 많이 받았다. 나는 원래 개를 좋아하기도 했지만, 격돌이 딴에는 저와 마찬가지로 나도 이 장군을 보호하는 임무를 띠고 있다는 것을 알아차린 듯 내게 꽤 다정하게 굴었다. 나는 철기가 말이나 개를 좋아하고 사람처럼 아끼는 것이 또한 마음에 들었다.

그는 음악도 좋아하여 한유한 씨 내외와도 가깝게 지냈다. 한 씨는 작곡가로서 〈제2지대가〉와 〈압록강 행진곡〉을 작곡하였으며 그의 중국인 부인은 유명한 성악가였다.

철기는 붓글씨도 훌륭했고, 어학 실력도 탁월하여 중국어, 러시아어, 일본어를 유창하게 구사했으며, OSS와 합작한 다음에는 영어 공부에 열중하였다. 그는 술·담배와 차를 남달리 즐겼으며 중국요리 솜씨도 일류였다. 가끔 OSS 미군 장교들과의 파티에서 그가 요리 솜씨를 발휘하여 많은 사람이 경탄하였는데, 만주나 외몽골에서 일본군의 추적을 피하면서 혼자 은둔 생활을 하는 동안에 익힌 솜씨라고 하였다.

그런데 내가 무엇보다도 흥미진진하게 들은 것은 그의 '러브스토리'였다. 철기는 그 험악한 고투의 생활을 하는 동안에 우연하게 만난 여성들과의 로맨스를 하나도 감추지 않고 모두 나에게 말해주었다. 그 가운데에서도 가장 인상 깊게 들은 이야기는 '갈리나'라고 하는 묘령의 러시아 여성과의 사랑이었다.

그것은 1925년 3월, 그가 25세 되던 해의 일이다. 그는 항상 일제 군경의 추적을 당하는 독립군의 우두머리로서 어디 정착하여 평온한 생활을 할 수 없는 처지인 데다, 또한 그의 성격이 원래 조용히 있기를 마다하는 동적인 인물이어서 무엇이라도 보람 있고 격렬한 일을 하지 않고는 배겨나지 못하였을 것이다. 그는 직업이 군인이라 자력으로 최소한의 생활을 유지하면서 끈질기게 재기의 기회를 기다리려면 군대사회 말고는 적당한 은신처가 없는 처지였다.

1925년 1월 고려혁명군의 후신인 합동민족군의 환편지구 사령관으로 있던 중, 적로군의 정책 변환으로 무장해제를 당하였는데 그때 이에 저항하다가 그는 적군의 기관총에 맞아 이마에 부상을 입고 닝안현 닝구타로 후퇴하여 부상 치료를 하였다. 완쾌 후 고려혁명군 결사단을 조직하였지만 여의치가 않아 만주 군벌 장쭝창의 부하로 직업군인 생활을 시작한 것이 바로 그해 3월의 일이다.

장쭝창은 수령진수사로서 만주와 소련의 변경 지역 경비를 담당하였는데, 철기는 그의 부하로 국경선에 배치된 병력 상황을 순시하다가 우연히 갈리나를 만난 것이다. 황야를 스치는 바람결을 타고 여인의 울음소리가 들렸는데 그 여인이 바로 갈리나였으며, 그녀는 니코르스키에서 오빠를 찾아 이곳까지 왔다가 오빠를 찾지 못하였을 뿐만 아니라 망명 러시아인들의 파티에 나갔다가 비밀리에 감추어 두었던 1년을 쓰고도 남을 막대한 전 재산을 깡그리 도둑맞았던 것이다.

이 가련한 여인에 대한 동정이 사랑으로 변한 것이었지만 '망명'이란 처지가 더욱 그들을 급속도로 가깝게 만들었다고 하였다. 철기는 그녀와 몇 달 동안 동거하다가 7월에 김좌진 장군의 급전을 받고 창자가 끊어지는 괴로운 마음으로 이 여인과 헤어질 수밖에 없었다. 김좌진 장군이 해산당한 독립군의 재생을 위하여 철기를 급히 부른 것이었다. 조국의 광복이라는 지상명령으로 갈리나와 이별할 수밖에 없었지만 다정다감한 철기로서는 사랑의 쓰라림에 말할 수 없는 고통을 당하였던 것이다.

1925년 8월에 철기는 김학소 선생의 주례와 김좌진·조성환 두 장군의 증인 앞에서 김마리아 여사와 결혼하였지만, 갈리나에 대한 생각은 일생을 두고 잊지 못하는 듯하였다. 그렇게 용맹하고 수많은 사경을 넘어온 사내였건만 갈리나와의 비련을 술회할 적에는 눈물을 흘리고 있었다. 그것은 단지 그녀가 그리워서가 아니라 가엾고 나약한 젊은 여인을 거친 만주 황야에 떨쳐버린 자신의 비정함에 대한 가책 때문이었을 것이다.

그때 나는 철기의 일생이야말로 전쟁(war)과 술(wine)과 여인(woman)으로 수놓은 3W의 전형으로 느꼈다. 그러면서 인간으로서의 철기에 날이 갈수록 매료되었다.

4. 민영주와의 결혼

남녀 관계는 묘한 것이어서 자주 만나다 보면 정도 들고 사랑도 하게 된다. 더욱이 청춘 남녀가 호감을 품으면, 자석처럼 끌려서 결혼하고 오래오래 함께 잘 살고자 하는 것이 보통의 일이다.

그런데 전쟁터로 나오기 전 급하게 결혼식을 치른 사람들이 적지 않았다. 자손을 보아 대를 잇게 하려는 부모들의 욕심이 작용한 것이다. 유격대에서 처음 만난 장준하 형이나 홍석훈 형도 입대 직전에 결혼하였고, 충칭까지 함께 간 학병 가운데도 이런 경우가 꽤 있었다.

나도 어머니가 입대 전에 결혼하기를 간절히 바랐으나 단호히 거절하였다. 그것은 내게 사랑하는 여성이 없어서이기도 했지만 내가 전쟁터에서 죽는 날이면 처자의 일생이 너무 비참할 것이 뻔하다고 판단했기 때문이다. 그러던 내가 국내 침투를 앞두고 결혼을 하게 되었다. 앞뒤가 맞지 않는 일이었으므로 나는 많은 고심을 하였지만 거기에는 곡절이 있었다.

나는 특수공작 훈련이다, 부관직의 수행이다 하여 눈코 뜰 새 없이 바쁜 가운데 바로 옆 비서실의 민영주 비서와 공무상 자주 만났다. 게다가 이범석 장군 댁에 가서 밤이 깊도록 공무를 처리하는 일이 한두 번이 아니어서 함께 식사를 나눈 일도 잦았다. 그뿐 아니라 늦게까지 일하다가 민 비서가 혼자서 귀가하는 날이면 이 장군은 으레 나보고 에스코트하라는 것이었다. 부대 본부에서 민 비서가 사는 이 장군 댁까지는 2킬로미터나 되기 때문에 젊은 여자 혼자서 걸어가는 것이 마음 놓이지 않기도 했겠지만, 어쩌면 이 장군이 나와 민 비서 둘만 걸을 수 있는 기회를 만들어 주려는 것이었는지 모른다.

이러는 동안에 나는 미스 민과 많은 이야기를 나누게 되었다. 내 집안의 사정이나 지금까지 걸어온 길, 또 그 반대로 미스 민의 집안이나 그가 여태까지 걸어온 길이나 삶에 관한 생각 등 다양했다.

나는 이미 충칭에서 그의 부모인 민필호 선생 내외를 만난 적이 있어서 가족 상황보다도 미스 민 자신이 살아온 발자취에 더 많은 관심을 가졌다. 그것은 연애 상대로서가 아니라 혁명가의 자녀들은 그동안 어떤 고난의 길을 걸었는가 하는 궁금증이었다.

미스 민은 외조부인 신규식 선생이 작고한 지 열흘 뒤에 상하이에서 태어났고, 윤봉길 의사의 의거가 있자 어른들을 따라 항저우로 피난하였다. 중일전쟁이 일어난 것은 이때이며, 이로부터 창사·광둥·구이린·하노이·쿤밍을 거쳐 충칭까지 전전했던 것이다. 이런 상황이기 때문에 여러 학교를 거치기는 하였지만 충칭에 와서 고등학교를 무사히 졸업하고 대학에 진학을 하려고 하다가 임시정부에서 일하게 되었다. 태평양전쟁의 발발로 임시정부나 광복군의 활동이 활발하여 충칭에 있던 우리 혁명 진영에서는 남녀노소를 가릴 것 없이 모두 대일 투쟁에 참가해야만 했다. 그녀는 내무부, 재무부, 주석 판공실에서 근무하다가 마침내 이범석 장군의 요청에 따라 제2지대로 왔다고 했다.

그녀는 차분하고 정숙한 여성이었지만, 가정에서나 혁명 진영에서 단련되어서인지 대단히 굳은 신념을 지니고 있었다. 일본에 대한 적개심이나 조국을 찾아야 하겠다는 집념이 여간 굳은 것이 아니었다. 나는 그녀를 통해서도 혁명 진영을 이해하는 데 많은 도움을 받았다.

이러는 동안에 난감한 소문들이 부대 내에 돌기 시작하였다. 우리 둘이 사랑에 빠졌다는 것이었다. 사실 그때까지 우리는 사랑을 속삭인 일도 없고 더욱이 결혼 이야기를 입 밖에 낸 일도 없다. 그저 서로 호감을 갖고 바쁜 공무에 어쩌다 기회가 생기면 이런저런 이야기를 나누었을 뿐이었다.

그러나 소문은 그렇지가 않았다. 이때 제2지대 내에는 안영희·송영집 씨 등의 여성 동지가 10여 명 있었고, 그분들에 대해서도 여러 가지 뜬소문이 분분하였다. 어떻게 생각하면 이것은 당연한 일일지도 모른다. 200명에 가까운 사내들이 모여 있으니 몇몇뿐인 여성들에게 관심과 시선이 쏠리고, 근거 없이 침소봉대하는 말들이 퍼지기 마련이었다.

게다가 나는 부관이 되어 이 장군과 같은 방에 있고 권총을 차고 다니는 데다 모두 주목하는 묘령의 여성과 함께 걸어 다니는 것을 보았으니 말이 없을 까닭이 없었다. 온갖 시기가 한데 뭉쳐 나에 대한 비난으로까지 발전하게 되었다.

나는 장준하 형을 찾아가서 의논하였다. 우리는 두취 앞을 흐르는 강가에 나가 앉았으나 나는 말을 어떻게 끄집어내야 좋을지를 몰랐다. 아무튼 용기를 내어 있는 그대로를 고백하였다.

"장형, 형도 들었을 것으로 짐작하지만 요새 나와 미스 민에 대한 동지들의 오해 때문에 괴롭기가 한이 없어요. 미스 민과 직책상 자주 만나는 것은 사실이지만 절대로 사적으로 따로 만나서 사랑을 속삭인 일은 없소. 서로 호감을 가지고 있다고는 생각하지만, 사랑이니 결혼이니 하는 말은 한 번도 입 밖에 낸 일이 없소. 사실이 이런데도 험악한 소문이 나도니 이를 어찌하면 좋겠소? 내가 부관직을 떠나면 미스 민을 만나는 일도 없을 것이고 자연히 소문이 가라앉을 것으로 생각하는데 장형의 생각은 어떻소?"

언제나 나를 아끼고 감싸주는 장 동지는 한참 동안 말없이 흐르는 강물만 쳐다보며 깊이 생각하는 듯하였다. 이럴 때일수록 침착하고 냉정하게 사리를 판단하는 것이 장 동지이다. 이윽고 장 동지는 입을 열었다.

"신일 동지, 일을 그렇게만 생각할 것이 아니오. 더욱이 부관직을 물러난다는 것은 말도 되지 않소. 이 장군이 얼마나 신일 동지를 믿고 기대고 있소. 이 중요한 시기에 이 장군의 일에 차질이 생겨서는 절대로 안 될 말이니 부관직에 그대로 있는 것을 전제로 하고 일을 풀어나가도록 합시다. 신일 동지는 아까 '서로 호감을 갖고 있다'고 했는데 그것이 바로 사랑이라는 것이오. 만날 때마다 서로 기쁨을 느낀다면 젊은 남녀 사이의 이런 감정은 틀림없이 사랑이란 말이오. 신일 동지나 미스 민은 비록 말로써 사랑한다고 서로 표현은 하지 않았지만 지금 사랑하고 있다고 나는 믿소."

신철 동지의 말을 듣고 곰곰이 생각하니 수긍이 가는 설득이었다. 여성과의 교제가 거의 없었던 나로서는 그제야 내가 연정을 품고 있었구나 하는 생각이 들었다.

장 동지는 내 친형처럼 조용하게 말을 이어갔다.

"신일 동지, 오늘이라도 미스 민을 만나 모든 사정을 이야기하고 서로의 사랑을 확인하시오. 그리고 서로 사랑한다면 약혼을 선포합시다. 신일 동지는 지금 우리가 광복군으로서, OSS의 대원으로서, 그리고 조국 광복을 위해서 중대한 임무를 맡고 있는데 무슨 약혼인가 하고 펄쩍 뛸는지 모르겠소. 그러나 약혼을 선포하기만 하면 대원들의 낭설도 일소될 것으로 나는 생각하오. 김 동지나 민 동지의 혁명 정신을 의심하는 사람은 하나도 없을 것이오. 여러 동지에 대한 일은 내가 맡아서 설명할 터이니 아무 걱정 마시오. 나도 죽으러 가는 것이 뻔한데도 사랑하는 여성과 결혼까지 하고 여기를 찾아와 있지 않소. 그러니 미스 민의 생각을 들어보고 이 장군에게도 말씀을 드리시오."

이리하여 미스 민의 의사를 물으니 나와 같았다. 곧바로 이 장군에게 상의하였더니 그는 장 동지보다도 더 적극적이고 명쾌하였다.

"미혼의 젊은 남녀가 서로 좋다고 하는데 남들이 무슨 참견이오. 약혼이고 뭐고 할 것 없이 대번 결혼하시오. 민필호 선생께는 내가 양해를 구할 터이니 아무 걱정 말고 업무에나 충실하시오. 그동안 김 동지에게 모두 털어놓은 바와 같이 나도 전쟁터에서 연애도 하고 결혼도 하였소. 두 사람이 조국을 위하여 일생을 바친다는 각오는 행동으로 보여주면 그만이오. 어서 서두릅시다."

이범석 장군은 결혼 얘기로 한걸음 더 나아갔다. 내 추측으로는 충칭에 갔을 때 이 장군은 민 실장 내외분에게 좋은 신랑감을 골라주겠다고 약속한 듯하였다. 내 고백을 들을 때 그는 대단히 흡족한 듯한 표정이었고, 어쩌면 철기는 이런 일이 있기를 바라면서 나를 부관 자리에 앉히고 미스 민을 옆방에 두었을는지도 모른다.

아무튼 나는 얼마 뒤 장 동지의 주례로 학병들만 모인 자리에서 그들의 축복을 받으면서 약혼식을 하게 되었다. 식이라고 해야 이 장군 댁에서 밤에 카스텔라와 홍차를 함께 마신 것이 전부였다.

수일 후 충칭에서 민 실장 내외분으로부터 우리의 결혼에 동의한다는 기별이 왔다. 6월 29일 아침 조회 때 이 장군은 전 대원 앞에서 "오늘부터 김준엽 동지와 민영주 동지는 부부가 된다"라고 선포하였는데 이것이 우리의 결혼식이었다.

생각하면 내 짧은 일생은 모든 것이 격변의 연속이었다. 광막한 중국 대륙의 구석에 있는 두취에 와서 결혼을 하게 되다니. 사태가 이렇게 급히 돌아가다 보니 어머니와 형들의 동의는 고사하고 소식조차 전할 길이 없었다. 그보다도 내가 전쟁터에서 죽는다면 아내의 일생은 어떻게 될

까? 나는 이 점을 사전에 몇 번이나 영주에게 강조하였는데 그녀는 조금도 흔들리지 않았을 뿐만 아니라 그때마다 도리어 나를 격려해주는 것이었다.

이렇게 나는 일생의 대사인 결혼을 했다. 우리 두 사람은 주위환경과 장 동지, 이 장군의 주선으로 결혼까지 도달한 것이다.

나는 헤밍웨이의 소설《누구를 위하여 종을 울리나》와 그 영화를 참 좋아한다. 거기에 나오는 스페인 게릴라들의 생활이 나의 경험과 너무나 흡사하기 때문이다. 적의 경계망을 뚫고 횡단로를 돌파하는 장면은 물론, 주인공 남녀가 언제 죽을지 모르는 긴박한 상황 속에서 사랑에 빠지는 장면이 나와 영주와의 관계를 회상시켜 주기 때문이다.

훗날 대학에서 일할 때 나는 영주 부석사를 찾는 것을 큰 기쁨의 하나로 여겼다. 그것은 의상대사가 중난산에서 도를 닦았다는 사실만이 아니라, 그가 신라를 떠나 장안으로 가는 길에 산둥반도에 상륙하여 선묘라는 아가씨와 깊은 사랑에 빠졌다는 전설 때문이다. 추측하건대 그 여인은 신라방에 사는 신라 이민의 후예였을 것이다. 의상은 하마터면 선묘와의 사랑 때문에 불교 연구를 단념할 지경이었으나 정신을 가다듬고 쓰라린 이별을 하면서 장안까지 무거운 걸음을 옮겼다. 그로부터 11년 동안이나 중난산에 묻혀 불교 연구에 심혈을 기울였고, 우리나라 불교사에 남은 뛰어난 학승이 되었다.

수도를 끝내고 귀국하는 길에 의상은 다시 선묘를 찾았으나 그녀는 불교에 귀의하여 불상 앞에서 목탁을 두들기고 있었다. 의상은 혹시라도 그녀의 마음이 흔들릴 것을 걱정하여 아무 말 없이 그곳을 떠나 배를 타고 귀국길에 올랐다. 의상이 출항한 다음에야 이 소식을 들은 선묘는 죽어서 용이 되어 사랑하는 의상의 항해를 무사하게 도우리라는 애타는 마음으로 서해 바다에 몸을 던졌다.

뒤에 이 이야기를 전해 들은 의상은 부석사를 창건할 때 선묘를 생각하여 돌로 용을 만들어 부석사의 앞마당에 묻었다고 한다. 그뿐이랴. 부석사를 지을 때 산적들이 의상을 괴롭히자 저승에 간 선묘는 큰 바위를 하늘 높이 떠오르게 하여 의상의 신력을 보여줌으로써 산적들을 물리쳤다고 한다. 이 때문에 부석사에 있는 큰 바위가 바로 선묘가 하늘로 부상시켰던 돌이라는 전설이 있다.

의상이 두취에서의 내 처지였다면 어떻게 했을까? 나는 부석사를 찾을 적마다 늘 이런 생각을 한다.

주

01 중심인물은 나월환 · 김동수 · 박기성 · 이재현 · 이하유 · 한유한 등이었다.
02 중심인물은 이준식 · 노태준 · 안춘생 · 노복선 · 조인제 · 이건우 등이었다.
03 중심인물은 공진원 · 나태섭 · 고일명 · 지달수 · 유해준 등이었다.
04 중심인물은 김문호 · 이지일 · 한도명 · 신정숙 · 강정청 등이었다.
05 뒤에 제3지대가 됨
06 1943년 8월에 편성
07 이곳에서는 매일 아침에 조회가 있었다.
08 권총에 특수장치를 하여 총소리가 들리지 않게 되어 있었다.
09 주로 회계와 타자수 일을 맡았다.
10 김성근 동지는 무기고 담당, 김유길 동지는 재무 담당
11 북로군정서 여단의 연대장으로, 의병 출신이다. 임시정부의 외무장관이던 김규식 박사와는 동명이인

IX.

일본의 투항과 국내 정진

1. 국내 진입 준비 완료

1945년 7월 말, 드디어 3개월간 이어진 제1기생 50명의 OSS 특수공작 훈련이 끝났다. 나는 무전기술 등의 시험에서 괜찮은 성적을 받았고, 국내로 침투하여 모든 공작을 훌륭하게 수행할 수 있다는 자신감을 얻었다.

8월 1일부터 새로 제2기생 50명에 대한 훈련이 시작되었는데, 이 가운데는 충칭에 남아 있다가 6월 상순에 두취로 온 민영수·김석동과 학병 윤재현·김춘정·홍석훈·박영록 등 4명의 동지도 끼어 있었다. 이 4명의 합류로 두취에 온 학병은 14명이 되었다.

제1기생 훈련이 성공적으로 끝나자 우리 광복군은 말할 것 없고 미군도 대만족하여 즉각 국내로 침투시킬 계획을 세웠다. 국내로 진입한다는 것은 죽음을 각오해야만 되는 것이기에 자원하는 사람만 보내기로 했지만, 50명 모두가 굳은 각오로 지원하였다. 부관으로서 솔선하려고 나는 먼저 지원하였다.

이범석 장군은 8월 1일자로 국내에 진입하는 전 대원을 대위로 승진

발령하였는데 이것은 공작원들의 사기를 높이려는 것과 동시에 사지로 가는 이들을 위한 특별선물이었다. 8월 20일 안으로 우리 50명이 함경도로부터 남해에 이르기까지 4~5명씩 지구공작반을 편성하여 잠입하게 되었는데 각반 책임자는 다음과 같았다.

함경도반장: 김용주

경기도반장: 장준하

평안도반장: 강정선

강원도반장: 김준엽

황해도반장: 송면수

충청도반장: 정일명

전라도반장: 박훈

경상도반장: 허영일

깊은 밤에 낙하산을 타고 투하된다든지, 잠수함으로 상륙한다든지 하는 구체적인 방안까지 모두 결정되어 있었다. 편성이 끝난 다음 미국측 지휘관인 사전트 소령은 국내 진입의 정확한 방법과 시기와 최종 절차를 의논하려고 미군사령부가 있는 쿤밍으로 떠났고, 우리는 그의 귀환을 기다리던 중이었다.

8월 7일은 역사적인 날이다. 그날 김구 주석과 지청천 총사령관은 OSS 총책임자인 도노번 소장, 홀리웰 중령, 사전트 소령과 함께 두취에 도착하였다. 한미 최종 작전회의를 하는 것이 주목적이었으나 동시에 우리의 훈련 상황을 시찰하고 국내 진입 공작원들을 격려하기 위해서였다.

김구 주석은 우리가 충칭을 떠날 적에 말씀하신 대로 우리를 찾아주었다. 사랑하는 조국의 아들들이 죽음을 선택해 가는 길에 마지막 격려를 해주신 것이다. 이때 엄항섭 씨와 윤경빈 동지가 수행원으로 함께 왔다. 윤 동지는 유격대에서부터 함께 고생한 친구여서 더욱 반가웠다.

시안 광복군 제2지대에서 김구 선생과 OSS 책임자 도노반(1945년 8월)

그날 오후 부대본부에서 한미 작전회의가 개최되었다. 우리 측에서는 김구 주석·지청천 사령관·이범석 대장·엄항섭 씨, 미국 측에서는 도노번 소장·훌리웰 중령(OSS 중국지구 책임자)·사전트 소령이 참석했으며 나와 도노번 소장의 부관이 기록 담당 자격으로 참가했다.

그날 밤에는 김구 주석과 지청천 총사령관을 환영하는 모임을 가졌다. 그것은 마지막 향연이라고 생각되었으며, 모두 노래와 춤을 즐겼다. 심지어 철기 장군과 지청천 장군까지 무대에 뛰어올라 노래를 불렀다. 우리는 잠시나마 짓눌린 듯이 무거웠던 마음을 털어낼 수 있었다.

이튿날 한미 양측의 수뇌들은 중난산 훈련장으로 우리의 훈련 상황을 시찰하러 갔다. 이 무렵의 정형을 김구 주석은 그의 《백범일지》에서 다음과 같이 서술하였다.

> 3개월의 훈련을 마치고 조선으로 밀파하여 파괴·정탐 등의 공작을 개시할 참이었다. 미국 작전부장 도노번 장군과 대일공작을 협의키 위하여 미국 비행기를 타고 시안으로 가서 정중한 회담을 가진바 대강 이렇게 진행되었다.

제2지대 본부 사무실 정면의 오른쪽 태극기 밑에는 내가 앉고, 왼쪽 성조기 밑에는 도노번이 앉고, 도노번 앞에는 미국 훈련관들이, 내 앞에는 제2지대 간부들이 나란히 앉은 후에 도노번 장군이 정중한 선언을 발표했다.

"오늘 이 시간부터 아메리카합중국과 대한민국임시정부 사이에 적 일본에 항거하는 비밀공작이 시작된다.…"

도노번과 내가 정문으로 나오는 장면을 활동사진반들이 촬영함으로써 의식은 종료되었다.

이튿날(8일-주)은 미국 군관들의 요청에 따라 비밀훈련을 받은 학생들을 실지로 실험해 볼 목적으로 두취에서 다시 동남쪽으로 40리 떨어진, 고대 한시로 유명한 중난산의 한 고찰(비밀훈련소)까지 자동차로 갔다. 산기슭까지 가서 다시 5리 가량 걸어서 도착하니, 시간이 마침 정오이므로 미국 군대식으로 점심을 들게 되었다. 먼저 냉수를 여러 통 가져다 뜰에 놓고 국과 물그릇으로 겸용하는 쇠그릇을 1인당 각 1개씩 분배한 후, 종이갑 1개씩을 분배하는 것이었다. 그 속을 헤쳐 보니 과자 비슷한 것이 5개씩 들어 있고 여러 가지 통조림과 담배 네 개와 휴지까지 들어 있었으며, 또한 종이로 싼 가루 한 봉지를 냉수와 섞으니 훌륭한 고깃국이 되니 이로써 점심은 만족할 만한 것이었다. 미국 군대의 일상 개전 중의 식량이라 간단한 서양요리이지만 누구든지 그것을 먹고 부족한 사람은 없을 것이다. 군대 음식 하나만으로 왜병과 비교할지라도 왜적이 패배할 것임은 명확한 사실이라 하겠다. 만족스런 점심을 마치고 때는 아직 8월 상순이라 참외와 수박 등을 먹었다.

이어서 우리 청년 학생들을 훈련시키는 미국 장교들이 각자 담임한 과목을 실지 실험하는 광경을 관람하였다. 먼저 심리학 박사가 각 학생들을 심리학적으로 시험하여 모험심이 풍부한 자는 파괴술을, 지력이 강한 자는 적정 정탐으로, 눈 밝고 손 빠른 자는 무선전기 사용술을 분과하여 훈련한 것이다. 심리학자가 시험성적의 개요를 보고하는데 특히 한국 청년들에 대해 앞으로 크게 촉망된다고 말하는 것이었다.

청년 일곱 명을 인솔하고 중난산 봉우리에 올라가서 몇 백 길 절벽 아래로 내려가 적정을 탐지하고 올라오는 것이 목표였는데 소지품은 오로지 몇 백 길의 숙마 밧줄뿐이었다. 청년 일곱 명이 회의한 결과 그 숙마 밧줄을 여러 번 매듭지은 다음 한 끝을 봉우리 바위에 매고 다른 한끝을 절벽 아래로 떨어뜨린 후 그 줄을 타고 내려가서 나뭇가지를 하나씩 입에 물고 올라오니 목표는 이로써 달성된 것이었다.

"앞서 중국 학생 400명을 모아 훈련하면서 시험해 보았을 때도 발견하지 못한 이 해답을 귀국 청년 7명이 발견하는 성과를 올렸으니 참으로 전도유망한 국민이오" 라는 큰 찬사를 받았다.

그런 다음 폭파술과 사격술, 비밀히 강을 건너는 기술 등의 실험을 차례로 시찰하고 나서 당일로 두취에 귀환하여 하룻밤을 묵고 이튿날은 시안에 중국 친우들을 방문했다.

(《백범일지》 학술원 판, 405~406쪽)

다음 날인 8월 9일, 사전트 소령은 쿤밍에서 가져온 무기와 무전기(외형으로 보면 꼭 조그마한 트렁크와 같았다), 조선은행 화폐, 금괴, 각종 가짜 증명서, 국민복, 모자, 신발 등 국내 것과 똑같은 장비를 이범석 장군에게 전부 넘겨주었다.

이로써 우리의 국내 잠입 준비는 완료되었고, 출발 명령만 내리면 언제든지 떠날 수 있게 되었다. 이 장군은 진입 대원들에게 몇 시간 뒤에라도 출동할 수 있도록 특별 대기령을 내렸다. 무엇을 생각할 여유가 조금도 허락되지 않는 시간의 연장 속에 부대에는 긴장이 계속되었다. 숨 막힐 듯한 시간의 연속이었다. 장준하 동지와 나는 각각 경기지구와 강원지구를 담당하였으므로 서로 연락하면서 지하공작을 전개하기로 하였다.

이때 임시정부와 광복군은 이 국내 진입에 모든 운명을 거는 듯하였다. 나는 백범 선생과 지청천 사령관, 그리고 이범석 장군이 계속 의논하는 것을 옆에서 들었으므로 일의 중대성을 더욱더 절감한 것이었다.

"드디어 때가 온 것이다!"

독립투쟁 수십 년에 조국을 탈환하는 결정적 시기가 온 것이다.

이때의 긴장감은 내가 일본 군대를 탈출할 때와는 또 다른 긴장감이었다. 목적은 같으나 그때는 막연한 미지의 세계에 뛰어드는 것이었다면, 지금은 조국으로 가는 분명한 길이 아닌가. 사지로 향하는 것은 마찬가지였지만, 어쩐지 이번에는 죽을 것 같지가 않았다. 일제를 쫓아 보내려고 이를 갈고 있는 우리 동포들이 나를 보호할 것이라는 신념이 있었다. 예전에는 어머니와 형제를 떠나 이역으로 온 것이지만, 이번에는 아내와 헤어져 조국으로 가는 것이다. 아내는 침착하고 의연한 태도였다. 혁명가의 집안에 태어나고 임시정부와 광복군의 일원으로 일해 온 여성답게 조금도 동요하는 기색이 보이지 않았다.

어쩌면 오늘 저녁이 지나면 떠날지도 모른다는 느낌이 들었다. 이번에는 출발 시간이나 방법, 도착 지점 등을 내가 정하는 것이 아니라 쿤밍에 있는 미군사령부가 정하는 것이다. 그러나 모든 상황으로 보아 내일 아니면 늦어도 모레는 떠날 것으로 보였다. 부관실에서 일하는 나로서는 이 장군의 표정을 충분히 읽을 수가 있었다.

2. 뜻밖의 일본 조기 투항

그런데 이것이 웬 말인가? 1945년 8월 10일 오후, 사전트 소령이 상기된 얼굴로 대장실로 들어와서 느닷없이 하는 말이 일본이 투항했다는 것이다. 이범석 장군이나 나는 출동 통지를 알리려는 줄 알았는데, 뜻밖에도 원수 왜놈들이 드디어 항복했다는 것이 아닌가!

믿기 어렵다는 이 장군의 표정을 보더니 사전트 소령은 일본이 포츠담선언을 무조건 수락하겠다는 요청을 중립국 스위스를 통하여 연합군에 통지해 왔다고 분명히 말했다.

그 순간 잠시 침묵이 흘렀다. '와아' 하고 기쁨의 환성을 지르며 의자를 박차고 일어나 춤이라도 춰야 할 터이었지만, 이 장군이나 나는 그럴 심정이 아니었다. 왜놈들을 우리 힘으로 몰아내지 못하는 데서 일어나는 아쉬움과 모든 계획이 좌절되는 데서 생기는 허탈감 때문이었다. 이 장군은 일어서서 억지로 웃으면서 사전트 소령과 승리의 악수를 하기는 했으나 표정은 굳어 있었다.

병영 안은 삽시간에 발끈 뒤집혔다. 미군 장교와 하사관들은 모두 방 밖으로 뛰쳐나와 샴페인을 펑펑 터뜨리며 서로 껴안고 야단법석이었는데 그야말로 광적인 장면이었다.

일본의 항복을 기다린 것은 미국인들보다도 우리가 몇십 배나 더 했을 것이다. 35년 동안 일본인들에게 당한 노예생활에서 벗어나고 잃었던 주권을 회복하게 되는 이 순간에 우리의 기쁨은 오죽 클 것인가. 게다가 우리 개인들로서는 죽음을 면할 수가 있는데 어찌 기쁘지가 않으랴!

그런데도 광복군 동지들은 미군들처럼 기뻐서 날뛸 수만은 없었다. 우리는 환희와 실망을 동시에 느끼고 있었다. 서로 손을 잡았다. 나와 장준하 형은 온몸을 끌어안고 울음을 터뜨렸다. 누가 선창했는지는 모르지만 우리는 모두 손을 잡고 힘차게 애국가를 불렀다.

"…하느님이 보우하사 우리나라 만세!"

백범 선생은 이때의 정형을 다음과 같이 술회하였다.

> 40리 길인 시안으로 들어가서 후쭝난 장군을 방문했으나 후 장군은 출장 중이어서 참모장이 대신 접견했다. 이어서 성 정부를 방문했다. 막역한 친우인 성 주석 주사오저우 선생이 이튿날 저녁을 자기 사랑에서 함께 하자고 청하여 승낙했다. 성 당부에서는 나를 위하여 연회를 개최하겠다 했고 시안부인회에서도 특히 나를 환영하기 위하여 연극을 준비한다고 했다. 또 각 신문사 주최로 환영회를 개최하겠다는 요청도 받았다.
>
> 그날은 우리 동포 김종만 씨 댁에서 유숙하고 다음 날 시안의 명소를 대충 둘러보고 추 주석의 사랑에서 저녁을 들었다.
>
> 날씨가 무척 더운 때여서 접객실에서 수박을 먹으며 담화하는 중에 홀연히 전화벨이 울렸다. 추 주석은 놀란 듯 자리에서 일어나며 충칭에서 무슨 소식이 있는 듯하다며 전화실에 들어갔다가 뛰어나오는 것이었다. 그러면서 하는 말이 "왜적이 항복한답니다."
>
> 나는 이 소식을 들을 때 희소식이라기보다 하늘이 무너지고 땅이 갈라지는 느낌이었다. 몇 년을 애써서 참전을 준비했다. 산둥반도에 미국의 잠수함을 배치하여 시안훈련소와 푸양훈련소에서 훈련받은 청년들을 조직적 계획적으로 각종 비밀무기와 무전기를 휴대시켜 본국으로 침투케 할 계획이었다. 국내 요소에서 각종 공작을 개시하여 인심을 선동하며, 무전으로 통지하여 비행기로 무기를 운반해서 사용하기로 미국 육군성과 긴밀한 합작을 이루었는데 한 번도 실시하지 못하고 왜적이 항복한 것이다. 이제껏 해온 노력이 아깝고 앞일이 걱정이었다.

즉시 추 씨 사랑을 떠나 차가 큰길을 지날 때 벌써 군중은 인산인해를 이루고 만세 소리가 성내를 진동했다. 약속한 환영 준비는 전부 취소하고 밤으로 두취에 귀환하였다. 우리 광복군은 자기 임무를 달성치 못하고 전쟁이 종식되니 실망과 낙담의 분위기에 잠겼고, 미국 교관과 군인들은 말할 수 없이 기쁘고 들떠 질서의 문란함도 깨닫지 못하는 상태에 달했다.

미국 측은 순전히 한국군 수천 명을 수용할 목적의 병사를 짓기 위해 중난산에서 목재를 운반하며 벽돌 등을 수송해 거대한 공사를 진행하고 있었는데 그날부터 일제히 중지되고 말았다. 나의 원래 생각은 시안에서 훈련을 마친 청년들은 본국으로 돌려보내고 푸양으로 가서 그곳에서 훈련받은 청년들을 아울러 본국으로 보낼 예정이었으나 그 역시 물거품이 되었다.

(《백범일지》, 학술원판, 406~408쪽)

일본이 항복하기에 이른 상황은 다음과 같다.

1945년 5월 궤멸 상태에 빠진 독일이 항복한 뒤로는 일본만이 절망적인 전쟁을 계속하고 있었다. 이에 앞서 연합국 측에서는 1943년 11월 카이로회담과 1945년 2월 얄타회담으로 각각 일본과 독일에 대한 전략과 전후 처리안을 결정하였다. 다시 일본의 패배가 확실해진 7월에는 미·영·중의 수뇌가 베를린 교외의 포츠담에 모여 일본에 대하여 무조건 투항을 권고하였을 뿐만 아니라 전후 처리의 대강을 결정한 대일 공동선언을 발표하였고, 소련도 뒤에 이 선언에 가입하였다.

그러나 일본 정부는 포츠담선언을 묵살하고 계속 초토전술을 떠들고 있었다. 이에 미군은 8월 6일에 인류사상 최초의 원자폭탄을 히로시마에 투하하였다. 이로 인해 20만의 시민과 다수 군인이 생명을 잃었고 도시는 순식간에 초토화되었으며, 사흘 뒤인 9일에는 나가사키에도 같은 원자탄이 떨어졌다. 그 전날인 8일에는 소련이 대일 선전포고를 하고 대군을 만주로 진격하기 시작하여 일본의 관동군을 격파하면서 만주와 한반도로 진출하였다.

이에 이르러 일본은 민족의 파멸을 면하려면 포츠담선언을 수락하여 무조건 항복을 하는 수밖에 없게 된 것이다. 일본은 '어전회의'에서 처음에 육군이 본토 결전을 강경하게 주장하였으나 결국 포츠담선언을 수락하기로 결정하고, 10일 그 뜻을 스위스 정부를 통하여 연합국 측에 통지한 것이다.

미국에 원자폭탄이 있다는 것을 모른 중국 정부는 일본의 항복을 1946년 말 정도로 예측하였고, 따라서 임시정부나 광복군도 그렇게 기대하였던 것이다. 이런 상황이었으므로 원수 일본의 투항은 우리에게는 갑작스러운 것일 수밖에 없었다.

3. 국내로 정진

10일 밤 두취로 급히 돌아온 김구 주석은 지청천 총사령관, 이범석 장군과 함께 머리를 맞댄 채 회의를 하였고, 이튿날도 계속하여 앞으로의 진로에 관하여 숙의하였다. 여기서 얻은 결론이 OSS 훈련을 받은 광복군 제2지대 대원들을 '국내정진군'으로 편성하여 가급적 신속하게 국내로 진입시키자는 것이었는데, 그것을 구상하고 강력히 주장한 사람은 철기였다.

11일 오후 중국 여객기로 충칭으로 돌아간 김구 주석은 국무회의를 개최하여 '국내정진군' 파견 안에 대한 동의를 얻고, 13일 제2지대장 이범석 장군을 '광복군 국내정진군 총사령관'에 임명하였다.

이리하여 나는 자동으로 정진군 총사령관의 부관이 되었는데, 철기는 그와 동시에 내 계급을 소령으로 진급 발령하였다. 그것은 국내로 진입하여 일본군 사령부나 국내 지도자급 인사들과 접촉할 때 사령관을 대신하는 경우가 있을 것을 예견한 것이었다. 그러나 나는 나 혼자만의 진급은 부당하니 장준하 동지를 비롯한 국내 정진군 간부는 모두 진급케 해달라고 간청하여 철기 장군의 동의를 얻었다.

광복군 총사령부가 국내 정진군을 긴급히 편성한 것은 되도록 빨리 광복군을 국내에 진입시킴으로써 미군의 협력을 얻어 일본군의 무장을 해제하고, 치안을 유지하여 건국의 기틀을 다지려는 조치였다. 이는 하루라도 앞당겨 새로운 국가를 건립해야 한다는 민족의 기대에 부응하고, 더불어 좌익 세력에 대한 견제가 시급하였기 때문이다.

철기는 김구 주석과 지청천 총사령관이 충칭으로 떠나자 곧 미국 측에 국내정진군이 편성된 경유를 설명하고, 시간을 다투어 우리가 먼저 국내에 진입해야만 된다는 것을 강조 설득하였다. 사전트 소령은 전적으로 이에 찬성하고 쿤밍에 있는 미군사령부에 타전하였다. 일본이 투항했다는 소식을 들었을 적의 허탈한 분위기는 다시 긴박한 상태로 변해갔다. 적어도 이런 구상이 진행되는 상황을 직접 보고 있는 나는 긴장하고 흥분하였다. 그러나 내막을 모르는 일반대원들은 앞날이 어떻게 될 것인지 몰라 답답한 마음에 막사에서 담배만 피우고 있는 실정이었다.

13일 아침 광복군 총사령부에서 시달된 것은 철기를 정진군 총사령관에 임명한다는 것과 함께 중국 전구 미군사령부가 수일 내에 '사절단'을 시안에서 서울로 들여보내니 우리도 거기에 편승하라는 것이었다.

철기가 사전트 소령에게 요청한 것이 성사된 것이다. 비행기 한 대가 들어가게 되었으니 우리 측에서는 7명만 선발하기로 하였다. 이렇게 해서 선발대가 조직되었는데, 그 구성원은 나와 이범석 장군 외에 이해평·장준하·노능서·이계현·장덕기 등이었다. 이 장군은 국내를 떠난 지 얼마 되지 않은 학병 출신이 선발대로서 적임자일 터이니 나보고 추천하라기에 학병 중에서 장준하·노능서·이계현 동지 등을 추천하였던 것이다.

철기는 피동적 입장에 서는 것을 가장 싫어하였다. 이것은 오랜 그의 전투 생활에서 얻은 철학인 듯하였는데, 피동적 전투에서는 승리하기가 어렵다는 경험에서 얻은 신념이었다. 어쩔 수 없이 피동적 상황이 되었다면 신속히 이를 주동적인 국면으로 전환해야 한다는 것을 내게 여러 차례 일러준 일이 있다.

8월 10일, 일본이 갑자기 투항한 국면은 우리 광복군에게 피동적인 것이었지만, 철기는 이것을 우리 목적에 맞춰서 주동적인 방향으로 전환하려고 온갖 노력을 다 기울였다. 그가 먹고 자는 것도 잊은 채 고심하는 것을 옆에서 보면서 나는 감동하고 배우는 바가 많았다.

일본이 투항한 마당에 우리는 어떻게 해야만 하는가! 김구 주석과 지청천 총사령관이 마침 시안에 있는 것이 무척 다행스러웠다. 그분들이 없었으면 일을 이렇게 신속히 진행하지 못했을 것이다. 모든 것이 숨 가쁜 순간들이었고 사태는 급변했다.

소련군의 진격으로 국내에서 좌익 세력이 팽창할 것이므로 임시정부로서는 이를 견제하는 것이 시급하다고 앞서 판단했지만, 그때는 그 실상을 알 수가 없었다. 특히 일본 투항 직전에 김일성이 소련에서 무엇을 하고 있었는지는 훨씬 뒤에 내가 《한국공산주의운동사》를 집필하면서 알게 되었다.

일제의 만주 점령으로 우리 민족주의 진영의 무력항쟁 부대는 1939년 말까지에 모두 관내로 이동하였고, 중공군 계통의 '동북항일연군' 산하에 있던 한국 공산주의 계열 부대들은 1940년 초에 소련으로 후퇴했다. 초기에 무질서하게 국경을 넘어간 사람들은 소련 국경경비대에 체포되어 구치소 생활을 할 수밖에 없었고, 일부는 일본의 밀정으로 의심받기도 하였다. 김일성도 그중 하나였다.

처음에 이들은 오케안스크에서 휴양과 구류를 겸한 생활을 하였는데, 그 뒤 소련 극동군사령부(사령관 아파나센코 대장) 직속의 정찰국(국장 졸긴 소장)에 이관되었다. 정찰국은 하바롭스크 북서쪽 80킬로미터의 밀림에 둘러싸인 작은 마을 브야츠크에 병사를 짓고 한국인과 중국인 유격대원들을 집단 수용하여 장차 일어날 것이 분명한 대일 전쟁에 대비한 훈련을 실시하기로 결정하였다. 이 부대를 제88특별여단이라 했고, 부대장에 '동북항일연군'의 지도자의 하나였던 저우바오중(항일연군의 제5군 군장), 그리고 정치 부여단장에 세료킨 소령, 여단 참모장에 시린스키 소령을 각각 임명하였다.

소련이 제88특별여단을 조직한 주요 목적은 일본군과 전투할 때를 대비한 것인데, 조선과 중국의 지리에 밝을 뿐만 아니라 유격전 경험이 있는 사람들을 정찰 활동에 이용하려고 훈련을 해두는 것이었다. 따라서 그들의 훈련 내용은 우리가 두취에서 OSS 훈련을 받은 것과 마찬가지로 무전 기술, 낙하산 강하, 교량 파괴, 첩보, 지도 작성 등의 기술 훈련이었다.

제88특별여단의 총 인원수는 200여 명이었으며 조선인이 부인들까지 합하여 약 60명, 중국인이 약 100명, 소련 군관이 약 40명이었다. 여기에 참가한 조선인이 김일성·강건·최용건·김책·최현·안길·김일·최용진·김

광협·서철·허봉학·최충국 등인데, 김일성·김책·강건·최용건 등의 계급은 대위였다.

당시 33세였던 김일성 일행이 소련군을 따라 원산에 상륙한 것은 일본이 투항한 지 한 달이 지난 1945년 9월 19일의 일이다. 그런데 이 소집단이 광복 후 오늘에 이르기까지 소련의 지원으로 북한 권력의 핵심을 이루고 있다는 것은 주목할 만하다.

4. 여의도 비행장에 착륙

8월 13일, 나는 몹시 바빴다. 일곱 명의 선발대를 구성하자 이범석 장군은 곧바로 그들과 세 구대장을 회의실로 소집하면서 내게 임무에 관해서는 함구하는 것이 좋겠다고 했다. 무슨 영문인지 모르고 달려온 그들은 모두 어리둥절하여 서로 얼굴만 쳐다보고 있는데 대장이 들어섰다.

"오늘내일 사이에 여기 모인 동지들과 함께 나는 국내로 들어갈 계획이오. 오늘 아침 임시정부는 나에게 국내정진군 사령관의 직책을 맡겨주었소. 국내에 누구보다도 빨리 들어갈 수 있는 길이 생겼는데, 다름 아니라 중국 전구 미군사령부가 곧 사절단을 서울로 들여보낸다니 우리도 그편에 편승하라는 전달이 있었소.

우리의 임무는 대단히 무겁소. 국내에 진입하는 대로 일본군에 징병된 우리 병사들을 인수해야 하고, 일본군의 무기 접수를 지휘해야 하며, '국민자위군'을 조직하고 또 불순한 정치 세력이 작용할 수 없는 분위기를 조성할뿐더러 국내의 애국지사들과 긴밀하게 협조하면서 하루속히 우리 임시정부와 광복군이 환국할 수 있는 기틀을 만들어야 하오. 미군

사절단의 임무는 국내 수용소에 있는 연합국 거류민의 생명 보호, 연합군 포로의 인수 및 미군 진주를 위한 사전 준비에 있소. 세 구대장(노태준·안춘생·노복선)은 여기에 남아 뒷일을 처리해 주어야 하겠소. 그럼, 선발대원들은 각자 자기 처소로 돌아가 떠날 준비를 서두르고, 명령이 내리는 대로 다시 모이시오. 준엽 동지는 긴밀한 연락을 취해주시오."

들어올 때와는 달리 선발대원들은 긴장하고 흥분하였다. 나는 장형과 굳은 악수를 하고 영주와 함께 집으로 갔다. 결혼한 다음에 나는 이 장군 댁의 바로 옆 농가의 방을 하나 빌려 신접살림을 하고 있었던 것이다. 살림이라고 해봐야 부엌도 없고 가구도 없는 원시생활에 지나지 않았다.

휴대품이라고는 세면도구와 속옷 몇 개에 불과하고, 나머지는 영주가 귀국할 때 들고 오면 그만이기에 나의 출발 준비는 간단하였다. 나는 처에게 기회가 생기면 충칭으로 돌아가 처가 가족과 행동을 같이할 것과 서울에 들어오면 명륜동의 고모 집에 연락하라는 말만 남기고 급히 귀대하였다.

생각하면 감개무량한 일이다. 빼앗겼던 조국에 다시 주인으로 돌아가게 되었으니 얼마나 가슴 벅차고 기쁜 일인가. 살아서 고국에 돌아가리라고는 꿈도 꾸지 못했던 내가 광복군 국내정진군 총사령관의 부관으로서 당당하게 서울로 돌아갈 수 있다니…. 지난 1년 8개월 동안의 모든 고생은 넘쳐흐르는 낙으로 변하고, 한국의 아들로서의 영광을 흠뻑 만끽하였다. 이제 새 나라 건설의 역군이 되는 것이다. 희망에 부푼 가슴을 활짝 폈다.

그러나 출동 명령은 내려지지 않았다. 14일에도 아무 연락이 없다가 15일 히로히토 일왕이 방송으로 항복 선언을 한 다음에야 긴급연락이 시달되었다.

8월 15일 오후 4시, 드디어 우리 선발대는 광복군 제2지대 전원의 환송을 받으며 두취를 떠났다. 내 감격이 이러한데, 이범석 장군의 감회야 어찌 말로 표현할 수 있을까. 이 장군은 하얀 손수건에 먹글씨로 '구존유금 지재보국[01]'이라는 여덟 글자를 쓰는 것이었다.

대형 트럭에 탄 정진대는 40여 분 뒤에 시안비행장에 도착하였다. 비행장 구내 보급기지에서 우리는 무기와 탄약, 그리고 휴대식품을 지급받고 기지 대합실에서 대기하였다. 그러나 또 우리는 안타깝게 기나긴 시간을 기다려야 했다. 해가 떨어지고 밤이 깊어 가는데도 탑승 명령이 내려지지 않았다. 자정이 지나 16일 새벽 3시가 되어서 갑자기 웅성대는 소리가 들리더니 미군 사절단이 들어서는 것이었다. 미국 측 버드 중령, 사전트 소령이 그들 일행을 우리 측 7명에게 소개하기에 우리는 서로 인사를 나누었다.

그러더니 버드 중령이 이범석 장군과 따로 무엇인가 논의하였다. 내용인즉 한반도 상공에서 어떤 위험한 사태가 발생할지 모르니 가능한 한 기체를 가볍게 하기 위해서 인원을 줄여야 하니 한국 측에서는 4명만 탑승하라는 것이었다. 저마다 먼저 입국하고 싶고 모두 흥분하여 비행장까지 나왔는데 이제 와서 3명을 줄이라니 이 장군은 몹시 불쾌하고 난처했다. 이런 때 이 장군과 가장 가까운 부관인 내가 먼저 사양하는 것이 도리일 것 같아 용기를 내어 "제가 여기 남겠습니다" 하였더니, 이 장군은 고민에서 벗어난 듯 "그럼 김 부관과 이해평, 이계현 동지는 다음번에 입국하시오" 하고 씁쓸하게 결론을 지었다.

이리하여 우리 측으로는 이범석 장군과 장준하, 노능서, 장덕기의 네 동지가 1차 선발대로 입국하게 되고, 나와 이해평·이계현 동지는 바로 귀대하였다.

그런데 또 어찌 된 일인가? 지금쯤 서울에서 활약하고 있을 줄 알았던 이 장군이 그날 오후 5시 반경 대장실로 들어서는 것이 아닌가. 국내 진입에 실패하고 일행이 모두 돌아왔다는 것이다.

사연인즉 이날 새벽 4시에 시안비행장을 이륙하여 약 3시간 비행을 하여 산둥반도 상공까지 갔다가 쿤밍으로부터 귀환하라는 긴급지시를 받았다고 한다. 그것은 그날 아침 일본 도쿄만에 진입하던 미국 항공모함이 일본 특공비행대의 습격을 받았던 탓에 한국 상공에서 무슨 일이 생길 것으로 판단했기 때문이었다. 일왕이 항복 방송을 했음에도 불구하고 포악한 일본군은 공격을 멈추지 않은 것이다.

의기소침한 장준하 형이나 노능서, 장덕기 동지의 모습이 말이 아니었다. 그러나 이범석 장군은 투지가 여전하였다.

"김 동지, 곧 다시 입국 시도를 할 것이오. 어제 비행장에서 김 동지가 사양하는 것을 보고 나는 김 동지의 인격과 용기에 감탄하였소. 그러나 내가 입국하는 것은 놀러가는 것이 아니라 우리의 국운을 좌우할 중대한 일을 하러 가는 것이라는 것은 김 동지도 잘 알 것이 아니오. 이 일을 위해서는 김 동지가 내 옆에서 모든 것을 도와줘야 하니 이번에는 장덕기 동지와 바꿔서 나와 함께 갑시다. 김 동지는 장 동지, 노 동지와 손발이 잘 맞는다는 것도 나는 잘 알고 있으니 아무 말 말고 내가 하라는 대로 하시오."

이렇게 해서 나는 다시 선발대에 끼게 되었으나 장덕기 동지에게는 한없이 미안하였다.

그날 밤 11시, 언제 진입할는지 모르니 일단 시안비행장에서 대기하라는 쿤밍으로부터의 희소식이 날아들었다.

17일 새벽, 비행장에 도착하여 구내식당에서 기다리고 있었는데 전날 타고 갔던 C-47 수송기가 고장이 생겼다는 것이다. 이리하여 충칭으로부터 새로 C-46 수송기를 불러오느라고 우리는 하루 종일 비행장에서 지루한 시간을 보낼 수밖에 없었다.

18일 새벽에야 우리 일행 22명(미국 측 18명과 한국 측 4명)은 다시 출발하게 되었다. 오전 5시에 우리는 드디어 시안비행장을 이륙하였다. 이번에도 되돌아오는 건 아닌지 걱정했지만, 나는 이륙하는 순간부터 마음이 설레었다. 지난 4월에 충칭을 떠나 시안으로 올 때와는 전혀 다른 기분이었다. 그때는 조국 광복을 위하여 죽으러 가는 길이었고 이번에는 광복된 조국을 건설하러 가는 길이다. 그리고 그리운 어머니와 형제, 친구들을 만나러 가는 것이 아닌가!

한참을 날아가니 비행기의 창문으로 들어온 아침햇살이 눈부시다. 이범석 장군이 가리키는 대로 내려다보니 뤄양비행장이 멀리 보이는데 차차 산악지대는 자취를 감추고 광활한 평야가 펼쳐졌다. 이것은 허난의 평원일 것이다. 웅장한 황허가 유유히 흐르는 모습이 은나라로부터 내려오는 중국 문명의 유구함을 말해주는 듯하였다.

비행기는 정저우·카이펑을 지나 산둥성 지난의 상공으로 진입하였다. 저 남쪽에 있을 다쉬자 일본 경비중대에서 1년 반 전 새벽 2시에 탈출하던 생각이 떠오른다. 한 여섯 시간이나 날았을까, 11시라고 하는데 비행기는 이미 서해 바다 위에 있었다.

오전 12시. 비행기가 갑자기 고도를 낮추며 기체가 몹시 흔들리기에 창밖을 내다보니 잔잔하고도 파란 바다에 조그마한 섬들이 뚜렷이 보이는 것이 아닌가. 꿈에도 그리운 인천 앞바다이다. 일본 전투기들이 금방이라도 공격해 올지 모른다는 위기감은 다 잊어버리고 모두 감격과 기쁨의 환성을 올렸다.

하늘은 구름 한 점 없이 맑았다. 하늘과 바다를 구별할 수 없을 만치 파랗다. 나와 장준하 형 사이에 앉은 이범석 장군은 붉어진 눈에 몇 번이고 손수건을 갖다 대는 것이 아닌가. 조국을 떠난 지 만 30년 만에 돌아오는 장군으로서는 형용하기 어려운 감격의 눈물이었을 것이다. 장군은 종이에 무엇인가를 열심히 적고 있었는데 슬며시 넘겨다보니 다음과 같은 글귀를 남기고 있었다.

보았노라 우리의 연해의 섬들을
왜놈의 포화 빗발친다 해도
비행기 부서지고 이 몸 찢기어도
찢긴 몸이 연안에 떨어지리니
물고기 밥이 된들 원통치 않으리
우리 연해 물 마시고 자란 고기들
그 물고기 살찌게 될 테니….

평소에 이범석 장군의 문학적 소질을 잘 알기는 하였으나 이때 그의 조국에 대한 깊은 사랑을 시로 적절히 표현하는 것을 보고 나는 다시 한 번 감탄하지 않을 수 없었다.

서해를 건너면서 5분마다 '일본 조선군사령부'에 '미국 군사사절단 진입 중'이라고 타전하였는데도 일본 측으로부터 아무런 회전이 없어 우리는 긴장하지 않을 수 없었다. 고도를 바짝 낮춘 비행기가 한강 줄기를 따라 영등포 상공에 이르러서야 "여의도에 착륙하라"라는 일본군의 답전을 받았다.

이때의 정형을 장준하 형은 그의 《돌베개》에서 다음과 같이 기록하고 있다. 내 심정 그대로이기에 그대로 인용한다.

영등포를 지났다. 그러나 또 한 번 선회한다. 아니 두 번, 폭음이 커진다. 여의도 활주로를 향해 허전허전하게 수송기가 꺼지는 듯이 고도를 낮추었다. 일장기를 붙인 수많은 일군 비행기가 기창으로 지나갔다. 중형 전차도 보였다. 또 전투기들.

"이제 곧 일군이 나타나겠구나."

"그들의 얼굴을 맞보게 되리라."

주먹이 쥐어졌다. 무기를 쥔 손에 땀이 스몄다.

덜컹 하고 활주로에 수송기가 닿았다. 가벼운 진동에 몸이 흔들렸다. 납덩이 속을 밀치고 나가듯이 순간순간이 이어지며 비행기가 앞으로 나아갔다. 프로펠러 소리를 뿜으면서 기수가 돌려졌다.

어느 한 격납고 앞의 광장에서 비행기가 멎었다.

숨이 탁 막혔다. 기체 안의 공기가 갑자기 없어진 듯이 가슴이 답답해 왔다. 이윽고 문이 열렸다.

우리는 그들에게 전의가 없는 것을 보이기 위해 기관단총을 모두 어깨에 걸쳤다. 그러고도 만일을 위해서 각자 산개하며 뛰어내리기 시작했다. 드디어 내 차례가 왔다.

몸을 날렸다. 아, 그때 그 바람 냄새, 그 공기의 열기, 아른대는 포플러의 아지랑이, 그러고는 아무것도 순간적이었지만 보이지 아니했다. 11시 18분[02].

그러나 어인 일인가? 우리 주변엔 돌격 태세에 착검을 한 일본군이 완전 포위하고 있었다. 워커구두 밑의 여의도 모래가 발을 구르게 했다. 코끼리 콧대 같은 고무관을 제독통에 연결시킨 험상궂은 방독면을 뒤집어쓴 일군이 차차 비행기를 중심으로 해서 원거리 포위망을 줄여오고 있었다.

너무나도 위험한 상황이었다. 이것이 그리던 조국 땅을 밟고 처음 맞은 분위기였다. 동지들은 눈빛을 무섭게 빛내면서 사주경계를 했다. 그러나 아직 기관단총을 거머쥐지는 아니했다. 여의도의 공기가 움직이지 않는 고체처럼 조여들어 왔다.

그뿐만이 아니었다. 타고 온 C-47[03]의 수송기로부터 한 오십여 미터 떨어진 곳의 격납고 앞에는 실히 1개 중대나 되는 군인들이 일본도를 뽑아든 한 장교에게 인솔되어 정렬해 있었다. 그 앞에는 고급장교인 듯한 자들이 한 줄 또 섰고, 장성 몇도 있는 듯했다.

그러나 무엇보다도, 18일 낮 12시가 가까운 시간의 그 뜨거운 여의도의 열기가 우리를 더욱 긴장시켰다. 격납고 뒤에까지 무장군이 대기하고 있었다. 중형 전차의 기관포도 이쪽을 향하고 있었다. 비행장 아스팔트 위엔 한여름의 복사열이 그 위기의 긴장처럼 이글대고 있었다. 어느새 우리는 땀에 젖어 있었다. 기막힌 침묵이 십여 분이나 지났다.

그러나 그들은 어떤 행동을 취해 오지는 않았다. 마침내 우리가 발걸음을 옮겼다. 우리는 일군 고급장교들이 늘어선 쪽으로 한 걸음씩 움직여 보았다.

"각자 산개-조심하라."

누군가가 이렇게 나직이 말했다.

서해 연안으로 비행기가 고도를 낮출 때 누군가가 유서를 쓰던 일이 이 순간 내 머릿속에서 상기되었다. 일군 병사들은 우리가 다가서자 의외로 포위망을 풀듯이 비켜섰다. 우리는 아직 기관단총을 어깨에 멘 그대로였다. 일군이 길을 열어주자, 그들도 육군 중장을 선두로 한 장교단이 우리 쪽으로 오기 시작했다.

그가 바로 조선군 사령관 고즈키 중장이었던 것이다.

이윽고 버드 중령과 고즈키가 마주 보게 되었다. 고즈키는 그의 참모장 이하라 소장과 나남 사단장 및 참모들을 뒤로 거느렸다. 우리도 버드 중령을 중심으로 좌우로 벌려 섰다.

거구의 버드 중령과 일군 장군의 체격은 꽤 대조적이었다.

"나니시니 이라시타노(무슨 일로 왔소?)"

고즈키 중장이 먼저 입을 열었다. 체격은 작아도 퍽 야무지게 보였다.

우리 측 대표는 말 대신 영등포 상공에 뿌리다 남긴 선전 전단을 내밀었다. 우리의 임무가 일본어와 우리말로 적힌 전단이었다. 거기에는 또 우리가 이렇게 들어오게 된 사연도 적혀 있었다.

우리도 한 장씩 그 전단을 다른 일본군 장교들에게 나누어주었다.

고즈키는 이를 받아 읽고, 우리가 들어온 이유는 알겠으나 아직 도쿄 대본영으로부터 아무런 지시도 받은 바 없으니 더 이상 머물지 말고 돌아가 주었으면 좋겠다는 말을 했다.[04]

그러면서 은근한 위협도 하였다. 자기네 병사들이 꽤 흥분되어 있으니 만약 돌아가지 않으면 신변 안전을 책임지기 어려운 분위기라고 했다.

"일왕이 이미 연합군에 무조건 항복한 사실을 모르느냐? 이제부터는 도쿄의 지시가 필요 없다는 것을 알아야 한다."

이것이 우리 측의 주장이었다. 그러나 쉽사리 양보하지 않았다. 옥신각신하며 말이 몇 번 오갔다. 갑자기 고즈키는 한 일본군 대좌에게 일을 처리하라고 일렀다. 그러면서 그는 도쿄에서 손님이 오기로 되어 있어 마중을 나와 있던 참이란 말을 하곤 물러가 버렸다.

다시 나선 한 대좌는 여의도 경비사령관인 시부사와였다. 대령에겐 대좌가 맞먹는다는 배짱이었는지도 모른다. 구차한 변명은, 패전군의 중장이 연합군의 대령에게 부끄러웠던 사실에서 나온 것인지도 모른다.

뜨거운 햇볕이 바늘처럼 땅에 박혔다. 한낮의 무더위가 이 위험한 순간순간을 불안하게 이어갔다. 대좌 시부사와와 우리 측의 대표 사이에 같은 주장이 몇 차례 더 오고 갔다. 그러나 웬일인지 그 일군 대좌는 그늘 밑에서 이야기하자고 제의해 왔다. 포플러 그늘 밑에 기다란 탁자와 몇 개의 의자가 놓여 있었다. 또 언제 마련했는지 몇 병의 맥주와 사이다 그리고 담배 등이 놓여 있었다. 대좌는 우리를 그곳으로 안내하였다. 내심으로는 이보다 더 반가운 일이 없었다. 대좌는 우선 들라고 권해오기까지 했다. 못 이기는 체하고 타는 목을 한 모금씩 축였다. 나도 사이다 한 잔을 따라 들었다.

그러나 그 첫 잔을 채 비우기도 전에 우리는 아연하지 않을 수 없었다. 그 순간에 다시 포위된 상태로 일군이 들어섰던 것이다. 우리 주변 반경 한 30미터로 금방 달려들어 우릴 생포할 기세로 눈빛에 독을 올리고 있었다. 우리를 접대하던 일군 장교들이 그 순간 슬금슬금 하나씩 빠져나가고 통역 졸병 하나만이 뒤떨어져 있었다. 이범석 장군이 그 순간 소리쳤다.

"심상치 않다. 깨끗이 살아온 우리가 여기서 욕을 보나 보다."

이 장군에겐 이미 각오가 서 있는 것 같았다. 순간이었다. 재빨리 우리 정진대는 사격거리를 유지하면서 기관단총을 앞으로 했다. 한 손으로 권총의 안전장치도 풀었다. 이 장군이 사격 태세의 구역을 나누라고 말씀하셨다. 온 몸뚱어리 전체가 신경이 되어 초조해졌다. 그러나 미군 대원들은 아직도 눈만 두리번거리고 있었다. 그때 등 뒤에서 버드 중령이 총을 내리라고 말하는 것이 들렸다.

"전쟁은 끝났소. 쓸데없는 일입니다."

3시간 10여 분의 시간이 이렇게 지나갔다. 나는 몇 번이나 이 장군의 권총 소리가 나는 것 같은 착각에 방아쇠에 힘을 줄 뻔했었다. 놈들의 포위망은 정말 한 발자국씩 옮겨져 약 7~8미터의 거리를 겨우 유지하게 되었다. 입 속에서 가슴, 배에까지 내 몸속에는 한 방울의 물도 안 남은 것처럼 목이 바직바직 타는 것이었다.

"한바탕 해버릴까. 그것이 차라리 욕되지 않은 죽음인지도 모른다. 우리는 그동안 조국에서 죽기 위해 그 긴 고생을 참아왔다. 당길까."

이때 여의도 경비사령관 대좌가 헐레벌떡 달려왔다. 그는 어느새 자리를 떴던 것이 분명했다. 곧 버드 중령에게 다가와, 도저히 흥분된 자기 병사를 누를 길 없으니, 돌아가 주면 좋겠다는 말을 되뇌었다. 결국 버드도 돌아가겠다는 말을 하는 모양이었다.

대좌는 포위병의 지휘자를 불러 귓속말을 했다. 그러고는 큰 소리로, "어이! 오마에 다치 고코 무이테 게이카이 스룬쟈나쿠 소도오 무이테 게이카이 시로(이봐 너희들은 이쪽을 보고 경계하지 말고 밖을 향해 서서 경계하란 말야)."

히죽 웃음이 나오면서도 이렇게 위기가 누어진 것이 다행스러웠다. 지휘자는 전원 "뒤로 돌앗"을 시키고 철모와 총검을 벗기고 뽑게 했다. 마침내 안도의 숨을 쉴 수 있었다. 우리도 총을 내렸다. 대좌와 버드 소령은 우리가 돌아갈 문제에 대해 협의를 곧 시작했다. 우선 중국 시안까지 갈 가솔린의 보급을 요청하면서 끌어보자고 했다. 여의도엔 C-47에 맞는 가솔린이 없어서 다음 날 평양에서 운반해다 주겠다는 것이었다. 그렇다면 좋다고 했다.

뒤에 안 일이지만. 일군은 우리에 관해 도쿄 대본영에 무전연락을 그동안 취했던 모양이다. 그래서 그동안 우릴 생포해 놓을 심산이었던 것이다. 그러나 도쿄의 지시는 가능한 한 문제를 일으키지 말고 해결하는 방안으로 돌려보내라는 것이었다.

잠시 후 일군은 싸악 물러갔다. 그 대신 일개 소대의 일본 헌병이 우리의 경호를 맡았다. 우리 한 사람에 두 놈씩의 헌병이 따랐다. 제법 친절하게 목욕물을 다 준비하여 주었다. 그러나 이 판국에서 무장을 풀고 목욕할 수는 없는 일이었다.

세수만 하고 눈을 들었다. 저 멀리 노량진 철교 쪽으로 흰 옷을 입은 사람들이 보였다. 아아, 동포들이구나 하는 생각에 가슴이 뭉클해 왔다. 어느새 그 불빛의 해도 기울고 강바람이 비로소 불어오기 시작했다. 그제서야 긴장이 풀리는 것이었다.

(《돌베개》, 372~378쪽)

일본 측은 "일단 돌아갔다가 휴전 조약이 체결된 다음에 다시 오라"는 것이고, 미국 측에서는 "일본이 투항한 이상 도쿄의 지시가 필요 없다"라는 것이었으나 무력으로 협박하는 바람에 버드 중령은 하는 수 없이 일단 중국으로 되돌아가기로 결정을 내렸다.

그러면 우리 한국인은 무엇인가? 주인으로서 제 나라 땅에 돌아왔는데도 아무런 발언권이 없지 않은가. 이것이 힘이다. 우리의 힘으로 일본을 몰아내지 못한 데서 비롯된 것이다. 이범석 장군뿐만 아니라 우리는 이를 갈았다. 나는 장 동지, 노 동지와 함께 셋이서 몰래 빠져나가 서울 시내로 잠입할 생각도 하였으나 그것도 여의치 않았다.

그날 밤 우리 일행 22명은 모두 여의도 비행장 내의 장교집합소라는 넓은 다다미방에서 함께 자게 되었다. 저녁을 먹은 다음 무전반이던 나와 노 동지는 교관인 조지아 대위를 따라 비행장에 나가 쿤밍 사령부와 통신 연락을 하였다. 도착 이후의 상황을 보고하였고, 교관은 무슨 지시를 받았으나 나와 노 동지는 그 내용을 알 수가 없었다.

집합소로 들어와 비좁은 잠자리를 찾아 누우려고 하는데 시부사와 대좌가 맥주와 간단한 안주를 든 병졸을 데리고 방 안으로 들어온다. 비행장 경비사령부의 참모장이라고 하는 우에다 중좌도 뒤따라 들어오더니 꿇어앉아 우리 일행에게 맥주를 권하는 것이었다. 서슬이 등등하던 낮의 태도는 어디로 사라졌나 싶었다. 백발이 성성한 시부사와 대좌는 나에게도 꿇어앉은 자세로 맥주를 권하기에 통쾌한 기분으로 한 잔을 쭉 마시고 또 받았다. '과연 일본은 항복했구나' 하는 실감이 났다. 이범석 장군도 몹시 통쾌한 모양으로 여러 잔을 마시더니 공군 출신이라는 우에다 중좌에게 일본 공군가나 한번 불러보라고 했다. 그런데 우에다는 정말로 "바쿠오온 다카구 고오도오토…"라고 비장하게 불러대는 것이 아닌가!

그러다가 장 동지가 옆에 없기에 찾아보았더니 방 한구석에서 성서를 읽고 있었다. 그는 목사라는 별명까지 얻은 독실한 기독교 신자로서

술, 담배를 절대 입에 대지 않는 것을 나는 잘 알고 있다. 그러나 오늘 저녁만은 사정이 다르다. 나는 장 동지 옆으로 자리를 옮겨 '설득'했다.

"장형, 오늘 저녁만은 술을 마셔야 하오. 우리가 언제 살아남아 왜놈의 항복을 보고, 또 왜군 대좌가 꿇어앉아 술을 권하리라고 꿈이나 꾸었겠소. 이 승리의 술잔만은 죽는 한이 있더라도 받아야 하오."

이것이 장 동지로서는 난생처음 입에 댄 술잔이다.

이렇게 해서 조국의 땅을 처음 밟기는 했으나 뜻을 이루지 못하고 맥없이 돌아가게 되었으니 기막힌 일이었다. 국내의 애국지사들과 연락을 취할 무슨 방법이 없을까. 이런 궁리를 하면서 변소에 갔다. 문 앞에는 일본 헌병 몇 명이 경계임무를 맡고 있었는데 그중 한 명이 나를 좀 떨어진 곳에 있는 변소로 안내하였다. 그런데 그 헌병은 아무리 보아도 한국인 사병 같기에 우리 둘만이 있는 기회를 이용하여 슬쩍 우리말로 "요새 서울 사정은 어떻소?" 하고 나지막한 목소리로 물었다. 그는 깜짝 놀라면서 좀 당황하였지만 기쁜 얼굴로 쳐다보는 것으로 보아 틀림없이 한국 사람이었다.

나는 재빠르게 "우리 일행 중의 4명은 한국인이고 지휘관은 유명한 이범석 장군이오. 우리는 임시정부에서 먼저 파견된 정진대인데, 할 수 없이 내일 중국으로 돌아갔다가 휴전 조약이 체결되면 곧 다시 입국할 것이오. 그러니 급히 이 사실을 신석우(이 장군의 손위 매부) 선생, 여운형(이 장군과 특별한 관계에 있던 분) 선생, 조만식 선생, 김성수 선생, 안재홍 선생께 알려주시오. 이것은 대단히 중요한 일이니 남에게 이야기하지 말고 꼭 해주시오"라고 했다. 그 청년은 놀라면서도 희색이 만면하였다. 틀림없이 알리겠다고 하면서 몹시 흥분한 모양이었다.

이 일을 슬그머니 이범석 장군에게 보고하였더니 대단히 흡족하게 생각하셨고, 장·노 두 동지도 우리 사명의 일부는 달성한 것 같다고 하면서 기뻐했다. 그러는 동안에 시부사와 대좌와 우에다 중좌는 술에 취해 나가버렸다.

밤은 깊어져 가는데 몇 번이나 뛰쳐나가 명륜동의 고모 집으로 가고 싶은 충동을 느꼈다. "어머님, 형님들…, 나는 지금 무사히 여의도 비행장에서 왜놈들의 항복의 술을 마셨습니다" 하고 크게 소리 지르고 싶었다.

날이 새어 19일, 모든 것을 포기한 미국 측과는 달리 정진대 4명은 끝까지 무엇이라도 이루어 보려고 몸부림쳤다. 이범석 장군은 사절단의 고문 자격으로 왔기 때문에 버드 중령을 설득하여 일본 총독을 만나 담판할 것을 일본 측에 요구하였으나 거절당하였다. 나와 장·노 동지는 어젯밤에 내가 만난 한국인 헌병과의 접촉을 경험으로 하여 각각 한인 사병을 골라 연락도 할 겸 국내 사정을 탐지하기로 하였다. 우리 셋이 얻은 정보를 종합한즉 국내에서는 사상범들이 석방되었고 날마다 시위운동이 전개되고 있다는 것이고, 전국적으로 우리 임시정부와 광복군에 대한 기대가 클뿐더러 하루속히 환국하기를 기다리고 있다는 낭보였다.

그러다가 오후 2시쯤, 평양에서 실어 왔다는 가솔린을 급유한 다음 2시 반에 여의도 비행장을 이륙했다.

이리하여 국외 독립운동가로서 해방된 조국에 제일착으로 진입하는 영광을 가지기는 하였으나 우리는 맡은 바 사명을 달성하지 못하고 다시 중국 대륙으로 돌아갈 수밖에 없었다는 것은 민족으로서 여간 큰 비극이 아닐 수 없었다. 살아남는 것이 우선이었던 미국 측과는 달리 광복군 정진군의 4명은 모두 침통한 얼굴이었다.

5. 산둥성 웨이현에 불시착

여의도를 떠난 지 약 5시간, 불시에 벌어질지 모를 일본 전투기의 공격을 피하여 방향을 여러 곳으로 바꾸며 서해를 넘어 비행하였다. 해가 질 무렵 산둥반도 상공에서 가솔린이 떨어져 갑자기 불시착하게 되었다. 그곳은 칭다오와 지난을 연결하는 교제 철도의 중간에 있는 웨이현 비행장이었다.

웨드마이어 사령관은 가솔린을 보급할 때까지 기다리면서 웨이현에 있는 서양인 수용소를 방문하여 그들의 안전을 도모하라는 명령을 내렸다. 중국에 관심이 깊은 나로서는 웨이현을 본다는 것이 불행 중 다행으로 여겨졌다.

이때의 상황도 장형이 잘 묘사하고 있으므로 다시 《돌베개》를 인용한다.

> 황막한 벌판 한가운데의 이 비행장은 그때까지도 일본군 관장 하에 있었다. 비행장 주변의 일군 막사로부터 병사들이 우왕좌왕했다. 해 질 무렵이어서 그런지 바람까지 스산했고 음산한 비행장의 분위기로 우리는 긴장하지 않을 수 없었다. 여의도는 그래도 각오하고 착륙했던 곳이지만, 이곳은 의외의 적지 소굴에 뛰어든 셈이니까 더욱 그랬다.
>
> 우리가 가졌던 무기와 탄약을 전부 내려놓고 비행기를 중심으로 22명이 전투대형을 짰다. 아니나 다를까, 한 500미터 전방의 막사로 두 대의 군 트럭에서 무장군이 내렸다.
>
> 수류탄을 쥐고 그들의 반응을 기다렸지만, 그동안 해만 떨어지고 어두워진 비행장엔 땅거미만 모여들었다. 이상한 일이기도 했다.

"날이 아주 어두워서야 달려들 모양이구나."

이런 생각으로 묵묵히 또 한 번의 시련을 기다리는 수밖에 없었다. 그런데 그때, "왜이, 왜이!(여보시오, 여보시오)" 하고 이범석 장군이 누굴 보고 소리쳐 불렀다. 돌아다보니 비행장 동쪽 저만치에 부락민으로 보이는 중국 사람들이 나와 있었고, 그들도 우리를 구경하는 듯 이쪽을 바라보고 있었다. 비행기를 구경하는 것일까? 이 장군이 손짓을 하며 자꾸 부르자, 대여섯 명의 중국인이 달려 왔다. 이 장군은 그 청년을 잠깐 기다리라고 해놓고 그 즉시 한 장의 편지를 썼다.

"우리는 연합군의 사절단으로 파견되었다. 일군의 항복 절차를 의논하러 온 것이 주목적이니, 일군은 즉시 2킬로미터 밖으로 철수하기 바란다. 그곳서 대기하라. 일군의 자존심과 명예를 우리는 안다."

이 중국어 편지를 보던 청년이 갑자기 태도를 바꾸어 이 장군에게 신분증을 꺼내 보였다. 그는 리원리 장군의 유격대원이었다. 비행장 근처의 순찰 임무를 수행중이라는 것이다.

이 장군은 청년의 어깨를 감싸안듯 반가워하면서 어깨를 두드렸다. 그도 그럴 것이 리원리 장군은 이 장군과 아주 친분이 두터운 사이였기 때문이다. 청년은 리원리 장군이 나흘 전에 이 웨이현성 내에 일군을 몰아내고 들어왔다는 놀라운 소식을 알려주었다. 리 장군은 산둥지방의 유격대 사령관으로 대일 항전 8년간을 계속 싸워온 인물이었다. 청년의 이야기는 더욱 이 장군을 놀라게 했다. 리 장군뿐만 아니라 후전자 장군도 산둥지구 경비사령관으로 임명되어 나흘 전에 리 장군과 같이 웨이현성 내에 진주하였다는 것이다.

이 장군은 청년에게 또 한 장의 편지를 써주었다. 그건 리, 후 두 장군 앞으로 된 것이었다. 먼저 일군 사령관에게 전하고 그다음 두 장군에게 나중의 것을 전해달라고 이 장군은 재차 부탁했다. 청년은 공손히 자전거를 타고 떠나갔다.

안도의 숨이, 밀려온 어둠 속에서나마 한 줄기 희망이 빛줄기처럼 시원하게 뿜어졌다. 이 장군은 급해 할 사람에게 대강 이렇게 설명해주었다. 그때의 희색이 만면하던 이 장군의 모습은 아직도 기억이 새롭다.

이범석 장군이 왕모백이란 중국 이름으로 산둥성의 큰 군벌이던 한푸쥐의 소장 참모로 있었을 때, 예하 74사단이 바로 이 웨이현성에 있었고, 때마침 사단정편 지도를 이 장군이 맡게 되어 장기간 체류한 적이 있었는데, 그때 현장이 리 장군이었고 후 장군은 경찰서장으로 있었다.

또 한푸쥐의 군이 중국군 제55군으로 개편되어 이 장군이 그 참모장이 되었을 때, 이곳 주민들과 오랜 접촉을 가졌었으며, 웨이현성 지방 명사 16명이 한푸쥐에게 미움을 받아 처벌받게 된 것을 이 장군이 모면시켜 준 일도 있어 왕모백이라는 이름은 웨이현성의 은인으로 널리 알려져 있다는 것이었다.

우리는 대강 알아차렸으나, 미국 친구들은 어찌 된 영문인지를 몰라 어리둥절하고 있었다. 일군 측 막사로부터도 라이트 불빛이 왔다 갔다 했다. 밤이 이미 어두웠다. 얼마 후 우리에게 초콜릿 한 개씩이 나뉘어졌다. 이것이 저녁식사인 셈이었다. 이 장군이 친서를 써 보내기는 했지만 어둠이 완전히 들어차자 긴장의 신경이 돋구어지지 않을 수 없었다.

이 장군은 중국어가 통하는 한 미군 소령[05]과 같이 비행기 주변과 우리의 간이 진지를 둘러보고 사실상의 지휘관이 되었던 것이다. 누가 맡긴 것도 아니고 또 스스로 따르라고 한 것도 아니었지만, 거의 중국인으로 통하였던 이 장군이 이곳에서 솔선 선두에 나선 것은 당연한 것이었는지도 모르겠다.

버드 중령은 아무 말 없이 침묵을 지키고 있었다. 일생을 중국 전장에서 지낸 이 장군으로서는 그 능란한 작전 대비가 지극히 자연스러울 뿐이었다.

새벽의 별발이 맑아진 1시쯤이었을까. 남쪽 방향에서 강한 불빛의 행렬이 다가왔다. 우리들은 그곳으로 총구를 돌렸다. 올 것이 오는구나 하는 생각도 들었다. 수십 대의 자동차 대열이 분명했다. 그 대열은 강한 라이트로 달려왔다. 그러더니 한

200미터 전방에 서 있었다. 긴장의 순간이었다.

그때, 무어라고 크게 외치는 소리가 들렸다. 이 장군이 귀를 기울였다.

"후전자, 리원리 장군이다." 이 장군은 이어 대답을 보냈다. 어두운 이역의 밤에서 우리는 또 한 번 이 감격의 순간을 체험한 것이다. 그건 정말 기막힌 기쁨이었던 것이다. 이 후전자 장군은 얼마 전까지만 해도 자유중국의 사단장으로 있었다. 두 장군은 전갈을 받자 즉시 대부대를 출동시켜 달려온 것이다.

이 장군은 그들과 부둥켜안았다. 다 알아들을 수 없는 중국어로 형제처럼 포옹을 했다. 그러나 리 장군의 팔 하나가 없는 것을 안 이 장군이 스스럽게 놀랐다.

"웬일이오?"

"일군과의 접전에서 잃었소."

그들이 8년 만에 만나는 극적 해후였다.

"신념도 행동도 변함이 없기로 우리가 이렇게 만났구려…."

이 장군은 그 해후의 흥분을 가누지 못했다.

"8년간의 탄막 생활에서 죽지 않고 다시 만난 것은 오직 상제의 은혜요."

그러더니 우리를 차례로 소개해 주었다.

곧 후 장군의 병사들이 비행장의 경비를 맡아주었다. 비행기도 마찬가지.

후 장군은 우리를 세단 5대에 분승시켜 웨이현성 안으로 데리고 갔다. 비행장에서 40리쯤 남쪽에 있었다. 산둥성에서 학예, 문예가 가장 발달한 도시로 인물도 많이 배출한 곳이었다.

긴장을 푼 채 차에 실려 성안에 닿았을 때는, 두 시가 넘어서였다. 후 장군의 알선으로 어느 숙소에서 일주일 만에 처음으로 깔고 덮고 잘 수가 있었다. 밤늦게 차려온 놀라운 성찬도 아랑곳없이, 모두들 피로에 지쳐 곧 잠에 떨어지고 말았다.

(《돌베개》, 384~388쪽)

1945년 8월 18일 웨드마이어 사절단 일행이 산둥성 웨이현에 불시착한 후 중국 인사들과 한 기념촬영
(왼쪽에서 7번째가 저자)

이곳은 일본군이 아직 많이 남아 있었지만 성안은 완전히 중국군의 지배하에 있었다. 일왕이 항복 방송을 하자마자 그날로 중국군이 재빠르게 진주한 것이다. 국내에도 미리 광복군이 진입해 있었더라면 여의도에서 맥없이 발길을 돌리지 않았을 것이라고 생각하니 기막힌 일이 아닐 수가 없었다.

다음 날 우리 일행은 승용차 4대에 분승하여 서양인 수용소로 달려갔다. 중국에 살던 선교사와 상인 600여 명이 수용되어 있었는데 대부분이 부녀자와 아이들, 노인들이었다. 그것도 8년이나 되는 긴 세월의 수용 생활이었기에 그 꼴이 말이 아닌 것은 물론이고 모두가 맨발이었다.

그들은 우리가 들어서자 거침없이 달려들어 포용하며 울음을 터뜨렸다. 비록 우리 4명은 한국인이었지만 그들은 다른 미국인에게 대하는 것과 똑같이 우리를 감격적으로 맞이하는 것이었다.

버드 중령은 일본인 수용소장에게 이 사람들의 보호를 제대로 하라고 엄명하고 수용된 사람들에게는 곧 보급물자가 올 터이니 안심하라고 했다. 연락원으로 미군 3명을 남겨 놓고 숙소로 돌아왔는데, 이날 해질 무렵 미군 비행기 한 대가 수용소 상공을 저공비행하여 보급품을 떨어뜨리기 시작하였다. 시급한 의료품과 식품이 투하된 것이다.

리원리 유격대 사령관

이로부터 8월 27일 웨이현을 떠나 시안으로 되돌아갈 적까지 이곳에서 진수성찬의 융숭한 대접을 받았으나 국내로 재진입하라는 연락은 오지 않았다.

여기에 머무르는 8일 동안 초조한 심정이었지만, 그런 중에도 우리 셋은 시내를 샅샅이 구경하고 기념사진도 찍었다.

6. 다시 시안으로 귀환

8월 27일 오전 10시경 웨이현 비행장을 떠나 3시간 반을 날아 시안에 도착하였다. 풀이 죽어 어깨를 내려뜨리고 두취를 찾아들어 갔다.

우리 뒤를 이어 입국하려고 대기 중이던 동지들의 실망이 이만저만이 아니었고, 그들 앞에 우리는 더욱 몸 둘 바를 몰랐다. 꼭 우리가 잘못해서 되돌아온 것만 같았다. 여의도에서 가져온 조국의 흙을 조금씩 나누어주었으나 그것으로는 위축된 우리의 마음을 펼 수가 없었다.

8월 18일 우리가 시안을 떠난 9일 동안 선발대로부터 아무런 연락을 받지 못한 대원들은 혹시 우리가 일본 특공비행대의 습격을 받아 모두 추락사한 것이 아닌가 하고 매우 걱정하였다고 한다. 이범석 장군 부인이나 내 아내의 근심은 더 컸던 모양이다. 아내는 내가 살아 돌아온 것만도 다행이라며 안심하는 듯하였다.

다음 날부터 나는 다시 대장실로 출근하였다. 그러나 사태는 점점 더 임시정부나 광복군에게 불리하게 전개되었다. 연합군이 일본에 진주하기 시작한 것은 8월 28일부터이고 연합군 최고사령관인 맥아더 장군이 도착한 것은 8월 30일이다. 9월 2일 도쿄만으로 진입한 미국 전함 미주리호에서 일본은 연합군에 대한 항복 문서에 조인한 것이다.

그런데 9월 1일을 기하여 한국은 중국 전구에서 태평양 전구로 이관되었다. 말하자면 장제스 총통이나 웨드마이어 장군의 손에서 맥아더 장군의 손으로 넘어간 것이다.

한국에 대한 정책을 제대로 세우지 못하고 있던 미국은 갈팡질팡하였다. 결국 우리나라가 맥아더 장군의 관할로 이관됨에 따라 광복군의 국내 정진은 물거품이 되는 비극을 맞이한 것이다. 천추의 한이었다.

강인한 이범석 장군의 얼굴에서도 웃음이 가시고 침통한 표정이었으나 이런 곤경에서도 그는 어떻게 해서라도 국면을 타개하려고 혼신의 힘을 다하고 있었다.

우선 우리 선발대가 입국했다가 다시 되돌아온 경과를 지청천 총사령관에게 보고하기 위해 장군이 구술하는 동안 문안 줄거리를 들으면서 나는 보고문을 작성하였다. 다음은 보고문을 간략하게 요약한 것이다.

대한민국 1945년 9월 8일 보고

<국내 진입 경과에 관한 건>

1. 일본의 항복 선언 후 미국 측 책임자 버드 중령이 한국 내 각 수용소를 방문하는 편에 제2지대장 이범석은 고문 자격으로 참가하게 되었다. C-47 비행기로 8월 16일 오전 4시에 시안비행장에서 출발하였다. 한국 측 탑승자는 이범석 총사령과 장준하·장덕기·노능서였다. 약 3시간을 비행하여 산둥반도 상공에 다다랐을 때 지상에서 온 무전에 의하면, 일본이 최후의 저항을 하는 중으로 미군 항공모함이 공격당하는 등 여러 곳에서 공방이 벌어지고 있다고 하였다. 날씨 또한 변화가 심하였기에 긴급회의를 열어 시안으로 돌아가기로 결정하였다.

2. 8월 18일 오전 5시에 새로운 C-46 비행기로 시안을 이륙하였다. 탑승자 장덕기를 김준엽으로 교체하였으나 총인원 22명은 변함이 없었다. 약 7시간 반 동안 비행하여 영등포비행장에 안착하였다. 비행장에는 중무장한 경비병과 탱크까지 출동하여 비행기를 향해 조준하고 있었으므로 매우 긴박한 상황이었다.

3. 일본군 장교가 다가와 당장 돌아갈 것을 요구하였다. 미국 측 대표는 논쟁을 벌이다가 시간을 끌 계획으로 일단 기체 불량과 연료 부족 상황을 설명하였고, 비행장 내에 임시 체류하게 되었다. 일본군은 2개 소대의 위병이 포위한 채 감시하였고, 저녁을 먹을 즈음에 점차 분위기가 누그러졌다. 시안·충칭·쿤밍에 연락하고자 하였지만 소형 무전기인 데다 전력 부족으로 실패하였고, 대형 기기로 심야에 비

밀리에 타전하였다. 한편, 그날 밤 비행장에서 근무하는 한국인 사병 4~5명을 만나서 서울의 인사들에게 이곳 소식을 전해줄 것을 지시하였다.

4. 한국인 사병의 말에 의하면, 국내에서 매일 전국적으로 폭동과 시위운동이 벌어지고 있으며, 일본군은 무력한 상태로서 투옥 중인 사상범과 주요 인물을 석방하였다. 또한 한인 사병은 제대시키고 있다. 전국에서 임시정부와 광복군에 대한 신뢰가 매우 높으며, 속히 국내 들어오기를 바라고 있다고 하였다.

5. 8월 19일에 평양에서 온 연료로 비행기에 급유하였다. 일본 측은 본국의 명령이 없다면서 떠날 것을 재촉하였으므로 오후 2시 반에 이륙하였다. 서해를 건너 북쪽으로 비행하다가 연료 고갈로 산둥반도 웨이현 비행장에 불시착하였다. 일본군 경비가 미약하였고, 때마침 이범석 총사령과 친분이 있는 리원리·후전자 부대가 찾아와 비행장 경계를 말아 일행이 입성할 수 있었다. 그곳에서 8일 동안 체류하다가 27일 오전 10시에 이륙하여 3시간 반을 비행하여 시안에 도착하였다. 일행 중에 병상자는 없으며, 2차 한국 입국을 진행 중이다. 끝.

근정

총사령 제2지대장 이범석

내 필적으로 작성된 보고서 원문은 지금 내가 보관하고 있는데, 내게 대단히 중요한 문건이다. 6·25전쟁 때 지청천 장군 댁에서 흘러나와 전전하다가 어느 분의 수중에 들어갔는데, 나는 그분으로부터 고가로 이를 구입하였다.

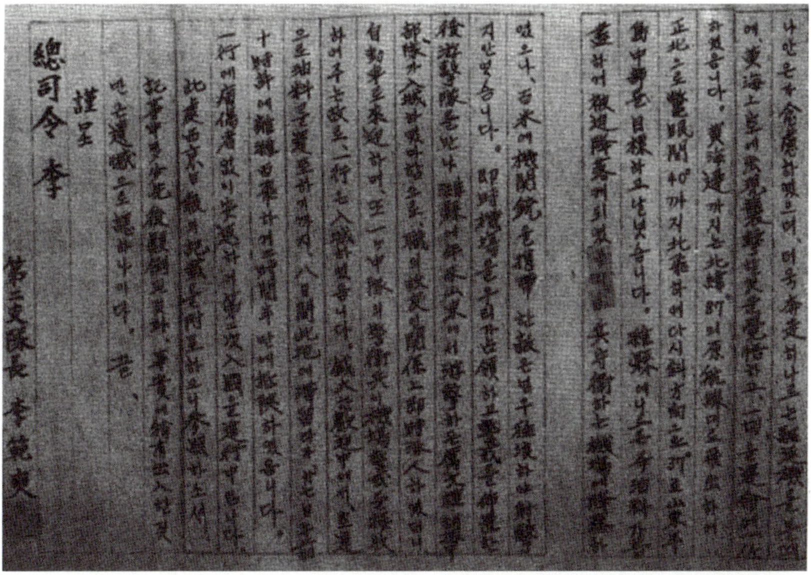

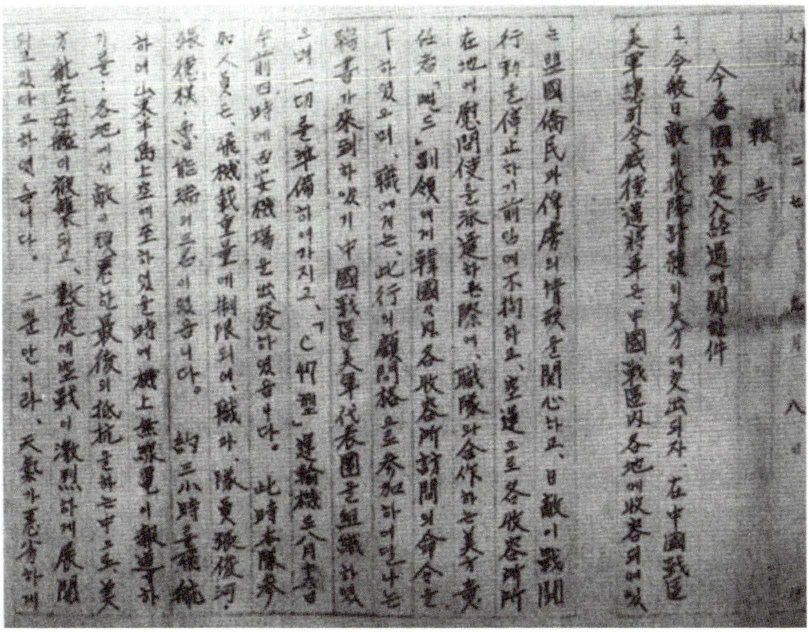

광복군 국내정진군의 국내 진입 경과에 관한 보고서

주

01 '아직 구차히 목숨을 유지한 것은 나라에 보답하기 위함이다(苟存猶今 志在報國)'라는 뜻

02 실제는 12시 반이다.

03 C-46형이었다.

04 고즈키는 지금 일본이 정전만 한 상태이니 일단 돌아갔다 휴전 조약이 체결된 다음에 재입국하라고 했다.

05 사전트 중령

X.

학계를 선택하다

1. 상하이로 가다

이범석 장군은 줄기차게 웨드마이어 장군에게 광복군의 입국을 교섭하였다. 비행기로 입국하는 것이 어려우면 상하이에서 미 제7함대에 편승케 해달라는 것이었다.

이리하여 지청천 총사령관에게 보고서를 발송한 다음 날 다시 선발대를 편성하였다. 이번에는 이 장군이 빠지고 그 대신 안춘생 구대장을 책임자로 하는 7명으로 결정되었는데 대원은 나, 장준하, 노능서, 이계현, 장덕기, 신덕영 등이었다.

상하이로 직항하는 비행기 편도 없었거니와 미군 사령부에 가서 직접 입국을 다시 부탁하려고 먼저 쿤밍으로 갔다. 나는 아내에게 빠른 시일 내에 충칭으로 가라고 일러주고는 9월 9일에 일행과 함께 시안을 떠났다. 중국 대륙을 종단하여 서남단에 있는 쿤밍을 둘러볼 기회이기도 했다. 계속해서 산악지대 위를 비행하다가 양쯔강을 상공에서 내려다보는 광경이란 매우 인상적이었다.

쿤밍에 도착한 것은 해 질 무렵이었는데 성내가 혼란하여 곧 들어가지 못하고 비행장 대합실에서 기다려야만 했다. 일본이 항복하자 장제스의 직계군대인 두위밍 부대가 윈난성 군벌인 룽윈을 충칭으로 납치하면서 충돌사건이 일어난 것이다. 중일전쟁이 발생하기 전에 공산군을 제외한 지방 군벌로서는 산시성의 옌시산과 윈난성의 룽윈만이 남아 있었는데, 옌시산 부대는 대일 전쟁에 적극적으로 참여하였지만 룽윈 부대는 대단히 소극적이었으므로 장제스가 이번에 단호하게 조처했던 것이다.

우리가 도착하기 전 사흘간 쿤밍 시내에서 시가전이 벌어졌는데 이날도 가끔 총성이 들렸으며, 외국인의 성내 출입이 절대 금지되었다. 다행히 이날 밤 10시경에 통행금지가 해제되어 우리는 성내 조그마한 호텔에 투숙할 수 있었다. 군벌 전쟁의 여운을 맛보는 듯하여 미안하지만 내심 쾌감도 느꼈다. 쿤밍은 프랑스의 세력권에 있었던 탓인지 다른 중국 도시보다 서구적이고 밝은 분위기여서 중국 사람들도 쿤밍이 아름답다고 하여 '작은 베이징'이라고 불렀다.

시내는 완전히 질서가 회복되어 미군들이 활보하고 있었고, 한족들과는 다른 동족, 묘족, 태족 등 소수민족의 의상이 이채로웠다. 이곳은 1910년에 쿤밍에서 베트남의 하노이까지 연결하는 전월철도가 개통됨에 따라 번영하기 시작하였고, 중일전쟁 때는 버마를 경유하여 수입되는 군수물자의 저장지였을 뿐만 아니라, 태평양전쟁이 발생한 다음에는 중국전구 미군 사령부가 설치되어 많이 발전하였다.

역사적으로는 변경 지역이어서 진한시대에는 전 왕국, 당대에는 남조국, 송대에는 대리국의 영지였으며 중앙의 행정력이 미치게 된 것은 원대 이후이다.

이때는 이미 일본이 항복한 다음이었기 때문에 나는 느긋한 마음이 되어 역사를 전공하는 사학도로 돌아간 느낌이었다. 우선 미군 사령부를 찾아 입국에 관한 일을 부탁한 다음에는 마음껏 구경하려고 마음먹었다.

그런데 마침 충칭에서 온 엄항섭 선생이 임시정부 요인들의 환국 문제를 웨드마이어 장군과 교섭 중이었다. 나는 우리 선발대의 입국에 관해서도 함께 요청해 달라고 부탁하고는 관광에 나섰다. 안춘생 대장은 책임상 엄 선생과 행동을 함께하였지만 나는 이범석 장군 부관의 직무에서 해방되어 마음이 홀가분하였다. 우선 민국 초기 이 지역의 대군벌이었던 탕지야오의 묘소를 찾았는데 그 규모의 웅장함에 놀랐다. 그의 장손이라는 사람이 안내하여 주었는데, 그가 살고 있는 집이 바로 탕 장군이 살고 있던 집이며 후원에 묘를 쓴 것이었다.

민국 초기 군웅할거의 시대에 대운남주의를 꿈꾸며 중국의 서남지역에 확고한 세력을 구축했던 인물이 탕지야오이며, 그는 광시성 군벌인 루룽팅과 연합하여 1917년에 광둥에 군 정부를 조직하고 쑨원을 대원수로 추대하였다. 1923년에도 광시 군벌과 협력하여 광둥을 점령하고, 광둥 군벌 천중밍에게 쫓겨난 쑨원을 다시 상하이에서 모셔다가 광둥 정부를 수립하였다. 이러한 쑨원과의 관계 덕분에 그는 한국의 독립운동을 적극적으로 지원하였으며, 그가 경영하는 윈난 육군강무학교에서 이범석·이준식 등 많은 한국 청년이 훈련받도록 해준 것이다.

다음으로 시난연합대학을 참관하였다. 중일전쟁 전의 윈난대학 자리에 베이징·난징·상하이 등지에서 전쟁을 피해 옮겨온 대학들이 연합하여 대학을 운영하고 있었다. 대단히 훌륭한 캠퍼스였으며 교사는 모두 벽돌 건물이었다. 각 대학 교수가 한데로 모인 까닭으로 저명한 학자가 많았다고 한다.

그런데 중요한 것은 그 캠퍼스에 들어서는 순간부터 싹트기 시작한 나의 심적인 변화이다. 안정된 캠퍼스를 보는 그 순간, 꾹꾹 눌러두었던

탕지야오 장군 동상 앞에서
오른쪽에서 첫 번째가 저자(윈난성 쿤밍)

윈난대학 현관에서
오른쪽에서 3번째가 저자

대학에 대한 그리움이 한꺼번에 북받치는 것이었다. 그렇다. 이제 나의 장래를 설계할 때가 왔다.

지금까지는 잃어버린 나라를 되찾는 데 나의 목숨을 바치겠다고 각오하였으나 나라가 독립된 다음에 무엇을 할 것인지 생각해본 일이 없었다. 살아서 조국에 돌아가리라는 기대는 털끝만치도 하지 않았으니 말이다. 그러나 이제는 사정이 다른 것이 아닌가. 일본이 항복하였으니 우리의 독립은 확실한 일이고, 나는 틀림없이 살아남는다. 그러면 해방된 조국에서 내가 무엇을 해야만 될 것인가. 이제 그 문제를 생각할 때가 왔다.

일본이 투항하고 여의도비행장으로 진입하였다가 웨이현에 불시착하고, 시안으로 되돌아왔다가 다시 쿤밍으로 비행하는 격랑 속에서 미처 내 장래에 대해서는 생각할 여유를 갖지 못하였다. 지금도 마찬가지이기는 하다. 어서 광복군이 국내로 진입하는 일에 최선을 다해야 한다. 그러나 국내로 진입한 다음에 나는 무엇을 해야만 되는 것일까. 우선 끝마치지 못한 대학을 다시 다녀야하지 않을까?

나는 이때 대학 캠퍼스를 돌아보면서부터 새로운 생각에 잠기기 시작하였다. 앞날을 내다보며 곰곰이 생각하고 계획을 세워야 한다. 일본군대를 탈출하여 독립군으로 가려고 계획한 것처럼 이제 새로운 과제에 대해 심사숙고해야만 한다. 나는 이런 것들이 머리에 떠오르기 시작하니 눈에 들어오는 것이 없었다. 고적을 찾아다니려는 계획도 저 멀리 사라졌다. 쿤밍호에서 함께 뱃놀이를 하는 동안에도 내 머릿속은 장래 문제로 꽉 차 있었다.

며칠을 이렇게 지내는 동안 미군 사령부의 회답은 신통한 것이 없었다. 노력은 해보겠다는 것이었으나 갈수록 우리의 입국은 까마득한 것으로 느껴졌다. 아무튼 상하이로 가서 제7함대 사령부에 다시 교섭하기로 하고 쿤밍을 떠났다.

밤에 쿤밍비행장을 떠나 9월 14일 아침에 상하이에 도착하였다. 안춘생 대장이 상하이를 잘 알아서 우리는 교포가 많이 사는 베이쓰촨로의 한 모퉁이에 숙소를 쉽게 정할 수 있었다. 이때의 상하이는 온통 축제 분위기였다. 미군복 차림의 우리를 위한 환영은 대단하였고, 지나가는 사람마다 우리를 붙잡고 악수했으며 여학생들은 가는 곳마다 꽃다발을 안겨 주었다.

그러나 우리의 임무는 하루빨리 입국하는 일이었다. 안 대장과 정운수[01] 씨가 날마다 7함대 사령부에 찾아가 우리의 입국을 교섭하였으나 역시 대답은 비관적이었다. 7함대의 함선에 편승하는 것은 문제가 없으나 맥아더 총사령의 동의가 있어야만 하니 그것을 기다리라는 것이었다.

앞서 일본이 항복하자 광복군으로서는 제2지대장인 이범석 장군을 국내정진군 총사령관에 임명하여 선발대를 국내에 전입시키는 한편, 중

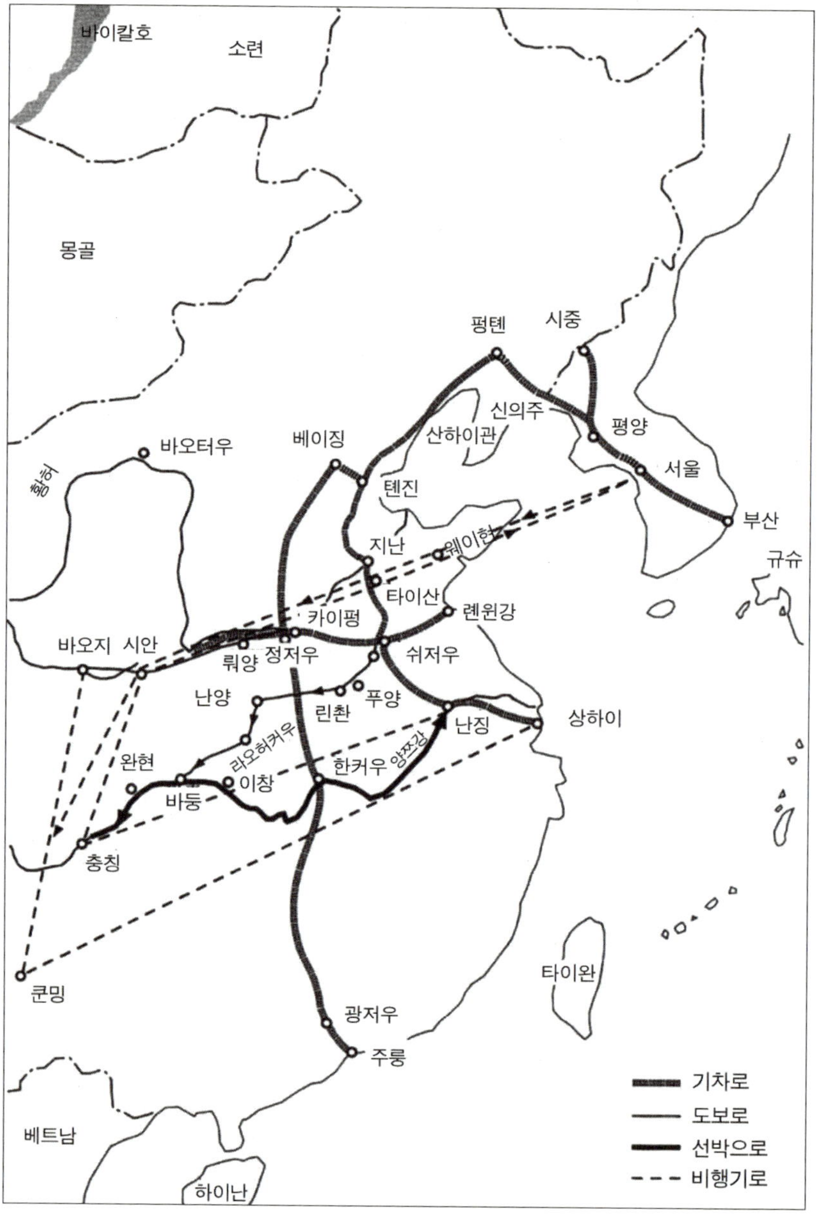

중국대륙에서의 저자의 행로(1944년 2월~1945년 12월)

국의 일본군 부대에 있는 한인 사병 약 10만 명을 모두 광복군으로 편입시켜 한국으로 간다는 기본방침을 수립하였다. 이에 제2지대는 정진군으로서의 역할에 주력하였고, 제1·제3지대는 중국 내에서의 광복군 확장에 힘을 기울이게 되었다. 이범석 장군은 맡은 바 임무도 그랬거니와 단순한 광복군의 국내 진입뿐만 아니라 앞으로 전개될 정국에 관해서 더 큰 관심을 가지고 있었다.

이리하여 상하이 지역에서는 제3지대가 재빨리 활동을 개시하였고(베이징지구에도 제3지대에서 사람이 파견되었다), 뒤이어 제1지대에서도 제2구대장 이소민을 파견하여 공작하였다. 그러나 광복군의 숫자가 원래 많지 않은데 서로 경쟁하다 보니 여러 가지 혼선이 생기고 일본군 내에 있던 한인 장교들과의 사이가 원만하지가 못했다. 게다가 일본이 항복하기 직전까지 일본군의 통역이나 아편 장사를 하던 사람들까지 하루아침에 광복군 모자를 쓰고 망명가나 혁명가를 행세하는 현상이 일어나 갖가지 불미스러운 일이 발생하기도 했다.

이때 양쯔강 하류지대의 일본군에 있던 장교들은 한국인 사병을 인수받아 상하이 후장대학 교사에 약 6천 명, 항저우의 대사찰에 약 2천 명을 수용하고 있었다. 이 장교단은 상하이의 완쑤이관이라는 일본인의 호텔을 인수해 지휘부로 사용하였는데, 그 대표는 장경순 씨와 민충식 씨, 황룡주 씨로서 우리와 같은 학병 출신이었으나 파견된 광복군에 실망하여 단독행동을 취하고 있었다. 그들은 10월 7일 충칭에서 온 지청천 총사령관이 상하이에 도착했을 때 사령관에게 사열을 받는 것도 거부하였다고 한다.

이런 상황을 보고 나나 장·노 동지는 가만있을 수가 없었다. 우리의 임무는 국내로 빨리 진입하는 것이었지만, 사령관에 대한 대접이 이러니

보고만 있을 수는 없는 노릇이었다. 우선 장 동지와 내가 같은 학병 출신인 장경순·민충식 씨를 만나서 모든 것을 성의껏 의논하였더니 일이 쉽게 해결되었다.

이리하여 지청천 총사령관은 후장대학에서 6천 명의 병력을 사열하게 되었는데 그때 지 사령관은 대단히 감격한 듯이 보였다. 다음에 항저우에 있는 한국인 사병들도 무사히 사열하고 모두 광복군으로 편입하였다.

이를 계기로 하여 우리는 장경순·민충식 씨 등과 가까이 지내게 되고 그들의 호의에 따라 우리의 숙소도 완쑤이관으로 옮겼다. 어느 날 밤 베이쓰촨로에 있는 한국음식점에 함께 가 두부찌개와 게장을 안주로 막걸리에 만취되어 어깨동무하고 상하이 거리를 활보하던 기억이 새롭다. 고국을 떠나 처음 찾아가는 한국음식점인 데다 찌개나 게장이 어찌나 맛있던지, 무엇보다 조국이 광복됐다는 기쁨으로 막걸리를 한없이 마신 것이다.

이렇게 해서 10월 중순이 되었으나 미군 7함대에 오르는 일은 막연하기만 하고 우리의 입국은 기대할 수 없는 듯했다. 그렇다고 다른 길을 찾을 수도 없었다. 나는 점점 장래 문제를 더 심각하게 생각해야 했다.

우리의 주머니에는 돈이 두둑이 있었다. 그것은 시안을 떠날 적에 이범석 장군이 마련해 준 공작금이다. 나는 드디어 시마 브랜드의 회중시계를 하나 샀다. 일본군 탈출 직후에 중국 유격대원들에게 시계를 빼앗겨 몹시 불편했던 한을 푼 것이다. 나는 이 시계를 보물처럼 생각하고 지금까지 잘 보관하고 있다. 그리고 아내에게 줄 조그만 반지도 결혼기념으로 하나 샀다. 이것 역시 아내는 보물처럼 잘 보관하고 있다.

장형과 나는 상하이 거리를 누볐다. 국제도시로 이름나고 역사상 여러 사건들이 전개된 상하이를 알 수 있는 좋은 기회였다.

상하이는 이때 인구가 약 470만으로 중국 제일의 대도시였다. 이곳은 송나라 말에 이미 무역항이었지만, 커다란 도시로 발전한 것은 아편전쟁 후에 개항장이 된 다음이다. 1843년에 영국 조계가 설정된 것을 비롯하여 프랑스 조계가 생기고, 또 미국도 조계지를 만들었으나 1863년에 영국과 합병하여 공동 조계가 됐고, 그 뒤에 일본 조계도 설정되어 상하이는 마치 외국의 식민지와 같았다.

상하이는 개항하자마자 중국 무역의 주요 항구가 되어 1870년대에 이미 무역 총액의 62퍼센트를 취급하였고, 또 중국의 대표적 공업도시로서 중일전쟁이 발생한 1937년 이전 상하이는 중국 내 대규모 공업생산의 적어도 반 이상을 차지하였다. 이러한 관계로 상하이의 분위기는 서양풍이 짙었다. 또 중국의 금융 중심지로서 큰 부자들이 많이 모여 살고, 동시에 노동자도 가장 많이 사는 도시였다. 시내는 번화하여 환락가가 요란한 것도 사실이지만 동시에 폭력배나 거지, 매춘부가 우글거리고 있었다. 외국 문물의 영향을 직접 받은 상하이 사람들은 자기들이 중국에서 가장 앞서간다고 자처할 뿐만 아니라 다른 지역 사람을 업신여기거나 상하이 말을 하는 것을 큰 자랑으로 생각하며, 대단히 매끄러운 성품의 소유자들이기도 하다.

나는 장형과 함께 우선 윤봉길 의사의 거사로 이름난 홍커우공원을 비롯하여 임시정부가 청사로 쓰던 건물을 찾아보았고, 우리 독립운동가들이 거주하던 프랑스 조계를 둘러보았다. 일본이 베트남 망명객들을 비호하는 것에 대한 보복으로 프랑스는 우리나라 독립운동가들을 비호해준 것이다. 우리 임시정부 요인인 신규식·박은식·노백린 선생 등의 묘지가 있는 만국공원에도 찾아가 참배하였다.

상하이의 가든 브리지에서
오른쪽에서 두번째가 저자

신석우 선생과 함께
오른쪽이 저자, 왼쪽은 장준하 동지(상하이에서)

그리고 황푸탄[02], 가든 브리지, 쓰마로 등 도쿄 유학 시절 일본인들이 노래나 소설로 많이 묘사하던 곳은 물론이고, 영안공사(백화점)나 파크 호텔도 찾아보았다. 음식점으로 유명한 신야반점에서 갖가지 맛있는 상하이요리도 먹었고 영화 구경도 여러 번 하였다. 유격대에서나 장정 길에서 고생하던 생각을 하니 꿈만 같았다.

대학 중에서는 푸단대학·후장대학·자오퉁대학 등이 유명하다. 여러 대학을 두루 찾아다녔는데 캠퍼스에 들어갈 적마다 나의 향학심은 더욱 굳어졌다. 중국사 전공자로서 중국에 더 남아서 공부를 계속할까 하는 생각이 움트기 시작한 것이다.

이범석 장군의 손위 매부인 신석우 선생이 상하이에 있다는 소식을 듣고 나와 장형은 그의 자택을 방문하였다. 신 선생은 1919년에 임시정부가 상하이에서 수립될 적에 참여하였고, 국내로 돌아가 조선일보 사장, 신간회의 주역도 맡은 일이 있다. 8월 18일 여의도비행장에 내렸을 때만 해도 국내에 있는 줄 알았는데 뜻밖에도 상하이에 있다는 것을 알고 찾아갔다.

신 선생은 우리를 몹시 반갑게 맞이하여 주었는데, 그는 그때 중국 정부와 협력하여 일본 총영사를 비롯한 일본 고위 관리들을 신문 조사하는 일을 맡고 있었다. 이 신문을 통하여 임시정부에 관계되는 많은 자료, 특히 신규식 선생의 유물들이 일본인들의 손에 의하여 이미 일본으로 운반되었다는 소식도 들었다.

이렇게 상하이 구경을 하면서도 항상 국내 진입의 길이 트이는가 하고 기다렸으나 7함대 사령부로부터는 끝끝내 감감 무소식이었다. 그 즈음 마침내 우리를 흥분시키는 소식이 날아들었다. 그것은 김구 주석을 비롯한 임시정부 요인들이 주한 미군사령관인 하지 중장이 보내는 비행기를 타고 환국한다는 소식이었다.

나는 정말로 해방감을 느꼈다. 비록 우리 선발대가 먼저 입국하여 임시정부 요인들의 입국 길을 트지는 못했지만 목적은 달성이 된 것이 아닌가. 이제 김구 주석이 환국하게 되었으니 우리 선발대가 시안에서 떠날 때 맡았던 임무는 우리 자신의 노력에 의한 것은 아니지만 달성된 것만은 틀림없는 일이다. 11월 5일에 임시정부 요인들이 상하이에 도착하기까지의 일주일 동안에도 나의 앞길에 대하여 다시 곰곰이 생각하였다. 모든 상황이 완전히 달라졌으며 이제는 무엇인가 결정을 내려야 할 시기가 된 것이다.

상하이 장완비행장에 도착한 김구 주석 일행은 손에 손에 태극기를 흔드는 수천 교포들의 열렬한 환영을 받았으며, 교포들이 미리 마련한 양쯔반점에 투숙하였다. 다음 날 시안에서 온 우리 선발대 일곱 명도 김구 주석의 지시에 따라 숙소를 양쯔반점으로 옮기고 행동을 함께하게 되었다.

홍커우공원을 비롯한 각처에서 열린 교포들의 환영회는 감격적이었으며, 이분들이 입국하였을 때 서울을 비롯한 전국 방방곡곡에서 전개될 환영회가 눈에 선히 보이는 듯하였다. 우리 선발대 일행도 하지 장군이 보내는 비행기가 도착하는 대로 임시정부 요인들을 모시고 함께 귀국하기로 하였다.

이때부터 11월 23일 김구 주석 일행이 귀국하기까지의 약 20일 동안에 나는 개인의 진로에 대하여 최종 결정을 내려야만 했다. 일본군을 탈출하여 독립군으로 뛰어들 때와 마찬가지로 일생을 좌우할 어렵고도 중대한 선택이었다. 쿤밍에서부터 고민해온 나의 앞길에는 두 가지의 선택이 있다고 믿었다. 정계에 투신하였다가 벼슬길에 오를 것인가, 아니면 학자의 길을 택할 것인가? 나는 이 두 가지 길을 놓고 무척 고민하였다. 주위에서 권하는 대로 김구 주석을 따라 귀국하면 틀림없이 정계에 발을 들여놓게 될 것이다. 그러나 결국 나는 학자의 길을 택하기로 결심하였다.

나는 나름대로 여러 가지로 분석하였다. 우선 일제의 투항으로 정세가 변화하였다는 점이다. 일제의 식민 지배를 받을 때는 우리 민족의 해방과 독립이 지상과제였기에 그를 위하여 나의 목숨까지도 바치려고 하였으나, 이제 독립이 되어 건국사업이 전개되는 시기에 우리가 해야 할 일은 많았다. 정치뿐만 아니라 경제·문화·사회·군사 등에 걸친 제반 건설 사업이기 때문에 국민 각자가 자기의 적성에 맞는 일에 투신하여 최선을 다해야만 될 것이다.

그러면 나의 적성은 무엇일까? 우선 학문에 대한 나의 열망이 컸다.

정치에는 흥미가 없을뿐더러 권모술수나 머리 숙일 줄 모르는 내 성격은 관료와 맞지 않는다고 판단하였다. 게다가 나는 강제징집으로 학업을 중단하였기에 대학을 졸업하지 못한 것이 안타까웠다. 게이오대학에서 내 전공과목이 중국사였으므로 중국사를 연구하기 위해 일부러라도 중국에 유학 와야 할 일이었다. 나는 전쟁터에서 중국어를 배웠고, 대륙을 동분서주하는 동안에 중국의 지리나 실정에도 어느 정도 익숙해진 것도 장점이다. 이 모든 것을 살려서 나는 기어코 중국 전문가가 되리라.

내게는 일본 메이지 초기의 정치가들(사이고 다카모리·기도 다카요시·오쿠보 도시미치·이토 히로부미 등)의 역할보다도 게이오대학을 창설하고 일본 현대문화의 발전에 기여한 후쿠자와 유키치의 역할이 더 인상적이었고, 현대 일본의 총리대신 도조 히데키보다도 내가 재학할 당시 게이오대학 총장이던 고이즈미 신조의 역할이 더 중요하게 느껴졌다. 또한 중국에서도 위안스카이·장쭤린·돤치루이 등의 군벌보다는 학문의 자유를 비롯한 대학의 발전과 자유 민권을 위하여 투쟁한 차이위안페이 베이징대학 총장이나 후스 박사가 더 훌륭하게 느껴진 것이다.

또한 나는 공부를 마치는 것 외에도 임신한 아내를 만나고 싶었고, 해산을 기다려 세 식구가 함께 금의환향하여 그리운 어머니와 형제들을 찾으리라 결심하고 중국에 남기로 하였다. 임시정부 요인들은 2진으로 나뉘어 귀국하게 되어 장준하 동지는 김구 주석과 함께 11월 23일 제1진으로 귀국하였다. 나는 제2진에도 끼지 않겠다는 굳은 각오로 상하이에 홀로 남았다. 나는 이런 생각을 장형에게도 의논하지 않았으므로 그는 내가 왜 중국에 남았는지를 오랫동안 이해하지 못하였다.

이때의 선택은 일생을 지배하였다. 나는 고려대에서 정년퇴임할 때까지 40년간 이때의 결심을 어떠한 동요도 없이 지켜왔고, 여러 차례 벼슬의 유혹이 있었으나 아무 거리낌 없이 물리칠 수 있었던 것은 국가 발전을 위한 내 역할이 무엇인지 그 소신이 확고했기 때문이다.

사람은 누구나 일생을 살아가면서 몇 차례 중대한 선택을 해야만 하는데, 특히 20대에 세운 가치관은 이러한 선택에 중요한 역할을 한다고 나는 믿는다.

2. 지청천 광복군 총사령관의 부관

임시정부 요인들이 수십 년 망명생활의 한을 풀고 모두 감격스럽게 귀국하는 모습을 보노라니 기쁘기 그지없었다. 그러나 임시정부로서가 아니라 개인 자격으로 귀국한다는 것이 마음에 걸렸다. 그러면 앞으로 광복군도 개인 자격으로 입국하게 될 것이 아닌가.

아무튼 임시정부 요인들이 국내의 애국지사들과 힘을 모아 새 나라를 힘차게 건설할 것으로 믿었으며, 나는 내 앞길을 개척하는 데 전력하기로 마음먹었다. 나 자신이 갖춰야 할 실력을 배양하여 장차 새 나라 건설에 더 큰 공헌을 하리라고 마음속으로 굳게 다짐하였다.

나는 미리 생각해 두었던 대로 지청천 총사령관을 찾아갔다. 앞서 말한 대로 상하이지구의 수편 공작 때 우리 선발대 일행이 지 사령관을 수행하여 연일 분주하였으므로 충칭에서 처음 만났을 때보다 훨씬 더 친숙하였다. 지 사령관은 중국 각지에서 광복군을 대규모로 편성하는 사업이 끝난 다음 이들을 인솔하고 귀국할 계획이었으므로 김구 주석과는 별도로 상하이에 남은 것이다.

나는 지청천 장군에게 솔직하게 내 생각을 말씀드리고 처가가 있는 충칭까지 데려다줄 것을 부탁하였다. 임시정부에서는 환국에 앞서 임정 주화대표단을 조직하여 중국에 있는 동포들의 생명과 재산을 보호하기로 하였다. 말하자면 그것은 대사관이었고 임시정부 내에서 가장 중국통이라고 하는 박찬익 선생과 민필호 선생을 대표단의 단장·부단장로 임명하였다.

나는 결혼 후 만나보지도 못한 처가를 찾아뵈어야 하겠고, 또한 시안에 혼자 두고 온 아내 일도 궁금하였다. 우선 가족이 한곳에 모인 다음에 어느 대학에 입학할지 추진할 계획이었다.

지청천 사령관은 선뜻 나의 청을 받아들이면서 뜻밖에도 광복군 총사령부가 국내로 옮길 때까지 총사령관의 부관직을 맡으라는 것이었다. 내가 이범석 장군의 부관이라는 것을 말씀드리면서 꺼렸더니 충칭에 가면 당신이 이범석 장군에게 설명할 터이니 문제없다고 하였다. 내가 대학에 들어가게 되면 어차피 광복군에서 전역할 것이니 부관을 맡으라고 '명령'하였다.

이런 경위로 나는 우리 독립투쟁사에 빛나는 두 장군의 부관을 맡는 영광을 얻었다.

상하이와 항저우지구의 수편 작업이 끝났으니 난징지구의 수편 공작을 마무리하는 충칭으로 가자는 지 장군의 말씀이 있었다. 이때부터 3개월간 광복군 총사령관의 부관으로서 나는 지청천 장군을 수행하게 되었는데, 우리는 상하이지구의 일을 끝내고 11월 말에 기차로 난징으로 출발하였다. 이로써 2개월 반의 상하이 체류가 끝났다.

지청천 장군은 본명이 지대형으로 일본 육사를 졸업한 후 제1차 세계대전 때 일본 육군 중위로서 칭다오작전에 참가하여 탈출하려다가 실패하고, 3·1운동이 일어나자 일본군을 탈출하여 만주로 망명한 탈출의 대선배였다.

그는 신흥무관학교에서 교성대장으로 있으면서 신팔균·김경천·이범석 교관 등과 함께 1920년 8월까지 2천여 명의 졸업생을 양성하였다. 그 뒤 군사교육을 받던 학생 300명을 거느리고 안투현 싼런팡에 도착하여 북간도 봉오동전투에서 대승을 거둔 홍범도 장군의 부대와 합세하고 그의 부사령관이 되어 일본군과의 전투를 전개하였다.

청산리 전투에서 대승을 거둔 김좌진 장군의 북로군정서 부대가 북상한다는 소식을 듣고, 그 뒤를 따라 미산에 도착한 이후 이곳에서 김좌진 부대를 비롯하여 홍범도, 지청천 부대, 대한독립군, 의군부, 혈성단, 정의군정사 등이 총통합을 하여 대한독립군단을 조직하였는데 병력은 약 3,500명이었다. 총재에 서일, 부총재에 홍범도·김좌진·조성환, 총사령 김규식, 참모장 이장령, 연대장에 지청천 등의 부서가 결정되었다.

대한독립군단은 국경을 넘어 시베리아에 있던 항일군인 사할린부대·타반군대 등과 협력하여 당시 시베리아에 출병 중인 일본군과의 전투에서 큰 공을 세웠으나 그 뒤 소련 적군의 불의의 습격으로 발생한 '자유시 참변'으로 인해 곤경에 빠지고 지청천 장군 자신도 옥고를 치렀다. 여기서 풀려난 다음 지 장군은 만주로 돌아와 정의부의 군사부 사령장으로 활약하다가 만주사변이 일어나자 중국 본토로 남하했고, 1940년 광복군이 조직되자 총사령관에 취임한 것이다.

나는 상하이에서 난징으로 가는 동안, 또 난징에서 충칭으로 가는 동안, 그리고 충칭의 광복군 총사령부에서 지난 세월 지청천 장군의 항일투쟁의 경험을 소상히 들을 수가 있었고, 깊이 감명을 받았다. 백범 선생을 비롯한 노혁명가들, 내가 직접 모시고 있던 이범석 장군, 그리고 지청천 장군의 혁혁한 항일의 체험을 들을 적마다 나는 가슴이 뛰고 애국의 뜨거운 정열이 용솟음치는 것을 느꼈다. 노혁명가들 앞에 무릎을 꿇고 경의를 표하고 싶은 심정이었다. 그분들의 수십 년 고생에 비교하면 나의 짧은 고생이란 아무것도 아니었다. 나는 그분들에게서 나라와 겨레를 사랑한다는 것이 무엇이며 민족혼이 무엇인가를 새삼 뼈저리게 느꼈다.

그럴수록 일본인들이 한없이 미웠지만, 동시에 나라를 빼앗긴 조상들이 원망스러웠다. 중국 유격대에서 충칭으로 걸어가는 6천리 길에, 그리고 서안에서 OSS 훈련을 받으면서 수없이 부르짖었던 절규, "우리는 절대로 못난 조상이 되어서는 안 된다"라는 것을 다시금 마음에 새겼다. 기필코 학문과 인격을 갈고 닦아 훌륭한 인재가 되어 조국 건설에 무엇인가 커다란 공헌을 해야만 하고, 우리 후손에게는 절대로 이전 세대와 같은 고생이나 서러움을 안겨서는 안 된다고 다짐하였다.

지청천 장군의 투쟁사를 감명 깊게 들으면서, 또 한편으로는 중국의 심장부라고 할 수 있는 상하이에서 난징까지의 도시(쑤저우·우시·창저우·전장 등)나 풍경을 하나도 빼놓지 않고 구경하느라 열중하였더니 어느새 기차는 난징역에 도달하였다.

난징에서 우리는 상하이나 항저우에서와 마찬가지로 중국 정부의 협력으로 난징지구의 포로수용소에 있는 한국 사병들을 광복군으로 편입하는 공작을 성공적으로 마무리하였는데, 이때 다쉬자 일본 경비중대에 있던 학병들을 만나 내가 탈출한 뒤의 중대 내 상황을 들을 수 있었다.

난징에서는 일에 바빠 관광은 전혀 하지 못하고 12월 4일 지청천 사령관을 따라 중국 민간 비행기 편으로 충칭으로 날아갔다. 비행기 아래로 넓은 평야와 유유히 흐르는 양쯔강을 바라보면서 안후이성과 후베이성의 상공을 지나니 1년 전 장정 6천리 길에서 맨발의 헝겊신으로 눈길을 넘던 파촉령이 시야에 들어온다. 저 산속에서 장준하 형과 나는 눈 속에서 밤을 새운 일도 있고 호랑이를 만난 일도 있지 않은가. 이제 장형과 나는 걷는 길은 달리하지만 뜻하는 바는 같을 것으로 확신하면서 혼자 상념에 잠겼다. 그때는 살아서 조국의 독립을 우리 눈으로 볼 수 있다고 상상치 못했다. 또 지금 이처럼 비행기 속에서 파촉령과 양쯔강을 내려다보면서 장래에 대한 포부를 그리며 희망에 가득 찬 꿈을 꿀 수 있으리라 생각이나 했겠는가.

옆자리의 지청천 장군도 상하이에서 난징으로 갈 때와는 달리 아무 말 없이 깊은 생각에 잠겨 있는 듯하였다. 지나간 수십 년의 풍상보다도 이미 각지에서 조직한 광복군 10만을 거느리고 조국으로 돌아가는 계획에 몰두하고 있을 것으로 짐작하였다. 지 장군은 이때가 57세였는데 나이보다도 훨씬 더 들어 보인 것은 그가 겪은 온갖 고생 때문일 것이다. 백발이 성성하고 얼굴에는 주름살이 가득 차 있는데, 그 백발 하나하나가 만주나 시베리아에서의 격전을 말해주는 듯하였다. 35년간 일제가 우리 민족에 행한 고문의 자국이 그의 얼굴에 새겨져 있었다. 광복된 조국에서 그의 주름살이 말끔히 가셔지기를 나는 간절히 기원하였다.

충칭에 도착하자 그 길로 총사령부로 직행하였다. 우선 총사령관실의 옆방을 부관실로 배당받은 다음, 이튿날부터 출근하기로 하고 나는 임시정부 청사로 장인(민필호 선생)을 찾아갔다. 임시정부 요인들이 모두 환국한 뒤여서 청사가 텅 비어 있었다. 대표단의 단장인 박찬익 선생과 부단장인 장인, 그리고 보좌역으로 민영구(사촌 처남) 등만 남아 있었다.

내가 처음 충칭에 도착했을 때 장인은 김구 주석의 판공실 주임이었으며, 나는《등불》잡지를 위한 등사기를 지원받느라고 따로 만나 식사를 함께한 일이 있다. 이제 부단장실에 앉은 그분이 내 장인인 것이다. 장인

저자의 처 민영주(1945년 12월, 충칭)

저자의 장모 신명호 여사(예관 신규식 선생의 장녀)

은 대단히 기뻐하면서 아내가 이미 9월 말에 충칭에 왔다고 하면서 대번 집에 같이 가자고 하였는데, 아내가 이미 안착하였다는 말에 우선 안도하였다. 처가는 투차오에 있다가 가족 대부분이 상하이로 떠나고 얼마 전에 충칭 시내의 자링신촌으로 이주했다고 한다. 조그마한 방이 세 개 있는 대나무로 만든 집이었다. 그 집에 장인·장모와 와병 중인 아내의 외할머니, 세 처제와 어린 처남, 그리고 아내가 모여 살았다. 큰 처남인 민영수는 제2지대와 행동을 함께하고 있었다.

처가에서는 갑자기 나타난 나를 보고 어리둥절하면서도 대단히 기뻐했다. 나는 연초에 충칭에서 처음 석 달을 지내는 동안 이미 처가 식구들과는 친숙해진 터였다. 아내는 몇 달 뒤에나 국내에서 만나게 될 것으로 각오하고 있다가 생각지 못한 나의 등장에 한결 마음이 놓이는 것 같았다. 더욱이 임신 중이었기에 혼자서 걱정이 많았을 것이다. 나는 연초에 처음 충칭에 와서 석 달을 지내는 동안에 처가 식구들을 이미 만났던 터라 조금도 생소한 것이 없었다. 국외에서 수십 년 동안을 함께 전전하면서 고생을 나누었기에 혁명가들의 가족 간의 친분은 더욱 두터웠다.

그날 밤 장인은 시내의 큰 음식점에서 온 가족이 모인 가운데 나를 위한 환영연을 베풀어주었고, 나는 그동안에 겪은 여러 가지 이야기를 털어놓으며 또 앞으로의 진로에 대한 포부도 이야기하였다.

장인의 경력에 대해서는 앞에서 소개하였으니 이번에는 장모 신명호 여사에 관한 이야기를 좀 해둬야 하겠다. 그것은 내 장모여서가 아니라 장모의 이야기를 하면 그 부친이신 신규식 선생의 가족 상황을 알 수 있기 때문이다. 장모는 장인보다 여섯 살이 아래니까 이때 나이가 41세이고, 결혼할 때는 16세였다. 당시는 지금과는 달라서 16세라면 보통의 여성들이 결혼하는 연령이다.

예관 신규식 선생은 1녀 2남을 두었는데 첫째 아들은 어려서 병사하였다. 신 선생이 단신으로 중국 망명을 했기 때문에 부인과 남매는 고향인 청주에 남았다가 1921년 모두 상하이로 건너갔고, 그해에 맏딸인 장모는 출가한 것이다. 불행하게도 다음 해인 1922년에 신규식 선생은 별세하였다.

내가 시안에서 이범석 장군을 모시고 있을 때 틈틈이 우리 혁명가들에 대한 인물평을 들은 일이 있는데, 패기만만하고도 자신에 넘친 이 장군은 웬만한 사람은 눈에 차지 않았었다. 그런 그가 마음으로부터 존경한 인물이 바로 신규식 선생과 김좌진 장군의 두 분이었다. 나는 예관 선생에 관한 이야기를 많이 들었다. 그분에 대하여는 지청천 장군뿐만 아니라 내가 만난 노혁명가들은 당파를 가릴 것 없이 모두가 이구동성으로 경의와 격찬을 아끼지 않았었다. 나는 특히 예관 선생과 이동녕 선생을 뵐 기회가 없었던 것을 늘 한으로 생각하고 있다. 역사를 빛낸 수많은 애국지사 중에서도 예관 선생은 남다른 이채를 띠고 있다고 할 수 있을 것이다.

예관의 가장 큰 공로는 상하이 임시정부 수립의 산파역을 했다는 것과 광둥의 중국 호법정부가 임정정부를 승인하도록 한 일일 것이다. 이런 공을 세우게 된 배경에는 그 자신이 중국의 신해혁명에 직접 참여하였을 뿐만 아니라, 중국의 혁명을 위하여 그가 국내에서 가지고 나간 전 재산을 내놓아 쑨원을 비롯한 중국 요인들과 깊은 우의를 맺은 것이 결정적 역할을 한 것이다.

예관은 1879년 청주군 동면 계산리에서 태어나 유년기에는 한문을 배웠는데 대단히 총명하여 열 살 남짓하여 이미 어려운 경서를 해독하였다고 한다. 1894년 청일전쟁으로 내우외환에 시달리던 조선조 말기, 도탄에 빠진 민중을 위하여 탐관오리들을 규탄하는 격문을 살포하면서 치열한 문서 활동을 전개하였다. 한편, 같이 공부하는 학우들을 군대식으로 조직하여 피나는 강훈으로 숭무 정신을 기르면서 외국으로부터 받는 모욕를 막으려고 하였다. 첩자의 밀고로 선생은 여러 차례 체포된 바 있으나 끝내 굽히지 않았다. 이때 선생의 나이는 겨우 14세가 되던 해의 일인데 관리들도 탄복하였다 한다.

1898년 19세에 관립중국어학교에서 공부하였고, 1900년에는 무관학교에 입학하였다. 모든 부문에서 성적이 뛰어났던 선생은 학교 당국의 부패와 불합리한 점을 고발할 목적으로 수업 거부·동맹휴학을 계획하였다. 원래 무관학교에서는 모든 사건의 주동 학생은 군법으로 처벌하게 되어 있었는데 그 뒤 특사를 받아 수석으로 졸업하고, 보병영에서 참위로 근무하였다.

1905년 26세에 망국적인 을사늑약이 체결되자 비분강개한 나머지

음독 자결하려다가, 다행히도 집안 사람들에게 발견되어 생명만은 건졌으나 오른쪽 눈이 상하여 흘겨보는 듯한 표정이 되었다. 그로부터 왜놈을 흘겨본다는 뜻으로 자신의 호를 예관이라 하였다. 그 뒤 1907년 군대가 강제해산하자 100여 명의 부대를 이끌고 일본군을 공격하다가 패배하고 다시 자결하려다가 대종교 교주 나철 선생의 만류로 구명되었다. 그 뒤 구국운동을 전개하여 대한자강회·대한협회 등의 정치단체에 참여하는 한편 교육 구국의 신념으로 중동학교의 교장도 하고, 또 나철 대종사의 인도로 독실한 신자가 되었다.

한일합병으로 국권이 피탈되자 1911년 32세의 나이로 상하이에 망명하여 '신정'이라고 개명하였다. 이로부터 중국의 도움으로 국권을 회복할 길을 모색하여 중국의 혁명투사들과 친교를 맺고, 국민당의 전신인 중국혁명동맹회에 가담하여 그해 10월 일어난 우창 봉기에 크게 이바지한 것이다. 선생은 조국의 독립을 위해서는 밀접한 관계가 있는 중국을 도와야 한다고 주장하고, 우리 민족과 공동운명체인 중국 국민혁명에 참가하는 것은 조국을 위한 차선책이라고 역설하였다.

1912년, 예관은 중국 본토에서 한인 독립운동단체의 효시라고 할 수 있는 동제사를 조직하였는데 이에 참여한 중심인물은 박은식·김규식·신채호·조소앙·박찬익·이광 등이었다. 동시에 중국의 혁명가들과 한국의 망명 지사들이 동지적 우호와 긴밀한 유대를 맺도록 신아동제사를 조직하였는데, 여기에 참여한 중국 인사들로서는 쑹자오런·천치메이·후한민·다이지타오·랴오중카이·우톄청·탕사오이·황제민·뤄톈민·천궈푸·장징장 등의 쟁쟁한 인물들이었다.

1913년에는 박은식·신채호 등과 박달학원을 세워 우리 청년들로 하여금 중국이나 서구 각국으로 진출할 수 있는 예비교육을 시행하였다. 한편 우리 청년들에게 군사교육을 장려하였는데 중국 각지의 실력자인 리례췬·탕지야오·청첸·루융샹·왕쥐푸 등과 연락하여 약 10년간 100여 명의 학생을 바오딩군관학교·우쑹상선학교·후베이강무당·윈난강무당 등에 입학시켜 군사 인재를 양성하였다. 청년들에 대한 선생의 애호는 빈틈이 없었고, 그가 키운 젊은이들 가운데 장래가 촉망된 독립투사로는 이범석·김홍일·민필호 등 수많은 인재가 있었다.

1917년 8월에는 스웨덴 스톡홀름에서 개최된 만국사회당대회에 조선사회당의 이름으로 조선 독립을 요망하는 호소문을 제출하여 만장일치의 승인을 얻는 데 성공하였다. 1918년 11월 제1차 세계대전이 끝나자 선생은 만주를 비롯한 각지의 혁명동지들과 함께 무오독립선언서에 서명하였다. 그해 12월에는 여운형·한진교·선우혁 등과 뜻을 모아 파리평화회의에 예관의 이름으로 조선 독립을 원조하라는 요청 전문을 보내고, 여운형과 함께 벼락정당이라 할 수 있는 신한청년당을 조직하여 당시 하얼빈에 있던 김규식 박사를 대표로 파견하였다.

이 일이 있은 다음 독립운동가들은 속속 예관이 닦아 놓은 혁명의 책원지인 상하이로 모여들기 시작하였다. 다음 해 국내에 3·1운동이 일어나자 망명 지사들이나 중국 혁명가들과 손을 잡고 조국의 독립을 위해서 보탬이 된다고 생각되는 일은 안 해본 일이 없을 정도로 열중하면서 맹렬한 활동을 전개하였다.

선생의 산파역으로 임시정부가 수립되자 선생은 법무총장·국무총리서리·외무총장·중국 호법정부로 파견되는 특명전권대사 등의 요직을 맡아 활동하였는데, 호법정부의 대총통인 쑨원과 친히 면담하여 대한민국 임시정부를 정식으로 승인받게 된 것은 오로지 예관의 공이라고 할 만하다.

예관 신규식 선생

신규식 선생의 묘
앞이 민필호 선생과 민영수, 뒤에서 왼쪽은 신명호 여사, 오른쪽은 신규식 선생의 미망인과 외손녀 민영주(1923년)

그러나 우리 임시정부 내의 계속되는 내분에 예관은 몹시 상심하였는데 중국인 동지로서 가장 친근하고 중화민국 건국의 공신인 천치메이와 쑹자오런이 사망하자 그의 낙심은 극에 달하였다. 그는 상심을 거듭한 나머지 25일간이나 식음을 전폐하고 신음하다가 "정부! 정부!"라는 유언을 남기고 1922년 9월 25일 43세를 일기로 한 많은 생애를 상하이에서 마쳤다. 장례식에 참석한 한중 양국 인사는 인산인해를 이루었다고 하며, 그의 유해는 상하이 만국공묘에 모셨다. 나는 1981년부터 예관 선생의 묘지를 찾으려고 큰 노력을 기울였으나 뜻을 이루지 못하다가 결국 1988년 11월에 직접 상하이에 가서 찾아냈다. 문화혁명의 난동으로 비석은 파괴되었으나 유해는 원래 위치인 만국공묘 A 309에 있다는 것을 확인하였다.

예관의 저서로 《한국혼》이 남아 있어서 그의 사상을 엿볼 수 있는 것은 다행이며, 선생은 술이나 담배를 입에 대지 않았고 근엄하면서도 대단히 인자한 성품으로서 조국의 독립과 상관없는 다른 일은 하지 않았다. 그 많은 파쟁에서도 항상 초연한 입장이었기에 모든 이의 존경을 받았다는 것이다.

장모는 예관 선생의 피를 이은 유일한 생존자이다. 젊었을 적에 미인으로 소문났고, 현숙하기로도 혁명 진영에서 으뜸간다는 평을 받았을 뿐만 아니라 요리 솜씨가 대단하여 귀빈을 초대할 적에는 으레 장모가 봉사하였다 한다. 나는 이러한 장인·장모를 모시게 된 것을 여간 행운으로 생각하지 않았다. 장인이 중국통이고 장인의 장인인 예관 선생이 중국통이니만치 나도 그분들의 애국정신을 계승할 뿐만 아니라 중국통으로도 대성하리라고 다시 한번 굳게 마음먹었다.

이리하여 나는 광복군 총사령부에 출근하면서 틈틈이 장인의 일을 도우며 진학의 기회를 기다리게 되었는데, 며칠 후 이범석 장군이 지청천 사령관의 부름을 받고 시안에서 비행기를 타고 왔다. 참모장이던 김홍일 장군이 사임하고 펑톈에 설치된 중국 정부 동북행원 한교판사처장으로 부임하면서 철기 장군이 다시 참모장직을 맡게 되었기 때문이다. 지청천 장군이 철기를 부른 까닭은 그것 이외에 광복군의 편성사업과 10만에 달하는 광복군의 환국 교섭(중국과 미국에 대한 교섭)과 환국 이후의 건국 계획 등을 상세하게 의논하려는 것이었는데 지청천 사령관은 철기에게 나에 관한 것도 전보로 미리 알려주었다.

나는 철기 장군을 반갑게 만나 뵙고 그동안의 선발대 활동에 관한 보고를 하였을 뿐만 아니라 나의 장래에 관한 생각도 소상히 설명하였다. 철기는 재차 함께 귀국할 것을 권하였으나 나의 뜻이 확고한 것을 보고 마침내 기꺼이 동의해주었다. 철기 장군은 이때 약 1주간 충칭에 머물면서 열정적으로 활동하였다. 광복군의 귀국 계획을 중국 정부나 미국 측에 교섭하느라고 장인과 함께 철기가 앞장서서 뛰어다녔다.

이때 중국 정부에서는 광복군의 계획에 전적으로 찬성하고 적극적으로 지원해주었으나 미국 측의 태도는 여전히 모호하였다. 김구 주석도 개인 자격으로 입국케 한 미국인데 광복군이 무장 편성한 채로 귀국하도록 놔두지 않을 것으로 나는 짐작하였다. 한반도에 대해 중국이나 소련처럼 명백한 이해나 정책을 갖고 있지 못한 미국은 이때 중요한 착오를 범한 것이다. 임시정부를 적극적으로 지지하고 광복군 10만 대군이 무장한 채로 입국하게 하였더라면 남북의 분단도 어쩌면 막을 수 있었을 것이고, 적어도 여수·순천사건을 비롯한 공산당의 반란을 막을 수 있었을 것이며, 6·25전쟁도 발생하지 않았을 것으로 생각한다.

철기 장군은 실의에 가득 찬 심정을 갖고 시안으로 되돌아갔다. 그리고 이듬해인 1947년 4월에 지청천 총사령관도 개인 자격으로 환국하였고, 중국 각지에서 광복군으로 수편한 대부대도 포로나 난민과 비슷한 대접으로 귀국선을 탔다. 1946년 5월 16일 난징 안락주가에서 〈광복군의 복원〉 선언을 하였는데, 이는 광복군의 해산을 의미한다.

이리하여 광복군은 실질적으로 해산된 셈인데 생각하면 생각할수록 뼈아픈 일이 아닐 수 없었다.

3. 동방어전 전임강사 생활

이럴 무렵에 내게 학계로 진출하는 행운이 찾아왔다. 중국 국립 동방어문전문학교에서 한국어과를 신설하고 한국어를 담당할 사람을 추천해 달라고 우리 주화 대표단에 요청했는데 대표단에서는 나를 지명한 것이다.

이리하여 1946년 2월 16일부터 나는 전임강사로 취직하여 학계에 첫발을 들여놓게 되었는데, 이것은 행운이기는 하나 중국 대학에 들어가려던 당초의 계획과는 다소 어긋나는 길이기도 하였다. 그러나 나는 우선 생활 문제를 해결하기 위해 이 행운을 고맙게 받아들였고 진학은 차차 대책을 세우기로 하였다.

1946년 2월 16일은 내가 강단에 서는 첫날이었고, 이후 40년간 이어졌다. 솔직히 말해서 이때 나는 우리나라가 분단되리라고는 생각하지 못했으며, 또 중국에서의 공산당 문제도 쉽게 해결될 것으로 낙관하였다. 따라서 나의 모든 관심은 어떻게 하면 내가 맡은 직책을 훌륭하게 수행하면서 학문의 터전을 제대로 닦는가 하는 데 집중하고 있었다.

처음 서는 강단에서 중국어로 강의해야 하는 중압감이 들었으나 죽을 고비를 수없이 헤쳐 온 경험이 있어서 그런지 조금도 두려울 것이 없었다. 오히려 군복을 평복으로 갈아입고 충칭을 걷는다는 것이 그렇게 홀가분할 수가 없었다. 양복은 상하이에서 신석우 선생이 호의로 마련해준 기성복이 있어서 따로 준비할 필요는 없었다. 나는 이제 혁명운동 생활을 끝맺고 다시 대학 사회로, 그것도 학생 신분이 아니라 전임강사로서 발을 들여놓게 되었다는 것이 감개무량할 따름이었다.

동방어전은 중국 정부가 동방 여러 나라와의 국교 관계와 이 지역에 대한 정치·경제·문화적 진출, 동방 각지에 거류하는 화교를 보호하려는 뜻에서 세운 국립학교인데, 일본이 투항하자 독립될 한국과의 관계를 생각하여 '한어과'를 개설한 것이다. 이때 중국에서 외국어 전문학교는 이곳뿐이었다.

그들에게 동방이란 지중해의 동쪽, 말하자면 동아시아·서아시아·남아시아를 모두 포함하는 개념이다. 따라서 이 지역과 관계가 깊은 영어·프랑스어·독일어·러시아어·스페인어·네덜란드어 등을 모두 제2외국어로 삼아 철저한 어학 훈련을 실시하고 있었다. 어학뿐만 아니라 동방 각국의 역사나 정치·경제·문화·사회 상황에 관한 것이나 화교와 연관이 있는 전반적인 것을 가르치고 있었다. 각 과마다 외국인이 직접 외국어 강좌를 맡고 있어서 여러 민족의 집결소와 같은 느낌이었다.

일본어만은 일본인이 담당하지 않고 전쟁 전에 일본 도쿄고등사범학교를 졸업한 저우 교수가 맡았는데, 그는 아주 유창한 일본어를 구사하였으며, 대단히 훌륭한 50대의 학자였다. 학교 당국에서 우리 주화 대표단과의 접촉을 부탁한 사람이 바로 저우 교수였고, 내가 처음 학교로 나갈 때도 이 교수가 안내해주었을 뿐만 아니라 그 뒤로도 그는 여러 가지로 내 뒤를 돌봐주었다. 단둘이 있을 때 그는 항상 일본어로 대화를 시작하기에 처음에는 거부감이 있었지만, 그가 나와 자주 만나려고 한 중요한 이유가 바로 일본어 회화를 잊지 않으려는 학자로서의 노력인 것을 깨달은 다음에는 나도 자연스럽게 일본어로 대화하였다.

학교는 충칭에서 버스로 약 두 시간 거리에 있는 신카이시에 자리 잡았는데, 국민정부가 충칭으로 천도한 다음에 생긴 조그마한 도시였다. 교사는 쓰촨 지방에 흔한 대나무로 지은 간소한 건물이었다. 이 지역은 겨울에도 기온이 영하로 내려가지 않고 3월이면 벌써 더워지므로 이런 간단한 건물이라도 충분하였다.

한어과는 새로 개설된 터라 1945년 가을 첫 입학생이 30명밖에 안 되어 나는 일주일에 9시간만 가르치면 되었다. 그러나 충칭으로 오가는 교통이 불편하여 강의는 사흘에 몰아 놓고, 잠도 학교 기숙사에서 2박을 하기로 하였다. 그런데 문제는 첫째가 교재이고, 둘째는 우리말 문법에 관한 내 지식이 부족하다는 것이었다.

국립 동방어문전문학교 한어과 학생들
(충칭 신카이시에서)

학교 도서관을 뒤졌더니 천만다행히도 최현배 선생의 《우리나라 말본》이 있는 것을 발견하고 구세주를 만난 듯이 기뻤다. 그래서 저우 교수가 사용하는 일본어 교재를 참고로 하여 한국어 교재를 따로 만들고, 내가 먼저 책에 담긴 문법을 열심히 공부하였다. 한어과 학생들의 제2외국어가 일본어여서 나는 한국어 문법과 일본어 문법을 대조하면서 연구하기 시작하였고, 또 학생들이 쉽게 이해하도록 하려면 나도 중국어 문법을 알아야 하기에 그 방면으로도 공부하였다. 저우 교수의 추천에 따라 왕리 교수가 지은 《중국어문법》을 공부하였는데, 이것은 학생들을 가르치는 데 도움이 되었을 뿐 아니라 동시에 나의 중국어 지식을 넓히는 데도 큰 역할을 했다.

나는 밤잠을 아끼면서 열심히 공부하였다. 중학 시절부터 새벽 4시면 일어나서 책상 앞에 앉던 습관이 있었기에 조금도 어렵지 않았고, 또 전쟁터에서의 고생에 비하면 아무것도 아니었다. 나는 1944년 2월에 '학병'으로 끌려 나온 다음부터 이 학교에서 교편을 잡기까지 만 2년간 책이라고는 쥐어보지 못한 상태여서 책에 대한 갈증이 대단하였다. 책! 나는 이로부터 하루 온종일을 책과 함께 하는 생활을 하였다.

이렇게 해서 학계에 첫발을 들여놓은 뒤 어법에 관한 연구를 시작하게 되었다. 일제 치하에서 학교를 다닌 탓에 국어를 제대로 배울 기회가 없었던 것을 보충할 수 있었고, 또한 내가 중국 대학에서 중국사를 전공하는 데도 중국 어법에 관한 지식은 큰 도움을 주었다.

약 2개월 동안 정신없이 교재 준비와 문법 공부를 하다 보니 차차 마음과 시간의 여유가 생기기 시작하였다. 처음 맡은 직장이라 첫 달인 2월에는 월급 받기가 쑥스러워 경리과로 찾아가지 않았더니 3월 중순에 경리과장이 웃으면서 "김 선생은 돈이 필요 없습니까?" 하고 월급을 가져다주는 것이었다. 생활은 처가에서 신세 지고 있었으므로 이제 나는 경제적인 여유도 생긴 셈이었다. 마음과 시간, 돈의 여유가 생기고 나서 바로 드나들기 시작한 곳이 서점이다. 4월 중순경부터 나는 충칭에 있는 모든 서점을 뒤지고 다녔다. 전공 공부를 하기 위해서였다.

4. 중국 최근세사 연구

나는 일본 게이오대학에서 동양사학과에 적을 두었고, 이제 본고장인 중국에서 중국사를 연구할 계획이었다. 중국사 중에서도 아편전쟁 이후의 최근세사, 말하자면 서양 세력이 동양을 점령하는 '서력동점'의 시대가 되어 전통적 중국이 한 발자국씩 무너져가는 과정과 근대화의 과정, 그중에서도 중국의 장래를 결정할 국공관계에 초점을 두고 연구할 결심이었다.

최근세사 연구에는 정치학, 경제학, 사회학 등의 사회과학 지식이 보조과학으로서 대단히 중요한데, 특히 국공관계 연구에는 공산주의에 관한 이론적 연구가 반드시 있어야 한다고 생각하였다. 일본 유학 시에는 공산당에 대한 탄압이 심하여 공산주의에 관한 서적을 입수하기 어려웠고, 충칭에 있을 때 민족혁명당의 윤징우 씨가 우리에게 좌익 서적을 빌려주기도 했으나 그때는 책 읽을 상황이 아니었다. 그런 관계로 나는 중국 학자가 쓴 중국사와 공산주의 이론에 관한 책들을 닥치는 대로 구입하기 시작한 것이다.

중국사에 관해서는 우선 중국 학자가 쓴 책 가운데 중국 전 시대, 지역의 역사를 서술한 책인 통사를 읽어야 된다고 생각하여 저우구청의 《중국통사》와 첸무의 《국사대강》을 샀고, 공산주의 이론에 관한 것은 있는 대로 모두 사들였다. 당시는 아직 국공합작 시기로서 중국 공산당이 충칭에서 발행하는 《신화일보》가 있었는데, 사옥 1층의 신화서점에는 공산주의에 관한 각종 서적과 세계 공산주의 운동사에 관한 책들이 가득 차 있었다. 그러나 중요한 책은 대부분 번역서였다.

당시 중국에서의 사상 문제를 간단히 이해하려면, 마르크스주의가 중국에 전파되기까지 서양의 각종 학설이 중국에 유입된 과정을 살펴보는 것이 좋을 것 같다. 초기에는 스페인이나 포르투갈의 상인들과 함께 온 선교사들이 기독교뿐만 아니라 서양의 근대 학설들을 소개하였다. 중국인으로서는 명나라 말기에 서광계, 이지조 등이 서양의 천문학, 수학, 토목학 등의 서적을 번역하여 쓴 것이 그 시초이다. 청대에 들어서자 옹정 시기부터 금교령이 내리고, 건륭황제에 이르러 1757년부터는 통상항을 광동만으로 제한하면서 서양과의 접촉이 거의 끊어지게 되었다.

그러다가 아편전쟁의 패배로 차차 서양문화에 대한 인식이 달라지면서 양무운동이 전개되는데, 이 무렵에 상하이 제조국이나 베이징의 동문관, 그리고 포교의 자유를 얻은 교회에서 명나라 말에 싹트기 시작한 서양 서적의 소개 사업을 계승하게 되었다. 그러나 그때 소개한 서적은 대부분 기술 분야이고 사상에 관계되는 것은 아니었다. 본격적인 서양 학술의 소개는 역사적으로 멸시하던 일본에 패배함으로써 생긴 충격에서 비롯된다.

1920년대 말 제1차 국공합작과 북벌 시기 이후 독일과 러시아의 사회주의 사상이 대거 소개되면서 이 무렵에는 각파 사람들이 모두 기꺼이 사회주의를 소개하고 토론하였다. 마르크스와 엥겔스의 과학적 사회주의, 변증법적 유물론, 유물사관으로부터 러시아의 레닌 및 소련 청년 사상가들이 천명하는 사회주의와 변증법적 유물론이 홍수처럼 중국에 밀려들어 왔다. 1927년에 국민당과 공산당이 분열되어 이 방면의 서적이 점차 제약을 받기는 하였으나 사회주의 사상이 사람들의 마음에 끼친 영향은 대단하였다.

천두슈와 리다자오가 마르크스와 엥겔스를 처음으로 소개하였지만 사회주의 사상을 가장 많이 소개한 사람은 리다와 리지이다. 리다는 일본어로 된 책을 다시 중국어로 번역하기는 하였으나 사회주의를 소개한 공은 그에 비견할 사람이 없을 것이다. 리다의 대표적인 번역서는《변증법적 유물론 교정》,《사회과학의 이론과 실천의 근본문제》,《현대세계관》,《마르크스주의 경제학의 기초이론》,《정치경제학 교정》 등이 있다.

리지는 독일에서 유학하며 마르크스주의를 전공했고,《통속자본론》을 번역하였다. 그 밖에 이 시기에 번역된 대표적인 책은《정치경제학비판》,《자본론》,《가족, 사유재산 및 국가의 기원》,《반두림론》,《자연변증법》,《변증법》,《유물변증법독본》,《자본론 대강》,《역사의 일원론》,《유물론사》,《전쟁의 유물론》 등이 있다.

이상으로서 내가 공산주의 이론에 관한 어떤 책들을 구하였는지 짐작할 수 있을 것이다. 신화서점에는 이 밖에도 소련 공산당의 간행물이나 마오쩌둥의 신민주주의론, 연합정부론, 유격전 관련 서적과 중국 공산당의 여러 가지 선전물이 있었는데 나는 4월부터 7월에 이르는 사이에 월급을 받는 대로 모두 서적들을 구입하여 탐독하기 시작하였다. 공산주의 이론에 관한 공부는 8월에 난징으로 옮긴 다음에도 계속하였다.

이처럼 학계에서의 첫걸음은 한·중·일의 어법 연구와 중국사, 그리고 공산주의 이론에 관한 연구였다. 나는 정성을 다하여 학생들을 가르쳤고, 하루 종일 책상 앞에 앉은 책벌레가 되었다. 전쟁 때문에 학업이 늦어져 나이 많은 학생들이 많은 탓에 나는 옷차림도 가능한 나이 들어 보이는 것으로 입었다. 내 열정이 통했는지 나는 학생들과 쉽게 친해졌고, 또 그들과 만나는 것이 그렇게 즐거울 수가 없었다. 처음 몇 달을 지나면서 벌써 교수생활이 나의 천성에 맞는 직업이라는 것을 확신하게 되었다. 나는 교실에서 만나는 것뿐만 아니라 일주일에 이틀간 기숙사에 머무는 동안에는 완전히 그들과 함께 지냈다. 식사와 산책을 함께하면서 온갖 이야기를 나누었다.

어느새 전쟁은 잊어버리고 내 머릿속은 학생들과 학문으로 가득 차 있었다. 또 학교에 출강하는 각국의 강사들과도 다정하게 지내게 되었다. 중국어를 모르는 외국인 교수들과는 영어로 의견을 나누었는데, 나는 시안에서 미군들과 함께 지내는 사이에 익힌 영어회화가 이토록 요긴하게 쓰일 줄은 몰랐다. 나는 이들과의 교제를 영어 공부의 기회로 삼았고, 또 학생들과의 접촉을 중국어 공부의 좋은 계기로 생각하였다. 일찌감치 더위가 찾아오는 충칭에서 승객이 가득 찬 버스를 타고 퀴퀴한 냄새를 맡으며 땀을 많이 흘렸지만, 하나도 고생스럽게 느껴지지 않았다. 전쟁터에서 단련된 심신인 데다가, 새로 출발하는 학계 생활에서 최고의 희열을 맛보고 있었기 때문이다.

주

01 미국 교포로서 이승만 박사를 도와 미국에서 여러 해 동안 독립운동을 하다가 OSS에 중위로 임관하여 제2지대에서 함께 일한 분으로, 우리의 입국 교섭을 위하여 동행하였다.

02 황푸강 강변에 있지만 양쯔강 하구와 가까워서 외국 배들이 이곳까지 들어온다. 와이탄이라고도 함

기본 정보

본적: 평안북도 강계군 시중면 외시천동 254번지

주소: 서울시 종로구 명륜동 1가 10의 13번지

출생: 1923년 8월 26일

별세: 2011년 6월 7일

학력

1940년 3월, 신의주 동중(5년제) 졸업

1944년 1월, 일본 게이오대학 동양사학과 중퇴('학병' 입대)

1948~1949년, 중국 국립중앙대학 대학원 수학

1951~1955년, 대만 국립타이완대학에서 연구

1958~1959년, 미국 하버드대학 객원교수

1968~1969년, 미국 하와이대학, 프린스턴대학 객원교수

1971년 2월, 건국대학교에서 명예법학박사 학위를 받음

1984년 5월, 연세대학교에서 명예문학박사 학위를 받음

1999년 2월, 아주대학교에서 명예경영학박사 학위를 받음

경력

1944년 2월, 일본군의 '학병'으로 중국으로 건너감

1944년 3월, 일본군을 탈출하여 중국 유격대에 참가, 항일운동

1945년 1월, 충칭 대한민국임시정부에 참가

1945년 4월, 광복군 제2지대장 이범석 장군의 부관(시안)

1945년 11월, 광복군 총사령관 지청천 장군의 부관(충칭)

1946~1949년, 중국 국립동방어문전문학교의 전임강사(난징)

1949~1982년, 고려대학교의 조교수, 부교수, 교수

1957~1982년, 고대 부설 아세아문제연구소의 발기인, 부소장, 소장

1982~1985년, 고려대학교 총장

1988년, 고려대학교 명예교수

1988~2011년, 재단법인 사회과학원 이사장

1989~1999년, 학교법인 대우학원(아주대학교, 거제전문대학, 대천전문대학) 이사장

1992~1999년, 대우장학재단 이사장

1992년 10월, 중국 항저우대학의 명예교수

1993년 8월, 중국 베이징대학의 명예교수, 중국 베이징대학의 한국연구중심의 고문

1993년 8월, 중국 랴오닝대학의 명예교수

1993년 11월, 중국 상하이 푸단대학의 명예교수

1994년 1월, 중국 항저우대학 한국연구중심의 고문

1994년 10월, 중국 산둥대학의 명예교수

1996년 12월, 중국 베이징어언문화대학의 명예교수

1997년 4월, 중국 난징대학, 동남대학의 명예교수

1997년 5월, 중국 지린성 사회과학원의 명예교수

1999년 11월, 중국 저장대학의 명예교수

1955~1972년, '중국학회'의 발기인, 부회장, 회장

1979~1992년, '한국공산권연구협의회'의 발기인, 회장, 명예회장

1992~2011년, '한국지역연구협의회'의 명예회장

1989~2004년,《계간 사상》발행인

기타

'역사학회' 이사, '국제정치학회' 명예이사, '중한인문과학연구회' 자문위원

1961년 제16차 UN총회의 한국 대표

1962년 제17차 UN총회의 한국 대표

1972년 남북적십자회담의 자문위원

1974년 제29차 UN총회의 한국 대표

1981~2011년, 한국독립유공자협회 지도위원, 한국광복군동지회 지도위원

저술

1.《중국공산당사》

2.《중국최근세사》

3.《한국공산주의운동사》, 제1권

4.《중공권의 장래》

5.《손문 호적》

6.《한국공산주의운동사》, 제2권

7.《한국공산주의운동사》, 제3권

8.《한국공산주의운동사》, 제4권

9.《한국공산주의운동사》, 제5권

10.《중공과 아시아》

11.《남북통일문제와 그 주변》

12.《북한의 오늘과 내일》

13.《North Korea Today》

14.《신판: 한국공산주의운동사》, 전5권

15.《장정》, 전4권

16.《역사의 신》

17.《장정》, 일역본

18.《석린 민필호전》

19.《아적장정》

20.《나와 중국》

21.《신규식·민필호와 한중관계》

번역서

1.《중소외교사》

2.《중국 안의 소련》

3.《공산정권하의 중국》

4.《잃어버린 대지》

5.《소련 통치사》

편찬

1.《구한국외교문서 및 부속문서》 편찬 총책임

2.《북한연구자료집》 제1집

3.《한국현대사》

4.《대세계사》

5.《육당 최남선전집》 편찬위원회 위원장

6.《구한국외교관계부속문서 간도안》

7.《북한연구자료집》 제2집

8.《북한연구자료집》 제3집

9.《북한연구자료집》 제4,5,6,7,8,9집

10.《한국공산주의운동사 자료집》 Ⅰ, Ⅱ

11.《Encyclopedia Britanica》의 한국 부문 편찬위원장

12. 《TBS 브리태니커 국제대백과사전》의 한국 부문 편찬위원장

13. 《Asian Survey》 편찬위원회 위원

14. 잡지 《등불》 편집원

15. 월간 《사상계》지의 편집위원, 주간, 부대표

16. 《브리태니커 세계대백과사전》 명예편집위원장

상훈

1963년 독립운동유공 표창장

1970년 국민훈장 동백장

1980년 건국포장

1983년 평북문화상

1985년 국민훈장 목단장

1988년 한국일보 제28회 저작상

1990년 건국훈장 애국장

1999년 애서상

2000년 중국 교육부의 훈장(중국어언문화우의장)

2001년 중국 절강일보상

2008년 ABI (American Biographical Institute) 주관 'Man of the Year 2008'에 선정

2011년 국민훈장 무궁화장 추서

국제학술회의 관계

1958년 미국 AAS(Association for Asian Studies) Meeting 참가

1959년 미국 Southern California대학 주최 "Sino-Soviet Relations Conference" 참가

1961년 미국의 AAS Meeting 참가

1965년 아세아문제연구소(아연) 주최 "아세아에서의 근대화문제" 국제학술회의준비위원 겸 역사분과책임자

1966년 아연 주최 "아세아에서의 공산주의문제" 국제학술회의 의장

1966년 Harvard-Yenching Visiting Scholars Association 주최 "중국근대사 제문제" 국제학술회의 의장

1969년 아연과 미국 SSRC(Social Science Research Council) 공동주최 "한국의 전통과 변천" 국제학술회의 준비위원

1970년 아연 주최 "한국 통일문제" 국제학술회의 의장

1970년 영국 Ditchley Foundation(Oxford) 주최 "동남아에서의 안보문제" 국제학술회의 참가

1971년 Harvard-Yenching Visiting Scholars Association 주최 "동아시아의 전통과 변천" 국제학술회의 의장

1972년 아연 주최 "새 태평양시대에서의 일본" 국제학술회의 의장

1973년 아연과 미국 Hudson Institute 공동주최 "한국의 미래" 국제학술회의에서 Dr. Herman Kahn과 공동의장(서울)

1974년 위의 "한국의 미래" 국제학술회의 미국 뉴욕 회의에서 Dr. Herman Kahn과 공동의장

1974년 아연 주최 "한반도의 주변정세와 남북한관계" 국제학술회의 의장

1977년 아연 주최 "북한, 중공, 쏘련의 삼각관계와 한국의 안보" 국제학술회의 의장

1977년 아연과 일본 국제문화교류센터 공동주최 "한일 지적 교류" 국제학술회의에서 야마모토 타다시 씨와 공동의장(일본 하코네)

1978년 아연과 미국 조지타운대학의 국제전략문제연구소와 공동주최 "동북아시아의 안보문제" 국제학술회의에서 Dr. Ray S. Cline과 공동의장(서울)

1979년 위 국제학술회의의 미국 워싱턴 회의에서 Dr. Ray S. Cline과 공동의장

1979년 아연과 일본 국제문화교류센터 공동주최 "새로운 국제질서" 국제학술회의에서 야마모토 타다시 씨와 공동의장(서울)

1979년 위 국제학술회의의 일본 하코네 회의에서 야마모토 타다시 씨와 공동의장

1980년 아연과 미국 뉴욕 Council on Foreign Relations 공동주최 "쏘련의 아시아정책" 국제학술회의에서 Dr. Winston Lord와 공동의장

1981년 한국공산권연구협의회와 미국 University of California, Berkeley의 동아연구소와 공동주최 "북한의 오늘과 내일" 국제학술회의에서 Dr. Robert A. Scalapino와 공동의장(San Francisco)

1981년 일본 국제문화교류센터와 아연 공동주최의 "한일 지적 교류" 서울회의에서 야마모토 타다시 씨와 공동의장

1981년 미국 Council on Religion and International Affairs의 Dr. Robert Myers 소장 주최의 "U.S. and Korea Relations-Value in Conflict" 회의 참가(New York)

1981년 타이베이에서 열린 한국연구학회 주최 '한중관계사' 국제학술회의 참가

1982년 아연과 미국 컬럼비아대학의 동아연구소와 공동주최 "한미관계 100년" 국제학술회의에서 Dr. Gerald L. Curtis와 공동의장(서울)

1985년 타이베이에서 한국학연구회 주최의 국제학술회의에 참가

1986년 일본 게이오대학 주최 '동북아 정세' 국제학술회의에 참가(일본 도쿄)

1986년 대만 정치대학 국제관계연구소 주최 '한중비교연구' 국제학술회의 참가(타이베이)

1988년 미국 Southern California 대학의 East Asian Studies Center 주최의 "한국무장독립운동사" 국제학술회의 참가(Los Angeles)

1995년 중국 베이징대학 한국학연구중심이 주최한 제1차 "한국의 전통문화" 국제학술회의 참가

1996년 중국 랴오닝대학 주최 "발해만 지역의 경제협력" 국제학술회의 참가

1997년 중국 항저우대학 한국연구소가 주최한 제2차 "한국의 전통문화" 국제학술회의 참가

1999년 중국 푸단대학 한국연구소가 주최한 "한국임시정부수립 80주년 기념" 국제학술회의 참가

1999년 중국 산둥대학 한국연구소가 주최한 제3차 "한국의 전통문화" 국제학술회의 참가

1999년 중국 한중학술교류중심 주최 "한국독립운동사 연구" 국제학술회의 참가

2000년 중국 베이징대학 한국연구소 주최 제5차 "아태지역 한국학대회" 참가

2001년 중국 푸단대학 한국연구소 주최 제4차 "한국의 전통문화" 국제학술회의 참가

2001년 중국 양저우대학 주최 "최치원 연구" 국제학술회의 참가

2002년 중국 푸단대학 한국연구소 주최 "신규식 선생과 한중관계" 국제학술회의 참가

2003년 중국 난징대학 한국연구소 주최 제5차 "한국의 전통문화" 국제학술회의 참가

2005년 중국 랴오닝대학 한국연구소 주최 제6차 "한국의 전통문화" 국제학술회의 참가

2006년 중국 베이징대학 한국연구소 주최 제7차 "한국의 전통문화" 국제학술회의 참가

2007년 중국 옌볜대학 한국연구소 주최 제8차 "한국의 전통문화" 국제학술회의 참가

2008년 중국 저장대학 한국연구소 주최 제9차 "한국의 전통문화" 국제학술회의 참가

장정

나의 광복군 시절

초판 1쇄 인쇄 2023년 07월 24일
초판 1쇄 발행 2023년 08월 01일

발행처 고려대학교 아세아문제연구원 아연출판부
발행인 이진한
저 자 김준엽
편저자 김현경

디자인·편집 경인문화사(T.031-955-9300)
인쇄·제작 동방인쇄공사(T.02-468-0301)

ISBN 979-11-89273-29-3 03800
값 30,000원